## 영어능력검정시험 기준점수

| 구분 | 5급 | 7급 | 9급 |
|---|---|---|---|
| 토익(TOEIC) | 700점 | 570점 | 470점 |
| 토플(TOEFL) | PBT 530점<br>CBT 197점<br>IBT 71점 | PBT 480점<br>CBT 157점<br>IBT 54점 | PBT 440점<br>CBT 123점<br>IBT 41점 |
| 텝스(TEPS)<br>2018.5.12. 이전 실시된 시험 | 625점 | 500점 | 400점 |
| 新텝스(新TEPS)<br>2018.5.12. 이후 실시된 시험 | 340점 | 268점 | 211점 |
| 지텔프(G-TELP) | Level 2<br>65점 | Level 2<br>47점 | Level 2<br>32점 |
| 플렉스(FLEX) | 625점 | 500점 | 400점 |

- 당해 공개경쟁채용 필기시험 시행 예정일부터 역산하여 3년이 되는 해의 1월 1일 이후에 실시된 시험으로서 필기시험 전일까지 점수가 발표된 시험에 한해 기준점수 인정
- 응시원서 접수 시에 본인이 취득한 영어능력검정시험명, 시험일자 및 점수 등을 정확히 기재

## 한국사능력검정시험 기준점수

| 구분 | 5급 | 7급 | 9급 |
|---|---|---|---|
| 한국사능력검정시험 | 2급 | 3급 | 4급 |

- 2020년 5월 이후 한국사능력검정시험 급수체계 개편에 따른 시험종류의 변동(초 · 중 · 고급 3종 → 기본 · 심화 2종)과 상관없이 기준(인증) 등급을 그대로 적용
- 당해 공개경쟁채용 필기시험 시행 예정일부터 역산하여 4년이 되는 해의 1월 1일 이후에 실시된 시험으로서 필기시험 전일까지 점수(등급)가 발표된 시험에 한해 기준점수 인정
- 응시원서 접수 시에 본인이 취득한 한국사능력검정시험의 등급인증번호와 급수(성적)를 정확히 기재(증빙서류 제출 없음)

※ 위 기준점수는 군무원인사법시행령을 기준으로 작성하였으므로 세부 사항은 반드시 확정된 채용공고를 확인하시기 바랍니다.

# 최신 출제 경향 리포트

## 2021년 출제 경향

**총평**

군무원 국어는 9급과 7급 모두에서 단골 출제 영역인 '국어 규범'의 문항 수가 대폭 축소되고, 문학 영역의 비중이 느는 경향성이 올해도 이어졌다. 문학 영역의 비중이 늘고 있는 만큼 다소 소홀했던 문학 영역에 대한 대비가 필요하다. 문학 영역은 특정 작품을 개별적으로 학습하기보다는 기본 감상법을 체화시켜야 한다. 비문학 지문은 짧고 평이해 그리 어렵지 않았다. 평소 생소한 지문 읽기 학습을 지속적으로 실천했다면 무리가 없었을 것이다. 이번 시험에서는 어휘 영역에 한자어가 출제되어 난도를 높였다.

**9급 영역 분석**

- **문법:** '국어 규범' 문항이 문법 영역의 대부분을 차지
- **문학:** 출제 비중이 매우 높아졌으나 기본적인 작품이 출제되었음
- **비문학:** 지문의 길이가 짧고, 내용 역시 평이하게 출제
- **어휘:** 한자어가 까다롭게 출제되어 난도를 높임

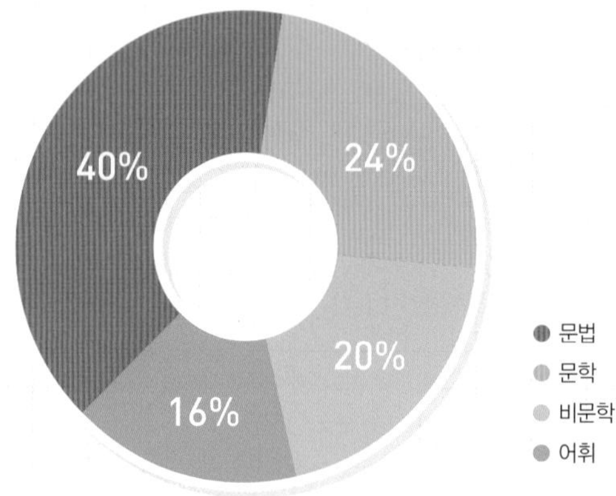


**7급 영역 분석**

- **문법:** '국어 규범'의 로마자 표기법, 외래어가 까다롭게 출제되어 난도를 높임
- **문학:** 출제 비중을 높이는 추세를 견지하고 있음
- **비문학:** 지문의 길이가 짧고, 내용 역시 평이하게 출제
- **어휘:** 한자어가 출제되었으나 난도가 높지는 않았음

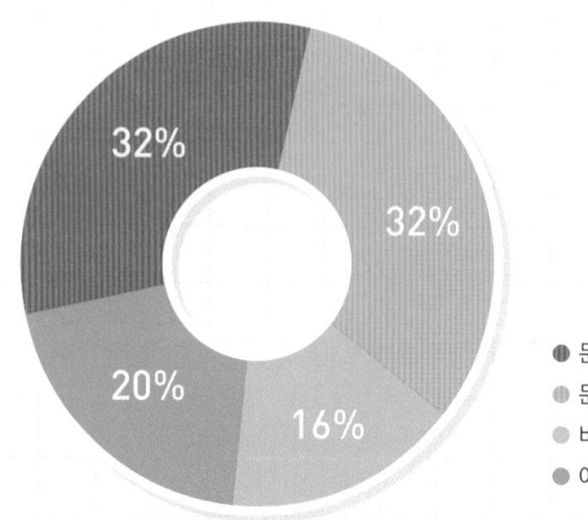

## ✡ 2020년 출제 경향

**총평**

군무원 9급 국어는 수험생들의 체감 난도가 높은 시험이었다. 문법 영역의 비중이 높다고 알려진 군무원 필기 시험답게 이번 시험에서도 문법 영역의 비중이 지배적이었다. 다만, 어문 규정 외의 문법 이론과 관련된 문항의 비중이 높아져 문법 영역 전반에 걸친 탄탄한 기본기가 필요하다는 것을 알 수 있었다.

7급 국어는 전 영역이 비슷한 비중으로 출제되었고, 문항별 난이도의 차이가 큰 시험이었다. 독서 일반 지식을 묻는 문항이 출제되어 뜻밖에 난도를 높였으나 전반적으로 9급에 비해 크게 어렵지 않았다. 다만, 9급과 7급 모두 공통적으로 어휘 영역이 까다롭게 출제되어 어휘 영역에 대한 집중학습이 필요할 것으로 보인다.

**9급 영역 분석**

- **문법:** 국어 문법과 관련된 문항이 높은 비중으로 출제
- **문학:** 문학 작품이 아닌 표현 방법 적용과 같은 문학 지식 관련 문제가 높은 난도로 출제
- **비문학:** 비문학 독해 유형은 다소 평이하게 출제
- **어휘:** 순화어, 한자 성어, 한자어, 속담 등이 까다롭게 출제되어 난도를 높임

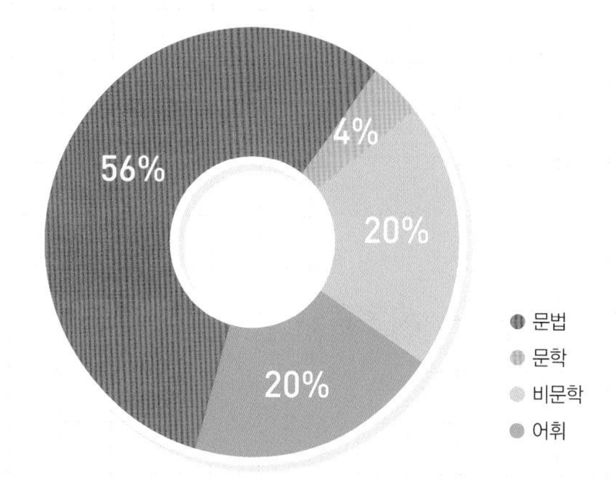


**7급 영역 분석**

- **문법:** 문법 영역 자체의 비중은 줄었으나, 어문 규정과 국어 문법 전반에 걸쳐 고르게 출제
- **문학:** 드물게 현대시와 현대 소설, 고전 소설까지 문학 작품이 높은 비중으로 출제
- **비문학:** 비문학 지문은 평이하게 출제되었으나 독서 지식과 관련한 문항들이 난도 높게 출제
- **어휘:** 한자어, 고유어 등이 까다롭게 출제되어 난도를 높임
- **화법과 작문:** 교과서 수준에서 평이하게 출제

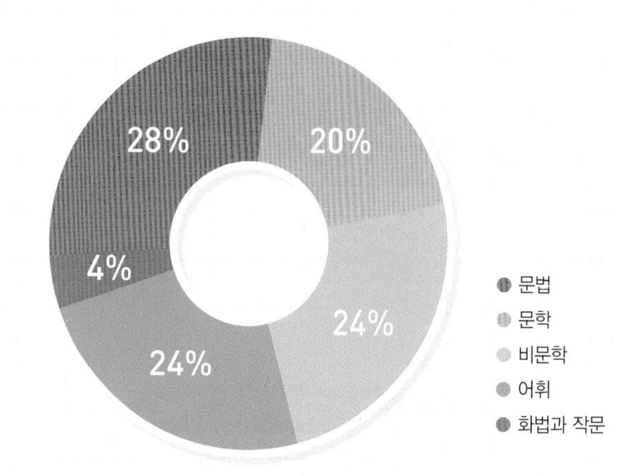

# 이 책의 구성과 특징

## STEP 1 '기출 이론 저격'으로 출제된 핵심만 저격

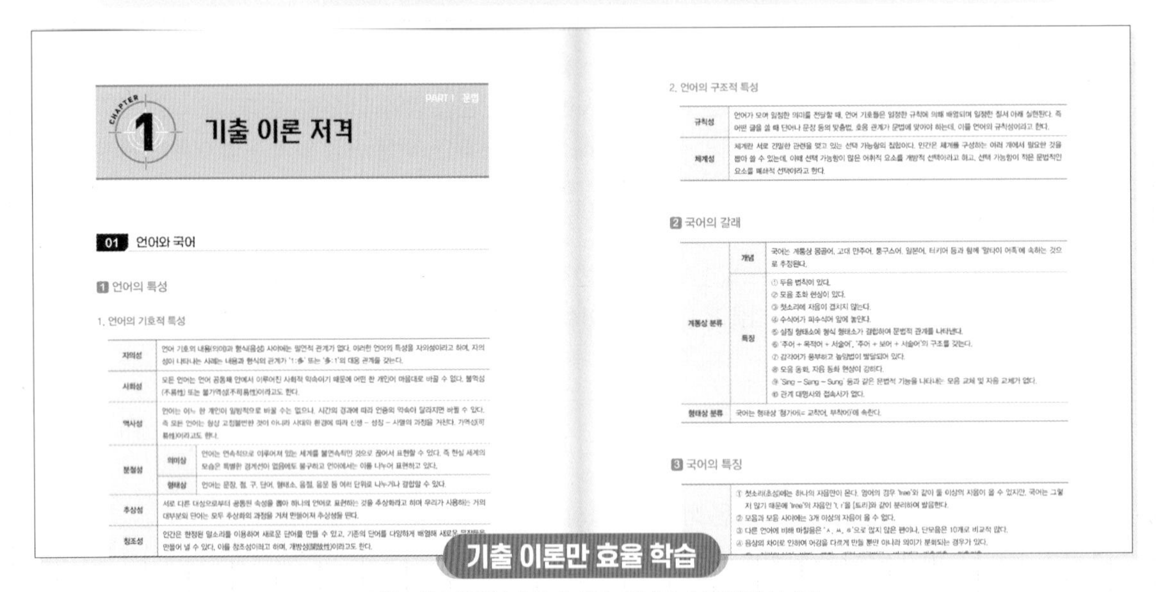

PART 1 문법

CHAPTER 1 기출 이론 저격

01 언어와 국어

1 언어의 특성

1. 언어의 기호적 특성

| 자의성 | 언어 기호의 내용(의미)과 형식(음성) 사이에는 필연적 관계가 없다. 이러한 언어의 특성을 자의성이라고 하며, 자의성이 나타나는 사례는 내용과 형식의 관계가 '1:多' 또는 '多:1'의 대응 관계를 갖는다. | |
|---|---|---|
| 사회성 | 모든 언어는 언어 공동체 안에서 이루어진 사회적 약속이기 때문에 어떤 한 개인이 마음대로 바꿀 수 없다. 불역성(不易性) 또는 불가역성(不可易性)이라고도 한다. | |
| 역사성 | 언어는 어느 한 개인이 일방적으로 바꿀 수는 없으나, 시간의 경과에 따라 언중의 약속이 달라지면 바뀔 수 있다. 즉 모든 언어는 항상 고정불변한 것이 아니라 시대와 환경에 따라 신생 – 성장 – 사멸의 과정을 거친다. 가역성(可易性)이라고도 한다. | |
| 분절성 | 의미상 | 언어는 연속적으로 이루어져 있는 세계를 불연속적인 것으로 끊어서 표현할 수 있다. 즉 현실 세계의 모습은 특별한 경계선이 없음에도 불구하고 언어에서는 이를 나누어 표현하고 있다. |
| | 형태상 | 언어는 문장, 절, 구, 단어, 형태소, 음절, 음운 등 여러 단위로 나누거나 결합할 수 있다. |
| 추상성 | 서로 다른 대상으로부터 공통된 속성을 뽑아 하나의 언어로 표현하는 것을 추상화라고 하며 우리가 사용하는 거의 대부분의 단어는 모두 추상화의 과정을 거쳐 만들어져 추상성을 띤다. | |
| 창조성 | 인간은 한정된 말소리를 이용하여 새로운 단어를 만들 수 있고, 기존의 단어를 다양하게 배열해 새로운 문장들을 만들어 낼 수 있다. 이를 창조성이라고 하며, 개방성(開放性)이라고도 한다. | |

2. 언어의 구조적 특성

| 규칙성 | 언어가 모여 일정한 의미를 전달할 때, 언어 기호들은 일정한 규칙에 의해 배열되어 일정한 질서 아래 실현된다. 즉 어떤 글을 쓸 때 단어나 문장 등의 맞춤법, 호응 관계가 문법에 맞아야 하는데, 이를 언어의 규칙성이라고 한다. |
|---|---|
| 체계성 | 체계란 서로 긴밀한 관련을 맺고 있는 선택 가능항의 집합이다. 인간은 체계를 구성하는 여러 개에서 필요한 것을 뽑아 쓸 수 있는데, 이때 선택 가능항이 많은 어휘적 요소를 개방적 선택이라고 하고, 선택 가능항이 적은 문법적인 요소를 폐쇄적 선택이라고 한다. |

2 국어의 갈래

| 계통상 분류 | 개념 | 국어는 계통상 몽골어, 고대 만주어, 퉁구스어, 일본어, 터키어 등과 함께 '알타이 어족'에 속하는 것으로 추정된다. |
|---|---|---|
| | 특징 | ① 두음 법칙이 있다.<br>② 모음 조화 현상이 있다.<br>③ 첫소리에 자음이 겹치지 않는다.<br>④ 수식어가 피수식어 앞에 놓인다.<br>⑤ 실질 형태소에 형식 형태소가 결합하여 문법적 관계를 나타낸다.<br>⑥ '주어 + 목적어 + 서술어', '주어 + 보어 + 서술어'의 구조를 갖는다.<br>⑦ 감각어가 풍부하고 높임법이 발달되어 있다.<br>⑧ 모음 동화, 자음 동화 현상이 강하다.<br>⑨ 'Sing – Sang – Sung' 등과 같은 문법적 기능을 나타내는 모음 교체 및 자음 교체가 없다.<br>⑩ 관계 대명사와 접속사가 없다. |
| 형태상 분류 | 국어는 형태상 '첨가어(= 교착어, 부착어)'에 속한다. | |

3 국어의 특징

① 첫소리(초성)에는 하나의 자음만이 온다. 영어의 경우 'tree'와 같이 둘 이상의 자음이 올 수 있지만, 국어는 그렇지 않기 때문에 'tree'의 자음인 't, r'을 [트리]와 같이 분리하여 발음한다.
② 모음과 모음 사이에는 3개 이상의 자음이 올 수 없다.
③ 다른 언어에 비해 마찰음은 'ㅅ, ㅆ, ㅎ'으로 많지 않은 편이나, 단모음은 10개로 비교적 많다.
④ 음상의 차이로 인하여 어감을 다르게 만들 뿐만 아니라 의미가 분화되는 경우가 있다.

**기출 이론만 효율 학습**

군무원 시험에 반복해서 출제된 개념만 수록하였습니다.

## STEP 2 '기출 문제 저격'으로 빈출부터 저격

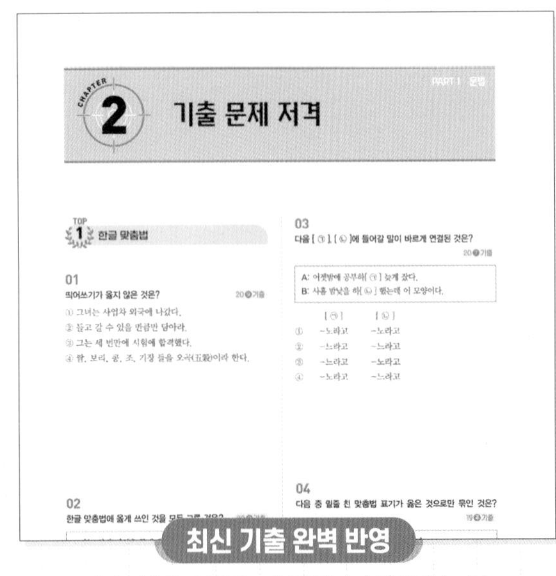

PART 1 문법

CHAPTER 2 기출 문제 저격

TOP 1 한글 맞춤법

01
띄어쓰기가 옳지 않은 것은? 20 기출
① 그녀는 사업차 외국에 나갔다.
② 들고 갈 수 있을 만큼만 담아라.
③ 그는 세 번만에 시험에 합격했다.
④ 쌀, 보리, 콩, 조, 기장 들을 오곡(五穀)이라 한다.

02
한글 맞춤법에 옳게 쓰인 것을 모두 고른 것은?

03
다음 [ ㉠ ], [ ㉡ ]에 들어갈 말이 바르게 연결된 것은? 20 기출

A: 어젯밤에 공부하[ ㉠ ] 늦게 잤다.
B: 사흘 밤낮을 하[ ㉡ ] 했는데 이 모양이다.

| | [ ㉠ ] | [ ㉡ ] |
|---|---|---|
| ① | –노라고 | –노라고 |
| ② | –느라고 | –느라고 |
| ③ | –느라고 | –노라고 |
| ④ | –노라고 | –느라고 |

04
다음 중 밑줄 친 맞춤법 표기가 옳은 것으로만 묶인 것은? 19 기출

**최신 기출 완벽 반영**

최신 기출을 영역별로 분류하여 수록하였습니다.

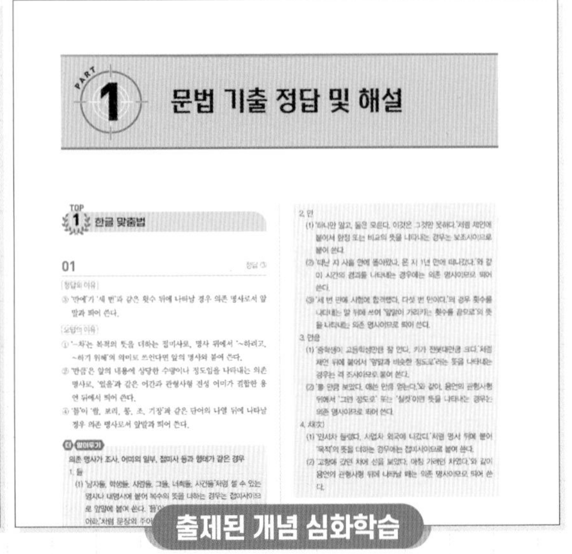

PART 1 문법 기출 정답 및 해설

TOP 1 한글 맞춤법

01 정답 ③

[정답의 이유]
③ '만에'가 '세 번'과 같은 횟수 뒤에 나타날 경우 의존 명사로서 앞말과 띄어 쓴다.

[오답의 이유]
① '–차'는 목적의 뜻을 더하는 접미사로, 명사 뒤에서 '~하려고, ~하기 위해'의 의미로 쓰인다면 앞의 명사와 붙여 쓴다.
② '만큼'은 앞의 내용에 상당한 수량이나 정도임을 나타내는 의존 명사로, '있을'과 같은 어간과 관형사형 전성 어미가 결합한 용언 뒤에서 띄어 쓴다.
④ '들'이 '쌀, 보리, 콩, 조, 기장'과 같은 단어의 나열 뒤에 나타날 경우 의존 명사로서 앞말과 띄어 쓴다.

더 알아두기
의존 명사가 조사, 어미의 일부, 접미사 등과 형태가 같은 경우
1. 들
(1) '남자들, 학생들, 사람들, 그들, 너희들, 시간들'처럼 셀 수 있는 명사나 대명사에 붙어 복수의 뜻을 더하는 경우는 접미사이므로 앞말에 붙여 쓴다. ...

2. 만
(1) '하나만 알고, 둘은 모른다. 이것은 그것만 못하다.'처럼 체언에 붙어서 한정 또는 비교의 뜻을 나타내는 경우는 보조사이므로 붙여 쓴다.
(2) '떠난 지 사흘 만에 돌아왔다. 온 지 1년 만에 떠나갔다.'와 같이 시간의 경과를 나타내는 경우에는 의존 명사이므로 띄어 쓴다.
(3) '세 번 만에 시험에 합격했다. 다섯 번 만이다.'의 경우 횟수를 나타내는 말 뒤에 쓰여 '앞말이 가리키는 횟수를 끝으로'의 뜻을 나타내는 의존 명사이므로 띄어 쓴다.
3. 만큼
(1) '중학생이 고등학생만큼 잘 안다. 키가 전봇대만큼 크다.'처럼 체언 뒤에 붙어서 '앞말과 비슷한 정도로'라는 뜻을 나타내는 경우는 격 조사이므로 붙여 쓴다.
(2) '볼 만큼 보았다. 애쓴 만큼 얻는다.'와 같이, 용언의 관형사형 뒤에서 '그런 정도로' 또는 '실컷'이란 뜻을 나타내는 경우는 의존 명사이므로 띄어 쓴다.
4. 차(次)
(1) '인사차 들렀다. 사업차 외국에 나갔다.'처럼 명사 뒤에 붙어 '목적'의 뜻을 더하는 경우에는 접미사이므로 붙여 쓴다.
(2) '고향에 갔던 차에 선을 보았다. 마침 가려던 차였다.'와 같이 용언의 관형사형 뒤에 나타날 때는 의존 명사이므로 띄어 쓴다.

**출제된 개념 심화학습**

해설편의 '더 알아두기'를 통해 출제 개념을 심화 · 확장하여 학습할 수 있습니다.

# STEP 3 '실전모의고사'로 합격의 고지 점령

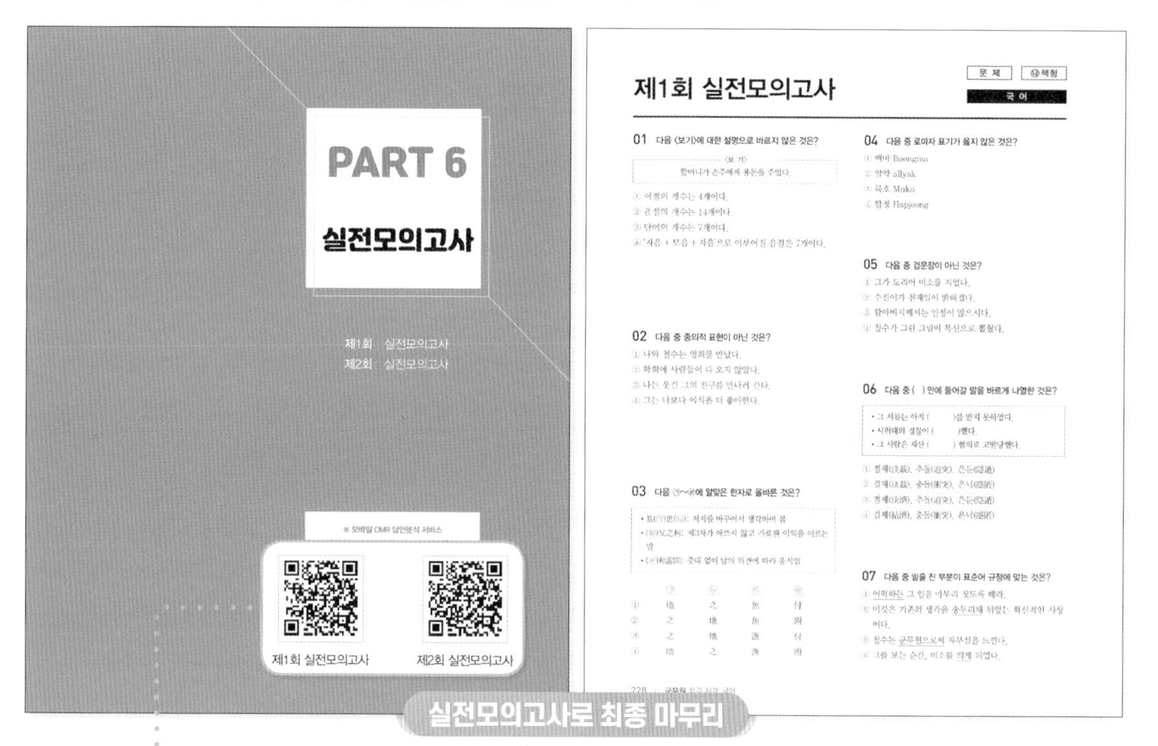

## 실전모의고사로 최종 마무리

기출 동형의 실전모의고사를 통해 합격 가능성을 스스로 확인할 수 있습니다.

풀이 시간 측정, 자동 채점 그리고 결과 분석까지!

## 모바일 OMR 답안분석 서비스

문제편에 수록된 기출문제에 대한 객관적인 결과(점수, 순위)를 종합적으로 분석

❶ 스마트폰을 활용하여 QR코드 접속
❷ 시험 시간에 맞춰 풀고, 모바일 OMR로 답안 입력 (3회까지 가능)
❸ 종합적 결과 분석으로 현재 나의 합격 가능성 예측

QR코드 찍기 ▶ 로그인 ▶ 시작하기 ▶ 응시하기 ▶ 모바일 OMR 카드에 답안 입력 ▶ 채점결과&성적분석 ▶ 내 실력 확인하기

# 군무원 필기시험 합격 수기

## 군무원 합격의 1등 공신!

안녕하세요? 2021년 군무원 군수직에 합격한 박○○이라고 합니다.

원래 일반 행정직 공무원을 준비하다가 영어를 너무 못해서 영어에 부담 없는 군무원 시험으로 전향하게 되었습니다. 그러나 일반 행정직과 달리 군무원은 재작년까지도 시험문제가 비공개라서 출제경향을 파악하기가 너무 힘들었습니다. 공무원 시험과 출제과목은 같지만 분야에 대한 출제 빈도 등이 다르다고 말로만 듣고, 학습 방향을 못 잡고 있던 차에 "군무원 합격 저격"을 발견했습니다.

기출 학습이 중요하다고 익히 들었는데, 기출을 어떻게 공부해야 하는지는 몰랐습니다. 그런데 기출은 출제 빈도가 중요하다고 하더라고요. "합격 저격"은 기출을 영역별로 출제 빈도에 따라 분류하고 있어서 기출 학습의 효율성을 높이기에 최적화된 도서였습니다. 학습해 보니, 빈도별 영역 구분이 어째서 중요한지 깨달았습니다. 우선, 기출이 계속 반복되고 있다는 게 명확히 보였습니다. 그리고 영역 구분을 통해 내가 어느 영역에서 유독 취약한지 파악하고 집중적으로 공략할 수 있었습니다.

또한 "합격 저격"은 반복 출제된 개념만 간단하게 수록하고 있어서, 기출 학습을 하면서 부족한 개념을 보충하기에도 안성맞춤입니다. 이렇게 기출 학습을 여러 번 반복하고 나서, 실력을 점검하고 싶을 때쯤이면 어느새 필기 시험 날이 가까워져 있을 겁니다. 바로 이 시점에 실전모의고사를 풀어 보시면 좋습니다. 저는 기대보다 점수가 낮아서 자책하기도 했지만 더욱더 기본기를 다져야겠다는 각오로 오답 정리를 열심히 했습니다.

그밖에도 시대고시기획에는 군무원 시리즈의 라인업이 탄탄하여 합격을 하기까지 정말 도움을 많이 받았습니다. 저는 "합격 저격"으로 시작해서 "필승 봉투모의고사", "면접관이 공개하는 군무원 면접 합격의 공식"의 커리큘럼을 따라가다 보니 자연스럽게 결국 고득점 합격으로 이어진 것 같습니다.

다들 시대고시기획의 군무원 시리즈로 원하시는 직렬에 합격하셨으면 좋겠습니다!

※ 본 독자 후기는 실제 (주)시대고시기획의 도서를 통해 공부하여 합격한 독자들께서 보내주신 후기를 재구성한 것입니다.

# 특별부록

2021년 기출문제

+

2021년 기출해설

# 2021 국어 기출문제

## 한글 맞춤법

### 01

**한글 맞춤법 규정에 맞는 문장으로 옳은 것은?** 9급

① 아무래도 나 자리 뺐겼나 봐요.

② 오늘 하룻동안 해야 할 일이 엄청나네.

③ 그런 일에 발목 잡혀 번번히 주저앉았지.

④ 저희 아이의 석차 백분율이 1%만 올라도 좋겠습니다.

### 02

**밑줄 친 부분의 맞춤법이 옳은 것은?** 7급

① 두 가지 의론이 맞서서 결론이 나지 않는다.

② 꽁꽁 묶인 손이 퍼래지더니 퉁퉁 부어올랐다.

③ 밥을 먹었다. 그리고는 물을 마셨다.

④ 그는 젊은 나이임에도 불구하고 이마와 눈가에 잘다랗게 주름이 잡혔다.

### 03

**띄어쓰기 규정에 맞지 않는 것은?** 9급

① 모르는 척하고 넘어갈 만도 하다.

② 내가 몇 등일지 걱정이 가득했다.

③ 그 책을 다 읽는 데 삼 일이 걸렸다.

④ 그는 돕기는 커녕 방해할 생각만 한다.

### 04

**띄어쓰기 규정에 맞지 않는 것은?** 7급

① 강물에∨떠내려가∨버렸다.

② 그가∨떠난∨지∨오래다.

③ 열∨내지∨스물

④ 십이∨억∨오십육∨만∨개

### 05

**띄어쓰기 규정에 맞지 않는 것은?** 7급

① 그는∨재산이∨많을뿐더러∨재능도∨남에게∨뒤질∨것∨없는∨사람이다.

② 나는∨매일∨저녁∨반신욕을∨해서∨불면증을∨완화하는데∨효과를∨보았다.

③ 지난여름에∨휩쓸고∨지나간∨전염병으로∨이∨지역의∨축산∨농가가∨큰∨타격을∨입었다.

④ 아버지는∨우리들에게∨유산은커녕∨빚만∨잔뜩∨남기고∨떠나셨다.



01 ④ 02 ① 03 ④ 04 ④ 05 ② 정답

## 어법에 맞는 문장

### 01

**밑줄 친 단어 중 어법에 맞지 않는 것은?** 9급

① 오늘 이것으로 치사를 갈음하고자 합니다.
② 내노라하는 재계의 인사들이 한곳에 모였다.
③ 예산을 대충 겉잡아서 말하지 말고 잘 뽑아 보시오.
④ 그가 무슨 잘못을 저질렀는지 나와 눈길을 부딪치기를 꺼려했다.

## 표준어 규정

### 01

**표준어가 아닌 것은?** 7급

① 숫염소
② 강낭콩
③ 윗어른
④ 유기장이

## 형태론

### 01

**다음 밑줄 친 합성어를 구성하는 성분이 모두 고유어인 것은?** 9급

① 비지땀을 흘리며 공부하는구나.
② 이분을 사랑채로 안내해 드려라.
③ 이렇게 큰 쌍동밤을 본 적 있어?
④ 아궁이에는 장작불이 활활 타올랐다.

## 통사론

### 01

**다음 사전에 대한 설명으로 가장 옳지 않은 것은?** 9급

> ■ 고르다 1 [고르다]. 골라[골라], 고르니[고르니].
> 「동사」【…에서 …을】 여럿 중에서 가려내거나 뽑다.
> ■ 고르다 2 [고르다]. 골라[골라], 고르니[고르니].
> 「동사」【…을】
> 「1」 울퉁불퉁한 것을 평평하게 하거나 들쭉날쭉한 것을 가지런하게 하다.
> 「2」 붓이나 악기의 줄 따위가 제 기능을 발휘하도록 다듬거나 손질하다.
> ■ 고르다 3 [고르다]. 골라[골라], 고르니[고르니].
> 「형용사」「1」 여럿이 다 높낮이, 크기, 양 따위의 차이가 없이 한결같다.
> 「2」 상태가 정상적으로 순조롭다.

① '고르다 1', '고르다 2', '고르다 3'은 서로 동음이의어이다.
② '고르다 1', '고르다 2', '고르다 3'은 모두 불규칙 활용을 한다.
③ '고르다 2'와 '고르다 3'은 다의어이지만 '고르다 1'은 다의어가 아니다.
④ '고르다 1', '고르다 2', '고르다 3'은 모두 현재진행형으로 사용할 수 있다.

정답 01 ② / 01 ③ / 01 ① / 01 ④

## 02

**밑줄 친 ㉠~㉣에 대한 설명으로 가장 적절하지 않은 것은?** 9급

> 잠자코 앉아 있노라면 한 큼직한 사람이 느릿느릿 돌계단을 밟고 올라와서는 탑을 지나 종루의 문을 열고 무거운 망치를 꺼내어 들었다. 그는 한참동안 멍하니 서서는 음향에 귀를 ㉠ 기울였다. 음향이 끝나자마자 그는 망치를 ㉡ 매어 들며 큰 종을 두들겼다. 그 소리는 산까지 울리며 떨리었다. 우리는 그 ㉢ 종루지기를 둘러싸고 모여 몇 번이나 치는지 헤아려 보았다. 그러면 열이 되고 그래서 우리는 오른손으로 다시 열까지 셀 수 있도록 곧 왼손의 ㉣ 엄지손가락을 굽혔다.

① ㉠: '기울다'의 피동사이다.
② ㉡: '메어'로 표기되어야 한다.
③ ㉢: 접미사 '-지기'는 "그것을 지키는 사람"을 뜻한다.
④ ㉣: 가장 짧고 굵은 손가락으로 '무지(拇指)'라고도 한다.

## 로마자 표기법

## 01

**다음 로마자 표기법 중 옳은 것은?** 9급

① 순대 sundai
② 광희문 Gwanghimun
③ 왕십리 Wangsibni
④ 정릉 Jeongneung

## 02

**지명을 로마자로 표기한 것이 옳은 것은?** 7급

① 가평군 – Gapyeong–goon
② 갈매봉 – Galmaibong
③ 마천령 – Macheollyeong
④ 백령도 – Baeknyeongdo

## 표준 발음법

## 01

**다음 한자어의 발음 중 표준 발음으로 옳지 않은 것은?** 9급

① 마천루(摩天樓) – [마천누]
② 공권력(公權力) – [공꿘녁]
③ 생산력(生産力) – [생산녁]
④ 결단력(決斷力) – [결딴녁]

## 02

**단어의 발음이 잘못 표기된 것은?** 7급

① 태권도 – [태꿘도]
② 홑이불 – [혼니불]
③ 홑옷 – [호돋]
④ 공권력 – [공꿜력]

## 03

**다음 중 밑줄 친 단어의 표준 발음이 옳은 것을 모두 고른 것은?** 7급

> ㉠ 창고[창꼬]에 처박혀 있던 고문서 더미를 발견했다.
> ㉡ 아무도 없이 혼자 산다고 이렇게 홀대[홀때]를 하면 안 되지.
> ㉢ 같은 약이라도 환자의 상태에 따라 치료 효과[효:꽈]가 다를 수 있다.
> ㉣ 책꽂이에는 교과서[교:꽈서] 외에도 소설책과 시집이 빽빽이 꽂혀 있었다.

① ㉠, ㉡
② ㉢, ㉣
③ ㉠, ㉢, ㉣
④ ㉡, ㉢, ㉣



02 ① / 01 ④ 02 ③ / 01 ① 02 ④ 03 ④ 정답

## 외래어 표기법

### 01

**밑줄 친 단어 중 외래어 표기법이 모두 맞는 문장으로 옳은 것은?** 9급

① 리모콘에 있는 버턴의 번호를 눌러주세요.
② 벤젠이나 시너, 알코올 등으로 닦지 마세요.
③ 전원 코드를 컨센트에 바르게 연결해 주세요.
④ 썬루프 안쪽은 수돗물을 적신 스폰지로 닦아냅니다.

### 02

**다음 중 밑줄 친 외래어 표기가 옳은 것은?** 7급

① 할머니는 매일 트롯(trot)만 듣고 계신다.
② 사실 컨퍼런스(conference)의 진수는 토론과 질의응답에 참여하는 것이다.
③ 기름기가 도는 노란 액체가 흰 글래스(glass)에 차오를 때의 투명한 소리를 상기했다.
④ 이로써 기업 고객에게 보다 최적화된 설루션(solution)을 제공할 수 있게 되었다.

## 문장 부호

### 01

**대괄호의 사용이 적절하지 않은 것은?** 9급

① 말소리[音聲]의 특징을 알아보자.
② 모두가 건물[에, 로, 까지] 달려갔다.
③ 이윽고 겨울이 오면 초록은 실색한다. [이상 전집3(1958), 235쪽 참조]
④ 난 그 이야기[합격 소식]를 듣고 미소 짓기 시작했다.

## 현대시

### 01

**다음 시에 대한 설명으로 가장 옳은 것은?** 9급

> 차운 산 바위 위에
> 하늘은 멀어
> 산새가 구슬피
> 울음 운다
>
> 구름 흘러가는
> 물길은 칠백 리
>
> 나그네 긴 소매
> 꽃잎에 젖어
> 술 익는 강마을의
> 저녁노을이여
>
> 이 밤 자면 저 마을에
> 꽃은 지리라
>
> 다정하고 한 많음도
> 병인 양하여
> 달빛 아래 고요히
> 흔들리며 가노니……
>
> – 조지훈, 「완화삼」

① '구름, 물길'은 정처 없이 유랑하는 내적 현실을 암시한다.
② '강마을'은 방황하던 서정적 자아가 정착하고자 하는 공간이다.
③ '나그네'는 고향을 떠남으로써 현실의 질곡을 벗어나려는 의지를 상징한다.
④ '한 많음'은 민중적 삶 속에 구현된 전통적 미학에 맞닿아 있는 정서를 대변한다.

정답 01 ② 02 ④ / 01 ② / 01 ①

## 02

다음 시의 특징에 대한 설명으로 가장 적절한 것은? 7급

> 허공 속에 발이 푹푹 빠진다
> 허공에서 허우적 발을 빼며 걷지만
> 얼마나 힘 드는 일인가
> 기댈 무게가 없다는 것은
> 걸어온 만큼의 거리가 없다는 것은
>
> 그동안 나는 여러 번 넘어졌는지 모른다
> 지금은 쓰러져 있는지도 모른다
> 끊임없이 제자리만 맴돌고 있거나
> 인력(引力)에 끌려 어느 주위를 공전하고 있는지도 모른다
>
> 발자국 발자국이 보고 싶다
> 뒤꿈치에서 퉁겨 오르는
> 발걸음의 힘찬 울림을 듣고 싶다
> 내가 걸어온
> 길고 삐뚤삐뚤한 길이 보고 싶다

① 허구적 상상을 통해 현실의 고난을 극복하고 있다.
② 시어의 반복을 통해 화자의 정서를 강조하고 있다.
③ 시적 화자의 옛 경험을 사실적으로 묘사하고 있다.
④ 과거로 돌아가고 싶은 화자의 소망을 전하고 있다.

## 03

다음의 글들이 공히 추모하는 사람으로 옳은 것은? 7급

> 만 섬의 끓는 피여 열 말의 담력이여
> 벼르고 벼른 기상 서릿발이 시퍼렇다
> 별안간 벼락치듯 천지를 뒤흔드니
> 총탄이 쏟아지는데 늠름한 그대 모습이여
>
> – 한용운
>
> 황해도 장사 두 눈을 부릅뜨고
> 나라 원수 죽였다네 염소 새끼 죽이듯이
> 안 죽고 살았다가 이 기쁜 소식 들을 줄이야
> 덩실덩실 춤노래 한 바탕, 국화조차 우쭐거리네
>
> – 김택영
>
> 평생을 벼르던 일 이제야 끝났구려
> 죽을 땅에서 살려는 건 장부가 아니오
> 비록 몸은 대한에 있어도 만방에 이름 떨쳤소
> 살아 백 살을 못 넘기는데 죽어 천년을 빛내는구려
>
> – 위안스카이(袁世凱)
>
> 공은 삼한을 덮고 이름은 만국에 떨치니
> 살아 백세가 못되는데 죽어 천추에 빛나는구려
> 약한 나라 죄인이요 강국에서는 재상이라
> 그래 처지를 바꾸어 놓으니 이토도 죄인이구나
>
> – 쑨원(孫文)

① 이순신
② 권율
③ 김좌진
④ 안중근



02 ② 03 ④ 정답

## 04

다음 글의 ㉠~㉣ 중 내포하는 의미가 다른 것은? 7급

> 나는 시방 위험(危險)한 짐승이다.
> 나의 손이 닿으면 너는
> ㉠ 미지(未知)의 까마득한 어둠이 된다.
>
> 존재(存在)의 흔들리는 가지 끝에서
> 너는 ㉡ 이름도 없이 피었다 진다.
> 눈시울에 젖어드는 이 무명(無名)의 어둠에
> 추억(追憶)의 한 접시 불을 밝히고
> 나는 한밤 내 운다.
>
> 나의 울음은 차츰 ㉢ 아닌 밤 돌개바람이 되어
> 탑(塔)을 흔들다가
> 돌에까지 스미면 금(金)이 될 것이다.
>
> …… ㉣ 얼굴을 가리운 나의 신부(新婦)여,
>
> – 김춘수, 「꽃을 위한 서시」

① ㉠

② ㉡

③ ㉢

④ ㉣

## 05

다음 시의 밑줄 친 말과 가장 근접한 시어로 적절한 것은? 7급

> 폭포는 곧은 절벽을 무서운 기색도 없이 떨어진다
>
> 규정할 수 없는 물결이
> 무엇을 향하여 떨어진다는 의미도 없이
> 계절과 주야를 가리지 않고
> 고매한 정신처럼 쉴 사이 없이 떨어진다
>
> 금잔화도 인가도 보이지 않는 밤이 되면
> 폭포는 곧은 소리를 내며 떨어진다
>
> 곧은 소리는 소리이다
> 곧은 소리는 곧은
> 소리를 부른다
>
> 번개와 같이 떨어지는 물방울은
> 취할 순간조차 마음에 주지 않고
> 나타(懶惰)와 안정을 뒤집어 놓은 듯이
> 높이도 폭도 없이
> 떨어진다
>
> – 김수영, 「폭포」

① 고매한 정신

② 쉴 사이

③ 곧은 소리

④ 물방울

정답 04 ③ 05 ②

## 고전 시가

[01~02] 다음 글을 읽고 물음에 답하시오.

紅塵에 뭇친 분네 이 내 生涯 엇더ᄒᆞᆫ고
녯사ᄅᆞᆷ 風流ᄅᆞᆯ 미ᄎᆞᆯ가 못 미ᄎᆞᆯ가
天地間 男子 몸이 날만 ᄒᆞᆫ 이 하건마ᄂᆞᆫ
山林에 뭇쳐 이셔 至樂을 ᄆᆞᄅᆞᆯ 것가
數間 茅屋을 碧溪水 앏픠두고
松竹 鬱鬱裏예 風月主人 되여셔라
엇그제 겨을 지나 새 봄이 도라오니
桃花杏花ᄂᆞᆫ 夕陽裏예 퓌여 잇고
綠楊芳草ᄂᆞᆫ 細雨 中에 프르도다
칼로 ᄆᆞᆯ아 낸가 붓으로 그려낸가
造化神功이 物物마다 헌ᄉᆞ롭다
(가) 수풀에 우ᄂᆞᆫ 새ᄂᆞᆫ 春氣ᄅᆞᆯ 못내 계워 소ᄅᆡ마다 嬌態로다
物我一體어니 興이ᄋᆡ 다ᄅᆞᆯ소냐
柴扉예 거러 보고 亭子애 안자 보니
逍遙吟詠ᄒᆞ야 山日이 寂寂ᄒᆞᆫᄃᆡ
閒中眞味ᄅᆞᆯ 알 니 업시 호재로다
이바 니웃드라 山水 구경 가쟈스라

– 정극인, 「상춘곡」

### 01

이 글에 대한 설명으로 가장 적절한 것은? 9급

① '홍진에 묻힌 분'과 묻고 대답하는 형식이다.
② '나'의 공간이동에 따라 시상을 전개하고 있다.
③ '이웃'을 끌어들임으로써 봄의 아름다움을 객관화하고 있다.
④ 서사-본사-결사가 진행되는 가운데 여음을 삽입하여 흥을 돋운다.

### 02

(가)에 나타난 화자의 정서로 가장 적절한 것은? 9급

① 화자와 산수자연 사이에 가로놓인 방해물에 대한 불만
② 산수자연 속의 모든 존재들과 합일하는 흥겨움의 마음
③ 산수자연의 즐거움을 혼자서만 누리는 것에 대한 안타까움
④ 산수자연에 제대로 몰입하지 못하는 자신의 처지에 대한 회한

### 03

다음 가사를 읊은 지은이의 심정을 가장 잘 드러낸 것은? 7급

쇼양강(昭陽江) ᄂᆞ린 믈이 어드러로 든단 말고
고신거국(孤臣去國)에 백발(白髮)도 하도할샤
동ᄌᆔ(東州) 밤 계오 새와 븍관뎡(北寬亭)의 올나ᄒᆞ니
삼각산(三角山) 뎨일봉(第一峯)이 ᄒᆞ마면 뵈리로다

① 한양을 떠나는 슬픔
② 임금을 향한 충정
③ 여행길의 고달픔
④ 자연경관에 대한 감탄

### 04

다음 설명에 해당하는 작품으로 옳은 것은? 7급

작가가 자연 속에 살면서 느낀 흥취를 밝고 맑은 분위기로 형상화한 가사이다. 양반 지식인이 자연 속에서 물아일체의 정감과 흥취를 어떠한 모습으로 표출했는가 하는 점을 잘 보여주고 있다. 우리 조상들이 자연을 어떻게 인식하였으며, 자연이 주는 즐거움과 흥취를 어떠한 문학 형식으로 표현하였는지를 잘 보여주는 작품이다. 이를 통해 우리는 한국 문학의 자연친화적 전통이 어떻게 형성되었는지를 이해할 수 있다.

① 상춘곡
② 사미인곡
③ 관동별곡
④ 도산십이곡



01 ② 02 ② 03 ② 04 ① 정답

## 05

**다음 글에 대한 설명으로 옳지 않은 것은?** 7급

정월의 냇물은 아! 얼었다 녹았다 정다운데
누리 가운데 나고는 이 몸은 홀로 지내누나.
아으 동동다리

이월 보름에 아! 높이 켠 등불 같아라.
만인 비치실 모습이로다.
아으 동동다리

삼월 나면서 핀 아! 늦봄 진달래꽃이여
남이 부러워할 자태를 지니고 나셨도다.
아으 동동다리

사월 아니 잊고 아! 오셨네, 꾀꼬리여.
무슨 일로 녹사(錄事)님은 옛 나를 잊고 계신가.
아으 동동다리

오월 오일에 아! 수릿날 아침 약은
천 년을 길이 사실 약이라고 받치옵니다.
아으 동동다리

유월 보름에 아! 벼랑 가에 버린 빗 같아라.
돌보실 님을 잠시라도 쫓아가겠습니다.
아으 동동다리

① 궁중에서 연주된 가사로 국가의 번영을 찬양하는 내용이다.
② 월령체(月令體) 형식으로 각 달의 소재에 따라 다른 내용을 노래했다.
③ '동동(動動)'이라는 제목은 "아으 동동다리"라는 후렴구에서 따온 것이다.
④ 고려시대 구전되던 것을 조선시대에 한글로 기록했다.

# 현대 소설

**[01~02] 다음 글을 읽고 물음에 답하시오.**

정 씨 옆에 앉았던 노인이 두 사람의 행색과 무릎 위의 배낭을 눈여겨 살피더니 말을 걸어왔다.

"어디 일들 가슈?" / "아뇨, 고향에 갑니다." / "고향이 어딘데……." / "삼포라구 아십니까?" / "어 알지, 우리 아들놈이 거기서 도자를 끄는데……." / "삼포에서요? 거 어디 공사 벌릴 데나 됩니까? 고작해야 ㉠ 고기잡이나 하구 ㉡ 감자나 매는데요." / "어허! 몇 년 만에 가는 거요?" / "십 년."

노인은 그렇겠다며 고개를 끄덕였다.

"말두 말우. 거긴 지금 육지야. 바다에 방둑을 쌓아 놓구, 트럭이 수십 대씩 돌을 실어 나른다구." / "뭣 땜에요?" / "낸들 아나. 뭐 관광호텔을 여러 채 짓는담서, 복잡하기가 말할 수 없네." / "동네는 그대로 있을까요?" / "그대루가 뭐요. 맨 천지에 공사판 사람들에다 장꾼까지 들어섰는걸." / "그럼 ㉢ 나룻배두 없어졌겠네요." / "바다 위로 ㉣ 신작로가 났는데, 나룻배는 뭐에 쓰오. 허허, 사람이 많아지니 변고지. 사람이 많아지면 하늘을 잊는 법이거든."

작정하고 벼르다가 찾아가는 고향이었으나, 정 씨에게는 풍문마저 낯설었다. 옆에서 잠자코 듣고 있던 영달이가 말했다.

"잘 됐군. 우리 거기서 공사판 일이나 잡읍시다."

그때에 기차가 도착했다. 정 씨는 발걸음이 내키질 않았다. 그는 마음의 정처를 방금 잃어버렸던 때문이었다. 어느 결에 정 씨는 영달이와 똑같은 입장이 되어 버렸다.

기차는 눈발이 날리는 어두운 들판을 향해서 달려갔다.

– 황석영, 「삼포 가는 길」

## 01

**문맥적 성격이 다른 하나는?** 9급

① ㉠ ② ㉡
③ ㉢ ④ ㉣

정답 05 ① / 01 ④

## 02

**이 글의 주제를 표현한 시구로 가장 적절한 것은?** 9급

① 빼앗긴 들에도 봄은 오는가.
② 죽어도 아니 눈물 흘리우리다.
③ 내가 사랑했던 자리마다 모두 폐허다.
④ 님은 갔지마는 나는 님을 보내지 아니하였습니다.

## 03

**다음 소설의 내용으로 볼 때 제목의 뜻을 가장 잘 설명한 것은?** 7급

> 그 후 그들은 자주 우리집에 드나들었다. 그 중엔 보위부 군관도 있었는데 오빠에 대해 뭔가 눈치 채고 있는 것 같았다. 우리들하고 천연덕스럽게 고향 얘기나 처자식 얘기를 하다가도 갑자기 오빠를 노려보면서 딴사람같이 카랑카랑한 목소리로 동무 혹시 인민군대에서 도주하지 않았소? 한다든가 동무, 혹시 국방군에서 낙오한 게 아니오? 하면 간이 콩알만큼 오그라들었다. (중략) 마침내 보위군관이 작별하러 왔다. 그의 작별 방법은 특이했다.
>
> "내가 동무들같이 간사한 무리들한테 끝까지 속을 것 같소. 지금이라도 바른 대로 대시오. 이래도 바른 소리를 못 하겠소?"
>
> 그가 허리에 찬 권총을 빼 오빠에게 겨누며 말했다.
>
> "안 된다. 안 돼. 이 노옴 너도 사람이냐? 이 노옴."
>
> 어머니가 외마디 소리를 지르며 그의 팔에 매달렸다. 그가 어머니를 홱 뿌리쳤다.
>
> "이래도 이래도 바른 말을 안 할 테냐? 이래도."
>
> 총성이 울렸다. 다리였다. 오빠는 으, 으, 으, 으, 같은 소리밖에 못 냈다.
>
> 또 총성이 울렸다. 같은 말과 총성이 서너 번이나 되풀이됐다. 잔혹하게도 그 당장 목숨이 끊어지지 않게 하체만 겨냥하고 쏴댔다. 오빠는 유혈이 낭자한 가운데 기절해 꼬꾸라지고 어머니도 그가 뿌리쳐 나동그라진 자리에서 처절한 외마디 소리만 지르다가 까무라쳤다.
>
> "죽기 전에 바른말 할 기회를 주기 위해 당장 죽이진 않겠다."
>
> 그 후 군관은 다시 나타나지 않았다. 며칠 만에 세상은 또 바뀌었다. 오빠의 총상은 다 치명상이 아니었는데도 며칠 만에 운명했다. 출혈이 심한데다 적절한 치료를 받을 수가 없었기 때문이다.
>
> – 박완서, 「엄마의 말뚝」

① 과거의 고통이 현재의 삶에 영향을 주고 있음을 의미한다.
② 엄마의 상처가 가슴에 깊은 뿌리를 내리고 있음을 의미한다.
③ 엄마의 의지가 뿌리 깊은 나무처럼 흔들리지 않음을 의미한다.
④ 오빠와 엄마가 같은 뿌리를 지니고 있음을 의미한다.

### 세부 내용 파악하기

## 01

**다음 글을 이해한 내용으로 가장 적절하지 않은 것은?** 9급

> (가) 유행의 확산은 1930년에 접어들어 보다 빠른 속도로 경성의 거리를 획일적인 풍경으로 바꿔 놓았는데, 뉴욕이나 파리의 유행은 경성에서도 거의 동시에 유행했다. 이는 물론 영화를 비롯한 근대 과학기술의 덕택이었다.
>
> (나) 하지만 뉴욕과 경성의 유행이 모두 동일한 것은 아니었다. 뉴욕걸이나 할리우드 배우들이나 경성의 모던걸이 입은 패션은 동일해도, 그네들 주변의 풍경은 근대적인 빌딩 숲과 초가집만큼 차이가 났기 때문이다. 경성 모던걸의 유행은 이 같은 근대와 전근대의 아이러니를 내포하고 있었다.
>
> (다) 유행은 "일초 동안에 지구를 네박휘"를 돈다는 전파만큼이나 빨라서, 1931년에 이르면 뉴욕이나 할리우드에서 유행하던 파자마라는 '침의패션'은 곧 바로 서울에서도 유행했다. 서구에서 시작한 유행이 일본을 거쳐 한국으로 전달되는 속도는 너무나 빨라 거의 동시적이었다.

(라) 폐쇄된 규방에만 있었던 조선의 여성이 신문과 라디오로, 세계의 동태를 듣게 되면서부터, 지구 한 모퉁이에서 일어나는 일이 그 지구에 매달려 사는 자기 자신에도 큰 파동을 끼치고 있다는 사실을 깨닫게 되었다. 규방 여성이 근대여성이 되기까지는 그리 오랜 시간이 필요하지 않았다. 신문이나 라디오 같은 미디어를 통해 속성 세계인이 될 수 있었기 때문이다. 동시에 미디어는 식민지 조선 여성에게 세계적인 불안도 함께 안겨주었다. 자본주의적 근대의 환상과 그 이면의 불안을 동시에 던져 주었던 것이다.
(마) 근대로 이행하는 데 필요한 절대적인 시간을 뛰어넘어 조선에 근대가 잠입해 올 수 있었던 것은 한편으로 미디어 덕분이었다. 미디어는 근대를 향한 이행을 식민지 조선에 요구했고, 단기간에 조선 사람들을 '속성 세계인'으로 변모시키는 역할을 했다.

① 모던걸의 패션은 뉴욕걸이나 할리우드 배우들과 동일했다.
② 신문이나 라디오는 조선 사람이 속성 세계인이 되도록 해 주었다.
③ 파자마 '침의패션'은 뉴욕과 할리우드보다 일본에서 먼저 시작되었다.
④ 식민지 조선 여성은 근대적 환상과 그 이면의 불안을 함께 안고 있었다.

## 글의 설명 · 전개 방식

### 01

**다음 설명문의 전개 방식으로 옳은 것은?** 7급

> 알타이어족에는 터키어 · 몽골어 · 만주어 · 퉁구스어 · 한국어 · 일본어 등의 언어가 속한다.

① 분류 ② 분석
③ 구분 ④ 정의

## 순서 맞추기

### 01

**아래의 문장이 들어가기에 가장 적절한 위치로 옳은 것은?** 9급

> 문학의 범위를 좁게 잡는 것은 나중에 나타난 새로운 관습이다.

(가) 문학의 범위는 시대에 따라서 달라져왔다. 한문학에서 '문(文)'이라고 하던 것은 '시(詩)'와 함께 참으로 큰 비중을 차지하고 실용적인 글도 적지 않게 포함했다.
(나) 시대가 변하면서 '문'이라는 개념은 뒷전으로 밀려나고, 시 · 소설 · 희곡이 아닌 것 가운데는 수필이라고 이름을 구태여 따로 붙이는 글만 문학세계의 준회원 정도로 인정하기에 이르렀다.
(다) 근래에 와서 사람이 하는 활동을 세분하면서 무엇이든지 전문화할 때 문학 고유의 영역을 좁게 잡았다.
(라) 문학의 범위를 좁게 잡는 오늘날의 관점으로 과거의 문학을 재단하지 말고, 문학의 범위에 관한 오늘날의 통념을 반성해야 한다.

① (가) 문단 뒤
② (나) 문단 뒤
③ (다) 문단 뒤
④ (라) 문단 뒤

정답 01 ③ / 01 ③ / 01 ①

## 02

내용에 따른 (나)~(마)의 순서 배열로 가장 적절한 것은?

9급

(가) 유행의 확산은 1930년에 접어들어 보다 빠른 속도로 경성의 거리를 획일적인 풍경으로 바꿔 놓았는데, 뉴욕이나 파리의 유행은 경성에서도 거의 동시에 유행했다. 이는 물론 영화를 비롯한 근대 과학기술의 덕택이었다.

(나) 하지만 뉴욕과 경성의 유행이 모두 동일한 것은 아니었다. 뉴욕걸이나 할리우드 배우들이나 경성의 모던걸이 입은 패션은 동일해도, 그네들 주변의 풍경은 근대적인 빌딩 숲과 초가집만큼 차이가 났기 때문이다. 경성 모던걸의 유행은 이 같은 근대와 전근대의 아이러니를 내포하고 있었다.

(다) 유행은 "일초 동안에 지구를 네박휘"를 돈다는 전파만큼이나 빨라서, 1931년에 이르면 뉴욕이나 할리우드에서 유행하던 파자마라는 '침의패션'은 곧 바로 서울에서도 유행했다. 서구에서 시작한 유행이 일본을 거쳐 한국으로 전달되는 속도는 너무나 빨라 거의 동시적이었다.

(라) 폐쇄된 규방에만 있었던 조선의 여성이 신문과 라디오로, 세계의 동태를 듣게 되면서부터, 지구 한 모퉁이에서 일어나는 일이 그 지구에 매달려 사는 자기 자신에도 큰 파동을 끼치고 있다는 사실을 깨닫게 되었다. 규방 여성이 근대여성이 되기까지는 그리 오랜 시간이 필요하지 않았다. 신문이나 라디오 같은 미디어를 통해 속성 세계인이 될 수 있었기 때문이다. 동시에 미디어는 식민지 조선 여성에게 세계적인 불안도 함께 안겨주었다. 자본주의적 근대의 환상과 그 이면의 불안을 동시에 던져 주었던 것이다.

(마) 근대로 이행하는 데 필요한 절대적인 시간을 뛰어넘어 조선에 근대가 잠입해 올 수 있었던 것은 한편으로 미디어 덕분이었다. 미디어는 근대를 향한 이행을 식민지 조선에 요구했고, 단기간에 조선 사람들을 '속성 세계인'으로 변모시키는 역할을 했다.

① (나) – (다) – (라) – (마)
② (나) – (라) – (다) – (마)
③ (다) – (나) – (마) – (라)
④ (마) – (다) – (라) – (나)

## 03

다음 글을 논리적 순서에 맞게 나열한 것은?

7급

(가) 그 위계를 정하는 데 나이는 매우 결정적인 요인이 된다.

(나) 그래서 우리는 사람들을 만나면 상대와 나의 위계를 자기도 모르게 측정하게 된다.

(다) 그 위계를 따져서 말을 하지 않으면 상대를 기분 나쁘게 할 수도 있고 상대를 불편하게 만들 수도 있다.

(라) 한국어에서 높임법을 결정하는 요인에는 앞서 언급한 나이 외에도 직업, 지위, 친밀감, 공식성 등이 있다.

(마) 한국어로 말을 하려면 늘 상대와 나와의 위계부터 따져야 한다.

① (라) – (마) – (가) – (다) – (나)
② (라) – (다) – (가) – (마) – (나)
③ (마) – (다) – (나) – (가) – (라)
④ (마) – (나) – (다) – (가) – (라)



02 ③ 03 ③ 정답

## 주제 · 제목 찾기

### 01

다음 글의 중심내용으로 가장 옳은 것은? 9급

이제 우리는 세계의 변방이 아니다. 세계화는 점점 더, 과거와는 분명 다르게 우리가 주목과 관심의 대상이 되는 방향으로 진행되고 있다. 이제 한국은 더 이상 '작은 나라'라고만 생각하지 않게 되었다. 한국인의 예술성을 세계에서 인정하고 있는 지금 이 시기에 가장 중요한 것은 무엇일까? 그 무엇보다 시급한 것이 바로 '전략'이다. 지금이야말로 세계 시장에 우리의 예술을 알릴 수 있는 기회가 왔고, 우리만의 전략이 필요한 시기가 왔다.

한국인의 끼는 각별하다. 신바람, 신명풀이가 문화유전자로 등록되어 있는 민족이다. 게다가 신이 나면 어깨춤 덩실덩실 추던 그 어깨 너머로 쓱 보고도 뚝딱 뭔가 만들어낼 줄 아는 재주와 감각도 있고, 문화선진국의 전문가들도 감탄하는 섬세한 재능과 디테일한 예술적 취향도 있다. 문화예술의 시대를 맞은 오늘날, 우리가 먹거리로 삼을 수 있고 상품화할 수 있는 바탕들이 다 갖추어진 유전자들이다. 선진이 선진이고 후진이 후진이면 역사는 바뀌지 않는다. 선진이 후진되고 후진이 선진 될 때 시대가 바뀌고 새로운 역사가 시작되는 법이다. 우리 앞에 그런 전환점이 놓여 있다.

① 주어진 현실에 안주하는 실리감각
② 다가오는 미래에 대한 희망찬 포부
③ 냉엄한 국제질서에 따른 각박한 삶
④ 사라져 가는 미풍양속에 대한 아쉬움

### 02

다음 글의 제목으로 가장 적절한 것은? 7급

박목월 시인이 1959년에 쓴 작품이다. 그때 한국의 1인당 국민소득은 81달러였고 한국사회는 전반적으로 가난했다. 시인은 협소한 방에서 밤이 깊도록 글을 쓴다. 원고료를 벌기 위해 의무적으로 쓰는 글이다. 용변을 보려고 복도를 지나는데 단칸방에 옹기종기 모여 잠을 자고 있는 식구들이 보인다. 그들의 잠은 깊고 평화롭지만 어딘지 서글퍼 보인다. 난방이 제대로 안 된 방에서 잠자는 어린것들의 발이 "포름쪽쪽"하게 얼어 있다. 이 말에 아버지의 연민이 담겨 있다. 자신도 "눈과 얼음의 길을 걸어" 여기까지 왔다고 말한다. 가족들을 위해 생활에 몸을 굽히고 굴욕을 감내하는, 그러면서도 미소를 지을 수밖에 없는 아버지의 모습을 솔직하게 표현했다. 그러면서도 자신의 감정을 과장되게 드러내지 않았다. 자연이 시의 주제가 되는 것은 흔한 일이지만 가난이 시의 주제가 되는 것은 드문 일이다. 박목월은 가난을 인간적 훈기로 감싸 안으면서 연민의 어조를 통해 시인의 격조가 어떠해야 하는지를 보여주었다.

① 시인의 진심과 격조
② 자연의 시와 가난의 시
③ 가난이 주는 굴욕감
④ 연민과 평화의 정신

정답 01 ② 02 ①

## 응집성 · 일관성 · 통일성

### 01

**아래 글의 ( ㉠ )과 ( ㉡ )에 들어갈 가장 적절한 접속어로 옳은 것은?** 9급

> 히포크라테스가 분류한 네 가지 기질이나 성격 유형에 대한 고대의 개념으로 성격에 대한 논의를 시작하는 것이 일반적인 방식이지만, 나는 여기에서 1884년『포트나이트리 리뷰』에 실렸던 프랜시스 골턴 경의 논문「성격의 측정」으로 이야기를 시작하겠다.
> 찰스 다윈의 사촌이었던 골턴은 초기 진화론자로서 진화가 인간에게도 영향을 끼쳤다고 주장한 사람이다. ( ㉠ ) 그의 관념은 빅토리아 시대적 편견을 가지고 있었고, ( ㉡ ) 그의 주장이 오늘날에는 설득력이 떨어진다. 그럼에도 불구하고 결국에는 자연 선택 이론이 인간을 설명하는 지배적인 학설이 될 것이라는 그의 직관은 옳았다.

| | ㉠ | ㉡ |
|---|---|---|
| ① | 그래서 | 그리하여 |
| ② | 그리고 | 그래서 |
| ③ | 그러나 | 따라서 |
| ④ | 그런데 | 그리고 |

## 한자 성어 · 속담 · 관용구

### 01

**다음 시의 주된 정조를 가장 잘 나타내는 것은?** 9급

> 神策究天文 妙算窮地理
> 戰勝功旣高 知足願云止
> — 乙支文德,「與隋將于仲文」

① 悠悠自適 ② 戀戀不忘
③ 得意滿面 ④ 山紫水明

### 02

**고사성어의 쓰임이 적절하지 않은 것은?** 7급

① 그는 전후 상황을 不問曲直하고 나를 보자마자 대뜸 멱살을 잡았다.
② 임꺽정이 이야기를 나도 많이 듣긴 들었네만 道聽塗說을 준신할 수 있나?
③ 날이 갈수록 예의를 모르는 후배들이 점점 많아져 後生可畏라는 말을 실감하게 된다.
④ 덕으로써 사람을 따르게 하지 않고 힘으로써 사람을 따르게 하면 자연히 面從腹背하는 자가 생기기 마련이다.

### 03

**다음 예문의 밑줄 친 ㉠에 들어갈 말로 가장 적절한 것은?** 9급

> 시집갈 때 혼수를 간소하게 하라는 간절한 요청은 ___㉠___ 부잣집과 사돈을 맺는 데 따르는 부담감을 일시에 벗겨주었다.
> — 박완서,「아주 오래된 농담」

① 불감청이언정 고소원이어서
② 배보다 배꼽이 더 크다고
③ 미운 자식 떡 하나 더 준다고
④ 똥 묻은 개가 겨 묻은 개를 나무라는 격이라

### 04

**속담에 대한 설명이 적절하지 않은 것은?** 7급

① 가난한 집 족보 자랑하기다
 – 실속은 없으면서 허세만 부린다.
② 사또 덕분에 나팔 분다
 – 남의 덕으로 분에 넘치는 행세를 한다.
③ 아쉬운 감 장수 유월부터 한다
 – 돈이 아쉬워서 물건답지 못한 것을 미리 내다 판다.
④ 하늘 보고 손가락질한다
 – 강한 상대에게도 용기 있게 달려든다.



01 ③ / 01 ③ 02 ③ 03 ① 04 ④ 정답

## 한자어

### 01

밑줄 친 ㉠~㉣에 해당하는 한자로 적절하지 않은 것은? 9급

> 목판이 오래되어 ㉠ 훼손되거나 분실된 경우에는 판목을 다시 만들어 보충하는 경우가 있다. 이것을 ㉡ 보판 혹은 보수판이라고 한다. 판목의 일부분에서 수정이 필요한 경우, 그 부분을 깎아 내고 대신 다른 나무판을 박아 글자를 새기는 경우가 있다. 이 나무판을 ㉢ 매목이라고 하고, 매목에 글자를 새로 새긴 것을 ㉣ 상감이라고 한다.

① ㉠: 毁損 ② ㉡: 保版
③ ㉢: 埋木 ④ ㉣: 象嵌

### 02

다음 글의 ㉠~㉣에 대한 한자 표기가 옳지 않은 것은? 7급

> 일제 강점기 저항문학 작품의 수가 적고 저항의 ㉠ 강도가 그리 높지 않은 것은 일제의 사상 ㉡ 통제에 원인이 있다. 그래서 우리는 작품의 ㉢ 행간에 감추어져 있는 작가의 의식을 끌어내서 작가가 하고 싶었으나 제대로 표현하지 못한 내용의 ㉣ 단서를 찾아내는 작업을 해야 한다. 검열의 틈을 뚫고 자신의 진실을 드러내고자 애쓴 일제 강점기 문학인들의 고민과 고충을 이해하고 작품 속에 내재된 의미를 찾아서 정당하게 해석해야 할 의무가 우리에게 있다.

① ㉠ 강도 – 強道
② ㉡ 통제 – 統制
③ ㉢ 행간 – 行間
④ ㉣ 단서 – 端緖

### 03

밑줄 친 한자어를 쉬운 표현으로 바꾼 것으로 적절하지 않은 것은? 7급

① 목록에 게기된 서류를 붙인다.
→ 목록에 기재된 서류를 붙인다.
② 변경 사항을 주말하였다.
→ 변경 사항을 붉은 선으로 표시했다.
③ 일반 회계와 구분하여 계리하였다.
→ 일반 회계와 구분하여 회계처리하였다.
④ 재산 관리인을 개임하는 처분을 하다.
→ 재산 관리인을 교체 임명하는 처분을 하다.

## 단어의 의미

### 01

밑줄 친 '고르다'가 다음 사전의 '고르다 2'의 「2」에 해당하는 것은? 9급

> ■ 고르다 1 [고르다], 골라[골라], 고르니[고르니].
> 「동사」【…에서 …을】 여럿 중에서 가려내거나 뽑다.
> ■ 고르다 2 [고르다], 골라[골라], 고르니[고르니].
> 「동사」【…을】
> 「1」 울퉁불퉁한 것을 평평하게 하거나 들쭉날쭉한 것을 가지런하게 하다.
> 「2」 붓이나 악기의 줄 따위가 제 기능을 발휘하도록 다듬거나 손질하다.
> ■ 고르다 3 [고르다], 골라[골라], 고르니[고르니].
> 「형용사」「1」 여럿이 다 높낮이, 크기, 양 따위의 차이가 없이 한결같다.
> 「2」 상태가 정상적으로 순조롭다.

① 울퉁불퉁한 곳을 흙으로 메워 판판하게 골라 놓았다.
② 요즘처럼 고른 날씨가 이어지면 여행을 가도 좋겠어.
③ 그는 이제 가쁘게 몰아쉬던 숨을 고르고 있다.
④ 이 문장의 서술어는 저 사전에서 골라 써.

정답 01 ② 02 ① 03 ② / 01 ③

## 02

**문맥상 ㉠에 들어갈 단어로 가장 적절한 것은?** 9급

> (가) ( ㉠ )의 확산은 1930년에 접어들어 보다 빠른 속도로 경성의 거리를 획일적인 풍경으로 바꿔 놓았는데, 뉴욕이나 파리의 ( ㉠ )은 경성에서도 거의 동시에 ( ㉠ )했다. 이는 물론 영화를 비롯한 근대 과학기술의 덕택이었다.
>
> (나) 하지만 뉴욕과 경성의 ( ㉠ )이 모두 동일한 것은 아니었다. 뉴욕걸이나 할리우드 배우들이나 경성의 모던걸이 입은 패션은 동일해도, 그네들 주변의 풍경은 근대적인 빌딩 숲과 초가집만큼 차이가 났기 때문이다. 경성 모던걸의 ( ㉠ )은 이 같은 근대와 전근대의 아이러니를 내포하고 있었다.
>
> (다) ( ㉠ )은 "일초 동안에 지구를 네박휘"를 돈다는 전파만큼이나 빨라서, 1931년에 이르면 뉴욕이나 할리우드에서 ( ㉠ )하던 파자마라는 '침의패션'은 곧 바로 서울에서도 ( ㉠ )했다. 서구에서 시작한 ( ㉠ )이 일본을 거쳐 한국으로 전달되는 속도는 너무나 빨라 거의 동시적이었다.
>
> (라) 폐쇄된 규방에만 있었던 조선의 여성이 신문과 라디오로, 세계의 동태를 듣게 되면서부터, 지구 한 모퉁이에서 일어나는 일이 그 지구에 매달려 사는 자기 자신에도 큰 파동을 끼치고 있다는 사실을 깨닫게 되었다. 규방 여성이 근대여성이 되기까지는 그리 오랜 시간이 필요하지 않았다. 신문이나 라디오 같은 미디어를 통해 속성 세계인이 될 수 있었기 때문이다. 동시에 미디어는 식민지 조선 여성에게 세계적인 불안도 함께 안겨주었다. 자본주의적 근대의 환상과 그 이면의 불안을 동시에 던져 주었던 것이다.
>
> (마) 근대로 이행하는 데 필요한 절대적인 시간을 뛰어넘어 조선에 근대가 잠입해 올 수 있었던 것은 한편으로 미디어 덕분이었다. 미디어는 근대를 향한 이행을 식민지 조선에 요구했고, 단기간에 조선 사람들을 '속성 세계인'으로 변모시키는 역할을 했다.

① 성행(盛行)　② 편승(便乘)
③ 기승(氣勝)　④ 유행(流行)

## 03

**다음 중 밑줄 친 단어가 의미에 맞게 사용되지 않은 것은?** 7급

① 또다시 생각이 <u>빗먹거나</u> 하면, 난들 이때까지 애쓴 보람이 무어겠소.
② 어른에게 함부로 그런 <u>상없는</u> 소리를 하지 마라.
③ 그는 술자리에서 상관을 <u>치살리며</u> 환심을 사려 했다.
④ 그 문제를 <u>데알고</u> 덤비다가 망신만 당했다.

## 04

**다음 글의 ( 　 )에 들어갈 말로 적절하지 않은 것은?** 7급

> 이 시인은 사람들의 관심 밖에 놓여 있는 미미한 대상을 정밀하게 관찰하고 거기에 시적 의미를 부여함으로써 ( ① ) 풍경을 서정적 수채화로 변형시킨다. 대상을 정확히 관찰한다는 점에서는 ( ② )인데, 서정의 윤기를 입힌다는 점에서 그는 분명 로맨티스트이다. 대상의 배면에서 전해오는 사물의 축축한 습기라든가 무정한 듯 펼쳐진 정경에서 배어 나오는 생의 슬픔 같은 것을 즐겨 그려내는데, 생의 ( ③ )에서 떠나 있는 듯한 그 애잔한 질감이 결국은 생의 문제와 결부되어 있음을 느끼게 하는 데 그의 특색이 있다. 그의 시집은 아련한 빛의 파문 속에 명멸하는 따스하면서도 ( ④ ) 생의 영상들을 쌓아놓았다.

① 평범한　② 모럴리스트
③ 현장　④ 서글픈



02 ④ 03 ① 04 ② 정답

# 2021 국어 기출해설

## 한글 맞춤법

### 01

정답 ④

오답의 이유

① 뺐겼나(×) → 빼앗겼나(○): '빼앗다'가 기본형이고, 여기에 피동 접미사 '-기-'가 결합한 것이므로 '빼앗기다'로 써야 한다. 즉, '빼앗겼나'는 '빼앗(기본형)-+-기(피동 접미사)-+-었(과거 시제 선어말 어미)-+-나(의문형 종결 어미)'로 구성된 것이다.

② 하룻동안(×) → 하루∨동안(○): '하룻동안'은 한 단어가 아니므로 '하루∨동안'으로 써야 한다.

③ 번번히(×) → 번번이(○): 부사의 끝음절이 분명히 '이'로만 소리 나는 것은 '-이'로 적는다(한글 맞춤법 제6장 51항). '번번이'는 끝소리가 분명히 '이'로 나는 경우이므로 '번번이'로 적는다.

### 02

정답 ①

오답의 이유

② 퍼래지다(×) → 퍼레지다(○): '퍼렇다'에 '-어지다'가 결합하면 모음조화에 따라 '퍼레지다'가 된다.

③ 그리고는(×) → 그러고는(○): 접속 부사 '그리고' 뒤에는 보조사 '는'이 결합하지 않는다. 동사 '그러다'의 활용형인 '그러고'에 보조사 '는'이 결합되어 '그러고는'이 되는 것이다.

④ 잘다랗게(×) → 잗다랗게(○): 끝소리가 'ㄹ'인 말과 딴 말이 어울릴 적에 'ㄹ' 소리가 'ㄷ' 소리로 나는 것은 'ㄷ'으로 적는다(한글 맞춤법 제29항). '잗다랗다'는 형용사 '잘다'에 접미사 '-다랗다'가 결합한 파생어로서 [잗따라타]로 소리 나므로 '잗다랗다'라고 적는다.

### 03

정답 ④

정답의 이유

④ 돕기는∨커녕(×) → 돕기는커녕(○): '는커녕'은 '앞말을 지정하여 어떤 사실을 부정하는 뜻을 강조하는 보조사'로서 한 단어이므로 붙여 쓴다.

오답의 이유

① '척'은 '그럴듯하게 꾸미는 거짓 태도나 모양'을 뜻하는 의존 명사이므로 앞말과 띄어 쓴다.

② '몇'은 '그리 많지 않은 얼마만큼의 수를 막연하게 이르는 말'을 뜻한다. 뒤에 나오는 의존 명사 '등'을 수식하는 관형사로 쓰였으므로 뒷말과 띄어 쓴다.

③ '데'는 책을 다 읽는 '일'이나 '것'의 뜻을 나타내는 말로 쓰인 의존 명사이므로 앞말과 띄어 쓴다.

### 04

정답 ④

정답의 이유

④ 십이∨억∨오십육∨만∨개(×) → 십이억∨오십육만∨개(○): 수를 적을 적에는 '만(萬)' 단위로 띄어 쓰며(한글 맞춤법 제44항), 단위를 나타내는 명사는 띄어 쓴다(한글 맞춤법 제43항).

### 05

정답 ②

정답의 이유

② 완화하는데(×) → 완화하는∨데(○): '데'가 의존 명사로 쓰일 때에는 앞말과 띄어 써야 한다. ②의 문장에서 '데'는 완화하는 '일'이나 '것'의 의미로 쓰였으므로 앞말과 띄어 쓴다.

## 어법에 맞는 문장

### 01

정답 ②

정답의 이유

② 내노라하는(×) → 내로라하는(○): '내로라하다'는 역사적으로 '나[我]+-이-+-오-+-다 → 내로라'에서 온 것이다. '내놓다'의 의미가 아니므로 '내노라'로 써서는 안 된다.

## 표준어 규정

### 01

정답 ③

정답의 이유

③ 윗어른(×) → 웃어른(○): 위아래의 대립이 없을 때는 '웃-'을 쓴다. 따라서 '웃어른'을 표준어로 삼는다(표준어 규정 제12항).

## 형태론

### 01

정답 ①

오답의 이유

② 사랑채: 舍廊(집 사, 사랑채 랑)+채
③ 쌍동밤: 雙童(두 쌍, 아이 동)+밤
④ 장작불: 長斫(길 장, 벨 작)+불

## 통사론

### 01

정답 ④

정답의 이유

④ 현재진행형이란 현재 움직임이 계속되고 있음을 나타내는 동사 시제의 형태이다. '고르다 3'은 동사가 아닌 형용사이므로 현재진행형으로 나타낼 수 없다.

### 02

정답 ①

정답의 이유

㉠의 '기울였다'는 기본형 '기울다'에 사동 접미사 '-이-'가 결합한 것이다. 즉, '기울-+-이(사동 접미사)-+-었(과거 시제 선어말 어미)-+-다'로 분석할 수 있다. 문맥을 봐도, 그가 스스로 귀가 기울도록 만든 것이지 다른 힘에 의하여 귀가 움직인 것이 아니기 때문에 '기울였다'가 피동사가 아님을 알 수 있다.

## 로마자 표기법

### 01

정답 ④

오답의 이유

① sundai(×) → sundae(○): 순대[순대]의 'ㅐ'는 'ae'로 표기한다(로마자 표기법 제2장 1항).
② Gwanghimun(×) → Gwanghuimun(○): 'ㅢ'는 'ㅣ'로 소리 나더라도 'ui'로 적는다(로마자 표기법 제2장 1항 붙임 1). 따라서 '광희문'은 [광히문]으로 소리 나더라도 'Gwanghuimun'으로 표기한다.
③ Wangsibni(×) → Wangsimni(○): 국어의 로마자 표기는 국어의 표준 발음법에 따라 적는 것을 원칙으로 한다(로마자 표기법 제1장 1항). '왕십리'는 자음동화로 인해 [왕심니]로 소리 나므로 'Wangsimni'로 적는다.

## 02

정답 ③

오답의 이유

① 가평군은 'Gapyeong-goon'이 아닌 'Gapyeong-gun'으로 표기한다. '도, 시, 군, 구, 읍, 면, 리, 동'의 행정 구역 단위와 '가'는 각각 'do, si, gun, gu, eup, myeon, ri, dong, ga'로 적고, 그 앞에는 붙임표(-)를 넣는다(로마자 표기법 제3장 5항).
② 갈매봉은 'Galmaibong'이 아닌 'Galmaebong'으로 표기한다. 로마자 표기법에서 단모음 'ㅐ'는 'ae'로 표기하기 때문이다.
④ 백령도는 [뱅녕도]로 소리 나므로 'Baeknyeongdo'가 아닌 'Baengnyeongdo'로 표기한다.

# 표준 발음법

## 01

정답 ①

정답의 이유

① **마천루[마천누](×) → [마철루](○)**: 'ㄴ'은 'ㄹ'의 앞이나 뒤에서 [ㄹ]로 발음한다(표준 발음법 제20항).

## 02

정답 ④

정답의 이유

공권력은 [공꿜력]이 아니라 [공꿘녁]으로 발음한다. 자음 'ㄴ'은 자음 'ㄹ'의 앞이나 뒤에서 [ㄹ]로 발음(표준 발음법 제20항)하나, '공권력'은 이 표준 발음법을 적용하지 않고 사람들의 실제 발음을 고려하여 [공꿘녁]을 표준 발음으로 인정한다. 이에 반해 '권력'은 표준 발음법에 따라 [궐력]으로 발음하니 주의해야 한다.

## 03

정답 ④

오답의 이유

㉠의 창고(倉庫)는 [창꼬]가 아니라 [창고]로 발음한다.

# 외래어 표기법

## 01

정답 ②

오답의 이유

① 리모콘(×) → 리모컨(○), 버턴(×) → 버튼(○)
③ 컨센트(×) → 콘센트(○)
④ 썬루프(×) → 선루프(○), 스폰지(×) → 스펀지(○)

## 02

정답 ④

오답의 이유

① '승마에서, 말의 총총걸음을 이르는 말 / 1910년대 초기에 미국에서 시작한 사교 춤곡. 또는 그 춤'의 의미로 쓰일 경우 '트롯(trot)'으로 적지만, '우리나라 대중가요의 하나'라는 의미로 쓰일 경우 '트로트'로 써야 한다.
② 컨퍼런스(×) → 콘퍼런스(○)
③ 글래스(×) → 글라스(○)

# 문장 부호

## 01

정답 ②

정답의 이유

② 열거된 항목 중 어느 하나가 자유롭게 선택될 수 있음을 보일 때는 대괄호 [ ]가 아니라 중괄호 { }를 사용하여 '건물{에, 로, 까지}'로 써야 한다.

## 현대시

### 01

정답 ①

정답의 이유

작품에는 '나그네'가 등장하는데, 흘러가는 '구름, 물길'이 나그네의 떠도는 속성과 유사하다. 이를 조지훈(1920~1968) 시인이 주로 활동했던 1940~60년대 시대적 배경과 관련지어 보면, 유랑하는 우리 국민의 현실을 암시하고 있음을 알 수 있다.

### 02

정답 ②

정답의 이유

제시된 작품은 김기택의 「우주인」이다. 화자는 '허공', '없다는 것은', '모른다', '싶다', '삐뚤', '발자국' 등의 시어 반복을 통해 현실의 고난을 극대화하고 희망을 갈구하고 있다.

### 03

정답 ④

정답의 이유

두 번째 시의 '황해도 장사', 세 번째 시의 '대한', 네 번째 시의 '이토(이토 히로부미)'라는 단어를 통해 '안중근'을 추모하고 있는 글들이라는 것을 짐작할 수 있다. 안중근은 황해도 출신의 한말 독립운동가로 만주 하얼빈에서 침략의 원흉 이토 히로부미[伊藤博文]를 사살하고 순국하였다.

### 04

정답 ③

정답의 이유

㉢은 '나의 울음'을 비유한 것이다. 나머지 ㉠·㉡·㉣은 '꽃'으로 상징되며, 화자 '나'가 의미를 파악할 수 없는 미지의 존재를 가리키고 있다.

### 05

정답 ②

정답의 이유

작품에서는 폭포가 '쉴 사이 없이', '번개와 같이', '취할 순간조차 마음에 주지 않고' 떨어진다고 묘사하고 있다. 또한 '안정'은 작품 안에서 '나타(懶惰)'와 병치되어 같은 맥락으로 쓰인 시어이다. '나타(懶惰)와 안정을 뒤집어 놓은 듯이'란 폭포가 떨어지는 모양이 '나타와 안정'과 정반대(뒤집어 놓은)라는 것이다. 이를 통해 '나타'가 '쉴 사이'와 근접한 시어임을 알 수 있다. 폭포는 쉴 사이 '없이' 떨어지기 때문이다. 참고로, '나타(懶惰)'는 '행동, 성격 따위가 느리고 게으름(= 나태)'을 뜻한다.

## 고전 시가

### 01

정답 ②

정답의 이유

② 화자인 '나'는 시냇물[벽계수(碧溪水)] 앞의 초가집[모옥(茅屋)]에서 사립문[시비(柴扉)] 주변과 정자(亭子)로 공간이동을 하면서 점층적으로 자연에 몰입하고 있다.

**더 알아두기**

**정극인, 「상춘곡」 현대어 풀이**

속세에 묻혀 사는 분들이여, 이 나의 생활이 어떠한가?
옛 사람들의 풍류를 내가 미칠까, 못 미칠까?
세상의 남자로 태어나 나만한 사람이 많지만
자연에 묻혀 사는 지극한 즐거움을 모르는 것인가?
몇 칸짜리 초가집을 맑은 시냇물 앞에 지어 놓고
소나무와 대나무가 우거진 속에 자연의 주인이 되었구나!
엊그제 겨울 지나 새봄이 돌아오니
복숭아꽃과 살구꽃은 저녁 햇빛 속에 피어 있고
푸른 버들과 향기로운 풀은 가랑비 속에 푸르도다.
칼로 재단해 내었는가, 붓으로 그려 내었는가?
조물주의 신비스러운 솜씨가 사물마다 야단스럽구나!
수풀에서 우는 새는 봄기운을 이기지 못하여 소리마다 아양을 떠는 모습이로다.
자연과 내가 한 몸이니 흥겨움이야 다르겠는가?
사립문 주변을 걷기도 하고 정자에 앉아 보기도 하니
천천히 거닐며 시를 읊조리며 지내는 산속의 하루가 적적한데
한가로운 가운데 참된 즐거움을 아는 사람이 없이 혼자로구나.
이봐 이웃 사람들아, 산수 구경 가자꾸나.

## 02
정답 ②

정답의 이유

(가)를 현대어로 '수풀에서 우는 새는 봄기운[춘기(春氣)]을 이기지 못하여 소리마다 아양[교태(嬌態)]을 떠는 모습이다.'라고 해석할 수 있다. 이는 화자의 마음을 자연물인 '새'에게 감정 이입하여 나타낸 것으로, 이를 통해 자연 속의 화자와 자연물(새)이 모두 봄의 경치를 만끽하고 있다는 화자의 만족감을 알 수 있다.

## 03
정답 ②

정답의 이유

제시된 작품은 송강 정철의 「관동별곡」의 일부이다. 「관동별곡」은 정철이 1580년(선조 13년)에 강원도 관찰사가 되어 원주에 부임한 후 내금강, 외금강, 해금강과 관동팔경을 두루 유람하며 그 여정을 노래한 기행가사이다.

제시된 부분은 정철이 서울을 떠나[고신거국(孤臣去國)] 철원의 북관정[북관정(北寬亭)]에 올라가서도 임금이 계신 곳[삼각산(三角山) 제일봉(第一峯)]을 그리는 모습이다.

더 알아두기

**정철, 「관동별곡」 현대어 풀이(일부)**

소양강 내려온 물이 어디로 흘러든단 말인가.
서울 떠난 외로운 신하 백발도 많고 많다.
철원에서 밤을 겨우 새우고 북관정에 올라가니
삼각산 제일봉이 웬만하면 보이겠네.

## 04
정답 ①

정답의 이유

① 「상춘곡」은 정극인이 자연에 은거하면서 지은 가사이다.

## 05
정답 ①

정답의 이유

① 「동동(動動)」이 궁중에서 연주된 가사인 것은 맞으나 국가의 번영을 찬양하는 내용은 아니다. 임과 이별한 여인의 애절한 마음을 노래하고 있다.

# 현대 소설

## 01
정답 ④

정답의 이유

㉣의 '신작로'는 최근의 삼포를 나타낸다. 나머지 ㉠ · ㉡ · ㉢은 모두 삼포의 10년 전을 나타낸다.

## 02
정답 ③

정답의 이유

정 씨는 달라진 삼포의 소식을 노인으로부터 듣고는 고향 삼포로 가는 발걸음이 내키질 않는다. '마음의 정처를 방금 잃어버렸'다고 생각하기 때문이다. 따라서 ③과 같이 정 씨가 그리워했던 마음의 정처, 고향의 모습이 모두 사라지고 '폐허'가 되었다고 느끼는 것이다.

## 03
정답 ②

정답의 이유

제시문은 화자의 오빠가 보위군관에게 총을 맞았던 장면을 회상하고 있다. 아들이 총상 당하는 모습을 목도한 어머니는 아들과 같이 까무러치고 만다. 그리고 오빠는 결국 며칠 만에 운명하였다. 즉, 제목 '엄마의 말뚝'은 아들의 죽음이 엄마의 가슴에 말뚝처럼 깊이 박혀 있음을 나타내는 것이다.

# 세부 내용 파악하기

## 01
정답 ③

정답의 이유

③ '침의패션'에 대해 서술하고 있는 (다)에 따르면, 서구에서 시작한 유행이 일본을 거쳐 한국으로 전달되었다고 설명한다. 따라서 침의패션은 일본이 아니라 서구에서 먼저 시작되었다.

## 글의 설명 · 전개 방식

### 01 정답 ③

정답의 이유

상위 개념(유개념)에서 하위 개념(종개념)으로 나누는 것이 '구분'이고, 그 반대가 '분류'이다.

제시문은 상위 개념인 '알타이어족'에서 하위 개념 '터키어 · 몽골어 · 만주어 · 퉁구스어 · 한국어 · 일본어 등'을 나누고 있으므로 구분에 해당한다.

## 순서 맞추기

### 01 정답 ①

정답의 이유

(가) 문단에서 '문(文)'의 큰 범위의 개념을 제시하고, (나) 문단에서 시대가 변하면서 '문'의 개념이 분화되고 축소되었다고 서술하고 있다. 이때 제시된 문장이 (가)와 (나) 문단 사이에 들어가야 (가)에서 (나)로 변화된 양상이 매끄럽게 이어진다. 또한 (나)~(라) 모두 문학의 범위를 좁게 보는 관점에 대한 내용이므로 (나)에 앞서 제시된 문장이 들어가는 것이 알맞다.

### 02 정답 ③

정답의 이유

- (가)에서 유행을 주제로 논의를 시작하였고, 이를 (다)에서 이어받아 유행의 구체적인 사례인 '파자마'에 대해 예를 들고 있다.
- (다)에서 뉴욕과 경성의 유행 속도가 거의 동시적이었다는 논의를 (나)에서 이어받는다. 패션은 근대적 유행에 따라 뉴욕과 동일해도 당시 조선은 전근대였으므로 뉴욕과 동일하지 않았다.
- (나)에서 조선이 전근대적 배경을 갖고 있었다는 논의를 (마)에서 이어받는다. 조선은 미디어로 인해 근대로 이행해 '속성 세계인'으로 변모할 수 있었다.
- (마)에서 언급된 '속성 세계인'이 (라)로 이어지면서 논의가 마무리된다.

따라서 제시문은 (가)에 이어 (다) – (나) – (마) – (라)로 배열되는 것이 적절하다.

### 03 정답 ③

정답의 이유

- 지시 대명사나 접속어가 없는 (마)가 첫 번째 순서로 와야 한다.
- (마)에서 처음 언급된 '위계'를 (다)에서 '그 위계'라고 이어받아 위계를 따지지 않았을 때의 부작용을 설명하고 있다.
- (나)가 앞의 (마) – (다)의 논의를 포괄하여 위계를 따져야 하는 이유에 대해 설명하고 있다.
- (가)에서 위계를 정하는 데 있어 결정적 요인인 '나이'에 대해 처음 언급하고 있다.
- (라)에서 (가)의 '앞서 언급한 나이' 외의 높임법 결정 요인에 대해 열거하고 있다.

따라서 (마) – (다) – (나) – (가) – (라)의 순서가 적절하다.

## 주제 · 제목 찾기

### 01 정답 ②

정답의 이유

제시문은 세계화의 흐름이 우리를 주목하고 있으므로, 이 기회를 잘 살려 세계 시장에 우리의 예술을 알려야 한다고 주장하고 있다. 따라서 ②와 같이 미래에 대한 희망과 포부를 담고 있는 글이라고 할 수 있다.

### 02 정답 ①

정답의 이유

제시문은 박목월 시인의 「가정(家庭)」에 대해 시를 쓰게 된 배경과 연관 지어 설명하고 있다. 또한 박목월 시인의 체험이 담긴 '가난'에 대한 주제의식과 시의 격조에 대해 긍정적으로 평가하고 있다. 따라서 '시인의 진심과 격조'가 글의 제목으로 적절하다.

## 응집성 · 일관성 · 통일성

### 01

정답 ③

정답의 이유

제시문에 따르면, 골턴의 주장은 오늘날에는 한계가 있지만, 당시에는 앞선 관념이었다는 것이다. 따라서 ㉠에는 골턴의 주장과 그 주장에 대한 한계를 담고 있는 두 문장을 이어줄 수 있는 역접의 접속어 '그러나', '그런데'가 들어갈 수 있다. 그리고 ㉡의 앞 문장은 그의 관념이 오늘날에 설득력이 떨어지는 이유가 되므로 ㉡에는 '따라서'가 들어가야 한다.

## 한자 성어 · 속담 · 관용구

### 01

정답 ③

정답의 이유

제시된 작품은 을지문덕의 「여수장우중문」이다. '여수장우중문'이란 '수나라 장군 우중문에게 보낸다'는 뜻이다. 수나라 양제가 우중문, 우문술 두 장군을 필두로 30만 대군을 이끌고 612년(고구려 영양왕 23년) 고구려를 침범했을 때, 을지문덕 장군이 살수(지금의 청천강)에서 적군을 대파한 역사적 사건과 관련된다. 이때 을지문덕이 우중문에게 보낸 한시로서, 적장에 대한 거짓 찬양을 통해 적장을 우롱하고 있는 을지문덕의 기개가 드러난다. 따라서 이 시의 주된 정조는 '일이 뜻대로 이루어져 기쁜 표정이 얼굴에 가득하다.'는 뜻의 ③ 득의만면(得意滿面)이다.

오답의 이유

① 유유자적
② 연연불망
④ 산자수명

더 알아두기

**乙支文德(을지문덕), 「與隋將于仲文(여수장우중문)」 현대어 풀이**

神策究天文 신책구천문
신비한 방책은 하늘의 이치를 다했고
妙算窮地理 묘산궁지리
기묘한 꾀는 땅의 이치를 다했노라.
戰勝功旣高 전승공기고
전쟁에 이겨 공이 이미 높으니
知足願云止 지족원운지
만족함을 알고 멈추기를 바라노라.

### 02

정답 ③

정답의 이유

③의 날이 갈수록 후배들이 예의가 없다는 문맥에 '後生可畏(후생가외)'는 어울리지 않는다. '후생가외'는 젊은 후학들을 두려워할 만하다는 뜻으로, 후진들이 선배들보다 젊고 기력이 좋아, 학문을 닦음에 따라 큰 인물이 될 수 있으므로 가히 두렵다는 말이다.

### 03

정답 ①

정답의 이유

혼수를 간소하게 하라는 요청이 화자의 부담감을 줄여 주었다고 하였으므로, '감히 청하지는 못하였으나 본래 바라고 있던 바라는 말'을 뜻하는 ① '불감청이언정 고소원이어서'가 ㉠에 적절하다.

### 04

정답 ④

정답의 이유

④ 하늘 보고 손가락질한다[주먹질한다]
- 상대가 되지도 않는 보잘것없는 사람이 건드려도 꿈쩍도 안 할 대상에게 무모하게 시비를 걸며 욕함을 비유적으로 이르는 말
- 어떤 일을 이루려고 노력을 하나 그럴 만한 능력이 없으므로 공연한 짓을 함을 비유적으로 이르는 말

## 한자어

### 01
정답 ②

정답의 이유

② 保版(×) → 補版(○): ㉡에 쓰인 '보판'은 판목을 보관[保]한다는 의미가 아니라, 훼손된 부분을 보수[補]한다는 의미이다.
- 보판(保版 지킬 보, 판목 판): 인쇄판을 해체하지 아니하고 보관하여 둠
- 보판(補版 기우다 보, 판목 판): 마루 앞에 임시로 잇대어 만든 자리에 쓰이는 널조각

### 02
정답 ①

정답의 이유

① ㉠과 같이 저항의 '센 정도'를 뜻하는 '강도'의 한자는 '强道(강할 강, 길 도)'가 아닌 '強度(강할 강, 법도 도)'로 표기한다.

### 03
정답 ②

정답의 이유

'주말(朱抹 붉을 주, 지울 말)'은 '붉은 먹을 묻힌 붓으로 글자 따위를 지우다.'라는 뜻이다. 따라서 ②의 '주말(朱抹)'은 붉은 선으로 '표시'가 아니라 '지우는' 행위로 바뀌야 한다.

## 단어의 의미

### 01
정답 ③

오답의 이유

① 고르다 2의 「1」에 해당한다.
② 고르다 3의 「2」에 해당한다.
④ 고르다 1에 해당한다.

### 02
정답 ④

정답의 이유

(가) 문단에 따르면, ㉠의 확산으로 인해 경성의 거리가 획일적인 풍경으로 바뀌었으며, 뉴욕과 파리와 경성에서 동시에 ㉠하였다. 이를 통해 ㉠이 '유행(流行 흐를 유, 다닐 행)'임을 추론할 수 있다.

### 03
정답 ①

정답의 이유

'빗먹다'는 '물건을 벨 때 칼이나 톱이 먹줄대로 나가지 아니하고 비뚤어지게 잘못 들어가다.'라는 뜻이다. 따라서 칼이나 톱을 대상으로 쓰는 말로, 생각을 주체로 쓰기에는 적절하지 않다.

### 04
정답 ②

정답의 이유

모럴리스트(moralist)란 16세기부터 18세기에 프랑스에서 인간성과 인간이 살아가는 법을 탐구하여 이것을 수필이나 단편적인 글로 표현한 문필가를 이르는 말로 도덕학자 또는 도덕 지상주의자라고 부르기도 한다. 따라서 '대상을 정확히 관찰'하는 시인의 성향을 일컫는 말로 적절하지 않다.

## 군무원 합격 저격_국어

# : 이 책의 목차

군무원
합격 저격

# 국 어

# PART 1

# 문 법

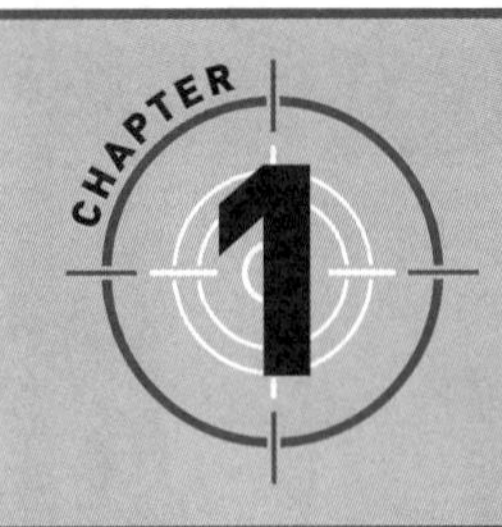


# 기출 이론 저격

## 01 언어와 국어

### 1 언어의 특성

#### 1. 언어의 기호적 특성

<table>
<tr><td>자의성</td><td colspan="2">언어 기호의 내용(의미)과 형식(음성) 사이에는 필연적 관계가 없다. 이러한 언어의 특성을 자의성이라고 하며, 자의성이 나타나는 사례는 내용과 형식의 관계가 '1:多' 또는 '多:1'의 대응 관계를 갖는다.</td></tr>
<tr><td>사회성</td><td colspan="2">모든 언어는 언어 공동체 안에서 이루어진 사회적 약속이기 때문에 어떤 한 개인이 마음대로 바꿀 수 없다. 불역성(不易性) 또는 불가역성(不可易性)이라고도 한다.</td></tr>
<tr><td>역사성</td><td colspan="2">언어는 어느 한 개인이 일방적으로 바꿀 수는 없으나, 시간의 경과에 따라 언중의 약속이 달라지면 바뀔 수 있다. 즉 모든 언어는 항상 고정불변한 것이 아니라 시대와 환경에 따라 신생 – 성장 – 사멸의 과정을 거친다. 가역성(可易性)이라고도 한다.</td></tr>
<tr><td rowspan="2">분절성</td><td>의미상</td><td>언어는 연속적으로 이루어져 있는 세계를 불연속적인 것으로 끊어서 표현할 수 있다. 즉 현실 세계의 모습은 특별한 경계선이 없음에도 불구하고 언어에서는 이를 나누어 표현하고 있다.</td></tr>
<tr><td>형태상</td><td>언어는 문장, 절, 구, 단어, 형태소, 음절, 음운 등 여러 단위로 나누거나 결합할 수 있다.</td></tr>
<tr><td>추상성</td><td colspan="2">서로 다른 대상으로부터 공통된 속성을 뽑아 하나의 언어로 표현하는 것을 추상화라고 하며 우리가 사용하는 거의 대부분의 단어는 모두 추상화의 과정을 거쳐 만들어져 추상성을 띤다.</td></tr>
<tr><td>창조성</td><td colspan="2">인간은 한정된 말소리를 이용하여 새로운 단어를 만들 수 있고, 기존의 단어를 다양하게 배열해 새로운 문장들을 만들어 낼 수 있다. 이를 창조성이라고 하며, 개방성(開放性)이라고도 한다.</td></tr>
</table>

### 2. 언어의 구조적 특성

| | |
|---|---|
| **규칙성** | 언어가 모여 일정한 의미를 전달할 때, 언어 기호들은 일정한 규칙에 의해 배열되며 일정한 질서 아래 실현된다. 즉 어떤 글을 쓸 때 단어나 문장 등의 맞춤법, 호응 관계가 문법에 맞아야 하는데, 이를 언어의 규칙성이라고 한다. |
| **체계성** | 체계란 서로 긴밀한 관련을 맺고 있는 선택 가능항의 집합이다. 인간은 체계를 구성하는 여러 개에서 필요한 것을 뽑아 쓸 수 있는데, 이때 선택 가능항이 많은 어휘적 요소를 개방적 선택이라고 하고, 선택 가능항이 적은 문법적인 요소를 폐쇄적 선택이라고 한다. |

## 2 국어의 갈래

| | | |
|---|---|---|
| **계통상 분류** | **개념** | 국어는 계통상 몽골어, 고대 만주어, 퉁구스어, 일본어, 터키어 등과 함께 '알타이 어족'에 속하는 것으로 추정된다. |
| | **특징** | ① 두음 법칙이 있다.<br>② 모음 조화 현상이 있다.<br>③ 첫소리에 자음이 겹치지 않는다.<br>④ 수식어가 피수식어 앞에 놓인다.<br>⑤ 실질 형태소에 형식 형태소가 결합하여 문법적 관계를 나타낸다.<br>⑥ '주어 + 목적어 + 서술어', '주어 + 보어 + 서술어'의 구조를 갖는다.<br>⑦ 감각어가 풍부하고 높임법이 발달되어 있다.<br>⑧ 모음 동화, 자음 동화 현상이 강하다.<br>⑨ 'Sing – Sang – Sung' 등과 같은 문법적 기능을 나타내는 모음 교체 및 자음 교체가 없다.<br>⑩ 관계 대명사와 접속사가 없다. |
| **형태상 분류** | 국어는 형태상 '첨가어(= 교착어, 부착어)'에 속한다. | |

## 3 국어의 특징

| | |
|---|---|
| **음운상** | ① 첫소리(초성)에는 하나의 자음만이 온다. 영어의 경우 'tree'와 같이 둘 이상의 자음이 올 수 있지만, 국어는 그렇지 않기 때문에 'tree'의 자음인 't, r'을 [트리]와 같이 분리하여 발음한다.<br>② 모음과 모음 사이에는 3개 이상의 자음이 올 수 없다.<br>③ 다른 언어에 비해 마찰음은 'ㅅ, ㅆ, ㅎ'으로 많지 않은 편이나, 단모음은 10개로 비교적 많다.<br>④ 음상의 차이로 인하여 어감을 다르게 만들 뿐만 아니라 의미가 분화되는 경우가 있다.<br>예 • 어감의 차이: 빙빙 – 삥삥 – 핑핑, 방글방글 – 벙글벙글, 깡충깡충 – 껑충껑충<br>• 의미의 차이: 맛 – 멋, 덜다 – 털다, 뛰다 – 튀다, 작다 – 적다<br>⑤ 두음 법칙, 모음 조화, 음절의 끝소리 규칙, 동화 현상 등이 있다.<br>⑥ 파열음과 파찰음이 삼중 체계(= 삼지적 상관속)를 형성하여 예사소리(평음), 된소리(경음), 거센소리(격음)의 세 갈래의 대립이 나타난다.<br>예 불[火] – 뿔[角] – 풀[草] |

<table>
<tr><td>어휘상</td><td colspan="2">① 감각적인 어휘가 풍부하게 발달하였다.<br>예 • 색채어: 노랗다, 노르께하다, 노르끄레하다, 노르무레하다, 노르스름하다 등<br>• 감각적 비유: 그 사람 참 싱겁다(짜다/가볍다).<br>② 의성어, 의태어와 같은 음성 상징어가 발달되어 있다. 또한 음성 상징어에 접미사를 결합하여 명칭을 나타내기도 한다.<br>예 • 의성어: 개굴개굴, 맴맴, 뻐꾹 – 개구리, 매미, 뻐꾸기<br>• 의태어: 깜빡, 오뚝, 살살 – 깜빡이, 오뚝이, 살살이<br>③ 다량의 한자어가 유입되어 사용해 왔으므로 한자어가 많다.<br>④ 단어에 성(性)과 수(數)의 구별이 없고, 관계 대명사, 관사, 전치사 등도 없다.<br>⑤ 한 지역에서 집단적으로 오래 생활했기 때문에 친족 관계를 나타내는 어휘가 발달하였다.</td></tr>
<tr><td rowspan="2">문법상</td><td>형태적 특징</td><td>① 단어 형성법이 발달되어 있다.<br>예 '오르내리다, 들어가다'처럼 두 용언을 합하여 새로운 용언을 만들기도 하고, '덮밥, 젊은이'처럼 용언의 어간이나 관형사형에 명사를 결합하여 새로운 명사를 만들기도 한다.<br>② 교착어(= 첨가어, 부착어)인 까닭에 문법적 관계를 나타내는 조사와 어미가 발달되었다.<br>③ 수효나 분량 등의 단위를 나타내는 단위성 의존 명사가 다양하게 발달하였다.</td></tr>
<tr><td>통사적 특징</td><td>① 상하 관계를 중시하던 사회 구조 때문에 높임법이 발달하였다.<br>② 수식어는 반드시 피수식어 앞에 온다.<br>예 아름다운 수진이가 매우 좋다.<br>관형어 명사 부사어 형용사<br>③ 한국어에서는 주어가 잇달아 나타나는 문장 구성이 가능하다.<br>예 나는 그 사람의 얼굴이 마음에 든다.<br>④ 문장 내에서 문장 성분의 순서를 비교적 자유롭게 바꿀 수 있다. 단, 문장 성분의 순서가 바뀌면 의미가 미묘하게 달라지기도 한다.<br>예 • 나는 너를 사랑한다. (내가 너를 '사랑한다'는 사실을 강조함)<br>• 나는 사랑한다, 너를. (내가 사랑하는 대상이 '너'임을 강조함)<br>• 너를 사랑한다, 나는. (너를 사랑하는 주체가 '나'임을 강조함)<br>⑤ '주어 + 목적어 + 서술어 / 주어 + 보어 + 서술어'의 어순을 지녀서 서술어가 맨 끝에 놓인다.<br>예 • (주어 + 목적어 + 서술어): 나는 공부를 하였다.<br>• (주어 + 보어 + 서술어): 나는 군무원이 되었다.<br>⑥ 특정한 문장 성분을 생략해도 의사소통이 가능하다.<br>예 "아침에 뭐를 먹었니?" (주어 생략) / "밥과 김치." (주어, 서술어 생략)<br>⑦ 문장에서 주어나 목적어 등의 문장 성분이 중복되어 나타날 수 있다.<br>예 • 토끼가 귀가 길다. (주어의 중복)<br>• 나는 밥을 두 공기를 먹었다. (목적어의 중복)</td></tr>
</table>

# 4 국어와 한글

## 1. 한글 자모의 명칭

한글 자모의 명칭은 조선 중종 때 역관 최세진의 저서인 『훈몽자회』(1527)에서 처음으로 제시되었으며, 현재의 명칭은 1933년 '한글 맞춤법 통일안' 제정 때 확정되었다.

| ㄱ(기역) | ㄴ(니은) | ㄷ(디귿) | ㄹ(리을) | ㅁ(미음) | ㅂ(비읍) |
|---|---|---|---|---|---|
| ㅅ(시옷) | ㅇ(이응) | ㅈ(지읒) | ㅊ(치읓) | ㅋ(키읔) | ㅌ(티읕) |
| ㅍ(피읖) | ㅎ(히읗) | ㅏ(아) | ㅑ(야) | ㅓ(어) | ㅕ(여) |
| ㅗ(오) | ㅛ(요) | ㅜ(우) | ㅠ(유) | ㅡ(으) | ㅣ(이) |

## 2. 최세진의 『훈몽자회』

최세진은 중종 22년(1527)에 어린이를 위한 한자 교과서로서 『훈몽자회』를 만들었다.

### (1) 자모의 명칭

<table>
<tr><td rowspan="4">자음<br>명칭</td><td>ㄱ</td><td>ㄴ</td><td>ㄷ</td><td>ㄹ</td><td>ㅁ</td><td>ㅂ</td><td>ㅅ</td><td>ㆁ</td></tr>
<tr><td>基役<br>기역</td><td>尼隱<br>니은</td><td>池(末)<br>디귿</td><td>梨乙<br>리을</td><td>眉音<br>미음</td><td>非邑<br>비읍</td><td>時(衣)<br>시옷</td><td>異凝<br>이응</td></tr>
<tr><td>ㅋ</td><td>ㅌ</td><td>ㅍ</td><td>ㅈ</td><td>ㅊ</td><td>ㅿ</td><td>ㅇ</td><td>ㅎ</td></tr>
<tr><td>箕 키</td><td>治 티</td><td>皮 피</td><td>之 지</td><td>齒 치</td><td>而 ᅀᅵ</td><td>伊 이</td><td>히</td></tr>
<tr><td rowspan="4">모음<br>명칭</td><td>ㅏ</td><td>ㅑ</td><td>ㅓ</td><td>ㅕ</td><td>ㅗ</td><td>ㅛ</td><td>ㅜ</td><td>ㅠ</td></tr>
<tr><td>阿 아</td><td>也 야</td><td>於 어</td><td>余 여</td><td>吾 오</td><td>要 요</td><td>牛 우</td><td>由 유</td></tr>
<tr><td colspan="3">ㅡ</td><td colspan="3">ㅣ</td><td colspan="2">ㆍ</td></tr>
<tr><td colspan="3">應不用 終聲 으</td><td colspan="3">伊只用 中聲 이</td><td colspan="2">思不用 初聲 ᄋᆞ</td></tr>
</table>

(2) 최세진이 『훈몽자회』에서 제시한 자음의 순서는 'ㄱ, ㄴ, ㄷ', ㄹ, ㅁ, ㅂ, ㅅ, ㆁ, ㅋ, ㅌ, ㅍ, ㅈ, ㅊ, ㅿ, ㅇ, ㅎ'이고, 모음의 순서는 'ㅏ, ㅑ, ㅓ, ㅕ, ㅗ, ㅛ, ㅜ, ㅠ'로 현행 한글 맞춤법의 자모 순서와 약간 차이가 있다.

(3) 받침에는 8종성 가족용 용법에 따라 'ㄱ, ㄴ, ㄷ, ㄹ, ㅁ, ㅂ, ㅅ, ㆁ'을 사용하였다.

## 02 국어 문법

# 1 음운론

### 1. 문법의 기본 단위

| | |
|---|---|
| 음운 | 사람들이 같은 음이라고 생각하는 추상적인 소리로서 말의 뜻을 구별하여 주는 소리의 가장 작은 단위 |
| 음절 | 한 번에 발음할 수 있는 소리의 최소 단위 |
| 형태소 | 뜻을 가진 가장 작은 말의 단위 |
| 단어 | 자립할 수 있는 말이나 이에 준하는 말 또는 자립 형태소에 붙어서 쉽게 분리할 수 있는 말 |
| 어절 | 문장을 구성하고 있는 각각의 마디. 문장 성분의 최소 단위이자 띄어쓰기의 단위 |
| 구 | 둘 이상의 단어가 모여 절이나 문장의 일부분을 이루는 토막. 종류에 따라 명사구, 동사구, 형용사구, 관형사구, 부사구 따위로 구분 |
| 절 | 주어와 서술어를 갖추고 있으나 독립적으로 쓰이지 못하는 단어의 집합체 |
| 문장 | 생각이나 감정을 완결된 내용으로 표현하는 언어의 최소 형식. 단 내용상 의미가 끝나야 하고, 형식상 의미가 끝났음을 알리는 표지가 있어야 함 |

### 2. 국어의 음운 체계

#### (1) 자음

| 조음 방법 \ 조음 위치 | | | 양순음(兩脣音) | 치조음(齒槽音) | 경구개음(硬口蓋音) | 연구개음(軟口蓋音) | 후음(喉音) |
|---|---|---|---|---|---|---|---|
| 안울림소리[無聲音] | 파열음(破裂音) | 예사소리 | ㅂ | ㄷ | | ㄱ | |
| | | 된소리 | ㅃ | ㄸ | | ㄲ | |
| | | 거센소리 | ㅍ | ㅌ | | ㅋ | |
| | 파찰음(破擦音) | 예사소리 | | | ㅈ | | |
| | | 된소리 | | | ㅉ | | |
| | | 거센소리 | | | ㅊ | | |
| | 마찰음(摩擦音) | 예사소리 | | ㅅ | | | ㅎ |
| | | 된소리 | | ㅆ | | | |
| 울림소리[有聲音] | 비음(鼻音) | | ㅁ | ㄴ | | ㅇ | |
| | 유음(流音) | | | ㄹ | | | |

### (2) 모음

| | 혀의 위치 / 입술 모양 / 혀의 높이 | 전설 모음 | | 후설 모음 | |
|---|---|---|---|---|---|
| | | 평순 | 원순 | 평순 | 원순 |
| 단모음 | 고모음(高母音) | ㅣ | ㅟ | ㅡ | ㅜ |
| | 중모음(中母音) | ㅔ | ㅚ | ㅓ | ㅗ |
| | 저모음(低母音) | ㅐ | | ㅏ | |
| 이중 모음 | ㅣ[j] + 단모음 | ㅑ, ㅕ, ㅛ, ㅠ, ㅒ, ㅖ | | | |
| | ㅗ/ㅜ[w] + 단모음 | ㅘ, ㅙ, ㅝ, ㅞ | | | |
| | 단모음 + ㅣ[j] | ㅢ | | | |

## 3. 음운의 변동

| 구분 | 음운 현상 | | 변화 양상 |
|---|---|---|---|
| 교체 | 음절의 끝소리 규칙 | | 음절의 끝에서 발음되는 자음은 'ㄱ, ㄴ, ㄷ, ㄹ, ㅁ, ㅂ, ㅇ'의 일곱 개뿐이므로, 나머지 자음이 음절의 끝에 오면 일곱 개의 자음 중 하나로 바뀌어 발음된다. |
| | 자음 동화 | 비음화 | 파열음 'ㄱ, ㄷ, ㅂ'이나 유음 'ㄹ'이 비음인 'ㄴ, ㅁ'의 앞이나 뒤에서 각각 비음인 'ㄴ, ㅁ, ㅇ'으로 변하는 현상을 말한다. |
| | | 유음화 | 비음인 'ㄴ'이 앞이나 뒤에 오는 유음 'ㄹ'의 영향으로 유음인 'ㄹ'로 바뀌는 현상이다. |
| | 모음 동화 | | 대표적으로 'ㅣ' 모음 역행 동화 현상이 있다. 이는 후설 모음인 'ㅏ, ㅓ, ㅗ, ㅜ'가 뒤에 오는 전설 모음인 'ㅣ'의 영향을 받아 'ㅐ, ㅔ, ㅚ, ㅟ'로 변하는 현상을 말한다. 대게 비표준 발음이다.<br>예 아기 → [애기], 고기 → [괴기], 죽이다 → [쥐기다] |
| | 모음 조화 | | 양성 모음은 양성 모음끼리, 음성 모음은 음성 모음끼리 어울리는 현상을 말한다. |
| | 구개음화 | | 끝소리가 'ㄷ, ㅌ'인 형태소가 모음 'ㅣ'나 반모음 'ㅣ[j]'로 시작되는 형식 형태소와 만나 구개음인 [ㅈ, ㅊ]으로 바뀌어 소리 나는 현상이다. 'ㄷ' 뒤에 접미사 '히'가 결합되어 '티[치]'를 이루는 것도 구개음화로 인정한다. |
| | 된소리되기 | | 예사소리가 된소리로 발음되는 현상이다. 된소리되기에는 크게 'ㄱ(ㄲ, ㅋ, ㄳ, ㄺ), ㄷ(ㅅ, ㅆ, ㅈ, ㅊ, ㅌ), ㅂ(ㅍ, ㄼ, ㄿ, ㅄ)' 뒤에서 일어나는 된소리되기와 어간 받침 'ㄴ(ㄵ), ㅁ(ㄻ)' 뒤에서 일어나는 된소리되기, 어간 받침 'ㄼ, ㄾ' 뒤, 한자어 'ㄹ' 받침 뒤, 관형사형 어미인 '-(으)ㄹ' 뒤에서 일어나는 된소리되기 등이 있다. |
| 축약 | 자음 축약 | | 자음 'ㄱ, ㄷ, ㅂ, ㅈ'이 자음 'ㅎ'과 만나 거센소리인 'ㅋ, ㅌ, ㅍ, ㅊ'이 되는 현상을 자음 축약이라고 한다. '거센소리되기'라고도 한다. |
| | 모음 축약 | | 모음 'ㅣ'나 'ㅗ/ㅜ'가 다른 모음과 결합하여 이중 모음을 이루는 것을 모음 축약이라고 한다. 모음 축약은 음절 수가 줄기 때문에 '음절 축약'이라고도 한다. |

| 탈락 | 자음 탈락 | 자음군 단순화 | 겹받침의 발음법으로서 음절 말의 겹받침 가운데 하나가 탈락하고 나머지 하나만 발음되는 현상이다. |
| --- | --- | --- | --- |
| | | ㄹ 탈락 | 합성이나 파생의 과정에서 'ㄹ'이 탈락하거나, 용언의 활용 과정에서 어간의 끝 받침 'ㄹ'이 탈락한다. |
| | | ㅎ 탈락 | 'ㅎ'이 모음으로 시작하는 어미나 접미사 앞에서 탈락하는 현상을 'ㅎ' 탈락이라고 한다. |
| | 모음 탈락 | ㅡ 탈락 | 'ㅡ'가 다른 모음 앞에서 탈락하는 현상이다. |
| | | 동음 탈락 | 똑같은 모음이 반복될 때 하나가 탈락하는 현상이다. |
| 첨가 | 사잇소리 | 두 개의 형태소 또는 단어가 어울려 합성 명사를 이룰 때, 뒤의 예사소리가 된소리로 변하거나, 'ㄴ' 또는 'ㄴㄴ' 소리가 첨가되는 경우가 있다. 이러한 현상을 '사잇소리 현상'이라고 한다. | |

## 2 형태론

### 1. 형태소의 종류

| 자립의 유무에 따라 | 자립 형태소 | 홀로 자립하여 쓰일 수 있는 형태소 예 체언, 감탄사, 부사, 관형사 등 |
| --- | --- | --- |
| | 의존 형태소 | 자립성이 없어 다른 말에 기대어서 쓰이는 형태소 예 조사, 접사, 어간, 어미 |
| 의미의 허실에 따라 | 실질 형태소 | 구체적인 대상이나 동작, 상태와 같은 어휘적 의미를 표시하는 형태소 예 자립 형태소, 어간 |
| | 형식 형태소 | 실질 형태소와 결합하여 문법적 관계 및 조어적 기능을 하는 형태소 예 조사, 어미, 접사 |

### 2. 단어

| 개념 | 분리하여 자립적으로 쓸 수 있는 말이나 이에 준하는 말. 또는 자립 형태소에 붙어 쉽게 분리할 수 있는 말이다. |
| --- | --- |
| 특징 | ① 파생어와 합성어는 하나의 단어이다.<br>② '어간 + 어미'는 합쳐서 하나의 단어로 취급한다.<br>③ 의존 명사와 보조 용언은 자립성이 없으나 단어로 취급한다.<br>④ 숫자를 우리말로 적을 때는 만 단위로 띄어 쓰지만 하나의 단어로 취급한다.<br>⑤ 의성어와 의태어는 형태소가 둘이지만 합성어인 까닭에 하나의 단어로 취급한다.<br>⑥ 조사는 자립성이 없으나 자립 형태소에 붙어 쉽게 분리할 수 있으므로 어미와는 달리 단어로 취급한다. |

| 종류 | 단일어 | | 하나의 실질 형태소나 어근만으로 이루어진 단어를 단일어라 한다. 또한 단순한 '어간 + 어미'의 활용형 또한 단일어라 할 수 있다. |
|---|---|---|---|
| | 복합어 | 파생어 | 어근과 접사의 결합으로 이루어진 단어이다. 접사가 어근에 붙어서 단어가 새로 만들어지는 현상을 '파생'이라고 한다. 파생어는 접사가 어근에 붙는 위치에 따라서 나눌 수 있다. 어근의 앞에 붙는 접사는 접두사, 어근의 뒤에 붙는 접사는 접미사라고 한다. 따라서 파생어는 '접두사 + 어근' 또는 '어근 + 접미사'의 형태로 결합되어 있다. |
| | | 합성어 | 두 개 이상의 어근이 결합한 복합어로, 접사 없이 어근과 어근이 직접 합쳐져서 만들어진 단어를 말한다. 합성법의 유형은 통사적 합성법과 비통사적 합성법으로 구분된다. 통사적 합성법은 우리말의 일반적 단어 배열과 같은 유형의 합성(명사 + 명사, 관형어 + 명사, 주어 + 서술어 등)을 말하는데, '돌다리'(명사 + 명사)나 '작은형'(관형어 + 명사) 등이 그 예이다. 이와 달리 비통사적 합성법은 일반적 단어 배열에 어긋나는 합성(용언의 어근 + 명사)을 말하는데, 늦은 더위를 뜻하는 '늦더위'나 '부슬비' 등을 예로 들 수 있다. |

## 3. 품사

| 분류 기준 | | | | |
|---|---|---|---|---|
| 형태 | 기능 | | 의미 | |
| 불변어 | 체언 | 문장에서 주로 주체가 되는 구실을 하는 단어 | 명사 | 사람이나 사물의 이름을 나타내는 단어 |
| | | | 대명사 | 사람, 사물, 장소의 이름을 대신 가리키는 단어 |
| | | | 수사 | 수량이나 순서를 가리키는 단어 |
| | 관계언 | 문장에 쓰인 단어들의 관계를 나타내는 단어 | 조사 | 주로 체언 뒤에 붙어서 그 말과 다른 말과의 문법적 관계를 나타내거나, 특별한 뜻을 더해 주는 단어 |
| | 수식언 | 문장에서 체언이나 용언 앞에 놓여서 그 말을 꾸며 주는 단어 | 관형사 | 체언 앞에 놓여서 체언이 어떠하다고 자세하게 꾸며주는 단어 |
| | | | 부사 | 주로 용언을 꾸밈으로서 그 용언의 의미를 분명하게 해주는 단어 |
| | 독립언 | 문장에서 독립적으로 쓰이는 단어 | 감탄사 | 감정을 넣어 말하는 이의 놀람, 느낌, 부름, 대답을 나타내는 단어 |
| 가변어 | 용언 | 문장 주체가 되는 체언을 서술해 주는 단어 | 동사 | 주어의 동작이나 작용을 나타내는 단어 |
| | | | 형용사 | 주어의 성질이나 상태를 나타내는 단어 |

## 4. 5언 9품사

### (1) 체언

- 격 조사와 결합할 수 있으며, 문장에서 주어, 목적어, 보어 등의 역할을 한다.
- 주로 관형어의 꾸밈을 받으며 형태의 변화는 없다.

|  |  |
|---|---|
| 명사 | • 관형사의 수식을 받는다.<br>예 새 옷, 헌 신발, 온갖 시련, 외딴 집<br>• 문장에서 쓰일 때 형태가 변하지 않는다.<br>• 문장에서 조사와 결합하여 주어, 목적어, 서술어 등 여러 가지 문장 성분이 된다.<br>• 복수 접미사 '–들'을 취하여 복수형을 이룰 수 있다.<br>예 사람들, 나무들 |
| 대명사 | • 문장의 주체인 주어가 될 수 있다.<br>예 나는 밥을 먹었다.<br>• 복수 접미사 '–들, –희, –네'를 취하며 조사가 붙을 수 있다.<br>예 그들, 너희, 우리네<br>• 관형사의 수식을 받을 수 없다. 단, 용언의 관형사형의 수식은 받을 수 있다.<br>예 이 그녀(×), 아름다운 그녀(○) |
| 수사 | • 조사가 결합하여 격을 나타낸다.<br>예 필통에서 연필 하나를 꺼냈다. (수사)<br>• 날짜와 시간의 이름은 수사가 아니라 명사이다.<br>예 하루가 지나가다. (명사) 그가 집을 떠난 지 사흘이 지났다. (명사)<br>• 관형사와 용언의 관형사형의 꾸밈을 받을 수 없다.<br>예 새 하나(×), 아름다운 하나(×)<br>• 복수 접미사를 취할 수 없으나 '하나하나'처럼 반복에 의한 복수는 가능하다.<br>예 하나들(×), 둘들(×)<br>• 차례를 나타내면 수사이지만, 차례를 나타내는 말이 사람을 지칭하면 명사이다.<br>예 • 수술 환자를 다룰 때는 첫째, 마취를 제대로 할 수 있어야 하고, 둘째, … (수사)<br>• 첫째는 공무원이고, 둘째는 회사원이다. (명사) |

### (2) 수식언

|  |  |
|---|---|
| 관형사 | • 조사가 붙지 않고 수사 앞에 오지 않는다.<br>예 새의 옷(×), 헌 하나(×)<br>• 형태가 변하지 않는다.<br>• 독립된 품사로 다른 말과는 띄어 쓴다.<br>• 관형어로만 쓰이고, 시제와 높임의 구별이 없다. |
| 부사 | • 형태가 변하지 않으며 문장 내에서 위치가 비교적 자유롭다.<br>예 어서 집에 가거라. 집에 어서 가거라.<br>• 격 조사와는 결합하지 않고 보조사를 붙이기도 한다.<br>예 참 많이가 먹는다. (×), 참 많이도 먹는다. (○) |

### (3) 관계언

| | |
|---|---|
| **조사** | • 조사는 여러 개를 겹쳐 쓸 수 있다<br>예 집에서/처럼, 학교에서/만/이라도, 여기서/부터/입니다, 어디까지/입니까, 들어가기는/커녕<br>• 자립성은 없으나 앞말과의 분리성이 강하여 단어로 처리한다.<br>예 나는 밥을 먹었다. (조사 2개를 포함하여 단어의 개수 5개)<br>• 문장 속에서 홀로 쓰일 수 없고 반드시 다른 말에 붙어 쓰인다.<br>• 주로 체언 뒤에 붙지만 동사나 형용사, 부사 뒤에도 붙을 수 있다.<br>예 우리 강아지는 웃기도 한다. 발가락이 예쁘지는 않다. 노래를 잘은 못한다.<br>• 관형사 뒤에는 붙지 못한다.<br>• 앞말이 자음으로 끝났는지 모음으로 끝났는지에 따라 이형태(異形態)가 나타난다.<br>예 주격 조사 '이/가', 목적격 조사 '을/를', 보조사 '은/는', 접속 조사 '와/과' |

### (4) 독립언

| | |
|---|---|
| **감탄사** | • 형태가 변하지 않고 조사도 붙지 않는다.<br>• 문장에서 위치가 비교적 자유롭다.<br>• 어떤 품사를 수식하거나 다른 품사의 수식을 받지 않는다.<br>• 품사 중 가장 독립성이 강하여 하나의 문장으로 쓰일 수도 있다. |

### (5) 용언

| | |
|---|---|
| **동사** | • 사물의 동작이나 작용 등을 나타낸다.<br>• 동사는 시제를 동반하여 동작상을 나타낸다.<br>예 나는 밥을 먹었다. (과거 시제, 완료상)<br>• 명령형, 청유형, 현재 시제, 의도나 목적 등에 사용할 수 있다.<br>• 동사는 관형사와 어울릴 수 없으나 부사의 한정을 받을 수 있다.<br>예 새 살다(×), 잘 먹었다(○) |
| **형용사** | • 사람이나 사물의 성질이나 상태를 나타낸다.<br>• 문장 안에서 서술어나 수식어의 기능을 한다.<br>예 그녀가 예쁘다. (서술어), 예쁜 그녀가 웃었다. (관형어)<br>• 동사와는 달리 명령형, 청유형, 현재 시제 등을 쓸 수 없다.<br>예 예뻐라(×), 예쁘자(×), 예쁜다(×) |

## 5. 어간과 어미

### (1) 개념

| 어간 | 용언의 활용에서 변하지 않는 부분 |
|---|---|
| 어미 | 용언의 활용에서 어간 뒤에 결합하여 변하는 부분 |

### (2) 어미의 분류

① 선어말 어미

- 어말 어미의 앞자리에 들어가는 어미이다.
- 어말 어미와는 달리 경우에 따라 있을 수도 있고 없을 수도 있다.
- 둘 이상의 선어말 어미가 함께 올 수 있다.
- 선어말 어미는 높임, 시제, 공손 등을 표시한다.

| 종류 | 형태 | 기능 | 동사의 사례 | 형용사의 사례 |
|---|---|---|---|---|
| 시제 선어말 어미 | -는-/-ㄴ- | 현재 | 먹는다, 간다 | 예쁜다* (결합 불가능) |
| | -았-/-었- | 과거 | 먹었다, 갔다 | 예뻤다 |
| | -겠- | 미래(추측) | 먹겠다, 가겠다 | (예쁘겠다) |
| | -더- | 과거(회상) | 먹더라, 가더라 | (예쁘더라) |
| 높임 선어말 어미 | -(으)시- | 주체 높임 | 잡으시다, 보시다 | 훌륭하시다 |
| | -옵- | 공손 | 잡으시옵고, 보시옵고 | 훌륭하시옵고 |

② 어말 어미

㉠ 종결 어미

| 종류 | 성격 | 형태 | 사례 |
|---|---|---|---|
| 평서형 어미 | 단순 진술, 설명 | -다, -네, -(으)오,<br>-ㅂ니다, -습니다. | 하늘이 맑다. |
| 감탄형 어미 | 감탄 | -구나, -로구나, -구려 | 하늘이 맑구나! |
| 의문형 어미 | 물음 | -느냐, -는가, -오(소),<br>-(으)ㅂ니까, -습니까, -니 | 하늘이 맑습니까? |
| 명령형 어미 | 행동 시키기 | -아라/어라, -게,<br>-(으)오, -(으)십시오. | 어서 밥을 먹어라. |
| 청유형 어미 | 행동 권유 | -자, -세, -(으)ㅂ시다 | 어서 밥을 먹자. |

㉡ 비종결 어미

• 연결 어미: 앞 문장과 뒤 문장을 연결해 주는 구실을 하는 어미

| 종류 | 의미 | 형태 | 사례 |
|---|---|---|---|
| 대등적 연결 어미 | 나열 | –고, –(으)며 | 인생은 짧고, 예술은 길다. |
| | 상반 | –(으)나, –지만, –다만 | 인생은 짧지만, 예술은 길다 |
| 종속적 연결 어미 | 동시 | –자(마자) | 까마귀 날자 배 떨어진다. |
| | 이유(원인) | –(아/어)서, –(으)니(까), –(으)므로, –느라고, –니 | 봄이 오니 산에 눈이 녹는다. |
| | 양보 | –아/어도, –더라도, –든지, –(으)나, –거나, –(으)ㄴ들 | 어느 팀이 이겨도 상관하지 않아. |
| | 목적(의도) | –(으)러, –고자, –(으)려고 | 비가 오려고 날씨가 무더웠나 보다. |
| | 결과 | –게, –도록 | 너를 사랑할 수 있도록 도와주렴. |
| | 필연(당위) | –(아/어)야 | 가는 말이 고와야 오는 말이 곱다. |
| | 전환 | –다가 | 울다가 웃다. |
| | 비유 | –듯(이) | 구름에 달 가듯이 가는 나그네 |
| | 더함 | –(으)ㄹ수록 | 벼는 익을수록 고개를 숙인다. |
| 보조적 연결 어미 | 보충 | –아/–어, –게, –지, –고 | 가을에는 사랑하게 하소서.<br>잠시 그녀를 잊고 지낼 수 있었다. |

• 전성 어미: 용언의 서술 기능을 또 다른 기능으로 바꾸어 주는 어미

| 종류 | 형태 | 사례 |
|---|---|---|
| 명사형 전성 어미 | –(으)ㅁ, –기 | 훌륭한 사람이 되기 바란다. |
| 관형사형 전성 어미 | –(으)ㄴ, –는, –(으)ㄹ, –던 | 집에 가는 사람이 누구냐 |
| 부사형 전성 어미 | –게, –도록 | 그녀는 얼굴이 예쁘게 생겼다.<br>나무가 잘 자라도록 거름을 주었다. |

## 6. 용언의 활용

### (1) 규칙 활용

어간과 어미가 결합하는 과정에서 어간, 어미 모두 형태 변화가 없거나, 형태 변화가 있어도 보편적인 음운 규칙으로 설명할 수 있는 활용으로, 자동적 교체라고도 한다.

| 종류 | 내용 | 사례 |
|---|---|---|
| 'ㄹ' 탈락 용언 | 어간의 끝소리 'ㄹ'이 'ㄴ, ㅂ, ㅅ, 오' 앞에서 탈락함 | 살다: 사니, 삽니다, 사시오, 사오 |
| 'ㅡ' 탈락 용언 | 모음 앞에서 어간의 'ㅡ'가 탈락함 | 끄 + 어 → 꺼 / 치르 + 어 → 치러 |

### (2) 불규칙 활용

어간과 어미가 결합하는 과정에서 어간이나 어미의 기본 형태가 달라지면서 보편적인 음운 규칙으로 설명할 수 없는 활용으로, 비자동적 교체라고도 한다.

① 어간이 바뀌는 경우

| 종류 | 내용 | 사례 | | 규칙 용언 |
|---|---|---|---|---|
| | | 동사 | 형용사 | |
| 'ㅅ' 불규칙 | 어간의 끝소리 'ㅅ'이 모음 앞에서 탈락함<br>예 짓 + 어 → 지어 | 젓다, 붓다, 잇다, 짓다 등 | '낫다' 하나뿐임 | 벗다, 빗다, 솟다, 빼앗다 등<br>예 벗 + 어 → 벗어 |
| 'ㅂ' 불규칙 | 어간의 끝소리 'ㅂ'이 모음 앞에서 '오/우'로 바뀜<br>예 돕 + 아 → 도와 | 줍다, 눕다, 깁다 등 | 덥다, 사납다, 괴롭다, 무겁다 등 | 뽑다, 잡다, 좁다, 씹다, 입다, 접다 등<br>예 입 + 어 → 입어 |
| 'ㄷ' 불규칙 | 어간의 끝소리 'ㄷ'이 모음 앞에서 'ㄹ'로 바뀜<br>예 걷 + 어 → 걸어 | 묻다[問], 싣다, 붇다, 일컫다, 긷다 등 | 없음 | 묻다[埋], 돋다, 닫다, 쏟다, 얻다 등<br>예 묻 + 어 → 묻어 |
| '르' 불규칙 | 어간의 끝소리 '르'의 'ㅡ'가 탈락하면서 'ㄹ'이 덧생김<br>예 흐르 + 어 → 흘러 | 부르다, 타오르다, 오르다, 가르다 등 | 이르다[早], 그르다, 무르다 등 | 치르다, 들르다 등<br>예 치르 + 어 → 치러 |
| '우' 불규칙 | 어간의 끝소리 '우'가 모음 앞에서 탈락함<br>예 푸 + 어 → 퍼 | '푸다' 하나뿐임 | 없음 | 주다, 두다, 추다 등<br>예 주 + 어 → 줘 |

② 어미가 바뀌는 경우

| 종류 | 내용 | 사례 | | 규칙 용언 |
|---|---|---|---|---|
| | | 동사 | 형용사 | |
| '여' 불규칙 | 어미의 첫소리 '아'가 '여'로 바뀜<br>예 하 + 아 → 하여 | '하다'로 끝나는 동사 | '하다'로 끝나는 형용사 | 사다, 나다, 차다, 파다 등<br>예 사 + 아 → 사 |
| '러' 불규칙 | 어미의 첫소리 '어'가 '러'로 바뀜<br>예 이르 + 어 → 이르러 | 이르다[至] 하나뿐임 | 푸르다, 누르다[黃] | 먹다, 막다 등<br>예 먹 + 어 → 먹어 |
| '너라' 불규칙 | 명령형 어미 '아라/어라'가 '너라'로 바뀜<br>예 오 + 아라 → 오너라 | '오다'가 들어가는 동사 | 없음 | 보다, 쏘다, 고다 등<br>예 보 + 아라 → 보아라 |

③ 어간과 어미가 모두 바뀌는 경우

| 종류 | 내용 | 사례 | | 규칙 용언 |
|---|---|---|---|---|
| | | 동사 | 형용사 | |
| 'ㅎ' 불규칙 | 어간의 'ㅎ'이 탈락하고, 어미 '아/어'가 '애/에'로 바뀜<br>예 파랗 + 아 → 파래 | 없음 | 하얗다, 누렇다, 빨갛다, 까맣다, 노랗다 등 | 좋다, 놓다 등<br>예 좋 + 아 → 좋아 |

## 7. 품사의 통용

| | |
|---|---|
| 의존 명사와 조사의 구별 | 용언의 관형사형 다음에 오면 의존 명사이고, 체언 다음에 오면 조사이다.<br>예 • 네가 좋아한 만큼 실망도 크겠구나. (의존 명사)<br>• 나도 너만큼 참았다. (조사) |
| 의존 명사와 접사의 구별 | 사물을 나열한 다음에 오면 의존 명사이고, 하나의 체언 뒤에 붙으면 접미사이다.<br>예 • 오곡은 쌀, 보리, 콩, 조, 기장 들을 이른다. (의존 명사)<br>• 과일들이 많이 있다. (복수 접미사) |
| 동사와 형용사의 구별 | 현재 시제, 명령형, 청유형, 의도 표현 등을 쓸 수 있으면 동사이고, 쓸 수 없으면 형용사이다.<br>예 • 벌써 날이 밝는다. (동사)<br>• 오늘은 달이 매우 밝다. (형용사) |
| 관형사와 대명사의 구별 | '이, 그, 저'가 직접 체언을 꾸미면 관형사이고, 뒤에 조사가 붙으면 대명사이다.<br>예 • 이 수박이 맛있게 생겼다. (관형사)<br>• 이처럼 좋은 선물을 주셔서 감사합니다. (대명사) |

## 3 통사론

### 1. 문장 성분의 종류

| 종류 | | 의미 |
|---|---|---|
| 주성분 | 주어 | 서술어가 나타내는 동작이나 상태의 주체가 되는 문장 성분<br>예 민수가 운동을 한다. |
| | 서술어 | 주어의 움직임, 상태, 성질 따위를 서술하는 문장 성분<br>예 철수가 웃는다. / 철수가 점잖다. / 철수는 학생이다. |
| | 목적어 | 타동사가 쓰인 문장에서 동작의 대상이 되는 문장 성분<br>예 철수가 책을 읽는다. |
| | 보어 | '되다, 아니다' 앞에 조사 '이/가'를 취하여 나타내는 문장 성분<br>예 철수가 군무원이 되었다. |
| 부속 성분 | 관형어 | 체언 앞에서 체언의 뜻을 꾸며 주는 구실을 하는 문장 성분<br>예 아름다운 그녀가 웃었다. |
| | 부사어 | 용언의 내용을 한정하는 문장 성분<br>예 그녀의 눈에는 세상이 아름답게 보였다. |
| 독립 성분 | 독립어 | 다른 문장 성분과 밀접한 관계없이 독립적으로 쓰는 문장 성분<br>예 철수야, 산에 가자. |

#### (1) 주어

| 개념 | 체언이나 체언 구실을 하는 '구'나 '절'에 주격 조사(이/가/께서/에서)가 결합하여 나타난다. 때로는 주격 조사가 생략될 수도 있고 보조사가 결합할 수도 있다. |
|---|---|
| 성립 | ① 주어는 원칙적으로 '체언, 명사구, 명사절'에 주격 조사(이/가/께서/에서)가 결합하여 성립된다.<br>예 • (체언) 바다가 푸르다. / 나무에서 사과가 떨어졌다.<br>• (명사구) 새 차가 서 있다.<br>• (명사절) 마음 착하기가 천사 같다.<br>• (높임의 명사) 할아버지께서 오셨다.<br>• (단체 무정 명사) 이번에도 우리 학교에서 우승했다.<br>② 보조사(는/만/도)가 대신 결합하여 주어를 실현할 수 있고, 여기에 주격 조사가 다시 결합할 수 있다.<br>예 • 나는 국어를 잘해.<br>• 자신만이 옳다고 생각하였다.<br>③ 주격 조사 없이 체언 단독으로 주어가 되는 경우가 있다.<br>예 • 철수야, 아버지(께서) 오셨다.<br>• 너(는) 지금 뭐하니? |

### (2) 서술어

① 서술어의 개념과 성립

| | |
|---|---|
| **개념** | 서술부에서 가장 중심이 되는 말이다. 문장의 기본 구조에서 '어찌하다, 어떠하다, 무엇이다'에 해당한다. |
| **성립** | ㉠ 보통 '동사, 형용사, 서술격 조사(이다)'의 종결형으로 나타난다.<br>예 • (동사) 그녀가 달린다.<br>• (형용사) 그녀가 예쁘다.<br>• (체언 + 서술격 조사) 그녀는 선생님이다.<br>㉡ 서술절이 서술어가 되기도 한다.<br>예 토끼는 앞발이 짧다.<br>㉢ 본용언과 보조 용언이 한 단위를 이루어 서술어가 된다.<br>예 일이 잘 되어 간다.<br>㉣ 명사만으로 서술어가 되기도 한다.<br>예 여기는 자유의 땅. ('이다'의 생략) |

② 서술어의 자릿수

| 유형 | 필요한 성분 | 서술어 | 사례 |
|---|---|---|---|
| **한 자리 서술어** | 주어 | 자동사, 형용사 | • 아기가 펑펑 울었다.<br>• 꽃이 아름답게 피었다. |
| **두 자리 서술어** | 주어, 목적어 | 타동사 | • 그는 연극을 보았다.<br>• 나는 만화책을 열심히 보았다. |
| | 주어, (필수)부사어 | 대칭 서술어 | • 남자는 여자와 다르다.<br>• 트럭이 버스와 부딪쳤다.<br>• 명준이는 길에서 수지와 마주쳤다. |
| | 주어, 보어 | 되다, 아니다 | • 채운이가 고등학생이 되었다.<br>• 물이 얼음이 되었다. |
| **세 자리 서술어** | 주어, 목적어, 부사어 | 주다, 여기다, 넣다, 바치다, 삼다, 채우다 | • 아버지께서 나에게 용돈을 주셨다.<br>• 그는 우체통에 편지를 넣었다.<br>• 큰아버지는 나를 양자로 삼으셨다. |

### (3) 목적어

| | |
|---|---|
| 개념 | 서술어만으로는 행위나 동작을 완벽하게 표현하지 못하는 동사(타동사)를 도와 행위나 동작의 대상을 나타내는 문장 성분으로, '무엇을, 누구를'에 해당한다. |
| 성립 | ① 체언에 목적격 조사 '을/를'이 붙어 성립된다.<br>예 우리는 바다를 보았다.<br>② 체언 구실을 하는 명사구나 명사절도 목적어가 될 수 있다.<br>예 • (명사구) 돌아갈 일을 생각하자.<br>• (명사절) 나는 그가 잘 되기를 바란다.<br>③ 목적격 조사 '을/를'을 생략하고 쓰이는 경우도 있다.<br>예 • 오빠 사과(를) 먹어.<br>• 책(을) 좀 빌려 줄래?<br>④ 목적격 조사 '을/를' 대신에 보조사인 '는/만/도'가 붙어 이루어지기도한다.<br>예 • 그는 노래를 못해. → 그는 노래는 못해.<br>• 철수는 나를 좋아해. → 철수는 나만 좋아해.<br>• 나는 밥을 먹었어. → 나는 밥도 먹었어. |

### (4) 보어

| | |
|---|---|
| 개념 | 보어는 완전한 뜻을 가지지 못하는 서술어를 보충하여 완전한 문장이 되게 하는 성분이다. '무엇이, 누가'에 해당하는 보어의 도움을 받아야 하는 서술어로는 '되다, 아니다'가 있다. |
| 성립 | ① 보어를 필요로 하는 용언은 '되다, 아니다' 둘 뿐이다.<br>예 • 대한이는 사관생도가 되었다.<br>• 민국이는 선생님이 아니다.<br>② 보격 조사에는 '이/가'가 있다. 보격 조사 대신에 보조사를 쓸 수 있다.<br>예 • 물이 얼음이 되었다. → 물이 얼음도 된다.<br>• 그는 바보가 아니다. → 그는 바보는 아니다. |

### (5) 관형어

| | |
|---|---|
| 개념 | 관형어는 문장에서 '어떠한, 무엇의'의 뜻으로 쓰이고, 체언(명사, 대명사, 수사)의 내용을 구체적으로 밝히는 기능을 한다. |
| 성립 | ① 체언(명사, 대명사, 수사)에 관형격 조사 '의'가 붙어 관형어가 된다.<br>예 철수의 키가 크다.<br>② 관형사가 관형어가 된다. (새, 헌, 옛, 이, 그, 저 등)<br>예 헌 옷을 입지 마라.<br>③ 동사나 형용사의 어간에 관형사형 어미(-(으)ㄴ/-는/-(으)ㄹ/-던)가 붙어 관형어가 된다.<br>예 푸른 하늘<br>④ 관형격 조사 '의'를 생략해도 그대로 관형어가 성립된다.<br>예 친구(의) 동생 |

### (6) 부사어

| | | |
|---|---|---|
| 개념 | 주로 뒤에 오는 서술어(동사, 형용사)를 꾸며 주는 역할을 하는 성분으로, 서술어뿐 아니라 다른 부사어나 관형어, 문장 전체를 꾸며 주기도 한다. 문장에서 주로 '어떻게'의 형태를 띠며 뒤에 오는 꾸밈을 받는 말의 내용을 구체적으로 밝히는 기능을 한다. | |
| 종류 | 성분 부사어 | 문장에서 특정한 문장 성분(서술어, 관형어, 부사어)을 꾸미는 부사어<br>예 • (서술어 수식) 날씨가 매우 춥다.<br>• (관형어 수식) 아주 새 차로구나.<br>• (부사어 수식) 밥을 아주 많이 먹었다. |
| | 문장 부사어 | 문장 전체를 꾸미거나, 단어나 문장을 이어 주는 기능을 하는 부사어<br>예 • (문장 수식) 과연 그의 말이 옳다. / 다행히 마음만은 즐거웠다.<br>• (문장을 이음) 그러나 나는 그를 미워하지 않는다.<br>• (단어를 이음) 정의, 평등 및 자유가 보장되는 사회가 되어야 한다. |
| 성립 | ① 부사가 그대로 부사어가 된다.<br>예 버스가 벌써 떠나갔다.<br>② 부사를 다시 꾸며 주는 부사도 부사어가 된다.<br>예 자동차가 매우 빨리 달린다.<br>③ 체언에 부사격 조사(에서/로/에/와 등)가 붙어 부사어가 된다.<br>예 사람은 흙에서 와 흙으로 돌아간다. | |

### (7) 독립어

| | |
|---|---|
| 개념 | 다른 성분과 아무 관계없이 독립적으로 쓰이는 성분. 감탄, 부름, 응답을 나타내는 말 |
| 성립 | ① 감탄사가 그대로 독립어로 쓰인다.<br>예 • (놀람) 어머나, 네가 바로 그 아이니?<br>• (느낌) 아, 정말 아름답구나.<br>② 체언에 호격 조사가 붙어 부르는 말도 가능하다.<br>예 • (유정 명사 + 야) 영희야, 문 좀 열어라.<br>③ 제시어나 표제어가 독립어로 쓰일 수 있다.<br>예 • (제시어) 인생, 나는 이것을 잘 모른다.<br>• (표제어) 이상, 이는 청춘이 누리는 바 특권이다. |

## 2. 문장의 종류

<table>
<tr><td>홑문장</td><td colspan="3">한 문장 안에서 주어와 서술어의 관계가 한 번씩만 이루어진 문장<br>예 그가 드디어 얼굴에 미소를 띠었다.<br>주어 부사어 부사어 목적어 서술어</td></tr>
<tr><td rowspan="5">겹문장</td><td rowspan="5">안은문장<br>(안긴문장)</td><td>명사절을<br>안은문장</td><td>명사절은 한 문장의 서술어에 명사형 어미(–(으)ㅁ/–기/–는 것 등)를 붙여서 만든다. 이때 만들어진 명사절은 문장 내에서 주어나 목적어, 부사어의 역할을 한다.<br>예 • 그가 살아있음이 밝혀졌다.<br>• 우리는 그가 성실한 사람임을 이제야 깨달았다.<br>• 이 책은 초등학생인 내가 읽기에 너무 어렵다.<br>• 우리나라의 날씨가 좋다는 것은 사실이다.</td></tr>
<tr><td>관형절을<br>안은문장</td><td>관형절은 한 문장의 서술어에 관형사형 어미(–(으)ㄴ/–는/–(으)ㄹ/–던)를 붙여서 만든다. 이때 만들어진 관형절은 문장 내에서 체언을 꾸며 주는 관형어의 역할을 한다.<br>예 • 좋은 차는 몸이 먼저 느낍니다.<br>• 나는 내가 직접 그를 만난 기억이 없다.<br>• 우리 선수가 좋은 경기를 하고 있다는 소식을 들었다.</td></tr>
<tr><td>부사절을<br>안은문장</td><td>부사절은 한 문장의 서술어에 부사 파생 접사인 '–이'나 부사형 전성 어미(–게/–도록 등)를 붙여서 만든다. 이때 만들어진 부사절은 문장 내에서 서술어를 꾸며 주는 부사어의 역할을 한다.<br>예 • 땀이 비가 오듯이 쏟아졌다.<br>• 그 사람은 형과는 달리 사교에 능하다.<br>• 채운이가 소리도 없이 내 뒤로 다가왔다.</td></tr>
<tr><td>서술절을<br>안은문장</td><td>안긴문장이 문장 내에서 서술어의 역할을 한다. 서술절은 '주어 + (주어 + 서술어)'의 형태를 하고 있으며 다른 문장과는 달리 어떤 특별한 절 표지가 없는 것이 특징이다.<br>예 • 토끼는 다리가 짧다.<br>• 철수는 키가 아주 크다.<br>• 지원이는 눈이 매우 예쁘다.</td></tr>
<tr><td>인용절을<br>안은문장</td><td>화자의 생각이나 판단 또는 남의 말을 직 · 간접적으로 인용하는 문장을 인용문이라고 한다. 이 인용문이 절의 형식으로 전체 문장에 안길 때 이 인용절을 안긴문장이라고 한다. 참고로 인용격 조사에는 '–고, –라고' 등이 있다.<br>예 • 그는 나에게 저 방에 누가 있느냐고 물었다.<br>• 우리는 그가 옳지 않은 일을 한다고 판단했다.<br>• 아가씨는 "난 저렇게 많은 별은 처음 봤어."라고 말했다.</td></tr>
</table>

<table>
<tr><td rowspan="3">겹문장</td><td rowspan="3">이어진<br>문장</td><td>대등적으로<br>이어진문장</td><td>홑문장과 홑문장이 이어질 때 두 개의 홑문장이 대등한 자격으로 이어진 문장을 말한다. 따라서 대등적으로 이어진문장은 홑문장과 홑문장 사이에 영향 관계가 없다. 대등적으로 이어진문장은 연결 어미를 기준으로 앞 절과 뒤 절의 위치를 바꾸어도 문장 전체의 의미가 달라지지 않는다.<br>① 나열: 연결 어미 '–고, –(으)며'<br>예 • 산이 높고 하늘이 푸르다.<br>• 이것은 사과이며 저것은 포도이다.<br>② 대조: 연결 어미 '–(으)나, –지만'<br>예 • 그는 갔으나 그의 예술은 남아 있다.<br>• 몸은 늙었지만 마음은 젊다.</td></tr>
<tr><td>종속적으로<br>이어진문장</td><td>홑문장과 홑문장이 이어질 때 앞의 홑문장이 뒤의 홑문장에 종속적으로 연결되는 문장을 말한다. 따라서 종속적으로 이어진문장은 홑문장과 홑문장 사이에 영향 관계가 있다. 종속적으로 이어진문장은 연결 어미를 기준으로 앞 절과 뒤 절의 위치를 바꾸면 문장 전체 의미가 달라진다.<br>① 이유, 원인: 연결 어미 '–아서, –니까, –(으)므로'<br>예 철수는 아파서 결석을 했다.<br>② 조건, 가정: 연결 어미 '–면, –거든, –더라면'<br>예 봄이 오면 그는 먼 고향으로 떠날 것이다.<br>③ 의도: 연결 어미 '–(으)려고, –고자'<br>예 너에게 주려고 나는 선물을 샀다.<br>④ 목적: 연결 어미 '–(으)러'<br>예 나는 밥을 먹으러 식당에 갔다.<br>⑤ 보탬, 더해감: 연결 어미 '–(으)ㄹ뿐더러, –(으)ㄹ수록'<br>예 벼는 익을수록 고개를 숙인다.<br>⑥ 중단, 전환: 연결 어미 '–다가'<br>예 바람이 불다가 비가 왔다.<br>⑦ 배경, 상황: 연결 어미 '–는데'<br>예 집에 가는데 어머니를 만났다.</td></tr>
<tr><td>'와/과'로<br>이어진문장</td><td>이어진문장 중에는 주어가 접속 조사인 '와/과'로 이어져 여러 개이지만 서술어는 하나여서 마치 홑문장처럼 보이는 문장이 있다. 하지만 이러한 문장은 서술어에 따라 두 개 이상의 문장으로 나눌 수 있으면 홑문장이 아니라 겹문장임을 이해해야 한다.<br>① 단어의 이어짐<br>예 • 아버지와 아들이 닮았다.<br>• 지수와 수지가 어제 강남에서 만났다.<br>→ 위의 문장은 두 개의 문장으로 나눌 수 없다. 접속 조사가 단어와 단어를 이어주기 때문에 홑문장이다.<br>② 문장의 이어짐<br>예 • 철수와 영희가 대학에 들어갔다.<br>• 신라와 백제는 한반도 남쪽에 있던 왕국이다.<br>→ 위의 문장은 두 개의 문장으로 나눌 수 있다. 접속 조사가 문장과 문장을 이어주기 때문에 겹문장이다.</td></tr>
</table>

## 3. 높임 표현

### (1) 높임 표현의 종류

| | |
|---|---|
| 주체 높임법 | 문장의 주체인 주어를 높이는 어법으로, 주로 주격 조사 '께서'와 선어말 어미 '-(으)시-'로 실현된다.<br>예 계시다, 잡수시다, 돌아가시다, 주무시다 |
| 객체 높임법 | 동작의 대상인 객체를 높이는 방법으로, 주로 조사 '께'와 특수 어휘로 실현된다.<br>예 모시다, 뵙다, 드리다, 여쭈다, 아뢰다 |
| 상대 높임법 | 화자가 청자를 높이거나 낮추는 방법으로, 주로 종결 어미로 실현된다.<br>예 격식체(해라체, 하게체, 하오체, 합쇼체), 비격식체(해체, 해요체) |

### (2) 상대 높임의 실현

| 높임<br>문형 | 격식체 | | | | 비격식체 | |
|---|---|---|---|---|---|---|
| | 해라체 | 하게체 | 하오체 | 합쇼체 | 해체 | 해요체 |
| 평서형 | -(는/ㄴ)다 | -네 | -오 | -(ㅂ니)다 | -어 | -어요 |
| 의문형 | -(느)냐 | -(느)ㄴ가 | -오 | -(ㅂ니)까 | -어 | -어요 |
| 감탄형 | -(는)구나 | -(는)구먼 | -(는)구료 | - | -어 | -어요 |
| 명령형 | -어라 | -게 | -오 | -(ㅂ)시오 | -어 | -어요 |
| 청유형 | -자 | -세 | - | -(ㅂ)시다 | -어 | -어요 |

## 4. 시간 표현

### (1) 시제

| | |
|---|---|
| 과거 시제<br>(발화시 < 사건시) | ㉠ 과거 시제 선어말 어미 '-았-/-었(였) -'에 의해 실현된다.<br>예 영철이는 학교에 갔다(가 + 았 + 다).<br>㉡ 관형절로 안길 때 동사에는 관형사형 어미 '-(으)ㄴ, -던'이, 형용사와 서술격 조사 '이다' 뒤에는 '-던'이 쓰인다.<br>예 • (동사) 어제 먹은 사과, 어디서 샀어? / 어제 떠난(떠나 + ㄴ) 사람이다.<br>• (동사) 저건 내가 쓰던 책상이다.<br>• (형용사) 아름답던 태희가 저렇게 변하다니.<br>• (서술격 조사) 나는 철수가 학생이던 시절이 생각난다.<br>㉢ 시간 부사 '어제' 등에 의해 실현된다.<br>예 나는 어제 학교에 갔다.<br>㉣ 대과거형에는 '-았었-/-었었-'이, 회상할 때는 '-더'가 쓰인다.<br>예 • 우리는 전에는 시골에 살았었다. (현재는 시골에 살지 않는다는 의미를 나타냄)<br>• 어제는 날씨가 매우 좋더라. |

| | |
|---|---|
| **현재 시제**<br>**(발화시 = 사건시)** | ㉠ 현재 시제는 동사의 경우 '-는-/-ㄴ-'에 의해 실현되고, 형용사나 '이다'의 경우에는 선어말 어미가 결합하지 않은 채 실현된다.<br>예 • (동사) 네 살짜리 아이가 벌써 책을 읽는다. / 아기가 잠을 잔다(자 + ㄴ + 다).<br>• (형용사) 그녀는 눈부시게 (아름답다 ○ / 아름답는다 ×).<br>㉡ 관형절로 안길 때 동사는 관형사형 어미 '-는'이, 형용사는 '-(으)ㄴ', 서술격 조사 '이다'에는 '-ㄴ'이 쓰인다.<br>예 • (동사) 그와 말하는 사람은 누구시죠?<br>• (형용사) 그는 좋은 사람입니다.<br>• (서술격 조사) 나는 배우이자 가수인(가수이 + ㄴ) 그녀를 사랑한다.<br>㉢ 시간 부사 '지금, 오늘, 현재' 등에 의해 실현된다.<br>예 학생들이 지금 축구를 한다. |
| **미래 시제**<br>**(발화시 > 사건시)** | ㉠ 미래 시제 선어말 어미 '-겠-'이나, 관형사형 어미와 의존 명사가 결합된 '-ㄹ 것'에 의해 실현된다.<br>예 • 내일 제가 떠나겠습니다.<br>• 나는 꼭 과학자가 될 것(되 + ㄹ 것)이다.<br>㉡ 관형절로 안길 때 관형사형 어미인 '-(으)ㄹ'에 의해 실현된다.<br>예 올 겨울에 입을 잠바를 사야지.<br>㉢ 시간 부사 '내일' 등에 의해 실현된다.<br>예 학생들이 내일 도착할 것이다. |

### (2) 동작상

| | |
|---|---|
| **진행상** | ㉠ 보조 용언 '-고 있다'<br>예 나는 수박을 먹고 있다.<br>㉡ 보조 용언 '-아/어가다'<br>예 옷이 거의 말라간다.<br>㉢ 연결 어미 '-(으)면서'<br>예 그녀는 밥을 먹으면서 대답하였다. |
| **완료상** | ㉠ 보조 용언 '-아/어 버리다'<br>예 나는 밥을 다 먹어 버렸다.<br>㉡ 보조 용언 '-아/어 있다'<br>예 나는 지금 방에 앉아 있다.<br>㉢ 연결 어미 '-고서'<br>예 나는 공부를 마치고서 집을 나왔다. |
| **예정상** | ㉠ 보조 용언 '-게 하다'<br>예 그녀에게도 청소를 시키게 하였다.<br>㉡ 보조 용언 '-게 되다'<br>예 채운이가 반장을 맡게 되었다.<br>㉢ 연결 어미 '-으려고/-고자'<br>예 지애가 밥을 먹으려고 한다. |

## 5. 사동 표현

### (1) 사동 표현의 개념과 종류

주동(主動)이란 주어가 동작이나 행위를 자기 스스로 하는 것을 말하고, 사동(使動)이란 주어가 남에게 어떤 동작을 하도록 시키는 것을 말한다.

|  |  |
| --- | --- |
| 파생적 사동문 (짧은 사동) | 사동 접미사인 '-이/히/리/기/우/구/추-'나 접미사인 '-시키다'로 실현된다.<br>예 • 얼음이 녹았다. (주동) → 아이들이 얼음을 녹였다. (사동)<br>• 철수가 옷을 입었다. (주동) → 엄마가 철수에게 옷을 입혔다. (사동)<br>• 철수와 영희가 화해하였다. (주동) → 당신께서 철수와 영희를 화해시켜주십시오. (사동) |
| 통사적 사동문 (긴 사동) | 보조 용언인 '-게 하다'로 실현된다.<br>예 • 얼음이 녹았다. (주동) → 아이들이 얼음을 녹게 했다. (사동)<br>• 철수가 옷을 입었다. (주동) → 엄마가 철수에게 옷을 입게 했다. (사동) |

### (2) 불필요한 사동 표현

① '-시키다'의 잘못된 사용

'-시키다'는 자동사를 타동사로 바꾸어 사동의 의미를 더해 주는 역할을 한다. 따라서 타동사의 경우 '-시키다'를 사용하여 타동사를 만들 필요가 없다. 따라서 '-하다'를 써야 할 곳에 '-시키다'를 사용하여 사동 표현을 만드는 것은 적절하지 않다.

예 • 내가 친구 한 명 소개시켜 줄게. (→ 소개해)
• 박 교수님은 국어를 교육시키는 분이다. (→ 교육하는)
• 우리 공장에서는 기계를 하루 종일 가동시키고 있습니다. (→ 가동하고)

② 사동 접사의 과도한 사용

사동 접사를 사용할 필요가 없음에도 과도하게 사동 접사를 사용하는 것은 적절하지 않다.

예 • 그는 핵심을 찾지 못해 시험 중에 계속 헤매이었다. (→ 헤매었다.)
• 그는 시험에 합격한 후에 목메여 울었다. (→ 목메어)
• 우리 차 앞으로 버스가 끼여들었다. (→ 끼어들었다.)

## 6. 피동 표현

### (1) 피동 표현의 개념과 종류

능동(能動)이란 주어가 동작을 제 힘으로 하는 것이고, 피동(被動)이란 주어가 다른 주체에 의해서 동작을 당하는 것이다.

| | |
|---|---|
| 파생적 피동문 (짧은 피동) | 피동 접미사인 '-이/히/리/기-'나 접미사인 '-되다, -받다, -당하다'로 실현된다.<br>예 • 고양이가 쥐를 물었다. (능동문) → 쥐가 고양이에게 물렸다. (피동문)<br>• 경찰이 도둑을 잡았다. (능동문) → 도둑이 경찰에게 잡혔다. (피동문)<br>• 국회가 법안을 가결하였다. (능동문) → 법안이 국회에서 가결되었다. (피동문) |
| 통사적 피동문 (긴 피동) | 보조 용언인 '-어지다, -게 되다'로 실현된다.<br>예 • 경찰이 사건의 전모를 밝혔다. (능동문) → 사건의 전모가 경찰에 의해 밝혀졌다. (피동문)<br>• 아나운서가 실체를 드러냈다. (능동문) → 실체가 아나운서에 의해 드러나게 되었다. (피동문) |

### (2) 불필요한 피동 표현

① 이중 피동인 '-이/히/리/기-' + '-어지다'의 오류

외국어의 영향으로 피동 접사인 '-이-, -히-, -리-, -기-'와 '-어지다'를 결합하여 이중 피동을 사용하는 것은 적절하지 않다.

예 • 이번에는 우리 팀이 우세하다고 보여집니다. (→ 보입니다.)
• 공무원 시험에 합격한 사실이 믿겨지지 않았다. (→ 믿기지)

② 통사적 피동인 '-되어지다, -지게 되다'의 오류

통사적 피동을 중복으로 사용하는 것도 위와 마찬가지로 이중 피동이므로 적절하지 않다.

예 • 일이 잘 진행되어지고 있습니다. (→ 진행되고)
• 그녀의 눈이 아름다워지게 되었다. (→ 아름다워졌다.)

## 7. 부정 표현

### (1) '안' 부정문(단순 부정, 의지 부정)

| | |
|---|---|
| 성립 | ① 서술격 조사 '이다'에 대한 부정은 형용사 '아니다'에 의해서 이루어진다.<br>예 철수는 학생이다. / 철수는 학생이 아니다.<br>② 서술어가 동사나 형용사일 때 '짧은 안 부정문'은 '안 + 동사/형용사'의 형태로, '긴 안 부정문'은 '동사/형용사의 어간 + -지 않다(아니 하다)'의 형태로 나타낸다.<br>예 철수는 학교에 안 갔다. / 철수는 학교에 가지 않았다.<br>③ '안' 부정문은 평서문, 감탄문, 의문문에만 나타난다. 명령문과 청유문에는 '-말다' 부정문이 쓰인다.<br>예 • '안' 부정문: 날씨가 덥지 않다. / 날씨가 덥지 않구나. / 날씨가 덥지 않느냐?<br>• '말다' 부정문: 시험을 두려워하지 않아라. (×) / 시험을 두려워하지 마라. (○)<br>④ '명사 + 하다'로 된 동사의 짧은 부정문은 '명사 + 안 + 하다'의 형태를 취한다.<br>예 영희는 지금 공부한다. / 영희는 지금 공부 안 한다.<br>⑤ 음절이 긴 형용사는 긴 부정문만 성립한다.<br>예 길이 안 울퉁불퉁하다. (×) / 길이 울퉁불퉁하지 않다. (○) |
| 해석 | ① '안' 부정문은 그 의미가 중의적으로 해석될 수 있다.<br>예 철수가 나를 때리지 않았다. ('철수가 나를 안 때렸다.'도 중의적으로 해석됨)<br>㉠ 나를 때린 사람은 철수가 아니다. (→ 다른 사람이 때렸다.)<br>㉡ 철수가 때린 사람은 내가 아니다. (→ 다른 사람을 때렸다.)<br>㉢ 철수는 나를 때린 것은 아니다. (→ 나를 밀었다.)<br>② '안' 부정문에 수량을 나타내는 부사(다, 모두, 많이, 조금 등)가 쓰이면 중의적인 뜻을 나타낸다.<br>예 손님이 다 오지 않았다. ('손님이 다 안 왔다.'도 중의적으로 해석됨)<br>㉠ 손님 모두가 오지 않았다. (전체 부정)<br>㉡ 손님 일부가 오지 않았다. (부분 부정) |

### (2) '못' 부정문(능력 부정)

| | |
|---|---|
| 성립 | ① '못' 부정문도 짧은 부정문('못' + 용언의 종결형)과 긴 부정문(용언의 어간 + -지 못하다)의 두 가지 형태가 있다.<br>예 철수는 학교에 못 갔다. (짧은 부정문) / 철수는 학교에 가지 못했다. (긴 부정문)<br>② '못' 부정문은 동사에만 나타난다. 따라서 형용사에는 나타나지 않지만, 기대에 미치지 못함을 아쉬워할 때에는 형용사도 '못' 부정문이 성립할 수 있다. 단, 긴 부정문만이 가능하다.<br>예 영희는 예쁘지 못하다. / 하늘이 맑지 못하다.<br>③ 동사 중 '고민하다, 걱정하다, 후회하다, 실패하다' 등은 의미상 충돌 때문에 '못' 부정문이 없다.<br>예 철수는 지나간 과거를 못 후회했다. (×) |
| 해석 | ① '못' 부정문도 '안' 부정문과 같이 중의적으로 해석될 수 있고, 중의성 해소 방법도 '안' 부정문과 동일하다.<br>예 나는 철수를 만나지 못했다. ('나는 철수를 못 만났다.'도 중의적으로 해석됨)<br>㉠ 철수를 만나지 못한 사람은 나다. (→ 다른 사람이 만났다.)<br>㉡ 내가 만나지 못한 사람은 철수이다. (→ 다른 사람을 만났다.)<br>㉢ 나는 철수를 만나지만 못했다. (→ 철수와 통화를 했다.)<br>② '못' 부정문에 수량을 나타내는 부사가 쓰이면 '안' 부정문과 같이 중의적인 뜻을 나타낸다.<br>예 학생들이 다 못 왔다. ('학생들이 다 오지 못했다.'도 중의적으로 해석됨)<br>㉠ 학생 모두가 오지 못했다. (전체 부정)<br>㉡ 학생 일부가 오지 못했다. (부분 부정) |

# 4 의미론

## 1. 의미의 표현

### (1) 중의적 표현

| | |
|---|---|
| 어휘적 중의성 | 어느 한 단어의 의미가 두 가지 이상인 경우로 동음이의어, 다의어가 이에 해당한다.<br>예 • 저 배를 봐라. (먹는 배, 타는 배, 사람의 신체 일부)<br>• 할아버지께서는 돌아가셨다. (죽었다, 우회하여 가셨다, 되돌아가셨다) |
| 은유적 중의성 | 은유적 표현이 두 가지 이상의 의미로 해석되는 경우로 은유는 그 특성상 본래 다양한 의미로 해석될 여지가 있다.<br>예 영희는 천사야. (착하다, 아름답다, 간호사이다) |
| 구조적 중의성 | 어느 한 문장이 두 가지 이상의 의미로 해석되는 경우로 이러한 중의성은 보조사를 사용하거나 쉼표를 찍어 해소할 수 있다.<br>① 수식 관계에서 일어나는 중의성<br>예 내가 사랑하는 친구의 오빠를 만났다.<br>㉠ 내가 사랑하는 친구의, 오빠를 만났다. (친구를 사랑함)<br>㉡ 내가 사랑하는, 친구의 오빠를 만났다. (오빠를 사랑함)<br>② 비교 대상의 불분명에 따른 중의성<br>예 아빠는 엄마보다 널 사랑해.<br>㉠ 아빠는 엄마를 사랑하는 것보다 너를 더 사랑한다.<br>㉡ 엄마보다 아빠가 너를 더 사랑한다.<br>③ 호응 성분에 따른 중의성<br>예 선생님이 보고 싶은 학생이 많다.<br>㉠ 선생님이 만나고 싶은 제자가 많다.<br>㉡ 선생님을 뵙고 싶어 하는 학생이 많다.<br>④ 부정문에 따른 중의성<br>예 예상대로 경기가 잘 풀리지 않았다.<br>㉠ 자신이 예상했던 흐름대로 경기가 풀리지 않았다.<br>㉡ 경기가 풀리지 않을 거라는 예상이 들어맞았다. |

### (2) 관용적 표현

| | |
|---|---|
| 개념 | 둘 이상의 단어가 결합되어 하나의 새로운 의미를 나타내는 표현을 말한다. 속담이나 한자성어, 관용구 등 관습적으로 쓰여 의미가 굳어진 표현이 이에 해당한다. |
| 특징 | ① 관용적 표현의 생성과 변이 과정은 그 언어를 사용하는 사람들의 역사에 따라 진행하기 때문에 해당 언어를 사용하는 사람이 아니면 이해하기 어렵다.<br>예 • 손이 크다: 씀씀이가 후하다.<br>• 발이 넓다: 사귀어 아는 사람이 많아 활동하는 범위가 넓다.<br>• 코가 높다: 잘난 체하고 뽐내는 기세가 있다.<br>② 관용적 표현 전체가 하나의 단어처럼 쓰이기 때문에 구조가 확장되거나, 수식, 성분 대치 등이 이루어지면 관용적 의미가 사라지게 된다.<br>예 미역국을 먹다: 시험에서 떨어지다.<br>→ '미역국을 맛있게 먹다, 뜨거운 미역국을 먹다.'처럼 쓰이면 의미가 달라지거나 관용적 의미가 사라진다. |

### (3) 잉여적 표현

| 개념 | 문장 안에 사용된 의미상 불필요한 말을 가리킨다. 의미의 중복, 의미의 중첩이라고도 하며 대개 같은 뜻을 가진 고유어와 한자어가 어울려 사용될 때 중복이 일어나게 된다. |
|---|---|
| 사례 | 예 • 과반수가 넘는 찬성으로 안건이 가결되었다.<br>→ '과반수'의 의미가 절반이 넘는 수이기 때문에 '과반수가 넘는'을 '과반수의'로 고친다.<br>• 미리 예습하는 것이 좋을 것 같다.<br>→ '예습'의 의미가 앞으로 배울 것을 미리 익히는 것이기 때문에 '예습하는' 또는 '미리 공부하는'으로 고친다. |

## 2. 의미의 관계

| 동의 관계 | 서로 소리가 다른 두 개 이상의 단어가 의미는 같을 때 이들을 동의 관계에 있다고 말한다. 또한 이러한 관계에 있는 단어들을 동의어(同義語) 또는 이음동의어(異音同義語)라고 한다. 유의 관계와 혼동하기 쉬우므로 주의해야 한다.<br>예 속옷 – 내의, 서점 – 책방, 아내 – 부인 – 마누라, 염통 – 심장, 범 – 호랑이 |
|---|---|
| 이의 관계 | 서로 소리는 같으나 의미가 다른 말의 짝을 동음어(同音語) 또는 동음이의어(同音異議語)라 하며, 이들의 관계를 이의 관계에 있다고 말한다. 이의 관계는 어원은 같지만 별개의 단어로 분화한 경우와 완전히 다른 어원에서 나온 경우의 두 종류가 있다. 전자의 예로는 '밥을 먹다'와 '귀가 먹다'에서의 '먹다'가 있고, 후자의 예로는 '정의(正義)'와 '정의(定義)' 등이 있다.<br>예 • 눈 – 감각 기관인 눈[目 눈 목], 하늘에서 내리는 눈[雪 눈 설], 식물의 눈[芽 싹 아]<br>• 배 – 신체 기관인 배[腹 배 복], 과일의 배[梨 배나무 이], 물 위를 가는 배[舟 배 주] |
| 상하 관계 | 의미상 한 단어가 다른 단어를 포함하거나 다른 단어에 포함되는 관계를 상하 관계라고 한다. 이때 다른 단어의 의미를 포함하는 단어를 '상의어', 다른 단어의 의미에 포함되는 단어를 '하의어'라고 한다. 상의어일수록 일반적이고 포괄적인 의미를 지니며, 하의어일수록 구체적이고 한정적인 의미를 지닌다. 상하 관계를 함의 관계, 포함 관계라고도 한다.<br>꽃<br>할미꽃 진달래 코스모스 장미<br>상의어<br>추상화 ↑↓ 구체화<br>하의어 |
| 유의 관계 | 둘 이상의 단어가 서로 소리는 다르나 의미가 비슷한 경우, 이 단어들을 유의 관계에 있다고 하며 이러한 관계에 있는 단어들을 유의어라 한다. 유의 관계에 있는 단어들은 그 의미는 비슷하지만 사용되는 상황이나 용법에는 차이가 있기 때문에 문장 내에서 서로 대체할 수 없다.<br>예 꼬리 – 꽁지, 밥 – 맘마, 얼굴 – 낯, 샛별 – 금성 |

<table>
<tr><td rowspan="4">반의 관계</td><td colspan="2">둘 이상의 단어가 상반되는 의미일 때, 이 단어들을 반의 관계에 있다고 하며 이러한 관계에 있는 단어들을 반의어라고 한다. 반의어가 되려면 두 단어 사이에 공통적인 의미 요소가 있어야 하며, 의미의 대립이 되는 기준이 단 하나여야만 한다. 예를 들어, '할아버지'와 '소녀'는 성(性)으로도 대립되지만 나이로도 대립 관계에 있으므로 반의어가 될 수 없다.</td></tr>
<tr><td>모순 관계<br>(상보 반의어)</td><td>두 어휘 사이에 중간 의미가 존재하지 않는 배타적 대립 관계<br>예 남자 – 여자, 삶 – 죽음, 있다 – 없다</td></tr>
<tr><td>반대 관계<br>(정도 반의어)</td><td>두 어휘 사이에 중간 의미가 존재하는 대립 관계로 '등급 반의어'라고도 한다.<br>① 척도 반의어<br>예 굵다 – 가늘다, 길다 – 짧다, 높다 – 낮다, 많다 – 적다, 멀다 – 가깝다, 밝다 – 어둡다<br>② 평가 반의어<br>예 부지런하다 – 게으르다, 아름답다 – 추하다, 선하다 – 악하다, 쉽다 – 어렵다<br>③ 정감 반의어<br>예 덥다 – 춥다, 달다 – 쓰다, 기쁘다 – 슬프다, 뜨겁다 – 차갑다</td></tr>
<tr><td>상대 관계<br>(방향 반의어)</td><td>관계되는 두 실체를 떼어서는 생각할 수 없는 관계에 있는 반의 관계<br>① 공간적 관계에서의 대립<br>예 남극 – 북극, 안 – 밖, 앞 – 뒤, 왼쪽 – 오른쪽, 위 – 아래, 처음 – 끝<br>② 인간관계에서의 대립<br>예 남편 – 아내, 부모 – 자식, 스승 – 제자<br>③ 이동의 측면에서의 대립<br>예 가다 – 오다, 사다 – 팔다, 올라가다 – 내려가다, 입다 – 벗다, 열다 – 닫다</td></tr>
</table>

## 3. 의미 변화의 유형

<table>
<tr><td>의미의 확대</td><td>의미가 변화하여 적용되는 영역이 처음보다 넓어지는 현상을 말한다.<br>예 • 길: 도로 → 방법, 도리<br>• 먹다: 음식을 씹어 삼킴 → 먹다, 마시다, 피우다<br>• 세수: 손을 씻음 → 손과 얼굴을 씻음</td></tr>
<tr><td>의미의 축소</td><td>의미가 변화하여 적용되는 영역이 처음보다 좁아지는 현상을 말한다.<br>예 • 공갈: 무섭게 으르고 위협하는 행위 → 거짓말<br>• 놈: 남자와 여자의 평칭 → 남자를 낮추어 이르는 말<br>• 얼굴: 몸 전체 → 눈, 코, 입이 있는 머리의 안면</td></tr>
<tr><td>의미의 이동</td><td>의미의 확대나 축소와는 달리 본래의 의미를 잃고 다른 의미를 가지는 현상을 말한다.<br>예 • 씩씩하다: 엄하다 → 씩씩하다<br>• 어리다: 어리석다 → 나이가 적다<br>• 어엿브다: 불쌍하다 → 아름답다</td></tr>
</table>

# 03 국어 규범

## 1 한글 맞춤법

### 1. 자모의 국어사전 배열 순서

| | |
|---|---|
| 자음 | ㄱ, ㄲ, ㄴ, ㄷ, ㄸ, ㄹ, ㅁ, ㅂ, ㅃ, ㅅ, ㅆ, ㅇ, ㅈ, ㅉ, ㅊ, ㅋ, ㅌ, ㅍ, ㅎ |
| 모음 | ㅏ, ㅐ, ㅑ, ㅒ, ㅓ, ㅔ, ㅕ, ㅖ, ㅗ, ㅘ, ㅙ, ㅚ, ㅛ, ㅜ, ㅝ, ㅞ, ㅟ, ㅠ, ㅡ, ㅢ, ㅣ |

### 2. 된소리

한 단어 안에서 뚜렷한 까닭 없이 나는 된소리는 다음 음절의 첫소리를 된소리로 적는다.

**(1) 모음 사이에서 나는 된소리**

예 소쩍새, 어깨, 오빠, 으뜸, 아끼다, 기쁘다, 깨끗하다, 어떠하다, 해쓱하다

**(2) 'ㄴ, ㄹ, ㅁ, ㅇ' 받침 뒤에서 나는 된소리**

예 산뜻하다, 잔뜩, 살짝, 훨씬, 담뿍, 움찔, 몽땅, 엉뚱하다

다만, 'ㄱ, ㅂ' 받침 뒤에서 나는 된소리는, 같은 음절이나 비슷한 음절이 겹쳐 나는 경우가 아니면 된소리로 적지 아니한다.

예 국수, 깍두기, 딱지, 색시, 법석, 갑자기, 몹시

### 3. 구개음화

'ㄷ, ㅌ' 받침 뒤에 종속적 관계를 가진 '-이(-)'나 '-히-'가 올 적에는 그 'ㄷ, ㅌ'이 'ㅈ, ㅊ'으로 소리 나더라도 'ㄷ, ㅌ'으로 적는다.

예 맏이[마지], 해돋이[해도지], 굳이[구지], 같이[가치], 끝이[끄치], 핥이다[할치다], 걷히다[거치다], 닫히다[다치다]

### 4. 두음 법칙

(1) 한자음 '녀, 뇨, 뉴, 니'가 단어 첫머리에 올 적에는, 두음 법칙에 따라 '여, 요, 유, 이'로 적는다.

예

| ○ | × |
|---|---|
| 여자(女子), 연세(年歲), 요소(尿素) | 녀자, 년세, 뇨소 |

(2) 한자음 '랴, 려, 례, 료, 류, 리'가 단어의 첫머리에 올 적에는, 두음 법칙에 따라 '야, 여, 예, 요, 유, 이'로 적는다.

예

| ○ | × |
|---|---|
| 양심(良心), 역사(歷史), 유행(流行) | 량심, 력사, 류행 |

(3) 한자음 '라, 래, 로, 뢰, 루, 르'가 단어의 첫머리에 올 적에는, 두음 법칙에 따라 '나, 내, 노, 뇌, 누, 느'로 적는다.

예

| ○ | × |
|---|---|
| 낙원(樂園), 내일(來日), 노인(老人) | 락원, 래일, 로인 |

## 5. 사이시옷

사이시옷은 다음과 같은 경우에 받치어 적는다.

### (1) 순우리말로 된 합성어로서 앞말이 모음으로 끝난 경우

|  |  |
|---|---|
| 뒷말의 첫소리가 된소리로 나는 것 | 고랫재, 귓밥, 나룻배, 나뭇가지, 냇가, 댓가지, 뒷갈망, 맷돌, 머릿기름, 모깃불, 못자리, 바닷가, 뱃길, 볏가리, 부싯돌, 선짓국, 쇳조각, 아랫집, 우렁잇속, 잇자국, 잿더미, 조갯살, 찻집, 쳇바퀴, 킷값, 핏대, 햇볕, 혓바늘 |
| 뒷말의 첫소리 'ㄴ, ㅁ' 앞에서 'ㄴ' 소리가 덧나는 것 | 멧나물, 아랫니, 텃마당, 아랫마을, 뒷머리, 잇몸, 깻묵, 냇물, 빗물 |
| 뒷말의 첫소리 모음 앞에서 'ㄴㄴ' 소리가 덧나는 것 | 도리깻열, 뒷윷, 두렛일, 뒷일, 뒷입맛, 베갯잇, 욧잇, 깻잎, 나뭇잎, 댓잎 |

### (2) 순우리말과 한자어로 된 합성어로서 앞말이 모음으로 끝난 경우

|  |  |
|---|---|
| 뒷말의 첫소리가 된소리로 나는 것 | 귓병, 머릿방, 뱃병, 봇둑, 사잣밥, 샛강, 아랫방, 자릿세, 전셋집, 찻잔, 찻종, 촛국, 콧병, 탯줄, 텃세, 핏기, 햇수, 횟가루, 횟배 |
| 뒷말의 첫소리 'ㄴ, ㅁ' 앞에서 'ㄴ' 소리가 덧나는 것 | 곗날, 제삿날, 훗날, 툇마루, 양칫물 |
| 뒷말의 첫소리 모음 앞에서 'ㄴㄴ' 소리가 덧나는 것 | 가욋일, 사삿일, 예삿일, 훗일 |

### (3) 두 음절로 6개의 한자어(본래 한자어와 한자어 사이에는 사이시옷을 표기하지 않는다.)

예외: 곳간(庫間), 셋방(貰房), 숫자(數字), 찻간(車間), 툇간(退間), 횟수(回數)

## 6. 준말

(1) 단어의 끝모음이 줄어지고 자음만 남은 것은 그 앞의 음절에 받침으로 적는다.

| 본말 | 준말 | 본말 | 준말 |
|---|---|---|---|
| 기러기야 | 기럭아 | 가지고, 가지지 | 갖고, 갖지 |
| 어제그저께 | 엊그저께 | 디디고, 디디지 | 딛고, 딛지 |
| 어제저녁 | 엊저녁 | | |

(2) 모음 'ㅏ, ㅓ'로 끝난 어간에 '-아/-어, -았-/-었-'이 어울릴 적에는 준 대로 적는다.

| 본말 | 준말 | 본말 | 준말 |
|---|---|---|---|
| 가아 | 가 | 가았다 | 갔다 |
| 나아 | 나 | 나았다 | 났다 |
| 타아 | 타 | 타았다 | 탔다 |
| 서어 | 서 | 서었다 | 섰다 |
| 켜어 | 켜 | 켜었다 | 켰다 |
| 펴어 | 펴 | 펴었다 | 폈다 |

(3) 어미 '-지' 뒤에 '않-'이 어울려 '-잖-'이 될 적과 '-하지' 뒤에 '않-'이 어울려 '-찮-'이 될 적에는 준 대로 적는다.

| 본말 | 준말 | 본말 | 준말 |
|---|---|---|---|
| 그렇지 않은 | 그렇잖은 | 만만하지 않다 | 만만찮다 |
| 적지 않은 | 적잖은 | 변변하지 않다 | 변변찮다 |

(4) 어간의 끝음절 '하'의 'ㅏ'가 줄고 'ㅎ'이 다음 음절의 첫소리와 어울려 거센소리로 될 적에는 거센소리로 적는다.

| 본말 | 준말 | 본말 | 준말 |
|---|---|---|---|
| 간편하게 | 간편케 | 다정하다 | 다정타 |
| 연구하도록 | 연구토록 | 정결하다 | 정결타 |
| 가하다 | 가타 | 흔하다 | 흔타 |

① 어간의 끝음절 '하'가 아주 줄 적에는 준 대로 적는다.

| 본말 | 준말 | 본말 | 준말 |
|---|---|---|---|
| 거북하지 | 거북지 | 넉넉하지 않다 | 넉넉지 않다 |
| 생각하건대 | 생각건대 | 못하지 않다 | 못지않다 |
| 생각하다 못해 | 생각다 못해 | 섭섭하지 않다 | 섭섭지 않다 |
| 깨끗하지 않다 | 깨끗지 않다 | 익숙하지 않다 | 익숙지 않다 |

② 다음과 같은 부사는 소리대로 적는다.

| | | | | | |
|---|---|---|---|---|---|
| 결단코 | 결코 | 기필코 | 무심코 | 아무튼 | 요컨대 |
| 정녕코 | 필연코 | 하마터면 | 하여튼 | 한사코 | |

## 7. 띄어쓰기

### (1) 조사

| | |
|---|---|
| **제41항** | 조사는 그 앞말에 붙여 쓴다.<br>㉠ 꽃**이** 꽃**마저** 꽃**밖에** 꽃**에서부터** 꽃**으로만** 꽃**이나마** 꽃**이다**<br>꽃**입니다** 꽃**처럼** 어디**까지나** 거기**도** 멀리**는** |

### (2) 의존 명사, 단위를 나타내는 명사 및 열거하는 말 등

| | |
|---|---|
| **제42항** | 의존 명사는 띄어 쓴다.<br>㉠ 아는 **것**이 힘이다. 나도 할 **수** 있다. 먹을 **만큼** 먹어라. 아는 **이**를 만났다. |
| **제43항** | 단위를 나타내는 명사는 띄어 쓴다.<br>㉠ 한 **개** 차 한 **대** 금 서 **돈** 소 한 **마리**<br>옷 한 **벌** 열 **살** 조기 한 **손** 연필 한 **자루**<br>버선 한 **죽** 집 한 **채** 신 두 **켤레** 북어 한 **쾌** |
| | 다만, 순서를 나타내는 경우나 숫자와 어울리어 쓰이는 경우에는 붙여 쓸 수 있다.<br>㉠ 두**시** 삼십**분** 오**초** 제일**과** 삼**학년** 10**개**<br>육**층** 1446**년** 10**월** 9**일** 2**대대** 7**미터**<br>16**동** 502**호** 제1**실습실** 80**원** |
| **제44항** | 수를 적을 적에는 '만(萬)' 단위로 띄어 쓴다.<br>㉠ 십이억 삼천사백오십육만 칠천팔백구십팔 / 12억 3456만 7898 |
| **제45항** | 두 말을 이어 주거나 열거할 적에 쓰이는 다음의 말들은 띄어 쓴다.<br>㉠ 국장 **겸** 과장 열 **내지** 스물 청군 **대** 백군 책상, 걸상 **등**이 있다<br>㉠ 이사장 **및** 이사들 사과, 배, 귤 **등등** 사과, 배 **등속** 부산, 광주 **등지** |
| **제46항** | 단음절로 된 단어가 연이어 나타날 적에는 붙여 쓸 수 있다.<br>㉠ 좀더 큰것 이말 저말 한잎 두잎 |

### (3) 보조 용언

보조 용언은 띄어 씀을 원칙으로 하되, 경우에 따라 붙여 씀도 허용한다.

예 • 원칙: 불이 꺼져 간다. / 그릇을 깨뜨려 버렸다. / 어머니를 도와 드린다.

• 허용: 불이 꺼져간다. / 그릇을 깨뜨려버렸다. / 어머니를 도와드린다.

다만, 앞말에 조사가 붙거나 앞말이 합성 용언인 경우, 그리고 중간에 조사가 들어갈 적에는 그 뒤에 오는 보조 용언은 띄어 쓴다.

예 잘도 놀아만 나는구나! / 네가 덤벼들어 보아라. / 그가 올 듯도 하다. / 책을 읽어도 보고……. / 잘난 체를 한다.

## 8. 부사화 접미사 '이'와 '히'의 구분

부사의 끝음절이 분명히 '이'로만 나는 것은 '-이'로 적고, '히'로만 나거나 '이'나 '히'로 나는 것은 '-히'로 적는다.

### (1) '이'로 적는 것

① 겹쳐 쓰인 명사 뒤

예 겹겹이, 곳곳이, 길길이, 나날이, 낱낱이, 다달이, 땀땀이, 몫몫이, 번번이, 샅샅이, 알알이

② 'ㅅ' 받침 뒤

예 지긋이, 나긋나긋이, 남짓이, 뜨뜻이, 버젓이, 번듯이, 빠듯이, 지긋이

③ 'ㅂ' 불규칙 용언의 어간 뒤

예 가벼이, 괴로이, 기꺼이, 너그러이, 부드러이, 새로이, 쉬이, 외로이, 즐거이

④ '-하다'가 붙지 않는 용언 어간 뒤

예 같이, 굳이, 길이, 깊이, 높이, 많이, 실없이, 헛되이

⑤ 부사 뒤

예 곰곰이, 더욱이, 생긋이, 오뚝이, 일찍이, 히죽이

### (2) '히'로 적는 것

① '-하다'가 붙는 어근 뒤(단, 'ㅅ' 받침 제외)

예 간편히, 고요히, 공평히, 과감히, 극히, 급히, 급급히, 꼼꼼히, 나른히, 능히, 답답히, 속히, 엄격히, 정확히, 족히

② '-하다'가 붙는 어근에 '-히'가 결합하여 된 부사에서 온 말

예 익히(← 익숙히), 특히(← 특별히)

③ 어원적으로는 '하다'가 붙지 않는 어근에 부사화 접미사가 결합한 형태로 분석되더라도, 그 어근 형태소의 본뜻이 유지되고 있지 않은 단어의 경우는 익어진 발음 형태대로 '히'로 적는다.

예 작히

### (3) '이, 히'로 소리 나서 '-히'로 적는 것

예 솔직히, 가만히, 간편히, 나른히, 무단히, 각별히, 소홀히, 쓸쓸히, 정결히, 과감히, 꼼꼼히, 심히, 열심히, 급급히, 답답히, 섭섭히, 공평히, 능히, 당당히, 분명히, 상당히, 조용히, 간소히, 고요히, 도저히

## 9. 한자어의 본음과 속음

한자어에서 본음으로도 나고 속음으로도 나는 것은 각각 그 소리에 따라 적는다.

| 본음으로 나는 것 | 속음으로 나는 것 |
|---|---|
| 승낙(承諾) | 수락(受諾), 쾌락(快諾), 허락(許諾) |
| 만난(萬難) | 곤란(困難), 논란(論難) |
| 안녕(安寧) | 의령(宜寧), 회령(會寧) |
| 분노(忿怒) | 대로(大怒), 희로애락(喜怒哀樂) |
| 토론(討論) | 의논(議論) |
| 오륙십(五六十) | 오뉴월, 유월(六月) |
| 목재(木材) | 모과(木瓜) |
| 십일(十日) | 시방정토(十方淨土), 시왕(十王), 시월(十月) |
| 팔일(八日) | 초파일(初八日) |

# 2 표준어 규정

## 1. 접두사 '수-'

(1) 수컷을 이르는 접두사는 '수-'로 통일한다.

| ○ | × | ○ | × |
|---|---|---|---|
| 수꿩 | 수퀑/숫꿩 | 수캐 | 숫개 |
| 수나사 | 숫나사 | 수컷 | 숫것 |
| 수놈 | 숫놈 | 수탉 | 숫닭 |
| 수사돈 | 숫사돈 | 수탕나귀 | 숫당나귀 |
| 수소 | 숫소 | 수퇘지 | 숫돼지 |
| 수은행나무 | 숫은행나무 | 수평아리 | 숫병아리 |
| 수캉아지 | 숫강아지 | | |

(2) 다음 단어의 접두사는 '숫-'으로 한다.

| ○ | × | ○ | × |
|---|---|---|---|
| 숫양 | 수양 | 숫쥐 | 수쥐 |
| 숫염소 | 수염소 | | |

## 2. 접두사 '윗-'

(1) '웃-' 및 '윗-'은 명사 '위'에 맞추어 '윗-'으로 통일한다.

| ○ | × | ○ | × |
|---|---|---|---|
| 윗넓이 | 웃넓이 | 윗변 | 웃변 |
| 윗눈썹 | 웃눈썹 | 윗입술 | 웃입술 |
| 윗니 | 웃니 | 윗자리 | 웃자리 |
| 윗도리 | 웃도리 | | |

(2) 된소리나 거센소리 앞에서는 '위-'로 한다.

| ○ | × | ○ | × |
|---|---|---|---|
| 위짝 | 웃짝 | 위치마 | 웃치마 |
| 위쪽 | 웃쪽 | 위턱 | 웃턱 |
| 위채 | 웃채 | 위팔 | 웃팔 |
| 위층 | 웃층 | | |

(3) '아래, 위'의 대립이 없는 단어는 '웃-'으로 발음되는 형태를 표준어로 삼는다.

| ○ | × | ○ | × |
|---|---|---|---|
| 웃돈 | 윗돈 | 웃어른 | 윗어른 |
| 웃비 | 윗비 | 웃옷(겉옷) | 윗옷* |

* 상의(上衣)를 의미하는 '윗옷'은 표준어이다.

## 3. 접미사 '-장이'와 '-쟁이'

기술자에게는 '-장이', 그 외에는 '-쟁이'가 붙는 형태를 표준어로 삼는다.

| ○ | × | ○ | × |
|---|---|---|---|
| 미장이 | 미쟁이 | 담쟁이덩굴 | 담장이덩굴 |

| 유기장이 | 유기쟁이 | 골목쟁이 | 골목장이 |
|---|---|---|---|
| 멋쟁이 | 멋장이 | 소금쟁이 | 소금장이 |

## 4. 준말과 본말 표기

| **준말을 표준어로 삼음** | | **본말을 표준어로 삼음** | |
|---|---|---|---|
| ○ | × | ○ | × |
| 귀찮다 | 귀치 않다 | 경황없다 | 경없다 |
| 김 | 기음 | 궁상떨다 | 궁떨다 |
| 똬리 | 또아리 | 귀이개 | 귀개 |
| 무 | 무우 | 낌새 | 낌 |
| 미다 | 무이다 | 낙인찍다 | 낙하다/낙치다 |
| 뱀 | 배암 | 내왕꾼 | 냉꾼 |
| 뱀장어 | 배암장어 | 돗자리 | 돗 |
| 빔 | 비음 | 뒤웅박 | 뒝박 |
| 샘 | 새암 | 뒷물대야 | 뒷대야 |
| 생쥐 | 새앙쥐 | 마구잡이 | 막잡이 |
| 솔개 | 소리개 | 맵자하다 | 맵자다 |
| 온갖 | 온가지 | 모이 | 모 |
| 장사치 | 장사아치 | 벽돌 | 벽 |
| | | 부스럼 | 부럼 |
| | | 살얼음판 | 살판 |
| | | 수두룩하다 | 수둑하다 |
| | | 암죽 | 암 |
| | | 어음 | 엄 |
| | | 일구다 | 일다 |
| | | 죽살이 | 죽살 |
| | | 퇴박맞다 | 퇴맞다 |
| | | 한통치다 | 통치다 |

## 5. 주요 복수 표준어

| 가뭄/가물 | 녘/쪽 | 곰곰/곰곰이 | 목물/등물 |
|---|---|---|---|
| 가엾다/가엽다 | 눈대중/눈어림/눈짐작 | 관계없다/상관없다 | 만날/맨날 |
| 간질이다/간지럽히다 | 느리광이/느림보/늘보 | 교정보다/준보다 | 뭣자리/뭇자리 |
| 감감무소식/감감소식 | 다달이/매달 | 극성떨다/극성부리다 | 복사뼈/복숭아뼈 |
| 갱엿/검은엿 | –다마다/–고말고 | 깃저고리/배내옷/배냇저고리 | 세간/세간살이 |
| –거리다/–대다 | 다박나룻/다박수염 | 꼬까/때때/고까 | 쌉싸래하다/쌉싸름하다 |
| 거위배/횟배 | 닭의장/닭장 | 꼬리별/살별 | 허섭스레기/허접쓰레기 |
| 것/해 | 댓돌/툇돌 | 나귀/당나귀 | 토담/흙담 |
| 게을러빠지다/게을러터지다 | 덧창/겉창 | 내리글씨/세로글씨 | 구안괘사/구안와사 |
| 고깃간/푸줏간 | 남우세스럽다/남사스럽다 | 넝쿨/덩굴 | 굽실/굽신 |

## 6. 새로 추가된 표준어 목록

### (1) 2016년 6항목

| 기존 표준어 | 추가 표준어 | 의미 |
|---|---|---|
| 거방지다 | 걸판지다<br>(별도 표준어) | ① 매우 푸지다.<br>② 동작이나 모양이 크고 어수선하다. |
| 건울음 | 겉울음<br>(별도 표준어) | ① 드러내 놓고 우는 울음<br>② 마음에 없이 겉으로만 우는 울음 |
| 까다롭다 | 까탈스럽다<br>(별도 표준어) | ① 조건, 규정 따위가 복잡하고 엄격하여 적응하거나 적용하기에 어려운 데가 있다. '가탈스럽다[1]'보다 센 느낌을 준다.<br>② 성미나 취향 따위가 원만하지 않고 별스러워 맞춰 주기에 어려운 데가 있다. '가탈스럽다[2]'보다 센 느낌을 준다. |
| 실몽당이 | 실뭉치<br>(별도 표준어) | 실을 한데 뭉치거나 감은 덩이 |
| 에는 | 엘랑<br>(복수 표준형) | 표준어 규정 제25항에 따라 '에는'의 비표준형으로 규정해 온 '엘랑'을 표준형으로 인정함. '엘랑' 외에도 'ㄹ랑'에 조사 또는 어미가 결합한 '에설랑, 설랑, –고설랑, –어설랑, –질랑'도 표준형으로 인정함 |
| 주책없다 | 주책이다<br>(복수 표준형) | 표준어 규정 제25항에 따라 '주책없다'의 비표준형으로 규정해 온 '주책이다'를 표준형으로 인정함. '주책이다'는 '일정한 줏대가 없이 되는대로 하는 짓'을 뜻하는 '주책'에 서술격 조사 '이다'가 붙은 말로 봄 |

(2) 2017년 5항목

| 기존 표준어 | 추가 표준어 | 의미 |
|---|---|---|
| 꺼림칙하다 | 꺼림직하다<br>(복수 표준어) | 마음에 걸려서 언짢고 싫은 느낌이 있다. |
| 께름칙하다 | 께름직하다<br>(복수 표준어) | 마음에 걸려서 언짢고 싫은 느낌이 꽤 있다. |
| 추어올리다 | 추켜올리다<br>(복수 표준어) | '실제보다 과장되게 칭찬하다'의 의미로 쓰이는 '추켜올리다'를 표준어로 인정함 |
| 치켜세우다 | 추켜세우다<br>(복수 표준어) | '정도 이상으로 크게 칭찬하다'의 의미로 쓰이는 '추켜세우다'를 표준어로 인정함 |
| 추어올리다<br>추켜올리다 | 치켜올리다<br>(복수 표준어) | ① 옷이나 물건, 신체 일부 따위를 위로 가뜬하게 올리다.<br>② 실제보다 과장되게 칭찬하다. |

## 3 표준 발음법

### 1. 이중 모음의 발음의 예외

'ㅑ ㅒ ㅕ ㅖ ㅘ ㅙ ㅛ ㅝ ㅞ ㅠ ㅢ'는 이중 모음으로 발음하는 게 원칙이나 다음의 경우는 단모음으로 발음한다.

**(1) 용언의 활용형에 나타나는 '져, 쪄, 쳐'는 [저, 쩌, 처]로 발음한다.**

예 가지어 → 가져[가저]　찌어 → 쪄[쩌]　다치어 → 다쳐[다처]

**(2) '예, 례' 이외의 'ㅖ'는 [ㅔ]로도 발음한다.**

예 계시다[계:시다/게:시다]　시계[시계/시게](時計)　지혜[지혜/지헤](智慧)

**(3) 자음을 첫소리로 가지고 있는 음절의 'ㅢ'는 [ㅣ]로 발음한다.**

예 늴리리　닁큼　무늬　띄어쓰기　씌어　희망　유희

**(4) 단어의 첫음절 이외의 '의'는 [ㅣ]로, 조사 '의'는 [ㅔ]로 발음함도 허용한다.**

예 주의[주의/주이]　협의[혀븨/혀비]　우리의[우리의/우리에]

## 2. 주요 받침의 발음

### (1) 겹받침

| | |
|---|---|
| ㄼ | [ㄹ]로 발음한다. 다만, '밟-'은 자음 앞에서 [밥]으로 발음하고, '넓-'은 다음과 같은 경우에 [넙]으로 발음한다.<br>예 밟다[밥:따] 밟소[밥:쏘] 밟지[밥:찌]밟는 [밥:는 → 밤:는]<br>밟게[밥:께] 밟고[밥:꼬]<br>예 넓죽하다[넙쭈카다] 넓둥글다[넙뚱글다] |
| ㄺ | [ㄱ]으로 발음한다. 다만, 용언의 어간 말음 'ㄺ'은 'ㄱ' 앞에서 [ㄹ]로 발음한다.<br>예 늙지[늑찌] 맑게[말께] 묽고[물꼬] 얽거나[얼꺼나] |

### (2) 받침 'ㅎ'

| | |
|---|---|
| 축약 | 'ㅎ(ㄶ, ㅀ)' 뒤에 'ㄱ, ㄷ, ㅈ'이 결합되는 경우에는, 뒤 음절 첫소리와 합쳐서 [ㅋ, ㅌ, ㅊ]으로 발음한다.<br>예 놓고[노코] 좋던[조:턴] 쌓지[싸치] 많고[만:코]<br>않던[안턴] 닳지[달치] |
| 첨가 | 'ㅎ(ㄶ, ㅀ)' 뒤에 'ㅅ'이 결합되는 경우에는, 'ㅅ'을 [ㅆ]으로 발음한다.<br>예 닿소[다:쏘] 많소[만:쏘] 싫소[실쏘] |
| 교체 | 'ㅎ' 뒤에 'ㄴ'이 결합되는 경우에는, [ㄴ]으로 발음한다.<br>예 놓는[논는] 쌓네[싼네] |
| 탈락 | ① 'ㄶ, ㅀ' 뒤에 'ㄴ'이 결합되는 경우에는, 'ㅎ'을 발음하지 않는다.<br>예 않네[안네] 않는[안는] 뚫네[뚤네 → 뚤레] 뚫는[뚤는 → 뚤른]<br>② 'ㅎ(ㄶ, ㅀ)' 뒤에 모음으로 시작된 어미나 접미사가 결합되는 경우에는, 'ㅎ'을 발음하지 않는다.<br>예 낳은[나은] 놓아[노아] 쌓이다[싸이다] 많아[마:나]<br>않은[아는] 닳아[다라] 싫어도[시러도] |

## 3. 소리의 동화

### (1) 구개음화

① 받침 'ㄷ, ㅌ(ㄾ)'이 조사나 접미사의 모음 'ㅣ'와 결합되는 경우에는, [ㅈ, ㅊ]으로 바꾸어서 뒤 음절 첫소리로 옮겨 발음한다.

예 곧이듣다[고지듣따] 굳이[구지] 미닫이[미:다지] 땀받이[땀바지]
밭이[바치] 벼훑이[벼훌치]

② 'ㄷ' 뒤에 접미사 '히'가 결합되어 '티'를 이루는 것은 [치]로 발음한다.

예 굳히다[구치다] 닫히다[다치다] 묻히다[무치다]

### (2) 비음화

① 받침 'ㄱ(ㄲ, ㅋ, ㄳ, ㄺ), ㄷ(ㅅ, ㅆ, ㅈ, ㅊ, ㅌ, ㅎ), ㅂ(ㅍ, ㄼ, ㄿ, ㅄ)'은 'ㄴ, ㅁ' 앞에서 [ㅇ, ㄴ, ㅁ]으로 발음한다.

예 먹는[멍는] 국물[궁물] 깎는[깡는] 키읔만[키응만]
짓는[진:는] 옷맵시[온맵씨] 있는[인는] 맞는[만는]
잡는[잠는] 밥물[밤물] 앞마당[암마당] 밟는[밤:는]
읊는[음는] 없는[엄:는]

② 받침 'ㅁ, ㅇ' 뒤에 연결되는 'ㄹ'은 [ㄴ]으로 발음한다.

예 담력[담:녁] 침략[침:냑] 강릉[강능] 항로[항:노]

③ 받침 'ㄱ, ㅂ' 뒤에 연결되는 'ㄹ'도 [ㄴ]으로 발음한다.

예 막론[막논 → 망논] 석류[석뉴 → 성뉴] 협력[협녁 → 혐녁]

### (3) 유음화

① 'ㄴ'은 'ㄹ'의 앞이나 뒤에서 [ㄹ]로 발음한다.

예 난로[날:로] 신라[실라] 천리[철리] 광한루[광:할루]
대관령[대:괄령] 칼날[칼랄 ] 물난리[물랄리] 줄넘기[줄럼끼]

② 첫소리 'ㄴ'이 'ㅀ', 'ㄾ' 뒤에 연결되는 경우에도 이에 준한다.

예 닳는[달른] 뚫는[뚤른] 핥네[할레]

③ 예외의 경우

예 의견란[의:견난] 임진란[임:진난] 생산량[생산냥] 결단력[결딴녁]
공권력[공꿘녁] 동원령[동:원녕] 상견례[상견녜] 횡단로[횡단노]
이원론[이:원논] 입원료[이붠뇨] 구근류[구근뉴]

### (4) 동화 현상

① 다음과 같은 용언의 어미는 [어]로 발음함을 원칙으로 하되, [여]로 발음함도 허용한다.

예 되어[되어/되여] 피어[피어/피여]

② '이오, 아니오'도 이에 준하여 [이요, 아니요]로 발음함을 허용한다.

## 4. 된소리되기

### (1) 실현 양상

① 받침 'ㄱ(ㄲ, ㅋ, ㄳ, ㄺ), ㄷ(ㅅ, ㅆ, ㅈ, ㅊ, ㅌ), ㅂ(ㅍ, ㄼ, ㄿ, ㅄ)' 뒤에 연결되는 'ㄱ, ㄷ, ㅂ, ㅅ, ㅈ'은 된소리로 발음한다.

예 국밥[국빱] 깎다[깍따] 넋받이[넉빠지] 삯돈[삭똔] 낯설다[낟썰다]

② 어간 받침 'ㄴ(ㄵ), ㅁ(ㄻ)' 뒤에 결합되는 어미의 첫소리 'ㄱ, ㄷ, ㅅ, ㅈ'은 된소리로 발음한다.

예 신고[신:꼬] 껴안다[껴안따] 앉고[안꼬] 얹다[언따] 닮고[담:꼬]

③ 어간 받침 'ㄼ, ㄾ' 뒤에 결합되는 어미의 첫소리 'ㄱ, ㄷ, ㅅ, ㅈ'은 된소리로 발음한다.

예 넓게[널게] 핥다[할따] 훑소[훌쏘] 떫지[떨:찌]

④ 한자어에서, 'ㄹ' 받침 뒤에 연결되는 'ㄷ, ㅅ, ㅈ'은 된소리로 발음한다.

예 갈등[갈뜽] 발동[발똥] 절도[절또] 말살[말쌀]

⑤ 관형사형 '-(으)ㄹ' 뒤에 연결되는 'ㄱ, ㄷ, ㅂ, ㅅ, ㅈ'은 된소리로 발음한다.

예 할 것을[할꺼슬] 갈 데가[갈떼가] 할 바를[할빠를]

⑥ 표기상으로는 사이시옷이 없더라도, 관형격 기능을 지니는 사이시옷이 있어야 할(휴지가 성립되는) 합성어의 경우에는, 뒤 단어의 첫소리 'ㄱ, ㄷ, ㅂ, ㅅ, ㅈ'을 된소리로 발음한다.

예 문-고리[문꼬리] 눈-동자[눈똥자] 신-바람[신빠람] 산-새[산쌔]

### (2) 예외의 경우

① 피동, 사동의 접미사 '-기-'는 된소리로 발음하지 않는다.

예 안기다[안기다] 감기다[감기다] 굶기다[굼기다] 옮기다[옴기다]

② 같은 한자가 겹쳐진 단어의 경우에는 된소리로 발음하지 않는다.

예 허허실실[허허실실](虛虛實實) 절절하다[절절하다](切切-)

## 5. 음의 첨가

### (1) 'ㄴ' 첨가

① 합성어 및 파생어에서, 앞 단어나 접두사의 끝이 자음이고 뒤 단어나 접미사의 첫음절이 '이, 야, 여, 요, 유'인 경우에는, 'ㄴ' 음을 첨가하여 [니, 냐, 녀, 뇨, 뉴]로 발음한다.

예 솜이불[솜:니불] 홑이불[혼니불] 막일[망닐] 삯일[상닐]
내복약[내:봉냑] 한여름[한녀름] 맨입[맨닙] 꽃잎[꼰닙]

② 'ㄹ' 받침 뒤에 첨가되는 'ㄴ' 음은 [ㄹ]로 발음한다.

예 솔잎[솔립] 설익다[설릭따] 물약[물략] 서울역[서울력]

③ 다음과 같은 말들은 'ㄴ' 음을 첨가하여 발음하되, 표기대로 발음할 수 있다.

예 이죽이죽[이중니죽/이주기죽] 야금야금[야금냐금/야그먀금]
욜랑욜랑[욜랑뇰랑/욜랑욜랑] 검열[검:녈/거:멸]
금융[금늉/그뮹]

④ 다음과 같은 단어에서는 'ㄴ(ㄹ)' 음을 첨가하여 발음하지 않는다.

예 6 · 25[유기오] 3 · 1절[사밀쩔] 송별연[송:벼련] 등용문[등용문]

### (2) 사이시옷

① 사이시옷 + ㄱ, ㄷ, ㅂ, ㅅ, ㅈ : 된소리로 발음하는 것을 원칙으로 하되, 사이시옷을 [ㄷ]으로 발음하는 것도 허용한다.

예 냇가[내:까/낻:까] 샛길[새:낄/샏:낄] 콧등[코뜽/콛뜽] 깃발[기빨/긷빨]

② 사이시옷 + ㄴ, ㅁ : [ㄴ]으로 발음한다.

예 콧날[콛날 → 콘날] 아랫니[아랟니 → 아랜니]
뱃머리[밷머리 → 밴머리]

③ 사이시옷 + 이 : [ㄴㄴ]으로 발음한다.

예 베갯잇[베갣닏 → 베갠닏] 깻잎[깯닙 → 깬닙]
나뭇잎[나묻닙 → 나문닙]

## 4 외래어 표기법

### 1. 표기의 기본 원칙

(1) 외래어는 국어의 현용 24 자모만으로 적는다.

(2) 외래어의 1 음운은 원칙적으로 1 기호로 적는다.

(3) 받침에는 'ㄱ, ㄴ, ㄹ, ㅁ, ㅂ, ㅅ, ㅇ'만을 쓴다. 예 라켇(X) → 라켓(O)

(4) 파열음 표기에는 된소리를 쓰지 않는 것을 원칙으로 한다. 예 까페(X) → 카페(O)

(5) 이미 굳어진 외래어는 관용을 존중하되, 그 범위와 용례는 따로 정한다.

### 2. 주요 외래어 표기 세칙

(1) 어말의 [ʃ]는 '시'로 적고, 자음 앞의 [ʃ]는 '슈'로, 모음 앞의 [ʃ]는 뒤따르는 모음에 따라 '샤', '섀', '셔', '셰', '쇼', '슈', '시'로 적는다.

예 flash[flæʃ] 플래시  shark[ʃɑːk] 샤크  fashion[fæʃən] 패션  shopping[ʃɔpiŋ] 쇼핑

(2) 어말 또는 자음 앞의 [ʒ]는 '지'로 적고, 모음 앞의 [ʒ]는 'ㅈ'으로 적는다.

예 mirage[mirɑːʒ] 미라지  vision[viʒən] 비전

(3) 어말 또는 자음 앞의 [l]은 받침으로 적는다.

예 hotel[houtel] 호텔  pulp[pʌlp] 펄프

(4) 어중의 [l]이 모음 앞에 오거나, 모음이 따르지 않는 비음([m], [n]) 앞에 올 때에는 'ㄹㄹ'로 적는다. 다만, 비음([m], [n]) 뒤의 [l]은 모음 앞에 오더라도 'ㄹ'로 적는다.

예 slide[slaid] 슬라이드  film[film] 필름  Hamlet[hæmlit] 햄릿  Henley[henli] 헨리

### (5) 주의를 요하는 외래어 표기 용례

| × | ○ | × | ○ |
|---|---|---|---|
| 카톨릭 | 가톨릭 | 쇼파 | 소파 |
| 네비게이션 | 내비게이션 | 심볼 | 심벌 |
| 레크레이션 | 레크리에이션 | 싱가폴 | 싱가포르 |
| 럭키 | 러키 | 아이섀도우 | 아이섀도 |
| 레미컨 | 레미콘 | 알콜 | 알코올 |
| 로얄티 | 로열티 | 오리지날 | 오리지널 |
| 맛사지 | 마사지 | 자켓 | 재킷 |
| 마오저뚱 | 마오쩌둥 | 가디건 | 카디건 |
| 바베큐 | 바비큐 | 캬라멜 | 캐러멜 |
| 바디랭기지 | 보디랭귀지 | 콘테이너 | 컨테이너 |
| 불독 | 불도그 | 케익 | 케이크 |
| 스티로폴 | 스티로폼 | 코메디 | 코미디 |
| 쥬스 | 주스 | 런닝셔츠 | 러닝셔츠 |
| 매니아 | 마니아 | 앙케이트 | 앙케트 |
| 발렌타인데이 | 밸런타인데이 | 컨닝 | 커닝 |
| 화이팅 | 파이팅 | 링게르 | 링거 |
| 모짜르트 | 모차르트 | 맘모스 | 매머드 |
| 수퍼마켓 | 슈퍼마켓 | 데이타 | 데이터 |
| 플룻 | 플루트 | 비스켓 | 비스킷 |
| 도너츠 | 도넛 | 센티멘탈 | 센티멘털 |
| 쉬림프 | 슈림프 | 미스테리 | 미스터리 |
| 리더쉽 | 리더십 | 스폰지 | 스펀지 |
| 컨셉 | 콘셉트 | 컴플렉스 | 콤플렉스 |
| 초코렛 | 초콜릿 | 플랜카드 | 플래카드 |
| 넌센스 | 난센스 | 라이센스 | 라이선스 |
| 넌스톱 | 논스톱 | 렌트카 | 렌터카 |

### 3. 인명, 지명 표기의 원칙

#### (1) 표기 원칙

① 외래에 표기법에 포함되어 있지 않은 언어권의 인명, 지명은 원지음을 따르는 것을 원칙으로 한다.

예 Ankara 앙카라　Gandhi 간디

② 원지음이 아닌 제3국의 발음으로 통용되고 있는 것은 관용을 따른다.

예 Hague 헤이그　Caesar 시저

③ 고유 명사의 번역명이 통용되는 경우 관용을 따른다.

예 Pacific Ocean 태평양　Black Sea 흑해

#### (2) 동양의 인명, 지명 표기

① 중국 인명은 과거인과 현대인을 구분하여 과거인은 종전의 한자음대로 표기하고, 현대인은 원칙적으로 중국어 표기법에 따라 표기하되, 필요한 경우 한자를 병기한다.

② 중국의 역사 지명으로서 현재 쓰이지 않는 것은 우리 한자음대로 하고, 현재 지명과 동일한 것은 중국어 표기법에 따라 표기하되, 필요한 경우 한자를 병기한다.

③ 일본의 인명과 지명은 과거와 현대의 구분 없이 일본어 표기법에 따라 표기하는 것을 원칙으로 하되, 필요한 경우 한자를 병기한다.

④ 중국 및 일본의 지명 가운데 한국 한자음으로 읽는 관용이 있는 것은 이를 허용한다.

예 東京 도쿄, 동경　京都 교토, 경도　上海 상하이, 상해　臺灣 타이완, 대만　黃河 황허, 황하

## 5 로마자 표기법

### 1. 표기의 기본 원칙

(1) 국어의 로마자 표기는 국어의 표준 발음법에 따라 적는 것을 원칙으로 한다.

(2) 로마자 이외의 부호는 되도록 사용하지 않는다.

### 2. 모음의 표기

#### (1) 단모음

| ㅏ | ㅓ | ㅗ | ㅜ | ㅡ | ㅣ | ㅐ | ㅔ | ㅚ | ㅟ |
|---|---|---|---|---|---|---|---|---|---|
| a | eo | o | u | eu | i | ae | e | oe | wi |

#### (2) 이중 모음

| ㅑ | ㅕ | ㅛ | ㅠ | ㅒ | ㅖ | ㅘ | ㅙ | ㅝ | ㅞ | ㅢ |
|---|---|---|---|---|---|---|---|---|---|---|
| ya | yeo | yo | yu | yae | ye | wa | wae | wo | we | ui |

### (3) 주요 모음 표기 세칙

① 'ㅢ'는 'ㅣ'로 소리 나더라도 'ui'로 적는다. 예 광희문 Gwanghuimun

② 장모음의 표기는 따로 하지 않는다.

## 3. 자음의 표기

### (1) 파열음

| ㄱ | ㄲ | ㅋ | ㄷ | ㄸ | ㅌ | ㅂ | ㅃ | ㅍ |
|---|---|---|---|---|---|---|---|---|
| g, k | kk | k | d, t | tt | t | b, p | pp | p |

### (2) 파찰음

| ㅈ | ㅉ | ㅊ |
|---|---|---|
| j | jj | ch |

### (3) 마찰음

| ㅅ | ㅆ | ㅎ |
|---|---|---|
| s | ss | h |

### (4) 비음

| ㄴ | ㅁ | ㅇ |
|---|---|---|
| n | m | ng |

### (5) 유음

| ㄹ |
|---|
| r, l |

### (6) 주요 자음 표기 세칙

① 'ㄱ, ㄷ, ㅂ'은 모음 앞에서는 'g, d, b'로, 자음 앞이나 어말에서는 'k, t, p'로 적는다.

예 구미 Gumi　영동 Yeongdong　백암 Baegam　벚꽃[벋꼳] beotkkot

옥천 Okcheon　합덕 Hapdeok　한밭[한받] Hanbat

② 'ㄹ'은 모음 앞에서는 'r'로, 자음 앞이나 어말에서는 'l'로 적는다. 단, 'ㄹㄹ'은 'll'로 적는다.

예 구리 Guri　설악 Seorak　울릉 Ulleung　대관령[대괄령] Daegwallyeong

③ 체언에서 'ㄱ, ㄷ, ㅂ' 뒤에 'ㅎ'이 따를 때에는 'ㅎ'을 밝혀 적는다.

예 묵호(Mukho)　집현전(Jiphyeonjeon)



안심Touch

④ 된소리되기는 표기에 반영하지 않는다.

예 압구정 Apgujeong  낙동강 Nakdonggang  낙성대 Nakseongdae
합정 Hapjeong  샛별 saetbyeol  울산 Ulsan

## 4. 표기상의 유의점

(1) 음운 변화가 일어날 때에는 변화의 결과에 따라 다음과 같이 적는다.

① 자음 사이에서 동화 작용이 일어나는 경우

예 백마[뱅마] Baengma  신문로[신문노] Sinmunno  종로[종노] Jongno
왕십리[왕심니] Wangsimni  별내[별래] Byeollae  신라[실라] Silla

② 'ㄴ, ㄹ'이 덧나는 경우

예 학여울[항녀울] Hangnyeoul  알약[알략] allyak

③ 구개음화가 되는 경우

예 해돋이[해도지] haedoji  같이[가치] gachi  굳히다[구치다] guchida

④ 'ㄱ, ㄷ, ㅂ, ㅈ'이 'ㅎ'과 합하여 거센소리로 소리 나는 경우

예 좋고[조코] joko  놓다[노타] nota  잡혀[자펴] japyeo  낳지[나치] nachi

(2) 발음상 혼동의 우려가 있을 시 음절 사이에 붙임표(-)를 쓸 수 있다. 예 중앙 Jung-ang

(3) 고유 명사는 첫 글자를 대문자로 적는다. 예 부산 Busan  세종 Sejong

(4) 인명은 성과 이름의 순서로 띄어 쓴다. 이름은 붙여 쓰는 것을 원칙으로 하되 음절 사이에 붙임표(-)를 쓰는 것을 허용한다. 예 민용하 Min Yongha(Min Yong-ha)

(5) 이름에서 일어나는 음운 변화는 표기에 반영하지 않는다. 예 한복남 Han Boknam(Han Bok-nam)

(6) '도, 시, 군, 구, 읍, 면, 리, 동'의 행정 구역 단위와 '가'는 각각 'do, si, gun, gu, eup, myeon, ri, dong, ga'로 적고, 그 앞에는 붙임표(-)를 넣는다. 붙임표(-) 앞뒤에서 일어나는 음운 변화는 표기에 반영 하지 않는다.

예 충청북도 Chungcheongbuk-do  제주도 Jeju-do  의정부시 Uijeongbu-si  양주군 Yangju-gun
도봉구 Dobong-gu  신창읍 Sinchang-eup  삼죽면 Samjuk-myeon  봉천 1동 Bongcheon 1(il)-dong
종로 2가 Jongno 2(i)-ga  퇴계로 3가 Toegyero 3(sam)-ga

(7) '시, 군, 읍'의 행정 구역 단위는 생략할 수 있다.

예 청주시 Cheongju  함평군 Hampyeong  순창읍 Sunchang

(8) 자연 지물명, 문화재명, 인공 축조물명은 붙임표(-) 없이 붙여 쓴다.

예 남산 Namsan  속리산 Songnisan  금강 Geumgang  독도 Dokdo  경복궁 Gyeongbokgung

(9) 인명, 회사명, 단체명 등은 그동안 써 온 표기를 쓸 수 있다.

(10) 학술 연구 논문 등 특수 분야에서 한글 복원을 전제로 표기할 경우에는 한글 표기를 대상으로 적는다. 이 때 글자 대응은 제2장을 따르되 'ㄱ, ㄷ, ㅂ, ㄹ'은 'g, d, b, l'로만 적는다. 음가 없는 'ㅇ'은 붙임표(-)로 표기하되 어두에서는 생략하는 것을 원칙으로 한다. 기타 분절의 필요가 있을 때에도 붙임표(-)를 쓴다.

# 04 고전 문법

## 1 국어사의 주요 자료

### 1. 중세 국어(조선)

| | |
|---|---|
| **동국정운(東國正韻)** | 조선 세종 30년(1448)에 신숙주, 최항, 성삼문, 박팽년, 이개 등의 집현전 학자들이 왕명에 따라 편찬한 운서(韻書). 중국의 운서인 『홍무정운』 등을 참고하여 우리나라의 한자음을 새로운 체계로 정리한 최초의 음운서로, 『훈민정음』의 창제 원리 및 배경 연구에 매우 귀중한 자료이다. 세종이 언어 정책의 일환으로 당시 혼란 상태에 있었던 우리나라의 한자음을 바로잡아 통일된 표준음을 정하려는 목적으로 편찬, 간행하였다. |
| **석보상절(釋譜詳節)** | 조선 세종 28년(1446)에 수양 대군이 세종의 명에 따라 소헌 왕후 심 씨의 명복을 빌기 위하여 쓴 책으로 세종 29년에서 31년 사이에 간행된 것으로 추정된다. 당나라 도선의 『석가씨보(釋迦氏譜)』, 양나라 승우(僧祐)의 『석가보(釋迦譜)』, 법화경, 지장경(地藏經), 아미타경, 약사경 따위에서 뽑아 한글로 풀이한 석가모니의 일대기로, 조선 초기 국어 국문학의 귀중한 자료이다. |
| **용비어천가(龍飛御天歌)** | 조선 세종 27년(1445)에 정인지, 안지, 권제 등이 지어 세종 29년(1447)에 간행한 악장의 하나. 훈민정음으로 쓴 최초의 작품으로, 조선을 세우기까지 목조 · 익조 · 도조 · 환조 · 태조 · 태종의 사적(事跡)을 중국 고사(古事)에 비유하여 그 공덕을 기리어 지은 노래이다. 각 사적의 기술에 앞서 우리말 노래를 먼저 싣고 그에 대한 한역시를 뒤에 붙였다. |
| **월인석보(月印釋譜)** | 조선 세조 5년(1459)에 세종이 지은 『월인천강지곡』과 세조가 지은 『석보상절』을 합하여 간행한 책. 『월인천강지곡』의 각 절은 본문이 되고 그에 해당한 내용의 『석보상절』을 주석(註釋)하는 식으로 편찬하였다. |
| **월인천강지곡(月印千江之曲)** | 조선 세종 31년(1449)에 세종이 석가모니의 공덕을 찬양하여 지은 노래를 실은 책. 『월인석보』에 따르면 500여 수의 노래로 추정되나 오늘날은 그 일부인 상권(上卷) 한 권만 전한다. 전해지는 책은 국보 제320호로 정식 명칭은 『월인천강지곡 권상(月印千江之曲卷上)』이다. |
| **훈몽자회(訓蒙字會)** | 조선 중종 22년(1527)에 최세진이 지은 한자 학습서. 3,360자의 한자를 33항목으로 종류별로 모아서 한글로 음과 뜻을 달았다. 중세 국어의 어휘를 알 수 있는 귀중한 자료이다. |
| **훈민정음(訓民正音)** | 조선 세종 28년(1446)에 훈민정음 28자를 세상에 반포할 때에 찍어 낸 판각 원본. 세종이 훈민정음 창제의 취지를 밝힌 어제 서문(御製序文), 자음자와 모음자의 음가와 운용 방법을 설명한 예의(例義), 훈민정음을 해설한 해례, 정인지 서(序)로 되어 있다. 1997년에 유네스코 세계 기록 유산으로 지정되었다. |

## 2. 근대 · 현대 국어

| | |
|---|---|
| 동국신속삼강행실도<br>(東國新續三綱行實圖) | 조선 광해군 9년(1617)에 유근이 왕명에 따라 편찬한 『삼강행실도』의 속편. 임진왜란 중에 목숨을 바친 사람들을 비롯하여 신라 · 고려 · 조선 시대의 충신 · 효자 · 열녀의 사적(事跡)을 수록하고 그 덕행을 찬양하였다. 한문으로 적고 한글로 풀이하였으며, 본문의 내용을 그림으로 보였다. |
| 신정국문<br>(新訂國文) | 대한 제국 광무 9년(1905)에 지석영이 지은 국문 연구론. 한글의 전용, 병서의 폐지, 자체(字體)의 개혁 따위를 주장하였다. |
| 국어 문법<br>(國語文法) | 대한 제국 융희 4년(1910)에 주시경이 지은 국어 문법서. 품사를 아홉 개로 나누고, 순우리말로 된 문법 용어를 사용한 것이 특징이며, 후에 '한글 맞춤법 통일안'의 기본 이론이 되었다. 1911년 12월에 내용을 고쳐서 『조선어 문법』으로 간행하였다. |
| 우리말본 | 1937년에 최현배가 지은 문법서. 1929년에 간행한 『우리말 첫째 매 소리갈 성음학(聲音學)』에 씨갈[品詞論]과 월갈[統辭論]을 추가하여 완성한 것이다. |
| 한글갈 | 1942년 국어학자인 최현배가 쓴 한글의 역사 연구서. 훈민정음에 관한 일체의 역사적 · 이론적인 문제를 총망라하여 체계적으로 고찰하였다. |
| 국문정리<br>(國文正理) | 광무 원년(1897)에 이봉운(李鳳雲)이 지은 문법책. 순 국문으로 된 우리나라 최초의 문법책이며 띄어쓰기, 장단음(長短音), 된소리, 시제 따위를 내용으로 하고있다. |

# 2 종성 표기법

| 15세기 | 16세기 | 17세기 | 1933년 이후 |
|---|---|---|---|
| (원칙) 종성부용초성<br>(허용) 8종성법 | 8종성법 | 7종성법(ㄷ → ㅅ) | 종성부용초성 |

| | |
|---|---|
| 8종성법 | 중세 국어에서 받침자로 'ㄱ, ㄴ, ㄷ, ㄹ, ㅁ, ㅂ, ㅅ, ㆁ'의 8자만을 쓰는 종성 표기법. 표음주의 표기법으로 받침의 'ㄷ'과 'ㅅ'이 엄격히 구별되었다. |
| 7종성법 | 받침자로 'ㄱ, ㄴ, ㄷ, ㄹ, ㅁ, ㅂ, ㅅ, ㅇ'의 7자만을 쓰는 종성 표기법. 17세기 말에 이르자 'ㄷ'과 'ㅅ'을 구별하지 않고 'ㅅ'으로 통일하게 되었다. |

## 3 조사의 쓰임

### 1. 주격 조사

| 형태 | 환경 | 사례 |
|---|---|---|
| 이 | 자음으로 끝난 체언 뒤 | ᄉᆡ미[ᄉᆡᆷ + 이] 기픈 믈은<br>(해석) 샘이 깊은 물은 |
| ㅣ | 'ㅣ' 모음 이외의 모음으로 끝난 체언 뒤 | 孔공子ᄌᆡ[공ᄌᆞ + ㅣ] 曾증子ᄌᆞᄃᆞ려 닐러 ᄀᆞᄅᆞ샤ᄃᆡ<br>(해석) 공자가 증자에게 일러 말씀하시길 |
| ∅ | 'ㅣ' 모음으로 끝난 체언 뒤 | 불휘[불휘 + ∅] 기픈 남ᄀᆞᆫ<br>(해석) 뿌리가 깊은 나무는 |

### 2. 관형격 조사

| 형태 | 환경 | 사례 |
|---|---|---|
| ᄋᆡ/의 | 유정 명사 뒤 | ᄆᆞᄅᆡ[ᄆᆞᆯ + ᄋᆡ] 香氣(향기) / 거부븨[거붑 + 의] 털<br>(해석) 말의 향기 / 거북이의 털 |
| ㅅ | 무정 명사나 높임의 유정 명사 뒤 | ᄀᆞ[ᄀᆞᄅᆞᆷ + ㅅ] ᄒᆞᆫ 고ᄇᆡ / 世세孫손ㅅ[세손 + ㅅ] 일<br>(해석) 강의 한 굽이 / 세손의 일 |

### 3. 호격 조사

| 형태 | 환경 | 사례 |
|---|---|---|
| 하 | 높임 명사 뒤 | 님금하[님금 + 하] / 世尊(세존)하[세존 + 하] |
| 아/야 | 일반 명사 뒤 | 阿難(아란)아[阿難 + 아] / 長子(장자)야[長子 + 야] |

## 4 훈민정음(訓民正音)

### 1. 훈민정음 제자 원리

**(1) 초성 17자:** 기본자(발음 기관 상형) + 가획자(소리의 세기에 따라) + 이체자(새로운 모양)

| 이름 | 기본자 | 상형 | 가획자 | 이체자 |
|---|---|---|---|---|
| 아음(牙音) | ㄱ | 혀뿌리가 목구멍을 막는 모양 | ㅋ | ㆁ(옛이응) |
| 설음(舌音) | ㄴ | 혀끝이 윗잇몸에 붙는 모양 | ㄷ, ㅌ | ㄹ(반설음) |
| 순음(脣音) | ㅁ | 입의 모양 | ㅂ, ㅍ | |
| 치음(齒音) | ㅅ | 이의 모양 | ㅈ, ㅊ | ㅿ(반치음) |
| 후음(喉音) | ㅇ | 목구멍 모양 | ㆆ, ㅎ | |

**(2) 중성 11자:** 기본자[천(天) · 지(地) · 인(人) 삼재(三才)를 상형] + 초출자, 재출자(기본자 합성)

| 소리의 성질 / 제자 순서 | 양성 모음 | 음성 모음 | 중성 모음 |
|---|---|---|---|
| **기본자(基本字)** | ㆍ(하늘 상형) | ㅡ(땅 상형) | ㅣ(사람 상형) |
| **초출자(初出字)** | ㅗ, ㅏ | ㅜ, ㅓ | |
| **재출자(再出字)** | ㅛ, ㅑ | ㅠ, ㅕ | |

**(3) 종성:** 종성부용초성(終聲復用初聲)

| | |
|---|---|
| **종성부용초성(終聲復用初聲) · 팔종성가족용(八終聲可足用)** | 종성은 『훈민정음 예의』 부분에 '종성부용초성(終聲復用初聲) – 종성은 초성을 다시 쓴다.'는 규정이 있다. 그런데 훈민정음의 원리를 설명한 『훈민정음 해례본』에서는 'ㄱ, ㄴ, ㄷ, ㄹ, ㅁ, ㅂ, ㅅ, ㆁ' 8개의 자음만 종성에 사용한다는 '팔종성가족용(八終聲可足用)'에 대한 언급이 있다. 이와 같이 종성과 관련된 두 가지 규칙을 적용하면 원칙적으로는 종성에 모든 초성을 쓸 수 있지만 실제로는 8개의 초성만을 종성에 사용했다는 뜻이다. |

## 2. 세종어제훈민정음(世宗御製訓民正音)

| | |
|---|---|
| **해제** | 1446년 창제한 글자를 반포하기 위하여 만든 한문본 훈민정음을 세종 사후에 언해하여 '세종어제훈민정음'이라 하였다. 전자를 해례본, 후자를 언해본이라 한다. 세종어제훈민정음은 세조 5년(1459)에 간행된 것이 가장 오래된 것이다. |
| **작자** | 세종대왕과 정인지를 비롯한 집현전 학자 |
| **제작 연대** | • 창제: 1443년(세종 25년)<br>• 반포: 1446년(세종 28년) |
| **주제** | 훈민정음 창제 이유와 훈민정음의 우수성 |
| **취지** | • 자주(自主), 애민(愛民), 실용(實用) 정신의 구현<br>• 우리나라 한자음의 정리와 우리말의 표기법 통일 |
| **체제** | • 예의: 개론적 설명 부분(언해된 부분)<br>• 해례: 구체적 해설 부분(언해되지 않은 부분)<br>• 정인지의 서: 훈민정음을 창제한 경위 설명 |
| **창제 정신** | • 자주정신: 중국과 우리나라의 차이 인식<br>• 애민정신: 문자 생활을 영위하지 못하는 백성들에 대한 배려<br>• 실용정신: 사용하기 쉽고 편리한 문자로 제작 |

나·ᄅᆞᆺ:말ᄊᆞ·미 中듕國·귁·에 달·아, 文문字·ᄍᆞᆼ와·로 서르 ᄉᆞᄆᆞᆺ·디 아·니ᄒᆞᆯ·ᄊᆡ, 이런 젼·ᄎᆞ·로 어·린 百·ᄇᆡᆨ姓·셩·이 니르·고·져 ·ᄒᆞᇙ·배 이·셔·도 ᄆᆞ·ᄎᆞᆷ:내 제 ·ᄠᅳ·들 시·러 펴·디: 몯ᄒᆞᇙ ·노·미 하·니·라. ·내 ·이·ᄅᆞᆯ 爲·윙·ᄒᆞ·야 :어엿·비 너·겨, ·새·로 ·스·믈 여·듧 字·ᄍᆞᆼ·ᄅᆞᆯ ᄆᆡᇰ·ᄀᆞ노·니, :사ᄅᆞᆷ:마·다 :ᄒᆡ·ᅇᅧ :수·ᄫᅵ 니·겨 ·날·로 ·ᄡᅮ·메 便뼌安한·킈 ᄒᆞ·고·져 ᄒᆞᇙ ᄯᆞᄅᆞ·미니·라.

▶ 현대어 풀이

우리나라 말이 중국과 달라 한자와는 서로 통하지 아니하여서 이런 까닭으로 어리석은 백성이 말하고자 하는 바가 있어도 마침내 제 뜻을 펴지 못하는 사람이 많다. 내가 이것을 가엾게 생각하여 새로 스물여덟 글자를 만드니, 모든 사람으로 하여금 쉽게 익혀서 날마다 쓰는 데 편하게 하고자 할 따름이다.

# 기출 문제 저격

## 한글 맞춤법

### 01

**띄어쓰기가 옳지 않은 것은?** 20 ⑨ 기출

① 그녀는 사업차 외국에 나갔다.
② 들고 갈 수 있을 만큼만 담아라.
③ 그는 세 번만에 시험에 합격했다.
④ 쌀, 보리, 콩, 조, 기장 들을 오곡(五穀)이라 한다.

### 02

**한글 맞춤법에 옳게 쓰인 것을 모두 고른 것은?** 20 ⑨ 기출

> 나는 먼저 미역을 물에 ㉠ 담궈 두고 밥을 ㉡ 안쳤다. 불린 미역을 냄비에 넣고 불을 ㉢ 붙였다. 미역국이 끓는 동안 생선도 ㉣ 졸였다. 마지막으로 두부에 달걀옷을 입혀 ㉤ 부쳤다. 상을 차려놓고 어머니가 오시기를 기다렸다. ㉥ 하느라고 했는데 생일상치고 영 볼품이 없는 것 같다.

① ㉠, ㉡, ㉣ ② ㉢, ㉤, ㉥
③ ㉡, ㉣, ㉤ ④ ㉡, ㉢, ㉤

### 03

**다음 [ ㉠ ], [ ㉡ ]에 들어갈 말이 바르게 연결된 것은?** 20 ⑦ 기출

> A: 어젯밤에 공부하[ ㉠ ] 늦게 잤다.
> B: 사흘 밤낮을 하[ ㉡ ] 했는데 이 모양이다.

| | [ ㉠ ] | [ ㉡ ] |
|---|---|---|
| ① | -노라고 | -노라고 |
| ② | -느라고 | -느라고 |
| ③ | -느라고 | -노라고 |
| ④ | -노라고 | -느라고 |

### 04

**다음 중 밑줄 친 맞춤법 표기가 옳은 것으로만 묶인 것은?** 19 ⓒ 기출

> ㉠ 날씨가 추워서 웃옷을 걸쳐 입었다.
> ㉡ 그는 책상에 앉아 있는 채로 윗몸을 뒤로 젖힌다.
> ㉢ 산 윗쪽으로 올라갈수록 사람의 숫자가 줄어들었다.
> ㉣ 그는 아랫니로 윗입술을 자꾸만 깨무는 버릇이 있다.
> ㉤ 그는 펜을 꺼내기 위해 웃도리의 안주머니에 손을 넣었다.

① ㉠, ㉡, ㉢ ② ㉠, ㉡, ㉣
③ ㉡, ㉢, ㉣ ④ ㉡, ㉢, ㉤



정답 01 ③ 02 ④ 03 ③ 04 ②

## 05

**다음 중 맞춤법의 쓰임이 옳은 것은?** 19추기출

① 그 사람은 교장 선생님으로써 할 일을 다했다.
② 이 문제를 대화로서 갈등을 풀 수 있을까?
③ 나는 학생으로서 공부를 해야 한다.
④ 에너지 소비로 인한 환경 피해를 줄임으로서 국민 경제의 건전한 발전에 이바지한다는 것에 동의한다.

## 06

**다음 중 맞춤법 표기가 가장 옳은 것은?** 19기출

① 밤을 새서라도 일을 끝마치겠다.
② 자꾸 밤새지 마라, 몸 축날라.
③ 밤샌 보람이 있다.
④ 몇 밤을 뜨눈으로 새웠다.

## 07

**다음 중 단어의 표기가 옳은 것은?** 17기출

① 새벽녘　　② 짐작컨대
③ 눈을 부치고　　④ 넉넉지

## 08

**다음 중 밑줄 친 부분이 한글 맞춤법에 맞는 것은?** 14기출

① 그녀는 얼굴이 너무 하야서 꼭 아픈 사람 같다.
② 어느새 어머니의 이마와 눈가에 잘다랗게 주름이 잡혔다.
③ 그는 재산이 붇는 재미에 힘든 줄도 몰랐다.
④ 나는 월간지를 달달이 구독한다.

## 09

**다음 〈보기〉의 밑줄 친 단어 중 한글 맞춤법에 맞지 않는 단어로만 묶인 것은?** 13기출

〈보 기〉

똑똑히, 후덕덕, 근접치, 변변치, 대척하는, 느직이

① 똑똑히, 대척하는
② 근접치, 느직이
③ 변변치, 느직이
④ 후덕덕, 근접치

## 10

**다음 중 한글 맞춤법상 옳지 않은 것은?** 12기출

① 돌아가며 시를 읊도록 하자.
② 꽃을 꺾으면 안 돼.
③ 어찌 잊었느냐?
④ 누룽지를 긁어서 간식으로 먹다.

## 11

**다음 중 한글 맞춤법상 옳지 않은 것은?** 11기출

① 돼야 한다고 생각하면 잘돼요.
② 쓰느라고 쓴 것이 이 모양이다.
③ 지금은 바빠서 어렵고 다음에 갈게.
④ 낚시터에 낚싯대를 드리운 낚시꾼들이 많다.

## 12

**다음 중 한글 맞춤법의 규정에 맞는 문장은?** 09기출

① 문이 저절로 닫쳤다.
② 동네잔치를 벌리다.
③ 차와 차가 마주 부딪혔다.
④ 이것은 책이요, 저것은 붓이오.

정답 05 ③ 06 ④ 07 ④ 08 ③ 09 ④ 10 ② 11 ② 12 ④

## 13

다음 중 준말이 아닌 것은? 19추기출

① 기럭아 ②국말이
③ 애꾸눈아 ④ 엊저녁

## 14

다음 중 줄여 쓸 수 있는 말로 적절한 것은? 19기출

① 바뀌었다.
② 품종이어요.
③ 줄어들었습니다.
④ 다투었군요.

## 15

다음 중 〈보기〉의 규정에 맞지 않은 것은? 19기출

〈보 기〉

**[제39항]** 어미 '–지' 뒤에 '않–'이 어울려 '–잖–'이 될 적과 '–하지' 뒤에 '않–'이 어울려 '–찮–'이 될 적에는 준 대로 적는다.

① 당찮다 ② 그렇잖다
③ 달갑잖다 ④ 올곧찮다

## 16

다음 중 본말과 준말의 연결이 옳은 것은? 16기출

① 거북하지 → 거북치
② 기러기야 → 기럭아
③ 쓰레기야 → 쓰렉아
④ 그렇지 않은 → 그렇찮은

## 17

다음 중 한글 맞춤법상 준말이 옳지 않은 것은? 12기출

① 성실하지 않다 → 성실잖다
② 넉넉하지 않다 → 넉넉잖다
③ 만만하지 않다 → 만만찮다
④ 변변하지 않다 → 변변찮다

## 18

다음 중 두음 법칙의 구성으로 옳지 않은 것은? 19기출

① 공 + 염불 ② 신 + 년도
③ 구름 + 양 ④ 비구 + 니

## 19

다음 중 '근삿값'과 같은 사이시옷 구성으로 옳은 것은? 19기출

① 시냇물 ② 조갯살
③ 전셋집 ④ 두렛일

## 20

다음 중 사이시옷의 형성 원리가 다른 것은? 17기출

① 제삿날 ② 가윗일
③ 툇마루 ④ 양칫물

## 21

다음 중 맞춤법상 옳지 않은 것은? 07기출

① 아래마을 ② 선짓국
③ 하굣길 ④ 툇마루



13 ② 14 ④ 15 ④ 16 ② 17 ① 18 ② 19 ③ 20 ② 21 ① 정답

## 22

다음 중 띄어쓰기 규정과 예시가 옳은 것은? 19 추 기출

① 성과 이름, 성과 호 등은 붙여 쓴다.
예 김 양수, 서 화담

② 호칭어, 관직명 등은 띄어 쓴다.
예 김 선생, 민 박사

③ 전문 용어는 단어별로 띄어 쓴다.
예 만성골수성 백혈병

④ 성명 이외의 고유 명사는 단어별로 띄어 쓴다.
예 한국 대학교 사범대학

## 23

다음 중 띄어쓰기가 옳은 것은? 19 추 기출

① 열내지 스물
② 음식을 각자 먹을만큼 떠서 먹어라.
③ 여기에서부터가 서울입니다.
④ 십이억 삼천사백 오십육만 칠천팔백 구십팔

## 24

다음 중 밑줄 친 부분의 띄어쓰기가 옳지 않은 것은? 19기출

① 그들은 부자 간의 정을 나누었다.
② 그는 대학 재학 중에 고등 고시에 합격하였다.
③ 그녀를 만난 지도 꽤 오래되었다.
④ 시장을 보는 데만 세 시간이 걸렸다.

## 25

다음 중 밑줄 친 부분의 띄어쓰기가 옳지 않은 것은? 19기출

① 제가 그쪽으로 갈까요? 어제 갔던데요.
② 많이 변해서 길을 모르겠던데요.
③ 선생님 앞으로 택배가 왔던데요.
④ 운동을 열심히 했더니 다리가 아프던데요.

## 26

다음 중 띄어쓰기가 옳은 것은? 18기출

① 새 일꾼이 일도 잘할 뿐더러 성격도 좋다.
② 하잘 것 없는 일로 형제끼리 다투어서야 되겠소?
③ 책이 내용은 보잘것 없으면서 표지만 요란하게 꾸몄다.
④ 내가 다시 돌아와 합류할 때까지 물샐틈없이 방비를 해야 한다.

## 27

제시문에서 밑줄 친 ㉠~㉣ 중 띄어쓰기가 옳은 것은? 18기출

> ㉠ 관계 내에 갈등이 발생할 때 무엇보다도 먼저 피해야 할 것이 성급한 판단이다. '저 사람 때문에 이런 문제가 발생했다.', '저 사람은 ㉡ 그만 한 문제도 그냥 못 넘긴다.' 또는 '우리 관계는 엉망이다.'라는 식으로 결론부터 내린다면 서로에게 좋은 결과를 찾는다는 것은 애당초 그른 일이다. 한쪽에서 판단부터 내린 채 문제에 접근하면 다른 쪽은 자신의 가치가 무시되었다고 느끼기 때문에 감정적으로 반응하게 되고 때로는 적대감까지 가진다. 따라서 성급한 판단을 피하고 문제를 되도록 객관적인 방향으로 표현해야 한다.
>
> 문제를 객관적으로 표현하기 위해서는 묘사적인 언어를 사용해야 한다. 묘사적인 언어란 상대방을 비난하거나 동기를 해석하지 않고 일어난 일을 그대로 기술하는 표현법을 말한다. 즉, 자신의 가치나 판단을 개입시키지 않는 표현법을 일컫는 것이다. 이를테면 노사 관계에서 사원 복지의 문제로 갈등이 있을 때 노조 측에서 '회사 측은 자기 이익밖에 모른다. ㉢ 쥐꼬리만 한 월급만 던져 주면 그만이냐?'라고 한다면 이것은 극한 판단이 개입된 표현이다. 이런 말을 들으면 회사 측은 '너희들은 어떤가. ㉣ 회사야 망하든 말든 제이익만 챙기지 않느냐!' 하는 식으로 나오게 되어 갈등은 심화되게 마련이다. 이럴 때는 '우리 회사의 사원 복지는 다른 회사에 비해 부족한 점이 많다.'라는 식으로 객관적으로 묘사하는 것이 통합적 해결책을 찾기 위한 출발점이 된다.

① ㉠ ② ㉡
③ ㉢ ④ ㉣

정답 22 ② 23 ③ 24 ① 25 ① 26 ④ 27 ①

## 28

**다음 중 띄어쓰기가 옳은 것은?** 17기출

① 폭우처럼 비가 오는데도 갑판 대원들은 입항 준비로 분주했다.
② 신념이 확고한 그를 설득하는데 무려 사흘이 걸렸다.
③ 얼굴도 예쁜데다가 성격도 좋다.
④ 그렇게 고마울데가, 그분의 힘이 컸어요.

## 29

**다음 중 밑줄 친 부분의 띄어쓰기가 옳지 않은 것은?** 17기출

① 나의 어릴 적 사진을 보며 어머니는 추억에 눈시울을 글썽이셨다.
② 제 1차 세계대전은 무려 4년간 지속되었다.
③ 어머니는 그동안 최씨 문중의 맏며느리로서 맡은 바 소임에 최선을 다하셨다.
④ 두 사람의 관계는 먼 촌수의 숙질간이었다.

## 30

**다음 중 띄어쓰기가 옳지 않은 것은?** 16기출

① 홍길동 님, 주문하신 물건입니다.
② 그는 호리병을 깨뜨려버렸다.
③ 교실에는 책상, 걸상 등이 있다.
④ 군무원 시험에 합격하여 뛸듯이 기뻤다.

## 31

**다음 중 띄어쓰기가 옳은 것은?** 15기출

① 미워하리 만큼
② 한국만 한 나라 없다.
③ 제 3회
④ 열흘내지 보름

## 32

**다음 중 띄어쓰기가 옳지 않은 것은?** 14기출

① 자식이 안 되기를 바라는 부모는 없다.
② 자주 가던 식당의 음식 맛이 예전만 못하다.
③ 그들은 말도 안 되는 이유로 파업을 벌이고 있다.
④ 그녀는 눈물 때문에 더 이상 말을 잇지 못했다.

## 33

**다음 중 문장의 띄어쓰기가 옳지 않은 것은?** 13기출

① 고향을 떠나온지 벌써 몇 해던가.
② 너 생각보다 농구를 아주 잘하는데?
③ 그 이후 나는 두 번째 인생을 살고 있다.
④ 다 함께 다시 한번 도전해 보자.

## 34

**다음 중 띄어쓰기가 옳지 않은 것은?** 12기출

① 집에 도착하는 대로 연락해라.
② 음식을 닥치는 대로 먹고 탈이 났다.
③ 나는 마음대로 집을 나섰다.
④ 기행문은 느낀대로 솔직하게 써야 한다.

## 35

**다음 중 띄어쓰기가 옳지 않은 문장은?** 11기출

① 진규가 떠난지 벌써 10년이 되었다.
② 은규는 연수차 미국에 갔다.
③ 학교에 간바 강의가 휴강이었다.
④ 배 아픈 데 먹는 약이다.



28 ① 29 ② 30 ④ 31 ② 32 ① 33 ① 34 ④ 35 ① 정답

## 36

**다음 중 밑줄 친 부분의 띄어쓰기가 옳은 것은?** 08기출

① 지훈이는 음치여서 노래를 <u>못한다</u>.
② 주량이 약해서 술을 <u>못 한다</u>.
③ 아우만 <u>못 하다</u>.
④ 희다 <u>못 해서</u> 푸르다.

## TOP 2 어법에 맞는 문장

## 01

**다음 중 가장 적절한 문장은?** 20⑨기출

① 인생을 살다 보면 남을 도와주기도 하고 도움을 받기도 한다.
② 형은 조문객들과 잠시 환담을 나눈 후 다시 상주 자리로 돌아왔다.
③ 가벼운 물건이라도 높은 위치에서 던지면 인명 사고나 차량 파손을 일으킬 수 있다.
④ 중인이 보는 앞에서 병기에게 친히 불리어서 가까이 가는 것만 해도 여간한 우대였다.

## 02

**우리말 어법에 맞고 가장 자연스러운 문장은?** 20⑨기출

① 그의 하루 일과를 일어나자마자 아침 신문을 읽는 데서 시작한다.
② 저녁노을이 지는 들판에서 농부 내외가 조용히 기도하는 모습이 멀리 보였다.
③ 졸업한 형도 못 푸는 문제인데, 하물며 네가 풀겠다고 덤볐다.
④ 제가 여러분에게 당부하고 싶은 것은 주변 환경을 탓하지 마시기 바랍니다.

## 03

**다음 중 어법에 맞는 문장은?** 18기출

① 나이 들면 나이 드는 데로 마음이 편하다.
② 적들이 처들어왔으니 무슨 수를 써서라도 막아야 한다.
③ 그는 비리 사실을 누구에게도 일체 말하지 않았다.
④ 불법 운전을 절대 해서는 안 된다.

## 04

**다음 중 바르게 쓴 문장을 고른 것은?** 17기출

① 소생의 자식 결혼 시 축복과 격려하여 주신 데 대하여 감사를 드립니다.
② 귀하의 노고와 번영을 진심으로 기원합니다.
③ 정성을 다한 시공과 최대한 공사 기간을 단축하여 차도 공사를 마무리하겠습니다.
④ 직분, 즉 해야 할 일을 해야 한다는 것이다.

## 05

**다음 밑줄 친 부분의 표기가 옳은 것은?** 16기출

① 그 일은 너무 오래돼서 <u>진위 여부</u>를 판단하기 어렵다.
② 핵폐기장 설치는 주민들의 <u>찬반 여부</u>에 따라 결정된다.
③ 부동층의 표가 이번 선거의 <u>당락 여부</u>를 결정짓는 중요한 변수이다.
④ 구조대는 매몰자의 <u>생존 여부</u>에 상관 없이 구조 작업을 연장할 것이다.

정답 36 ① / 01 ③ 02 ② 03 ④ 04 ④ 05 ④

## 06

**다음 중 어법에 맞는 문장은?** 16기출

① 그는 지난 시험에서 만족스런 결과를 얻었다.

② 할아버지께서는 어제보다 덜 아프신가 보다.

③ 지난주에는 활짝 개인 날씨가 계속되었지만 오늘은 갑자기 우레가 쳤다.

④ 달걀 껍데기에 있는 탄산칼슘은 석회질 비료와 비슷한 성분을 가진다.

## 07

**다음 중 어법에 맞지 않는 문장은?** 15기출

① 내일은 전국적으로 눈이 많이 내리는 강추위가 예상된다.

② 서울에서 터키까지 비행기 삯이 얼마입니까?

③ 이번 사태로 사회적 손실이 발생할 우려가 크다.

④ 국군 장병들의 노고를 위로하다.

## 08

**다음 중 어법에 맞는 문장은?** 14기출

① 조카는 여섯 살바기 어린아이이다.

② 식이 조절과 운동을 병행하였더니 팔과 다리가 얇아졌다.

③ 그는 소송을 당하고 나서야 나에게 사과하므로써 책임을 면하려 하였다.

④ 한 구조대원은 먼저 탈출하던 선원들에게 부딪혀 팔이 부러졌다.

## 09

**다음 중 문장의 호응 관계가 자연스러운 것으로만 묶인 것은?** 14기출

(가) 우리가 한글을 세계의 여러 문자들과 비교해 보면 매우 조직적이며 과학적이고 독창적인 문자라는 사실을 알 수 있다.

(나) 우리가 알아야 할 점은 일본의 역사 교육이 과거의 식민 지배를 정당화할 뿐만 아니라 식민 지배가 피시배국의 근대화를 앞당기는 계기가 되었으며, 간교한 민족 분열의 수단인 동시에 현 정권의 정치 선전 도구입니다.

(다) 어렸을 때 나는 중창단을 지휘한 적이 있었다. 그리고 그 이후 지휘자가 되겠다는 생각을 해 본 적이 한 번도 없었다.

(라) 정부는 이번 사건을 계기로 개발의 부작용을 솔직히 인정하고, 자연환경을 보존할 수 있는 구체적인 대책 마련을 해당 부처에 지시하였다.

(마) 재일 동포들은 일본 사회의 구성원으로서 모든 의무를 다하고 있으면서도 차별 때문에 합당한 대우를 받지 못하고 있다.

① (가), (다)

② (나), (라)

③ (다), (마)

④ (라), (마)

## 10

**다음 중 밑줄 친 부분의 쓰임이 옳지 않은 것은?** 13기출

① 민원인들이 자주 방문<u>하므로</u> 업무를 보기가 어렵다.

② 그는 부지런<u>함으로</u> 잘산다.

③ 다른 사람의 모범이 되<u>므로</u> 이 상장을 수여합니다.

④ 그는 공부<u>함으로</u> 부모님의 은혜에 보답한다.



06 ④ 07 ① 08 ④ 09 ④ 10 ② 정답

## 11

**다음 중 어법에 맞는 문장은?** 12기출

① 어른 앞에서는 행동을 삼가해야 한다.
② 그렇게 조그만 일에 삐지다니 큰일을 못할 사람일세.
③ 그 사람을 만나러 갈 생각에 벌써부터 마음이 설레인다.
④ 한참을 웃었더니 얼굴이 땡겼다.

## 12

**다음 중 어법에 맞는 문장은?** 12기출

① 주부들은 부담 없이 가구를 장만할 수 있다는 사실에 모두 놀랬다.
② 국방부에서 실시하는 국토 순례단에 나도 끼여 가기로 하였다.
③ 너 요새 허리가 많이 두꺼워진 걸 보니 통 운동을 안 하는 모양이다.
④ 양계장에는 갓 태어난 병아리들의 노란 솜털이 봄기운을 한껏 느끼게 했다.

## 13

**다음 중 어법에 맞는 문장은?** 12기출

① 일찌기 나는 학문에 관심이 없다.
② 나는 군무원으로써 사명감을 가지고, 나랏일을 할 것이다.
③ 그는 회사 일을 마치면 으레 동료들과 술 한잔을 한다.
④ 밥이오, 떡이오, 빵이요.

## 14

**다음은 잘못된 문장을 고친 것이다. 어법에 맞게 바르게 고친 것은?** 12기출

① 우리나라는, 미국에 광우병을 문제 삼아 소고기 수입을 대폭 축소하겠다고 전달했다. → 우리나라는, 미국에게 광우병을 문제 삼아 소고기 수입을 대폭 축소하겠다고 전달했다.
② 계속되는 태풍으로 농산물 가격은 더욱 급등할 것으로 예상된다. → 계속되는 태풍으로 농산물 가격은 더욱 급등할 것으로 보여진다.
③ 교장 선생님 훈화 말씀이 있겠습니다. → 교장 선생님 훈화 말씀이 계시겠습니다.
④ 내게 덩쿨째 들어온 당신은, 사실 매우 어리숙하다. → 내게 덩굴째 들어온 당신은, 사실 매우 어수룩하다.

## 15

**다음 중 문장의 밑줄 친 부분을 고친 것으로 옳지 않은 것은?** 11기출

① 지훈이는 선수치고 공을 잘 찬다. → 지훈이는 선수치고 공을 잘 못 찬다.
② 학생들에 대하여 많은 관심을 기울이자. → 학생들에게 많은 관심을 기울이자.
③ 동아리에 가입하기 위해서는 절대로 직접 손으로 쓴 작품을 제출해야 한다. → 동아리에 가입하기 위해서는 반드시 직접 손으로 쓴 작품을 제출해야 한다.
④ 정부는 일본 시마네현의 '독도의 날'선포에 대해서 일본에 강력히 항의하였다. → 정부는 일본 시마네현의 '독도의 날'선포에 대해서 일본에게 강력히 항의하였다.

정답 11 ② 12 ② 13 ③ 14 ④ 15 ④

## 16

다음 중 어법에 맞는 문장은? 10기출

① 그들은 자숙하는 것을 필요로 한다.
② 합격하겠다라는 생각을 하셨습니까?
③ 공사가 언제 시작되고, 언제 개통될지 모른다.
④ 그의 일과는 매일 아침 인터넷 뉴스를 검색하는 것으로 시작한다.

## 17

다음 중 밑줄 친 곳이 어법에 맞지 않는 문장은? 10기출

① 선생님이신 줄 알았는데요.
② 요즘 직장을 구하기가 무척 힘들대요.
③ 도서관에서 그녀의 모습을 볼 수 있었데요.
④ 어제 보니 유치원에서 재롱 잔치가 너무 재미있었는데요.

## 18

다음 중 어법에 맞는 문장은? 09기출

① 전세를 놉니다. ② 잘되길 바래.
③ 아무것도 안 봬. ④ 문을 잘 잠궈라.

## 19

다음 중 어법에 맞지 않는 문장은? 09기출

① 선거를 치른 후에 개각을 단행하였다.
② 승패를 가름한 것은 선수들의 투지였다.
③ 길거리에 물건을 벌여 놓으면 안 된다.
④ 소속 직원이 아닌 분은 사용을 삼가해주세요.

## 20

다음 중 어법에 맞는 문장은? 09기출

① 본격적인 공사가 언제 시작되고, 언제 개통될지 모른다.
② 비록 그들이 양부모라서 딸에 대한 사랑은 깊다.
③ 이것이 가능한 것은 내가 능력이 매우 뛰어나서가 아니라 운이 좋았기 때문이다.
④ 지훈이는 선수치고 공을 잘 찬다.

## 21

다음 중 어법에 맞는 문장은? 06기출

① 어머니께서는 온종일 무엇인가에 열중해 계셨다.
② 그들에게 있어서 이번 시험만큼 중요한 것은 없다.
③ 전문가에게 자문을 구하는 것이 가장 좋은 해결 방법이다.
④ 이번 시험은 매우 중요한 것으로 보여진다.

## 22

다음 중 어법에 맞지 않는 문장은? 08기출

① 화내지 말아라.
② 밤새우지 말아요.
③ 직접 김치를 담가서 먹는다.
④ 우리 사겨 볼래?

## 23

다음 중 어법에 맞는 문장은? 08기출

① 집에 오는 길에 가게에 들려 먹을 것 좀 사와.
② 그는 열심히 일하므로 잘살 것이다.
③ 좋은 결과가 있을 것으로 보여진다.
④ 난 공부를 할꺼야.



16 ④ 17 ③ 18 ③ 19 ④ 20 ③ 21 ① 22 ④ 23 ② 정답

## 24

**다음 중 어법에 맞는 문장은?** 08기출

① 공부하노라고 밤을 새웠다.
② 앎은 힘이다.
③ 문이 저절로 닫쳤다.
④ 홍정을 부치다.

## 25

**다음 중 번역 투의 문장이 아닌 것은?** 09기출

① 즐거운 시간을 가지시기 바랍니다.
② 지금까지 치른 행사 가운데 이번에 가장 많은 사람이 모였다.
③ 환경 문제를 해결하기 위해 다양한 대책을 모색하고 있는 중이다.
④ 미개척 시장을 선점하기 위해서는 현지 진출이 적극적으로 검토되어야 한다.

# TOP 3 표준어 규정

## 01

**다음 중 복수 표준어가 아닌 것은?** 19추기출

① 샛별 – 새벽별
② 제가끔 – 제각기
③ 멀찌가니 – 멀찌감치
④ 심술쟁이 – 심술꾸러기

## 02

**다음 중 표준어의 표기가 옳지 않은 것은?** 19추기출

① 조용히 ② 번듯이
③ 따뜻이 ④ 꼼꼼이

## 03

**다음 복수 표준어 인정 사례 중 의도가 다른 하나를 고른 것은?** 17기출

① 목물 – 등물
② 남우세스럽다 – 남사스럽다
③ 어수룩하다 – 어리숙하다
④ 토담 – 흙담

## 04

**다음 중 밑줄 친 부분의 표기가 옳은 것으로만 묶인 것은?** 19기출

> • 우리는 ⓐ 널따란 바위 위에 자리를 잡았다.
> • 코는 뭉툭하고 입은 ⓑ 넓죽해서 볼품이 없다.
> • 그는 매일 반복되는 생활에 ⓒ 실증을 느끼고 있었다.
> • 그 집 지붕에는 ⓓ 얇다란 함석판들이 이어져 있었다.
> • 그는 어머니를 생각하며 ⓔ 굵다란 눈물을 뚝뚝 흘렸다.

① ⓐ, ⓑ, ⓒ
② ⓐ, ⓑ, ⓓ
③ ⓐ, ⓑ, ⓔ
④ ⓑ, ⓓ, ⓔ

정답 24 ② 25 ② / 01 ① 02 ④ 03 ③ 04 ③

## 05

**다음 중 표준어와 비표준어 연결이 옳지 않은 것은?** 19기출

| | 표준어 | 비표준어 |
|---|---|---|
| ① | 총각무 | 알타리무 |
| ② | 개다리밥상 | 개다리소반 |
| ③ | 방고래 | 구들고래 |
| ④ | 산누에 | 멧누에 |

## 06

**다음 중 접두사 '수–', '숫–'의 쓰임이 옳지 않은 것은?** 16기출

① 수놈 ② 수소
③ 숫양 ④ 숫꿩

## 07

**다음 중 표준어로 옳지 않은 것은?** 16기출

① 무우 ② 이쁘다
③ 괴발개발 ④ 남사스럽다

## 08

**다음 중 밑줄 친 부분의 쓰임이 옳지 않은 것은?** 16기출

① <u>이제예야</u> 좀 운이 트이나 보다.
② <u>지금에서야</u> 주변의 눈치를 살폈다.
③ <u>인제서야</u> 이놈의 생활도 끝났군.
④ <u>이곳에야</u> 찾아오지 못하겠지.

## 09

**다음 중 관계가 다른 것은?** 15기출

① 등물 – 목물
② 허섭스레기 – 허접쓰레기
③ 쌉싸름하다 – 쌉싸래하다
④ 냄새 – 내음

## 10

**다음 중 단어의 맞춤법이 옳지 않은 것은?** 15기출

① 너의 말이 아니꼬워 견딜 수 없다.
② 청하는 일을 하도록 들어주는 것을 '허락', 청하는 바를 들어주는 것은 '승낙'이라고 한다.
③ 시골 낚시터에 낚시꾼들이 낚시대를 가지런히 놓았다.
④ 동생은 어제 분을 삭이고 들어왔다.

## 11

**다음 중 복수 표준어가 아닌 것은?** 13기출

① 네 – 예
② 쬐다 – 쪼이다
③ 짓물다 – 짓무르다
④ 고린내 – 코린내

## 12

**다음 중 표준어가 아닌 것은?** 13기출

① 위쪽 ② 통째
③ 귀띔 ④ 귀절



05 ② 06 ④ 07 ① 08 ① 09 ④ 10 ③ 11 ③ 12 ④ 정답

## 13

다음 중 맞춤법에 맞는 단어로만 묶인 것은? 13기출

① 시금칫국, 듬북, 퍼담아

② 해슥하다, 밤새

③ 금세, 친해져서, 법석

④ 동치미국, 까탈스럽다

## 14

다음 중 복수 표준어가 아닌 것은? 11기출

① 부침개질 – 부침질 – 지짐질

② 볼퉁이 – 볼따구 – 볼따구니

③ 흠가다 – 흠나다 – 흠지다

④ 철딱지 – 철따구니 – 철딱서니

## 15

다음 중 표준어로 옳지 않은 것은? 08기출

① 멋쟁이 ② 점장이

③ 환쟁이 ④ 미장이

## 16

다음 중 표준어로 옳은 것은? 08기출

① 시끄러 ② 사랑스런

③ 무거운 ④ 졸립다

# 형태론

## 01

밑줄 친 단어의 품사가 다른 것은? 20 ⑨ 기출

① 집에 들어가 보니 동생이 혼자 밥을 먹고 있었다.

② 정녕 가시겠다면 고이 보내 드리리다.

③ 나는 과일 중에 사과를 제일 좋아한다.

④ 둘째 며느리 삼아 보아야 맏며느리 착한 줄 안다.

## 02

다음 밑줄 친 '-의' 중에서 '기쁨의 열매'와 쓰임이 같은 것은? 20 ⑨ 기출

① 조선의 독립국임

② 천(天)의 명명(明命)

③ 인도(人道)의 간과(干戈)

④ 대의(大義)의 극명(克明)

## 03

단어의 구조가 다른 것은? 20 ⑨ 기출

① 도시락 ② 선생님

③ 날고기 ④ 밤나무

정답 13 ③ 14 ② 15 ② 16 ③ / 01 ④ 02 ③ 03 ①

## 04

**밑줄 친 ㉠의 예에 해당하는 것은?** 20㉦기출

> 합성어의 유형을 통사적 합성어와 비통사적 합성어로 분류하기도 한다. 이것은 합성어의 형성 절차가 국어의 일반적인 단어 배열법을 따르고 있는지 아니면 그렇지 않은지에 따라 나눈 것이다. 통사적 합성어에는 '명사 + 명사'의 구성을 취하거나 '용언의 관형사형 + 명사'나 ㉠ '용언의 연결형 + 용언 어간'의 구성을 취하는 것이 포함된다. 비통사적 합성어는 국어의 일반적인 단어 배열법과 달리 어간이 어미 없이 바로 명사나 다른 용언 어간에 연결되는 경우가 해당된다.

① 들어가다　② 부슬비
③ 불고기　④ 높푸르다

## 05

**다음 문장에서 '의존 형태소'로 옳은 것으로만 묶인 것은?** 11기출

> 우리에게는 동해의 섬 독도를 지킬 의무가 있다.

① 우리, 동해, 독도, 의무
② 우리, 동해, 독도, 지킬, 의무
③ 에게는, 의, 를, 지키, ㄹ, 가, 있다
④ 에게, 는, 의, 를, 지키, ㄹ, 가, 있, 다

## 06

**다음 문장은 몇 개의 형태소로 이루어져 있는가?** 06기출

> 나는 푸른 나무를 무척 아꼈다.

① 5개　② 9개
③ 10개　④ 11개

## 07

**다음 중 단어의 형성이 나머지와 다른 것은?** 19㉧기출

① 높푸르다　② 풋고추
③ 시뻘겋다　④ 덧붙이다

## 08

**다음 중 감탄사가 아닌 것은?** 18기출

① 어, 이러다가 차 놓치겠다.
② 어머나, 벌써 꽃이 피었네.
③ 청춘! 이는 듣기만 하여도 가슴이 설렌다.
④ 얘, 너 나하고 놀자.

## 09

**다음 중 밑줄 친 부분의 품사가 다른 것은?** 17기출

① 우리 집 정원에는 곧은 나무가 서 있다.
② 그와 아쉬운 이별을 뒤로 하고 우리는 또다시 일상으로 복귀하였다.
③ 가벼운 걸음으로 귀향길에 올랐다.
④ 왼쪽 다리를 바른 무릎 위에 올려 놓아라.

## 10

**다음 중 밑줄 친 '틀리게'의 품사와 성분으로 옳은 것은?** 17기출

> 너는 이 간단한 문제도 틀리게 계산하고는 마음이 편하니?

① 동사, 부사어　② 형용사, 부사어
③ 동사, 관형어　④ 형용사, 관형어



04 ① 05 ④ 06 ③ 07 ① 08 ③ 09 ④ 10 ① 정답

## 11

**다음 중 밑줄 친 부분의 품사가 다른 것은?** 15기출

① 비 온 뒤에 땅이 굳는다.
② 키가 몰라보게 컸구나.
③ 형보다 낫다.
④ 분위기가 달라지다.

## 12

**다음 중 동사와 형용사에 대한 설명으로 옳지 않은 것은?** 15기출

① 동사와 형용사를 묶어서 용언이라고 한다.
② 동사는 현재 시제 선어말 어미와 결합될 수 있다.
③ 형용사는 현재를 나타내는 관형사형 전성 어미 '-는'과 결합하지 못한다.
④ 형용사는 명령형 · 청유형 어미와 결합될 수 있다.

## 13

**다음 중 밑줄 친 조사의 쓰임이 다른 것은?** 11기출

① 이 과일은 시장에서 사 왔다.
② 어느 학교 동창회에서 있었던 일이다.
③ 가게 앞에서 사람들이 싸우고 있었다.
④ 이에서 어찌 더 나쁠 수가 있겠어요?

## 14

**다음 중 밑줄 친 부분이 보조사인 것은?** 13기출

① 이 물건은 시장에서 사 왔다.
② 개는 늑대와 비슷하게 생겼다.
③ 그것은 교사로서 할 일이 아니다.
④ 나는 거칠 것 없는 바다의 사나이다.

## 15

**다음 문장에서 단어의 수는?** 08기출

| 내가 사랑하는 아들과 딸 |
|---|

① 4개 ② 5개
③ 6개 ④ 7개

# 통사론

## 01

**홑문장에 해당하는 것은?** 20⑨기출

① 어제 빨간 모자를 샀다.
② 봄이 오니 꽃이 피었다.
③ 남긴 만큼 버려지고, 버린 만큼 오염된다.
④ 우리 집 앞마당에 드디어 장미꽃이 피었다.

## 02

**사동사와 피동사를 만드는 형태와 방식이 다른 것은?** 20⑨기출

- 사동사(使動詞): 『언어』 문장의 주체가 자기 스스로 행하지 않고 남에게 그 행동이나 동작을 하게 함을 나타내는 동사
- 피동사(被動詞): 『언어』 남의 행동을 입어서 행하여지는 동작을 나타내는 동사

① 보다 ② 잡다
③ 밀다 ④ 안다

정답 11 ③ 12 ④ 13 ④ 14 ④ 15 ③ / 01 ④ 02 ③

## 03

**문장의 확장 방식이 다른 것은?** 20❼기출

① 담배를 피우는 사람이 점점 줄어들고 있다.
② 철수가 말도 없이 가버렸다.
③ 나는 그가 귀국했다고 들었다.
④ 봄이 오면 꽃이 핀다.

## 04

**다음 중 문장에서 밑줄 친 부분의 역할이 나머지와 다른 것은?** 10기출

① 정부에서 그 개혁을 단행하였다.
② 내가 부르는 이름도 중요하다.
③ 나의 살던 고향은 아름다운 어촌이다.
④ 나는 과일도 잘 먹고, 과자도 잘 먹는다.

## 05

**다음 중 〈보기〉와 같은 높임법이 모두 쓰인 것으로 옳은 것은?** 19기출

〈보 기〉

아버지가 쓰시던 물건을 그분께 가져다 드렸습니다.

① 누나가 아버지를 모시고 병원에 갔습니다.
② 선생님은 제가 여쭈었던 내용을 기억하고 계셨습니다.
③ 형님께서 제게 용돈을 주셨습니다.
④ 할아버지께서 방에서 주무시고 계십니다.

## 06

**다음 중 친근감이 있으면서 청자에게 존대하는 문체를 사용한 것으로 옳은 것은?** 18기출

① 그대여, 아름다우십니다.
② 그는 어제 일을 많이 했어요.
③ 친구들이랑 영화 보러 어서 빨리 가시오.
④ 밤길이 위험하니 조심히 들어가시게.

## 07

**다음 중 청자에 대한 상대 높임법이 나타난 문장으로 옳은 것은?** 15기출

① 나는 선생님께 책을 드렸다.
② 저는 학교에 갑니다.
③ 아버지를 모시고 간다.
④ 어머니가 오신다.

## 08

**다음 중 높임법이 적절하지 않은 문장은?** 13기출

① 선생님께서는 손가락이 아프시다.
② 선생님께서는 따님이 계시다.
③ 교장 선생님의 축사가 있으시겠습니다.
④ 선생님, 김 선배가 갔습니다.

## 09

**다음 중 높임법 어휘로서 성격이 같은 것끼리 묶인 것은?** 09기출

| ㉠ 잡수시다 | ㉡ 주무시다 |
|---|---|
| ㉢ 모시다 | ㉣ 쓰시다 |

① ㉠, ㉡　　② ㉠, ㉢
③ ㉠, ㉣　　④ ㉠, ㉡, ㉢

## 10

**다음 중 누군가에게 동작을 하도록 시키는 표현이 아닌 것은?** 19㊟기출

① 엄마가 아이에게 밥을 먹게 했다.
② 전초병도 앞세우지 않고 가다가 적에게 기습을 당했다.
③ 그는 하나뿐인 딸을 위해 유학까지 보냈다.
④ 울렁거리는 가슴을 진정시키다.



03 ④ 04 ④ 05 ② 06 ② 07 ② 08 ② 09 ① 10 ② 정답

## 11

**다음 중 〈보기〉의 조건을 모두 충족시킨 문장으로 옳은 것은?** 18기출

〈보 기〉

- 이중 피동 및 불필요한 사동을 쓰지 말 것
- 과도한 명사형을 쓰지 말 것
- 무생물 주어를 쓰지 말 것

① 내가 친구 한 명을 소개시켜 준다고 했다.
② 그 연예인은 이미 알려져 있다.
③ 과학자들이 연구함으로써 과학 발전에 이바지한다.
④ 대학 축제가 학교를 화합의 분위기로 만들었다.

## 12

**다음 중 밑줄 친 부분이 문장의 주성분이 아닌 것은?** 13기출

① 철수는 사과도 좋아해.
② 영희는 가수가 되었다.
③ 할아버지께서 영화 보는 것을 좋아하신다.
④ 철수는 영희에게 선물을 주었다.

## 13

**다음 문장의 종류로 옳은 것은?** 06기출

마음을 잃으면, 생활도 잃어버리게 된다.

① 홑문장
② 안은문장
③ 종속적으로 이어진문장
④ 대등적으로 이어진문장

## 14

**아랫글의 ㉠에서 문장 전체의 주어로 옳은 것은?** 06기출

수필은 청자연적(靑瓷硯滴)이다. 수필은 난(蘭)이요, 학(鶴)이요, 청초(淸楚)하고 몸맵시 날렵한 여인(女人)이다. 수필은 그 여인이 걸어가는 숲속으로 난 평탄(平坦)하고 고요한 길이다. 수필은 가로수 늘어진 포도(鋪道)가 될 수도 있다. 그러나 ㉠ 그 길은 깨끗하고 사람이 적게 다니는 주택가에 있다.

수필은 청춘(靑春)의 글은 아니요, 서른여섯 중년(中年) 고개를 넘어선 사람의 글이며, 정열(情熱)이나 심오한 지성(知性)을 내포한 문학이 아니요, 그저 수필가(隨筆家)가 쓴 단순한 글이다.

① 길은　　② 사람이
③ 적게　　④ 주택가에

# 로마자 표기법

## 01

**국어 로마자 표기법 규정에 어긋난 것은?** 20⑨기출

① 종로 2가 Jongno 2(i)-ga
② 신라 Silla
③ 속리산 Songnisan
④ 금강 Keumgang

정답 11 ② 12 ④ 13 ③ 14 ① / 01 ④

## 02

**다음 중 로마자 표기가 옳은 것으로만 묶인 것은?** 19 추 기출

| |
|---|
| ㉠ 구미 Kumi<br>㉡ 학여울 Hangnyeoul<br>㉢ 합덕 Hapdeok<br>㉣ 왕십리 Wangsimri<br>㉤ 구리 Guri<br>㉥ 울릉 Ulreung |

① ㉠, ㉡, ㉤
② ㉡, ㉢, ㉤
③ ㉢, ㉣, ㉤
④ ㉢, ㉣, ㉥

## 03

**다음 중 로마자 표기가 옳은 것으로만 묶인 것은?** 19기출

| | |
|---|---|
| 김치 Kimchi | 설날 seollal |
| 왕십리 Wangsimni | 벚꽃 beotkkot |
| 불국사 Bulkuksa | 속리산 Songnisan |
| 대관령 daegwalryeong | 백마강 Baengma-gang |

① 김치 Kimchi, 왕십리 Wangsimni, 대관령 daegwalr yeong, 속리산 Songnisan
② 설날 seollal, 불국사 Bulkuksa, 대관령 daegwalr yeong, 백마강 Baengma-gang
③ 설날 seollal, 속리산 Songnisan, 왕십리 Wangsimni, 벚꽃 beotkkot
④ 설날 seollal, 속리산 Songnisan, 불국사 Bulkuksa, 백마강 Baengma-gang

## 04

**다음 〈보기〉를 로마자로 표기한 것으로 옳은 것은?** 18기출

〈보 기〉

| |
|---|
| 웃는 순간 어색함이 사라진다. |

① unneun sungan eosaekami sarajinda
② un-nùn sungan eosaekami sarajinda
③ unneun sungan eosaekhami sarachinda
④ utneun sungan eosaekhami sarajinda

## 05

**다음 로마자 표기법 중 〈보기〉로 설명할 수 없는 것은?** 17기출

〈보 기〉

| |
|---|
| • 집현전 Jiphyeonjeon<br>• 낙동강 Nakdonggang<br>• 묵호 Mukho |

① 된소리되기는 표기에 반영하지 않는다.
② 고유명사는 첫 글자를 대문자로 적는다.
③ 장모음을 표기하지 않는다.
④ 체언에서 'ㄱ, ㄷ, ㅂ' 뒤에 'ㅎ'이 따를 때에는 'ㅎ'을 밝혀 적는다.

## 06

**다음 중 로마자 표기법이 옳은 것은?** 16기출

① 울릉도 Ulleung-do
② 석굴암 Seogguram
③ 왕십리 Wangsimri
④ 창경궁 Changgyeonggung



02 ② 03 ③ 04 ① 05 ③ 06 ④ 정답

## 07

다음 중 로마자 표기법이 옳지 않은 것은? 15기출

① 삼죽면 Samjuk-myeon
② 신창읍 Sinchang-eup
③ 남원시 Namwon-shi
④ 담양군 Damyang-gun

## 08

다음 중 로마자 표기법이 옳지 않은 것은? 13기출

① 알약 allyak
② 묵호 Muko
③ 전주 Jeonju
④ 청계천 Cheonggyecheon

## 09

다음 중 로마자 표기법상 옳은 것은? 12기출

① 낙동강 Nakddonggang
② 대관령 Daegwallyeong
③ 독립문 Dongnipmun
④ 압구정 Apkujeong

## 10

다음 중 로마자 표기가 옳지 않은 것은? 11기출

① 알약 allyak
② 득량면 Deungnyang-myeon
③ 송빛나리 Song Bitnari
④ 법학사 Beopaksa

## 11

다음 중 로마자 표기법상 옳은 것은? 10기출

① 옥천 Oucheon
② 담양 Damyang
③ 음성 Umseong
④ 충청북도 Chungchungbuk-do

## 12

다음 중 로마자 표기가 옳지 않은 것은? 09기출

① 충청북도 Chungcheongbuk-do
② 의정부시 Uijeongbu-si
③ 삼죽면 Samjuk-myeon
④ 퇴계로 3가 Teokyeoro 3-ga

# 표준 발음법

## 01

낱말의 발음이 옳지 않은 것은? 20⑨기출

① 맑고[말꼬]
② 끊기다[끈기다]
③ 맏형[마텽]
④ 밟고[밥:꼬]

정답 07 ③ 08 ② 09 ② 10 ④ 11 ② 12 ④ / 01 ②

## 02

**제시된 단어들의 발음이 적절하게 연결된 것은?** 20 ⑦ 기출

> ㉠ 짧네요 ㉡ 맑거나 ㉢ 떫지

| | ㉠ | ㉡ | ㉢ |
|---|---|---|---|
| ① | 짤레요 | 막꺼나 | 떱:찌 |
| ② | 짤레요 | 말꺼나 | 떨:찌 |
| ③ | 짭네요 | 막꺼나 | 떨:찌 |
| ④ | 짭네요 | 말꺼나 | 떱:찌 |

## 03

**다음 중 밑줄 친 단어의 표준 발음이 옳은 것으로만 묶인 것은?** 19 추 기출

> • 형은 꼬리만 먹겠다던 붕어빵을 야금야금 절반을 더 먹었다.
> • 낯선 사람이 알은척을 한다.
> • 흰 눈이 쌓인 거리를 걷다.
> • 양가(兩家) 부모님의 상견례도 이미 끝낸 상태입니다.

① [야그먀금], [나썬], [싸힌], [상견례]
② [야그먀금], [낟썬], [싸힌], [상견녜]
③ [야금냐금], [낟썬], [싸힌], [상견녜]
④ [야금냐금], [낟썬], [싸인], [상견녜]

## 04

**다음 〈보기〉를 발음한 것으로 옳은 것은?** 18기출

> 〈보 기〉
> 절약, 몰상식한, 낯설어, 읊조렸어

① [저략], [몰쌍식한], [낟써러], [읍조려써]
② [저략], [몰쌍시칸], [낟써러], [읍쪼려써]
③ [절략], [몰쌍시칸], [낟썰어], [읍쪼려써]
④ [절략], [몰쌍시칸], [나써러], [읍조려써]

## 05

**다음 중 발음에 대한 설명으로 옳지 않은 것은?** 15기출

① 분열은 [부녈]로 발음해야 한다.
② '기어가다'는 [기여가다]로 발음할 수 있고, '괴어'는 [궤:어]로 발음할 수 있다.
③ 초점(焦點)은 [초쩜]으로 발음해야 한다.
④ '넓죽 받아먹는다'에서 '넓죽하다'는 [널쭈카다]로 발음해야 한다.

## 06

**다음 중 단어의 발음이 옳은 것은?** 15기출

① 땀받이[땀바지]
② 젖먹이[점머기]
③ 송별연[송:별련]
④ 임진란[임:질란]

## 07

**다음 중 밑줄 친 부분의 표준 발음이 옳은 것은?** 14기출

① 내 신발은 3년을 신었는데도 닳지[달찌] 않았다.
② 칡으로 서까래를 얽고[억꼬] 억새로 지붕을 덮었다.
③ 그는 심심할 때면 시를 읊기도[을끼도] 하였다.
④ 그녀는 너무 외곬으로[외골쓰로] 생각하는 경향이 있다.



02 ② 03 ④ 04 ② 05 ④ 06 ① 07 ④ 정답

## 08

**다음 중 제시된 표준 발음 규정에 따른 예시를 설명한 것으로 옳은 것은?** 14기출

> **[제5항]** 'ㅑ ㅒ ㅕ ㅖ ㅘ ㅙ ㅛ ㅝ ㅞ ㅠ ㅢ'는 이중 모음으로 발음한다.
> 다만 1. 용언의 활용형에 나타나는 '져, 쪄, 쳐'는 [저, 쩌, 처]로 발음한다.
> 다만 2. '예, 례' 이외의 'ㅖ'는 [ㅔ]로도 발음한다.
> 다만 3. 자음을 첫소리로 가지고 있는 음절의 'ㅢ'는 [ㅣ]로 발음한다.
> 다만 4. 단어의 첫음절 이외의 '의'는 [ㅣ]로, 조사 '의'는 [ㅔ]로 발음함도 허용한다.

① '계시다'의 '계'는 이중 모음이 쓰였지만 [게:시다]와 같이 단모음으로 발음해야 한다.
② '민주주의'는 [민주주이]로 '우리의'는 [우리에]로 발음해도 무방하다.
③ '다쳐'는 [다쳐/다처]로 둘 다 발음할 수 있다.
④ '희망'은 [희망/히망]으로 둘 다 발음할 수 있다.

## 09

**다음 중 표준 발음법상 옳지 않은 것은?** 12기출

① 얇다[얄:따]
② 짧게[짤께]
③ 맑더라[막떠라]
④ 밟고[발:꼬]

## 10

**다음 중 표준 발음법상 옳은 것은?** 10기출

① 무릎이[무르비] ② 넓게[넙께]
③ 나뭇잎이[나문니피] ④ 신발로[심발로]

## 11

**다음 중 표준 발음법에 맞지 않는 것은?** 09기출

① 밟고[밥:고]
② 넋과[넉꽈]
③ 맑고[말꼬]
④ 묽고[물꼬]

## 12

**다음 중 발음이 옳지 않은 것은?** 08기출

① 6 · 25[유기오]
② 8 · 15[파리로]
③ 3 · 1절[사밀쩔]
④ 탈영[탈령]

# 외래어 표기법

## 01

**밑줄 친 단어 중 외래어 표기법에 어긋나는 것은?** 20⑦기출

① 나는 그 팀의 우승을 축하하는 <u>리셉션(reception)</u>에 참석할 거야.
② 저 <u>타우어(tower)</u>는 우리나라에서 가장 높은 거야.
③ 이 광고의 <u>콘셉트(concept)</u>는 뭐니?
④ 그는 회사에서 <u>프레젠테이션(presentation)</u>을 가장 잘해.

정답 08 ② 09 ④ 10 ③ 11 ① 12 ④ / 01 ②

## 02

다음 중 「외래어 표기법」에 대한 설명으로 옳지 않은 것은? 19기출

① 외래어는 국어의 현용 24자모만으로 적는다.
② 외래어의 1음운은 원칙적으로 1기호로 적는다.
③ 받침에는 'ㄱ, ㄴ, ㄷ, ㄹ, ㅁ, ㅂ, ㅇ'만을 쓴다.
④ 파열음 표기에는 된소리를 쓰지 않는 것을 원칙으로 한다.

## 03

다음 중 외래어 표기법상 주어진 〈보기〉 항과 예시가 연결된 것으로 옳은 것은? 18기출

〈보 기〉

㉠ 원지음이 아닌 제3국의 발음으로 통용되고 있는 것은 관용을 따른다.
㉡ 중국 인명은 과거인과 현대인을 구분하여 과거인은 종전의 한자음대로 표기하고, 현대인은 원칙적으로 중국어 표기법에 따라 표기하되, 필요한 경우 한자를 병기한다.
㉢ 일본의 인명과 지명은 과거와 현대의 구분 없이 일본어 표기법에 따라 표기하는 것을 원칙으로 하되, 필요한 경우 한자를 병기한다.
㉣ 지명이 산맥, 산, 강 등의 뜻이 들어 있는 것은 '산맥', '산', '강' 등을 겹쳐 적는다.

① ㉠ 앙카라, 간디
② ㉡ 공자, 등소평
③ ㉢ 이등박문, 풍신수길
④ ㉣ 몽블랑산, 히말라야산

## 04

다음 중 외래어 표기가 옳지 않은 것은? 17기출

① 타깃　② 섀도우복싱
③ 앙케트　④ 바리케이드

## 05

다음 중 외래어 표기가 옳지 않은 것은? 16기출

① 주스　② 비스킷
③ 초콜릿　④ 앙케이트

## 06

다음 중 외래어 표기가 옳은 것으로만 묶인 것은? 14기출

〈보 기〉

(가) 밸런타인데이(Valentine Day)
(나) 컨셉트(concept)
(다) 스태미나(stamina)
(라) 랑데뷰(rendez-vous)
(마) 밀크쉐이크(milk shake)
(바) 프로포즈(propose)
(사) 드라이클리닝(dry cleaning)

① (가), (다), (사)
② (가), (라), (마)
③ (나), (다), (바)
④ (다), (바), (사)

## 07

다음 중 외래어 표기법상 옳은 것으로만 묶인 것은? 12기출

① 비지니스(business), 라디에터(radiator)
② 슈퍼마켓(supermarket), 주스(juice)
③ 점퍼(jumper), 케익(cake)
④ 하모니커(harmonica), 맛사지(massage)

## 08

다음 중 외래어 표기법상 옳은 것은? 08기출

① 카톨릭　② 퍼머
③ 아메리카　④ 앨토



02 ③ 03 ② 04 ② 05 ④ 06 ① 07 ② 08 ③ 정답

## 09

다음 중 외래어 표기가 올바른 것은? 07기출

① 쥬스 ② 리더십
③ 로보트 ④ 메세지

# 의미론

## 01

밑줄 친 '성김'과 '빽빽함'의 의미 관계와 같지 않은 것은? 20❾기출

> 구도의 필요에 따라 좌우와 상하의 거리 조정, 허와 실의 보완, 성김과 빽빽함의 변화 표현 등이 자유로워졌다.

① 곱다 : 거칠다
② 무르다 : 야무지다
③ 넉넉하다 : 푼푼하다
④ 느슨하다 : 팽팽하다

## 02

다음 중 단어의 의미 변화를 잘못 나타낸 것은? 20❼기출

① 겨레: [종족] → [민족]
② 놈: [평칭] → [비칭]
③ 얼굴: [안면] → [형체]
④ 끼: [시간] → [식사]

## 03

다음 중 밑줄 친 단어가 동음이의어에 해당하지 않는 것은? 16기출

① ㉠ 늘 속만 썩이던 막내딸이 철이 들었다.
  ㉡ 철쭉꽃이 철을 맞아 활짝 피었다.
② ㉠ 문에 빗장이 굳게 걸렸다.
  ㉡ 옷걸이에 많은 옷이 걸렸다.
③ ㉠ 입술이 마르고 심장이 탄다.
  ㉡ 그 아이는 부끄럼을 잘 탄다.
④ ㉠ 도배지가 떠서 새로 도배를 해야 한다.
  ㉡ 메주가 잘 떠서 곰팡이가 많이 생겼다.

## 04

다음 중 밑줄 친 단어의 관계와 가장 유사한 것은? 11기출

> 하룻강아지 범 무서운 줄 모른다.

① 낫 놓고 기역자도 모른다.
② 까마귀 날자 배 떨어진다.
③ 아내가 귀여우면 처갓집 문설주도 귀엽다.
④ 자라 보고 놀란 토끼 솥뚜껑 보고 놀란다.

## 05

다음 중 단어의 관계가 나머지와 다른 것은? 10기출

① 옥니 – 벋니
② 노루잠 – 새우잠
③ 무서리 – 된서리
④ 안짱다리 – 발장다리

정답 09 ② / 01 ③ 02 ③ 03 ② 04 ④ 05 ②

## 06

다음 중 중의문이 아닌 것은? 13기출

① 아기는 웃으면서 들어오는 엄마에게 달려간다.

② 엄마는 아침에 귤과 토마토 두 개를 주셨다.

③ 이 그림은 아버지가 그린 그림이다.

④ 그이는 나보다 축구를 더 좋아하는 것 같다.

## 07

다음 중 중의성이 없는 문장으로 옳은 것은? 11기출

① 선생님이 보고 싶은 학생이 많다.

② 키가 큰 할머니의 손녀가 저기 있다.

③ 사람들이 많은 도시를 다녀 보면 재미있는 일이 많다.

④ 솔직하고 성실한, 학생의 발언에 공감했다.

## 08

다음 중 중의적으로 해석되지 않는 문장은? 09기출

① 필호와 은영이는 고양이를 키운다.

② 은영이에 대한 필호의 사랑은 지극했다.

③ 필호는 은영이보다 축구를 좋아한다.

④ 필호는 웃으면서 뛰어나오는 은영이에게 심부름을 시켰다.

# 고전 문법

## 01

다음 중 밑줄 친 부분의 공통적인 속성으로 옳은 것은? 19기출

> 불휘 기픈 남ᄀᆞᆫ ᄇᆞᄅᆞ매 아니 뮐ᄊᆡ, 곶 됴코 여름 하ᄂᆞ니
> ᄉᆡ미 기픈 므른 ᄀᆞᄆᆞ래 아니 그츨ᄊᆡ, 내히 이러 바ᄅᆞ래 가ᄂᆞ니
>
> –「용비어천가」 2장
>
> 믈 깊고 ᄇᆡ 업건마ᄅᆞᆫ 하ᄂᆞᆯ히 命ᄒᆞ실ᄊᆡ ᄆᆞᆯ 톤자히 건너시니이다
> 城 높고 ᄃᆞ리 업건마ᄅᆞᆫ 하ᄂᆞᆯ히 도ᄫᆞ실ᄊᆡ ᄆᆞᆯ 톤자히 ᄂᆞ리시니이다
>
> –「용비어천가」 34장
>
> 님그미 賢커신마ᄅᆞᆫ 太子ᄅᆞᆯ 몯 어드실ᄊᆡ 누ᄫᅳᆫ 남기 니러셔니이다
> 나라히 오라건마ᄅᆞᆫ 天命이 다아갈ᄊᆡ 이ᄫᅳᆫ 남ᄀᆡ 새 닢 나니이다
>
> –「용비어천가」 84장

① 초성종성통용팔자(初聲終聲通用八字)

② 종성부용초성(終聲復用初聲)

③ 초성독용팔자(初聲獨用八字)

④ 종성독용팔자(終聲獨用八字)



06 ③ 07 ④ 08 ② / 01 ② 정답

## 02

**다음 중 〈보기〉에 따라 괄호 안에 들어갈 주격 조사로 옳은 것은?** 18기출

[제8장]
太子(태자)를 하늘히 골히샤 兄(형)ㄱ뜨디 일어시늘 聖孫(성손)올 내시니이다.
世子(세자)를 하늘히 골히샤 帝命(제명)이 누리어시늘 聖子(성자)를 내시니이다.

[제9장]
奉天討罪(  )실씨 四方諸侯(  ) 몯더니 聖化(성화)ㅣ 오라샤 西夷(서이) 또 모드니
唱義班師(창의반사)ㅣ 실씨 千里人民(천리인민)이 몯더니 聖化(성화)ㅣ 기프샤 北狄(북적)이 또 모드니

〈보 기〉

- 'ㅣ' 모음으로 끝난 체언 뒤에서는 생략한다.
- 'ㅣ' 이외의 모음으로 끝난 체언 뒤에서는 'ㅣ'로 표기한다.
- '자음'으로 끝난 체언 뒤에서는 '이'로 표기한다.

① 이 – 생략
② ㅣ – 이
③ 생략 – ㅣ
④ ㅣ – ㅣ

## 03

**훈민정음 제자 원리 중, 가획의 원리가 아닌 것은?** 15기출

① ㅅ – ㅿ
② ㅁ – ㅍ
③ ㄴ – ㄷ
④ ㅇ – ㆆ

## 04

**다음 중 훈민정음의 중성 11자에 포함되는 것은?** 14기출

① ㅐ　② ㅑ
③ ㅔ　④ ㅟ

## 05

**다음의 제시문에서 드러난 내용이 아닌 것은?** 09기출

나·랏:말쌋·미 中듕國·귁·에 달·아, 文문字·쫑와·로 서르 ᄉᆞᄆᆞᆺ·디 아·니ᄒᆞᆯ·씨, 이런 젼·ᄎᆞ·로 어·린 百·ᄇᆡᆨ姓·셩·이 니르·고·져 ·홇·배 이·셔·도 ᄆᆞ·ᄎᆞᆷ:내 제 ·ᄠᅳ·들 시·러 펴·디: 몯홇 ·노·미 하·니·라. ·내 ·이·ᄅᆞᆯ 爲·윙·ᄒᆞ·야 :어엿·비 너·겨, ·새·로 ·스·믈여·듧 字·쫑·ᄅᆞᆯ ᄆᆡᆼ·ᄀᆞ노·니, :사ᄅᆞᆷ:마·다 :ᄒᆡ·ᅇᅧ :수·ᄫᅵ 니·겨 ·날·로 ·ᄡᅮ·메 便뼌安한·킈 ᄒᆞ·고·져 ᄒᆞᇙ ᄯᆞᄅᆞ·미니·라.

① 문자 생활을 하지 못하는 백성들이 많았다.
② 한자어에 의해 고유어가 사라지고 있다.
③ 한글을 제작하기 전에는 우리말과 문자가 일치하지 않았다.
④ 백성들의 실용적인 문자 생활을 위해 새 문자를 제작하였다.

## 06

**다음 중 한국어를 기술하기 위해 만든 것으로 옳지 않은 것은?** 19기출

①『훈몽자회』　②『한불자전』
③『말모이』　④『큰사전』

정답 02 ③ 03 ① 04 ② 05 ② 06 ①

## 07

**다음 중 『훈몽자회』에 대한 설명으로 옳지 않은 것은?** 18기출

① 1527년(중종 22년) 최세진에 의해서 만들어졌다.
② 종성에는 'ㄱ, ㄴ, ㄷ, ㄹ, ㅁ, ㅂ, ㅅ, ㆁ' 8자가 쓰였다.
③ 초성에 'ㅈ, ㅊ, ㅋ, ㅌ, ㅍ, ㅎ' 6개만 사용하였다.
④ 모음의 수는 11개로 규정했다.

# 언어 예절

## 01

**언어 예절에 가장 알맞게 발화한 것은?** 20⑨기출

① (아침에 출근해서 직급이 같은 동료에게) 좋은 아침!
② (집에서 손님을 보낼 때 손위 사람에게) 살펴 가십시오.
③ (윗사람의 생일을 축하하며) 건강하십시오.
④ (관공서에서 손님이 들어올 때) 무엇을 도와 드릴까요?

## 02

**다음 중 언어 예절이 옳지 않은 것은?** 17기출

① 아내 남동생의 아내는 '처남의 댁' 또는 '처남댁'이라고 부를 수 있다.
② 남편 누나의 남편은 '아주버님'이라고 부를 수 있다.
③ 남동생의 장인을 '사돈어른'이라고 부를 수 있다.
④ 조위금 봉투에는 '부의' 또는 '근조'라고 쓸 수 있다.

## 03

**다음 중 언어 예절에 맞지 않은 것은?** 13기출

① 정년 퇴임을 앞둔 부장에게: 벌써 정년이시라니….
② 문상객이 상주에게: 호상입니다.
③ 문병하러 가서 환자에게: 얼마나 고생이 되십니까.
④ 새해에 연장자가 젊은이에게: 소원 성취하게.

## 04

**다음 중 여자 입장에서 오빠의 아내와 남동생의 아내에게 공통적으로 사용할 수 있는 명칭으로 옳은 것은?** 13기출

① 올케　② 계수
③ 동서　④ 아가씨

## 05

**다음 중 호칭어의 연결이 옳지 않은 것은?** 10기출

① 친구의 높임말: 仁兄
② 돌아가신 남의 어머니: 先妣
③ 윗사람의 아들의 높임말: 令息
④ 남의 아버지의 높임말: 椿府丈

## 06

**다음 중 직장에서 상대방을 호칭할 때의 예절로 옳지 않은 것은?** 08기출

① '미스 ㅇ, 미스터 ㅇ'는 사용하지 않는 것이 좋다.
② 직함이 없는 동료는 남녀를 불문하고 'ㅇㅇㅇ 씨'라고 부른다.
③ 사적으로 친하면 공석에서 이름을 불러도 무방하다.
④ 직함이 없거나 지위가 낮아도 나이든 동료에게는 'ㅇㅇㅇ 선생님'이라고 부를 수 있다.



07 ③ / 01 ② 02 ③ 03 ② 04 ① 05 ② 06 ③ 정답

## 07

**다음 중 소개 순서로 옳지 않은 것은?** 08기출

① 남자를 여자에게 먼저 소개한다.

② 아랫사람을 윗사람에게 먼저 소개한다.

③ 가까운 사람을 먼 사람에게 먼저 소개한다.

④ 어머니와 어머니보다 젊은 남자 선생님이 있을 때는 선생님을 먼저 소개한다.

# 국어 일반

## 01

**주장하는 말이 범하는 논리적 오류 유형이 다른 하나는?** 20⑨기출

① 식량을 주면, 옷을 달라고 할 것이고, 그 다음 집을 달라고 할 것이고, 결국 평생직장을 보장하라고 할 것이 틀림없어. 식량 배급은 당장 그만두어야 해.

② 네가 술 한 잔을 마시면, 다시 마시게 되고, 결국 알코올 중독자가 될 거야. 애초부터 술 마실 생각은 하지마라.

③ 아이들에게 부드럽게 말하면, 아이들은 부모를 무서워하지 않게 되고, 그 부모는 아이들을 망치게 될 겁니다. 아이들에게 엄하게 말하는 것을 두려워하지 마세요.

④ 식이요법을 시작하면 영양 부족에 빠지고, 어설픈 식이요법이 알코올 중독에 이르게 한다는 것을 암시해. 식이요법을 시작하지 못하게 막아야 해.

## 02

**좋은 글을 선택하는 기준으로 가장 적절하지 않은 것은?** 20⑦기출

① 독자

② 맥락

③ 필자

④ 글의 내용

## 03

**제시문의 밑줄 친 ㉠에 해당하는 언어의 특성으로 옳은 것은?** 19㊟기출

> (가) 만물은 시간의 흐름에 따라 끊임없이 변화한다. ㉠ 언어 또한 끊임없이 변화하는 실체이다. 언어의 변화는 음운, 형태, 통사, 의미 등 언어를 구성하는 모든 측면에서 변화한다.
>
> (나) 특정한 어느 한 시기의 언어 상태를 공시태라고 하고, 어떤 언어의 변화 상태를 통시태라고 할 때, 공시태는 같은 언어의 같은 시기에 속하는 언어 상태를 말하며, 통시태는 같은 언어의 다른 변화 시기에 속하는 다른 언어 상태를 말한다.
>
> (다) 그러나 모든 언어 현상은 항상 역사적인 요인과 결합되어 있다. 즉, 공시적 언어 현상은 항상 다음 단계로 변화하는 시발점이 되어 동요하고 있다. 따라서 공시적 언어 상태는 새로이 생겨나는 요소와 없어져 가는 요소의 혼합체라고 할 수 있으며, 공시태는 과거를 반영하고 미래를 예측하게 하는 것이다.
>
> (라) 언어의 변화는 음운, 형태, 통사, 의미 등 언어를 구성하는 모든 측면에서 일어난다고 하였다. 통사 현상 역시 변화한다. 통사 변화에는 역시 문법 범주의 변화와 문장 구성의 변화를 포함한다.

① 자의성 ② 역사성

③ 사회성 ④ 창조성

정답 07 ④ / 01 ④ 02 ③ 03 ②

## 04

**다음 제시된 것들과 관련 있는 것은?** 07기출

- 투르크어군(Turkic languages)
- 몽골어군(Mongolian languages)
- 퉁구스어군(Tungusic languages)

① 알타이어족 ② 인도 · 유럽어족
③ 셈어족 ④ 우랄어족

## 05

**다음 중 국어의 특징으로 옳지 않은 것은?** 11기출

① 경어법이 발달한 언어이다.
② 접속사가 발달한 언어이다.
③ 조사와 어미가 발달한 언어이다.
④ 주어나 목적어가 쉽게 생략될 수 있는 언어이다.

## 06

**다음 중 밑줄 친 단어를 사전에서 검색하려고 할 때 기본형으로 옳은 것은?** 19기출

① 보내 주든지 가지고 가든지 네 생각대로 해라. → 생각대로
② 그는 우동 국물을 그릇째로 들고 먹었다. → 그릇째
③ 할머니는 그녀에게 옛 이야기를 들려주곤 하셨다. → 들리다
④ 어머니는 아들에게 몸조심하라고 신신당부했건만 아들은 듣지 않았다. → 신신당부하다

## 07

**다음 단어들의 국어사전 등재 순서로 옳은 것은?** 13기출

요, 왕, 왜깍, 왜각, 외

① 왕 – 요 – 왜각 – 왜깍 – 외
② 왜각 – 왜깍 – 왕 – 외 – 요
③ 왕 – 왜각 – 왜깍 – 외 – 요
④ 요 – 왕 – 왜각 – 왜깍 – 외

# 문장 부호

## 01

**다음 중 문장 부호에 대한 설명으로 옳지 않은 것은?** 19기출

① 제목이나 표어에는 마침표를 쓰지 않는 것을 원칙으로 한다.
② 열거할 어구들을 생략할 때 사용하는 줄임표 앞에는 쉼표를 쓰지 않는다.
③ 가운뎃점은 기준 단위당 수량을 표시할 때 쓴다.
④ 문장 안에서 책의 제목을 나타낼 때는 그 앞뒤에 겹낫표를 쓴다.

## 02

**다음 중 문장 부호에 대한 설명으로 옳지 않은 것은?** 13기출

① 서로 밀접한 뜻을 지닌 단어를 연결할 때 사용하는 것은 붙임표(–)이다.
② 연도, 주석은 소괄호(( ))를 사용한다.
③ 특히 강조하여 주의를 돌리려는 말을 쓸 때 큰따옴표(“ ”)를 사용한다.
④ 괄호 안에 또 괄호를 쓸 필요가 있을 때 바깥쪽의 괄호로 대괄호([ ])를 사용한다.



04 ① 05 ② 06 ④ 07 ③ / 01 ③ 02 ③ 정답

## 03

다음 중 쌍점( : )에 대한 설명으로 옳지 않은 것은? 12기출

① 같은 계열의 단어 사이에 사용
② 희곡에서 대화 내용을 제시할 때 말하는 이와 말한 내용 사이에 사용
③ 표제 뒤에 간단한 설명을 할 때 사용
④ 시와 분, 장과 절을 구별할 때 사용

## 04

다음 중 문장 부호의 사용이 적절하지 않은 것은? 09기출

① 차[茶]는 기호 식품이다.
② "어디 나하고 한번…."이라고 민수가 나섰다.
③ 3.1 운동 발달에 직접 영향을 주었다.
④ 이 곡은 베르디가 작곡한『축배의 노래』입니다.

# 음운론

## 01

다음 중 '잇몸소리'이면서 '파열음'인 것은? 20❼기출

① ㄴ ② ㄷ
③ ㅅ ④ ㅈ

## 02

다음 중 한 단어 속에서 인접한 두 음소나 음절의 순서가 바뀌는 현상을 무엇이라고 하는가? 07기출

① 모음 조화 ② 음운 동화
③ 음운 첨가 ④ 음운 전위

## 03

다음 중 모음의 영향을 받아 발음이 바뀐 단어는? 13기출

① 국물[궁물]
② 칼날[칼랄]
③ 미닫이[미:다지]
④ 입히다[이피다]

## 04

다음 중 국어의 소리 변이 현상이 다른 하나는? 11기출

① 끝물[끈물] ② 앞문[암문]
③ 꽃밭[꼳빧] ④ 먹는[멍는]

정답 03 ① 04 ④ / 01 ② 02 ④ 03 ③ 04 ③

군무원
합격 저격

# 국어

# PART 2

# 문 학

# 기출 이론 저격

## 01 문학 일반

### 1 미적 범주

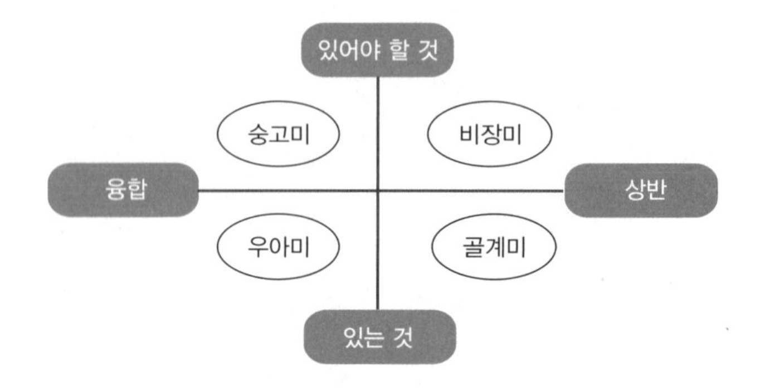


| | |
|---|---|
| **숭고미** | '있어야 할 것'을 중심으로 '있는 것'을 융합할 때 나타나는 미의 개념이다. 이것은 경건하고 엄숙한 분위기를 자아냄으로써 고고한 정신적 경지를 체험할 수 있게 하는 미의식이라 할 수 있으며 인간의 상식으로는 알 수 없는 경이·외경·위대함 등의 느낌을 주는 아름다움과 관련이 있다. 인간이 자연의 조화를 현실에서 추구하고 실현하고자 하는 태도일 때 생기는 미적 범주이기도 하다. |
| **우아미** | '있는 것'을 중심으로 '있어야 할 것'을 융합할 때 나타나는 미의 개념이다. 아름다운 형상이나 수려한 자태를 그려냄으로써 고전적인 기품과 멋을 드러내는 미의식이라 할 수 있다. 인간이 자연의 조화와 질서를 본받는 태도가 나타날 때 생기는 미적 범주이기도 하다. |
| **골계미** | '있어야 할 것'과 '있는 것'이 상반되면서 '있어야 할 것'을 부정하고 '있는 것'을 긍정할 때 나타나는 미적 범주로 '숭고미'와 대립되는 개념이다. 이는 풍자나 해학 등의 수법을 이용하여 우스꽝스러운 상황이나 인간상을 그릴 때 느낄 수 있으며 대상과 상황의 부조화, 재미와 변덕스러움, 이상함과 기묘함 등에서 오는 미의식이다. 자연의 질서와 이치를 의의가 있는 것으로 존중하지 않고 추락시킬 때도 골계미가 드러난다. |
| **비장미** | 비장미는 '있는 것'을 부정하고, '있어야 할 것'을 긍정할 때 나타나는 미의식이다. 비장미는 대체로 인간이 비극적 상황을 인식했을 때 발생하며 인간이 자연의 조화를 현실에서 실현하려는 의지가 좌절됐을 때 나타나는 미적 범주이기도 하다. |

## 2 비평 방법

문학 작품은 작가, 현실, 독자, 작품 등 4가지의 구성 요소로 이루어져 있다. 이 4가지의 구성 요소 중 어느 요소에 초점을 두어 감상하느냐에 따라 다양한 접근과 해석이 가능하다.

먼저 작가에 초점을 두어 작품을 감상하는 것을 표현론적 관점이라고 한다. 그리고 시대를 이용하여 작품을 감상하는 것을 반영론적 관점, 독자와 관련하여 작품을 감상하는 것을 효용론적 관점이라고 한다. 이처럼 작가, 시대, 독자 등을 활용하여 작품을 감상할 때 이들은 작품 외부에 존재하기 때문에 외(外)재적 관점이라고 한다. 이와는 달리 작품 자체만을 이용하여 작품을 감상하는 것을 내(內)재적 관점 또는 절대론적 관점이라고 한다.

[문학의 소통구조]

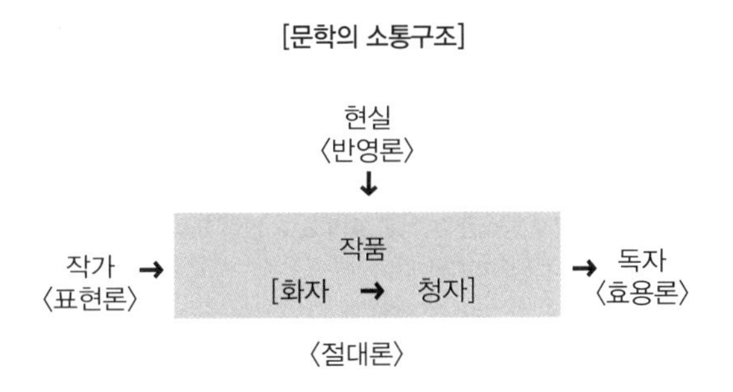


### 1. 내재적 관점

| | |
|---|---|
| 절대론<br>(구조론) | 내재적 관점이란 작품을 이해하는 데 필요한 자료는 오직 작품밖에 없기 때문에 작품을 감상할 때도 반드시 모든 것이 갖추어져 있는 작품만을 이용하여 감상해야 한다는 관점이다. 이 관점은 작품을 작가, 시대 등과 별개로 보기 때문에 오직 작품만을 절대적인 것으로 생각한다. |

### 2. 외재적 관점

| | |
|---|---|
| 표현론 | 작가의 체험, 사상, 감정 등이 문학 작품 속에 표현된 것으로 보는 관점으로, 이 관점에서는 작품 속에 나타난 작가의 의도, 정서 파악이 중시된다. |
| 반영론 | 문학 작품이 작품의 대상이 되는 실제 현실을 그대로 반영했다고 보는 관점이다. |
| 효용론 | 이 관점은 작품을 독자에게 미적 쾌감, 교훈, 감동 등과 같은 효과를 주기 위해 만들어진 것으로 보기 때문에 작품을 읽고 난 독자의 반응을 중시하는 관점이다. |

## 3 수사법

시인은 자신의 생각을 효과적으로 드러내기 위해 여러 가지의 표현 방법을 사용한다. 이러한 표현 방법에는 크게 사물이나 관념(원관념)을 그것과 유사한 다른 대상(보조 관념)에 빗대어 표현하는 방법인 '비유하기', 느낌이나 의미, 시구를 강조하기 위해 사용하는 표현 방법인 '강조하기', 단조로움과 지루함을 피하려고 변화를 적절히 주는 방법인 '변화주기' 등 세 가지로 구분된다.

### 1. 비유하기

<table>
<tr><td>직유법</td><td colspan="2">비슷한 성질이나 모양을 가진 두 사물, 즉 원관념과 보조 관념을 '~같이', '~처럼', '~양', '~듯이' 등의 연결어를 사용하여 직접 연결하는 수사법이다.<br>예 그는 여우처럼 교활하다.</td></tr>
<tr><td>은유법</td><td colspan="2">사물의 상태나 움직임을 암시적으로 나타내는 수사법으로 원관념과 보조 관념이 마치 동일한 것처럼 간접적으로 연결한다. 원관념과 보조 관념의 연결 방식은 'A = B, A의 B, A 없이 B만 제시' 등이 있다.<br>예 • 나는 나룻배 당신은 행인 (A = B의 형태)<br>• 은총의 돌층계, 섭리의 자갈밭 (A의 B 형태)<br>• 귀 밋티 히묵은 서리 (원관념 없이 B만 제시)</td></tr>
<tr><td>의인법</td><td colspan="2">사람이 아닌 것에 인격적 요소를 부여하여 마치 사람인 것처럼 표현하는 수사법이다.<br>예 • 조국을 언제 떠났노 파초의 꿈은 가련하다<br>• 울어 보렴 목놓아 울어나 보렴 오랑캐꽃</td></tr>
<tr><td>활유법</td><td colspan="2">무생물을 생물인 것처럼, 감정이 없는 것을 감정이 있는 것처럼 표현하는 수사법으로, 의인법에 통합시키기도 한다.<br>예 어둠은 새를 낳고, 돌을 낳고, 꽃을 낳는다</td></tr>
<tr><td>의성법</td><td colspan="2">사람이나 사물의 소리를 그대로 묘사하여 그 소리나 상태를 실제와 같이 표현하는 수사법이다. 의성법은 청각적 이미지를 사용하여 독자에게 실감나는 인상을 준다.<br>예 이 골 물이 주르루룩, 저 골 물이 쏼쏼</td></tr>
<tr><td>의태법</td><td colspan="2">의태법은 사물의 모양이나 태도를 그대로 모방하여 표현하는 수사법으로, 시각적 이미지를 사용하여 독자에게 실감나는 인상을 준다.<br>예 • 모닥불이 이글이글 타오르고 있다.<br>• 이 마을 전설이 주저리주저리 열리고 / 먼 데 하늘이 꿈꾸며 알알이 들어와 박혀</td></tr>
<tr><td>풍유법</td><td colspan="2">표현하고자 하는 내용을 직접적으로 말하지 않고 비유하는 말만으로 숨겨진 뜻을 암시하는 수사법이다. 속담이나 격언 등이 여기에 속하며 대체로 교훈성과 풍자성이 강하다.<br>예 빈 수레가 더 요란하다 ('빈 수레'는 학식이나 교양이 부족한 사람)</td></tr>
<tr><td rowspan="3">대유법</td><td colspan="2">하나의 사물이나 관념을 나타내는 말이 경험적으로 그것과 밀접하게 연관된 다른 사물이나 관념을 나타내도록 표현하는 수사법으로 제유법과 환유법이 있다.</td></tr>
<tr><td>제유법</td><td>사물의 한 부분으로 그 사물의 전체를 나타내는 수사법이다.<br>예 우리에게 빵을 달라 (빵 → 식량)</td></tr>
<tr><td>환유법</td><td>어떤 사물을 그것의 속성과 밀접한 관계가 있는 다른 낱말을 빌려서 표현하는 수사법이다.<br>예 눈물 비친 흰 옷자락 (흰 옷 → 우리 민족)</td></tr>
</table>

| 중의법 | 하나의 단어에 두 가지 이상의 뜻을 곁들여 표현함으로써 언어의 단조로움으로부터 벗어나고 여러 의미를 나타내고자 하는 수사법이다.<br>예 • 수양산을 바라보며 이제는 한하노라. (수양산: '중국의 산', '수양 대군')<br>• 청산리 벽계수야 수이감을 자랑 마라. (벽계수: '푸른 시냇물', 왕족 '이종숙') |
|---|---|

## 2. 강조하기

| 과장법 | 표현하려는 대상을 실제보다 더 확대하거나 축소하여 의미를 강조하는 수사법이다. 참고로 실제보다 더 크고 강하게 나타내는 것을 '향대 과장(向大誇張)'이라고 하고, 더 작고 약하게 나타내는 것을 '향소 과장(向小誇張)'이라고 한다.<br>예 • 향대 과장: 삼백예순 날 하냥 섭섭해 우옵내다<br>• 향소 과장: 쥐꼬리만한 월급봉투 |
|---|---|
| 반복법 | 같거나 비슷한 단어, 어절, 문장 등을 되풀이하여 뜻을 강조하는 수사법이다.<br>예 • 산에는 꽃 피네 / 꽃이 피네 / 갈 봄 여름 없이 / 꽃이 피네.<br>• 살어리 살어리랏다 청산(靑山)애 살어리랏다. |
| 열거법 | 내용적으로 연결되거나 비슷한 단어나 어구를 나열하여 내용을 강조하는 수사법이다.<br>예 • 우리 집 정원에는 장미, 백합, 튤립, 코스모스, 국화가 활짝 피어 있다.<br>• 모두 다 마음에 들지 않어라. / 이 황혼(黃昏)도 저 돌벽 아래 잡초(雜草)도 / 담장의 푸른 페인트 빛도 / 저 고요함도 이 고요함도. |
| 점층법 | 문장의 뜻을 점점 강하게 하거나, 크게 하거나, 높게 하여 독자의 감정을 자연스럽게 절정으로 끌어 올리는 수사법이다.<br>예 신록을 대하고 있으면, 신록은 먼저 나의 눈을 씻고, 나의 머리를 씻고, 나의 가슴을 씻고, 다음에 나의 마음의 모든 구석구석을 하나하나 씻어 낸다. |
| 점강법 | 크고 높고 강한 것에서부터 점차 낮고 약한 것으로 끌어내려 표현함으로써 강조의 효과를 얻으려는 수사법이다.<br>예 천하를 다스리고자 하는 자는 먼저 자기의 나라를 다스렸고, 그 나라를 다스리려는 사람은 먼저 자기의 집안을 바로잡았다. |
| 비교법 | 성질이 비슷한 두 가지의 사물이나 내용을 서로 비교하여 그 차이로써 어느 한 쪽을 강조하여 표현하는 수사법이다. 주로 '~만큼'이나 '~보다'를 사용한다.<br>예 너의 넋은 수녀보다도 더욱 외롭구나! |
| 대조법 | 어떤 사물이나 내용을 표현할 때, 반대되는 대상이나 내용을 내세워 주제를 강조하거나 인상을 선명하게 표현하는 수사법이다.<br>예 • 인생은 짧고 예술은 길다.<br>• 막차는 좀처럼 오지 않았다. / 대합실 밖에는 밤새 송이눈이 쌓이고 / 흰 보라 수수꽃 눈 시린 유리창마다 / 톱밥 난로가 지펴지고 있었다. |
| 억양법 | 우선 누르고 후에 올리거나, 우선 올리고 후에 누르는 방식 등을 사용하여 뒤에 오는 내용을 강조하는 수사법이다.<br>예 그는 모자라지만 착실한 사람이야. |
| 미화법 | 상대에게 불쾌감을 주지 않으려고 표현 대상을 실제보다 아름답게 표현함으로써 대상에 대한 인상을 강조하는 수사법이다.<br>예 • 도둑 → 양상군자(梁上君子)<br>• 거지 → 그는 거리의 천사다.<br>• 변소 → 화장실(化粧室) |

| | |
|---|---|
| 연쇄법 | 앞 구절의 끝 어구를 다음 구절의 앞 구절에 이어받아 이미지나 심상을 강조하는 수사법이다. 반복법과의 차이점은 가락을 통해 글의 변화를 줌으로써 리듬감을 느낄 수 있다는 것이다.<br>예 원숭이 엉덩이는 빨개. 빨가면 사과. 사과는 맛있어. 맛있으면 바나나. 바나나는 길어. 길면 기차. 기차는 빨라. 빠르면 비행기. 비행기는 높아. 높으면 백두산. 백두산은 뾰족해. 뾰족하면 가시. 가시는 무성해. 무성하면 소나무 |
| 영탄법 | 감탄사나 감탄형 어미 등을 써서 기쁨, 슬픔, 놀라움 등과 같은 감정을 강하게 나타내는 수사법이다.<br>예 그립고 아쉬움에 가슴 조이던 / 머언 먼 젊음의 뒤안길에서 / 인제는 돌아와 거울 앞에 선 / 내 누님같이 생긴 꽃이여. |
| 현재법 | 과거나 미래의 사실 또는 눈앞에 없는 사실을 현재 시제를 사용하여 마치 눈앞에 있는 것처럼 나타내는 수사법이다. 과거나 미래 시제 대신 현재 시제를 사용했을 때 독자는 현장감이나 생동감을 느낄 수 있다.<br>예 산과 산들이 병풍처럼 사방에 우쭐우쭐 둘러선다. |

## 3. 변화주기

| | |
|---|---|
| 도치법 | 정상적인 문장 성분의 순서나 문단에서의 문장 순서를 의도적으로 바꾸어 변화를 주는 수사법이다.<br>예 • 나는 아직 기다리고 있을 테요, 찬란한 슬픔의 봄을<br>• 보고 싶어요, 붉은 산이, 그리고 흰 옷이 |
| 대구법 | 문장의 구조를 같거나 비슷하게 짝을 지어 나란하게 배열하는 수사법이다.<br>예 우는 거시 벅구기가 프른 거시 버들숩가 |
| 설의법 | 쉽게 판단할 수 있는 사실을 의문의 형식을 사용하여 표현함으로써 독자가 스스로 판단하게 하고 필자가 의도하는 결론으로 독자를 이끄는 수사법이다. 설의법이 사용된 문장은 형식적으로는 의문이지만 내용적으로는 설득이나 의문문이 아니다.<br>예 • 수험생으로서 공부를 하지 않아서야 되겠습니까?<br>• 흔들리지 않고 피는 꽃이 어디 있으랴 |
| 인용법 | 자기의 이론을 증명하거나 주장을 강조하기 위하여 남의 말이나 글을 따오는 수사법이다. 남의 말이나 글을 직접 따오는 직접 인용과 그것을 요약 · 정리하여 따오는 간접 인용이 있다.<br>예 • 직접 인용: 아들이 어제 저에게 "내일 사무실에 계십시오."라고 말했습니다.<br>• 간접 인용: 아들이 어제 저에게 오늘 사무실에 있으라고 말했습니다. |
| 반어법 | 겉으로 드러난 표현과 속에 숨겨져 있는 내용이 서로 반대가 되게 하는 수사법이다. 원래의 의도와 반대되는 말을 하여 표현의 효과를 높이는 수사법으로, 일명 '아이러니(Irony)'라고도 한다.<br>• 언어적 아이러니: 단어의 원래 의미를 정반대로 사용하는 것을 말한다.<br>예 한 줄의 시는커녕 / 단 한 권의 소설도 읽은 바 없이 / 그는 한평생을 행복하게 살며 / 많은 돈을 벌었고 /높은 자리에 올라 / 이처럼 훌륭한 비석을 남겼다.<br>→ 단어의 표면적 의미는 '죽은 사람에 대한 존경'이지만, 이면적 의미는 '물질적 가치를 중시하는 현대인에 대한 비판'이므로 언어적 아이러니가 드러난다.<br>• 상황적 아이러니: 의도했던 것과 크게 다른 결과가 나타나는 상황을 말한다.<br>예 현진건의 「운수 좋은 날」<br>→ 인력거꾼인 김 첨지는 비 오는 날 많은 돈을 벌게 된다. 이로 미루어 예상할 수 있는 결과는 행복한 생활이지만, 실제는 아내의 죽음이라는 불행한 결말로 마무리되어 상황적 아이러니가 드러난다. |

| | |
|---|---|
| **역설법** | 겉으로 보기엔 서로 이치에 어긋나거나 모순되는 것 같지만 속에는 어떤 진실을 담고 있는 수사법이다.<br>예 • 님은 갔지만 나는 님을 보내지 않았습니다.<br>• 나는 아직 기다리고 있을 테요. / 찬란한 슬픔의 봄을. |
| **생략법** | 문장의 구절을 간결하게 줄이거나 생략하는 수사법이다. 이때 줄어들거나 생략된 부분은 독자의 판단이나 추측에 맡기기 때문에 독자에게 여운이나 암시를 줄 수 있다.<br>예 그녀가, 아름다웠던 그녀가……. |
| **문답법** | 이미 알고 있는 사실이라도 질문과 답변의 형식을 사용하여 변화를 주는 수사법이다. 여기서 문답법이란 두 사람이 묻고 답하는 것보다는 화자 스스로 묻고 답하는 자문자답을 말한다.<br>예 아희야, 무릉(武陵)이 어듸오 나ᄂᆞᆫ 옌가 ᄒᆞ노라. |
| **명령법** | 평범하게 서술해도 될 것을 뜻을 강조하거나 평범한 서술에 변화를 주기 위하여 문장의 종결 어미를 명령형으로 바꾸어 독자의 주의를 환기하는 수사법이다.<br>예 희망을 만드는 사람이 되라. |
| **돈호법** | 사람이나 사물의 이름을 불러 독자의 주의를 환기하는 수사법이다.<br>예 • 동포(同胞) 여러분! 나 김구의 소원은 이것 하나밖에는 없다. 내 과거의 칠십 평생을 이 소원을 위하여 살아왔고, 현재에도 이 소원 때문에 살고 있고, 미래에도 나는 이 소원을 달(達)하려고 살 것이다.<br>• 산아. 우뚝 솟은 푸른 산아. 철철철 흐르듯 짙푸른 산아. |
| **비약법** | 평탄한 흐름으로 글을 서술하다가 갑자기 시간이나 공간을 뛰어넘어 서술하는 수사법이다.<br>예 강호(江湖)애 병이 깁퍼 듁님의 누엇더니, / 관동(關東) 팔ᄇᆡᆨ(八白) 니(里)에 방면을 맛디시니, / 어와 셩은(聖恩)이야 가디록 망극(罔極)ᄒᆞ다. / 연츄문(延秋門) 드리ᄃᆞ라 경회(慶會) 남문(南門) ᄇᆞ라보며, / 하직(下直)고 믈너나니 옥졀이 알ᄑᆡ 셧다. |

## 4 필수 문학 개념어

| | |
|---|---|
| 감정 이입 | 자연의 풍경이나 예술 작품 등에 자기 자신의 감정이나 정신을 불어넣거나, 대상을 보다 직접적으로 받아들여 대상과 자기가 서로 통한다고 느끼는 수사법이다. 감정 이입은 원래 유정물을 대상으로 하지만, 시에서는 무정물을 유정화하여 표현하기도 한다. 감정 이입에서는 화자가 바라보는 대상이 마치 감정을 지닌 것처럼 표현되고, 이를 통해 화자의 감정이 겉으로 드러난다.<br>예 천 만리 머ᄂᆞ먼 길에 고흔님 여희압고 / ᄂᆡ 마음 둘 ᄃᆡ 업셔 ᄂᆡ가에 안쟛시니 / 져 물도 ᄂᆡ 안 갓틔여 우러 밤길 예놋다 |
| 객관적 상관물 | 시에서 화자의 정서나 사상을 표현하기 위하여 찾아낸 사물, 정황, 사건 등을 이르는 말이다. 시인은 대체로 자신의 감정을 직접적으로 표현하기보다는 구체적인 사물이나 상황을 통하여 간접적으로 제시하는데 이때 사용되는 사물이나 상황 등을 객관적 상관물이라고 한다.<br>예 나는 마침내 자리를 일어섰다. 그리고는 그 노인의 무표정에 밀려나기라도 하듯 방문을 나왔다. 장지문 밖 마당가에 작은 치자나무 한 그루가 한낮의 땡볕을 견디고 서 있었다.<br>→ 고향집을 찾은 '나'는 불편함과 짜증스러움을 느끼고 있으며, 이러한 '나'의 내면 심리는 치자나무를 통해 효과적으로 드러나고 있다. |
| 언어유희 | 말이나 글자를 가지고 하는 말장난으로 동음이의어나 발음의 유사성을 활용하여 해학성을 높이는 표현 방법을 말한다.<br>• 동음이의어를 활용한 언어유희<br>예 개잘량이라는 '양' 자에 개다리소반이라는 '반' 자를 쓰는 양반이 나오신단 말이오.<br>• 비슷한 음운을 활용한 언어유희<br>예 ᄆᆡ암이 ᄆᆡᆸ다 울고 쓰르람이 쓰다 우니, / 산채(山菜)를 ᄆᆡᆸᄂᆡ다는가 박주(薄酒)를 쓰다는가. / 우리는 초야(草野)에 뭇쳐시니 ᄆᆡᆸ고 쓴 줄 몰ᄂᆡ라.<br>• 말의 배치를 바꿔서 표현하는 언어유희<br>예 본관이 똥을 싸고 멍석 구멍의 생쥐 눈 뜨듯 하고 내아로 들어가서, "어 추워라. 문 들어온다. 바람 닫아라. 물 마른다, 목 들여라."<br>• 발음의 유사성을 통한 언어유희<br>예 마구간에 들어가 노새 원님을 끌어다가 등에 솔질을 솰솰하여 말뚝이님 내가 타고 |
| 패러디 | 특정한 작품의 소재나 작가의 문체를 흉내 내어 원작을 익살스럽게 표현하는 수사법이다. 본질적으로 패러디는 풍자와 위트, 아이러니 등을 내포하고 있으며 현실 사회의 지배적인 신념 체계 속에 깔려 있는 억압성이나 허위의식을 폭로하려는 작가의 태도가 반영되어 있다.<br>예 장정일의 「라디오와 같이 사랑을 끄고 켤 수 있다면」<br>→ 김춘수의 「꽃」을 패러디한 작품으로 김춘수의 「꽃」이 존재의 의미를 추구하는 작품이라면 이 작품은 인스턴트식 사랑을 원하는 현대인의 심리에 대해 비판적인 인식을 드러낸 작품이라고 할 수 있다. |
| 낯설게하기 | 러시아 형식주의의 주요한 문학적 수법으로, 우리의 지각이나 인식의 틀을 깨고 익숙한 사물의 모습을 낯설게 표현하여 새로운 느낌을 갖도록 표현하는 수사법을 말한다.<br>예 허수경의 「혼자 가는 먼 집」<br>→ 이 시에서 화자는 이별의 슬픔을 '킥킥거리다'로 표현하여 새로운 느낌을 갖도록 하는 '낯설게하기' 기법을 사용하고 있다. |
| 모호성 | 여러 뜻이 뒤섞여 있어서 정확하게 무엇을 나타내는지 알기 어려운 말의 성질을 이야기한다. 시에서 사용하는 시어의 경우 이러한 모호성을 갖고 있기 때문에 같은 시어라도 읽는 독자에 따라 다양하게 해석될 수 있다. |

| | |
|---|---|
| **패러독스** | 논리학에서 말하는 패러독스는 일반적으로는 모순을 야기하지 않지만 특정한 경우에 논리적 모순을 일으키는 방식으로, 겉으로 보기에는 모순되고 부조리하지만 표면적 진술을 떠나 자세히 생각해 보면 깊은 진실을 담고 있는 표현을 뜻한다. 일명 '역설(逆說)'이라고도 한다. |
| **자동기술법** | 프랑스의 초현실주의 예술 운동에서 제창된 표현 기법으로 인간이 갖고 있는 생각이나 관념 또는 본성을 아무런 제한 없이 의식이 흐르는 대로 자연스럽게 써 나가는 방법을 말한다.<br>예 거울속에는소리가없소 / 저렇게까지조용한세상은참없을것이오 / 거울속에도내게귀가있소 / 내말을못알아듣는딱한귀가두개나있소 |
| **의식의 흐름 기법** | 작품 속의 모든 내용을 한 인물의 의식을 통해 독자들에게 제시하는 방식을 말한다. 의식이 흐르는 대로 적어 내려가는 방법이기 때문에 논리적 인과 관계가 없는 담화들이 뒤섞여 있고, 문체의 호흡이 급박하다. 또한 전통적인 서술 방식을 벗어나므로 작품 전체에서 플롯의 발전이라든가 사건의 진전을 찾아볼 수 없고, 인물의 형상화 역시 기존의 소설과는 달리 뚜렷하게 이루어지지 않는다.<br>예 몸을 웅크리고 가마니 속에 쓰러져 있었다. 한 시간 후면 모든 것은 끝나는 것이다. 손과 발이 돌덩어리처럼 차다. 허옇게 흙벽마다 서리가 앉은 깊은 움 속, 서너 길 높이에 통나무로 막은 문 틈 사이로 차가이 하늘이 엿보인다. 퀴퀴한 냄새가 코를 찌른다. 냄새로 짐작하여 그리 오래 된 것 같지는 않다. 누가 며칠 전까지 있었던 모양이군. 그놈이나 매한가지지, 하고 사닥다리를 내려서자마자 조그만 구멍으로 다시 끌어올리며 서로 주고받던 그자들의 대화가 아직도 귀에 익다. 그놈이라고 불린 사람이 바로 총살 직전에 내가 목격하고 필사적으로 놈들의 사수(射手)를 향하여 방아쇠를 당겼던 그 사람이었을까……. 만일 그 사람이 아니었다면 또 어떤 사람이었을까……. 몸이 떨린다. 뼈 속까지 얼음이 박힌 것 같다. |

# 02 현대 문학

## 1 현대시

### 1. 시상 전개 방식

| | |
|---|---|
| 기승전결(起承轉結) | 한시에서 흔히 발견되는 가상 선통석인 시상 전개 방법이다. 기구에서 시상을 일으키고, 승구에서 그것을 이어받아 발전시키며, 전구에서는 장면과 시상을 새롭게 전환시키고, 결구는 전체를 묶어서 여운(餘韻)과 여정(餘情)이 깃들도록 끝맺는 것이다. |
| 선경후정(先景後情) | 먼저 경치에 관한 묘사가 나타나고, 뒤에 정서적인 부분이 나타나게 하는 한시의 전통적인 시상 전개 방식이다. 이때 먼저 제시되는 사물이나 풍경은 독자의 시선을 사로잡는 기능이 있다. 즉, 독자의 시선을 사로잡은 후 비로소 화자가 말하려는 정서나 인식을 펼쳐나가는 방식이다. |
| 수미상관법 | 시의 처음과 끝을 동일하거나 유사한 시구로 구성하는 방법이다. 수미상관법을 사용했을 때 얻을 수 있는 효과는 반복을 통한 강조 또는 균형을 통한 안정감이다. |
| 시간의 흐름 | 흔히 문학에서 가장 자주 사용하는 내용 전개 방식이 바로 시간의 흐름에 따라 내용을 전개하는 방법이다. 이처럼 시간의 흐름에 따른 전개 방식의 경우, 지문에 과거 → 현재 → 미래, 봄 → 여름 → 가을 → 겨울, 과거(회상) → 현재 등 시간을 표현하는 부분이 반드시 나와야 한다는 것을 명심해야 한다. 또한 시간의 변화는 순행적인 것뿐만 아니라 때에 따라서는 역순행적인 변화도 나타난다. |
| 시선의 이동 | '시선'의 사전적 의미를 살펴보면 '눈이 가는 길 또는 눈의 방향'이다. 따라서 시선의 이동이란 화자의 눈을 통해 바라보는 방향을 이동해 가며 내용을 전개하는 방식이다. 이러한 시선의 이동에는 크게 아래 → 위, 위 → 아래, 먼 곳 → 가까운 곳, 가까운 곳 → 먼 곳 등이 있다. 이와 같은 시상 전개 방식은 상황에 대한 정서를 드러내기보다는 시인이 바라보는 대상에 초점을 맞추어 표현할 때 자주 사용된다. 시선의 이동은 장면 · 대상 · 공간의 이동으로 설명할 수 있다. |
| 어조의 변화 | 상황에 대한 대응 방식을 '태도'라고 하였다. 이때 시적 화자의 태도는 화자가 말하는 어투나 분위기, 즉 어조에 의해서 나타난다. 따라서 '어조의 변화'란 말 그대로 정서나 태도가 크게 바뀌었음을 의미한다. 시에서의 어조는 다음과 같이 다양하게 사용된다.<br>• 청자의 유무에 따라: 독백, 대화 등<br>• 화자의 유형에 따라: 어린이, 어른, 남성, 여성, 지식인, 노동자, 농민 등<br>• 화자의 정서에 따라: 분노, 희망, 비애, 영탄, 열정, 그리움, 안타까움 등<br>• 화자의 태도에 따라: 예찬, 비판, 권유, 달관, 냉소, 의지, 반성, 수용 등 |
| 자문자답(문답법) | 문답법이란 대화법의 첫 단계로 지식을 갖고 있는 자가 지식을 갖고 있지 않은 자에게 자신이 어떠한 것에 대하여 모르고 있다는 사실 자체를 깨달을 때까지 어려운 단계의 질문에서 쉬운 단계의 질문으로 계속해서 물어가는 방법이다. 이러한 문답법은 인물과 인물 사이에 질문과 답변으로 이루어지지만 화자 혼자 질문하고 답변하는 경우도 있기 때문에 유념해야 한다. |

## 2. 시의 심상(心象)

시에서는 추상적 대상을 감각적으로 인식할 수 있는 대상, 즉 구체적 대상으로 표현한다. 이때 언어에 의해 마음속에 그려지는 감각적 영상(映像)을 '심상(心象)' 또는 '이미지'라고 한다. 이러한 이미지는 다양한 기능을 가지고 있는데 대상의 의미뿐만 아니라 대상의 상태, 모양, 움직임 등을 느낄 수 있도록 함으로써 추상적 관념을 구체적이고 생생하게 전달하며, 함축적 의미를 표현하는 효과를 얻게 된다. 그리고 더 나아가 다양한 정서적 반응을 불러일으킨다.

| | |
|---|---|
| 시각적 심상 | 색채, 모양, 형태와 같이 눈으로 볼 수 있는 심상<br>예 어두운 방 안엔 바알간 숯불이 피고 |
| 청각적 심상 | 새들의 울음소리나 바람 소리와 같이 귀로 들을 수 있는 심상<br>예 두 점을 치는 소리 / 방범대원의 호각 소리, 메밀묵 사려 소리에 / 눈을 뜨면 멀리 육중한 기계 굴러가는 소리 |
| 후각적 심상 | 화장품이나 향수와 같이 코로 맡을 수 있는 심상<br>예 온 집안에 퀴퀴한 돼지 비린내 |
| 미각적 심상 | 단맛이나 쓴맛과 같이 혀로 맛볼 수 있는 심상<br>예 물새알은 간간하고 짭조름한 미역 냄새 |
| 촉각적 심상 | 차가움이나 따뜻함과 같이 피부에 닿을 때 느껴지는 심상<br>예 젊은 아버지의 서느런 옷자락에 / 열로 상기한 볼을 말없이 부비는 것이었다. |
| 공감각적 심상 | 둘 이상의 감각이 결합되어 감각의 전이가 일어나는 심상<br>예 • 분수처럼 흩어지는 푸른 종소리 → 청각(종소리)의 시각화(분수처럼, 푸른)<br>• 해설피 금빛 게으른 울음을 우는 곳 → 청각(울음)의 시각화(금빛)<br>• 나비 허리에 새파란 초생달이 시리다 → 시각(새파란 초생달)의 촉각화(시리다) |
| 복합 감각적 심상 | 두 가지 이상의 감각이 각각 나열되어 있는 심상<br>예 술 익는 마을마다 타는 저녁 놀<br>→ 후각적 심상(술 익는)과 시각적 심상(저녁 놀)이 나열 |



안심Touch

## 2 현대 소설

### 1. 소설의 3요소

| | |
|---|---|
| 주제 | 작가가 전달하고자 하는 중심 생각 |
| 구성 | 내용, 주제를 효과적으로 전달하기 위해 이야기를 배열하는 것 |
| 문체 | 작가의 개성 있는 문장 표현 |

#### (1) 주제

• 주제 제시 방법

| | |
|---|---|
| 직접적 제시 | 서술자가 직접적으로 주제를 설명하여 제시하는 방법이다. 작품 속에 인물의 대화나 편집자적 논평을 통해 주제를 그대로 드러낸다. |
| 간접적 제시 | 소설의 여러 요소에 의해 주제를 암시적하는 방법이다. 갈등 구조와 그 해소 과정을 통해 주제를 유추하게끔 하거나 심상과 상징, 어구나 분위기 등을 통해 주제를 환기시킨다. |

#### (2) 구성

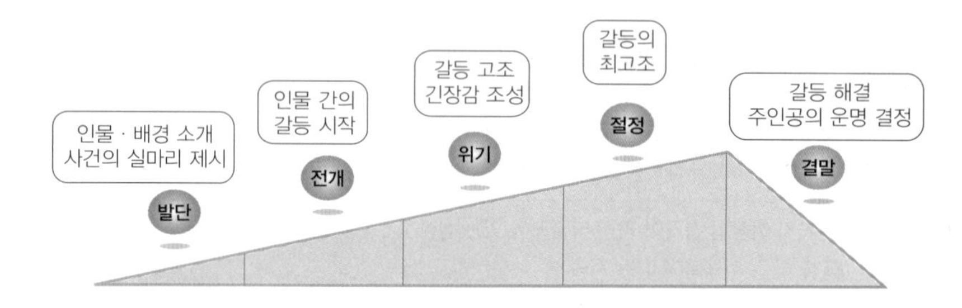


① 중심 사건의 가짓수에 따른 구성

| | |
|---|---|
| 단순 구성 | 하나의 사건에 대한 이야기로만 전개되는 구성 |
| 복합 구성 | 두 개 이상의 사건이 복잡하게 얽혀 전개되는 구성 |
| 피카레스크식 구성 | 서로 다른 각각의 이야기가 동일한 주제로 묶여 전개되는 구성 |

② 사건의 진행에 따른 구성

| | |
|---|---|
| 평면적 구성<br>(순행식 구성) | 사건이 시간의 흐름에 따라 배열되는 구성 |
| 입체적 구성<br>(역행적 구성) | 사건이 시간의 흐름이 아닌 '현재 → 과거 → 미래', '과거 → 미래 → 현재' 등과 같이 시간의 역전이 일어나는 구성 |
| 액자식 구성 | 외부의 이야기 속에 내부의 이야기가 담겨 있는 구성 |

### (3) 문체

① 문체 구성 요소

| | |
|---|---|
| 대화 | 대화란 등장인물이 주고받는 말로 사건을 전개하고 인물의 행동, 성격, 심리를 제시하며 극적 효과를 갖게 한다. |
| 묘사 | 서술자가 사물을 있는 그대로 그려내는 것을 말한다. 특히 문학에서는 어떤 대상을 객관적, 구체적으로 표현하는 것을 말하며 독자에게 생생한 이미지를 전달할 수 있다. |
| 서술 | 서술자가 독자에게 인물, 사건, 배경 등을 직접 설명하는 방법이다. 해설적, 추상적, 요약적인 표현으로 사건을 빠르게 진행시킨다. |

② 문체의 종류

| | |
|---|---|
| 간결체와 만연체 | 간결체란 짧고 간결한 문장으로 내용을 명쾌하게 표현하는 문체이고, 만연체란 많은 어구를 이용하여 반복 · 부연 · 수식 · 설명함으로써 문장을 장황하게 표현하는 문체이다. |
| 사투리와 비속어 | 작가는 소설을 서술할 때 사실성을 얻기 위해 사투리와 비속어를 많이 사용한다. 특히 사투리를 사용했을 경우 토속적 정감, 현장감, 사실감 등을 얻을 수 있다. |
| 해학과 풍자 | 해학이란 익살스럽고 품위가 있는 말이나 행동을 말한다. 풍자란 현실의 부정적 현상이나 모순 따위를 무언가에 빗대어 비웃으면서 폭로하고 공격하는 것을 말한다. 해학과 풍자의 가장 중요한 차이점은 해학은 긍정적인 웃음이나, 풍자는 부정적인 웃음을 말한다는 것이다. |
| 구어체와 문어체 | 구어체란 실제 일상적 대화에서 사용하는 문체를 말한다. 구어체로 쓰일 경우 방언, 비속어, 높임법 등이 나타나는 경우가 많다. 문어체란 글에서만 사용하는 문체로 딱딱한 느낌을 줄 수 있다. 고전문학에서 사용하는 문어체는 서술어가 '–라'로 끝나는 경우가 많다. |
| 독백체와 대화체 | 독백이란 배우가 상대역 없이 혼자 말하는 행위로, 관객들에게 인물의 심리 상태를 전달하는 데 효과적이다. 대화체란 마주 대하여 이야기를 주고받는 것을 말한다. |
| 편집자적 논평 | 어떤 글이나 말 또는 사건 따위에 대하여, 서술자가 직접 그 내용에 개입하여 논하고 비평하는 것을 말한다. 주로 고전 소설과 개화기 소설에서 사용된다. |
| 판소리적 문체 | 판소리 사설과 같은 표현 방식을 사용한 것을 말한다. 판소리적 문체는 해학과 익살을 통한 골계미를 형성하여 비판과 풍자를 나타낸다. |

## 2. 소설 구성의 3요소

| 인물 | 소설 속에 등장하는 사람 |
|---|---|
| 사건 | 인물이 벌이는 일과 행동 |
| 배경 | 이야기가 전개되는 시간과 공간 |

### (1) 인물

• 인물의 성격 제시 방법

| 직접적 제시 | 서술자가 인물의 특성이나 성격을 직접적으로 설명하는 방법이다. 서술자가 직접 설명하기 때문에 독자가 이해하기 쉽고 시간이 절약되는 효과가 있다. 분석적 · 해설적 · 설명적 제시, 말하기(Telling) 기법이라고도 한다. |
|---|---|
| 간접적 제시 | 서술자가 인물의 성격을 행동이나 대화, 즉 간접적으로 보여 주는 방식이다. 인물을 생생하게 묘사하므로 독자의 상상적 참여가 가능하다. 극적 · 장면적 제시, 보여 주기(Showing) 기법이라고도 한다. |

### (2) 사건

• 갈등의 유형

<table>
<tr><td colspan="2">내적 갈등</td><td>인물 내면에서 일어나는 갈등</td></tr>
<tr><td rowspan="5">외적 갈등</td><td>인물 ↔ 인물</td><td>주동 인물과 반동 인물 사이의 갈등</td></tr>
<tr><td>인물 ↔ 사회</td><td>개인과 개인이 속한 사회 제도, 의식과의 갈등</td></tr>
<tr><td>인물 ↔ 운명</td><td>인물의 숙명적 운명으로 인한 대립과 갈등</td></tr>
<tr><td>인물 ↔ 자연</td><td>인물과 자연의 대립과 갈등</td></tr>
<tr><td>계층 ↔ 계층</td><td>착취하는 계층과 착취를 당하는 계층 사이의 갈등</td></tr>
</table>

### (3) 배경

• 배경의 기능

① 인물의 행동에 논리적이고 필연적인 의미를 부여한다.

② 일정한 분위기나 정조(mood)를 만들어 낸다.

③ 인물의 심리나 사건 전개를 암시한다.

④ 사건에 사실성을 부여하고 현장감을 준다.

⑤ 배경 자체가 주제 의식을 효과적으로 드러내는 상징적 의미를 지닌다.

## 3. 시점

작가가 만들어 낸 허구적 대리인인 서술자가 서술 대상을 바라보는 각도나 위치를 말하는 것으로, 어떤 시점을 선택하느냐에 따라 서술 방식과 효과가 달라진다.

### (1) 시점의 종류

| 심리 관여 여부 / 서술자 위치 | 서술자가 인물, 사건의 내면을 분석하는 경우 | 서술자가 인물, 사건의 외부를 관찰하는 경우 |
|---|---|---|
| 작품 속에 '나'가 있을 때 | 1인칭 주인공 시점 | 1인칭 관찰자 시점 |
| 작품 속에 '나'가 없을 때 | 전지적 작가 시점 | 작가 관찰자 시점 |

|  |  |
|---|---|
| 1인칭 주인공 시점 | ① 주인공인 '나'가 자기 자신의 이야기를 하는 방식이다.<br>② 작품 속의 '나'가 주인공이자 서술자이다.<br>③ 주인공의 내면세계를 그리는 데 효과적이며 독자에게 친근감 · 신뢰감을 준다.<br>④ 독자는 주인공이 본 것, 느낀 것만을 알게 된다.<br>⑤ 객관성을 유지하기가 어려우며 주인공 이외의 인물을 서술할 때 제약이 따른다.<br>⑥ 심리주의 소설이나 자전적 소설에 많이 사용된다. |
| 1인칭 관찰자 시점 | ① 작품 속에 등장하는 '나'가 주인공에 대해 이야기하는 서술 방식이다.<br>② 주인공의 내면을 숨김으로써 긴장과 경이로움을 자아낸다.<br>③ '나'의 눈에 비친 외부 세계만을 서술하므로 주인공과 세계를 깊이 있게 이해하기 어렵다.<br>④ 서술자가 누구냐에 따라 소설의 효과가 달라질 수 있다. |
| 작가 관찰자 시점 | ① 서술자가 외부 관찰자의 위치에서 이야기를 서술하는 방식이다.<br>② 서술자는 주관을 배제한 채 객관적인 태도로 대상을 관찰하고 묘사한다.<br>③ 서술자가 해설이나 평가를 내리지 않기 때문에 독자의 상상력이 개입되는 경우가 많다.<br>④ 서술자와 인물의 거리가 가장 멀다.<br>⑤ 매우 극적이고 객관적인 특성을 지니기 때문에 현대 사실주의 문학에 많이 쓰인다. |
| 전지적 작가 시점 | ① 서술자가 전지전능한 위치에서 인물이나 사건을 서술하는 서술 시점이다.<br>② 등장인물의 심리 상태나 행동의 동기, 감정 등을 분석하여 서술하는 방식이다.<br>③ 서술자가 작품 속에 직접 개입하여 사건을 진행시키고 인물을 논평한다.<br>④ 작가의 사상과 인생관이 직접 드러난다.<br>⑤ 독자의 상상적 참여가 제한될 우려가 있다. |

### (2) 시점과 거리

'거리'란 작가가 대상을 다룰 때 일정한 예술적 효과를 얻기 위하여 취하는 심리적 절제를 뜻한다. 작가는 이러한 거리를 통하여 사실성이나 객관성을 조절함으로써 소설의 리얼리티를 살릴 수 있다.

| 거리 \ 시점 | 1인칭 주인공 시점 | 1인칭/작가 관찰자 시점 | 전지적 작가 시점 |
|---|---|---|---|
| 서술자 – 인물 사이 | 가깝다 | 멀다 | 가깝다 |
| 서술자 – 독자 사이 | 가깝다 | 멀다 | 가깝다 |
| 독자 – 인물 사이 | 가깝다 | 가깝다 | 멀다 |

| | |
|---|---|
| 서술자와 인물 사이의 거리 | 1인칭 주인공 시점은 '서술자 = 주인공'이므로 서술자와 인물 사이의 거리가 가장 가깝다. 작가 관찰자 시점에서는 서술자가 인물의 외면만을 관찰하므로 서술자와 인물 사이의 거리가 가장 멀다. |
| 서술자와 독자 사이의 거리 | '나'의 이야기를 독자에게 전달하는 1인칭 주인공 시점이 전지적 작가 시점보다 서술자와 독자 사이 거리가 더 가깝다. |
| 독자와 인물 사이의 거리 | 독자와 인물 사이의 거리는 서술자와 인물 사이의 거리에 반비례한다. 서술자가 인물에 대해서 모든 것을 알려 줄 때, 서술자와 인물의 거리가 가깝게 되지만, 독자와 인물 사이 거리는 멀어진다. 그리고 서술자가 인물의 외면만을 관찰하면 서술자와 인물 사이의 거리는 멀지만, 독자와 인물 사이의 거리는 가까워진다. 하지만 1인칭 주인공 시점에서는 둘 다 가깝다. |

## 4. 신소설

| | | |
|---|---|---|
| 개념 | | 갑오개혁 이전의 고소설에 대하여 새로운 내용, 형식, 문체로 이루어진 소설이라 하여 붙여진 명칭이다. 신소설은 고전 소설과 현대 소설 사이의 교량적 역할을 하였다. |
| 특징 | 내용 | 자주 독립, 신교육, 남녀평등, 자유 결혼, 미신 타파 등 개화사상을 소재로 하는 내용을 주로 다루고 있다. |
| | 형식 | 주인공의 탄생부터 시작(전기체)하는 종래의 틀에서 벗어나 자유로운 장면 묘사로 시작되고, 문체는 언문일치체, 구성은 역순행적 구성 등이 보인다. |
| | 한계 | 고전 소설의 특징이 존재한다. 즉, 평면적인 성격의 등장인물, 우연적인 사건 전개, 권선징악적 요소 등이 나타나며 또한 상투적 종결 어미가 여전히 사용되었다. |

## 3 수필 · 희곡 · 시나리오

### 1. 수필

| | |
|---|---|
| 1인칭의 문학 | 수필은 작가가 자신의 경험이나 생각을 쓴 글이기 때문에 1인칭의 문학이다. |
| 개성의 문학 | 수필은 글쓴이만의 체험이나 사상을 표현하는 주관적 문학이다. 따라서 수필에는 글쓴이의 개성이 강하게 드러난다. |
| 자유로운 형식 | 수필의 형식은 자유롭다. 흔히 무형식의 문학이라고도 하는데, 이는 정해진 틀 없이 자유롭게 쓰는 것을 의미한다. |
| 제재의 다양성 | 수필은 소재 또한 다양하다. 생활 속의 모든 것이 소재가 될 수 있다. |
| 비전문적인 문학 | 수필은 글을 쓰는 데 특별한 재능이나 조건이 요구되지 않으므로 누구나 쓸 수 있는 대중적인 문학 갈래이다. |
| 관조와 사색의 문학 | 수필은 인생에 대한 깊은 통찰과 사색의 깊이가 반영된 문학이다. 이러한 필자의 통찰과 사색의 깊이로 인해 독자는 자기의 삶을 되돌아보고 깨달음을 얻을 수 있다. |

### 2. 희곡

#### (1) 특성

| | |
|---|---|
| 무대 상연을 전제로 한 문학 | 희곡은 무대 상연을 전제로 한 문학, 즉 연극의 각본이다. 이러한 특성으로 인해 희곡은 많은 제약이 따른다. |
| 행동의 문학 | 희곡은 무대에서 상연되는 문학이기 때문에 인간의 행동을 보여주게 된다. 희곡에서 표현되는 인간의 행동은 압축과 생략, 집중과 통일 등이 이루어져야 한다. |
| 대사의 문학 | 희곡은 대사를 통하여 인물의 성격이 드러나고 사건이 진행되며 주제가 형상화된다. 따라서 소설처럼 서술자의 묘사나 해설이 개입될 수 없다. |
| 갈등의 문학 | 희곡은 대립과 갈등을 주된 내용으로 한다. |
| 현재 진행형의 문학 | 희곡은 관객의 눈앞에서 배우들의 행동을 통해 현재 벌어지는 사건이므로 모든 것을 현재화하여 표현한다. |
| 희곡의 관습 | 희곡은 무대라는 제한된 공간에서 대사와 행동으로만 표현하기 때문에 관객이나 독자들과 일정한 묵계가 이루어진다. |

### (2) 형식

| | | | |
|---|---|---|---|
| 대사 | • 등장인물들이 하는 말<br>• 대화를 통해 인물의 성격이 드러나고, 사건이 진행된다. | 대화 | 등장인물들 사이에 주고받는 말 |
| | | 독백 | 등장인물이 혼자 하는 말 |
| | | 방백 | 관객에게는 들리지만 다른 배우에게는 들리지 않는 것으로 약속하고 하는 말 |
| 지시문 | • 배경, 효과, 인물 소개 및 무대 설명<br>• 인물의 행동을 지시하고 설명한다. | 행동 지시문 | 등장인물의 동작, 표정, 말투, 입장 및 퇴장 등을 지시 |
| | | 무대 지시문 | 작품의 배경, 등장인물, 무대 장치 및 소도구의 배치, 음향 효과 등의 처리를 지시 |

### (3) 구성 단위

| | |
|---|---|
| 막(幕) | 무대의 막이 올랐다가 다시 내릴 때까지의 단위로 극의 길이와 행위를 구분한다. 막은 몇 개의 장으로 이루어진다. |
| 장(場) | 막의 하위 단위로서 시간의 경과를 나타내는 무대 장치이다. 배경이 바뀐다거나, 인물의 등장과 퇴장 등으로 구분한다. |

## 3. 시나리오

### (1) 특성

① 화면에 의하여 표현되므로 촬영을 고려해야 하고, 특수한 시나리오 용어가 사용된다.

② 주로 대사와 행동으로 표현된다.

③ 시간과 공간의 이동이 자유로워서 장면 전환이 자유롭다.

④ 등장인물의 수에 제한을 받지 않으며 인물 없이 배경만의 장면도 가능하다.

⑤ 직접적인 심리 묘사가 불가능하고, 장면과 대상에 의하여 간접적으로 묘사된다.

⑥ 영화 촬영을 전제로 하기 때문에 예정된 시간에 상영될 수 있도록 내용이 구성된다.

### (2) 구성 요소

| | | |
|---|---|---|
| 내적 구성 요소 | 장면 | 사건의 배경이 되는 장면들을 찍은 단위. 장면 번호(Scene Number)로 나타낸다. |
| | 대사 | 등장인물들이 주고받는 말. 인물의 성격을 형상화한다거나 사건을 진행시키며 갈등 관계를 나타내고 주제를 구현하는 역할 등을 담당한다. |
| | 지시문 | 연기나 촬영에 대해 지시하는 글. 희곡의 지문과 마찬가지로 인물의 표정이나 동작, 무대 장치, 카메라 위치, 필름 편집 기술 등을 지시한다. |
| | 해설 | 주로 배경이나 등장인물을 소개하며 인물의 심리를 직접 소개하기도 한다. |

| 외적 구성 요소 | 숏(Shot)<br>/컷(Cut) | 카메라가 한 번의 연속 촬영으로 찍은 장면을 이르는 말이다. |
|---|---|---|
| | 신(Scene) | 영화의 최소 단위인 장면. 시나리오 한 편은 대개 100~150신 정도로 구성된다. |
| | 시퀀스<br>(Sequence) | 영화에서 몇 개의 장면을 모아 이룬 일련의 화면을 말한다. |

### (3) 주요 시나리오 용어

| S#(Scene Number) | 장면 번호 |
|---|---|
| OL(Over Lap) | 한 화면이 없어지기 전에 다음 화면이 천천히 나타나는 이중 화면 접속법 |
| CU(Close Up) | 어떤 대상이나 인물을 크게 확대해서 찍는 것 |
| FI(Fade In) | 화면이 점차 밝아지는 것(영화가 시작되는 단계에서 많이 씀) |
| FO(Fade Out) | 화면이 점차 어두워지는 것(영화가 끝나는 단계에서 많이 씀) |
| NAR(Narration) | 나레이션, 해설. 화면 밖의 효과를 설명함 |
| E(Effect) | 효과음 |
| DE(Double Exposure) | 하나의 화면에 다른 화면이 겹쳐지는 이중 노출법에 의한 합성법 |
| Insert | 인서트. 신문, 잡지 따위를 화면에 삽입하는 것 |
| Extra | 많은 인원을 필요로 할 때에 동원되는 임시 출연자들 |
| M(Music) | 효과 음악 |
| NG(No Good) | 촬영 때 잘못되어 못 쓰게 된 필름 |
| PAN(Panning) | 동체의 속도나 진행 방향에 맞춰서 카메라를 이동시키며 촬영하는 기법 |
| WO(Wipe Out) | 화면의 일부를 닦아 내듯이 없애고 다른 화면을 나타내는 기법 |
| Dissolve | 영상이 서서히 사라지거나 나타나게 하는 장면 전환 기법. 두 장면의 밀접한 관련성이나 시간, 장소의 변화 등을 나타냄 |
| Crank In | 한 편의 영화 촬영을 시작함 |
| Crank Up | 한 편의 영화 촬영을 끝냄 |
| Montage | 여러 화면을 짜맞추어 하나의 효과를 창출하는 기법 |
| Omnibus | 하나의 주제 아래 각기 독립적으로 촬영된 작품을 한데 모은 것 |

# 03 고전 문학

## 1 고전 시가

### 1. 고전 시가(詩歌)의 흐름

| | |
|---|---|
| 향가 | 삼국 시대 말엽에 발생하여 통일 신라 시대 때 성행하다가 말기부터 쇠퇴, 고려 초까지 존재하였던 한국 고유의 정형화된 서정시이다. 향찰(鄕札) 및 이두(吏讀)로 표기되었다. 4구체, 8구체, 10구체의 형식을 지니며, 특히 10구체 향가를 가장 완성된 형태로 보아 '사뇌가(詞腦歌)'라고 하였다. |
| 향가계 여요 | 신라의 향가가 고려 가요로 넘어가는 과정에서 생긴 과도기적 작품이다. 고려 때 창작되었지만 향찰로 표기된 「도이장가(悼二將歌)」와 일부 향가의 형태를 지닌 「정과정(鄭瓜亭)」이 있다. |
| 고려 가요 | 고려 때 서민들이 구승(口承)한 민요적 시가이다. 고려 때는 구전되다가 조선 시대 훈민정음 창제 이후 『악학궤범(樂學軌範)』, 『악장가사(樂章歌詞)』, 『시용향악보(時用鄕樂譜)』 등에 국문으로 기록되었다. 3음보 분연체 형식을 지니고 있으며, 후렴구가 있다는 것이 큰 특징이다. |
| 경기체가 | 고려 시대는 귀족들의 경기체가와 평민 문학인 고려 속요가 공존하였다. 경기체가는 고려 중기부터 조선 초까지 문인층 사이에서 유행한 정형시이다. 각 절의 끝에 후렴구 '경(景) 긔 엇더ᄒᆞ니잇고'가 반복된다. |
| 시조 | '시절가조(時節歌調)'를 줄인 말로, 고려 중엽에 발생하고 말엽에 완성되어 조선 시대에 크게 유행해 현대까지 이어지고 있는 정형 시가이다. 3장 6구 45자 내외, 3 · 4조/4 · 4조, 4음보, 종장의 첫 음보는 3음절을 따르는 것을 원칙으로 한다. |
| 악장 | 나라의 공식적인 행사에 사용된 노래 가사를 총칭하는 말이다. 즉, 건국의 정당성을 알리고 번영을 기원하기 위하여 궁중 행사에서 불린 송축가(頌祝歌)를 가리킨다. 15세기 조선 왕조의 기틀을 다진 신진 사대부가 주된 작자층이며 조선 건국의 정당성, 왕조의 번영과 발전을 기리는 것을 주된 내용으로 한다. |
| 가사 | 조선 시대 시조와 함께 유행했던 문학 양식으로, 운문에서 산문으로 넘어가는 과도기적 양식이다. 3 · 4조/4 · 4조와 4음보의 기본 율격을 바탕으로 한 연속체의 교술 시가로, 시조와 상보적 관계를 이루며 발전하였다. 강호한정과 자연 예찬, 유교적 이념, 기행이나 교훈적 내용을 주로 담고 있다. |

### 2. 빈출 작품: 용비어천가(龍飛御天歌)

[제1장]
海東(해동) 六龍(육룡)이 ᄂᆞᄅᆞ샤 일마다 천복(天福)이시니
古聖(고성)이 同符(동부)ᄒᆞ시니

[제2장]
불휘 기픈 남ᄀᆞᆫ ᄇᆞᄅᆞ매 아니 뮐ᄊᆡ, 곶 됴코 여름 하ᄂᆞ니
ᄉᆡ미 기픈 므른 ᄀᆞᄆᆞ래 아니 그츨ᄊᆡ, 내히 이러 바ᄅᆞ래 가ᄂᆞ니

[제8장]
太子(태자)를 하ᄂᆞᆯ히 ᄀᆞᆯᄒᆡ샤 兄(형)ㄱ ᄠᅳ디 일어시ᄂᆞᆯ 聖孫(성손)ᄋᆞᆯ 내시니이다.
世子(세자)를 하ᄂᆞᆯ히 ᄀᆞᆯᄒᆡ샤 帝命(제명)이 ᄂᆞ리어시ᄂᆞᆯ 聖子(성자)를 내시니이다.

[제9장]
奉天討罪(봉천토죄)실ᄊᆡ 四方諸侯(사방제후) ㅣ 몯더니 聖化(성화) ㅣ 오라샤 西夷(서이) ᄯᅩ 모ᄃᆞ니
唱義班師(창의반사) ㅣ 실ᄊᆡ 千里人民(천리인민)이 몯더니 聖化(성화) ㅣ 기프샤 北狄(북적)이 ᄯᅩ 모ᄃᆞ니

[제34장]
믈 깊고 ᄇᆡ 업건마ᄅᆞᆫ 하ᄂᆞᆯ히 命ᄒᆞ실ᄊᆡ ᄆᆞᆯ 톤자히 건너시니이다
城 높고 ᄃᆞ리 업건마ᄅᆞᆫ 하ᄂᆞᆯ히 도ᄫᆞ실ᄊᆡ ᄆᆞᆯ 톤자히 ᄂᆞ리시니이다

[제84장]
님그미 賢커신마ᄅᆞᆫ 太子ᄅᆞᆯ 몯 어드실ᄊᆡ 누ᄫᅳᆫ 남기 니러셔니이다
나라히 오라건마ᄅᆞᆫ 天命이 다아갈ᄊᆡ 이ᄫᅳᆫ 남ᄀᆡ 새 닢 나니이다

[제125장]
천세(千世) 우희 미리 정(定)ᄒᆞ샨 한수(漢水) 북(北)에 누인개국(累仁開國)ᄒᆞ샤 복년(卜年)이 ᄀᆞᆺ업스시니 성신(聖神)이 니ᅀᆞ샤도 경천근민(敬天勤民)ᄒᆞ샤ᅀᅡ 더욱 구드시리이다
님금하 아ᄅᆞ쇼셔 낙수(洛水)예 산행(山行) 가 이셔 하나빌 미드니잇가

▶ 현대어 풀이

[제1장]
해동의 여섯 용이 나시어 일마다 하늘의 복을 받으시니

[제2장]
뿌리가 깊은 나무는 바람에 흔들리지 않으므로, 꽃이 좋고 열매가 많습니다.
샘이 깊은 물은 가뭄에도 물이 끊어지지 않으므로, 냇물이 되어 바다로 흘러갑니다.

[제8장]
태자를 하늘이 가리시어, 그 형의 뜻이 이루어지시매, 성손을 내신 것입니다.
세자를 하늘이 가리시어, 임금의 명이 내리시거늘 성자를 내신 것입니다.

[제9장]
(주나라의 무왕이) 하늘의 명을 받들고 상나라 주의 죄를 치매, 사방의 제후들이 모이더니 주나라의 성스러운 교화가 오라시어 서이까지도 또 모이니
(조선의 태조가) 의를 부르짖고, 위화도에서 군사를 돌이키시매 천리의 인민이 보이더니, 이씨의 성스런 교화가 깊으시어서 북적까지도 또 모이니

[제34장]
강물은 깊고 배는 없건마는 하늘이 명하시매 (금나라 태조는) 말 탄 채로 (그 깊은 강을) 건너신 것입니다.
성은 높고 사닥다리는 없건마는 하늘이 도우시매 (태조는) 말을 탄 채로 (그 높은 성을) 내리신 것입니다.

[제84장]
임금이 어지시건마는 태자를 못 얻으시매 누운 나무가 일어선 것입니다.
나라가 오래건마는 하늘의 명 다해 가매 이운 나무에 새 잎이 난 것입니다.

[제125장]
천세 전에 미리 정하신 한강 북쪽에, 여러 대를 물린 어진 임금이 나라를 여시어 왕조가 끝이 없으시니, 성신(聖神)이 이으시어도 하늘을 공경하고 백성을 부지런히 섬겨야 더욱 굳건할 것입니다.
임금이여, 아소서. 낙수에 사냥을 가 있으면서 조상만 믿으시겠습니까?

| 갈래 | 서사시, 악장(전125장) |
|---|---|
| 성격 | 송축적, 서사적, 예찬적 |
| 표현 | 대구법, 영탄법, 설의법 등의 다양한 수사법을 사용 |
| 특징 | • 한글로 된 최초의 장편 서사시<br>• 15세기 중세 국어 연구의 귀중한 자료<br>• 세종 27년(1445) 집필<br>• 1장, 125장 등의 파격 장을 제외하고는 기본적으로 2절 4구의 대구 형식을 취함 |
| 주제 | 조선 건국의 정당성과 후대 왕에 대한 권계 |
| 해제 | 『용비어천가』는 세종 29년에 왕명(王命)을 받은 정인지, 권제, 안지 등이 간행한 악장이다. 목조로부터 태종까지의 여러 사적을 들어 국조 창업(國祖創業)의 어려움과 그 천명성(天命性)을 강조하며, 후왕(後王)에 대해서는 계감(戒鑑)을, 신하들에 대해서는 충성을, 백성들에 대해서는 교화를 촉구하고 도모하려 한 것이었다. 총 125장으로 된 장편 서사시로서, 대체로 2절 4구의 대구 형식을 취하고 있다. |

# 2 고전 산문

## 1. 신화 · 전설 · 민담

| 구분 | 신화 | 전설 | 민담 |
|---|---|---|---|
| 전승 범위 | 국가 | 지역 | 세계 |
| 전승자의 태도 | 신성성 | 신빙성 | 재미나 교훈 삼아 |
| 주인공 | 신, 신적 존재 | 비범한 인물 | 평범한 인물, 혹은 그 이하 |
| 배경 | 태초, 신성한 시공간 | 구체적 시공간 | 막연한 시공간 |
| 증거물 | 광범위한 증거 | 구체적 증거 | 없음 |
| 결말 | 위대한 승리 | 비극적 결말 | 행복한 결말 |
| 자아와 세계의 갈등 | 자아 = 세계 | 자아 < 세계 | 자아 > 세계 |

## 2. 패관 문학

| 개념 | 문인이나 학자들이 항간에 떠도는 이야기[가담항설(街談巷說)]를 한문으로 쓴 기록 문학이다. |
|---|---|
| 특징 | • 민간에서 떠도는 이야기를 채록자인 패관이 수집하여 기록하는 과정에서 패관의 창의성이 가미되고 윤색(潤色)됨으로써 하나의 산문적인 문학 형태로 등장하게 되었다.<br>• 설화에서 시작된 패관 문학은 가전체 문학을 거쳐 고전 소설 발생에 영향을 끼쳤다. |

## 3. 가전체 문학

| 개념 | 계세징인(戒世懲人)을 목적으로 사물을 의인화하여 전기(傳記) 형식으로 구성한 산문 문학의 한 갈래이다. |
|---|---|
| 특징 | • 가전체 문학은 패관 문학과는 달리 순수 개인 창작물로 창의성이 가미된 허구적인 작품이라는 점에서 설화와 소설을 잇는 교량적인 역할을 한다고 평가할 수 있다.<br>• 고려 중기 이후 크게 유행하였으며, 조선 시대에도 꾸준히 창작되었다.<br>• 고전 소설과 마찬가지로 사람의 일대기 형식을 쓰되 마지막에 작가의 평을 덧붙였다. |

## 4. 고전 소설

### (1) 고전 소설의 구분

| | | |
|---|---|---|
| 조선 전기 | 개념 | 조선 건국부터 임진왜란 전까지 창작된 문학을 말한다. |
| | 특징 | • 훈민정음 창제는 진정한 의미에서 국문학의 출발을 가져왔으며, 문자 생활의 일대 변혁을 이룩하였다.<br>• 훈민정음이 창제되고 인쇄술이 발달하면서 각종 문학서와 경서 등이 번역되기 시작하였다.<br>• 문학의 향유 계급은 주로 상류층인 귀족 양반들이었으며, 평민의 참여는 거의 없었다.<br>• 형식 면에서는 시조나 가사 등의 시가 문학이 주류를 이루었고, 내용 면에서는 유교적인 이념과 상류 사회의 생활이 중심이 되었다.<br>• 조선의 창업을 정당화하기 위해 악장이 출현하였으나 곧 소멸하였다. 이어 새로운 시가 형식인 가사가 발생하여 시조와 함께 시가 문학의 2대 주류를 이루었다.<br>• 패관 문학이나 가전체 문학, 중국 전기(傳奇) 소설의 영향으로 고전 소설이 발생하였다. |
| 조선 후기 | 개념 | 임진왜란부터 갑오개혁까지 창작된 문학을 말한다. |
| | 특징 | • 조선 전기의 문학은 양반들의 전유물이었으나 임진왜란(1592)과 병자호란(1636) 이후 사대부의 권위가 실추되고 평민 의식이 성장하면서, 후기의 문학에는 평민이나 여성들도 창작에 참여하였다.<br>• 전기의 문학은 비현실적이고 소극적인 성리학과 시가 중심의 문학이었으나, 후기의 문학은 현실적이고 구체적인 삶의 의미를 추구하는 실학과 산문 중심으로 바뀌었다.<br>• 평민 의식의 팽배와 산문 정신의 발흥에 따라 국문 소설이 크게 번성하였다.<br>• 시가 문학에 있어서는 사설시조가 발생하고, 가사의 경우 기행 가사나 유배 가사를 중심으로 장편화 · 다양화되는 한편, 평민 가사와 내방 가사가 등장하였다.<br>• 판소리나 민속극이 성행하여 서민들의 사랑을 받았고, 중인 계층을 중심으로 시가집이 편찬되었으며 가단이 형성되었다. |

### (2) 빈출 작품: 조선 전기 – 김시습의 『금오신화』

| | |
|---|---|
| 용궁부연록 | 글재주에 능한 한생이 용왕의 초청으로 용궁을 방문하여 공주가 거처할 별궁의 상량문을 지어 주고 극진한 대접을 받고 돌아온다는 내용의 전기적 한문 소설이다. |
| 남염부주지 | 주인공 박생이 꿈속에서 염왕을 만나 문답을 나누게 되는데 이 문답에서 김시습의 사상이 잘 드러난다. 마지막에 박생이 염부주의 왕이 된다는 설정은 현실에서 자신의 포부를 펼치지 못한 것에 대한 대리 만족의 결과로 볼 수 있다. |
| 이생규장전 | 이 작품은 죽음을 초월한 남녀 간의 애정을 그리고 있다. 작품의 전반부에 나타나는 신분의 차이, 홍건적의 침입 등은 현실적인 문제점이고, 이러한 문제점을 극복하기 위해 후반부에서는 죽은 여인과의 사랑이란 환상적인 요소를 사용하였다. 즉, 「이생규장전」은 환상적인 내용과 현실적인 내용이 공존하는 작품이라고 할 수 있다. |
| 만복사저포기 | 이 작품은 명혼 소설이자 전기 소설로, 불우한 서생인 양생이 한스럽게 죽은 여인을 만나 생사를 초월한 사랑을 나눈다는 내용을 담고 있다. |
| 취유부벽정기 | 송도(개성)의 홍생이 평양의 부벽정을 찾아 시를 지으며 취하여 놀다가 기자 조선 마지막 임금의 딸을 만나 시로 문답하는 내용이다. 두 사람이 읊은 시는 대부분 고조선에 대한 회고, 고구려의 역사와 인물에 관한 것이다. |

### (3) 빈출 작품: 조선 후기 – 박지원의 한문 소설

① 배경 및 특징

| | |
|---|---|
| 배경 | 조선 후기 실학파가 등장하면서 사회의 모순을 비판하고 개혁의 방향을 모색한 문학 작품들이 다수 창작되었다. |
| 특징 | • 조선 후기 사회 모습을 비판적, 풍자적으로 그렸다.<br>• 중세 봉건 제도가 무너져가고 새로운 사회가 시작되는 변화의 물결은 박지원이 자신만의 문학 세계를 이룩하는 데 결정적인 영향을 끼쳤다. |

② 주요 작품

| 작품 | 내용 | 출전 |
|---|---|---|
| 「허생전」 | 무능한 사대부 계층에 대한 비판과 현실에 대한 자각 촉구 | 『열하일기』 |
| 「호질」 | 유학자들의 위선적 행동에 대한 비판 | 『열하일기』 |
| 「양반전」 | 양반의 무능함과 허위의식에 대한 비판 | 『방경각외전』 |
| 「예덕선생전」 | 바람직한 교우의 도와 무실역행(務實力行)하는 참된 인간상 | 『방경각외전』 |
| 「광문자전」 | 신의 있고 허욕을 부리지 않는 삶의 태도 칭송 | 『방경각외전』 |
| 「민옹전」 | 시정 세태에 대한 비판과 풍자 | 『방경각외전』 |
| 「김신선전」 | 신선 사상의 허무맹랑함을 풍자 | 『방경각외전』 |
| 「우상전」 | 나라의 인재 등용의 맹점을 비판 | 『방경각외전』 |
| 「마장전」 | 유생들의 위선적 교우를 풍자 | 『방경각외전』 |
| 「열녀함양박씨전」 | 수절하며 살아가는 여인들의 고통과 열녀 풍속의 문제점 비판 | 『연상각선본』 |

## 5. 판소리

### (1) 개념과 특징

| | |
|---|---|
| 개념 | 전문 예술가인 광대가 고수(鼓手)의 북장단에 맞추어 서사적인 이야기를 소리와 몸짓을 곁들이며 구연하는 우리 고유의 민속 예술 형태의 한 갈래이다. |
| 특징 | • 서민들의 현실적인 생활을 주로 그리고 있으며 극적인 내용이 많다.<br>• 구성은 희곡적이며 문체는 대체로 4음보의 운문체이다.<br>• 표현이 약간 조잡하지만 풍자와 해학 등을 풍부하게 구사하고 있다.<br>• 언어의 층위가 다양해 양반들이 사용하는 한문 어투와 평민들이 사용하는 일상 언어가 모두 담겨있다.<br>• 표면적인 주제는 양반들의 의식을 반영하고 있지만 그 이면을 살펴보면 양반에 대한 민중의 저항 의식이 바탕에 깔려있다.<br>• 관객들의 흥미도에 따라 특정 부분이 집중적으로 발전되었다. |

### (2) 구성 요소

| | |
|---|---|
| 창(소리) | 판소리의 주축을 이루는 요소로 광대(소리꾼)가 가락에 맞추어 부르는 노래 |
| 아니리(사설) | 판소리에서 극적 사건의 변화, 시간의 경과, 등장인물들의 대화나 심리 묘사 또는 그들의 독백 등을 말로 설명하거나 대화로 표현하는 기능 |
| 발림(너름새) | 창자가 소리 도중에 하는 춤이나 몸짓과 같은 소리꾼이 하는 모든 육체적 동작 |
| 너름새 | 발림과 같은 의미 외에, 광대가 소리 · 아니리 · 발림을 적절히 구사하여 관중들을 매료시키는 능력이 있을 때 '너름새가 좋다'와 같이 쓰임 |
| 추임새 | 판소리 중간의 대목에서 고수(북을 치는 사람)가 내는 흥을 돋우는 '얼씨구', '그렇지', '아무렴', '잘한다', '좋다', '저런' 등의 소리 |
| 더늠 | 판소리 명창들이 자신의 독특한 방식으로 다듬어 부르는 어떤 마당의 한 대목 |
| 바디 | 판소리에서 명창이 스승으로부터 전승하여 한 마당 전부를 음악적으로 절묘하게 다듬어 놓은 소리 |

### (3) 판소리의 장단

| | |
|---|---|
| 진양조 | 판소리의 장단 중 가장 느린 장단이다. 장단이 느리면 음악도 느리게 되는데 판소리에서는 가사의 내용이 슬플 때, 또는 한가롭거나 장중한 느낌이 날 때 주로 사용된다. |
| 중모리 | 중모리는 진양조와 중중모리의 중간 빠르기로 판소리에서 제일 많이 쓰이는 장단이다. 서정적이거나 서사적인 내용에 두루 사용된다. |
| 중중모리 | 중모리 장단을 조금 빠르고 흥겹게 치면 중중모리 장단이 된다. 그래서 극적인 상황이 덩실덩실 춤이라도 나오는 대목이라든지 춘향 모나 흥부의 마누라가 나오는 대목처럼 누가 반가운 마음으로 등장할 때 중중모리 장단을 쓴다. |
| 자진모리 | 중중모리 장단을 더 빨리 몰면 자진모리장단이 된다. 자진모리는 빠른 장단이기 때문에 극적 상황이 무엇을 빨리 빨리 열거하거나 위급한 상황이 벌어져서 서둘러야 할 대목 같은 데에 쓰인다. |
| 휘모리 | 판소리의 장단 중 가장 빠른 장단으로 흥분하거나 급박한 느낌을 주는 장면에 사용된다. |
| 엇모리 | 5박 둘을 이어놓은 10박 장단을 엇모리장단이라고 하는데, 판소리에서는 도사나 호랑이 같은 신령한 존재가 등장할 때에 쓰인다. |

## 6. 민속극

### (1) 개념과 특징

| | |
|---|---|
| 개념 | 민속극이란 민간에 전해 내려오는 연극으로, 일정한 역할을 맡은 배우가 관객들에게 어떠한 내용을 대화나 행동으로 전달하는 전통극이다. 민속극의 유형으로는 가면극이나 인형극 등이 있다. |
| 특징 | • 고대 제천 의식에 바탕을 두고 전개되다가 조선 후기에 이르러 평민 의식의 발달과 함께 독자적인 양식으로 정립되었다.<br>• 민속극은 농민이나 사당 등 서민들이 주도했으며 관중들도 서민이었기 때문에 서민들의 언어나 삶의 모습이 생생하게 드러났다.<br>• 관객들에게 즐거움을 주기 위해 넉살과 신명, 지배층에 대한 비판 등의 내용을 담고 있다.<br>• 판소리와 마찬가지로 특별한 무대 장치가 없고 관객들의 적극적인 참여가 가능하다.<br>• 문자의 기록에 의존하지 않고 민중들의 필요에 의해 구비 전승되었다.<br>• 장, 무대, 등장인물, 대사 등이 있다는 점에서 오늘날 희곡과 유사하다고 할 수 있다.<br>• 조선 후기에 성장한 평민 의식이 가장 잘 반영된 예술이라고 할 수 있다. |

### (2) 종류

| | |
|---|---|
| 가면극 | 가면(탈)을 쓰고 하는 민속극이다. |
| 인형극 | 배우 대신 인형을 등장시켜 전개하는 민속극이다. 손과 같은 신체의 일부분을 사용하거나 줄 또는 막대에 매달아 조종하며 대사를 하는 것으로, 조선 후기 남사당패에 의해 연희된 「꼭두각시놀음」이 이에 해당한다. |
| 무극 | 무가(巫歌) 중에서 연극적 성격을 띠는 무가로 두 명 이상의 대화로 구성되고 인물의 행동까지 수반한다. |

### (3) 주요 작품

| | | |
|---|---|---|
| 가면극 | 「봉산탈춤」 | 양반에 대한 비판과 풍자 |
| | 「통영 오광대놀이」 | 양반 사회의 비리와 모순에 대한 비판과 풍자 |
| | 「양주 별산대놀이」 | 양반에 대한 조롱과 풍자 |
| | 「수영야류」 | • 양반 계급의 무능과 허세 조롱<br>• 봉건 사회의 일부다처제에 따른 가정불화 |
| 인형극 | 「꼭두각시놀음」 | 파계승 비판, 처첩 간의 갈등, 양반에 대한 비판과 풍자 |

## 7. 남사당놀이

| | |
|---|---|
| 풍물(농악) | 풍물은 공연 시작을 알리고 사람들을 공연장으로 끌어 모으는 역할을 담당했다. 삼한 시대부터 전해져 내려오던 놀이로, 초기에는 간단히 북과 장구를 치는 것이 전부였다가 시간이 흐르면서 여러 악기가 더해지고 인원도 많아졌다. 풍물패는 최소 24명 정도가 1조를 이뤄 남사당패에서 가장 큰 규모를 자랑한다. |
| 버나(사발 돌리기) | 약 40cm 길이의 나무 막대기를 사용하여 쳇바퀴를 돌리는 복잡한 기술을 선보인다. |
| 살판(땅재주) | 이 마당에서는 지상에서 다양한 곡예를 펼친다. 기본 동작은 앞구르기, 뒤구르기, 공중제비, 공중 비틀기, 물구나무서기와 이동하기, 3회전 공중돌기, 앉은뱅이걸음 등이 있다. |
| 어름(줄타기) | 어름사니가 팽팽한 외줄 위에서 여러 가지 곡예를 펼치는 사이사이에 바닥의 어릿광대와 재담을 주고받으며 가창을 하기도 한다. 줄은 높이 2.5m에 약 9~10m의 길이로 설치된다. |
| 덧뵈기(가면극) | 열세 명의 연희자가 등장하는 네 마당은 공연의 시작을 알리는 마당씻이, 잘못된 외래문화 수입을 비판하는 옴탈마당, 양반을 조롱하는 샌님잡이, 문란한 성에 대해 비판하는 먹중으로 구성된다. |
| 덜미(꼭두각시놀음) | 31종의 인형 총 51개가 등장하며 2마당 7거리로 공연된다. 인형 조종자들이 막 뒤에서 인형을 조종하면서 악사들과 함께 무대 앞에 앉은 화자들과 대화를 주고받는다. |

## 8. 고전 수필

| | |
|---|---|
| 개념 | 고전 수필이란 고려 시대 초기부터 갑오개혁 이전까지 창작된 수필을 말한다. 특히 임진왜란이나 병자호란 등과 같은 역사적 사건에서 겪은 개인의 경험이나 사실 등을 기록하기 위해서 많은 수필들이 창작되었다. |
| 특징 | • 처음에는 한문 수필이 많았으나 후기에는 작자층이 여성으로 확대되면서 한글 수필이 많이 창작되었다.<br>• 한문 수필은 보편적이고 객관적 성격이 강하다.<br>• 고려와 조선 전기의 패관 문학이나 조선 후기의 문집들이 모두 한문 수필에 속한다.<br>• 한글 수필은 조선 후기 산문화의 경향에 따라 창작되었으며 일기나 기행문, 서간문 등 종류가 매우 다양하다.<br>• 궁중 수필은 여성 특유의 섬세하고 우아한 표현으로 곡진한 정서와 인간미를 담고 있다.<br>• 내간체 수필은 운문적인 어투에서 탈피하려는 노력을 보여 주었다. |

# 기출 문제 저격

## 현대시

**[01~03] 다음 글을 읽고 물음에 답하시오.**

내 마음은 한 폭의 기(旗)
㉠ 보는 이 없는 시공(時空)에
없는 것 모양 걸려 왔더니라.

스스로의
㉡ 혼란과 열기를 이기지 못해
눈 오는 네거리에 나서면

눈길 위에
㉢ 연기처럼 덮여 오는 편안한 그늘이여.
마음의 기(旗)는
눈의 음악이나 듣고 있는가.

나에게 원이 있다면
뉘우침 없는 일몰(日沒)이
고요히 꽃잎인 양 쌓여가는
그 일이란다.

㉣ 황제의 항서(降書)와도 같은 무거운 비애(悲哀)가
맑게 가라앉은
하얀 모랫벌 같은 마음씨의
벗은 없을까.

내 마음은
한 폭의 기(旗)

㉤ 보는 이 없는 시공(時空)에서
때로 울고
때로 기도드린다.

### 01

**위의 시에서 '기(旗)'가 표상하는 바와 가장 거리가 먼 것은?**

20⑦기출

① 순수한 삶 ② 절제된 사랑
③ 기도하는 마음 ④ 시적 자아의 희원

### 02

**㉠에 나타난 시적 자아의 자세로 가장 적절한 것은?**

20⑦기출

① 자성 ② 자책
③ 체념 ④ 회한



01 ② 02 ① 정답

## 03

**작품의 ㉡~㉤ 중 시적 자아의 흔들리는 내면을 표출한 것은?** 20❼기출

① ㉡　② ㉢

③ ㉣　④ ㉤

**[04~06] 다음 글을 읽고 물음에 답하시오.**

열무 삼십 단을 이고
시장에 간 우리 엄마
안 오시네, 해는 시든 지 오래
나는 찬밥처럼 방에 담겨
아무리 천천히 숙제를 해도
엄마 안 오시네, ㉠ 배추잎 같은 발소리 타박타박
안 들리네, 어둡고 무서워
금간 창 틈으로 고요한 빗소리
빈 방에 혼자 엎드려 훌쩍거리던

아주 먼 옛날
지금도 내 눈시울을 뜨겁게 하는
그 시절, 내 유년의 윗목

## 04

**다음 중 윗글에서 '엄마의 고생'을 나타낸 시어로 옳지 않은 것은?** 19기출

① 열무 삼십 단을 이고

② 해는 시든 지 오래

③ 찬밥

④ 배추잎 같은 발소리 타박타박

## 05

**윗글의 밑줄 친 ㉠ '배추잎 같은 발소리'와 동일한 수사 기법이 쓰인 것으로 옳은 것은?** 19기출

① 고요한 빗소리

② 내 유년의 윗목

③ 해는 시든 지 오래

④ 찬밥처럼 방에 담겨

## 06

**다음 글에 대한 설명으로 가장 옳지 않은 것은?** 18기출

나는 아직 죽은 것이 아닙니다.
나의 우둔(愚鈍)이 끝났다고 생각하는 것은 세상 사람들의 일.
결코 나는 죽은 것이 아닙니다.
죽어, 그대가 나의 시신을 쓰다듬을 때까지
그대의 손이 나의 두 눈을 가릴 때까지
나의 정직한 어리석음은 아직
끝나지 않은 것입니다.

① 상여 부착설화의 원형을 따르고 있다.

② 온달의 죽음에 초점이 맞춰져 있다.

③ 온달이 평강공주에게 고백하는 내용이다.

④ 『삼국유사』 「기이」편에 실린 내용을 재해석한 것이다.

정답 03 ① 04 ③ 05 ④ 06 ④

[07~09] 다음 시를 읽고 물음에 답하시오.

> 울지 마라
> 외로우니까 사람이다
> 살아간다는 것은 외로움을 견디는 일이다
> 공연히 오지 않는 전화를 기다리지 마라
> 눈이 오면 눈길을 걸어가고
> 비가 오면 빗길을 걸어가라
> 갈대 숲에서 가슴검은도요새도 ㉠ 너를 보고 있다
> 가끔은 하느님도 외로워서 눈물을 흘리신다
> 새들이 나뭇가지에 앉아 있는 것도 외로움 때문이고
> 네가 물가에 앉아 있는 것도 외로움 때문이다
> 산 그림자도 외로워서 하루에 한 번씩 마을로 내려온다
> 종소리도 외로워서 울려 퍼진다
>
> – 정호승, 「수선화에게」

## 07

위 시에서 쓰인 수사법이 아닌 것은? 18기출

① 의인법 ② 대구법
③ 반복법 ④ 풍유법

## 08

다음 중 위 시의 밑줄 친 ㉠ '너'가 지칭하는 것은? 18기출

① 눈 ② 비
③ 수선화 ④ 긴 그림자

## 09

위 시의 주제로 옳은 것은? 18기출

① 인생의 본질 ② 존재의 의의
③ 고독의 속성 ④ 자연의 섭리

## 10

다음 시에서 밑줄 친 '가난한'의 의미에 대한 설명으로 옳지 않은 것은? 17 기출

> (가) 가난한 내가
> 아름다운 나타샤를 사랑해서
> 오늘밤은 푹푹 눈이 나린다
>
> (나) 그렇것만 나는 하이얀 자리 위에서 마른 팔뚝의
> 새파란 핏대를 바라보며 나는 가난한 아버지를
> 가진 것과 내가 오래 그려오던 처녀가 시집을 간 것과
> 그렇게도 살틀하던 동무가 나를 버린 일을 생각한다
>
> (다) 내가 이렇게 외면하고 거리를 걸어가는 것은 잠풍 날씨가 너무나 좋은 탓이고
> 가난한 동무가 새 구두를 신고 지나간 탓이고 언제나
> 똑같은 넥타이를 매고 고은 사람을 사랑하는 탓이다
>
> (라) 이 흰 바람벽에
> 내 가난한 늙은 어머니가 있다
> 내 가난한 늙은 어머니가
> 이렇게 시퍼러둥둥하니 추운 날인데 차디찬 물에 손은
> 담그고 무이며 배추를 씻고 있다

① (가)의 '가난한'은 시인이 사랑하는 여인에게 아무것도 해줄 수 없는 무기력함을 의미한다.
② (나)의 '가난한'은 기본적으로 물질적 가난을 나타낸다.
③ (다)에서 시인은 가난한 모습들에 대해 이야기하고 있다.
④ (라)에서 시인은 자신과 가까운 이를 '가난하다'라고 표현하고 있다.



07 ④ 08 ③ 09 ③ 10 ① 정답

[11~12] 다음 작품을 읽고 물음에 답하시오.

(가) 껍데기는 가라.
사월도 알맹이만 남고
껍데기는 가라.

껍데기는 가라.
동학년(東學年) 곰나루의, 그 아우성만 살고
껍데기는 가라.

(나) 내가 그의 이름을 불러 주기 전에는
그는 다만
하나의 몸짓에 지나지 않았다.

내가 그의 이름을 불러 주었을 때
그는 나에게로 와서
꽃이 되었다.

내가 그의 이름을 불러 준 것처럼
나의 이 빛깔과 향기(香氣)에 알맞은
누가 나의 이름을 불러 다오.
그에게로 가서 나도
그의 꽃이 되고 싶다.

우리들은 모두
무엇이 되고 싶다.
너는 나에게 나는 너에게
잊혀지지 않는 하나의 눈짓이 되고 싶다.

(다) 유리(琉璃)에 차고 슬픈 것이 어른거린다.
열없이 붙어 서서 입김을 흐리우니
길들은 양 언 날개를 파닥거린다.
지우고 보고 지우고 보아도
새까만 밤이 밀려 나가고 밀려와 부딪히고,
물 먹은 별이, 반짝, 보석(寶石)처럼 백힌다.
밤에 홀로 유리를 닦는 것은
외로운 황홀한 심사이어니,
고흔 폐혈관(肺血管)이 찢어진 채로
아아, 늬는 산(山)ㅅ새처럼 날러갔구나!

(라) 세상의 나무들은
무슨 일을 하지?
그걸 바라보기 좋아하는 사람,
허구한 날 봐도 나날이 좋아
가슴이 고만 푸르게 푸르게 두근거리는
그런 사람 땅에 뿌리내려 마지않게 하고
몸에 온몸에 수액 오르게 하고
하늘로 높은 데로 오르게 하고
둥글고 둥글어 탄력의 샘!

하늘에도 땅에도 우리들 가슴에도
들리지 나무들아 날이면 날마다
첫사랑 두근두근 팽창하는 기운을!

## 11

(가)~(라)가 발표된 시기를 순서대로 바르게 나열한 것은?

16기출

① (가) – (나) – (다) – (라)
② (가) – (나) – (라) – (다)
③ (나) – (다) – (라) – (가)
④ (다) – (나) – (가) – (라)

## 12

다음 중 윗글의 (나) 시를 쓴 시인과 가장 밀접한 것은?

16기출

① 참여적 시
② 자연 예찬
③ 무의미시론
④ 퇴폐적 관능미

정답 11 ④ 12 ③

## 13

**다음 중 시에 대한 설명으로 옳지 않은 것은?** 15기출

그립다
말을 할까
하니 그리워

그냥 갈까
그래도
다시 더 한 번……

저 산(山)에도 까마귀, 들에 까마귀
서산(西山)에는 해 진다고
지저귑니다.

앞 강물 뒷 강물
흐르는 물은
어서 따라오라고 따라가자고
흘러도 연달아 흐릅디다려.

① 화자는 소극적인 성격으로 보인다.
② 일정한 음수율로 시의 리듬감을 살렸다.
③ 까마귀라는 암울한 시어를 통해 이별의 극단적인 슬픔을 드러내고 있다.
④ 'ㄹ'을 반복적으로 사용하여 물이 흘러가는 것 같은 느낌을 표현했다.

**[14~15] 다음 글을 읽고 물음에 답하시오.**

바람도 없는 공중에 수직(垂直)의 파문을 내며 고요히 떨어지는 오동잎은 누구의 발자취입니까.
지리한 장마 끝에 서풍에 몰려가는 무서운 검은 구름의 터진 틈으로 언뜻언뜻 보이는 푸른 하늘은 누구의 얼굴입니까.
꽃도 없는 깊은 나무에 푸른 이끼를 거쳐서 옛 탑(塔) 위의 고요한 하늘을 스치는 알 수 없는 향기는 누구의 입김입니까.
근원은 알지도 못할 곳에서 나서 돌부리를 울리고 가늘게 흐르는 작은 시내는 굽이굽이 누구의 노래입니까.
연꽃 같은 발꿈치로 가없는 바다를 밟고 옥 같은 손으로 끝없는 하늘을 만지면서 떨어지는 해를 곱게 단장하는 저녁놀은 누구의 시(詩)입니까.
타고 남은 재가 다시 기름이 됩니다. 그칠 줄을 모르고 타는 나의 가슴은 누구의 밤을 지키는 약한 등불입니까.

## 14

**다음 중 위 시에 대한 설명으로 옳은 것은?** 15기출

① 전체적으로 남성적이고 강건한 어조가 느껴진다.
② 처음부터 끝까지 밝은 상황이 이어지고 있다.
③ 의문형 종결 어미를 통해 절대적 존재에 대한 동경과 구도의 자세를 나타내고 있다.
④ 은유법, 설의법, 반복법, 풍유법을 구사하고 있다.

## 15

**다음 중 위 시에서 밑줄 친 시어의 의미가 다른 것은?** 15기출

① 오동잎 ② 푸른 하늘
③ 알 수 없는 향기 ④ 약한 등불



13 ③ 14 ③ 15 ④ 정답

## 16

**다음 중 글의 전개 방식으로 옳은 것은?** 12기출

> 신록을 대하고 있으면,
> 신록은 먼저
> 나의 눈을 씻고,
> 나의 머리를 씻고,
> 나의 가슴을 씻고,
> 다음에 나의 마음의 모든 구석구석을 하나하나 씻어 낸다.
>
> – 이양하, 「신록예찬」

① 인과 ② 연쇄
③ 점층 ④ 예시

## 17

**〈보기〉는 다음 제시된 작품에 대한 해석이다. 다음 중 괄호 안에 들어갈 ㉠~㉣을 순서대로 바르게 나열한 것은?** 12기출

> 모란이 피기까지는
> 나는 아직 나의 봄을 기다리고 있을 테요.
> 모란이 뚝뚝 떨어져 버린 날
> 나는 비로소 봄을 여읜 설움에 잠길 테요.
> 오월 어느 날, 그 하루 무덥던 날
> 천지에 모란은 자취도 없어지고
> 뻗쳐 오르던 내 보람 서운케 무너졌느니.
> 모란이 지고 말면 그뿐, 내 한 해는 다 가고 말아
> 삼백예순날 하냥 섭섭해 우옵내다.
> 모란이 피기까지는
> 나는 아직 기다리고 있을 테요,
> 찬란한 슬픔의 봄을.
>
> – 김영랑, 「모란이 피기까지는」

〈보 기〉

> 영원한 하늘나라의 ( ㉠ )이 있다면 그것은 ( ㉡ )하지도 죽지도 않을 것이다. 그러나 지상의 아름다움은 우리가 아끼고 보존하려고 해도 ( ㉢ )할 수가 없다. 태어난 것은 죽어야 하며, 피어난 것은 마침내 떨어져야 한다. 태어남과 피어남이 ( ㉣ )이라면 죽음과 떨어짐은 슬픔이다.

| | ㉠ | ㉡ | ㉢ | ㉣ |
|---|---|---|---|---|
| ① | 기쁨 | 성장 | 소멸 | 영원 |
| ② | 기쁨 | 소멸 | 영원 | 아름다움 |
| ③ | 아름다움 | 소멸 | 영원 | 기쁨 |
| ④ | 아름다움 | 성장 | 소멸 | 기쁨 |

**[18~19] 다음 시를 읽고 물음에 답하시오.**

> 이것은 소리 없는 아우성
> 저 푸른 해원(海原)을 향하여 흔드는
> 영원한 노스탤지어의 ㉠ 손수건
> ㉡ 순정(純情)은 물결 같이 바람에 나부끼고
> 오로지 맑고 곧은 ㉢ 이념의 푯대 끝에
> ㉣ 애수(哀愁)는 백로처럼 날개를 펴다.
> 아! 누구던가
> 이렇게 슬프고도 애달픈 마음을
> 맨 처음 공중에 달 줄을 안 그는

## 18

**위 시의 밑줄 친 '소리 없는 아우성'과 같은 표현법이 아닌 것은?** 11기출

① 외로운 황홀한 심사이어니.
② 우리의 사랑을 위하여서는 이별이, 이별이 있어야 하네.
③ 아아! 님은 갔지마는 나는 님을 보내지 아니하였습니다.
④ 나 보기가 역겨워 가실 때에는 죽어도 아니 눈물 흘리오리다.

정답 16 ③ 17 ③ 18 ④

## 19

위 시의 밑줄 친 ㉠~㉣ 중 의미하는 바가 다른 것은? 11기출

① ㉠ ② ㉡
③ ㉢ ④ ㉣

## 20

다음 시를 읽고 해석한 것 중 옳지 않은 것은? 10기출

> 죽는 날까지 하늘을 우러러
> 한 점 부끄럼이 없기를,
> 잎새에 이는 바람에도
> 나는 괴로워했다.
> 별을 노래하는 마음으로
> 모든 죽어 가는 것을 사랑해야지.
> 그리고 나한테 주어진 길을
> 걸어가야겠다.
>
> 오늘 밤에도 별이 바람에 스치운다.

① '밤'은 위 시에서 시대 상황을 암시하는 시어이다.
② '한 점 부끄럼이 없기를'에서 서술어가 생략되었다.
③ '별'은 '하늘'과 '바람', '잎새'와 같은 의미이다.
④ 위 시의 시상 전개 방식은 '과거 → 미래 → 현재'순서이다.

## 21

다음 시의 제재로 가장 옳은 것은? 08기출

> 빗방울하고 어울리고 싶어요
> 깨금발로 깨금발로 놀고 싶어요
> 세상의 어깨도 통통 두드려 주고 싶어요

① 구름 ② 바람
③ 낙엽 ④ 낙숫물

## 22

다음 작품에서 '어머니'를 비유해 나타낸 것끼리 묶인 것은? 08기출

> 목련이 피는 날 어머니는 눈과 귀를 닫으셨다.
> 닫힌 눈과 귀를 내면의 먼 소실점에 향하고 누워 있는 어머니에게서 문득 누에 냄새가 난다. 어머니는 전력을 다해 자신의 한 생애를 뽑아내고 있는 중이다. 집을 짓는 누에처럼 웅크리며 자꾸만 작아진다. 한치의 구밍도 없이 누에의 집이 완성되는 날, 어머니는 마침내 다른 한 세상을 향해 개화할 것이다.
> 나뭇잎 하나 없는 가지에, 먼 세상으로부터 이견으로 지금 막 목련이 피고 있다.

① 목련, 누에 ② 소실점, 구멍
③ 목련, 구멍 ④ 가지, 소실점

## 23

다음 중 후각적 심상이 사용된 것은? 08기출

① 간간하고 짭조름한 미역
② 구겨진 넥타이처럼
③ 온 입안에 퀴퀴한 돼지 비린내
④ 금으로 타는 태양의 즐거운 울림

## 24

다음 시에서 주로 나타나는 심상 제시 방법은? 07기출

> 어두운 방 안엔
> 바알간 숯불이 피고,
>
> 외로이 늙으신 할머니가
> 애처로이 잦아드는 어린 목숨을 지키고 계시었다.
>
> 이윽고 눈 속을
> 아버지가 약(藥)을 가지고 돌아오시었다.

① 역동적 심상 ② 묘사적 심상
③ 상징적 심상 ④ 비유적 심상



19 ③ 20 ③ 21 ④ 22 ① 23 ③ 24 ② 정답

[25~26] 다음 시조를 읽고 물음에 답하시오.

(가) 어허 저거, 물이 끓는다, 구름이 마구 탄다.
둥둥 원구(圓球)가 검붉은 불덩이다.
수평선 한 지점 위로 머문 듯이 접어든다.

(나) 큰 바퀴 피로 물들며 반 남아 잠기었다.
먼 뒷섬들이 다시 환히 열리더니
아차차, 채운(彩雲)만 남고 정녕 없어졌구나.

(다) 구름빛도 가라앉고 섬들도 그림진다.
끓던 물도 검푸르게 잔잔히 숨더니만,
어디서 살진 반달이 함(艦)을 따라 웃는고.

– 이태극, 「서해상의 낙조(落照)」

## 25

윗글은 현대 시조이다. 다음 중 현대 시조의 특징이 아닌 것은? 07기출

① 시행의 배열이 규칙적이다.
② 음악성보다는 회화성이 두드러진다.
③ 음절 수의 파격적인 모습이 나타나기도 한다.
④ 개인적인 정서와 생활에 밀착된 모습을 다양하게 담고 있다.

## 26

다음 중 (다)에 사용된 표현 방법으로만 묶인 것은? 07기출

① 은유법, 직유법
② 설의법, 의인법
③ 영탄법, 의인법
④ 대유법, 도치법

## 27

다음 동시를 쓴 작가는? 07기출

자주꽃 핀 건
자주 감자
파보나 마나
자주 감자

하얀꽃 핀 건
하얀 감자
파보나 마나
하얀 감자

① 김춘수 ② 권태응
③ 이원수 ④ 유진오

## 28

다음 중 5연과 6연의 의미상 대칭을 위해 빈칸 안에 들어갈 말로 옳은 것은? 06기출

더러는
옥토(沃土)에 떨어지는 작은 생명이고저……

흠도 티도
금가지 않은
나의 전체는 오직 이뿐!

더욱 값진 것으로
드리라 하올 제,

나의 가장 나아종 지닌 것도 오직 이뿐!

아름다운 나무의 꽃이 시듦을 보시고
열매를 맺게 하신 당신은

나의 (    )을 만드신 후에
새로이 나의 눈물을 지어주시다.

① 시련 ② 고통
③ 생명 ④ 웃음

정답 25 ① 26 ③ 27 ② 28 ④

## 29

**다음 글과 관계있는 작가들로만 묶인 것은?** 07기출

> 오빠 — 그러나 염려는 마세요
> 저는 용감한 이 나라 청년인 우리 오빠와 핏줄을 같이 한 계집애이고
> 영남(永男)이도 오빠도 늘 칭찬하던 쇠같은 거북무늬 화로를 사온 오빠의 동생이 아니예요
> 그리고 참 오빠 아까 그 젊은 나미지 오빠의 친구들이 왔다 갔습니다
> 눈물 나는 우리 오빠 동무의 소식을 전해 주고 갔어요
> 사랑스런 용감한 청년들이었습니다
> 세상에 가장 위대한 청년들이었습니다

① 권환, 김남천
② 조지훈, 박목월
③ 김영랑, 박용철
④ 서정주, 유치환

## 30

**다음 중 우리나라 현대시의 흐름을 순서대로 바르게 나열한 것은?** 07기출

① 낭만파 – 순수시파 – 신경향파 – 청록파
② 낭만파 – 신경향파 – 청록파 – 순수시파
③ 낭만파 – 신경향파 – 순수시파 – 청록파
④ 낭만파 – 생명파 – 주지시파 – 순수시파

## 31

**다음 중 심상의 종류가 다른 하나로 옳은 것은?** 06기출

① 금빛 게으른 울음을 우는 곳
② 퉁퉁 부어오른 영혼의 눈동자
③ 금으로 타는 태양의 즐거운 울림
④ 나는 향기로운 님의 말소리에 귀먹고

**[32~34] 다음 시를 읽고 물음에 답하시오.**

> (가) 公無渡河(공무도하)
> 公竟渡河(공경도하)
> 墮河而死(타하이사)
> 當奈公何(당내공하)
>
> (나) 껍데기는 가라.
> 사월(四月)도 알맹이만 남고
> 껍데기는 가라.
>
> 껍데기는 가라.
> 동학년(東學年) 곰나루의, 그 아우성만 살고
> 껍데기는 가라.
>
> 그리하여, 다시
> 껍데기는 가라.
> 이곳에선, 두 가슴과 그곳까지 내논
>
> 아사달 아사녀가
> 중립(中立)의 초례청 앞에 서서
> 부끄럼 빛내며
> 맞절할지니
>
> 껍데기는 가라.
> 한라에서 백두까지
> 향그러운 흙 가슴만 남고,
> 그, 모오든 쇠붙이는 가라.
>
> (다) 生死路(생사로)ᄂᆞᆫ
> 예 이샤매 저히고
> 나ᄂᆞᆫ 가ᄂᆞ다 말ㅅ도
> 몯다 닏고 가ᄂᆞ닛고
> 어느 ᄀᆞᄉᆞᆯ 이른 ᄇᆞᄅᆞ매
> 이에 저에 ᄠᅥ딜 닙다이
> ㉠ <u>ᄒᆞᄃᆞᆫ 가재</u> 나고
> 가논 곧 모ᄃᆞ온뎌
> 아으 彌陀刹(미타찰)애 맛보올 내
> 道(도) 닷가 기드리고다



29 ① 30 ③ 31 ② 정답

(라) 나 보기가 역겨워
　　가실 때에는
　　말없이 고이 보내 드리우리다

　　영변에 약산
　　진달래꽃
　　아름 따다 가실 길에 뿌리우리다

## 32

**위의 제시된 작품 중 주제의 성격이 다른 것은?** 10기출

① (가)　　② (나)
③ (다)　　④ (라)

## 33

**(다)에서 밑줄 친 ㉠이 의미하는 것은?** 10기출

① 부부(夫婦)　　② 형제 · 자매
③ 부자(父子)　　④ 친한 친구

## 34

**다음 중 〈보기〉의 괄호 안에 들어갈 말로 알맞은 것은?** 10기출

〈보 기〉

(나)에서 '껍데기'는 역사의 부조리와 허구성의 (　　)이다.

① 아이러니　　② 시뮬라시옹
③ 패러독스　　④ 알레고리

# TOP 2 고전 시가

## 01

**다음 작품과 같은 갈래에 대한 설명으로 옳지 않은 것은?** 19㊟기출

千萬里 머나먼 길에 고운 님 여의엽고
내 마음 둘 데 없어 냇가에 앉았으니
저물도 내 안 같아서 울어 밤길 가는구나

– 왕방연

① 4음보의 율격을 유지한다.
② 3장 6구 45자 내외이며, 3 · 4조, 4 · 4조의 음수율을 보인다.
③ 종장의 첫 음보는 반드시 4음절의 형식을 취한다.
④ 우리 민족이 만든 독특한 정형시라고 볼 수 있다.

**[02~03] 다음 글을 읽고 물음에 답하시오.**

이 몸 삼기실 제 님을 조차 삼기시니
ᄒᆞᆫᄉᆡᆼ 연분(緣分)이며 하ᄂᆞᆯ 모ᄅᆞᆯ 일이런가
나 ᄒᆞ나 졈어 잇고 ㉠ 님 ᄒᆞ나 날 괴시니
이 ᄆᆞ음 이 ᄉᆞ랑 견졸 ᄃᆡ 노여 업다
평ᄉᆡᆼ(平生)애 원(願)ᄒᆞ요ᄃᆡ ㉡ ᄒᆞᆫᄃᆡ 녜자 ᄒᆞ얏더니
늙거야 므ᄉᆞ 일로 외오 두고 그리ᄂᆞᆫ고
엇그제 님을 뫼셔 광한뎐(廣寒殿)의 올낫더니
그 더ᄃᆡ 엇디ᄒᆞ야 하계(下界)예 ᄂᆞ려오니
올 저긔 비슨 머리 ㉢ 허틀언 디 삼 년(三年)일쇠
연지분(臙脂粉) 잇ᄂᆡ마ᄂᆞᆫ 눌 위ᄒᆞ야 고이 ᄒᆞᆯ고
ᄆᆞ음의 ᄆᆡ친 실음 텹텹(疊疊)이 빠혀 이셔
짓ᄂᆞ니 한숨이오 ㉣ 디ᄂᆞ니 눈믈이라
인ᄉᆡᆼ(人生)은 유ᄒᆞᆫ(有限)ᄒᆞᆫᄃᆡ 시롬도 그지업다
무심(無心)ᄒᆞᆫ 세월(歲月)은 믈 흐ᄅᆞ 듯 ᄒᆞᄂᆞᆫ고야
(가) 염냥(炎凉)이 째ᄅᆞᆯ 아라 가ᄂᆞᆫ 듯 고텨 오니
듯거니 보거니 늣길 일도 하도 할샤

정답 32 ② 33 ② 34 ④ / 01 ③

## 02

**윗글의 (가)에 나타난 화자의 심리로 옳은 것은?** 19추기출

① 화자와 임과의 만남을 방해하는 장애물에 대한 원망이 나타난다.
② 임에게 잘해주지 못한 것을 후회한다.
③ 화자는 자신의 억울함을 호소하고 있다.
④ 임이 부재한 상황에 세월만 흐르는 것을 안타까워한다.

## 03

**윗글의 밑줄 친 ㉠~㉣에 대한 해석으로 옳지 않은 것은?** 19추기출

① ㉠ 님 ᄒᆞ나 날 괴시니: 님 하나 오직 날 사랑하시니
② ㉡ ᄒᆞᆫᄃᆡ 녜쟈 ᄒᆞ얏더니: 함께 살아가고자 하였더니
③ ㉢ 허틀언 디 삼 년(三年)일쇠: 흐트러진 지 삼 년이라
④ ㉣ 디ᄂᆞ니 눈물이라: 지나는 것은 눈물이라

## 04

**다음 중 (가)~(라)의 현대어 번역으로 옳지 않은 것은?** 19기출

(가) 毗盧峯(비로봉) 上上頭(샹샹두)의 올라 보니 긔 뉘신고
(나) 東山(동산) 泰山(태산)이 어ᄂᆞ야 놉돗던고
(다) 넙거나 넙은 天下(텬하) 엇찌ᄒᆞ야 젹닷 말고
(라) 오ᄅᆞ디 못ᄒᆞ거니 ᄂᆞ려가미 고이홀가

① (가) 비로봉에 올라보니 그대는 누구이신가
② (나) 동산과 태산은 어느 것이 높은가
③ (다) 넓디넓은 천하를 어찌하여 작다고 말했는가
④ (라) 오르지 못했으니 내려감이 무엇이 이상하겠는가

## 05

**다음 중 의미상 ㉠과 ㉡ 안에 들어갈 말이 옳은 것으로만 묶인 것은?** 18기출

신야경수(莘野耕叟)와 농상경옹(瓏上耕翁)을 천(賤)타 ᄒᆞ리 업것마ᄂᆞᆫ
아므려 갈고젼ᄃᆞᆯ 어ᄂᆡ 쇼로 갈로손고
한기태심(旱旣太甚)ᄒᆞ야 시절(時節)이 다 느즌 졔
서주(西疇) 놉흔 논애 잠깐 긴 녈비예
도상(道上) 무원수(無源水)를 반만깐 ᄃᆡ혀 두고
쇼 ᄒᆞᆫ 젹 듀마 ᄒᆞ고 엄섬이 ᄒᆞᄂᆞᆫ 말삼
친절(親切)호라 너긴 집의 ᄃᆞᆯ 업슨 황혼(黃昏)의 ( ㉠ ) 다라 가셔
구디 다든 문(門) 밧긔 어득히 혼자 서셔
큰 기춤 아함이를 양구(良久)토록 ᄒᆞ온 후(後)에
어와 긔 뉘신고 염치(廉恥) 업산 ᄂᆡ옵노라

초경(初更)도 거읜ᄃᆡ 긔 엇지 와 겨신고
년년(年年)에 이러ᄒᆞ기 구차(苟且)ᄒᆞᆫ 줄 알건마ᄂᆞᆫ
쇼 업슨 궁가(窮家)애 혜염 만하 왓삽노라
공ᄒᆞ니나 갑시나 주엄즉도 ᄒᆞ다마ᄂᆞᆫ
다만 어제 밤의 거넨 집 져 사룸이
목 불근 수기 치(雉)를 옥지읍(玉脂泣)게 ᄭᅮ어 ᄂᆡ고
간 이근 삼해주(三亥酒)를 취(醉)토록 권(勸)ᄒᆞ거든
이러한 은혜(恩惠)를 어이 아니 갑흘넌고
내일(來日)로 주마 ᄒᆞ고 큰 언약(言約) ᄒᆞ야거든
실약(失約)이 미편(未便)ᄒᆞ니 사설이 어려왜라
실위(實爲) 그러ᄒᆞ면 혈마 어이홀고
헌 먼덕 수기 스고 측 업슨 집신에 ( ㉡ ) 물너오니
풍채(風採) 저근 형용(形容)애 ᄀᆡ 즈칠 ᄲᅮᆫ이로다

– 박인로, 「누항사」

| | ㉠ | ㉡ |
|---|---|---|
| ① | 굼닐굼닐 | 궁싯궁싯 |
| ② | 너울너울 | 다문다문 |
| ③ | 허위허위 | 타박타박 |
| ④ | 허둥허둥 | 설핏설핏 |



02 ④ 03 ④ 04 ① 05 ③ 정답

## 06

**다음 〈보기〉에 대한 설명으로 옳지 않은 것은?** 17기출

〈보 기〉

불·휘 기·픈 남·ᄀᆞᆫ ᄇᆞᄅᆞ·매 아·니 :뮐·ᄊᆡ, 곶 :됴·코 여·름·하ᄂᆞ·니.
:ᄉᆡ·미 기·픈 ·므·른 ·ᄀᆞᄆᆞ·래 아·니 그츨·ᄊᆡ, :내·히 이·러 바·ᄅᆞ ·래 ·가ᄂᆞ·니

– 「용비어천가」

① 경기체가의 대표작이다.
② ‘남·ᄀᆞᆫ’과 ‘:ᄉᆡ·미’는 조선과 조선의 백성, ‘ᄇᆞᄅᆞ·매’와 ‘ᄀᆞᄆᆞ·래’는 시련을 주는 대상을 상징한다.
③ ‘여·름·하ᄂᆞ·니’는 열매가 많다는 의미이다.
④ ‘내·히이·러’는 냇물이 모인다는 의미이다.

## 07

**다음 작품에 대한 설명으로 옳지 않은 것은?** 16기출

년닙희 밥 싸두고 반찬으란 쟝만 마라
닫 드러라 닫 드러라
靑蒻笠(청약립)은 써 잇노라, 綠蓑依(녹사의) 가져오냐
至匊悤(지국총) 至匊悤(지국총) 於思臥(어ᄉᆞ와)
無心(무심)ᄒᆞᆫ 白鷗(ᄇᆡᆨ구)ᄂᆞᆫ 내 좃ᄂᆞᆫ가 제 좃ᄂᆞᆫ가

① 후렴구를 빼면 시조 형식이다.
② 여름철 어부의 소박한 삶을 그리고 있다.
③ ‘지국총 지국총 어사와’는 배 저을 때 나는 소리의 뜻을 빌려 적은 것이다.
④ ‘무심ᄒᆞᆫ ᄇᆡᆨ구ᄂᆞᆫ 내 좃ᄂᆞᆫ가 제 좃ᄂᆞᆫ가’에서 물아일체(物我一體)의 경지를 나타내고 있다.

## 08

**다음 시조를 계절의 순서대로 바르게 나열한 것은?** 14 기출

(가) 마람 닙희 ᄇᆞ람나니 篷窓(봉창)이 셔ᄂᆞᆯ코야
돋 ᄃᆞ라라 돋 ᄃᆞ라라
녀름 ᄇᆞ람 뎡ᄒᆞᆯ소냐 가ᄂᆞᆫ듸로 ᄇᆡ 시겨라
至匊悤(지국총) 至匊悤(지국총) 於思臥(어ᄉᆞ와)
아희야 北浦南江(북포남강)이 어ᄃᆡ 아니 됴흘러니

(나) 어와 져므러 간다 宴息(연식)이 맏당토다
ᄇᆡ 븟텨라 ᄇᆡ 븟텨라
ᄀᆞᄂᆞᆫ 눈 ᄲᅳ린 길 블근 곳 흣더딘ᄃᆡ 興(흥)치며 거러가셔
至匊悤(지국총) 至匊悤(지국총) 於思臥(어ᄉᆞ와)
雪月(셜월)이 西峰(셔봉)의 넘도록 松窓(숑창)에 비겨 잇쟈

(다) 우ᄂᆞᆫ 거시 벅구기가 프른 거시 버들숩가
이어라 이어라
漁村(어촌) 두어 집이 ᄂᆡᆺ 속의 나락들락
至匊悤(지국총) 至匊悤(지국총) 於思臥(어ᄉᆞ와)
말가ᄒᆞᆫ 기픈 소희 온갓 고기 뛰노ᄂᆞ다

(라) 水國(슈국)의 ᄀᆞ올히 드니 고기마다 ᄉᆞᆯ져 읻다
닫 드러라 닫 드러라
萬頃澄波(만경딩파)의 슬ᄏᆞ지 容與(용여)ᄒᆞ쟈
至匊悤(지국총) 至匊悤(지국총) 於思臥(어ᄉᆞ와)
人間(인간)을 도라 보니 머도록 더옥 됴타

① (가) – (라) – (다) – (나)
② (가) – (라) – (나) – (다)
③ (다) – (가) – (라) – (나)
④ (다) – (라) – (나) – (가)

정답 06 ① 07 ③ 08 ③

[09~10] 다음 시조를 읽고 물음에 답하시오.

(가) 우는 거시 벅구기가 프른 거시 버들숩가
㉠ 이어라 이어라
漁村(어촌) 두어 집이 닛속의 나락들락
至匊悤(지국총) 至匊悤(지국총) 於思臥(어ᄉᆞ와)
말가ᄒᆞᆫ 기픈 소희 온간 고기 뛰노ᄂᆞ다

(나) 간밤의 눈 갠 後(후)에 景物(경믈) 달랃고야
이어라 이어라
㉡ 앞희ᄂᆞᆫ 萬頃琉璃(만경류리) 뒤희ᄂᆞᆫ 天疊玉山(천텹옥산)
至匊悤(지국총) 至匊悤(지국총) 於思臥(어ᄉᆞ와)
仙界(선계)ㄴ가 佛界(불계)ㄴ가 人間(인간)이 아니로다

## 09

위 시조에 대한 설명으로 옳지 않은 것은? 11기출

① 춘하추동 사계절의 변화에 따라 각각 10수씩 읊은 40수의 연시조이다.
② (가)의 ㉠ '이어라 이어라'는 아무런 의미가 없다.
③ 청각적 심상과 시각적 심상이 조화를 이루고 있다.
④ '지국총 지국총 어ᄉᆞ와'는 한자음을 빌려 한글을 표기한 것이다.

## 10

위 시조 (나)의 ㉡에 해당하는 계절로 알맞은 것은? 11기출

① 봄　② 여름
③ 가을　④ 겨울

## 11

다음 작품에 대한 설명으로 옳지 않은 것은? 11기출

ᄃᆞᆯ하 노피곰 도ᄃᆞ샤
어긔야 머리곰 비취오시라.
어긔야 어강됴리
아으 다롱디리
져재 녀러 신고요
어긔야 즌 ᄃᆡ를 드ᄃᆡ욜세라.
어긔야 어강됴리
어느이다 노코시라.
어긔야 내 가논 ᄃᆡ 졈그를세라.
어긔야 어강됴리
아으 다롱디리

– 어느 행상인의 아내, 「정읍사」

① 현전하는 유일한 백제 가요이다.
② 배경 설화로 망부석 설화가 있다.
③ 사랑하는 임의 죽음에 대한 슬픔이 담겨 있다.
④ 3장 6구의 형식을 보아 시조의 원형으로 추정할 수 있다.

## 12

다음 중 시어의 뜻풀이가 옳지 않은 것은? 09기출

① 머흐도 머흘시고: 험하기도 험하구나.
② 긴힛ᄃᆞᆫ 그츠리잇가: 끈이야 끊어지겠습니까?
③ 오리도 가리도 업슨 바므란 ᄯᅩ 엇디 호리라: 올 사람도 갈 사람도 없는 밤은 또 어찌하리오.
④ 출하리 싀여디여: 차라리 잦아 없어져서



09 ② 10 ④ 11 ③ 12 ④ 정답

## 13

**다음 중 풍자적 성격을 띤 시조를 고른 것은?** 09기출

① 간밤의 우뎐 여흘 슬피 우러 지내여다.
이제아 ᄉᆡᆼ각ᄒᆞ니 님이 우러 보내도다.
져 물이 거스리 흐르고져 나도 우러 녜리라.

② 두터비 ᄑᆞ리를 물고 두험 우희 치ᄃᆞ라 안자
건넛 산 바라보니 백송골이 써 잇거ᄂᆞᆯ 가슴이 금즉ᄒᆞ여
풀덕 뛰여 내ᄃᆞᆺ다가 두험 아래 쟛바지거고. 모쳐라 ᄂᆞᆯ낸 낼
싀망정 에헐질 번ᄒᆞ괘라.

③ 盤中(반중) 早紅(조홍)감이 고ᄋᆞ도 보이ᄂᆞ다
유자가 안이라도 품엄즉도 ᄒᆞ다마ᄂᆞᆫ
품어 가 반기 리 없을ᄉᆡ 글노 설워ᄒᆞ노라

④ 어뎌 ᄂᆡ 일이여 그릴 줄을 모로던가
이시라 ᄒᆞ더면 가랴마ᄂᆞᆫ 제 구ᄐᆡ야
보ᄂᆡ고 그리ᄂᆞᆫ 情(정)은 나도 몰나 ᄒᆞ노라.

**[14~15] 다음 시를 읽고, 물음에 답하시오.**

(가) 나무토막으로 조그마한 <u>당닭</u>을 새겨
젓가락으로 집어다가 벽에 앉히고
이 닭이 꼬기오 하고 때를 알리면
그제사 어머님 얼굴 늙으시옵소서.

(나) 삭삭기 셰몰애 별헤 나ᄂᆞᆫ
삭삭기 셰몰애 별헤 나ᄂᆞᆫ
구은 밤 닷 되를 심고이다
그 바미 우미 도다 삭나거시아
그 바미 우미 도다 삭나거시아
유덕(有德)ᄒᆞ신 니믈 여ᄒᆡᄋᆞ와지이다

(다) 三冬(삼동)에 뵈옷 닙고 巖穴(암혈)에 <u>눈비</u> 마자
구름 낀 <u>볃뉘</u>도 쬔 적이 업건마난
西山(서산)에 해지다 하니 눈물겨워 하노라.

(라) 四海(ᄉᆞᄒᆡ) 바닷 기픠ᄂᆞᆫ닫줄로 자히리어니와
님의 <u>德澤(덕ᄐᆡᆨ)</u> 기픠ᄂᆞᆫ어ᄂᆡ줄로 자하리잇고
享福無疆(향복무강) ᄒᆞ샤 萬歲(만셰)ᄅᆞᆯ누리쇼서
享福無疆(향복무강) ᄒᆞ샤 萬歲(만셰)ᄅᆞᆯ누리쇼서
一竿明月(일간명월)이 亦君恩(역군은)이샷다.

(마) 철령 노픈 봉에 쉬여 넘는 저 구름아
고신원루를 <u>비</u> 삼아 띄어다가
님 계신 <u>구중심처</u>에 뿌려본들 엇더리.

(바) ᄆᆞᄋᆞᆷ이 어린 후(後)ㅣ니 ᄒᆞᄂᆞᆫ 일이 다 어리다
<u>萬重雲山(만중운산)</u>에 어ᄂᆡ <u>님</u> 오리마ᄂᆞᆫ
지ᄂᆞᆫ 닙 부ᄂᆞᆫ ᄇᆞ람에 ᄒᆡᆼ혀 긘가 ᄒᆞ노라

## 14

**위 작품의 밑줄 친 부분에서 서로 유사한 의미의 시어끼리 바르게 연결된 것은?** 09기출

① 눈비 – 비
② 당닭 – 님
③ 볃뉘 – 덕ᄐᆡᆨ
④ 구중심처 – 만중운산

정답 13 ② 14 ③

## 15

**위 작품 중 역설적 표현이 사용된 것으로만 묶인 것은?** 09기출

① (가), (나) ② (가), (다)
③ (다), (라) ④ (마), (바)

## 16

**다음에 제시된 시조의 주제로 옳은 것은?** 08기출

> 청산에 눈이 오니 봉마다 옥이로다.
> 져 산 푸르기는 봄비에 있거니와
> 엇디타 우리의 백발은 검겨 볼 줄 이시랴.

① 강호가도(江湖歌道)
② 이별의 정한(情恨)
③ 연군지정(戀君之精)
④ 젊어질 수 없음을 탄식함

## 17

**다음 시조에서 작가가 가장 중요하게 여기는 것은?** 08기출

> 山水間(산수간) 바회 아래 뛰집을 짓노라 ᄒᆞ니
> 그 모론 ᄂᆞᆷ들은 웃는다 ᄒᆞᆫ다마ᄂᆞᆫ
> 어리고 햐얌의 뜻에ᄂᆞᆫ 내 分(분)인가 ᄒᆞ노라
>
> 보리밥 풋ᄂᆞ믈을 알마초 머근 後(후)에
> 바횟 긋 믉ᄀᆞ지 슬ᄏᆞ지 노니노라
> 그 나믄 녀나믄 일이야 부롤 줄이 이시랴
>
> 잔 들고 혼자 안자 먼 뫼흘 ᄇᆞ라보니
> 그리던 님이 오다 반가옴이 이러ᄒᆞ랴
> 말숨도 우움도 아녀도 몯내 됴하 ᄒᆞ노라
>
> 누고셔 三公(삼공)도곤 낫다 ᄒᆞ더니 萬乘(만승)이 이만 ᄒᆞ랴
> 이제로 헤어든 巢父(소부) 許由(허유)ㅣ 냑돗더라
> 아마도 林泉(임천) 한흥(閑興)을 비길 곳이 업세라
>
> –윤선도, 「만흥(漫興)」

① 님 ② 술잔
③ 자연 ④ 웃음

## 18

**다음 제시된 시의 배경이 되는 계절은?** 08기출

> 간밤의 눈 갠 後(후)에 景物(경믈)이 달랃고야
> 이어라 이어라
> 압희ᄂᆞᆫ 萬頃琉璃(만경류리) 뒤희ᄂᆞᆫ 天疊玉山(쳔텹옥산)
> 至匊忽(지국총) 至匊忽(지국총) 於思臥(어ᄉᆞ와)
> 仙界(션계)ㄴ가 佛界(불계)ㄴ가 人間(인간)이 아니로다
>
> 그믈 낙시 니저 두고 빗젼을 두드린다
> 이어라 이어라
> 압개롤 건너고쟈 몃번이나 혜여본고
> 至匊忽(지국총) 至匊忽(지국총) 於思臥(어ᄉᆞ와)
> 無端(무단)ᄒᆞᆫ 된ᄇᆞ람이 힝혀 아니 부러올까

① 봄 ② 여름
③ 가을 ④ 겨울

## 19

**다음 시에서 작가와 누이의 관계를 나타내는 단어로 옳은 것은?** 08기출

> 生死(생사) 길흔
> 이에 이샤매 머뭇그리고
> 나ᄂᆞᆫ 가ᄂᆞ다 말ㅅ도
> 몯다 니르고 가ᄂᆞ닛고
> 어느 ᄀᆞᄉᆞᆯ 이른 ᄇᆞᄅᆞ매
> 이에 뎌에 ᄠᅳ러딜 닙ᄀᆞᆮ
> ᄒᆞᄃᆞᆫ 가지라 나고
> 가논 곧 모ᄃᆞ론뎌
> 아야 彌陀刹(미타찰)아 맛보올 나
> 道(도) 닷가 기드리고다

① ᄠᅳ러딜 닙 ② 이른 ᄇᆞᄅᆞᆷ
③ 彌陀刹(미타찰) ④ ᄒᆞᄃᆞᆫ 가지



15 ① 16 ④ 17 ③ 18 ④ 19 ④ 정답

## 20

다음 시조에서 강조하는 대상은? 08기출

> 님으로 삼긴 즁에 벗ᄀᆞᆺ치 有信(유신)ᄒᆞ랴
> 내의 왼 일을 다 니려 ᄒᆞ노매라
> 이 몸이 벗님곳 아니면 사ᄅᆞᆷ되미 쉬올가

① 부모 ② 형제
③ 스승 ④ 친구

## 21

다음 작품에 대한 설명으로 옳지 않은 것은? 07기출

> 슈박것치 두렷한 님아 ᄎᆞ뮈것튼 단말슴 마소
> 가지가지 ᄒᆞ시는 말이 말마ᄃᆞ 왼말이로다
> 九十月(구시월) 씨동아것치 속 성긘 말 마르시소

① 약속을 지키지 않은 임에 대한 원망이 나타난다.
② '슈박'은 임의 외모를, 'ᄎᆞ뮈'는 임의 말을 비유한다.
③ '왼말'과 '속 성긘 말'은 대조적인 의미이다.
④ 초장과 종장에 직유법이 사용되었다.

## 22

다음 중 남녀상열지사에 해당하는 작품이 아닌 것은? 07기출

①「이상곡」 ②「만전춘」
③「서경별곡」 ④「유구곡」

## 23

다음 글과 대상을 대하는 시적 화자의 태도가 가장 유사한 작품은? 06기출

> 海東(해동) 六龍(육룡)이 ᄂᆞᄅᆞ샤 일마다 天福(천복)이시니
> 古聖(고성)이 同符(동부)ᄒᆞ시니.
>
> 불휘 기픈 남ᄀᆞᆫ ᄇᆞᄅᆞ매 아니 뮐ᄊᆡ, 곶 됴코 여름 하ᄂᆞ니
> ᄉᆡ미 기픈 므른 ᄀᆞᄆᆞ래 아니 그츨ᄊᆡ, 내히 이러 바ᄅᆞ래 가ᄂᆞ니

① 살어리 살어리랏다. 靑山(청산)애 살어리랏다.
멀위랑 다래랑 먹고, 靑山(청산)애 살어리랏다.
얄리얄리 얄랑셩, 얄라리 얄라.
② 이월(二月)ㅅ 보로매, 아으 노피 현 등(燈)ㅅ블 다호라.
만인(萬人) 비취실 즈ᅀᅵ샷다.
아으 동동(動動)다리
③ ᄃᆞᆯ하 노피곰 도ᄃᆞ샤
어긔야 머리곰 비취오시라어긔야 어강됴리
④ 펄펄 나는 저 꾀꼬리는
암수가 서로 노니는데
외로울사 이내 몸은
뉘와 함께 돌아갈꼬.

## 24

다음 중 시가의 발생 순서로 올바른 것은? 06기출

① 향가 – 속요 – 시조 – 가사
② 속요 – 향가 – 시조 – 가사
③ 향가 – 속요 – 가사 – 시조
④ 속요 – 향가 – 가사 – 시조

정답 20 ④ 21 ③ 22 ④ 23 ② 24 ①

TOP 3 현대 소설

## 01

**다음은 소설 작품에 나오는 대포소리의 변화와 관련된 서술이다. 작중 화자와 대포소리의 거리를 가까운 순서대로 정리한 것은?** 20 ⑦ 기출

(가) ――(생략)―― 쿵! 하고 남쪽 멀리서 은은한 대포소리가 들려왔다.
(나) ――(생략)―― 쿵! 하고 또 다시 포소리가 들려왔다. 다가왔다 멀어졌다 그리고 또 다시 되돌아오는 소리.
(다) ――(생략)―― 또 한번 쿵 하는 포소리. 저 포소리만 없었어도 고 노인은 현을 불러내는 데 다시 한번 애를 썼을지도 모른다. 그러나 다가오는 저 소리. 삶과 죽음! 그 어느 하나의 선택을 재촉하는 소리.
(라) 현은 흐려져가는 의식 속에서 자기를 부르는 하나의 소리를 들었다. 쿵! 하고 들려오는 포소리보다 가까운 하나의 울부짖음.

① (가) − (나) − (다) − (라)
② (라) − (다) − (나) − (가)
③ (다) − (나) − (가) − (라)
④ (나) − (다) − (가) − (라)

## 02

**다음 작품에 대한 설명으로 옳지 않은 것은?** 16기출

일청 전쟁(日淸戰爭)의 총소리는 평양 일경이 떠나가는 듯하더니, 그 총소리가 그치매 사람의 자취는 끊어지고 산과 들에 비린 티끌뿐이라.

평양성 외 모란봉에 떨어지는 저녁볕은 뉘엿뉘엿 넘어가는데, 저 햇빛을 붙들어매고 싶은 마음에 붙들어매지는 못하고 숨이 턱에 닿은 듯이 길팡질팡하는 한 부인이 나이 삼십이 될락말락하고, 얼굴은 분을 따고 넣은 듯이 흰 얼굴이나 인정 없이 뜨겁게 내리쪼이는 가을볕에 얼굴이 익어서 선앵둣빛이 되고, 걸음걸이는 허둥지둥하는데 옷은 흘러내려서 젖가슴이 다 드러나고 치맛자락은 땅에 질질 끌려서 걸음을 걷는 대로 치마가 밟히니, 그 부인은 아무리 급한 걸음걸이를 하더라도 멀리 가지도 못하고 허둥거리기만 한다.

남이 그 모양을 볼 지경이면 저렇게 어여쁜 젊은 여편네가 술 먹고 행길에 나와서 주정한다 할 터이나, 그 부인은 술 먹었다 하는 말은 고사하고 미쳤다, 지랄한다 하더라도 그따위 소리는 귀에 들리지 아니할 만하더라.

무슨 소회가 그리 대단한지 그 부인더러 물을 지경이면 대답할 여가도 없이 옥련이를 부르면서 돌아다니더라.

"옥련아, 옥련아 옥련아 옥련아, 죽었느냐 살았느냐. 죽었거든 죽은 얼굴이라도 한 번 다시 만나 보자. 옥련아 옥련아, 살았거든 어미 애를 그만 쓰이고 어서 바삐 내 눈에 보이게 하여라. 옥련아, 총에 맞아 죽었느냐, 창에 찔려 죽었느냐, 사람에게 밟혀 죽었느냐. 어리고 고운 살에 가시가 박힌 것을 보아도 어미 된 이내 마음에 내 살이 지겹게 아프던 내 마음이라. 오늘 아침에 집에서 떠나올 때에 옥련이가 내 앞에 서서 아장아장 걸어다니면서, 어머니 어서 갑시다 하던 옥련이가 어디로 갔느냐."

− 이인직, 「혈(血)의 누(淚)」

① 청일 전쟁을 다룬 정치 소설이다.
② 구체적인 시대적 배경을 제시하면서 내용을 전개한다.
③ 「자유종」, 「금수회의록」과 같은 시대의 작품이다.
④ 고전 소설과 현대 소설의 과도기적 성격을 지닌다.



01 ② 02 ① 정답

## 03

**다음 제시문과 가장 관련이 적은 것은?** 09기출

> 그것은 무슨 곡절인고? 거짓말일지라도 옛날에 불가사리라 하는 물건 하나 생겨나더니 어데든지 뛰어다니면서 쇠란 쇠는 다 집어먹은 일이 있었다 하는데, 감사가 내려와서 강원도 돈을 싹싹 핥아먹으려 드는 고로 그 동요가 생겼다 하는지라. 이때 동요는 고사하고 진남 문 밖에 익명서가 한 달에 몇 번씩 걸려도 감사는 모르는 체하고 저 할 일만 한다.
>
> 그 하는 일은 무슨 일인고? 긁어서 바치는 일이라. 긁기는 무엇을 긁으며 바치기는 어데로 바치는고? 강원 일도에 먹고 사는 재물을 뺏어다가 서울 있는 상전들에게 바치는 일이라. 상전이라 하면 강원 감사가 남의 집에 문서 있는 종이 아니라 무서워하기를 상전같이 알고 믿기를 상전같이 믿고 섬기기를 상전같이 섬기는데 그 상전에게 등을 대고 만만한 사람을 죽여 내는 판이라.

① 운문체라 낭독이 쉬웠다.
② 원각사에서 공연된 신극의 대본이 된 소설이다.
③ 구습에서 벗어나 신사조에 눈뜨려는 개화사상이 배경이다.
④ 고대 소설과 현대 소설의 교량적 역할을 했다.

## 04

**다음 신파극에 대한 내용 중 옳은 것으로만 묶인 것은?** 07기출

> ㉠ 일본 신파극의 영향을 받았다.
> ㉡ 신파극의 출발은 임성구의 '혁신단'에서 찾을 수 있다.
> ㉢ 일본 유학생 중심의 '극예술연구회'와 '토월회'의 활동과 관계가 있다.
> ㉣ 권선징악, 풍속 개량, 진충갈력 등을 목표로 한다.

① ㉠, ㉡, ㉢　② ㉠, ㉡, ㉣
③ ㉠, ㉢, ㉣　④ ㉡, ㉢, ㉣

## 05

**다음 중 고소설을 개작한 신소설 작품은?** 07기출

① 「옥중화」　② 「설중매」
③ 「추월색」　④ 「장한몽」

## 06

**다음 중 작품 속에서 인물의 대화나 행동 등을 통해 인물의 성격을 나타내는 방법은?** 07기출

① 역설적 제시　② 분석적 제시
③ 직접적 제시　④ 극적 제시

## 07

**다음 중 소설에서 인물의 극적 제시 방법의 요소로 옳은 것은?** 06기출

① 대화, 행동
② 대조, 서사
③ 서사, 설명
④ 묘사, 분석

정답 03 ① 04 ② 05 ① 06 ④ 07 ①

## 08

**다음 소설의 며느리와 시어머니의 대화 중, 며느리의 의도로 옳은 것은?** 17기출

"그래 그때 어머님 마음이 어떠셨어요?"

"마음이 어떻기는야. 팔린 집이나마 거기서 하룻밤 저 아그를 재워 보내고 싶어 싫은 곪고 드나들며 마당도 쓸고 걸레질도 훔치며 기다려 온 에미였는디, 더운 밥 해 먹이고 하룻밤을 재우고 나니 그만만 해도 한 소원은 우선 풀린 것 같더구나."

"그래, 어머님은 흡족한 기분으로 아들을 떠나 보내셨다는 그런 말씀이시겠군요. 하지만 정말로 그게 그렇게 될 수가 있었을까요? 어머님은 정말로 그렇게 흡족한 마음으로 아들을 떠나 보내실 수 있으셨을까 말씀이에요. 아들은 다시 학교로 돌아가는 길이었다 하더라도 어머님 자신은 그때 변변한 거처 하나 마련해 두시질 못하셨을 처지에 말씀이에요."

"나더러 또 무슨 이야길 더 하라는 것이냐."

"그때 아들을 떠나보내실 때 어머님 심경을 듣고 싶어요. 객지 공부 가는 어린 아들을 그런 식으로 떠나보내시면서 어머님 자신도 거처가 없이 떠도셔야 했던 그때 처지에서 어머님이 겪으신 심경을 말씀예요."

"그만두거라. 다 쓸데없는 노릇이니라. 이야기를 한들 그 때 마음이야 네가 어찌 다 알아들을 수가 있겄냐."

노인은 다시 이야기를 사양했다. 그러나 그 체념 기가 완연한 노인의 어조에는 아직도 혼자 당신의 맘속으로만 지녀 온 어떤 이야기가 남아 있을 거 같았다.

나는 이제 더 이상 기다리고 있을 수가 없었다. 아내는 그런 나의 기미를 눈치 재고 있었다 하더라도 노인만은 아직 그걸 알지 못하고 있었다. 노인의 말을 그쯤에서 그만 중단시켜야 했다. 아내가 어떻게 나온다 하더라도 내게까지 그것을 알게 하고 싶지는 않을 노인이었다. 내 앞에선 더 이상 노인의 이야기가 계속될 수가 없었다.

나는 이윽고 헛기침을 한 번 하고서 그 노인의 눈길이 닿고 있는 장지문 앞으로 모습을 불쑥 드러내고 나섰다.

① 어머니의 행동을 격려하고 있다.
② 어머니를 책망하고 있다.
③ 어머니가 말을 잇게 하고 있다.
④ 어머니가 진실을 말할 때까지 신문하고 있다.

## 09

**다음 글에서 밑줄 친 ㉠~㉣ 중 성격이 다른 것은?** 17기출

우리네 삼거리엔 명물이 몇 군데 있다……. 삼거리의 오랜 명물 '까치상회'는 애초에 우리가 이사올 때까지만 하더라도 꾀죄죄한 시골 구멍가게에 불과했으나 ㉠ 연립과 단독 양옥들이 우후죽순 격으로 들어선 뒤부터 날로 번창하여 지금은 제법 신수가 훤해졌다. 신수가 훤해졌다고는 하나 요란스럽게 덜컹거리기만 했지 잘 열리지도 않는 그 구중중한 새시 문은 예전 그대로이고 물건을 늘어 놓는 장소 역시 어수선하고 비좁기는 예와 하나도 다를 것이 없다. 달라졌다는 건 매상이 몇 배로 뛰어오르고 ㉡ 물건이 다종다양해진데다 ㉢ 앵글로 끼워 맞춘 진열대를 새로 들여놓았달 뿐, 그놈의 그 괴상한 간판만은 예전 그대로여서 지나치는 외부 사람들의 고개를 갸우뚱거리게 하기는 변함이 없다. 그 집 간판이란 진녹색 바탕칠에다 ㉣ 하얀 페인트를 입힌 나무토막 글씨를 올려다 붙인 것인데, '상' 자의 동그라미 받침이 떨어져나가 버려서 누구에게든 '까치사회'로 읽히게 마련이다. 하긴 그 집에 말 많은 아래윗동네 사람들이 떼거리로 모여 까악까악 시도때도 없이 우짖기 일쑤니만큼 상회보다 사회라고 하는 쪽이 더 어울릴지도 모른다. 그러나 그 집 상호가 해학적이라고 해서 집주인마저 그렇달 순 없다. 주인은 안팎으로 둘 다 말수가 적고 비둘기같이 양순한 사람들이다.

① ㉠
② ㉡
③ ㉢
④ ㉣



08 ③ 09 ④ 정답

[10~11] 다음 글을 읽고 물음에 답하시오.

삼팔 접경의 이 북쪽 마을은 드높이 개인 가을 하늘 아래 한껏 고즈넉했다.

주인 없는 집 봉당에 흰 박통만이 흰 박통만을 의지하고 굴러 있었다.

어쩌다 만나는 늙은이는 담뱃대부터 뒤로 돌렸다. 아이들은 또 아이들대로 멀찌감치서 미리 길을 비켰다. 모두 겁에 질린 얼굴들이었다.

동네 전체로는 이번 동란에 깨어진 자국이라곤 별로 없었다. 그러나 어쩐지 자기가 어려서 자란 옛 마을은 아닌 성싶었다.

뒷산 밤나무 기슭에서 성삼이는 발걸음을 멈추었다. 거기한 나무에 기어올랐다. 귓속 멀리서, 요놈의 자식들이 또 남의 밤나무에 올라가는구나, 하는 혹부리 할아버지의 고함 소리가 들려 왔다.

그 혹부리 할아버지도 그새 세상을 떠났는가, 몇 사람 만난 동네 늙은이 가운데 뵈지 않았다. 성삼이는 밤나무를 안은 채 잠시 푸른 가을 하늘을 치어다 보았다. 흔들지도 않은 밤나뭇가지에서 남은 밤송이가 저 혼자 아람이 벌어져 떨어져 내렸다.

임시 치안대 사무소로 쓰고 있는 집 앞에 이르니, 웬 청년 하나가 포승에 묶이어 있다. 이 마을에서 처음 보다시피 하는 젊은이라, 가까이 가 얼굴을 들여다보았다. 깜짝 놀랐다. 바로 어려서 단짝 동무였던 덕재가 아니냐.

천태에서 같이 온 치안대원에게 어찌된 일이냐고 물었다. 농민 동맹 부위원장을 지낸 놈인데 지금 자기 집에 잠복해 있는 걸 붙들어 왔다는 것이다. 성삼이는 거기 봉당 위에 앉아 담배를 피워 물었다.

덕재를 청단까지 호송하기로 되었다. 치안대원 청년 하나가 데리고 가기로 했다.

성삼이가 다 탄 담배꽁초에서 새로 담뱃불을 댕겨 가지고 일어섰다.

"이 자식은 내가 데리고 가지요."

덕재는 한결같이 외면한 채 성삼이 쪽은 보려고도 하지 않았다. 동구 밖을 벗어났다. 성삼이는 연거푸 담배만 피웠다. 담배 맛은 몰랐다. 그저 연기만 기껏 빨았다 내뿜곤 했다. 그러다가 문득 이 덕재 녀석도 담배 생각이 나려니 하는 생각이 들었다. 어려서 어른들 몰래 담 모퉁이에서 호박잎 담배를 나눠 피우던 생각이 났다. 그러나 오늘 이놈에게 담배를 권하다니 될 말이냐.

한번은 어려서 덕재와 같이 혹부리 할아버지네 밤을 훔치러 간 일이 있었다. 성삼이가 나무에 올라갈 차례였다. 별안간 혹부리 할아버지의 고함 소리가 들려 왔다. 나무에서 미끄러져 떨어졌다. 엉덩이에 밤송이가 찔렸다. 그러나 그냥 달렸다. 혹부리 할아버지가 못 따라올 만큼 멀리 가서야 절로 눈물이 질끔거려졌다. 덕재가 불쑥 자기 밤을 한 줌 꺼내어 성삼이 호주머니에 넣어 주었다.

성삼이는 새로 불을 댕겨 문 담배를 내던졌다. 그러고는 이 덕재 자식을 데리고 가는 동안 다시 담배는 붙여 물지 으리라 마음먹는다.

고갯길에 다다랐다. 이 고개는 해방 전전에 성삼이가 삼팔 이남 천태 부근으로 이사 가기까지 덕재와 더불어 늘 꼴 베러 넘나들던 고개다.

성삼이는 와락 저도 모를 화가 치밀어 고함을 질렀다.

"이 자식아, 그 동안 사람을 몇이나 죽였냐?"

그제야 덕재가 힐끗 이쪽을 바라다보더니 다시 고개를 거둔다.

"이 자식아, 사람 몇이나 죽였어?"

덕재가 다시 고개를 이리로 돌린다. 그리고는 성삼이를 쏘아본다. 그 눈이 점점 빛을 더해 가며 제법 수염발 잡힌 입언저리가 실쭉거리더니,

"그래 너는 사람을 그렇게 죽여 봤니?"

이 자식이! 그러면서도 성삼이의 가슴 한복판이 환해짐을 느낀다. 막혔던 무엇이 풀려 내리는 것만 같은.

## 10

**다음 중 윗글의 주인공의 심리를 나타내는 것으로 옳은 것은?** 15기출

① 호박잎 담배 ② 흰 박통

③ 밤나무 ④ 담배

## 11

**윗글의 시점에 대한 설명으로 옳은 것은?** 15기출

① 작가가 전지적 위치에서 사건을 진행한다.

② 독자로 하여금 강한 흥미를 느끼게 한다.

③ 주인공이 직접 겪지 않은 일은 독자가 알 수 없다.

④ 독자가 실제처럼 느끼도록 한다.

정답 10 ④ 11 ①

## 12

**다음 중 아랫글의 서술 시점에 대한 설명으로 옳은 것은?** 13기출

> 익호라는 인물의 고향이 어딘지는 ××촌에서 아무도 몰랐다. 사투리로 보아서 경기 사투리인 듯 하지만 빠른 말로 재재거리는 때에는 영남 사투리가 보일 때도 있고, 싸움이라도 할 때는 서북 사투리가 보일 때도 있었다. 그런지라 사투리로써 그의 고향을 짐작할 수가 없었다. 쉬운 일본 말도 알고, 한문 글자도 좀 알고, 중국 말은 물론 꽤 하고, 쉬운 러시아 말도 할 줄 아는 점 등등, 이곳저곳 숱하게 주워 먹은 것은 짐작이 가지만, 그의 경력을 똑똑히 아는 사람은 없었다.
>
> 그는 여(余)가 ××촌에 가기 일 년 전쯤 빈손으로 이웃이라도 오듯 후덕덕 ××촌에 나타났다 한다. 생김생김으로 보아서 얼굴이 쥐와 같고 날카로운 이빨이 있으며 눈에는 교활함과 독한 기운이 늘 나타나 있으며, 발룩한 코에는 코털이 밖으로까지 보이도록 길게 났고, 몸집은 작으나 민첩하게 되었고, 나이는 스물다섯에서 사십까지 임의로 볼 수 있으며, 그 몸이나 얼굴 생김이 어디로 보든 남에게 미움을 사고 근접치 못할 놈이라는 느낌을 갖게 한다.
>
> 그의 장기(長技)는 투전이 일쑤며, 싸움 잘하고, 트집 잘 잡고, 칼부림 잘하고, 색시에게 덤벼들기 잘하는 것이라 한다.
>
> 생김생김이 벌써 남에게 미움을 사게 되었고, 거기다 하는 행동조차 변변치 못한 일만이라, ××촌에서도 아무도 그를 대척하는 사람이 없었다. 사람들은 모두 그를 피하였다. 집이 없는 그였으나 뉘 집에 잠이라도 자러 가면 그 집 주인은 두말없이 다른 방으로 피하고 이부자리를 준비하여 주곤 하였다. 그러면 그는 이튿날 해가 낮이 되도록 실컷 잔 뒤에 마치 제 집에서 일어나듯 느직이 일어나서 조반을 청하여 먹고는 한마디의 사례도 없이 나가버린다.
>
> 그리고 만약 누구든 그의 이 청구에 응치 않으면 그는 그것을 트집으로 싸움을 시작하고, 싸움을 하면 반드시 칼부림을 하였다.
>
> 동네의 처녀들이며 젊은 여인들은 익호가 이 동네에 들어온 뒤부터는 마음 놓고 나다니지를 못하였다. 철없이 나갔다가 봉변을 한 사람도 몇이 있었다.
>
> – 김동인, 「붉은 산」

① 부수적인 인물인 '나'가 주인공의 성격과 사건에 대해 서술하고 있다.

② '나'라는 인물이 주인공이 되어 서술하고 있다.

③ 글 밖의 서술자가 글 안의 주인공에 대해 서술하고 있다.

④ 작가가 전지전능한 존재처럼 주인공들의 내면 심리까지 묘사하는 방식으로 서술하고 있다.

## 13

**다음 작품에 대한 설명으로 옳지 않은 것은?** 11기출

> 담징은 비로소 붓을 놓고, 이마에 흐르는 땀을 씻었다. 그러고는 한 걸음 물러서서 눈을 가늘게 뜨고 화면을 바라보았다. 온갖 정성을 다 기울였건만 어딘지 모르게 허전한 것 같았다. 조국 땅에 두고 온 여인의 모습이 떠올랐다. 담징은 다시 눈을 크게 뜨고 화면을 들여다보았다. 여인의 모습이 더욱 뚜렷해졌다. 담징은 몹시 괴로웠다. 그것은 열반의 세계를 구현한 것이 아니라, 사바의 세계를 모방한 것 같은 생각이 들었던 까닭이다. 다시 붓을 든 담징은 한 걸음 물러섰다가 앞으로 나아갔다. 그대로 화면을 지워 버리고 싶은 충동이 일었던 것이다. 담징은 다시 주춤 서 버렸다. 초승달 같은 아미(蛾眉), 열반의 세계가 그 속에 있어야겠는데, 거친 속세의 모습만이 떠도는 것 같았다. 넓은 듯 좁은 듯한 그 미간에 떠오르는 여인의 모습, 담징은 속세에 대한 마지막 미련을 씻기라도 하듯, 온 정성을 다하여 그 미간에다 일점을 찍었다.
>
> – 정한숙, 「금당벽화」

① 밑줄 친 '사바'의 한자는 '娑婆'이다.

② 전지적 작가 시점의 작품이다.

③ '조국'은 백제를 말한다.

④ 실제 있었던 사건을 바탕으로 쓴 소설이다.



12 ① 13 ③ 정답

## 14

**다음 소설에서 '화자'와 '노인'의 관계로 적절한 것은?** 08기출

노인과 아내는 잠시 그렇게 위론지 넋두린지 분간이 가지 않는 소리들을 주고받고 있었다. 한동안 그렇게 오가는 이야기를 듣다 보니, 나는 그 아내의 동기가 다시 조금씩 의심스러워지고 있었다. 아내의 말투는 그저 노인을 위로하기 위해서가 아니었다. 노인을 위로해 드리기는커녕 심기만 점점 더 불편스럽게 하고 있었다. 노인에게 옛집을 상기시켜 드리는 것은 당신의 불편스런 심기를 주저앉히기보다 오늘을 더욱더 비참스럽게 느끼게 만들고 있었다. 집을 고쳐 짓고 싶은 그 은밀스런 소망을 자꾸만 밖으로 후벼 대고 있었다. 아내의 목적은 차라리 그쪽에 있었던 것 같았다.

아내에 대한 나의 판단은 과연 크게 빗나가지 않았다.

"방이 이렇게 비좁은데 그럼 어머니, 이 옷장이라도 어디 다른 데로 좀 내놓을 수 없으세요? 이 옷장을 들여놓으니까 좁은 방이 더 비좁지 않아요."

아내는 마침내 내가 가장 거북스럽게 시선을 피해 오던 곳으로 화제를 끌어들이고 있었다.

바로 그 옷궤 이야기였다. 17, 8년 전, 고등학교 일 학년 때였다. 술버릇이 점점 사나와져 가던 형이 전답을 팔고 선산을 팔고, 마침내는 그 아버지 때부터 살아 온 집까지 마지막으로 팔아 넘겼다는 소식이 들려왔다. K시에서 겨울 방학을 보내고 있던 나는 도대체 일이 어떻게 되어 가는지 알아 보고 싶어 옛 살던 마을을 찾아가 보았다. 집을 팔아 버렸으니 식구들을 만나게 될 기대는 없었지만, 그래도 달리 소식을 알아 볼 곳이 없었기 때문이었다. 어스름을 기다려 살던 집 골목을 들어서니 사정은 역시 K시에서 듣고 온 대로였다. 집은 텅텅 비어진 채였고 식구들은 어디론지 간 곳이 없었다. 나는 다시 골목 앞에 살고 있던 먼 친척 간 누님을 찾아갔다. 그런데 그 누님의 말을 들으니, 노인이 뜻밖에 아직 나를 기다리고 있다는 것이었다.

"여기가 어디냐. 네가 누군디 내 집 앞 골목을 이렇게 서성대고 있어야 하더란 말이냐."

한참 뒤에 어디선가 누님의 소식을 듣고 달려온 노인이 문간 앞에서 어정어정 망설이고 있는 나를 보고 다짜고짜 나무랐다. 행여나 싶은 마음으로 노인을 따라 문간을 들어섰으나 집이 팔린 것은 분명해 보였다.

① 할아버지와 손자 ② 할머니와 손자
③ 아버지와 아들 ④ 어머니와 아들

**[15~17] 다음 글을 읽고 물음에 답하시오.**

그러나 그의 행운은 그걸로 그치지 않았다. 땀과 빗물이 섞여 흐르는 목덜미를 기름주머니가 다 된 왜목 수건으로 닦으며, 그 학교 문을 돌아 나올 때였다. 뒤에서 "인력거!" 하고 부르는 소리가 난다. 자기를 불러 멈춘 사람이 그 학교 학생인 줄 김 첨지는 한번 보고 짐작할 수 있었다. 그 학생은 다짜고짜로,

"남대문 정거장까지 얼마요."

라고 물었다. 아마도 그 학교 기숙사에 있는 이로 동기(冬期) 방학을 이용하여 귀향하려 함이리라. 오늘 가기로 작정은 하였건만 비는 오고, 짐은 있고 해서 어찌할 줄 모르다가 마침 김 첨지를 보고 뛰어나왔음이리라. 그렇지 않으면 왜 구두를 채 신지 못해서 질질 끌고, 비록 '고구라' 양복일망정 노박이로 비를 맞으며 김 첨지를 뒤쫓아 나왔으랴.

"남대문 정거장까지 말씀입니까."

하고 김 첨지는 잠깐 주저하였다. 그는 이 우중에 우장도 없이 그 먼 곳을 철벅거리고 가기가 싫었음일까? 처음 것 둘째 것으로 고만 만족하였음일까? 아니다 결코 아니다. 이상하게도 꼬리를 맞물고 덤비는 이 행운 앞에 조금 겁이 났음이다. 그리고 집을 나올 제 아내의 부탁이 마음에 켕기었다.

– 현진건, 「운수 좋은 날」

## 15

**윗글에 드러난 서술상의 특징으로 가장 적절한 것은?** 06기출

① 작품 속의 부수적 인물인 '나'가 주인공의 행동을 관찰, 묘사하고 있다.
② 서술자가 주인공이 되어 자신의 심정을 솔직하게 고백하고 있다.
③ 서술자가 직접 개입하여 인물의 심리를 전지적으로 해석하고 있다.
④ 작가가 관찰자가 되어 등장인물을 객관적으로 분석하고 있다.

정답 14 ④ 15 ③

## 16

**윗글과 창작된 시기가 다른 작품은?** 06기출

① 「표본실의 청개구리」 ② 「배따라기」
③ 「박돌의 죽음」 ④ 「무진기행」

## 17

**윗글에 대한 설명으로 가장 적절하지 않은 것은?** 06기출

① '운수 좋은 날'은 역설적 표현이다.
② 사실주의 소설이다.
③ 일제 강점기 하층민의 처참한 현실을 잘 드러내었다.
④ 주인공의 심적 고뇌와 내적 갈등을 잘 표현하였다.

# 전통 연희

**[01~02] 다음 글을 읽고 물음에 답하시오.**

판소리는 호남의 음악과 결합되면서 그 정체성을 획득할 수 있었다. 그러나 그 기본적인 토대는 호남의 무악이었지만, 다른 지역의 음악이라 하여 배제하지 않았다. 경기 지역의 것을 받아들이니 '경(京)드름'이고, 흥부 아내는 경상도와 가까운 곳에 살아 '메나리 목청'으로 박 타는 사설을 매겼다.

또한 판소리는 '아니리 광대'라는 말이 있는 것처럼 이야기를 그 본질로 하여 이루어진 형태이다. 그래서 「춘향가」는 노래[歌]이면서 동시에 '춘향의 이야기'이다. 그러나 판소리는 이렇게 장편의 노래로만 이루어져 있지 않다. '본사가(本事歌)'의 앞에 불리는 단가(短歌) 또한 판소리의 하위 영역일 뿐, 그것을 판소리 아닌 다른 어떤 것으로 부르지 않는다. 또 본사가의 어떤 한 대목, 이른바 오페라의 아리아라고 할 수 있는 ㉠ 더늠만을 불러도 그것은 훌륭한 판소리로 인정된다. 심지어는 일상적 말투로 이루어진 ( ㉡ )만을 불러도 우리는 그것을 판소리로 인식한다.

판소리라는 말의 광의(廣義) 속에는 이렇게 많은 영역이 포함될 수 있는 것이다. 판소리는 상엿소리나 시조를 그 속에 들여올 수 있고, 필요하다면 유행가인 잡가도 마음대로 끌어 쓸 수 있다. 거지들의 품바 타령도 판소리 속에서는 얼마든지 자유롭다. 다른 계층의 것이라 하여, 그리고 장르나 세계관, 또는 지역적 기반이 다르다 하여 배척하지 않고 어느 것이나 다 수용한다. 한없이 넓은 포용력을 지니고 있어, 이것이 과연 하나의 구조물인가 하는 의심이 들 정도로 그 내연은 한없이 넓어 보인다.

## 01

**윗글의 밑줄 친 ㉠에 대한 설명으로 옳지 않은 것은?** 19추기출

① 명창의 장기로 인정되고, 또 다른 창자들에 의해 널리 연행되어 후대에 전승된 것이다.
② 독창적이면서 예술적으로 뛰어나고 주로 음악적인 측면에서 구현되어야 한다.
③ 명창 개인의 이름이 붙게 되고, 명창이 자신의 독특한 방식으로 다듬어 부르는 어떤 마당의 한 대목을 말한다.
④ 명창이 한 마당 전부를 다듬어 놓은 소리를 말한다.



16 ④ 17 ① / 01 ④ 정답

## 02

윗글의 ㉡에 들어갈 말로 옳은 것은? 19㊟기출

① 발림　② 추임새
③ 아니리　④ 창

## 03

다음 중 남사당놀이에 대한 설명으로 옳지 않은 것은? 19㊟기출

① 버나: 대접과 쳇바퀴 등을 앵두나무 막대기로 돌리는 놀이
② 어름: 줄꾼이 줄타기를 하면서 재담을 주고받으면서 가창까지 하는 놀이
③ 덜미: 꼭두각시놀음
④ 살판: 판소리를 부르면서 마당에서 하는 놀이

## 04

다음은 판소리 「춘향가」의 일부분이다. 해당 대목에서 사용한 장단으로 옳은 것은? 12기출

> 좌수(座首) 별감(別監) 넋을 잃고 이방 호장 실혼(失魂)하고 삼색나졸(三色羅卒) 분주하네. 모든 수령 도망할 제 거동 보소. 인궤(印櫃) 잃고 과줄 들고 병부(兵符) 잃고 송편 들고 탕건 잃고 용수 쓰고 갓 잃고 소반 쓰고 칼집 쥐고 오줌 누기. 부서지(느)니 거문고요 깨지느니 북 장고라. 본관이 똥을 싸고 멍석 구멍 생쥐 눈 뜨듯 하고 내아(內衙)로 들어가서
> "어 추워라. 문 들어온다 바람 닫아라. 물 마르다 목 들여라."
> 관청색(官廳色)은 상을 잃고 문짝 이고 내달으니 서리 역졸 달려들어 후닥닥

① 진양조　② 휘모리
③ 중모리　④ 자진모리

## 05

다음 중 연결이 옳지 않은 것은? 09기출

① 황해도 – 「봉산탈춤」
② 함경도 – 「가면극놀이」
③ 경기도 – 「산대놀이」
④ 경상도 – 「오광대놀이」

## 06

다음 중 판소리 12마당에 속하지 않는 것은? 08기출

① 「흥부가」　② 「춘향가」
③ 「적벽가」　④ 「구지가」

## 07

다음에서 설명하는 판소리의 구성 요소는? 07기출

> 판소리에서 음률이나 장단에 의하지 않고, 사건의 변화 · 시간의 경과 · 등장인물들의 대화나 심리 묘사 등을 설명하는 기능을 한다.

① 아니리　② 창
③ 너름새　④ 추임새

정답 02 ③ 03 ④ 04 ④ 05 ② 06 ④ 07 ①

[08~11] 다음 글을 읽고 물음에 답하시오.

제6과장 양반춤
말뚝이: (벙거지를 쓰고 채찍을 들었다. 굿거리 장단에 맞추어 양반 3형제를 인도하여 등장)

(가)
양반 3형제: 말뚝이 뒤를 따라 굿거리 장단에 맞추어 점잔을 피우나, 어색하게 춤을 추며 등장. 양반 3형제 중에서 맏이는 샌님[生員], 둘째는 서방님[書房], 끝은 도련님[道令]이다. 샌님과 서방님은 흰 창옷에 관을 썼다. 도련님은 남색 쾌자에 복건(幅巾)을 썼다. 샌님과 서방님은 언청이며(샌님은 언청이 두 줄, 서방님은 한 줄이다.) 부채와 장죽(長竹)을 가지고 있고, 도련님은 입이 삐뚤어졌고, 부채만 가졌다. 도련님은 일절 대사는 없으며, 형들과 동작을 같이하면서 형들의 면상을 부채로 때리며 방정맞게 군다.
말뚝이: (가운데쯤에 나와서) 쉬이. (음악과 춤 멈춘다.) 양반 나오신다아! 양반이라고 하니까 노론(老論), 소론(少論), 호조(戶曹), 병조(兵曹), 옥당(玉堂)을 다 지내고 삼정승(三政丞), 육판서(六判書)를 다 지낸 퇴로재상(退老宰相)으로 계신 양반인 줄 알지 마시오. 개잘량이라는 '양' 자에 개다리 소반이라는 '반' 자 쓰는 양반이 나오신단 말이오.

양반들: 야아, 이놈 뭐야아!
말뚝이: 아, 이 양반들, 어찌 듣는지 모르겠소. 노론, 소론, 호조, 병조, 옥당을 다 지내고 삼정승, 육판서 다 지내고 퇴로재상으로 계신 이 생원네 3형제분이 나오신다고 그리하였소.
양반들: (합창) 이 생원이라네. (굿거리 장단으로 모두 춤을 춘다. 도령은 때때로 형들의 면상을 치며 논다. 끝까지 그런 행동을 한다.)
말뚝이: 쉬이. (반주 그친다.) 여보, 구경하시는 양반들, 말씀 좀 들어 보시오. 짤다란 곰방대로 잡숫지 말고 저 연죽전(煙竹廛)으로 가서 돈이 없으면 내게 기별이래도 해서 양칠간죽(洋漆竿竹), 자문죽(紫紋竹)을 한 발 가웃씩 되는 것을 사다가 육모깍지, 희자죽(喜子竹), 오동 수복(梧桐壽福) 연변죽을 사다가 이리저리 맞추어 가지고 저 재령(載寧) 나무리 거이 낚시 걸듯 죽 걸어 놓고 잡수시오.
양반들: 뭐야아!
말뚝이: 아, 이 양반들, 어찌 듣소. 양반 나오시는데 담배와 훤화(喧譁)를 금하라고 그리 하였소.
양반들: (합창) 훤화를 금하였다네. (굿거리 장단으로 모두 춤을 춘다.)

## 08

위 작품에 대한 설명으로 적절하지 않은 것은? 06기출

① 산대도감극 계통에 속한다.
② 주로 황해도 지방을 중심으로 전래되었다.
③ 인형극으로서, 1967년 중요 무형 문화재 제17호로 지정되었다.
④ 제6과장은 양반을 풍자하고 조롱하는 내용이 중심을 이룬다.

## 09

윗글에서 말뚝이의 모습으로 가장 적절한 것은? 06기출

① 양반들에게 순종하는 척하지만 무시한다.
② 양반들에게 반항하는 척하지만 순종한다.
③ 양반들을 완전히 무시하고 조롱한다.
④ 양반들을 무시하고 자신의 일에만 몰두한다.

## 10

윗글 (가)에서 표현된 양반의 모습이 의도하는 효과로 옳은 것은? 06기출

① 지배 계층의 각성 촉구
② 양반의 모순 풍자
③ 양반의 희화화
④ 현실 세계를 풍자

## 11

윗글의 내용과 가장 유사한 작품은? 06기출

①「호질」 ②「죽부인전」
③「찬기파랑가」 ④「심생전」

## 12

다음 중 판소리의 내용을 말(회화체)로 전달하는 것은? 06기출

① 발림 ② 더늠
③ 아니리 ④ 추임새



08 ③ 09 ① 10 ③ 11 ① 12 ③ 정답

## 고전 산문

### 01

**다음 글에서 두드러지게 사용된 표현 방식과 거리가 먼 것은?** 20⑦기출

> 남원(南原)에 양생(梁生)이란 사람이 있었다. 어린 나이에 부모를 여의고 만복사(萬福寺) 동쪽에서 혼자 살았다. 방 밖에는 배나무 한 그루가 있었는데, 바야흐로 봄을 맞아 배꽃이 흐드러지게 핀 것이 마치 옥나무에 은이 매달린 듯하였다. 양생은 달이 뜬 밤이면 배나무 아래를 서성이며 낭랑한 목소리로 이런 시를 읊조렸다.
>
> 쓸쓸히 한 그루 나무의 배꽃을 짝해
> 달 밝은 이 밤 그냥 보내다니 가련도 하지.
> 청춘에 홀로 외로이 창가에 누었는데
> 어디서 들려오나 고운 님 피리 소리
>
> 외로운 비취새 짝없이 날고
> 짝 잃은 원앙새 맑은 강에 몸을 씻네.
> 내 인연 어딨을까 바둑알로 맞춰 보고
> 등불로 점을 치다 시름겨워 창에 기대네
>
> –김시습, 「만복사저포기」

① 대상에 빗대어 인물의 처지를 드러내고 있다.
② 계절의 배경과 인물의 정서가 밀접하게 관련되어 있다.
③ 인물이 처한 상황과 정조는 이별에서 비롯된 것이다.
④ 우연과 같은 운명에 기대어 살아가는 인물의 태도가 나타나 있다.

### 02

**다음 중 「예덕선생전」이 실려 있는 문헌으로 옳은 것은?** 19㉾기출

① 연암집(燕巖集)
② 열하일기(熱河日記)
③ 과농소초(課農小抄)
④ 방경각외전(放璚閣外傳)

### 03

**다음 글이 전설이라는 증거를 찾을 수 있는 부분으로 옳은 것은?** 18기출

> 옛날 이 원소가 생기기 전에, 이 터에는 장자 첨지가 수없는 종들과 전지와 살진 가축들을 가지고 살았다는 것이다. 그런데 그 첨지는 하도 인색하여서, 연년이 추수하는 곡식을 미처 먹지 못하고 곡간에서 푹푹 썩어내도 근처 어려운 사람들을 구제할 생각은 고사하고, 어쩌다 걸인이 밥 한술을 구걸하여도 그것이 아까워서는 대문을 닫아걸고 끼니도 끓여 먹었다는 것이다.
>
> 그런데 마침 몇 해를 거푸 흉년이 들어서 이 동네 사람들이 모두 굶어죽게 되었을 때 그들은 하루에도 몇 번씩 장자 첨지에게 애걸을 하였다. 그러나 첨지는 들은 체도 하지 않고 오히려 그들을 나무라고 문간에도 들이지 않았다는 것이다.
>
> 그러므로 그들은 하는 수 없이 몰래 작당을 하여 가지고 밤중에 장자 첨지네 집을 습격하여 쌀과 살진 짐승들을 끌어냈다는 것이다. 이런 일이 있은 후 며칠 만에 장자 첨지는 관가에 고소장을 들여 이 근처 농민들을 모두 잡아가게 하였다. 그래서 무수한 악형을 하고 혹은 죽이고 그나마는 멀리 쫓아 버렸다는 것이다.
>
> 아버지, 어머니 혹은 아들딸을 잃어버린 이 동네 노인이며 어린것들은 목이 터지도록 아버지, 어머니를 부르며 혹은 아들과 딸을 찾으며 장자 첨지네 마당가를 떠나지 않고 울었다는 것이다.
>
> 그래서 울고 울고 또 울어서 그 눈물이 고이고 고이어서 마침내는 장자 첨지네 고래 잔등 같은 기와집이 하룻밤 새에 큰 못으로 변하였다는 것이다. 그 못이 즉, 내려다보이는 저 푸른 못이다.

① 옛날 이 원소가 생기기 전에, 이 터에는 장자 첨지가 수없는 종들과 전지와 살진 가축들을 가지고 살았다는 것이다.
② 그러므로 그들은 하는 수 없이 몰래 작당을 하여 가지고 밤중에 장자 첨지네 집을 습격하여 쌀과 살진 짐승들을 끌어냈다는 것이다. 이런 일이 있은 후 며칠 만에 장자 첨지는 관가에 고소장을 들여 이 근처 농민들을 모두 잡아가게 하였다. 그래서 무수한 악형을 하고 혹은 죽이고 그나마는 멀리 쫓아 버렸다는 것이다.
③ 기와집이 하룻밤 새에 큰 못으로 변하였다는 것이다.
④ 그 못이 즉, 내려다보이는 저 푸른 못이다.

정답 01 ③ 02 ④ 03 ④

## 04

**다음 중 패관 문학에 해당하는 것은?** 07기출

① 『파한집』, 『보한집』, 『역옹패설』
② 「흥부전」, 「춘향전」, 「심청전」
③ 「임진록」, 「유충렬전」, 「박씨전」
④ 「정시자전」, 「국선생전」, 「저생전」

## 05

**다음 글에 대한 설명으로 옳지 않은 것은?** 16기출

> 이십뉵 일의 니경직(李景稷), 김신국(金藎國)이 술, 고기 은합을 가지고 적진의 가니, 적장이 ᄀᆞᆯ오ᄃᆡ,
> "군듕(軍中)의 날마다 쇼ᄅᆞᆯ 잡고 보믈이 뫼ᄀᆞᆺ치 ᄡᅡ혀시니, 이거ᄉᆞᆯ ᄆᆞ어ᄉᆡ ᄡᅳ리오. 네 나라 군신(君臣)이 돌 굼긔셔 굴먼 지 오라니, 가히 스ᄉᆞ로 썸즉 ᄒᆞ도다."
> ᄒᆞ고, 드ᄃᆡ여 밧지 아니ᄒᆞ고 도로 보ᄂᆡ니라.
> 이십칠 일의 날마다 셩듕의 구완ᄒᆞ라 오ᄂᆞᆫ 군ᄉᆞᄅᆞᆯ ᄇᆞ라ᄃᆡ 일 인도 오ᄂᆞ니 업고, 강원 감ᄉᆞ 됴명회(趙廷虎ㅣ) 본도군(本道軍)이 다 못지 못ᄒᆞ엿기로 ᄡᅧ 양근(楊根)의 퇴진ᄒᆞ여 후의 오ᄂᆞᆫ 군ᄉᆞᄅᆞᆯ 기ᄃᆞ리고, 몬져 영장(營將) 권정길(權井吉)노 ᄒᆞ여곰 녕병(領兵)ᄒᆞ야 검단 산셩(黔丹山城)의 니ᄅᆞ러 봉화(烽火)ᄅᆞᆯ 드러 셔로 응ᄒᆞ다.
> 이십팔 일의 쳬찰ᄉᆞ(體察使) 김뉴(金瑬ㅣ) 친히 쟝ᄉᆞᄅᆞᆯ 거ᄂᆞ려 븍셩의 가 독젼(督戰)ᄒᆞᆯᄉᆡ, 도적이 방포(放砲) 소ᄅᆡᄅᆞᆯ 듯고 거즛 믈너ᄂᆞ며 져근 군ᄉᆞ와 우마(牛馬)ᄅᆞᆯ 머므ᄅᆞ니, 이 유인ᄒᆞᄂᆞᆫ ᄭᅬ라.
> 김뉴 그ᄅᆞᆯ 헤아리지 못ᄒᆞ고 군ᄉᆞᄅᆞᆯ 독촉ᄒᆞ야 ᄂᆞ려가 치라 ᄒᆞ니, 산셩(山城)의 잇ᄂᆞᆫ 군ᄉᆡ 그 ᄭᅬᄅᆞᆯ 알고 ᄂᆞ리지 아니ᄒᆞ니, 김뉴 병방 비쟝(兵房裨將) 뉴호ᄅᆞᆯ 환도(環刀)ᄅᆞᆯ 쥬어 아니 ᄂᆞ리ᄂᆞᆫ 니ᄂᆞᆫ 어즈러이 즛ᄧᅵᄅᆞ니, 군ᄉᆡ ᄂᆞ려도 쥭고 아니 ᄂᆞ려도 쥭게시ᄆᆡ, 비로소 ᄂᆞ려가 적진의 우마ᄅᆞᆯ 가지ᄃᆡ, 적이 본 톄 아니타가, 군ᄉᆡ 다 ᄂᆞ리기ᄅᆞᆯ 기ᄃᆞ려 적의 복병(伏兵)이 ᄉᆞ면의셔 ᄂᆡ닷고, 믈너갓던 적병이 나아드러 잠시의 우리 군을 다 쥭이고 졉젼ᄒᆞᆯ 적, 김뉴 화약을 앗겨 ᄒᆞᆷ긔 만히 쥬기ᄅᆞᆯ 아니ᄒᆞ고 달나기ᄅᆞᆯ 기ᄃᆞ려 주더니, 이 ᄣᅵ 급ᄒᆞ야 화약을 미쳐 청치 못ᄒᆞ고, 조춍(鳥銃)으로 서로 디ᄃᆞ가 못 이긔니, 뫼길이 급ᄒᆞ야 오ᄅᆞ기 어려오니, 이에 다 쥭기에 니ᄅᆞ니라.

① 당시의 상황이 자세하게 기록되어 있는 것으로 보아, 글쓴이는 궁 내부 사정에 밝은 인물이다.
② 일기체 수필로, 조선 인조 때 어느 궁녀(宮女)가 쓴 것으로 알려져 있다.
③ 글쓴이의 주관적인 감정에 초점을 두고 서술하였다.
④ 병자호란 당시의 역사적 사실을 한글로 기록한 유일한 작품이다.



04 ① 05 ③ 정답

[06~07] 다음 글을 읽고 물음에 답하시오.

그 이튿날 그들은 옛날 함께 살았던 곳을 찾아갔다. 그곳에서 금은재보를 찾고, 또한 그것을 팔아 부모의 유골을 거두어 오관산 기슭에 합장하였다. 장례를 치른 뒤 이생이 벼슬을 하지 않고 최랑과 함께 살림을 차리니, 뿔뿔이 흩어졌던 노복도 점점 모여들었다.

이생은 그 이후로 인간의 모든 일을 다 잊어버리고, 심지어는 친척 빈객의 방문과 길흉 대사를 모두 제쳐 놓고, 문을 굳게 닫고 최랑과 함께 시구를 창수(唱酬)하며 몇 해 동안 금슬을 누렸다. 어느 날 저녁에 최랑은 이렇게 말했다.

"세상일이 하도 덧없어 세 번째의 가약도 이제 머지않아 끝나게 되니, 한없는 이 슬픔 또 어찌 하오리까?"

"그게 무슨 말이오?"

"저승길은 피할 수 없는 길입니다. 저와 당신은 천연이 정해져 있고 또한 전생에 아무런 죄악도 없으므로 이 몸이 잠깐 당신과 만나게 되었사온데, 어찌 인간 세상에 오래 머물러 산 사람을 유혹할 수 있겠습니까?"

이야기가 끝나자 그녀는 향아를 시켜서 술과 과일을 드리고, 옥루춘(玉樓春) 한 가락을 불러 이생에게 술을 권하였다.

난리 풍상 몇 해인가 옥같이 고운 얼굴
꽃같이 흩어지고 짝 잃은 원앙이라.
남은 해골 굴러굴러 그 뉘라서 묻어 주리.
피투성이 된 혼은 하소연할 곳도 없네.
슬퍼라 이 내 몸은 무산 선녀 될 수 없고
깨진 거울 이제 거듭 나누려니
이제 하직하면 천추의 한이로다.
망망한 천지 사이 음신(音信)조차 막히리라.

노래 부르는 동안 눈물이 흘러내려 곡조를 거의 이루지 못하였다. 이생도 슬픔을 걷잡지 못하며 말했다.

"내가 차라리 당신과 함께 지하로 돌아갈지언정 어찌 무료하게 여생을 홀로 보전하겠소? 이마적 난리를 치른 뒤 친척들과 노복이 흩어지고 돌아가신 부모님의 유골이 들판에 버려졌을 때 당신이 아니었다면 누가 가르쳐 주었겠소? 옛 성인의 말씀에 '어버이 계실 적에 예로 섬길 것이며, 돌아가신 후에 예로 장사할 것이라' 하였는데, 이제 당신이 모두 실천하였으니 내 감사의 뜻을 아끼지 않으리라. 아무쪼록 당신은 인간 세상에 오래 살아 100년의 행복을 누린 뒤에 나와 같이 진토가 되는 것이 어떻겠소?"

"당신의 명수는 아직 많이 남았고 저는 이미 귀신의 명부에 실렸사오니, 만약 굳이 인간의 미련을 가지면 명부의 법령에 위반되어 저에게 죄과가 미칠 뿐만 아니라 당신에게도 누가 미칠까 염려됩니다. 단지 제 해골이 아직 그곳에 흩어져 있사오니 은혜를 거듭 베푸시어 사체를 거두어 주시면 더욱 감사하겠나이다."

두 사람은 서로 바라보며 눈물을 흘렸다. 잠시 후에 여인은 말했다.

"낭군님, 부디 안녕히 계십시오."

말을 마치자 그녀의 육체는 점점 사라져 종적을 감추어 버렸다. 이생은 그녀의 말대로 해골을 거두어 부모의 묘 옆에다 장사 지낸 후 병이 나서 몇 개월 만에 세상을 떠나고 말았다.

이 이야기를 들은 모든 이들은 감탄하며 그들의 아름다운 절개를 칭찬하지 않을 수 없었다고 한다.

## 06

다음 중 윗글에 대한 설명으로 옳지 않은 것은? 15기출

① 행불행이 반복된다.
② 꿈에서 겪은 내용이다.
③ 인물의 성격이 규범적이지 않고 개성적이다.
④ 귀신과의 사랑 이야기이다.

## 07

다음 중 위의 작품과 출처가 다른 것은? 15기출

①「사씨남정기」
②「남염부주지」
③「만복사저포기」
④「용궁부연록」

정답 06 ② 07 ①

## 08

**다음 설명에 해당하는 작품은?** 07기출

> 웃음을 주는 단편적인 이야기를 소화(笑話)라고 한다. 소화(笑話)에는 한 사람이 다른 사람을 모방하는 이야기가 있는데, 모방하는 사람은 대체로 선하지 못하거나 욕심이 많다. 따라서 앞 사람의 행동을 그대로 모방하지만 부정적 결과를 얻게 된다. 이처럼 최초의 행위는 보상을 받지만, 모방 행위는 벌을 받는다는 설정을 가진다.

① 「심청전」
② 「춘향전」
③ 「장끼전」
④ 「흥부전」

# 수필 · 희곡 · 시나리오

## 01

**다음과 같은 글의 갈래에 대한 설명으로 옳지 않은 것은?** 15기출

> 나는 그믐달을 몹시 사랑한다.
>
> 그믐달은 요염하여 감히 손을 댈 수도 없고 말을 붙일 수도 없이 깜찍하게 예쁜 계집 같은 달인 동시에 가슴이 저리고 쓰리도록 가련한 달이다.
>
> 서산 위에 잠깐 나타났다 숨어 버리는 초생달은 세상을 후려 삼키려는 독부(毒婦)가 아니면 철모르는 처녀 같은 달이지마는 그믐달은 세상의 갖은 풍상을 다 겪고 나중에는 그 무슨 원한을 품고서 애처롭게 쓰러지는 원부(怨婦)와 같이 애절하고 애절한 맛이 있다.
>
> 보름에 둥근 달은 모든 영화와 끝없는 숭배를 받는 여왕과 같은 달이지마는 그믐달은 애인을 잃고 쫓겨남을 당한 공주와 같은 달이다.
>
> 초생달이나 보름달은 보는 이가 많지마는 그믐달은 보는 이가 적어 그만큼 외로운 달이다. 객창한등(客窓寒燈)에 정든 임 그리워 잠 못 들어 하는 분이나 못 견디게 쓰린 가슴을 움켜잡은 무슨 한(恨) 있는 사람이 아니면 그 달을 보아주는 이가 별로이 없을 것이다.

① 허구적 인물이 주로 등장한다.
② 제재가 다양하다.
③ 일정한 형식이 없다.
④ 필자의 개성이 드러난다.



08 ④ / 01 ① 정답

## 02

**다음 중 글에 대한 설명으로 옳지 않은 것은?** 13기출

> 나무는 덕(德)을 지녔다. 나무는 주어진 분수에 만족할 줄을 안다. 나무로 태어난 것을 탓하지 아니하고, 왜 여기 놓이고 저기 놓이지 않았는가를 말하지 아니한다. 등성이에 서면 햇살이 따사로울까, 골짜기에 내려서면 물이 좋을까 하여, 새로운 자리를 엿보는 일도 없다. 물과 흙과 태양의 아들로, 물과 흙과 태양이 주는 대로, 후박(厚薄)과 불만족(不滿足)을 말하지 아니한다.
>
> – 이양하, 「나무」 중에서

① 대상에 인격을 부여하고 있다.
② 대상에서 인생의 교훈을 발견하고 있다.
③ 대상의 변화를 감각적으로 묘사하고 있다.
④ 대상을 예찬하는 태도를 취하고 있다.

## 03

**다음 글에서 저자가 소원의 절대성을 강조하기 위해 사용한 표현 기법과 동일한 것은?** 07기출

> 네 소원(所願)이 무엇이냐 하고 하느님이 내게 물으시면, 나는 서슴지 않고,
> "내 소원은 대한(大韓) 독립(獨立)이오."
> 하고 대답할 것이다. 그 다음 소원은 무엇이냐 하면, 나는 또
> "우리 나라의 독립이오."
> 할 것이요, 또 그 다음 소원이 무엇이냐 하는 세 번째 물음에도, 나는 더욱 소리를 높여서,
> "나의 소원은 우리 나라 대한의 완전한 자주(自主) 독립(獨立)이오."
> 하고 대답할 것이다.
>
> – 김구, 「나의 소원」

① 봄이 왔다, 봄이 왔어. 따뜻한 봄이 왔어.
② 그것은 무엇인가? 그것은 다름 아닌 자유와 진리이다.
③ 진달래, 개나리, 목련이 피어 있는
④ 시냇물 모여서 큰 강물, 큰 강물 모여서 바닷물

## 04

**다음 중 빈칸에 들어갈 말로 옳은 것은?** 07기출

> 김명정: 사둔님! 혼인의 의식이란 자고로 엄숙한 것이며 인륜의 대사입니다. 혹시 신랑이 불만이시라면 모든 것을 없던 것으로 하고 물러가겠습니다.
> 맹 진사: 아이구 아니올시다. 그런거 아니예요. (이때 실심해 돌아오는 참봉 쫓아간다) 참봉!
> 참봉: …….
> 맹 진사: 참봉!
> 맹 노인: 신부 데려 내오게. 내 마지막 경사인 이 초례랑 내 손으로 올려야겠다. 오냐. 너희들도 그걸 바랬던 모양이지. 에이 그렇다구 진작 말을 해야잖느냐. 자 참봉.
> 참봉: (　　) 어유 진사님.

① 비명　　② 역정
③ 넋두리　　④ 혼잣말로

## 05

**다음 중 희곡의 특징으로 옳지 않은 것은?** 07기출

① 무대 상연을 전제로 한다.
② 행동과 대사에 의해 사건이 전개된다.
③ 서술자의 서술에 의해 표현된다.
④ 현재 시제로 쓰인다.

## 06

**다음 중 희곡의 특성으로 옳지 않은 것은?** 06기출

① 배우의 말과 행동을 통해 직접 전달한다.
② 작가의 직접적인 묘사는 불가능하다.
③ 시간적 · 공간적 제약을 받는다.
④ 반드시 복선이 사용된다.

정답 02 ③ 03 ④ 04 ① 05 ③ 06 ④

[07~08] 다음 글을 읽고 물음에 답하시오.

> ㉠ 수필은 청자연적(青瓷硯滴)이다. 수필은 난(蘭)이요, 학(鶴)이요, 청초(淸楚)하고 몸맵시 날렵한 여인(女人)이다. 수필은 그 여인이 걸어가는 숲속으로 난 평탄(平坦)하고 고요한 길이다. 수필은 가로수 늘어진 포도(鋪道)가 될 수도 있다. 그러나 ㉡ 그 길은 깨끗하고 사람이 적게 다니는 주택가에 있다.
> 수필은 청춘(靑春)의 글은 아니요, 서른여섯 중년(中年) 고개를 넘어선 사람의 글이며, 정열(情熱)이나 심오한 지성(知性)을 내포한 문학이 아니요, 그저 수필가(隨筆家)가 쓴 단순한 글이다.

## 07

**윗글의 ㉠과 같은 표현법이 아닌 것은?** 06기출

① 내 누님같이 생긴 꽃이여
② 하느님 당신은 늙은 비애
③ 겨울은 강철로 된 무지갠가 보다.
④ 소낙비를 그리는 파초는 정열의 여인네

## 08

**윗글과 같은 문학 장르가 가지는 특징으로 옳지 않은 것은?** 06기출

① 글쓴이의 깊이 있는 사색과 통찰이 담겨 있다.
② 반드시 전문가가 아니라도 쓸 수 있다.
③ 특별히 정해진 형식이 없다.
④ 논증과 설득을 주목적으로 한다.

# 문학 일반

## 01

**밑줄 친 부분의 비유 방식이 다른 것은?** 20❾기출

> • 비유(比喩/譬喩): 「명사」 어떤 현상이나 사물을 직접 설명하지 아니하고 다른 비슷한 현상이나 사물에 빗대어서 설명하는 일

① 요즘은 회사의 경영진에 합류하는 블루칼라가 많아지고 있다.
② 암 진단 결과를 받아들자, 그의 마음은 산산조각이 났다.
③ 내부의 유리 천장은 없으며 여성들의 상위적 진출이 확대될 것이라고 전망했다.
④ 사업이 실패한 후 그는 사회의 가장 밑바닥으로 떨어졌다.



07 ① 08 ④ / 01 ① 정답

MEMO

I wish you the best of luck!

군무원

합격 저격

# 국어

# PART 3

# 비문학

# 기출 이론 저격

## 1 글의 진술 방식

글의 진술 방식은 글을 쓰는 동기와 목적에 따라 설명, 논증, 묘사, 서사 등으로 달라진다.

| | |
|---|---|
| 설명<br>(說明) | 어떤 일이나 대상의 내용을 상대편이 잘 알 수 있도록 밝혀 말하는 진술 방식이다. 주로 독자에게 지식과 정보를 제공하려는 글에 사용된다. |
| 논증<br>(論證) | 옳고 그름을 이유를 들어 밝히는 진술 방식이다. 주로 글쓴이가 주장이나 견해를 내세워 독자를 설득할 목적으로 쓰는 글에 사용된다. |
| 묘사<br>(描寫) | 어떤 대상이나 사물, 현상 따위를 언어로 서술하거나 그림을 그려서 표현하는 진술 방식이다. 대상의 외양이나 상태 등을 그림을 그리듯이 구체적이고 치밀하게 표현한다. 대상을 묘사할 때는 일정한 순서에 따라 진행되는 경우가 많으며 독자에게 대상을 직접 보고 있는 듯한 느낌을 준다. |
| 서사<br>(敍事) | 사실을 있는 그대로 적는 진술 방식이다. 어떤 현상의 움직임이나 변화, 사건의 진행 등을 시간의 흐름에 따라 적는다. 이것은 사건이 발생한 이유보다는 어떤 사건이 일어났는지를 중심으로 내용을 전개한다. |

## 2 글의 전개 방식

글의 전개 방식이란 작가가 자신이 쓰는 글의 주제를 효과적으로 전달하기 위해 글 전체를 이끌어가는 방식을 말한다. 이러한 전개 방식에는 시간성을 중시하는 동태적 전개 방법과 시간성을 중시하지 않는 정태적 전개 방법이 있다.

### 1. 동태적 전개 방법

| | |
|---|---|
| 서사<br>(敍事) | 어떤 현상의 움직임이나 변화, 사건의 진행 등을 시간의 흐름에 따라 설명하는 서술 방식이다. |
| 과정<br>(過程) | 어떠한 일이 되어 가는 경로에 따라 서술하는 방식으로, 어떠한 결과를 가져오게 한 단계, 절차, 순서 등이 나타나 있다. |
| 인과<br>(因果) | 어떤 결과를 가져오게 한 원인이나 현상에 초점을 두고 글을 전개하는 방법이다. |

## 2. 정태적 전개 방법

| | |
|---|---|
| 비교(比較) | 둘 또는 그 이상의 사물을 견주어 서로 간의 공통점을 밝히는 것을 비교라고 하고, 차이점을 밝히는 것을 대조라고 한다. |
| 분류(分類) | 유사한 특성을 지닌 대상들을 일정한 기준에 따라 나누거나 묶어서 설명하는 서술 방식이다. 대개 속성의 차이에 의해 구분되며 전체와 부분의 관계를 설명하는 데에 효과적이다. |
| 분석(分析) | 한 대상을 구성 요소나 부분들로 나누어 설명하는 서술 방식이다. 서로 연관된 여러 부분들로 이루어진 대상의 특징이나 기능, 원리 등을 설명하는 데 효과적이다. |
| 유추(類推) | 생소한 개념이나 복잡한 주제를 친숙한 개념이나 단순한 주제와 비교하여 설명하는 방식이다. 비교는 같은 범주에 속하는 대상들의 공통점을 찾는 것이지만, 유추는 서로 다른 범주에 속하는 대상에서 유사성을 바탕으로 생소한 개념이나 복잡한 주제를 추리하는 것이다. |
| 예시(例示) | 어떤 사실이나 현상에 대해 구체적인 예를 들어 설명하는 서술 방식이다. |
| 정의(定義) | 어떤 대상이나 사물의 범위를 규정하거나 본질을 진술하는 방식이다. |

# 3 논증

논증이란 필자가 자신의 주장이 옳다는 것을 이유를 들어 밝힘으로써 자신의 의견에 동조하도록 설득하는 방법이다. 논증의 3요소는 '명제, 논거, 추론'이다.

## 1. 명제

(1) **개념**: '고래는 포유류이다.'와 같이 어떤 문제에 대한 필자의 판단이나 주장을 평서형 문장으로 표현한 것을 말하며, 참과 거짓을 판단할 수 있는 내용이라는 점이 특징이다.

(2) **종류**

| | |
|---|---|
| 사실 명제 | 일반적 · 보편적인 사실임을 나타내는 명제이다. 참과 거짓을 판단할 수 있다.<br>예 봄이 오면 아름다운 꽃이 핀다. |
| 가치 명제 | 필자의 인생관, 세계관 등에서 비롯된 시비(是非), 선악(善惡), 미추(美醜) 등의 가치 판단을 담은 명제이다.<br>예 청소년 아르바이트는 바람직하다. |
| 정책 명제 | 어떤 문제를 해결하거나 지금보다 더 나은 결과를 가져올 수 있다고 생각하는 주장이나 의견, 방안 등이 나타난 명제이다. '~해야 한다'나 '~하자' 등의 진술 방식을 사용한다.<br>예 쓰레기는 분리수거를 해야 한다. |

## 2. 논거

**(1) 개념:** 명제를 뒷받침하는 내용으로 주장의 타당성, 신뢰성, 적합성을 내세울 수 있는 증거 자료를 말한다.

**(2) 종류**

| | |
|---|---|
| **사실 논거** | 자신의 직접적인 경험이나 역사적 사실, 통계 수치 등 객관적으로 증명될 수 있는 논거를 말한다.<br>예 생활 쓰레기와 사업장 폐기물을 포함할 경우 하루에 12억 톤이라는 쓰레기가 발생하며 현재는 90% 이상을 매립하고 있다. |
| **소견 논거** | 전문가 및 권위 있는 사람의 의견이나 증언, 일반적인 여론 등을 인용하는 논거를 말한다.<br>예 "발레의 역사는 치마 길이가 짧아진 기록이다." 거두절미하고 춤과 의상의 관계를 딱 한마디로 설명해 버린 이 말은 18세기의 독보적 여성 발레리나 마리 카마르고를 두고 하는 이야기이다. |

## 3. 추론

**(1) 개념:** 어떤 사실을 근거로 삼아 다른 문제에 대하여 결론을 이끌어 내는 것을 말한다. 다시 말하면, 주어진 전제나 정보를 근거로 삼아 합리적 과정을 통해 결론을 이끌어 내는 것이다.

**(2) 종류**

| | |
|---|---|
| **연역 추론** | 일반적인 사실이나 원리(이미 알고 있는 하나 또는 둘 이상의 일반적인 명제)로부터 특수한 사실이나 원리(새로운 명제)를 이끌어 내는 추리 방법으로 삼단 논법이 그 대표적인 형식이다. 연역 추론은 진리의 가능성을 따지는 귀납 추론과는 달리 명제가 참이냐 거짓이냐를 문제 삼기보다는 논리적 타당성이나 명제들 간의 관계만을 문제 삼는다. 또한 연역 추론은 결론이 전제들로부터 절대적인 필연성을 가지고 도출된다고 여겨지는 논증 방식이다. |
| **귀납 추론** | 개별적인 사실이나 원리를 전제로 하여 일반적인 사실이나 원리를 결론으로 이끌어 내는 연구 방법이다. 귀납 추론은 개별적인 사실들 사이의 공통점을 결론으로 삼기 때문에 전제와 결론 사이의 관계가 필연적 관계보다는 개연적 관계가 성립한다. 즉, 전제가 많으면 많을수록 개연성이 높아지는 것이다. |
| **변증법적 추론** | 헤겔의 철학에서 동일률을 근본 원리로 하는 형식 논리와 달리 모순 또는 대립을 근본 원리로 하여 사물의 운동을 설명하려는 논리로, 사물은 정(正) · 반(反) · 합(合), 즉 세 단계를 거쳐 전개된다고 하는 추론 방식이다. 세계는 하나로 통합된 것이 아니라 여러 개로 나누어져 있다. 따라서 그 속에는 모순이나 대립이 존재하고 이 모순이나 대립이 결국 세상을 변화, 발전시킨다고 하는 논리가 변증법이다. |

## 4 글의 구성 원리

| | |
|---|---|
| **응집성** | 글을 구성하는 여러 요소들 사이의 표면적인 연결 관계를 가리킨다. 예컨대 '어제 몸살이 나서 너무 아팠다. 그래서 조퇴를 하고 일찍 귀가했다.'라는 문장에서 '그래서'라는 응집을 가능하게 하는 장치를 통해 두 문장은 원인과 결과라는 관계를 가지게 된다. |
| **일관성** | 글을 구성하는 문장이나 문단들이 긴밀한 결합력을 가지고 연결되어야 함을 말한다. 즉, 일관성의 원리는 글의 내용을 적절하게 배열하는 방식에 관한 원리이다. 일관성을 갖춘 글을 쓰기 위해 필자는 문장과 문단을 바른 순서로 배열해야 한다. 글의 주요 내용을 배열하는 방식에는 시간적 순서에 의한 배열, 공간적 순서에 의한 배열, 논리적 순서에 의한 배열 등이 있다. |
| **통일성** | 글 속에 주제가 하나라는 성질이다. 한 편의 글은 하나의 주제를 나타내기 위해 그 문단이나 문장이 서로 긴밀하게 연결되어 있어야 한다. 이를 위해서는 글의 전체적인 주제도 하나여야 하는데, 이런 글의 성질을 통일성이라고 한다. 통일성 있는 글이 되기 위해서는 문단의 내용과 문장을 연결할 때 그 방법과 순서를 정해 놓고 글을 써야 한다. 그리고 문단의 중심 내용을 뒷받침하는 세부 내용들을 배열할 때는 시간 순서, 공간 순서 등의 방법으로 연결해야 하며, 또한 적절한 접속어, 지시어를 사용하여야 한다. |

## 5 접속어의 종류와 쓰임

어떤 한 문장의 내용은 다른 문장과의 관계 속에서 전달하고자 하는 의미가 분명해진다. 접속어는 문장과 문장의 관계를 명확하게 해 주는 기능을 하므로, 접속어의 기능을 이해하면 문장 간의 관계를 쉽게 파악할 수 있다.

| 접속어의 기능 | 접속어의 종류 |
|---|---|
| 이유 – 귀결 | 그러므로, 따라서, 그래서, 그러니, 해서 |
| 진술 – 부연 | 즉, 곧, 말하자면, 다시 말해, 물론 |
| 결과 – 원인 | 왜냐하면 |
| 대립적 내용의 서술 | 그러나, 아니면 |
| 앞의 내용에 대한 부정 · 반박 | 그러나, 하지만, 그렇지만, 반면 |
| 앞의 내용에 대한 첨가 · 보충 | 그리고, 더구나, 또, 더 나아가 |
| 내용 전환 | 그런데, 한편, 그러면 |

⇩

**접속어를 기준으로 비중이 큰 문장을 찾는 방법**

- 그러므로, 따라서, 그래서 등 요약이나 결론을 이끌어 내는 접속어가 쓰인 문장
  → 접속어의 다음 내용은 문단의 중심 내용과 밀접한 관련이 있으므로 중심 내용은 뒤에서 찾아야 한다.
- 그러나, 한편, 그런데 등 역접이나 전환의 접속어가 쓰인 문장
  → 앞의 내용에서 다른 내용으로 전환할 때 쓰는 접속어이므로 중심 내용은 뒤에서 찾아야 한다.
- 그리고, 또 등의 접속어가 쓰인 문장
  → 연결되는 내용들을 모두 찾아 중심 내용에 포함시켜야 하므로 중심 내용은 앞뒤 모두에서 찾아야 한다.
- 즉, 다시 말하면, 예를 들면 등의 접속어가 쓰인 경우
  → 앞의 내용을 다시 한 번 반복하는 접속어이므로 중심 내용은 앞에서 찾아야 한다.

### Tip 독해력을 향상시키는 원리

(1) 단락 읽기의 기본은 중심 문장 찾기이다.

(2) 글 읽기의 기본은 중심 문단 찾기이다.

(3) 가리키는 범위가 좁아질수록 글에서 차지하는 범위는 넓어진다.

(4) 질문과 답변이 하나인 것처럼, 문제 제기와 해결 방안도 하나이다.

(5) 주장이 나오면 근거가 나오고, 결론이 나오면 전제가 나온다.

(6) 원인이 나오면 결과가 나온다. 단, 순서가 바뀔 수도 있다.

(7) 통념이 나오면 비판과 근거가 나오고, 그 다음 글쓴이의 주장이 나온다.

### Tip 단락에서 중심 문장을 파악하는 방법

(1) 단락의 중심 문장은 처음과 끝에 오는 경우가 많다.

(2) 단락에서 반복되는 어휘에 주목한다.

(3) 일반적인 진술(일부가 아닌 전체에 해당하는 진술)이나 정책 명제(~해야 한다)로 끝나는 문장을 주의 깊게 읽는다.

(4) 구체적 진술에 해당하는 문장(예시, 인용, 구체화, 이유 제시 등)들은 중심 내용에서 제외한다.

### Tip 순서 맞추기 유형 문제의 해결

(1) 문단의 순서를 배열할 때에 '접속어'와 '지시어'는 큰 역할을 한다. 대개 접속어나 지시어로 시작되는 문장이나 문단이 어떤 단락이나 글의 맨 앞에 오는 일은 없다는 것도 염두에 둘 필요가 있다.

(2) 지시어나 대명사는 앞에 나온 내용을 대신하여 가리키는 말이므로, 이것들의 쓰임을 잘 살피면 문단의 순서를 찾아내는 데 큰 도움을 받을 수 있다.

(3) 몇 개의 문단이 섞여 있고, 그중 한 문단에만 지시어나 대명사가 없을 경우 그 문단이 맨 앞에 놓인다.

(4) 지시어가 관형어의 형태로 쓰여 뒤의 명사를 수식할 경우, 그 명사에 대해 설명하고 있는 문단을 찾는다.

# 기출 문제 저격

## 세부 내용 파악하기

### 01

다음 글의 내용과 가장 부합하는 것은? 20 ⑨ 기출

> 심리학자 융은 인간에게는 '페르소나(persona)'와 '그림자(shadow)'의 측면이 있다고 한다. 페르소나란 한 개인이 사회에서 요구하는 역할에 적응하면서 얻어진 자아의 한 측면을 의미한다. 그런데 오로지 페르소나만 추구하려 한다면 그림자가 위축되어 결국 자기 자신으로부터 소외를 당해 무기력하고 생기가 없어지게 된다. 한편 그림자는 인간의 원시적인 본능 성향을 의미한다. 이것은 사회에서 부도덕하다고 생각하는 충동적인 면이 있지만, 자발성, 창의성, 통찰력, 깊은 정서 등 긍정적인 면이 있어 지나치게 억압해서는 안 된다.

① 페르소나는 현실적인 속성, 그림자는 근원적인 속성을 갖고 있다.
② 페르소나를 멀리 하게 되면, 자아는 무기력하게 된다.
③ 그림자는 도덕성을 추구할 때, 자발성과 창의성이 더욱 커진다.
④ 그림자를 억압하게 되면 페르소나를 더욱 추구하게 된다.

### 02

다음 글의 내용과 가장 거리가 먼 것은? 20 ⑨ 기출

> 항생제는 세균에 대한 항균 효과가 있는 물질을 말한다. '프로폴리스' 같이 자연적으로 존재하는 항생제를 자연 요법제라고 하고, '설파제' 같이 화학적으로 합성된 항생제를 화학 요법제라고 한다. 현재 사용되고 있는 많은 항생제들은 곰팡이가 생성한 물질을 화학적으로보다 효과가 좋게 합성한 것들이어서 넓은 의미에서는 이들도 화학 요법제라고 할 수 있을 것이다.
>
> '페니실린', '세파로스포린' 같은 것은 우리 몸의 세포에는 없는 세균의 세포벽에 작용하여 세균을 죽이는 것이다. 그 밖의 항생제들은 '테트라사이크린', '클로로마이신' 등과 같이 세균세포의 단백합성에 장애를 만들어 항균 효과를 나타내거나, '퀴노론', '리팜핀' 등과 같이 세균세포의 핵산합성을 저해하거나, '포리믹신' 등과 같이 세균세포막의 투과성에 장애를 일으켜 항균 효과를 나타낸다.

① 항생제의 정의
② 항생제의 내성 정도
③ 항균 작용의 기제
④ 항생제의 분류 방법

정답 01 ① 02 ②

## 03

**다음은 어순 병렬의 원리에 대한 설명이다. 이와 가장 부합하지 않는 어순을 보이는 것은?** 20⑦기출

> 국어에는 언어 표현이 병렬될 때 일정한 규칙이 반영된다. 시간 용어가 병렬될 때 일반적으로는 자연시간의 순서를 따르거나 화자가 말하는 때를 기준으로 가까운 쪽이 앞서고 멀어질수록 뒤로 간다. 공간 관련 용어들은 일반적으로 위쪽이나 앞쪽 그리고 왼쪽과 관련된 용어가 앞서고 아래쪽이나 뒤쪽 그리고 오른쪽과 관련된 용어들이 나중에 온다.

① 꽃이 피고 지고 한다.
② 수입과 지출을 맞추어 보다.
③ 머리끝부터 발끝까지 달라졌다.
④ 문 닫고 들어와라.

## 04

**다음 글에 대한 설명으로 가장 적절하지 않은 것은?** 20⑦기출

> 철학자 쇼펜하우어는 세상의 모든 책을 별에 비유하여 세 가지로 구분했다. 언제나 그 자리를 지키며 다른 별들의 중심이 되어 주는 ㉠ 항성 같은 책이 있는가 하면, 항성 주위의 궤도를 규칙적으로 도는 ㉡ 행성 같은 책이나 잠시 반짝 나타났다가 금방 사라져 비리는 ㉢ 유성 같은 책도 있다는 것이다. 항성과 행성은 언제나 밤하늘을 지키지만, 유성은 휙 소리를 내며 은하계의 어느 한 구석으로 자취를 감추어 버린다. ㉣ 북극성이 길 잃은 사람에게 방향을 제시하듯 항성과 같은 책은 삶의 영원한 길잡이가 되지만, 반짝하고 나타나는 유성은 한순간의 즐거움만 제공하고 허무하게 사라진다.
>
> 우리 주변에는 유성 같은 책들이 지천으로 굴러다니고 있지만, 항성 같은 책은 점차 자취를 감추고 있다. 좋은 책은 세상살이의 일반성에 관한 이해를 넓혀 주는 동시에 개인적 삶의 특수성까지도 풍부하게 해 준다. 그런 이해와 해석이 아예 없거나 미약한, 고만고만한 수준의 책들만 거듭 읽다 보면 잡다한 상식은 늘어날지 몰라도 이 세상과 자기 자신에 대한 깊이 있는 파악은 멀어지고 만다. 그렇고 그런 수준의 유성 같은 책은 아무리 많이 읽어도 삶의 깊이와 두께는 늘 제자리걸음이다. 세상과 인생의 문제를 상투적인 시선으로 바라보고 뻔한 해결책을 제시하는 그렇고 그런 책들은 옆으로 치워 놓고, 변화하는 세상과 그 속에 숨은 삶의 본질을 꿰뚫어 보는 좋은 책들을 찾아내야 한다.

① 북극성은 항성에 포함된다.
② 쇼펜하우어는 모든 책을 항성, 행성, 유성으로 비유하였다.
③ 항성 같은 책은 개인적 삶의 특수성을 풍부하게 해석해 준다.
④ 유성 같은 책은 많이 읽어야 삶의 본질을 꿰뚫어 볼 수 있다.



03 ④ 04 ④ 정답

## 05

**다음 글을 통해 알 수 있는 사실로 옳지 않은 것은?** 18기출

오늘날 청소년들에 대한 어른들의 공통적인 불평은 그들이 무책임하다는 것이다. 이러한 생각은 흔히 어른들이 존중하는 가치관을 거부하고 받아들이지 않는 데서 비롯한다. 그러나 책임의 문제와 가치관의 수용과는 아무런 관련이 없다. 만약 우리의 청소년들이 다소 무책임한 듯이 보인다면, 그에 대해 먼저 비난받아야 할 것은 청소년에게 책임감을 가르쳐 주어야 할 책임을 다하지 못한 어른들, 특히 학교가 될 것이다. 책임과 무책임은 선천적인 특성이 아니라 성장의 과정에서 배워 습득되는 것이다. 학교의 가장 중요한 기능 중의 하나는 책임 있는 시민을 계발하는 것이다. 따라서 청소년이 무책임하다면 그 비난의 화살은 학교가 받아야 한다.

책임감은 다른 교과와 마찬가지로 경험을 통해 학습된다. 우리는 우선 단순한 일에 대한 성공적인 경험을 통해서, 그 다음에는 우리의 능력이 증대됨에 따라, 보다 크고, 보다 어려운 일에 대한 성공적인 경험을 통해 책임감 있는 사람이 된다. 책임감은 책임감이 주어지는 상황을 통해 배울 수 있는 것이다. 학교의 교육 목표 중 책임감은 늘 우선순위를 차지하지만, 사실상 학교 교육 과정에서는 책임감을 키우려고 하는 특별한 노력의 흔적을 찾기 어렵다. 학생들이 책임감을 배우려면 어떤 선택 · 결정을 해야 하고, 그 결과를 확인하도록 해야 하며, 또 그 결과에 따라 어떤 행동을 해야 할지 스스로 행동하는 기회를 주어야 한다.

책임감을 가르치려면 학교 교육 과정에 이러한 일련의 과정에 계속적으로 학생들이 참여할 수 있는 기회를 포함시켜야 한다. 학생들 중에 어떤 문제를 해결하는 과정에서 책임감 있게 행동하려다 오히려 실수를 범하는 경우가 있다. 그런데 이때 교사들이 그런 행동을 심하게 꾸짖는다면, 그 학생은 좌절감을 느끼고 다시는 자신이 책임져야 할 행동을 하려 하지 않을 것이다. 책임감을 키워 주는 프로그램을 실행하려면 교사와 학교 행정가는 기꺼이 모험을 받아들이고, 또 학생들이 실수도 할 것이라는 사실을 인정하며, 나아가 학생들에게 스스로 문제를 해결할 수 있도록 도와주어야 한다. 이것이 문제 해결의 본질이고, 이런 경험을 통해 학생들은 자신의 행동에 책임지려는 태도를 습득하게 된다.

책임감을 키우는 학습이 실패하는 또 다른 원인은 학생들에게 책임을 부담 지우는 일에 실패하기 때문이다. 책임감에 대한 학습의 역동성은 자기 자신이 한 행동의 결과를 받아들이게 하는 데 있다. 교사는 학생들에게 자신이 한 행동의 결과가 긍정적이든 부정적이든 스스로 감수해야 한다고 알려주어야 한다.

요즈음 청소년들이 무책임하다고 여기는 어른들의 또 다른 불평은 청소년들이 너무 무감각하고 냉담하다는 것이다. 한마디로 책임이 따르는 일을 하려고도 하지 않고, 또 하고 싶어 하지도 않는다는 것이다. 그런데 청소년들이 그런 일을 거부하는 이유는 단순히 하는 일에 열의나 흥미가 부족하기 때문이 아니다. 그 전에 이와 유사한 일에 대한 성공 경험이 없고 어른들이 요구하는 책임이 학생 입장으로서는 너무 무겁게 느껴지기 때문이다. 어른들도 실패가 확실해 보이는 일에는 뛰어들기 꺼려하는 것처럼 말이다. 그러한 경우에는 학생들로부터 아예 책임을 빼앗아 버리지 말고, 충분한 자신감이 생겨서 어려운 수준의 일도 기꺼이 책임지려고 할 때까지 조그만 일, 무섭지 않은 일부터 많은 성공의 경험을 갖도록 해야 한다. 이를 통해 청소년들은 '책임감은 보기에도 좋고, 해 보면 재미있는 일이다.'라는 인식을 형성할 수 있다.

① 책임감은 후천적인 것이므로 청소년들의 책임감은 어른이 가르쳐야 한다.

② 청소년에게 책임감을 가르치려면 처음에는 쉬운 일부터 해결하도록 해야 한다.

③ 어른들은 청소년들이 책임감 있는 행동을 하려다 실수를 하더라도 질책하지 말아야 한다.

④ 청소년들이 책임감을 갖게 하려면 행위의 결과보다는 의도의 중요성을 강조해야 한다.

정답 05 ④

## 06

**다음 중 제시문을 적절히 이해한 사람은?** 17기출

과연 인간은 이기적으로만 행동할까.

경제학에서 말하는 소비자는 최소 비용을 들여 효용과 만족을 극대화하고 기업인은 최소 생산비로 어떻게든 이윤을 극대화한다. 경제인(호모 에코노미쿠스)은 자기 이익에 따라 합리적으로만 행동한다. 그러나 인간이 이기적으로만 행동한다고 가정하는 것이 과연 올바른가?

인간은 때에 따라 이기적이면서도 이타적으로 행동하고, 희로애락에 즐거워하고 슬퍼하거나 분노하며, 길거리에서 주운 물건을 그냥 가질까 되돌려 줄까를 저울질하기도 한다. 인간의 행동은 수많은 동기와 복잡한 내면으로 가득 차 있다. 이것을 오로지 이기심이라는 말로만 재단할 수는 없다.

여러 경제학자는 복잡한 인간의 행동을 게임과 실험으로 들여다보는 작업을 꾸준히 시도해 왔다. 이 가운데 가장 유명한 실험이 '최후통첩 실험'이다. 실험의 내용을 살펴보자. 실험자는 실험 대상으로 나선 민수와 영희 둘 중의 한 사람에게 10,000원을 준다. 만약 민수에게 돈을 주었다면 민수가 그 돈을 영희와 얼마씩 나눌 것인가를 결정하고, 그 제안을 영희에게 제시하게 한다. 민수의 제안을 영희가 받아들이면 공돈 10,000원은 서로 나눠 가져도 좋지만 만약 영희가 이를 거부한다면 돈은 다시 몰수된다.

실제로 1982년 독일 쾰른 대학에서 게임 이론에 문외한인 42명의 학생을 상대로 게임을 진행하였다. 이 실험에서 민수와 같은 제안자들은 평균적으로 총금액의 37퍼센트, 즉 3,700원을 상대방에게 제안하였으며, 전체 금액의 50퍼센트인 5,000원을 제안한 사람이 가장 많았다. 그리고 상대방은 총금액의 30퍼센트가 넘지 않으면 제안을 거부했다.

경제학에서 말하는 것처럼 두 사람이 자신에게 최대 이익을 가져다주는 방향으로 행동한다면 영희는 민수의 제안을 거부해서 한 푼도 못 받는 것보다는 단돈 100원이라도 받는 것이 훨씬 이득이다. 자신의 이익을 최대한 취할 수 있는 합리적인 전략으로 최소한의 금액을 제안하고, 상대방은 이것을 받아들이는 것으로 게임이 끝날 것이다. 그런데 그게 아니었다. 평균적으로 배분 몫이 7 대 3이 되지 않을 경우에 상대방은 아예 그 돈을 포기했다. 한 푼도 못 받는 것보다 단돈 100원이라도 받으면 이득이 되는 상황인데도 말이다.

최후통첩 실험은 이후에 많은 사람을 대상으로 계속되었지만, 결과는 최초의 실험 결과와 거의 같았다. 예로 든 실험에서 민수와 같이 제안자의 역할을 부여받은 사람은 평균적으로 40~50퍼센트에 해당하는 금액을 상대방에게 건네주었으며, 제안된 금액이 30퍼센트 미만이면 상대방은 그 제안을 거부하는 경우가 많았다. 지나치게 이익을 앞세워 1,000원만을 제시하고 자신은 9,000원을 갖겠다는 불공정한 제안은 상대방에게 단호히 거부당했다. 사람들은 자기가 얻을 수 있는 1,000원을 기꺼이 포기하여 상대방도 9,000원을 받지 못하도록 응징했다.

① 재경: 돈 받는 사람이 금액을 선택하면 결과가 다르겠군.

② 지원: 최후통첩 실험에 따르면 인간은 이타적이다.

③ 승호: 최후통첩 실험은 이후에도 계속되었고, 제안된 금액이 30퍼센트 이상이면 항상 거래는 성립되었다.

④ 루겸: 인간은 이기적인 인간을 응징하려는 경향을 지니고 있다.



06 ④ 정답

## 07

**다음 중 글의 내용과 일치하지 않는 것은?** 17기출

> 어떤 경제 주체의 행위가 자신과 거래하지 않는 제3자에게 의도하지 않게 이익이나 손해를 주는 것을 '외부성'이라 한다. 과수원의 과일 생산이 인접한 양봉업자에게 벌꿀 생산과 관련한 이익을 준다든지, 공장의 제품 생산이 강물을 오염시켜 주민들에게 피해를 주는 것 등이 대표적인 사례이다.
>
> 외부성은 사회 전체로 보면 이익이 극대화되지 않는 비효율성을 초래할 수 있다. 개별 경제 주체가 제3자의 이익이나 손해까지 고려하여 행동하지는 않을 것이기 때문이다. 예를 들어, 과수원의 이익을 극대화하는 생산량이 Qα라고 할 때, 생산량을 Qα보다 늘리면 과수원의 이윤은 줄어든다. 하지만 이로 인한 과수원의 이윤 감소보다 양봉업자의 이윤 증가가 더 크다면, 생산량을 Qα보다 늘리는 것이 사회적으로 바람직하다. 하지만 과수원이 자발적으로 양봉업자의 이익까지 고려하여 생산량을 Qα보다 늘릴 이유는 없다.
>
> 전통적인 경제학은 이러한 비효율성의 해결책이 보조금이나 벌금과 같은 정부의 개입이라고 생각한다. 보조금을 받거나 벌금을 내게 되면 제3자에게 주는 이익이나 손해가 더 이상 자신의 이익과 무관하지 않게 되므로, 자신의 이익에 충실한 선택이 사회적으로 바람직한 결과로 이어진다는 것이다.
>
> 그러나 전통적인 경제학은 모든 시장 거래와 정부 개입에 시간과 노력, 즉 비용이 든다는 점을 간과하고 있다. 외부성은 이익이나 손해에 관한 협상이 너무 어려워 거래가 일어나지 못하는 경우이므로, 보조금이나 벌금뿐만 아니라 협상을 쉽게 해 주는 법과 규제도 해결책이 될 수 있다. 어떤 방식이든, 정부 개입은 비효율성을 줄이는 측면도 있지만 개입에 드는 비용으로 인해 비효율성을 늘리는 측면도 있다.

① '외부성'이란 개별 경제 주체가 제3자에게 의도하지 않은 이익이나 손해를 주는 것이다.
② 전통적인 경제학은 보조금을 받거나 벌금을 내는 행위가 외부성을 줄이기 위한 정부의 개입이라고 본다.
③ 전통적인 경제학은 개별 경제 주체가 자신이 경제적으로 손해 보지 않기 위해 제3자의 이익이나 손해를 고려한다고 본다.
④ 전통적인 경제학은 모든 시장 거래와 정부 개입에 비용이 든다는 사실을 간과하므로 비효율성을 늘리는 측면도 있다.

## 08

**다음 중 글의 내용에 대한 설명으로 옳지 않은 것은?** 14기출

> 노자의 형이상학 체계는 구체적인 사물들에 선행해서 두 가지 존재 원리가 먼저 존재한다는 간단한 생각으로부터 출발한다. 모든 개체들은 다른 개체들과 구분되지만 동시에 다른 개체들과 관계를 맺고 있다. 개체와 개체가 구별되는 원리를 '유(有)' 또는 '유명(有名)'이라 하고 앞으로 타자와 관계를 맺게 될 원리를 '무(無)' 또는 '무명(無名)'이라 부른다.
>
> 노자는 모든 개체들에는 눈에 보이지 않는 측면과 눈에 보이는 측면이 있다고 보았다. 그는 전자의 측면을 관계의 원리인 무명(無名)이나 도(道)로, 후자의 측면을 식별의 원리인 유명(有名)이나 명(名)이라고 규정했던 것이다. 노자의 생각이 옳다면 개체들은 도와 명이라는 두 가지 계기를 가지고 있다고 할 수 있다.
>
> 노자는 관계의 원리로서의 도(道)를 개체의 원리로서의 명(名)보다 존재론적으로 우월한 것으로 간주했다. 그는 만물의 근원적인 관계 원리로서의 도(道)를 모든 개체들에 선행하여 존재하는 절대적 원리라고 이해했던 것이다. 이로부터 다양한 개체들이 상호 조화로운 관계를 맺으려면 이 개체들은 자신을 낳은 관계 원리, 즉 도(道)를 먼저 회복해야만 한다는 결론이 자연스럽게 도출된다.

① 모든 개체들은 존재론적으로는 보이지 않는 측면이 더 우월하다.
② '무(無)'란 다른 것과 관계할 수 있는 잠재성을 상징하는 원리이다.
③ 개체 간에 '나'와 '타자'라는 구별이 선행되어야 비로소 관계가 가능해진다.
④ '도(道)'란 세상 모든 만물들 간의 관계에 절대적 매개로 작용한다.

정답 07 ③ 08 ③

## 09

**올해 17세인 기철이는 편의점에서 아르바이트를 하려고 한다. 다음 중 조항에 대한 설명으로 옳지 않은 것은?** 12기출

> **제67조(근로계약)**
> ① 친권자나 후견인은 미성년자의 근로계약을 대리할 수 없다.
> ② 친권자, 후견인 또는 고용노동부장관은 근로계약이 미성년자에게 불리하다고 인정하는 경우에는 이를 해지할 수 있다.
> **제68조(임금의 청구)**
> 미성년자는 독자적으로 임금을 청구할 수 있다.
> **제69조(근로시간)**
> 15세 이상 18세 미만인 자의 근로시간은 1일에 7시간, 1주일에 40시간을 초과하지 못한다. 다만, 당사자 사이의 합의에 따라 1일에 1시간, 1주일에 6시간을 한도로 연장할 수 있다.

① 기철이의 부모님은 기철이를 대신해 근로계약서를 작성할 수 있다.
② 고용노동부장관은 기철이에게 불리한 근로계약을 해지할 수 있다.
③ 기철이는 1주일에 44시간을 일할 수 있다.
④ 기철이는 고용주에게 독자적으로 임금을 청구할 수 있다.

## 10

**다음에서 밑줄 친 '첫날'의 의미로 옳은 것은?** 11기출

> 민원의 처리기간을 6일 이상으로 정한 경우에는 '일' 단위로 계산하고 첫날을 산입하되, 공휴일과 토요일은 산입하지 아니한다.

① 접수한 날
② 접수하기 전날
③ 접수한 다음 날
④ 처리하기 시작한 날

## 11

**다음 보고서에 제시된 내용으로 옳은 것은?** 10기출

> 지속적인 저출산으로 한국은 인구 감소 사회로의 진입을 눈앞에 두고 있다. 1984년 합계 출산율이 인구 대체 수준인 2.1명 이하로 떨어진 이후 2009년 현재 1.15명으로 OECD 선진국 평균인 1.75명의 65.6%에 불과한 수준이다. 이러한 추세가 지속된다면 당장 2010년부터 노동 시장의 중핵 취업 연령인 25~54세 인구가 감소할 것이다. 또한 2100년에는 한민족의 총인구가 2010년 인구의 50.5%에 불과한 2,468만명으로 축소되고, 2500년에는 인구가 33만 명으로 줄어 민족이 소멸될 우려가 있다.
> 만혼(晩婚) 및 결혼 기피 현상은 1990년대 이후 합계 출산율 하락의 가장 큰 요인이 되고 있으며, 청년층의 소득 및 고용 불안과 높은 주택 가격에 따른 과다한 결혼 비용 부담이 만혼(晩婚) 및 결혼 기피의 중요 요인으로 판단된다. 출산 의향이 있는 기혼 여성에게 교육 및 보육 비용 부담은 출산 기피의 가장 큰 요인으로 지목되고 있다. 특히 가정 내에서 육아 부담이 여성에게 집중되어 출산 기피를 초래하고 있는 것으로 파악되었다. 한편 여성의 경력 단절 현상도 결혼 및 출산 기피를 심화시키고 있다.
> 이러한 저출산 현상으로 인해 생산 활동을 담당할 청년층이 감소하면서 2029년에는 경제 성장률이 마이너스로 떨어지고, 2050년에 이르면 −4.8% 수준에 불과하게 될 전망이다. 또한 리스크를 부담하려는 진취적인 기업가 정신이 약화되며 지역 커뮤니티가 붕괴되는 등 경제 · 사회 시스템의 노화 현상이 심화될 우려가 있다.
> 저출산으로 인한 급격한 인구 감소와 성장률 저하의 심각함을 고려하면 발상의 전환을 통한 비상조치를 강구할 필요가 있다. 단기적인 생색용 대책보다는 실질적이며 장기적인 대책이 필요하고, 이러한 대책이 무리 없이 추진되기 위해서는 가족 및 출산의 가치에 대한 사회적 합의와 다양한 경로를 통한 가치관의 전달이 필수적이다.
> 저출산 해소를 위한 파격적인 경제적 인센티브로 우선 국민연금 및 실업 급여 소득 대체율을 자녀 수에 비례하여 현 제도의 2배까지 인상하는 사회 보험 개혁 추진을 검토할 필요가 있다. 이를 통해 출산이 경제적 부담이 아니라 노후 보장이 될 수 있다는 인식의 전환을 유도해야 한다. 아울러 교육비의 소득 공제를 세액 공제로 전환하고 상속세율을 자녀 수에 따라 대폭 인하하는 등 자녀가 있는 가구에 대한 세제 혜택을 강화하고, 3자녀 이상 가구에 대한 고



09 ① 10 ① 정답

등학교 학비 무상 지원도 고려할 필요가 있다. 결혼 촉진을 위해서는 소득 공제 중 결혼 공제 항목을 신설하고 신혼부부 대상 주택 보급을 중산층에게 확대하는 등의 과감한 조치가 필요하다. 경제적 인센티브 제공만으로 출산율 제고에 한계가 있기 때문에 출산이 우대받는 사회 풍토를 조성해야 한다. 이를 위해서 다자녀 가구에 대한 생활 편의 및 아동 친화적 양육 환경을 제공해야 할 것이다.

① 청년층의 소득 및 고용 불안의 원인
② 취업 인구와 경제 성장
③ 노인 재정 지출
④ 신혼부부 대상 주택 보급 방법

## 12

**다음 글에 대한 설명으로 옳지 않은 것은?** 10기출

안락사란 질병에 의한 자연적인 죽음보다 훨씬 이전에 생명을 마감시키며, 질병에 의한 죽음이 아니라 인위적인 행위에 의한 죽음을 의미한다. 그렇기 때문에 존엄사와는 의미가 전혀 다르다. 안락사는 크게 적극적 안락사와 소극적 안락사로 나뉘게 되는데, 이 중에서도 적극적 안락사는 환자의 요청에 따라 고통을 받고 있는 환자에게 약제 등을 투입해서 인위적으로 죽음을 앞당기는 행위를 뜻한다. 또 소극적 안락사는 환자나 가족의 요청에 따라 생명 유지에 필수적인 영양 공급, 약물 투여 등을 중단함으로써 환자를 죽음에 이르게 하는 행위를 의미한다.

존엄사는 말 그대로 품위 있는 죽음을 말한다. 인간적 삶을 살 수 있도록 최선의 의학적인 치료를 다했음에도 돌이킬 수 없는 죽음이 임박했을 때 의학적으로 무의미한 연명치료를 중단함으로써 질병에 의한 자연적인 죽음을 받아들이는 것이다. 안락사와 존엄사는 의도에 의한 비(非)자연사에 속하게 된다. 자연사는 별다른 사고나 큰 질병 없이 나이가 들어 사망하는 경우나 노환으로 인한 죽음을 의미한다. 비자연사는 흔히들 이야기하는 본래의 수명대로 살지 못하고 본인의 의도에 의해서나 의도하지 않은 바에 의해 죽음에 이르게 되는 경우이다.

① 안락사를 '구분'의 방법으로 설명하고 있다.
② 안락사와 자연사에 대해 설명해 주고 있다.
③ 안락사와 존엄사의 차이점을 설명하고 있다.
④ 죽음에 대한 슬픔을 절제하고 있다.

**[13~15] 다음 글을 읽고 물음에 답하시오.**

(가) 합리주의 문화를 기반으로 한 서구 제국들은 자신들보다 물질문화가 뒤처져 있던 동양을 비롯한 많은 타국, 타민족에 대해 자신들이 우월하다고 생각했다. 이를 통해 앞선 물질문화를 앞세워 경쟁이라도 하듯 해외 식민지 건설에 열을 올리게 되는 서구 제국주의가 등장하게 된다. 이에 따라 상대방을 힘으로 이기는 게 우월하고, 제압당한 상대방은 열세하다고 생각한다. 이는 대단히 자기중심적이고 힘의 논리인 ㉠ <u>편협한 사고방식</u>이다.

(나) 이와 같은 제국주의는 독일의 나치즘이나 이탈리아의 파시즘과 같은 극단적인 국가주의로 나타나기도 하는데, 이들은 자신을 제외한 타민족·타국을 배척하고 때로는 공격의 대상으로 삼아 물리적인 힘으로 지배하려고 했다. 결과적으로 제1차 세계대전이나 제2차 세계대전 등과 같은 극단적인 형태로 나타났는데, 이는 결코 일어나서는 안 되는 극단적인 형태였다.

(다) 물론 국가주의라는 점에서는 한편으로 수긍할 수 있는 부분도 있으나 너무 과했을 때 문제가 되는 것이다. 이러한 극단적인 국가주의는 단순히 힘이 약하다는 이유와 민족이 다르고, 국가가 다르다는 이유만으로 침략과 약탈을 하게 되는 엄청난 폐해를 낳게 된다. 그런데 이러한 서구 합리주의 사상에 뿌리를 둔 극단적인 사고는 인본 사상이 기본인 동양 철학에서는 도저히 상상할 수 없는 일이다.

(라) 한편, 동양 문화권에서조차도 서양의 합리주의 사고방식에 젖어 조화와 균형, 인본주의 사상 등의 동양 철학 기본 사상을 등한시한 게 사실이다. 결코 바람직한 현상은 아니다. 앞으로 우리는 서구 합리주의 사상을 등한시해서도 안 되지만, 한편으론 수천년 동안 내려온 우리의 동양 철학 사상의 뿌리를 잊어서는 더더욱 안 될 것이다. 이를 잘 이어서 바람직한 세상을 만들어 가는 게 우리의 임무이다.

정답 11 ② 12 ④

## 13

**윗글의 제목으로 적합한 것은?** 10기출

① 동양 철학의 계승
② 서양 철학의 수용
③ 서양 철학과 동양 철학의 비교
④ 동양 철학의 과학화

## 14

**윗글의 밑줄 친 ㉠이 가리키는 말은?** 10기출

① 보수주의 ② 민족주의
③ 제국주의 ④ 국수주의

## 15

**윗글에서 국수주의에 대한 비판이 가장 잘 드러난 문단으로 옳은 것은?** 10기출

① (가) ② (나)
③ (다) ④ (라)

## 16

**다음 중 문맥상 ㉠의 뜻으로 가장 적절한 것은?** 12기출

> 이러한 의미에서, 민족 문화의 전통을 무시한다는 것은 지나친 자기 학대에서 나오는 편견에 지나지 않을 것이다. 따라서 첫머리에서 제기한 것과 같이, 민족 문화의 전통을 계승하자는 것이 국수주의나 배타주의가 될 수 없다. 오히려, 왕성한 창조적 정신은 선진 문화 섭취에 ㉠ 인색하지 않을 것이다.

① 아무것이나 받아들일 것이다.
② 우리의 필요에 따라 수용할 것이다.
③ 모든 것을 너그럽게 대할 뿐이다.
④ 모든 것을 비판 없이 받아들일 것이다.

13 ① 14 ③ 15 ③ 16 ② 정답

TOP 2 글의 설명 · 전개 방식

[01~02] 다음 글을 읽고 물음에 답하시오.

(가) 고음역이 깨끗하게 들리는 CD는 저음역의 음악 정보를 제대로 담지 못하는 반쪽짜리 그릇이기 때문이다. '양자화(Quantize)'라고 불리는 디지털화 과정에서 저음역의 주파수가 아주 미세한 근삿값으로 바뀌는데, 그 순간 다른 음으로 변화된 저음이 화음과 어울리지 않게 되어 버린다. 배음(倍音)과 화음의 바탕을 이루는 베이스음이 변동되는 순간, 조화를 이루어야 할 음악의 구조는 기초부터 흔들리게 된다.

(나) 왜 이런 오류가 발생하는 걸까? 디지털화의 기본 처리 과정에서 충분한 해상도가 확보되지 않을 때, 음악 정보가 원본과 다른 근삿값으로 바뀌어 기록되기 때문이다. 예를 들어, 소수점 한 자리까지 처리할 수 있는 성적 시스템에서 89.4와 89.5는 0.1의 작은 차이를 보이는 점수이다. 그런데 만일 소수점을 처리하지 못하는 시스템이라면 어떻게 될까? 89.4점은 근삿값인 89점이 되고 89.5점은 근삿값인 90점이 된다. 작은 차이의 점수가 '수'와 '우'라는 현격한 차이의 점수로 바뀐다. 해상도가 떨어지는 디지털 변환은 이처럼 매우 미세한 차이를 차원이 다른 결과로 바꿔 버리는 문제를 안고 있다.

(다) 디지털의 오류는 44.1kHz, 16비트 해상도의 '작은 그릇'인 CD가 안고 있는 치명적인 단점이다. 잡음 없는 깨끗한 소리를 전달한다는 장점과는 달리, 음악의 전체적인 조화를 무너뜨릴 수 있는 커다란 오류를 지니고 있는 것이다. CD의 편의성에 찬사를 보내면서도 음악성에는 불합격점을 줄 수밖에 없는 이유다. CD의 사운드는 충분하지 못한 해상도의 디지털이 갖는 단점을 명백하게 드러낸다. 해상도 낮은 사진에서 불분명한 화소가 뭉뚱그려져 보이는 '깍두기 현상'이 나타나듯, 클래식 음악에 사용되는 악기들의 섬세한 사운드에 담긴 미묘한 변화와 표정, 다이내믹, 특징적인 공명을 제대로 잡아내지 못한다.

(라) 구스타프 말러의 교향곡 제2번 '부활'의 서주부와 같이 더블 베이스의 저음이 중요한 비중을 차지하는 연주를 CD와 LP로 비교하여 들어 보면, 저음 정보가 충분하지 않을 때 오케스트라의 사운드가 얼마나 빈약하게 느껴지는지 잘 알 수 있다. 정확한 저음을 바탕으로 하모니를 만들어 가는 클래식 음악을 CD로 듣고 있으면, 마치 모래 위에 지어진 집처럼 위태롭고 불안한 느낌이 들곤 한다.

–「레코드의 비밀」

## 01

다음 중 윗글의 내용과 일치하지 않는 것은? 19기출

① CD는 잡음 없이 깨끗한 고음역의 소리를 전달한다.
② CD는 44.1kHz, 16비트 해상도라는 치명적인 단점이 있다.
③ LP와 비교할 때, CD에서 저음을 들으면 위태롭고 불안한 느낌을 받을 수 있다.
④ CD는 양자화라고 불리는 디지털화 과정에서 소수점 한 자리까지 처리할 수 있다.

## 02

다음 중 윗글의 설명 방식으로 옳은 것은? 19기출

① (가)와 (나)는 원인과 결과의 순서로 나열되어 있다.
② (나)와 (다)는 수학적 원리를 이용하여 설명하고 있다.
③ (다)와 (라)는 CD의 장점에 대해 설명하고 있다.
④ (가), (다), (라)는 은유법과 직유법을 사용하고 있다.

정답 01 ④ 02 ④

## 03

**다음 괄호 안에 공통적으로 들어갈 말로 가장 적절한 것은?** 16기출

> 인간은 자연과 세계의 현상, 본질, 작용을 인식하고서 이에 유사성의 (　　)를 하거나 인접성의 (　　)를 한다. 초승달의 모습을 보고 '눈썹, 쪽배'를 떠올린다. 별의 본질이 어두운 하늘에서 밝게 빛나는 것이라 생각한 이들은 별에서 '이상, 희망' 등의 의미를 (　　)한다.

① 비교　② 분류
③ 분석　④ 유추

[04~05] 다음 글을 읽고 물음에 답하시오.

> 요사이 우리 사회는 터진 봇물처럼 마구 흘러드는 외래 문명에 정신을 차리지 못할 지경이다. 세계화가 미국이라는 한 나라의 주도 아래 이루어지고 있다. 일본은 얼마 전 영어를 아예 공용어로 채택하는 안을 검토한 바 있다. 문화인류학자들은 이번 세기가 끝나기 전에 대부분의 언어들이 이 지구상에서 자취를 감출 것이라고 예측한다. 언어를 잃는다는 것은 곧 그 언어로 세운 문화도 사라진다는 것을 의미한다. 우리가 이토록 긍지를 갖고 있는 우리말의 운명은 과연 어떻게 될 것인가.
>
> …(중략)…
>
> 우리나라에도 몇몇 도입종들이 활개를 치고 있다. 예전엔 청개구리가 울던 연못에 요즘은 미국에서 건너온 황소개구리가 들어앉아 이것저것 닥치는 대로 삼키고 있다. 어찌나 먹성이 좋은지 심지어는 우리 토종 개구리들을 먹고 살던 뱀까지 잡아먹는다. 토종 물고기들 역시 미국에서 들여온 블루길에게 물길을 빼앗기고 있다. 이들이 어떻게 자기 나라보다 남의 나라에서 더 잘 살게 된 것일까?
>
> 제 아무리 대원군이 살아 돌아온다 하더라도 더 이상 타 문명의 유입을 막을 길은 없다. 어떤 문명들은 서로 만났을 때 충돌을 면치 못할 것이고, 어떤 것들은 비교적 평화롭게 공존하게 될 것이다. 결코 일반화할 수 있는 문제는 아니겠지만 스스로 아끼지 않는 문명은 외래 문명에 텃밭을 빼앗기고 말 것이라는 예측을 해도 큰 무리는 없을 듯싶다. 내가 당당해야 남을 수용할 수 있다.
>
> 영어만 잘하면 성공한다는 믿음에 온 나라가 야단법석이다. 한술 더 떠 일본을 따라 영어를 공용어로 하자는 주장이 심심찮게 들리고 있다. 영어는 배워서 나쁠 것 없고, 국제 경쟁력을 키우는 차원에서 반드시 배워야 한다. 하지만 영어보다 더 중요한 것은 우리말이다. <u>우리말을 제대로 세우지 않고 영어를 들여오는 일은 우리 개구리들을 돌보지 않은 채 황소개구리를 들여온 우를 또다시 범하는 것이다.</u> 영어를 자유롭게 구사하는 일은 새 시대를 살아가는 필수 조건이다. 하지만 우리말을 바로 세우는 일에도 소홀해서는 절대 안 된다. 황소개구리의 황소울음 같은 소리에 익숙해져 청개구리의 소리를 잊어서는 안 되는 것처럼.

## 04

**윗글과 다음 〈보기〉의 공통된 주제로 옳은 것은?** 14기출

〈보 기〉

> 새로운 민족 문화 창조(創造)가 단순한 과거의 묵수(墨守)가 아닌 것과 마찬가지로, 또 단순한 외래문화(外來文化)의 모방(模倣)도 아닐 것임은 스스로 명백한 일이다. 외래문화도 새로운 문화 창조에 이바지함으로써 뜻이 있는 것이고, 그러함으로써 비로소 민족 문화의 전통을 더욱 빛낼 수가 있는 것이다.

① 외래문화에 대한 주체적인 수용 태도가 필요하다.
② 우리의 문화를 다른 국가에 적극적으로 전파하여야 한다.
③ 외래문화를 최대한 수용하여 우리 문화를 발전시켜야 한다.
④ 우리 문화의 존속을 위해서는 외래문화의 수용을 막아야 한다.



03 ④ 04 ① 정답

## 05

**다음 중 윗글의 밑줄 친 부분과 설명 방식이 다른 것은?**

14기출

① 인간은 감각 기관을 통해 정보를 받아들여 머릿속에 저장했다가 필요한 때 불러낸다. 컴퓨터도 기계적이기는 하지만 입 · 출력, 저장 절차가 인간과 비슷하다.
② 희곡은 소설과 마찬가지로 그 표현 수단이 언어를 매개로 한 문학의 한 분야이며, 일정한 인물과 사건과 주제를 가지고 있다는 점에서 소설과 다를 바가 없다.
③ 험난한 사막에도 여행자를 위한 오아시스가 있는 것처럼, 우리들의 힘든 인생에도 아픔을 함께 해 줄 소중한 친구가 있다.
④ 미생물은 실험실에서 배양할 때, 어느 때까지는 잘 자라다가 일정 시간이 지나면 먹이 고갈과 노폐물의 축적으로 성장을 멈추고 사멸한다. 인류라고 예외일 수는 없다.

## 06

**다음 글의 논지 전개 방식으로 옳은 것은?** 14기출

> 기계 문명이 인간에게 준 공로는 크다. 생활을 더욱 편리하게 해 주고, 과학을 끝도 없이 앞으로 나아가게 하고 세계인을 한 가족처럼 가깝게 살도록 만들었다.
>
> 그러면서 인간에게 준 피해 또한 크다. 기계 문명에 인간이 종노릇을 하게 된 사실이 그것이다. 도시의 거대한 공장에서는 인간이 기계의 부속품이 되어 그들이 움직이는 대로 함께 움직이고 있다. 그러는 동안에 인간도 마침내 기계가 되었다. 생각도 행동도 사상도 기계의 영향 아래에서 변화되어 가고 있다.
>
> 잃어버린 것은 무엇이냐. 자연과 영원과 본래부터의 인간성이다. 있어야 할 것은 없어지고, 있어서 안 될 것들이 인간 속으로 침투해 왔다. 어떻게 하면 본래의 인간으로 돌아가느냐. 어떻게 하면 옛날의 자연으로 회복되느냐를 고민해야 할 때이다.

① 예상되는 반론을 제기한 후 논거를 제시하여 반박한다.
② 기존의 주장들을 소개하며 문제를 제기하고 새로운 대안을 제시한다.
③ 서로 대비되는 견해를 제시한 후 문제를 제기하고 과제를 제시한다.
④ 필자의 주장과 대립되는 주장을 제시한 후 이를 비판하고 나의 주장을 내세운다.

## 07

**다음 중 ㉠~㉣에 들어갈 말로 옳은 것으로만 묶인 것은?**

13기출

> 말하기의 중요한 목적 중에 하나가 설명이다. 설명은 청자가 모르는 사실을 알아듣기 쉽게 풀어서 말하는 것으로, 우리가 알아낸 정보를 전달하거나 지식 체계를 쉽게 이해시키고자 하는 경우에 사용된다.
>
> 설명의 방법에는 지정, 정의, ( ㉠ )와/과 ( ㉡ ), ( ㉢ )와/과 ( ㉣ ), 예시가 있다. 지정은 가장 단순한 설명의 방법으로 사물을 지적하듯이 말하기를 통하여 지적하는 방법이다. 정의는 어떤 용어나 단어의 뜻과 개념을 밝히는 것으로 충분한 지식을 가지고 있어야 정확한 정의를 내릴 수 있다. 어떠한 대상을 파악하고자 할 때 대상을 적절히 나누거나 묶어서 정리해야 하는데, 하위 개념을 상위 개념으로 묶어 가면서 설명하는 ( ㉠ )의 방법과 상위 개념을 하위 개념으로 나누어 가면서 설명하는 ( ㉡ )의 방법이 있다. 설명을 할 때에 서로 비슷비슷하여 구별이 어려운 개념에 대하여 그들 사이의 공통점이나 차이점을 지적하면 이해하기 쉬운데, 둘 이상의 대상 사이의 유사점에 대하여 설명하는 일을 ( ㉢ )(이)라 하고, 그 차이점에 대하여 설명하는 일을 ( ㉣ )(이)라 한다. 이러한 방법을 통해서 말하게 되면 평이한 화제를 가지고도 개성 있는 말하기를 할 수 있게 된다. 예시는 어떤 개념이나 사물에 대한 이해를 돕기 위하여 이에 해당하는 예를 직접 보여 주거나 예를 들어 설명하는 것이다.

| | ㉠ | ㉡ | ㉢ | ㉣ |
|---|---|---|---|---|
| ① | 대조 | 비교 | 구분 | 분류 |
| ② | 비교 | 대조 | 분류 | 구분 |
| ③ | 분류 | 구분 | 비교 | 대조 |
| ④ | 구분 | 분류 | 대조 | 비교 |

정답 05 ② 06 ③ 07 ③

## 08

**다음 글의 전개 방식으로 옳은 것은?** 11기출

> 가열되는 비커의 밑면에 접해 있는 물은 온도가 올라가면서 그 부피가 팽창하고, 따라서 밀도가 낮아진다. 이렇게 더워져서 밀도가 낮아진 물은 위로 올라가고, 위에 있던 찬물이 밑으로 흘러든다.

① 묘사 ② 과정

③ 설명 ④ 인과

## 09

**다음 글의 전개 방식으로 옳은 것은?** 10기출

> 오늘날 민주주의는 심한 시련을 겪고 있다. 그 이유는 사이비 민주 정치의 범람 때문이요, 정치 지도자들의 도덕적 타락 때문이다. 우선 이 세상에 현존하는 정치 제도 중에 민주주의라는 허울을 쓰지 않은 것이 없을 만큼 사이비 민주주의가 들끓고 있다. 1920~1930년대에 유럽을 휩쓸었고 급기야는 세계를 피비린내 나는 대전의 도가니로 몰아넣었던 '파시스트'의 독재 정치도 민주주의란 허울을 썼고, 개인의 자유를 무시하면서 독재를 표방하고 있는 나라에서도 자기네들이야말로 '진정한 민주주의'라고 주장하고 있다.

① 예시 ② 분석

③ 논증 ④ 정의

## 10

**다음 중 글의 전개 방식에 묘사를 사용한 것은?** 10기출

① 거대한 기계에서 일부분만 분리되면 아무 쓸모없는 고철이 될 수도 있다. 기계의 일부분은 전체의 체계 속에서만 진정한 기능을 발휘하게 되는 것이다. 우리가 독서를 할 때에는, 이와 같이 어느 한 부분의 내용도 한 편의 글이라는 전체의 구조 속에서 파악하여야만 그 바른 의미를 이해할 수 있게 된다.

② 지구와 화성은 비슷한 점이 많다. 둘은 태양계의 행성으로, 태양으로부터 거리가 비슷하고, 태양을 중심으로 공전(公轉), 자전(自轉)하고 있는 점이 같다. 그런데 지구에는 물과 공기가 있고, 생물이 있다. 그러므로 화성에도 물과 공기가 있고, 생물이 존재할 가능성이 있다.

③ 이 사회의 경제는 모두가 제로섬 요소로 구성되어 있다. 제로섬(zero-sum)이란 어떤 수를 합해서 제로가 된다는 뜻이다. 어떤 운동 경기를 한다고 할 때, 이기는 사람이 있으면 반드시 지는 사람이 있게 마련이다. 어느 한쪽 팀이 점수를 얻게 되면 다른 팀은 점수를 잃는다. 이 승리자와 패배자의 점수를 합치면 전체로서는 제로가 된다.

④ 이마에서 뒷머리까지는 갈색의 양털 모양 솜털이 있고, 눈 앞과 뒤, 덮깃과 턱 밑과 뺨에는 갈색을 띤 짧은 솜털과 어두운 갈색 털 모양의 깃털이 있다. 눈 주위에는 푸른색을 띤 흰색의 솜털과 어두운 갈색 털이 나 있다.



08 ② 09 ① 10 ④ 정답

## 11

**다음 글에서 사용되지 않은 설명 방법은?** 09기출

전통은 물론 과거로부터 이어 온 것을 말한다. 이 전통은 대체로 그 사회 및 그 사회의 구성원인 개인의 몸에 배어 있는 것이다. 그러므로 스스로 깨닫지 못하는 사이에 전통은 우리의 현실에 작용하는 경우가 있다. 그러나 과거에서 이어 온 것을 무턱대고 모두 전통이라 한다면, 인습(因襲)이라는 것과 구별이 서지 않을 것이다. 우리는 인습을 버려야 할 것이라고는 생각하지만, 계승해야 할 것이라고는 생각하지 않는다. 여기서 우리는, 과거에서 이어 온 것을 객관화하고, 이를 비판하는 입장에 서야 할 필요를 느끼게 된다.

그 비판을 통해 현재의 문화 창조에 이바지할 수 있다고 생각되는 것만을 우리는 전통이라고 불러야 할 것이다. 이같이, 전통은 인습과 구별될뿐더러, 또 단순한 유물과도 구별되어야 한다. 현재의 문화 창조와 관계가 없는 것을 우리는 문화적 전통이라고 부를 수가 없기 때문이다.

그러므로 어느 의미에서는 고정불변(固定不變)의 신비로운 전통이라는 것이 존재한다기보다 오히려 우리 자신이 전통을 찾아내고 창조한다고도 할 수가 있다. 따라서, 과거에는 훌륭한 문화적 전통의 소산(所産)으로 생각되던 것이, 후대(後代)에는 버림을 받게 되는 예도 또한 허다하다. 한편, 과거에는 돌보아지지 않던 것이 후대에 높이 평가되는 일도 또한 한두 가지가 아니다. 연암의 문학은 바로 그러한 예인 것이다. 비단, 연암의 문학만이 아니다. 우리가 현재 민족 문화의 전통과 명맥(命脈)을 이어준 것이라고 생각하는 거의 모두가 그러한 것이다. 신라(新羅)의 향가(鄕歌), 고려(高麗)의 가요(歌謠), 조선 시대(朝鮮時代)의 사설시조(辭說時調), 백자(白磁), 풍속화(風俗畵) 같은 것이 다 그러한 것이다.

① 묘사 ② 열거
③ 대조 ④ 예시

## 12

**다음 제시문의 설명 방법으로 가장 적절한 것은?** 07기출

지적 재산권은 인간의 창조적 활동 또는 경험 등을 통해 창출하거나 발견한 지식 · 정보 · 기술이나 표현, 표시 그 밖에 무형적인 것으로서 재산적 가치가 실현될 수 있는 지적 창작물에 부여된 재산에 관한 권리를 말한다. 어떤 학자는 “지적 재산권은 인간의 지적 창조물 중에서 법으로 보호할 만한 가치가 있는 것들에 대하여 법이 부여하는 권리”라고 말했다.

① 예시 ② 분석
③ 정의 ④ 분류

정답 11 ① 12 ③

TOP 3 순서 맞추기

## 01

**다음 (가)의 위치로 가장 적절한 것은?** 20 ⑨ 기출

계해년(癸亥年) 겨울에 우리 전하께서 정음 28자를 처음으로 만들어 예의(例義)를 간략하게 들어 보이고 이름을 훈민정음(訓民正音)이라 하였다. ( ① ) 천지인(天地人) 삼극(三極)의 뜻과 음양(陰陽)의 이기(二氣)의 정묘함을 포괄(包括)하지 않은 것이 없다. 28자로써 전환이 무궁하고 간요(簡要)하며 모든 음에 정통하였다. 슬기로운 사람은 하루아침을 마치기도 전에 깨우치고, 어리석은 이라도 열흘이면 배울 수 있다. ( ② ) 이 글자로써 글을 풀면 그 뜻을 알 수 있고, 이 글자로써 송사를 심리하더라도 그 실정을 알 수 있게 되었다. ( ③ ) 한자음은 청탁을 능히 구별할 수 있고 악기는 율려에 잘 맞는다. 쓰는 데 갖추어지지 않은 바가 없고, 가서 통달되지 않는 바가 없다. 바람 소리, 학의 울음, 닭의 홰치며 우는 소리, 개 짖는 소리일지라도 모두 이 글자를 가지고 적을 수가 있다. ( ④ )

– 「훈민정음 해례(解例)」 정인지(鄭麟趾) 서문(序文) 중에서

〈보 기〉

(가) 상형을 기본으로 하고 글자는 고전(古篆)을 본떴고 사성을 기초로 하고 음(音)이 칠조(七調)를 갖추었다.

① ② ③ ④

## 02

**다음 글을 순서대로 바르게 나열한 것은?** 19 ㊟ 기출

(가) 제임스 러브록이 말하는 사이보그는 우리가 아는 것과 조금 다르다. 그는 사이보그를 오늘날 로봇과 인공지능(AI) 시스템의 후예로 자급자족하고 자각할 수 있는 존재라고 묘사했다. 이는 뇌를 제외한 팔다리나 장기를 기계로 바꾼 개조 인간을 뜻하는 사이보그보다 AI 로봇의 의미에 가깝다.

(나) 제임스 러브록은 "사이보그를 생물의 또다른 계(kingdom)라고 생각한다"면서 "그들은 인간이 동물계로서 식물계 위에 선 것처럼 우리 위에 설 것"이라고 말했다. 러브록은 계속해서 자신을 개선할 수 있는 AI 시스템의 발명은 노바세의 결실에 다가가는 중요한 핵심 요소라고 말했다.

(다) 지구를 하나의 작은 생명체로 보는 '가이아 이론'의 창시자인 제임스 러브록은 인간은 인공지능(AI) 로봇에 의해 지구 최상위층 자리를 내줄 수도 있다고 경고하고 나섰다. 제임스 러브록은 가이아 이론을 '노바세(Novacene)'에서 이렇게 밝혔다. 러브록은 "인간의 우위가 급격히 약해지고 있다. 미래에는 인간이 아니라 스스로 설계하고 만드는 존재들이 우위에 설 것"이라면서 "난 그들을 쉽게 사이보그라고 부른다"고 말했다.

(라) 만일 지구가 멸망 위기에 직면하면 사이보그는 대규모 지구공학을 이용해 지구를 인간보다 자신들 환경에 맞게 바꿔놓으려 할 수도 있을 것이라고 그는 설명했다. 그러면 세계는 산소나 물을 필요하지 않는 사이보그에게 맞게 변해 인간의 생존에는 적합하지 않을 수도 있다는 것이다. 하지만 이보다 가능성이 높은 상황은 지능이 매우 높은 사이보그들은 지구에서 지내기 어려운 상황이 되기 전에 지구를 떠나는 길을 선택할 수도 있다.

① (가) – (나) – (다) – (라)
② (나) – (가) – (라) – (다)
③ (다) – (가) – (나) – (라)
④ (라) – (나) – (다) – (가)



01 ① 02 ③ 정답

## [03~04] 다음 글을 읽고 물음에 답하시오.

(가) 만물은 시간의 흐름에 따라 끊임없이 변화한다. 언어 또한 끊임없이 변화하는 실체이다. 언어의 변화는 음운, 형태, 통사, 의미 등 언어를 구성하는 모든 측면에서 변화한다.

(나) 특정한 어느 한 시기의 언어 상태를 공시태라고 하고, 어떤 언어의 변화 상태를 통시태라고 할 때, 공시태는 같은 언어의 같은 시기에 속하는 언어 상태를 말하며, ㉠ 통시태는 같은 언어의 다른 변화 시기에 속하는 다른 언어 상태를 말한다.

(다) 그러나 모든 언어 현상은 항상 역사적인 요인과 결합되어 있다. 즉, 공시적 언어 현상은 항상 다음 단계로 변화하는 시발점이 되어 동요하고 있다. 따라서 공시적 언어 상태는 새로이 생겨나는 요소와 없어져 가는 요소의 혼합체라고 할 수 있으며, 공시태는 과거를 반영하고 미래를 예측하게 하는 것이다.

(라) 언어의 변화는 음운, 형태, 통사, 의미 등 언어를 구성하는 모든 측면에서 일어난다고 하였다. 통사 현상 역시 변화한다. 통사 변화에는 역시 문법 범주의 변화와 문장 구성의 변화를 포함한다.

### 03

윗글에서 〈보기〉의 문장이 들어가기에 가장 적절한 곳은?

19추기출

〈보 기〉

이러한 언어의 변화는 원칙적으로는 어느 한 공시태에서 다른 공시태로의 변화를 의미한다.

① (가)의 뒤
② (나)의 뒤
③ (다)의 뒤
④ (라)의 뒤

### 04

윗글의 밑줄 친 ㉠에 해당하지 않는 것은?

19추기출

① 모음 조화 현상의 변화
② 상대 높임법의 변천
③ 신조어의 등장과 방언의 실현
④ ㆍ(아래아), ㅸ(순경음 비읍)의 변화

## [05~06] 다음 글을 읽고 물음에 답하시오.

(가) 비자의 생명은 유연성이란 특질에 있다. 한 번 균열이 생겼다가 제 힘으로 도로 유착 · 결합했다는 것은 그 유연성이란 특질을 실지로 증명해 보인, 이를테면 졸업 증서이다. 하마터면 목침감이 될 뻔했던 불구 병신이, 그 치명적인 시련을 이겨내면 되레 한 급(級)이 올라 특급품이 되어 버린다. 재미가 깨를 볶는 이야기다.

(나) 반면이 갈라진다는 것이 기약치 않은 불측(不測)의 사고이다. 사고란 어느 때 어느 경우에도 별로 환영할 것이 못 된다. 그 균열(龜裂)의 성질 여하에 따라서는 일급품 바둑판이 목침(木枕)감으로 전락해 버릴 수도 있다. 그러나 그렇게 큰 균열이 아니고 회생할 여지가 있을 정도라면 헝겊으로 싸고 뚜껑을 덮어서 조심스럽게 간수해 둔다(갈라진 균열 사이로 먼지나 티가 들어가지 않도록 하는 단속이다).

(다) 1년, 이태, 때로는 3년까지 그냥 내버려 둔다. 계절이 바뀌고 추위, 더위가 여러 차례 순환한다. 그 동안에 상처났던 바둑판은 제 힘으로 제 상처를 고쳐서 본디대로 유착(癒着)해 버리고, 균열진 자리에 머리카락 같은 희미한 흔적만이 남는다.

(라) 비자반 일등품 위에 또 한층 뛰어 특급품이란 것이 있다. 반재며, 치수며, 연륜이며 어느 점이 일급과 다르다는 것은 아니나, 반면에 머리카락 같은 가느다란 흉터가 보이면 이게 특급품이다. 알기 쉽게 값으로 따지자면, 전전(戰前) 시세로 일급이 2천 원(돌은 따로 하고) 전후인데, 특급은 2천 4, 5백 원, 상처가 있어서 값이 내리기는커녕 오히려 비싸진다는 데 진진(津津)한 묘미가 있다.

### 05

윗글을 순서대로 바르게 나열한 것은?

19기출

① (라) – (나) – (가) – (다)
② (라) – (나) – (다) – (가)
③ (나) – (라) – (가) – (나)
④ (나) – (가) – (라) – (다)

정답 03 ① 04 ③ 05 ②

## 06

**윗글의 주제로 옳은 것은?** 19기출

① 과실이 생겨도 융통성 있게 헤쳐 나가야 한다.
② 각박한 현실에 맞서서 대항하는 자세가 중요하다.
③ 대상은 신비로운 상태로 남겨 두는 것이 필요하다.
④ 위기를 기회로 삼아야 한다.

## 07

**(가)~(라) 중 〈보기〉의 문장이 들어가기에 가장 적절한 곳은?** 18기출

(가) 우리가 매일 되풀이해 행하는 '습관'은 개개인의 인생 행로를 결정하는 가장 전신적이면서도 구체적인 기본 원리 중의 하나이다. 다시 말해, 그것이 무엇이든 현재 가장 습관적으로 하는 일이 우리의 미래를 결정짓는다.

(나) 인생이 뜻대로 풀리지 않을 때마다 초조해 하고, 다른 사람의 비판에 대해 공격적이거나 방어적인 자세를 취하며, 항상 자신이 옳다고 주장하거나, 불운한 상황을 실제보다 훨씬 더 비관적인 눈길로 바라보고, 인생이 위급 상황인 양 행동하는 습관에 젖어 있다면 우리의 삶 역시 이러한 습관의 반영물이 되고 만다.

(다) 나는 '인간은 연습을 통해 완벽해질 수 있으며, 그렇기 때문에 매일매일의 습관에 주의를 기울여야 한다.'고 생각한다. 그렇다고 인생 전체를 원대한 계획으로 가득 채우고, 목표 달성을 향해 항상 자신을 질책해야 한다는 것은 아니다. 다만 자신의 내적 · 외적 습관을 의식하는 것이 삶에 큰 도움이 된다는 것이다. 지금 어디에 관심을 쏟고 있는가? 어떻게 시간을 보내고 있는가? 자신이 정한 목표에 도움이 되는 습관을 개발하고 있는가? 자신이 기대해 온 인생이 실제 자신의 인생과 일치하는가?

(라) 스스로에게 이러한 질문을 던져보고, 정직하게 대답하는 것만으로도 어떤 방법이 자신에게 가장 유용한지 결정하는 데 도움이 된다. 혹시 "나는 좀 더 많은 시간을 혼자 보내고 싶어." 혹은 "나는 항상 명상법을 배우고 싶었어."라고 말하면서도 어찌 된 일인지 시간이 없어 그렇게 하지 못하지는 않았는가? 유감스럽게도 많은 사람들이 마음을 살찌우는 일에 시간을 투자하기보다는 세차를 하거나, 재미도 없는 시시껄렁한 텔레비전 프로그램의 재방송을 보는 데 더 많은 시간을 쏟는다. 하지만 만일 매일같이 시간을 내서 하는 일이 자신의 미래를 결정짓는다는 점을 명심한다면, 분명 이전과는 다른 일들을 시작하게 될 것이다.

〈보 기〉

이 말을 다시 하자면, 실패하고 좌절하는 연습을 하기 때문에 결국 좌절하고 마는 것이다. 이와 마찬가지로, 연습을 통해서 자신에게 숨겨져 있는 연민과 인내력, 친절, 겸손 그리고 평화라는 더없이 긍정적인 자질을 끌어 낼 수도 있다.

① (가)의 뒤
② (나)의 뒤
③ (다)의 뒤
④ (라)의 뒤



06 ① 07 ② 정답

## 08

다음 글을 순서대로 바르게 나열한 것은? 17기출

(가) 우유는 인간에게 양질의 영양소를 공급하는 식품이다. 하지만 아무런 처리를 하지 않은 우유, 즉 원유를 가공하지 않고 그대로 유통하게 되면 부패나 질병을 유발하는 유해 미생물이 빠르게 증식할 위험이 있다. 그렇기 때문에 평소에 우리가 마시는 우유는 원유를 열처리하여 미생물을 제거해야 한다.

(나) 먼저, 원유를 63℃에서 30분간 열처리하여 그 안에 포함된 미생물을 99.999% 이상 제거하는 '저온 살균법'이 있다. 저온 살균법은 미생물을 제거하는 데는 효과적이나 시간이 오래 걸린다는 단점이 있다. 이를 보완하기 위해 개발된 방법이 '저온 순간 살균법'이다. 저온 순간 살균법은 원유를 75℃에서 15초간 열처리하는 방법이다. 이 방법은 미생물 제거 효과가 저온 살균법과 동일하지만 우유의 대량 생산을 위해 열처리 온도를 높여서 열처리 시간을 단축시킨 것이다.

(다) 원유를 열처리하게 되면 원유에 포함되어 있는 미생물의 개체 수가 줄어드는데, 일반적으로 가열 온도가 높을수록, 가열 시간이 길수록 그 수는 더 많이 감소한다. 그런데 미생물의 종류에 따라 미생물을 제거하는 데 필요한 시간과 온도가 다르기 때문에 적절한 열처리 조건을 알아야 한다.

(라) 저온 살균법이나 저온 순간 살균법으로 처리한 우유의 유통 기간은 냉장 상태에서 5일 정도이다. 만약 우유의 유통 기간을 늘리려면, 저온 살균법이나 저온 순간 살균법으로 처리해도 죽지 않는 미생물까지도 제거해야 한다. 열에 대한 저항성이 큰 종류의 미생물까지 제거하기 위해서는 134℃에서 2~3초간 열처리하는 '초고온 처리법'을 사용한다. 이렇게 처리된 우유를 멸균 포장하면 상온에서 1개월 이상의 장기 유통이 가능하다.

① (가) – (나) – (다) – (라)
② (가) – (나) – (라) – (다)
③ (가) – (다) – (나) – (라)
④ (가) – (라) – (다) – (나)

## 09

다음 글을 순서대로 바르게 나열한 것은? 16기출

㉠ 식민 지배를 공고히 하기 위해 일제는 "조선인들은 김정호와 대동여지도의 위대함을 알아보지 못하고 목판마저 불태워버린 미개한 민족"이라고 비난하며 진품의 존재를 숨겨왔던 것이다.

㉡ 그러나 연구 결과 김정호의 옥사설은 사실이 아닌 것으로 확인되었으며, 흥선 대원군에 의해 불타 사라졌다던 대동여지도의 원판이 11장이나 발견되었다.

㉢ 최근까지도 이것은 사실로 받아들여지고 있었다.

㉣ 김정호가 대동여지도를 제작하자 흥선 대원군은 김정호를 감옥에 가두고 지도의 판목은 압수해 불태웠다고 한다.

㉤ 이는 일제 강점기 때 조선 총독부가 발행한 『조선어독본』에 나와 있는 내용이다.

① ㉠ – ㉡ – ㉢ – ㉣ – ㉤
② ㉢ – ㉡ – ㉤ – ㉣ – ㉠
③ ㉣ – ㉤ – ㉢ – ㉡ – ㉠
④ ㉤ – ㉣ – ㉢ – ㉡ – ㉠

정답 08 ③ 09 ③

## 10

다음 글을 순서대로 바르게 나열한 것은? 14기출

(가) 정부에서 내놓은 1차 국가 에너지 기본 계획에서 강조하고 있는 것은 크게 세 가지로 볼 수 있다. 첫째 석유 의존도 축소, 둘째 에너지 효율성 개선, 셋째 그린 에너지 산업 성장 동력화다. 사실 이 세 가지가 서로 다른 문제는 아니다.

(나) 그렇다면 신재생 에너지와 이 국가적 규모의 정책 기조와의 관계를 살펴보는 것은 매우 중요하다. 정부 스스로 60년 앞을 내다보는 계획을 제출했다고 천명했으므로, 신재생 에너지를 산업 분야로서 주목하지 않을 수 없는 것이다.

(다) 정부가 '저탄소 녹색 성장'을 향후 60년의 새로운 국가 비전으로 제시한 것도 이런 세계적 트렌드의 변화에 대비한 선제적 포석인 셈이다. '저탄소, 친환경'이라는 인식이 전 세계적으로 통용되는 상황에서 이미 단순 경제 성장 논리에 익숙한 우리에게는 더 이상 미룰 수 없는 과제적 성격을 가지는 것이기도 하다.

(라) 우리나라는 세계 10대 에너지 소비국이다. 그런데 이 에너지의 97퍼센트를 해외 수입에 의존하고 있다. 향후 온실가스 감축 의무가 부과될 경우, 우리나라 경제가 안게 될 부담은 상상 이상일 수 있다. 기후 변화 문제가 심각해질수록 국제 사회는 점차 강한 규제를 통해 각국의 탄소 배출을 강제할 것이다.

① (가) – (다) – (나) – (라)
② (가) – (나) – (라) – (다)
③ (라) – (나) – (가) – (다)
④ (라) – (다) – (나) – (가)

## 11

다음 글을 순서대로 바르게 나열한 것은? 13기출

(ㄱ) 이 세상에서 가장 결백하게 보이는 사람일망정 스스로나 남이 알아차리지 못하는 결함이 있을 수 있고, 이 세상에서 가장 못된 사람으로 낙인이 찍힌 사람일망정 결백한 사람에게서마저 찾지 못할 아름다운 인간성이 있을지도 모른다.

(ㄴ) 소설만 그런 것이 아니다. 우리의 의식 속에는 은연중 이처럼 모든 사람을 좋은 사람과 나쁜 사람 두 갈래로 나누는 버릇이 도사리고 있다. 그래서인지 흔히 사건을 다루는 신문 보도에는 모든 사람을 '경찰' 아니면 '도둑놈'인 것으로 단정한다. 죄를 저지른 사람에 관한 보도를 보면 마치 그 사람이 죄의 화신이고, 그 사람의 이력이 죄만으로 점철되어 있고, 그 사람의 인격에 바른 사람으로서의 흔적이 하나도 없는 것으로 착각하게 된다.

(ㄷ) 이처럼 우리는 부분만을 보고, 또 그것도 흔히 잘못 보고 전체를 판단한다. 부분만을 제시하면서도 보는 이가 그것이 전체라고 잘못 믿게 만들 뿐만이 아니라, '말했다'를 '으스댔다', '우겼다', '푸념했다', '넋두리했다', '뇌까렸다', '잡아뗐다', '말해서 빈축을 사고 있다'와 같은 주관적 서술로 감정을 부추겨서, 상대방으로 하여금 이성적인 사실 판단이 아닌 감정적인 심리 반응으로 얘기를 들을 수밖에 없도록 만든다.

(ㄹ) 「춘향전」에서 이 도령과 변학도는 아주 대조적인 사람들이었다. 흥부와 놀부가 대조적인 것도 물론이다. 한 사람은 하나부터 열까지가 다 좋고, 다른 사람은 모든 면에서 나쁘다. 적어도 이 이야기에 담긴 '권선징악'이라는 의도가 사람들을 그렇게 믿게 만든다.

① (ㄱ) – (ㄴ) – (ㄷ) – (ㄹ)
② (ㄹ) – (ㄴ) – (ㄷ) – (ㄱ)
③ (ㄱ) – (ㄷ) – (ㄹ) – (ㄴ)
④ (ㄹ) – (ㄷ) – (ㄴ) – (ㄱ)



10 ④ 11 ② 정답

## 12

**다음 〈보기〉의 문장이 들어가기에 가장 적절한 곳은?** 10기출

(가) 일제의 식민지 통치 밑에서 천도교가 주도하여 일으킨 3 · 1 독립운동은 우리나라 민족사에서 가장 빛나는 위치를 차지하는 거족적인 해방 독립 투쟁이다.

(나) 그 뿐만 아니라 1918년 11월 제1차 세계 대전이 끝나자 미국 대통령 윌슨(Woodrow Wilson)이 전후 처리 방안인 14개조의 기본 원칙으로 민족 자결주의를 이행한다고 발표한 후 최초이자 최대 규모로 일어난 제국주의에 대항한 비폭력 투쟁으로서 세계 여러 약소민족 국가와 피압박 민족의 해방 운동에 끼친 영향은 실로 지대한 세계사적인 의의를 갖는다고 하겠다.

(다) 또한 '최후의 一人까지, 최후의 一刻까지'를 부르짖은 3 · 1 독립운동이 비록 민족 해방을 쟁취하는 투쟁으로서는 실패는 하였으나 평화적인 수단으로 지배자에게 청원(請願)을 하거나 외세에 의존하는 사대주의적 방법으로는 자주독립이 불가능하다는 교훈을 남겼다는 점에서도 그 의의는 크다고 할 것이다.

(라) 언론 분야는 3 · 1 운동이 일어나자 독립 선언서와 함께 천도교의 보성사에서 인쇄하여 발행한 지하신문인 『조선독립신문』이 나오자, 이를 계기로 국내에서는 다양한 신문이 쏟아져 나왔기 때문에 이들 자료를 통해 많은 연구가 이루어지고 있다.

〈보 기〉

그동안 3 · 1 운동에 관한 학자들의 부단한 연구는 3 · 1 운동의 원인과 배경을 비롯하여, 운동의 형성과 전개 과정, 일제의 통치 · 지배 정책, 운동의 국내외의 반향, 운동의 검토와 평가, 그리고 3 · 1 운동 이후의 국내외 민족 운동 등 각 분야에 걸쳐 수많은 저작을 내놓고 있다.

① (가)의 뒤　　② (나)의 뒤
③ (다)의 뒤　　④ (라)의 뒤

# 주제 · 제목 찾기

## 01

**다음 글을 요약한 것으로 가장 적절한 것은?** 20⑨기출

요즘 들어 사람들은 건강에 대한 많은 관심을 보이고 있다. 특히 운동을 통한 건강 유지에 대한 관심이 각별하다고 할 수 있다. 부지런히 뛰고 땀을 흠뻑 흘린 뒤에 느끼는 개운함을 좋아한다. 그렇지만 무조건 신체를 움직인다고 해서 다 운동이 되는 것은 아니다. 무리하게 움직이면 오히려 역효과를 가져온다. 그러므로 운동의 강도를 결정할 때는 자신의 신체 조건을 우선적으로 고려해야 한다. 자신의 체력에 비추어 신체 기능을 충분히 자극할 수는 있어야 하지만 부담이 지나치지 않게 해야 한다. 운동의 시간과 빈도는 개인의 생활양식에 의해 많은 영향을 받게 되지만, 일반적으로는 일주일에 한 번씩 오랜 운동 시간을 하는 것보다는 운동 시간이 짧더라도 빈도를 높여서 규칙적으로 움직이는 것이 운동의 효과를 높이는데 효과적이다. 가장 바람직한 것은 매일 일정량의 운동을 실천하여 운동을 하나의 생활 습관으로 정착시키는 것이다.

① 운동의 효과는 운동의 빈도를 높일수록 좋다고 할 수 있으므로 가급적 쉬지 말고 부지런히 운동을 하는 것이 좋다.
② 운동의 효과를 높이기 위해서는 무리한 운동보다는 신체에 적절한 자극이 가해지는 운동을 생활 습관으로 정착시켜야 한다.
③ 신체를 무조건 움직인다고 해서 운동이 되는 것이 아니므로 자신의 신체 조건을 우선적으로 고려하여 운동의 강도를 결정한다.
④ 매일 일정량의 운동을 통해 운동을 생활습관으로 정착시키기 위해서는 운동의 긍정적인 측면과 부정적인 측면을 모두 고려해야 한다.

정답 12 ③ / 01 ②

[02~03] 다음 글을 읽고 물음에 답하시오.

관계 내에 갈등이 발생할 때 무엇보다도 먼저 피해야 할 것이 성급한 판단이다. '저 사람 때문에 이런 문제가 발생했다.', '저 사람은 그만 한 문제도 그냥 못 넘긴다.' 또는 '우리 관계는 엉망이다.'라는 식으로 결론부터 내린다면 서로에게 좋은 결과를 찾는다는 것은 애당초 그른 일이다. 한쪽에서 판단부터 내린 채 문제에 접근하면 다른 쪽은 자신의 가치가 무시되었다고 느끼기 때문에 감정적으로 반응하게 되고 때로는 적대감까지 가진다. 따라서 성급한 판단을 피하고 문제를 되도록 객관적인 방향으로 표현해야 한다.

문제를 객관적으로 표현하기 위해서는 묘사적인 언어를 사용해야 한다. 묘사적인 언어란 상대방을 비난하거나 동기를 해석하지 않고 일어난 일을 그대로 기술하는 표현법을 말한다. 즉, 자신의 가치나 판단을 개입시키지 않는 표현법을 일컫는 것이다. 이를테면 노사 관계에서 사원 복지의 문제로 갈등이 있을 때 노조 측에서 '회사 측은 자기 이익밖에 모른다. 쥐꼬리만 한 월급만 던져 주면 그만이냐?'라고 한다면 이것은 극한 판단이 개입된 표현이다. 이런 말을 들으면 회사 측은 '너희들은 어떤가. 회사야 망하든 말든 제이익만 챙기지 않느냐!' 하는 식으로 나오게 되어 갈등은 심화되게 마련이다. 이럴 때는 '우리 회사의 사원 복지는 다른 회사에 비해 부족한 점이 많다.'라는 식으로 객관적으로 묘사하는 것이 통합적 해결책을 찾기 위한 출발점이 된다.

## 02

다음 중 윗글의 제목으로 가장 적절한 것은? 18기출

① 객관적 표현 ② 갈등 대응 전략

③ 말의 중요성 ④ 판단의 신중함

## 03

다음 중 윗글의 요지로 옳은 것은? 18기출

① 각자 자신의 의견만 내세워서는 안 된다.

② 객관적으로 말을 해야 문제가 해결된다.

③ 의사 표현을 위한 단어를 선택할 때에는 신중해야 한다.

④ 성급한 판단을 피하고 묘사적 언어를 사용해야 한다.

## 04

다음 글의 주제로 옳은 것은? 15기출

야생 동물이 건강에 좋은 먹을거리를 선택한다는 것은 이미 과학적으로 입증되었다. 그 수준도 '동물 따위가 뭘 알겠어.' 하고 치부하기에는 놀라울 정도로 높다. 예를 들면 동물은 기운을 북돋기 위해 흥분제 성분이 들어 있는 과일이나 환각 작용을 일으키는 버섯, 아편 성분이 들어 있는 양귀비 등 향정신성 먹을거리를 즐겨 섭취한다. 개중에는 흥분제에 중독 증상을 보이는 동물도 있다. 더욱 놀랄 만한 사실은 교미 시의 생산 능력을 높이기 위해 자연에 널려 있는 '최음제'를 먹는 경우마저 있다는 사실이다.

사막에 사는 거북은 칼슘을 찾아 사막을 몇십 킬로미터씩 여행한다. 칼슘은 거북의 껍질을 단단하게 만드는 데 필요한 성분이다. 원숭이와 곰 등은 신맛이 나는 기름과 고약한 냄새의 송진을 온몸에 즐겨 바른다. 이러한 냄새들은 벌레에 물리는 것을 막아줄 뿐만 아니라 세균 감염도 예방해 준다. 침팬지는 털이 난 나뭇잎을 독특한 방법으로 뭉쳐서 삼킨다. 잎에 난 털이 식도로 넘어가며 식도 주위의 기생충들을 청소해 준다. 개와 고양이가 가끔 풀을 뜯어먹는 것도 비슷한 이유다. 이 풀들은 기생충과 함께 소화되지 않고 몸 바깥으로 배설된다. 새들은 특정한 향이 나는 허브 잎을 모아 둥지를 둘러싼다. 잎의 향 때문에 진드기와 벼룩이 둥지로 접근하지 못한다. 코끼리는 나트륨 성분을 섭취하기 위해 소금을 먹는다. 만약 소금이 모자라면 새로운 소금 동굴을 찾기 위해 죽음을 무릅쓴 집단 이동도 마다하지 않는다. 붉은원숭이는 주식인 나뭇잎이 함유하는 독성 성분을 없애기 위해 숯을 먹는다.

보통 동물들은 모체로부터 이 같은 식습관을 배운다. 하지만 동물들이 먹을거리의 의학적 효능에 대해 정확하게 알고 있는 것은 아니다. 침팬지와 원숭이가 기생충을 제거하기 위해 먹는 나뭇잎의 종류는 30가지가 넘는다. 만약 침팬지가 나뭇잎을 먹는 이유를 정확하게 알고 있다면 털이 가장 부숭부숭한 나뭇잎을 골라 먹을 것이다.

① 동물은 질병을 치료하는 물을 알고 있다.

② 동물은 어느 자연환경에서나 잘 적응할 수 있다.

③ 동물은 각각 좋아하는 음식이 따로 있다.

④ 동물은 스스로를 자연적으로 치유하는 방법에 대해 선천적으로 알고 있다.



02 ② 03 ④ 04 ④ 정답

## 05

다음 글의 핵심 주제로 옳은 것은? 09기출

> 문법적 지식은 국어를 바르게 이해하고 활용할 수 있는 기틀을 마련하는 데 중요한 역할을 하며 한 사회의 사람들이 서로 원활한 의사소통을 하기 위해 암묵적으로 동의한 하나의 약속이다. 따라서 자신의 생각을 자유롭게 표현한다는 명분 아래 이러한 약속을 깨뜨리는 것은 다른 사람들이 자신의 글을 잘못 이해하게 할 위험이 있다. 그러므로 사람들은 단어의 성격과 문법적 기능, 단어의 형성 방법 등 단어에 대한 지식과 함께 사잇소리 현상, 모음조화, 구개음화 등과 같은 음운 현상에 대한 지식은 기본적 사항이라도 반드시 알아 두어야 한다.

① 문법에 흥미를 갖는 것이 중요하다.
② 문법은 언어적 지식에서 나온다.
③ 문법은 자기도 모르게 습득된다.
④ 문법은 사람들이 알고 있는 지식이다.

## 06

다음 〈보기〉가 의미하는 바로 가장 옳은 것은? 06기출

〈보 기〉

> 국어를 떠난 문학은 있을 수 없고, 문학은 국어를 만났을 때야 비로소 더욱 세련되고 발달되는 것이다.

① 국어와 문학의 불가분리성
② 국어와 문학의 중요성
③ 국어와 문학의 상대성
④ 국어와 문학의 차이점

# 응집성 · 일관성 · 통일성

## 01

다음 글의 ( ㉠ )에 들어갈 접속 부사로 가장 적절한 것은? 20⑨기출

> 계해년(癸亥年) 겨울에 우리 전하께서 정음 28자를 처음으로 만들어 예의(例義)를 간략하게 들어 보이고 이름을 훈민정음(訓民正音)이라 하였다. 천지인(天地人) 삼극(三極)의 뜻과 음양(陰陽)의 이기(二氣)의 정묘함을 포괄(包括)하지 않은 것이 없다. 28자로써 전환이 무궁하고 간요(簡要)하며 모든 음에 정통하였다. ( ㉠ ) 슬기로운 사람은 하루아침을 마치기도 전에 깨우치고, 어리석은 이라도 열흘이면 배울 수 있다. 이 글자로써 글을 풀면 그 뜻을 알 수 있고, 이 글자로써 송사를 심리하더라도 그 실정을 알 수 있게 되었다. 한자음은 청탁을 능히 구별할 수 있고 악기는 율려에 잘 맞는다. 쓰는 데 갖추어지지 않은 바가 없고, 가서 통달되지 않는 바가 없다. 바람 소리, 학의 울음, 닭의 홰치며 우는 소리, 개 짖는 소리일지라도 모두 이 글자를 가지고 적을 수가 있다.
>
> – 「훈민정음 해례(解例)」 정인지(鄭麟趾) 서문(序文) 중에서

① 그리고
② 그런데
③ 그러므로
④ 왜냐하면

정답 05 ② 06 ① / 01 ③

## 02

다음 중 글의 흐름상 삭제해야 할 문장으로 옳은 것은? 18기출

국내 드라마가 나아가지 못하고 제자리걸음을 하고 있는 사이 해외 드라마의 반격이 시작되었다. 케이블 방송을 중심으로 '미드(미국 드라마)'와 '일드(일본 드라마)'로 대표되는 외국 드라마들이 방영되면서 외국 드라마 마니아(mania)층이 형성되기 시작했고, 높은 인기를 끌게 되었다. 시청자들은 국내 드라마와는 달리 다양한 소재의 사용을 해외 드라마의 최대 장점으로 꼽는다.

㉠ 다양한 방법을 통하여 전개되고 있는 그 드라마들은 종종 보고 있노라면, 그 스토리 전개의 방법이 다양하고 신선하다는 생각을 하게 된다.
㉡ 해외 드라마의 경우 마이너리티에 속하는 동성애자들의 삶을 엿볼 수 있는 드라마에서부터 법정 드라마, 의학 드라마, 공상 과학 드라마 등 다양한 소재로 구성된다.
㉢ 또한 의사, 변호사 등 다양한 직업군을 가진 인간 군상들의 이야기들을 다루고 있어 내가 겪어 보지 못했던 세상도 드라마를 통해 자연스럽게 간접 경험할 수 있다.
㉣ 그래서 드라마를 보면서 생각하지 못했던 관점들을 배우게 된다. 이는 획일화된 주제와 내용으로 식상함을 주는 한국 드라마들과 비교하면 참 배울 점이 많은 부분들이 아닐 수 없다.

한류 열풍으로 다른 나라에 수출되는 드라마들도 내용이 엇비슷해 어느 한 홍콩 친구는 나에게 왜 한국 드라마에서는 주인공이 암에 걸리고 입양아이고, 삼각관계냐는 우스갯소리를 하기도 하였다. 한류의 일환으로 드라마가 수출되고 있지만, 한국의 드라마가 다양성을 시도하지 않는다면 더는 발전도 수출도 없을 것이다.

① ㉠ ② ㉡
③ ㉢ ④ ㉣

## 03

다음 중 ㉠~㉣의 접속어가 바르게 연결되지 않은 것은? 16기출

文化(문화)에도 수준이 있고 높고 낮은 지체가 있다면 그 높은 쪽에 두는 게 학문, 예술, 종교, 도덕 등 정신 활동의 所產(소산)이고 출판 역시 그렇다. ( ㉠ ) 오늘의 우리 출판 풍토는 '業者性(업자성)' 상업주의에 너무나 물들어 있다. ( ㉡ ) 엄밀한 의미에선 모든 인간이 능력과 노동력을 파는 '장사꾼'이요, 일터는 거래 시장에 불과하다. ( ㉢ ) 출판계야말로 目不忍見(목불인견)이다. 85년 아이아코카 自敍傳(자서전)은 16개 언어로 동시에 번역돼 나왔고 83년 ET 선풍이 몰아치자 단 3개월만에 13가지나 쏟아져 나왔다. 별로 신통치도 못한 노벨상 作品(작품)들은 또 어땠는가. 일명 '빨간책'인 低質(저질) 불량 지하 출판물이 지상에 범람했고 假名(가명) · 匿名(익명) 불온 출판물이 활개를 쳤다. 요즘도 많다. ( ㉣ ) 하나 문제는 智識產品(지식 산품)인 출판물을 '低知能者(저지능자)'가 만든다는 점이다.

① ㉠ 한데 ② ㉡ 하기야
③ ㉢ 그리고 ④ ㉣ 또



02 ① 03 ③ 정답

## 04

**다음 글에 대한 수정 방안으로 옳지 않은 것은?** 14기출

> 젊어서 고생은 사서도 한다지만 그것은 육체적 노동에 해당되는 이야기가 아닐까. ㉠ 정신적 노동을 감당하는 일명 '감정 노동자'의 삶은 단순한 피로 그 이상의 고통을 수반한다. 육체적 노동은 하룻밤 푹 자고 일어나면 다시 회복될 수 있지만 정신적 노동으로 받은 상처는 쉽게 회복되지 않기 때문이다.
>
> '감정 노동자'라는 용어는 약 30년 전, 미국의 사회학자이자 버클리 대학의 교수인 앨리 러셀 혹실드가 쓴 저서를 통해 처음으로 소개되었다. ㉡ ________________. 저자는 갈수록 서비스가 고도화되어 가는 사회에서 정도의 차이만 있을 뿐, 누구나 감정 노동을 하게 될 수밖에 없으며 사람들은 그 후유증을 안고 살 수 밖에 ㉢ 없다.
>
> 서비스 산업이 성장할수록 이러한 감정 노동에 시달리는 사람들은 나날이 늘어나고 있지만 '손님은 왕', '돈이면 다 된다'라는 식의 잘못된 사고방식을 가진 사람들로 인해 바람직한 고객 정신은 오히려 퇴보하고 있다. 이로 인해 ㉣ 과반수 이상의 감정 노동자들이 고객의 폭언, 폭행, 성희롱 등으로 만성적인 고통을 호소하고 있는 것이다. 감정을 추스를 시간도 없이 과도한 스트레스에 반복적으로 노출되는 감정 노동자들은 점차 자신이 실제로 느끼는 감정에 대해 무뎌지면서 심각한 상태에 이르기도 한다.
>
> –「웃을수록 병드는 감정 노동자의 비애(EBS)」

① ㉠은 글의 통일성을 고려하여 삭제한다.
② 문단의 완결성을 고려해 ㉡에는 '감정 노동자'라는 용어의 정의를 첨가해 준다.
③ ㉢은 문장 성분의 호응을 고려해 '없다고 역설하고 있다.'로 고친다.
④ ㉣은 어휘 사용이 부적절하므로 '과반수의'로 고친다.

## 05

**다음의 주제문을 뒷받침해 주는 문장으로 올바른 것은?** 06기출

> 인간은 일상생활에서 다양한 역할을 수행한다.

① 인간은 생활 속에서 때로는 화를 내며 상대를 미워하기도 하고, 때로는 웃으며 상대를 이해하기도 한다.
② 인간은 사회 속에서 여러 사람과 더불어 살아가고 있기 때문에 개인의 행동은 사회에 영향을 끼칠 수밖에 없다.
③ 학생은 공부를, 직장인은 맡은 바 일을 충실히 하고, 선생님은 수업을 잘 가르치며 각자 그 사회의 일원으로 생활한다.
④ 인간은 다양한 역할을 수행하는 과정에서 많은 역할적 갈등을 겪기도 한다.

정답 04 ① 05 ③

## 내용 추론하기

### 01

**다음 글에서 ㉠, ㉡에 들어갈 알맞은 말은?** 20❼기출

> 일의 시간은 오늘날 시간 전체를 잠식해 버렸다. 우리는 휴가 때뿐만 아니라 잠잘 때에도 일의 시간을 데리고 간다. 지쳐 버린 성과 주체는 마비되는 것처럼 그렇게 잠이 든다. 긴장의 이완 역시 노동력의 재충전에 기여한다는 점에서 일의 한 양태에 지나지 않는다. 이른바 ( ㉠ )도, 다른 시간을 만들어내지도 못한다. 그것 역시 가속화된 일의 시간이 낳은 결과일 뿐이다. 일반적으로 받아들여지고 있는 견해와는 달리, ( ㉡ )는 오늘날 당면한 시간의 위기, 시간의 질병을 극복할 수 없다. 오늘날 필요한 것은 다른 시간, 일의 시간이 아닌 새로운 시간을 생성하는 시간 혁명이다.

| | ㉠ | ㉡ |
|---|---|---|
| ① | 빠르게 살기 | 빠르게 살기 |
| ② | 느리게 살기 | 느리게 살기 |
| ③ | 빠르게 살기 | 느리게 살기 |
| ④ | 느리게 살기 | 빠르게 살기 |

### 02

**맥락을 고려할 때, ㉠~㉣에 들어갈 말로 가장 적절하게 묶인 것은?** 20❼기출

> 영화를 보면 어떤 물체를 3차원 입체 스캐너에 집어넣고 레이저를 이용해서 쓰윽 스캔을 한 뒤 기계가 왔다 갔다 왕복운동을 하면, 무에서 유를 창조하듯 스캐닝 했던 물체와 똑같은 물체가 만들어지는 ( ㉠ )이 나온다. 공상과학 영화에서나 나오는 이런 허구 같은 상황, 그것이 실세로 일어났다. 물체를 3차원 스캔하거나 3D 모델링 프로그램으로 설계해서 입체 모형으로 만들어내는 이 마법 같은 기계인 3D 프린터가 어느새 우리 생활 속으로 들어왔다.
>
> 3D 프린터가 가장 많이 사용되는 곳은 ( ㉡ ) 생산이다. 그간 제품을 개발할 때에는 금형을 만들어서 샘플을 찍어내거나 수작업으로 모형을 만들어냈고, 이후에 수정하거나 설계를 변경하게 되면 엄청난 시간과 비용이 소요되었다. 그러나 3D 프린터로 샘플을 만들어 문제점과 개선점을 확인한 후에 금형을 만들고 제품을 생산하면, 비용 절감은 물론 개발 기간 단축에도 큰 도움이 된다.
>
> 3D 프린터는 ( ㉢ )으로도 유용하게 사용되고 있다. 인체에 무해한 종류의 금속이나 플라스틱 수지 또는 인공뼈 소재를 이용해서 유실된 뼈 부분을 대신하는 용도로 사용되고 있으며, 아주 복잡하고 위험한 수술 전에 실제와 거의 동일한 인체 구조물로 미리 연습을 하도록 돕기도 한다. 또한 큰 사고로 얼굴의 일부가 크게 손상되거나 유실된 환자를 위해 정교하게 제작된 일종의 부분 가면을 만드는 것도 가능하다.
>
> 아직은 3D 프린터가 일반 가정이나 우리의 실생활에 깊게 들어왔다고 보기에는 다소 이르지만 ( ㉣ ) 우리 생활에 정말로 녹아든 시대가 올 것이다. 그러나 한국의 3D 프린터 산업은 여전히 걸음마 단계이다. 정부와 대기업의 관심도 아직 미진하여 교육기관의 3D 프린터 도입은 전혀 준비되지 않았다. 더 늦기 전에 우리도 처음 큰 한 걸음을 내딛어 경쟁력을 갖춰 나가야 한다.

| | ㉠ | ㉡ | ㉢ | ㉣ |
|---|---|---|---|---|
| ① | 상황 | 완제품 | 산업용 | 언젠가 |
| ② | 상황 | 시제품 | 산업용 | 조만간 |
| ③ | 장면 | 완제품 | 의료용 | 언젠가 |
| ④ | 장면 | 시제품 | 의료용 | 조만간 |



01 ② 02 ④ 정답

## 03

**다음 글을 읽고 추론한 내용으로 옳지 않은 것은?** 17기출

1287년 고려 이승휴가 저술한 『제왕운기』 동명성왕 건국 신화편에 '술'이란 단어가 우리나라 문헌에 처음 등장한다. 해모수가 웅장한 궁궐을 짓고 하백의 딸들을 초청하여 술과 음식을 대접하였다는 기록이다. 그 이후로도 술은 과실주나 민속주의 형태로 오늘날까지 이어지고 있다. 농경 문화의 공동체 생활에 익숙한 우리나라 사람들은 술을 마시며 감정을 함께 나누는 것이 사회생활, 즉 인간관계를 형성하거나 유지하는 데 필요하다고 여겨 왔다. 이러한 음주 문화에 대한 인식으로 우리나라 사람들은 신입생 환영회, 단합회 등의 명분으로 함께 술을 마시며 친목을 도모하는 것을 중요하다고 생각한다. 술자리에서 건강상의 이유, 종교적인 이유 등으로 몸을 사리면 분위기를 흐린다며 싫어한다. 하지만 선천적으로 술을 마시고 싶어도 마실 수 없는 사람들도 있다.

어떤 사람이 술에 약하다는 것은 바로 아세트알데하이드 분해 효소가 남들보다 적다는 것을 의미한다. 특히 평소 술 한 잔만 마셔도 얼굴이 빨갛게 변하는 홍조를 겪는 사람들은 선천적으로 알코올 분해 효소가 부족한 체질로, 체질적으로 술이 약한 사람은 남들만큼 술을 마시면 몸에 해롭다. 술자리를 즐기는 문화와는 달리 한국인의 40%는 알코올 분해 효소가 매우 적어 술에 약하다는 예상 밖의 연구 결과가 있다.

술을 마시면 술에 포함된 알코올이 위장에서 흡수돼 혈액으로 들어간다. 이 알코올은 간으로 운반된 후 알코올 탈수소 효소에 의해 분해돼 유독성 대사 산물인 아세트알데하이드란 물질로 바뀐다. 아세트알데하이드는 다시 아세트알데하이드 분해 효소에 의해 아세트산과 물로 분해돼 소변으로 배출된다. 하지만 과도한 음주는 간에서 아세트알데하이드를 충분히 분해하지 못하므로 체내에 축적되어 안면 홍조증, 음주 후 구토, 두통 등의 부작용을 일으킨다.

얼굴이 붉어지는 사람도 술을 자주 마시다 보면 주량이 늘고 얼굴도 덜 붉어지는 경향이 있다. 이는 뇌의 일부분이 알코올에 적응하기 때문인데, 이 경우에도 아세트알데하이드는 분해되지 않고 체내에 남는다는 사실을 명심해야 한다. 예전보다 얼굴이 덜 붉어지는 사람을 보고 "술이 많이 늘었네" 하면서 술을 더 권하는 경우가 있는데 이는 잘못된 음주 상식으로 인하여 생긴 술자리 문화다. 과다한 음주는 알코올성 지방간을 초래하며, 심해지면 간이 딱딱하게 굳는 간경화증으로 악화되고 간암으로도 이어질 수 있다. 또한 심근 경색이나 뇌혈관 질환 등의 위험도 커진다. 삼국시대 이후 우리의 농경 문화를 배경으로 형성된 음주에 대한 인식을 하루아침에 바꾸기는 힘들지만, 알코올 분해 능력은 선천적이고 개별적인 것을 인지하고 막무가내로 술을 권하는 문화는 지양해야 한다.

① 우리나라의 음주 문화는 술자리에서 친목을 다지는 것을 중시하기 때문에 술자리를 피하기 어렵다.
② 한국인의 40%는 아세트알데하이드 분해 효소가 매우 적다.
③ 알코올은 체내에서 아세트산과 물로 분해된다.
④ 주량이 늘면 뇌의 일부분이 알코올에 적응하여 체내에서 아세트알데하이드를 더 잘 분해한다.

정답 03 ④

## 04

**다음 내용을 통하여 추론한 것으로 옳은 것은?** 17기출

> 과거에는 공공 서비스가 경합성과 배제성이 모두 약한 사회 기반 시설 공급을 중심으로 제공되었다. 이런 경우 서비스 제공에 드는 비용은 주로 세금을 비롯한 공적 재원으로 충당을 한다. 하지만 복지와 같은 개인 단위 공공 서비스에 대한 사회적 요구가 증가함에 따라 관련 공공 서비스의 다양화와 양적 확대가 이루어지고 있다. 이로 인해 정부의 관련 조직이 늘어나고 행정 업무의 전문성 및 효율성이 떨어지는 문제점이 나타나기도 한다. 이 경우 정부는 정부 조직의 규모를 확대하지 않으면서 서비스의 전문성을 강화할 수 있는 민간 위탁 제도를 도입할 수 있다. 민간 위탁이란 공익성을 유지하기 위해 서비스의 대상이나 범위에 대한 결정권과 서비스 관리의 책임을 정부가 갖되, 서비스 생산은 민간 업체에게 맡기는 것이다.
>
> 민간 위탁 업체는 수익성을 중심으로 공공 서비스를 제공하기 때문에, 수익이 나지 않을 경우에는 민간 위탁 업체가 제공하는 공공 서비스가 기대 수준에 미치지 못할 수 있다. 또한 민간 위탁 제도에 의한 공공 서비스 제공의 성과는 정확히 측정하기 어려운 경우가 많아서 평가와 개선이 지속적으로 이루어지지 않을 때에는 오히려 민간 위탁 제도가 공익을 저해할 수 있다. 따라서 민간 위탁 제도의 도입을 결정할 때에는 서비스의 성격과 정부의 관리 능력 등을 면밀히 검토하여 신중하게 결정해야 한다.

① 개인에게 제공되는 공공 서비스에 대한 사회적 요구가 증가하여 공공 서비스가 다양화되고 양적으로 확대되자 이를 해결하기 위해 정부는 획일화된 서비스를 제공하는 민간 위탁 제도를 도입하게 되었다.

② 공공 서비스 공급을 확대하기 위한 정부의 민간 위탁 방식이 단일화되어 있어서 공공 서비스의 생산과 수요를 탄력적으로 조절할 수 없다.

③ 민간 위탁 업체는 수익성을 중심으로 공공 서비스를 제공하기 때문에 수익성이 낮은 분야에는 적용되지 않는다.

④ 민간 위탁 제도에 의한 공공 서비스 제공에는 공공 서비스의 공익성을 불안정하게 만들 수 있는 위험 요인이 존재한다.

## 05

**다음 내용을 통하여 추론할 수 있는 것으로 옳은 것은?** 12기출

> 소슬한 바람이 목깃을 파고드는 가을. 추어탕의 계절이 돌아왔다. 추어에서, 미꾸라지 '추(鰍)' 자는 고기 '어(魚)'와 가을 '추(秋)'가 합쳐져서 이루어진 글자이다. 말 그대로 가을철의 대표적인 보양식이다.
>
> 찬바람이 불기 시작하는 초가을부터 맛이 나는 추어탕은 우수한 단백질과 칼슘, 무기질이 풍부하여 초가을에 먹으면 더위로 잃은 원기를 회복시켜 준다. 양질의 단백질이 주성분이어서 피부를 튼튼하게 보호하고 세균 저항력을 높여주며 고혈압과 동맥 경화, 비만증 환자에게도 좋다.
>
> 농촌에서는 추분이 지나고 찬바람이 돌기 시작하면 논에서 물을 빼주고 둘레에 도랑을 치는데 이를 '도구 친다'고 한다. 이 도랑을 이용하면 진흙 속에서 동면을 위해 논바닥으로 파고 들어간 살찐 미꾸라지를 잔뜩 잡을 수 있다.
>
> 이것으로 국을 끓여서 동네잔치를 여는데 이를 '갑을 턱' 또는 '상치 마당'이라고 했단다. 마을 어른들께 감사의 표시로 미꾸라짓국을 대접하는 것이다. 여기에서 '상치(尙齒)'가 노인을 숭상한다는 뜻으로 갈라져 나왔다.
>
> 추어탕은 지방마다 끓이는 방법이 달라 맛도 제각각 다르다. 경상도식은 미꾸라지를 삶아 으깨어 풋배추, 토란대, 부추 등을 넣고 끓이다 파, 마늘, 고추, 방아잎, 산초를 넣는다. 전라도식은 경상도처럼 끓이면서 된장, 파, 들깨즙을 넣어 농도 있게 끓이고 산초를 넣어 매운맛을 낸다. 서울식은 사골과 내장을 끓인 국물에 두부, 버섯 등을 넣고 삶아 놓은 미꾸라지를 통째로 넣어 끓이는데 추어탕과 구별해 '추탕'이라고 부른다. 원주식은 특이하게 고추장으로 국물 맛을 낸다.

① 추분이 지나고, 초겨울이 오면 살찐 미꾸라지를 잡기가 어렵다.

② 상치 마당은 마을 어른들은 물론, 가까운 다른 마을 어른들께 모두 감사의 표시로 미꾸라짓국을 대접하는 것이다.

③ 추탕과 추어탕의 공통점은 미꾸라지를 재료로 한다는 점이다.

④ 추어탕과 추탕은 모두 매운 맛을 낸다.



04 ④ 05 ③ 정답

## 독서 방법

### 01

**주제 통합적 읽기의 절차와 방법을 순서대로 제시한 것은?**

20 ⑦기출

① 다양한 글과 자료의 선정 → 자신의 관점 재구성 → 선정한 글과 자료의 관점 정리 → 관심 있는 화제, 주제, 쟁점 확인 → 관점의 비교, 대조와 평가
② 관점의 비교, 대조와 평가 → 자신의 관점 재구성 → 다양한 글과 자료의 선정 → 관심 있는 화제, 주제, 쟁점 확인 → 선정한 글과 자료의 관점 정리
③ 선정한 글과 자료의 관점 정리 → 관점의 비교, 대조와 평가 → 다양한 글과 자료의 선정 → 자신의 관점 재구성 → 관심 있는 화제, 주제, 쟁점 확인
④ 관심 있는 화제, 주제, 쟁점 확인 → 다양한 글과 자료의 선정 → 선정한 글과 자료의 관점 정리 → 관점의 비교, 대조와 평가 → 자신의 관점 재구성

정답 01 ④

군무원

합격 저격

# 국 어

# PART 4

# 어 휘

# 기출 이론 저격

## 1 주제별 어휘

### 1. 사람과 관련된 말

| 가납사니 | 쓸데없는 말을 지껄이기 좋아하는 수다스러운 사람 / 말다툼을 잘하는 사람 |
|---|---|
| 가살쟁이 | 가살을 잘 피우는 사람을 낮잡아 이르는 말 |
| 각다귀 | 남의 것을 뜯어먹고 사는 사람을 비유적으로 이르는 말 |
| 강원도 포수 | 산이 험한 강원도에서는 사냥을 떠나면 돌아오지 못하는 수가 많았다는 데서, 한 번 간 후 다시 돌아오지 않거나, 매우 늦게야 돌아오는 사람을 비유적으로 이르는 말(= 지리산 포수) |
| 개차반 | 개가 먹는 음식인 똥이라는 뜻으로, 언행이 몹시 더러운 사람을 속되게 이르는 말 |
| 고림보 | ① 몸이 약하여 늘 골골거리며 앓는 사람을 놀림조로 이르는 말 ② 마음이 너그럽지 못하고 옹졸하며, 하는 짓이 푼푼하지 못한 사람을 놀림조로 이르는 말 |
| 고삭부리 | ① 음식을 많이 먹지 못하는 사람 ② 몸이 약하여서 늘 병치레를 하는 사람 |
| 궁도련님 | ① 종친으로서 군(君)에 봉해진 젊은 사람 ② 예전에, 거만하고 약삭빠른 궁방(宮房)의 젊은 사람을 이르던 말 ③ 부유한 집에서 자라나 세상의 어려운 일을 잘 모르는 사람을 비유적으로 이르는 말 |
| 궐공 | 몸이 허약한 사람을 이르는 말 |
| 남산골샌님 | 가난하면서도 자존심만 강한 선비를 놀림조로 이르는 말 |
| 늦깎이 | ① 나이가 많이 들어서 승려가 된 사람 ② 나이가 많이 들어서 어떤 일을 시작한 사람 ③ 남보다 늦게 사리를 깨치는 일. 또는 그런 사람 |
| 대갈마치 | 온갖 어려운 일을 겪어서 아주 야무진 사람을 비유적으로 이르는 말 |
| 두루뭉수리 | 말이나 행동이 변변하지 못한 사람을 놀림조로 이르는 말 |
| 든거지난부자 | 사실은 가난하면서도 겉으로는 부자처럼 보이는 사람 |
| 만무방 | ① 염치가 없이 막된 사람 ② 아무렇게나 생긴 사람 |
| 망석중(이) | 남이 부추기는 대로 따라 움직이는 사람을 비유적으로 이르는 말 |
| 모도리 | 빈틈없이 아주 여무진 사람 |

| 모리배(謀利輩) | 온갖 수단과 방법으로 자신의 이익만을 꾀하는 사람. 또는 그런 무리 |
|---|---|
| 무녀리 | 말이나 행동이 좀 모자란 듯이 보이는 사람을 비유적으로 이르는 말 |
| 문외한(門外漢) | ① 어떤 일에 직접 관계가 없는 사람 ② 어떤 일에 전문적인 지식이 없는 사람 |
| 물렁팥죽 | 마음이 무르고 약한 사람을 비유적으로 이르는 말 |
| 발쇠꾼 | 남의 비밀을 캐내어 다른 사람에게 넌지시 알려 주는 짓을 습관적으로 하는 사람 |
| 벽창호 | 고집이 세며 완고하고 우둔하여 말이 도무지 통하지 아니하는 무뚝뚝한 사람 |
| 샘바리 | 샘이 많아서 안달하는 사람 |
| 소소리패 | 나이가 어리고 경망한 무리 |
| 시러베아들 | 실없는 사람을 낮잡아 이르는 말 = 시러베자식 |
| 안다니 | 무엇이든지 잘 아는 체하는 사람 |
| 악바리 | ① 성미가 깔깔하고 고집이 세며 모진 사람 ② 지나치게 똑똑하고 영악한 사람 |
| 앵두장수 | 잘못을 저지르고 어디론지 자취를 감춘 사람을 이르는 말 |
| 어리보기 | 말이나 행동이 다부지지 못하고 어리석은 사람을 낮잡아 이르는 말 |
| 옹춘마니 | 소견이 좁고 융통성이 없는 사람 |
| 윤똑똑이 | 자기만 혼자 잘나고 영악한 체하는 사람을 낮잡아 이르는 말 |
| 자린고비 | 다라울 정도로 인색한 사람을 낮잡아 이르는 말 |
| 책상물림 | 책상 앞에 앉아 글공부만 하여 세상일을 잘 모르는 사람을 낮잡아 이르는 말 |
| 천둥벌거숭이 | 철없이 두려운 줄 모르고 함부로 덤벙거리거나 날뛰는 사람을 비유적으로 이르는 말 |
| 트레바리 | 이유 없이 남의 말에 반대하기를 좋아함. 또는 그런 성격을 지닌 사람 |
| 파락호 | 재산이나 세력이 있는 집안의 자손으로서 집안의 재산을 몽땅 털어먹는 난봉꾼을 이르는 말 |
| 팔난봉 | 가지각색의 온갖 난봉을 부리는 사람 |
| 헛똑똑이 | 겉으로는 아는 것이 많아 보이나, 정작 알아야 하는 것은 모르거나 어떤 것을 선택해야 하는 상황에서 판단을 제대로 하지 못하는 사람을 놀림조로 이르는 말 |
| 홀앗이 | 살림살이를 혼자서 맡아 꾸려 나가는 처지. 또는 그런 처지에 있는 사람 |
| 흔들비쭉이 | 변덕스러워 걸핏하면 성을 내거나 심술을 부리는 사람 |

## 2. 바람과 관련된 말

| 가수알바람 | 뱃사람들의 말로 '서풍'을 이르는 말. 갈바람이라고도 한다. |
|---|---|
| 간들바람 | 부드럽고 가볍게 살랑살랑 부는 바람 |
| 갈마바람 | 뱃사람들의 말로, '서남풍'을 이르는 말 |
| 강바람 | 비는 내리지 아니하고 심하게 부는 바람 |
| 강쇠바람 | 첫가을에 부는 동풍 |
| 갯바람 | 바다에서 육지로 부는 바람 |
| 건들마 | 남쪽에서 불어오는 초가을의 선들선들한 바람 |
| 고추바람 | 살을 에는 듯 매섭게 부는 차가운 바람을 비유적으로 이르는 말 |
| 꽁무니바람 | 뒤쪽에서 불어오는 바람 |
| 꽃샘바람 | 이른 봄, 꽃이 필 무렵에 부는 쌀쌀한 바람 |
| 날파람 | 빠르게 날아가는 결에 일어나는 바람 |
| 내기바람 | 산비탈을 따라 세게 불어 내리는 온도가 높거나 건조한 바람. 주로 바람이 높은 산줄기를 넘을 때 일어남 |
| 높새바람 | '동북풍'을 달리 이르는 말. 주로 봄부터 초여름에 걸쳐 태백산맥을 넘어 영서 지방으로 부는 고온 건조한 바람으로 농작물에 피해를 줌 |
| 높하늬바람 | 뱃사람들의 은어로, '서북풍'을 이르는 말 |
| 댑바람 | 북쪽에서 불어오는 큰 바람 |
| 덴바람 | 뱃사람들의 말로, '북풍'을 이르는 말 |
| 돌개바람 | 회오리바람 |
| 된마파람 | 뱃사람들의 말로, '동남풍'을 이르는 말 |
| 된바람 | ① 매섭게 부는 바람 ② 뱃사람들의 말로, '북풍'을 이르는 말 |
| 마파람 | 뱃사람들의 은어로, '남풍'을 이르는 말 |
| 먼지바람 | 먼지, 모래 같은 것이 떠올라 공기가 흐려지고 사방이 뿌옇게 되는 강한 바람 |
| 샛바람 | 뱃사람들의 은어로, '동풍'을 이르는 말 |
| 서릿바람 | 서리가 내린 아침에 부는 쌀쌀한 바람 |
| 소소리바람 | 이른 봄에 살 속으로 스며드는 듯한 차고 매서운 바람 |
| 용오름 | 육지나 바다에서 일어나는 맹렬한 바람의 소용돌이 |
| 웃바람 | 겨울에 방 안의 천장이나 벽 사이로 스며들어 오는 찬 기운 |
| 하늬바람 | 서쪽에서 부는 바람. 주로 농촌이나 어촌에서 이르는 말 |
| 황소바람 | 좁은 틈으로 세게 불어 드는 바람 |
| 흘레바람 | 비를 몰아오는 바람 |

## 3. 단위성 의존 명사

### (1) 길이의 단위

| | |
|---|---|
| **길** | 한 길은 여덟 자 또는 열 자로 약 2.4m 또는 3m / 한 길은 사람의 키 정도의 길이 |
| **리(里)** | 거리의 단위. 1리는 약 0.393km |
| **발** | 한 발은 두 팔을 양옆으로 펴서 벌렸을 때 한쪽 손끝에서 다른 쪽 손끝까지의 길이 |
| **볼** | 신발이나 구두의 옆면과 옆면 사이의 간격 |
| **뼘** | 한 뼘은 엄지손가락과 다른 손가락을 한껏 벌린 길이(비교적 짧은 길이를 잴 때 쓰는 단위) |
| **자** | 한 자는 한 치의 열 배로 약 30.3cm[= 척(尺)] |
| **장(丈)** | ① 한 장은 한 자의 열 배로 약 3m ② 1장은 사람의 키 정도의 길이 |
| **치** | 한 치는 한 자의 10분의 1 또는 약 3.03cm |
| **푼** | • 한 푼은 한 치의 10분의 1로, 약 0.3cm |
| | • 길이의 단위가 아닌 의존 명사 '푼'의 쓰임<br>– 예전에, 엽전을 세던 단위. 한 푼은 돈 한 닢을 이른다.<br>– 돈을 세는 단위. 스스로 적은 액수라고 여길 때 쓴다.<br>– 비율을 나타내는 단위. 1푼은 전체 수량의 100분의 1로, 1할의 10분의 1이다.<br>– 무게의 단위. 귀금속이나 한약재 따위의 무게를 잴 때 쓴다. 한 푼은 한 돈의 10분의 1로, 약 0.375g에 해당한다. |

### (2) 특정 사물의 단위

| | |
|---|---|
| **갓** | 굴비, 비웃 따위나 고비, 고사리 따위를 묶어 세는 단위. 한 갓은 굴비 · 비웃 따위 10마리, 또는 고비 · 고사리 따위 10모숨을 한 줄로 엮은 것을 이른다. |
| **거리** | 오이나 가지 따위를 묶어 세는 단위. 한 거리는 오이나 가지 50개를 이른다. |
| **꾸러미** | 달걀 10개를 묶어 세는 단위 |
| **닢** | 납작한 물건을 세는 단위 |
| **두름** | 조기 따위의 물고기를 짚으로 한 줄에 10마리씩 두 줄로 엮은 것. 따라서 한 두름은 20마리이다. |
| **모숨** | 길고 가느다란 물건의 한 줌 안에 들어올 만한 분량을 세는 단위 |
| **뭇** | ① 생선을 묶어 세는 단위. 한 뭇은 생선 10마리를 이른다. ② 미역을 묶어 세는 단위. 한 뭇은 미역 10장을 이른다. ③ 볏단을 세는 단위 |
| **바리** | 마소에 잔뜩 실은 짐을 세는 단위 |
| **사리** | 국수, 실, 새끼 등을 사리어 감은 뭉치를 세는 단위 |
| **손** | 한 손에 잡을 만한 분량을 세는 단위. 조기, 고등어, 배추 따위 한 손은 큰 것 하나와 작은 것 하나를 합한 것을 이르고, 미나리나 파 따위 한 손은 한 줌 분량을 이른다. |
| **쌈** | 바늘을 묶어 세는 단위. 한 쌈은 바늘 24개를 이른다. |

| 접 | 채소나 과일 따위를 묶어 세는 단위. 한 접은 채소나 과일 100개를 이른다. |
|---|---|
| 제(劑) | 한약의 분량을 나타내는 단위. 한 제는 탕약(湯藥) 20첩. 또는 그만한 분량으로 지은 환약(丸藥) 따위를 이른다. |
| 죽 | 옷, 그릇 따위의 10벌을 묶어 세는 단위 예 버선 한 죽 |
| 첩(貼) | 약봉지에 싼 약의 뭉치를 세는 단위 |
| 축 | 오징어를 묶어 세는 단위. 한 축은 오징어 20마리를 이른다. |
| 칸 | 집의 칸살의 수효를 세는 단위 |
| 쾌 | 북어를 묶어 세는 단위. 한 쾌는 북어 20마리를 이른다. |
| 톳 | 김을 묶어 세는 단위. 한 톳은 김 100장을 이른다. |
| 판 | 달걀 30개 |
| 필(疋) | 일정한 길이로 말아 놓은 피륙을 세는 단위 |
| 홰 | 새벽에 닭이 올라앉은 나무 막대를 치면서 우는 차례를 세는 단위 |

## 2 유의 한자어

### 1. 樂 (노래 악, 즐길 낙(락), 좋아할 요)

#### (1) 노래 악(樂)

- 농악(農樂 농사 농, 노래 악): 농촌에서 농부들 사이에 행하여지는 우리나라 고유의 음악(= 풍물놀이)
- 성악(聲樂 소리 성, 노래 악): 사람의 음성으로 하는 음악
- 음악(音樂 소리 음, 노래 악): 박자, 가락, 음성 따위를 갖가지 형식으로 조화하고 결합하여, 목소리나 악기를 통하여 사상 또는 감정을 나타내는 예술
- 악기(樂器 노래 악, 그릇 기): 음악을 연주하는 데 쓰는 기구를 통틀어 이르는 말
- 악보(樂譜 노래 악, 족보 보): 음악의 곡조를 일정한 기호를 써서 기록한 것
- 백악지장(百樂之丈 일백 백, 노래 악, 갈 지, 어른 장): 거문고 음악을 숭상하여 이르는 말

#### (2) 즐길 낙(락)(樂)

- 고락(苦樂 쓸 고, 즐길 낙(락)): 괴로움과 즐거움을 아울러 이르는 말
- 극락(極樂 다할 극, 즐길 낙(락)): ① 더없이 안락해서 아무 걱정이 없는 경우와 처지. 또는 그런 장소 ② 아미타불이 살고 있는 정토(淨土)로, 괴로움이 없으며 지극히 안락하고 자유로운 세상. 인간 세계에서 서쪽으로 10만억 불토(佛土)를 지난 곳에 있다.
- 낙관(樂觀 즐길 낙(락), 볼 관): ① 인생이나 사물을 밝고 희망적인 것으로 봄 ② 앞으로의 일 따위가 잘되어 갈 것으로 여김
- 낙승(樂勝 즐길 낙(락), 이길 승): 힘들이지 아니하고 쉽게 이김

• 낙원(樂園 즐길 낙(락), 동산 원): ① 아무런 괴로움이나 고통이 없이 안락하게 살 수 있는 즐거운 곳 ② 고난과 슬픔 따위를 느낄 수 없는 곳이라는 뜻에서, 죽은 뒤의 세계를 비유적으로 이르는 말
• 낙천(樂天 즐길 낙(락), 하늘 천): 세상과 인생을 즐겁고 좋은 것으로 여김
• 오락(娛樂 즐길 오, 즐길 낙(락)): 쉬는 시간에 여러 가지 방법으로 기분을 즐겁게 하는 일
• 쾌락(快樂 쾌할 쾌, 즐길 낙(락)): 유쾌하고 즐거움. 또는 그런 느낌
• 향락(享樂 누릴 향, 즐길 낙(락)): 쾌락을 누림
• 화락(和樂 화할 화, 즐길 낙(락)): 화평하고 즐거움
• 군자삼락(君子三樂 임금 군, 아들 자, 석 삼, 즐길 낙(락)): 군자의 세 가지 즐거움. 부모가 살아 계시고 형제가 무고한 것, 하늘과 사람에게 부끄러워할 것이 없는 것, 천하의 영재를 얻어서 가르치는 것을 이른다.
• 극락왕생(極樂往生 다할 극, 즐길 낙(락), 갈 왕, 날 생): 죽어서 극락에 다시 태어남
• 금슬지락(琴瑟之樂 거문고 금, 큰 거문고 슬, 갈 지, 즐길 낙(락)): 부부간의 사랑
• 낙천지명(樂天知命 즐길 낙(락), 하늘 천, 알 지, 목숨 명): 천명(天命)을 깨달아 즐기면서 이에 순응(順應)하는 일
• 동고동락(同苦同樂 한가지 동, 쓸 고, 한가지 동, 즐길 낙(락)): 괴로움도 즐거움도 함께함
• 백년행락(百年行樂 일백 백, 해 년, 다닐 행, 즐길 낙(락)): 한평생 잘 놀고 즐겁게 지냄
• 빈이낙도(貧而樂道 가난할 빈, 말 이을 이, 즐길 낙(락), 길 도): 가난한 몸이지만 하늘의 뜻으로 알고 도(道)를 즐김
• 생사고락(生死苦樂 날 생, 죽을 사, 쓸 고, 즐길 낙(락)): 삶과 죽음, 괴로움과 즐거움을 통틀어 이르는 말
• 선우후락(先憂後樂 먼저 선, 근심 우, 뒤 후, 즐길 낙(락)): 세상의 근심할 일은 남보다 먼저 근심하고 즐거워할 일은 남보다 나중에 즐거워한다는 뜻으로, 지사(志士)나 어진 사람의 마음씨를 이르는 말
• 안가낙업(安家樂業 편안 안, 집 가, 즐길 낙(락), 업 업): 편안하게 살면서 즐거이 일함[= 안거낙업(安居樂業)]
• 안빈낙도(安貧樂道 편안 안, 가난할 빈, 즐길 낙(락), 길 도): 가난한 생활을 하면서도 편안한 마음으로 도를 즐겨 지킴
• 청빈낙도(淸貧樂道 맑을 청, 가난할 빈, 즐길 낙(락), 길 도): 청렴결백하고 가난하게 사는 것을 옳은 것으로 여기고 즐김
• 희로애락(喜怒哀樂 기쁠 희, 성낼 노(로), 슬플 애, 즐길 낙(락)): 기쁨과 노여움과 슬픔과 즐거움을 아울러 이르는 말

### (3) 좋아할 요(樂)

- 애요(愛樂 사랑 애, 좋아할 요): 사랑하고 좋아함. 이성(異性)이나 명리에 대한 애착과 구별되는, 스승이나 도법(道法)에 대한 사랑
- 요산요수(樂山樂水 좋아할 요, 메 산, 좋아할 요, 물 수): 산수(山水)의 자연을 즐기고 좋아함
- 요차불피(樂此不疲 좋아할 요, 이 차, 아닐 불, 피곤할 피): 좋아서 하는 일은 아무리 해도 지치지 않음을 이르는 말
- 인자요산(仁者樂山 어질 인, 놈 자, 좋아할 요, 메 산): 어진 사람은 의리에 만족하여 몸가짐이 무겁고 덕이 두터워 그 마음이 산과 비슷하므로 자연히 산을 좋아함
- 지자요수(知者樂水 알 지, 놈 자, 좋아할 요, 물 수): 슬기로운 사람은 사리에 밝아 막힘이 없는 것이 흐르는 물과 같아서 물과 친하여 물을 즐김을 이르는 말

## 2. 惡 (악할 악, 미워할 오)

### (1) 악할 악(惡)

- 선악(善惡 착할 선, 악할 악): 착한 것과 악한 것을 아울러 이르는 말
- 악순환(惡循環 악할 악, 돌 순, 고리 환): 순환이 좋지 않음. 또는 나쁜 현상이 끊임없이 되풀이됨
- 악영향(惡影響 악할 악, 그림자 영, 울릴 향): 나쁜 영향
- 악용(惡用 악할 악, 쓸 용): 알맞지 않게 쓰거나 나쁜 일에 씀
- 악취(惡臭 악할 악, 냄새 취): 나쁜 냄새
- 악화(惡化 악할 악, 될 화): ① 일의 형세가 나쁜 쪽으로 바뀜 ② 병의 증세가 나빠짐
- 열악(劣惡 못할 열(렬), 악할 악): 품질이나 능력, 시설 따위가 매우 떨어지고 나쁨
- 추악(醜惡 추할 추, 악할 악): 더럽고 흉악함
- 포악(暴惡 사나울 포, 악할 악): 사납고 악함
- 권선징악(勸善懲惡 권할 권, 착할 선, 징계할 징, 악할 악): 착한 일을 권장하고 악한 일을 징계함
- 극악무도(極惡無道 다할 극, 악할 악, 없을 무, 길 도): 더할 나위 없이 악하고 도리에 완전히 어긋나 있음

### (2) 미워할 오(惡)

- 오한(惡寒 미워할 오, 찰 한): 몸이 오슬오슬 춥고 떨리는 증상
- 증오(憎惡 미울 증, 미워할 오): 아주 사무치게 미워함. 또는 그런 마음
- 혐오(嫌惡 싫어할 혐, 미워할 오): 싫어하고 미워함
- 호오(好惡 좋을 호, 미워할 오): 좋음과 싫음
- 수오지심(羞惡之心 부끄러울 수, 미워할 오, 갈 지, 마음 심): 사단(四端)의 하나. 옳지 못함을 부끄러워하고 착하지 못함을 미워하는 마음을 이른다. 인의예지(仁義禮智) 가운데 '의'에서 우러나온다.

## 3 한자 성어 · 속담

### 1. 이심전심(以心傳心)과 뜻이 같은 한자 성어

| | |
|---|---|
| 염화미소<br>(拈華微笑) | 말로 통하지 아니하고 마음에서 마음으로 전하는 일. 석가모니가 영산회(靈山會)에서 연꽃 한 송이를 대중에게 보이자 마하가섭만이 그 뜻을 깨닫고 미소지으므로 그에게 불교의 진리를 주었다고 하는 데서 유래 |
| 염화시중<br>(拈華示衆) | 말로 통하지 아니하고 마음에서 마음으로 전하는 일 |
| 심심상인<br>(心心相印) | 말없이 마음과 마음으로 뜻을 전함 |
| 불립문자<br>(不立文字) | 불도의 깨달음은 마음에서 마음으로 전하는 것이므로 말이나 글에 의지하지 않는다는 말 |
| 교외별전<br>(敎外別傳) | 불교 선종에서, 부처의 가르침을 말이나 글에 의하지 않고 바로 마음에서 마음으로 전하여 진리를 깨닫게 하는 법 |

### 2. 우정과 관련된 한자 성어

| | |
|---|---|
| 간담상조<br>(肝膽相照) | 간과 쓸개가 가까이 서로 보여 주듯이 서로 마음을 터놓고 사귐 |
| 교칠지교<br>(膠漆之交) | 매우 친밀하여 떨어질 수 없는 사귐 |
| 금란지교<br>(金蘭之交) | 친구 사이의 매우 두터운 정을 이르는 말. 금란지계(金蘭之契)와 같은 말 |
| 금석지교<br>(金石之交) | 쇠와 돌처럼 굳은 사귐 |
| 단금지교<br>(斷金之交) | 쇠라도 자를 만큼 강한 교분이라는 뜻으로, 매우 두터운 우정을 이르는 말 |
| 문경지교<br>(刎頸之交) | 서로를 위해서라면 목이 잘린다 해도 후회하지 않을 정도의 사이라는 뜻으로, 생사를 같이할 수 있는 아주 가까운 사이, 또는 그런 친구를 이르는 말 |
| 백아절현<br>(伯牙絕絃) | 자기를 알아주는 참다운 벗의 죽음을 슬퍼함. 중국 춘추 시대에 백아(伯牙)는 거문고를 매우 잘 탔고 그의 벗 종자기(鍾子期)는 그 거문고 소리를 잘 들었는데, 종자기가 죽어 그 거문고 소리를 들을 사람이 없게 되자 백아가 절망하여 거문고 줄을 끊어 버리고 다시는 거문고를 타지 않았다는 데서 유래[= 지음지기(知音知己)] |
| 빈천지교<br>(貧賤之交) | 가난하고 천할 때 사귄 사이. 또는 그런 벗 |
| 수어지교<br>(水魚之交) | 물이 없으면 살 수 없는 물고기와 물의 관계라는 뜻으로, 아주 친밀하여 떨어질 수 없는 사이를 비유적으로 이르는 말 |

| 죽마고우<br>(竹馬故友) | 대말을 타고 놀던 벗이라는 뜻으로, 어릴 때부터 같이 놀며 자란 벗 |
|---|---|
| 지란지교<br>(芝蘭之交) | 지초(芝草)와 난초(蘭草)의 교제라는 뜻으로, 벗 사이의 맑고도 고귀한 사귐을 이르는 말 |
| 포의지교<br>(布衣之交) | 베옷을 입고 다닐 때의 사귐이라는 뜻으로, 벼슬을 하기 전 선비 시절에 사귐. 또는 그렇게 사귄 벗 |

## 3. 말과 관련된 속담

- 가는 말이 고와야 오는 말이 곱다: 자기가 남에게 말이나 행동을 좋게 하여야 남도 자기에게 좋게 한다는 말
- 가루는 칠수록 고와지고, 말은 할수록 거칠어진다: 가루는 체에 칠수록 고와지지만 말은 길어질수록 시비가 붙을 수 있고 마침내는 말다툼까지 가게 되니 말을 삼가라는 말
- 말이란 아 해 다르고 어 해 다르다: 말이란 같은 내용이라도 표현하는 데 따라서 아주 다르게 들린다는 말
- 말로 온 공을 갚는다: 말은 일상생활에 큰 영향을 끼치는 것이니 말할 때는 애써 조심하라는 말
- 말은 꾸밀 탓이다: 같은 내용의 말이라도 어떻게 하느냐가 중요하다는 뜻
- 말은 보태고 떡은 뗀다: 말은 전해 갈수록 더 보태어지고, 먹을 떡은 돌아가는 동안에 없어진다는 뜻으로 말조심을 경계하는 말
- 말 한 마디에 천 냥 빚 갚는다: 말은 일상생활에 큰 영향을 끼치는 것이니 말할 때는 애써 조심하라는 말

## 4. 속담과 같은 의미의 한자 성어

| 갈이천정(渴而穿井) | 목마른 놈이 우물 판다 |
|---|---|
| 격화소양(隔靴搔癢) | 신 신고 발바닥 긁기 |
| 경전하사(鯨戰蝦死) | 고래 싸움에 새우 등 터진다 |
| 계란유골(鷄卵有骨) | 계란에도 뼈가 있다 |
| 고진감래(苦盡甘來) | 고생(苦生) 끝에 낙이 온다 |
| 교각살우(矯角殺牛) | 뿔 고치려다 소 죽인다 |
| 구반상실(狗飯橡實) | 개밥의 도토리 |
| 동가홍상(同價紅裳) | 이왕이면 다홍치마 |
| 동족방뇨(凍足放尿) | 언 발에 오줌 누기 |
| 등고자비(登高自卑) | 천리 길도 한 걸음부터 |
| 등하불명(燈下不明) | 등잔 밑이 어둡다 |
| 망자계치(亡子計齒) | 죽은 자식 나이 세기 |

| 목불식정(目不識丁) | 낫 놓고 기역자도 모른다 |
|---|---|
| 묘두현령(猫頭懸鈴) | 고양이 목에 방울 달기 |
| 생구불망(生口不網) | 산 사람의 입에 거미줄 치랴 |
| 식자우환(識字憂患) | 아는 것이 병 |
| 십벌지목(十伐之木) | 열 번 찍어 아니 넘어가는 나무가 없다 |
| 아전인수(我田引水) | 제 논에 물 대기 |
| 오비삼척(吾鼻三尺) | 내 코가 석 자 |
| 오비이락(烏飛梨落) | 까마귀 날자 배 떨어진다 |
| 우이독경(牛耳讀經) | 쇠귀에 경 읽기 |
| 읍아수유(泣兒授乳) | 우는 아이에게 젖 주기 |
| 이관규천(以管窺天) | 우물 안 개구리 |
| 정저지와(井底之蛙) | |
| 이란투석(以卵投石) | 계란으로 바위 깨기 |
| 자부월족(自斧刖足) | 도끼로 제 발등 찍는다 |
| 종두득두(種豆得豆) | 콩 심은 데 콩 난다 |
| 주마가편(走馬加鞭) | 달리는 말에 채찍질 |
| 주마간산(走馬看山) | 수박 겉 핥기 |
| 지부작족(知斧斫足) | 믿는 도끼에 발등 찍힌다 |
| 초록동색(草綠同色) | 가재는 게 편이다 |
| 침도도우(針盜盜牛) | 바늘 도둑이 소도둑 된다 |
| 하석상대(下石上臺) | 아랫돌 빼서 윗돌 괴기 |
| 함흥차사(咸興差使) | 감감 무소식(= 강원도 포수, 지리산 포수) |
| 호가호위(狐假虎威) | 원님 덕에 나발 분다 |
| 화중지병(畫中之餅) | 그림의 떡 |

## 4 관용어

### 1. 신체와 관련된 관용어

- 간담(肝膽)이 서늘하다: 몹시 놀라서 섬뜩하다.
- 간(肝)이 붓다: 지나치게 대담해지다.
- 간장(肝腸)이 녹다: ① 무엇이 마음에 들어 정도 이상으로 흐뭇함을 느끼다. ② 몹시 애가 타다.
- 골머리를 앓다: 어떻게 하여야 할지 몰라서 머리가 아플 정도로 생각에 몰두하다.
- 귀가 뚫리다: 말을 알아듣게 되다.
- 귀가 여리다: 속는 줄도 모르고 남의 말을 그대로 잘 믿다.
- 귀가 질기다: ① 둔하여 남의 말을 잘 이해하지 못하다. ② 말을 싹싹하게 잘 듣지 않고 끈덕지다.
- 귀를 주다: ① 남의 말을 엿듣다. ② 남에게 살그머니 알려 조심하게 하다.
- 귀에 익다: ① 들은 기억이 있다. ② 어떤 말이나 소리를 자주 들어 버릇이 되다.
- 길눈이 밝다: 한두 번 가 본 길을 잊지 않고 찾아갈 만큼 길을 잘 기억하다.
- 길눈이 어둡다: 가 본 길을 잘 찾아가지 못할 만큼 길을 잘 기억하지 못하다.
- 눈에 밟히다: 잊히지 않고 자꾸 눈에 떠오르다.
- 눈에 차다: 흡족하게 마음에 들다.
- 눈을 똑바로 뜨다: 정신을 차리고 주의를 기울이다.
- 눈이 높다: ① 정도 이상의 좋은 것만 찾는 버릇이 있다. ② 안목이 높다.
- 다릿골이 빠지다: 길을 많이 걸어서 다리가 몹시 피로해지다.
- 담이 결리다: 담병이 들어 몸의 어떤 부분이 뜨끔뜨끔 아프거나 뻐근한 느낌이 들다.
- 덜미를 잡히다: 못된 일 따위를 꾸미다가 발각되다.
- 등골이 서늘하다: 두려움으로 아찔하고 등골이 떨리다.
- 등살이 바르다: 등의 힘살이 뻣뻣하여 굽혔다 폈다 하기에 거북하다.
- 등이 달다: 마음대로 되지 아니하여 몹시 안타까워하다.
- 땀을 들이다: ① 몸을 시원하게 하여 땀을 없애다. ② 잠시 휴식하다.
- 땀을 빼다: 몹시 힘들거나 어려운 고비를 겪느라고 크게 혼이 나다.
- 땀이 빠지다: 몹시 힘들거나 애가 쓰이다.
- 마른침을 삼키다: 몹시 긴장하거나 초조해하다.
- 머리를 맞대다: 어떤 일을 의논하거나 결정하기 위하여 서로 마주 대하다.
- 머리에 쥐가 나다: 싫고 두려운 상황에서 의욕이나 생각이 없어지다.
- 모골이 송연하다: 몸이 옹송그려지고 털끝이 쭈뼛해질 정도로 아주 끔찍하다.
- 목에 거미줄 치다: 곤궁하여 아무것도 먹지 못하는 처지가 되다.
- 발꿈치를 접하여 일어나다: 어떤 일들이 연달아 일어나다.
- 발이 넓다: 사귀어 아는 사람이 많아 활동하는 범위가 넓다.
- 발이 묶이다: 몸을 움직일 수 없거나 활동할 수 없는 형편이 되다.

- 배가 등에 붙다: 먹은 것이 없어서 배가 홀쭉하고 몹시 허기지다.
- 배알이 꼴리다: 비위에 거슬려 아니꼽다.
- 벌린 입을 다물지 못하다: ① 몹시 감탄하거나 어이없어하다. ② 한번 시작한 이야기를 그치지 못하다.
- 복장이 타다: 걱정이 되거나 안타까워 마음이 몹시 달다.
- 뼈가 휘도록: 오랫동안 육체적 고통을 견디어 내면서 힘겨운 일을 치러 나가는 것을 비유적으로 이르는 말
- 뼈를 묻다: 단체나 조직에 평생토록 헌신하다.
- 뼛골이 빠지다: 육체적으로 매우 힘든 일을 하여 나가다.
- 사족을 못 쓰다: 무슨 일에 반하거나 혹하여 꼼짝 못 하다.
- 살을 붙이다: 바탕에 여러 가지를 덧붙여 보태다.
- 살을 떨다: 몹시 무섭거나 격분하여 온몸을 떨다.
- 속이 뒤집히다: ① 비위가 상하여 욕지기가 날 듯하게 되다. ② 몹시 아니꼽게 느껴지다.
- 속을 뜨다(떠보다): 남의 마음을 알려고 넘겨짚다.
- 속을 뽑다: 일부러 남의 마음을 떠보고 그 속내를 드러나게 하다.
- 속이 풀리다: ① 화를 냈거나 토라졌던 감정이 누그러지다. ② 거북하던 배 속이 가라앉다.
- 손에 익다: 일이 손에 익숙해지다.
- 손을 끊다: 교제나 거래 따위를 중단하다.
- 손이 맵다: ① 손으로 슬쩍 때려도 몹시 아프다. ② 일하는 것이 빈틈없고 매우 야무지다. ③ 가축, 날짐승, 식물 따위를 거둔 결과가 다른 사람에 비하여 늘 좋지 아니한 경우를 미신적으로 이르는 말
- 어깨가 무겁다: 무거운 책임을 져서 마음에 부담이 크다.
- 어깨를 겨누다(견주다): 서로 비슷한 지위나 힘을 가지다.
- 어깨를 펴다: 굽힐 것이 없이 당당하다.
- 얼굴을 내밀다(내놓다/비치다): 모임 따위에 모습을 나타내다.
- 얼굴이 두껍다: 부끄러움을 모르고 염치가 없다.
- 오금을 못 쓰다(추다/펴다): 몹시 마음이 끌리거나 두려워 꼼짝 못 하다.
- 오금을 펴다: 마음을 놓고 여유 있게 지내다.
- 오금이 박히다: ① 큰소리치며 장담하였던 말과 반대로 말이나 행동을 할 때에, 그것을 빌미로 몹시 논박을 당하다. ② 다른 사람으로부터 함부로 말이나 행동을 하지 못하게 단단히 이름을 받거나 으름을 당하다.
- 오금이 쑤시다: 무슨 일을 하고 싶어 가만히 있지 못하다.
- 입만 살다: ① (사람이) 실천은 하지 않고 말만 그럴듯하게 잘한다. ② (사람이) 격에 맞지 않게 음식을 가려 먹다.
- 입에 달고 다니다: ① 말이나 이야기 따위를 습관처럼 되풀이하거나 자주 사용하다.② 먹을 것을 쉴 새 없이 입에서 떼지 아니하고 지내다.
- 입에 발린 소리: 마음에도 없이 겉치레로 하는 말
- 입에 침이 마르다: 다른 사람이나 물건에 대하여 거듭해서 말하다. (= 입이 닳다)

- 입을 맞추다: 서로의 말이 일치하도록 하다.
- 입을 모으다: (둘 이상의 사람이 어찌하다고) 모두 한결같이 말하다.
- 입이 밭다(짧다): 음식을 심하게 가리거나 적게 먹다.
- 잔뼈가 굵다: 오랜 기간 일정한 곳이나 직장에서 일을 하여 그 일에 익숙하다.
- 코가 높다: 잘난 체하고 뽐내는 기세가 있다.
- 코가 빠지다: 근심에 싸여 기가 죽고 맥이 빠지다.
- 코를 떼다: 무안을 당하거나 핀잔을 맞다.
- 코 묻은 돈: 어린아이가 가지고 있는 적은 돈
- 코빼기도 못 보다: 도무지 나타나지 않아 전혀 볼 수 없음을 낮잡아 이르는 말
- 털끝도 못 건드리게 하다: 조금도 손을 대지 못하게 하다.
- 피가 끓다: ① 기분이나 감정 따위가 북받쳐 오르다. ② 젊고 혈기가 왕성하다.
- 피가 통하다: ① 살아 있다. ② 인간적인 감정이나 인정 따위로 연결되다.
- 피를 말리다: 몹시 괴롭히거나 애가 타게 만들다.
- 핏줄이 당기다: 혈연의 친밀감을 느끼다.
- 허리가 휘다: 감당하기 어려운 일을 하느라 힘이 부치다.
- 허리가 휘청거리다(휘청하다): 경제적으로 매우 힘들다.
- 허리를 펴다: 어려운 고비를 넘기고 편하게 지낼 수 있게 되다.
- 혀를 내두르다: 몹시 놀라거나 어이없어서 말을 못하다.
- 흰 눈으로 보다: 업신여기거나 못마땅하게 여기다.

# 기출 문제 저격

## TOP 1 한자 성어 · 속담 · 관용구

### 01

㉠의 처지와 관련된 속담으로 가장 적절한 것은? 20 ❾ 기출

> "쥔 어른 계서유"
> 몸을 돌리어 바느질거리를 다시 들려 할 제 이번에는 짜장 인끼가 난다. 황급하게 "누구유?" 하고 일어서며 문을 열어보았다.
> "왜 그리유?"
> "저어, 하룻밤만 드새고 가게 해주세유."
> 남정네도 아닌데 이 밤중에 웬일인가, 맨발에 짚신 짝으로. 그야 아무렇든,
> "어서 들어와 불 쬐게유."
> ㉠ 나그네는 주춤주춤 방 안으로 들어와서 화로 곁에 도사려 앉는다. 낡은 치맛자락 위로 비어지려는 속살을 아무리자 허리를 지그시 튼다. 그리고는 묵묵하다. 주인은 물끄러미 보고 있다가 밥을 좀 주려느냐고 물어보아도 잠자코 있다.
> 그러나 먹던 대궁을 주워모아 짠지쪽하고 갖다주니 감지덕지 받는다. 그리고 물 한 모금 마심 없이 잠깐 동안에 밥그릇의 밑바닥을 긁는다.
> 밥숟가락을 놓기가 무섭게 주인은 이야기를 붙이기 시작하였다. 미주알고주알 물어보니 이야기는 지수가 없다. 자기로도 너무 지쳐 물은 듯싶은 만치 대구 추근거렸다. 나그네는 싫단 기색도 좋단 기색도 별로 없이 시나브로 대꾸하였다. 남편 없고 몸 붙일 곳 없다는 것을 간단히 말하고 난 뒤,
> "이리저리 얻어먹고 단게유" 하고 턱을 가슴에 묻는다.

① 패랭이에 숟가락 꽂고 산다
② 태산 명동에 서일필이라
③ 터진 방앗공이에 보리알 끼듯 하였다
④ 보리누름까지 세배한다

### 02

다음 내용과 관계있는 한자 성어로 가장 거리가 먼 것은? 20 ❾ 기출

> 선비는 단순한 지식 습득에 목적을 두지 않고 아는 것을 실천하는 것에 중점을 두고 있다. 또한 선비는 개인의 이익보다 사회 정의를 생각하며 행동하고 살아간다. 자신의 인격을 완성하고 그것을 통해 모든 사람에게 평안한 삶을 살게 하는 것이 그들의 궁극적 목적이다. 선비가 갖추어야 할 덕목은 많지만 상호 연결되어 있다. 자신을 낮추는 자세, 타인을 존중하는 마음, 검소하고 청렴결백한 삶 등이 하나로 연결되어 있는 것이다.

① 見利思義
② 勞謙君子
③ 修己安人
④ 梁上君子

정답 01 ① 02 ④

## 03

**속담의 뜻을 잘못 풀이한 것은?** 20 ⑦ 기출

① 남의 말이라면 쌍지팡이 짚고 나선다 → 남의 허물에 대해서 시비하기를 좋아한다.
② 말 안 하면 귀신도 모른다 → 마음속으로만 애태울 것이 아니라 시원스럽게 말을 하여야 한다.
③ 말 같지 않은 말은 귀가 없다 → 이치에 맞지 않은 말은 널리 퍼진다.
④ 남의 말도 석 달 → 소문은 시일이 지나면 흐지부지 없어지고 만다.

## 04

**다음 중 사자성어의 한자가 옳지 않은 것은?** 19 추 기출

① 이심전심(以心傳心)
② 전전반측(輾轉反側)
③ 사필귀정(事必歸定)
④ 인과응보(因果應報)

## 05

**다음 중 빈칸에 들어갈 한자 성어로 옳은 것은?** 19기출

> 과연 노파는 한 푼이라도 더 돈으로 바꾸고 싶은 노파심에서였을 것이다. 먹지도 않고 그 곁에서 (          )하는 나에게 하나쯤 먹어 보는 것도 좋다, 그리고 먹음직하거든 제발 좀 사달라고 얼굴은 울음 반 웃음 반이다.

① 小貪大失
② 寤寐不忘
③ 十匙一飯
④ 垂涎萬丈

## 06

**다음 중 의미 관계가 유사한 한자 성어와 속담끼리 연결된 것으로 옳지 않은 것은?** 18기출

① 동병상련(同病相憐) – 비렁뱅이가 하늘을 불쌍히 여긴다
② 마호체승(馬好替乘) – 말도 갈아타는 것이 좋다
③ 작학관보(雀學鸛步) – 참새가 황새 따라 하다 가랑이 찢어진다
④ 외부내빈(外富內貧) – 난부자든거지

## 07

**다음 중 한자 성어의 쓰임이 옳지 않은 것은?** 17기출

① 孤掌難鳴이라고 이 싸움은 너희 모두에게 책임이 있다.
② 男負女戴한 사람들이 전쟁 피난길에 올랐다.
③ 오랜 전쟁으로 肝膽相照했던 차에 드디어 전쟁이 끝나게 되었다.
④ 말을 잘하는 사람은 口蜜腹劍할지도 모르니 조심해야 한다.

## 08

**다음 〈보기〉에서 경계하고자 하는 태도로 옳은 것은?** 16기출

〈보 기〉

> 비판적 사고는 지엽적이고 시시콜콜한 문제를 트집 잡아 물고 늘어지는 것이 아니라 문제의 핵심을 중요한 대상으로 삼는다. 비판적 사고는 제기된 주장에 어떤 오류나 잘못이 있는가를 찾아내기 위해 지엽적인 사항을 확대하여 문제로 삼는 태도나 사고방식과는 거리가 멀다.

① 계옥지탄(桂玉之嘆)
② 맥수지탄(麥秀之嘆)
③ 본말전도(本末顚倒)
④ 초미지급(焦眉之急)



03 ③ 04 ③ 05 ④ 06 ① 07 ③ 08 ③ 정답

## 09

다음 중 글의 내용과 의미상 거리가 가장 먼 것은? 15기출

> 봄날이 더디 흘러 뻐꾸기가 보채거늘
> 동편 이웃에 따비 얻고 서편 이웃에 호미 얻고
> 집 안에 들어가 씨앗을 마련하니
> 올벼씨 한 말은 반 넘어 쥐 먹었고
> 기장, 피, 조, 팥은 서너 되 심었거늘
> 한아(寒餓)한 식구(食口) 이리하여 어이 살리.
>
> 이봐 아이들아 아무려나 힘써 일하라.
> 죽 쑨 물 상전 먹고 건더기 건져 종을 주니
> 눈 위에 바늘 꽂은 듯 코로 바람 분다.
> 올벼는 한 발 뜯고 조, 팥은 다 묵히니
> 싸리와 바랭이는 나기도 싫지 않던가.
> 나라 빚과 이자는 무엇으로 장만하며
> 부역과 세금은 어찌하여 차려 낼까.
> 이리저리 생각해도 견딜 가능성이 전혀 없다.

① 적수공권(赤手空拳)
② 서 발 장대 거칠 것 없다
③ 부자 하나면 세 동네가 망한다
④ 삼순구식(三旬九食)

## 10

다음 중 '목불식정(目不識丁)'과 가장 유사한 의미의 한자 성어로 옳은 것은? 14기출

① 각자무치(角者無齒)
② 숙맥불변(菽麥不辨)
③ 마이동풍(馬耳東風)
④ 문일지십(聞一知十)

## 11

다음 중 괄호 안에 들어갈 한자 성어로 옳은 것은? 13기출

> 비록 드러내 놓고 이를 갈진 않았지만 속으로 얼마나 (          )하고 있다는 걸 남이 느낄 만큼 해주댁은 몸서리를 쳤다.
>
> – 박완서, 「미망」

① 수구초심(首丘初心)
② 견마지로(犬馬之勞)
③ 절치부심(切齒腐心)
④ 분골쇄신(粉骨碎身)

## 12

다음 중 아랫글의 밑줄 친 ㉠과 관계가 깊은 한자 성어로 적절한 것은? 12기출

> 이러한 의미에서, 민족 문화의 전통을 무시한다는 것은 지나친 ㉠ 자기 학대에서 나오는 편견에 지나지 않을 것이다. 따라서 첫머리에서 제기한 것과 같이, 민족 문화의 전통을 계승하자는 것이 국수주의나 배타주의가 될 수 없다. 오히려, 왕성한 창조적 정신은 선진 문화 섭취에 인색하지 않을 것이다.

① 자격지심(自激之心)
② 사필귀정(事必歸正)
③ 자승자박(自繩自縛)
④ 자화자찬(自畵自讚)

정답 09 ③ 10 ② 11 ③ 12 ①

## 13

**다음 속담과 뜻이 가장 유사한 한자 성어로 옳은 것은?** 12기출

| 처삼촌 뫼에 벌초하듯 |
|---|

① 東問西答
② 走馬看山
③ 首丘初心
④ 他山之石

## 14

**다음 한자 성어 중 같은 뜻으로 연결되지 않은 것은?** 11기출

① 구우일모(九牛一毛) – 양두구육(羊頭狗肉)
② 초미지급(焦眉之急) – 풍전등화(風前燈火)
③ 각주구검(刻舟求劍) – 수주대토(守株待兎)
④ 간담상조(肝膽相照) – 관포지교(管鮑之交)

## 15

**다음 중 한자 성어와 속담의 연결이 옳지 않은 것은?** 10기출

① 아전인수(我田引水): 제 논에 물대기
② 자가당착(自家撞着): 적삼 벗고 은가락지 낀다
③ 교각살우(矯角殺牛): 빈대 잡으려다가 초가삼간 태운다
④ 일거양득(一擧兩得): 배 먹고 이 닦기

## 16

**다음 중 한자 성어의 뜻이 옳지 않은 것은?** 10기출

① 혼정신성(昏定晨省): 온갖 정성을 다하여 학문이나 덕행을 연마함
② 간담상조(肝膽相照): 진심을 터놓고 격의 없이 사귐
③ 고식지계(姑息之計): 당장 눈앞의 안일함만 취하는 계책
④ 견강부회(牽强附會): 말을 억지로 끌어다가 이치에 맞추어 댐

## 17

**다음의 제시문에서 밑줄 친 문장과 관계있는 한자 성어는?** 09기출

> 우리 아저씨 말이지요, 아따 저 거시키, 한참 당년에 무엇이냐 그놈의 것, 사회주의라더냐, 막걸리라더냐 그걸 하다, 징역 살고 나와서 폐병으로 시방 앓고 누웠는 우리 오촌 고모부 그 양반…….
> 머, 말두 마시오. 대체 사람이 어쩌면 글쎄…… 내 원! 신세 간 데 없지요.
> 자, 십 년 적공, 대학교까지 공부한 것 풀어먹지도 못했지요, 좋은 청춘 어영부영 다 보냈지요, 신분에는 전과자라는 붉은 도장 찍혔지요, 몸에는 몹쓸 병까지 들었지요, 이 신세를 해가지굴랑은 굴속 같은 오두막집 단칸 셋방 구석에서 사시장철 밤이나 낮이나 눈 따악 감고 드러누웠군요.
> 재산이 어디 집 터전인들 있을 턱이 있나요. 서발 막대 내저어야 짚검불 하나 걸리는 것 없는 철빈(鐵貧)인데.
> 우리 아주머니가, 그래도 그 아주머니가, 어질고 얌전해서 그 알뜰한 남편양반 받드느라 삯바느질이야, 남의 집 품빨래야, 화장품 장사야, 그 칙살스런 벌이를 해다가 겨우겨우 목구멍에 풀칠을 하지요.

① 설상가상(雪上加霜)
② 점입가경(漸入佳境)
③ 자승자박(自繩自縛)
④ 망양보뢰(亡羊補牢)



13 ② 14 ① 15 ② 16 ① 17 ① 정답

## 18

**다음의 내용과 가장 관련이 없는 한자 성어를 고른 것은?** 09기출

> 金樽美酒千人血 금준미주천인혈
> 玉盤嘉肴萬姓膏 옥반가효만성고
> 燭淚落時民淚落 촉누락시민누락
> 歌聲高處怨聲高 가성고처원성고

① 풍수지탄(風樹之嘆)
② 도탄지고(塗炭之苦)
③ 가정맹어호(苛政猛於虎)
④ 가렴주구(苛斂誅求)

## 19

**다음 중 '하찮은 재주를 가진 사람도 쓸모 있을 때가 있음'을 뜻하는 한자 성어는?** 08기출

① 계명구도(鷄鳴狗盜)
② 우이독경(牛耳讀經)
③ 낭중지추(囊中之錐)
④ 불치하문(不恥下問)

## 20

**다음 중 독서와 관련이 없는 한자 성어는?** 06기출

① 수불석권(手不釋卷)
② 도원결의(桃園結義)
③ 한우충동(汗牛充棟)
④ 위편삼절(韋編三絕)

## 21

**다음 중 한자 성어와 속담의 연결이 옳지 않은 것은?** 06기출

① 초록동색(草綠同色): 가재는 게 편
② 설상가상(雪上加霜): 엎친 데 덮친 격
③ 고식지계(姑息之計): 언 발에 오줌 누기
④ 십시일반(十匙一飯): 수염이 석 자라도 먹어야 양반이다

## 22

**다음 상황에 적합한 속담으로 옳은 것은?** 17기출

> 내년 ㅇㅇ도지사 선거에 각 정당의 유력 후보들이 출마 의사를 밝혔다. 정치인 A 씨도 박빙의 승부처인 ㅇㅇ도지사 후보이다. 하지만 정치인 A 씨의 사위는 평소 자신에게 불합리한 대우를 하는 장모 A 씨에 대한 앙심을 품고 그녀의 사생활에 대한 이야기를 언론에 익명으로 제보하고 있다.

① 논 팔아 굿 하니 맏며느리 춤춘다
② 눈 어둡다더니 다홍고추만 잘 딴다
③ 봄에 깐 병아리 가을에 와서 세어본다
④ 느린 소도 성낼 때가 있다

## 23

**다음 중 속담과 뜻풀이의 연결이 옳은 것은?** 16기출

① 가을에는 부지깽이도 덤빈다: 매우 입맛이 당기어 많이 먹게 됨
② 남의 다리 긁는다: 남의 재물을 거리낌 없이 마구 훔치거나 빼앗아 감
③ 개구리도 옴쳐야 뛴다: 하던 일을 끝까지 추진하여 성공함
④ 벼린 도끼가 이 빠진다: 공을 들여 잘 장만한 것이 오히려 빨리 못쓰게 됨

정답 18 ① 19 ① 20 ② 21 ④ 22 ① 23 ④

## 24

**다음 상황에 쓰이는 속담 또는 관용구로 옳은 것은?** 16기출

> 일본은 그동안 대규모 금융 완화에도 경제가 살아나지 않는 상황을 반전시킬 수 있는 카드로 환태평양경제동반자협정(TPP)을 꼽아 왔다. TPP를 통해 세계 경제의 40%에 이르는 세계 최대 규모의 자유 무역권을 확보, 아베노믹스의 기폭제로 활용한다는 복안이었다. 하지만 TPP에 대한 반대 뜻을 명확하게 해온 후보자가 당신되면서 그동안 공을 들였던 환태평양경제동반자협정(TPP)도 무용지물이 될 처지다.

① 벙어리 재판　② 귀가 질기다
③ 배알이 뒤틀리다　④ 닭 쫓던 개의 상

## 25

**다음 중 빈칸에 들어갈 관용구로 가장 적절한 것은?** 14기출

> 그나마 일표를 얻지 못한 노동자들은 실망을 하고 그들을 부럽게 바라보면서 (　　　　　) 돌아선다.
>
> – 강경애, 「인간 문제」

① 머리가 젖어　② 머리를 싸고
③ 머리를 빠뜨리고　④ 머리가 빠지도록

## 26

**다음 중 속담의 뜻풀이가 옳지 않은 것은?** 11기출

① 가만한 바람이 대목을 꺾는다: 작고 약한 것이라고 얕잡아 보아서는 안 된다는 말
② 섶을 지고 불로 들어가려 한다: 앞뒤 가리지 못하고 미련하게 행동함을 놀림조로 이르는 말
③ 큰 북에서 큰 소리 난다: 어떤 사물에 몹시 놀란 사람은 비슷한 사물만 보아도 겁을 냄
④ 두부 먹다 이 빠진다: 전혀 그렇게 될 리가 없음에도 일이 안 되거나 꼬이는 경우

## 27

**다음 중 괄호 안에 들어갈 속담으로 적절한 것은?** 09기출

> 그때 우리 아저씨 양반은 나이 어리기도 했지만 공부를 한답시고, 서울로, 동경으로 10여 년이나 돌아다녔고 조금 자라서 색시 재미를 알만하니까는 누가 예쁘달까봐 이혼하자고 아주머니를 친정으로 쫓고는 통히 불고를 하고…….
>
> 공부를 다 마치고 오더니만 그 담에는 그놈의 짓에 들입다 발광해 디니면서 명색 학생 출신이라는 딴 여편네를 얻어 살았지요. 그 여편네는 나도 몇 번 보았지만 쌍판대기라고 별반 출 수도 없이 생겼습디다. 그 인물로 남의 첩이야 (　　　　　　　　　　)더니, 사실 소박맞은 우리 아주머니가 그 여편네꺼다 대면 월등 예뻤다우.
>
> 그래 그 뒤에, 그 양반은 필경 붙들려 가서 5년이나 전중이를 살았지요. 그 동안에 아주머니는 시집이고 친정이고 모두 폭망해서 의지가지 없이 됐지요.

① 가는 방망이 오는 홍두깨라
② 노처녀가 시집을 가려니 등창이 난다
③ 여편네 팔자는 뒤웅박 팔자라
④ 일색 소박은 있어도 박색 소박은 없다

## 28

**다음 중 '홍시 먹을 때도 천천히 먹어라'와 의미가 유사한 속담은?** 08기출

① 가랑비에 옷 젖는 줄 모른다
② 돌다리도 두들겨 보고 건너라
③ 가마 속의 콩도 삶아야 먹는다
④ 부뚜막의 소금도 집어넣어야 짜다



24 ④ 25 ③ 26 ③ 27 ④ 28 ② 정답

TOP 2 한자어

## 01

밑줄 친 부분의 한자어로 적절하지 않은 것은? 20⑨기출

> 코로나가 갖고 온 변화는 ㉠ 침체된 것처럼 보이는 삶 – ㉡ 위축된 경제와 단절된 관계와 불투명한 미래까지 – 에서부터 일상의 작은 규칙들, 마스크를 쓰고 손을 씻고 사회적 거리두기를 하는 것 등 삶의 전반에 크고 작은 영향을 끼쳤다. 그것이 우리 눈앞에 펼쳐진 코로나 이후의 맞닥뜨린 냉혹한 현실이지만 반대급부도 분명 존재한다. 가만히 들여다보면 차가운 현실의 이면에는 분명 또 다른 내용의 속지가 숨겨져 있다. 코로나로 인해 '국가의 감염병 예방 시스템이 새롭게 정비되고 ㉢ 방역 의료체계가 발전하고 환경오염이 줄고'와 같은 거창한 것은 ㉣ 차치하고라도 당장, 홀로 있음의 경험을 통해서 내 자신의 마음 들여다보기가 가능해졌다.

① ㉠ 沈滯 ② ㉡ 萎縮
③ ㉢ 紡疫 ④ ㉣ 且置

## 02

다음 글에서 ㉠, ㉡에 알맞은 단어를 순서대로 나열한 것은?

20⑦기출

> 인도의 오랜 고전『우파니샤드』에는 이런 말이 전해지고 있다.
>
> 말이 없다면 옳은 것도 틀린 것도 알 수 없으며 참과 거짓, 유쾌한 것과 불쾌한 것을 알 수 없다. 말은 이 모든 것을 우리에게 알려준다. 말에 대해 ( ㉠ )하라.
>
> 진실로 언어가 없다면 세계가 없고 따라서 인생이 없는 것이다. 언어에 대한 이렇듯 오래고도 깊은 사념은 인간의 문화에 대한 모든 비평 속에서 계속하여 심각하게 다루어져 왔다. 인류 문화와 사고의 역사는 결국 언어에 대한 문제를 싸고돌면서 전개된 것에 불과하다. 언어의 내면적인 ( ㉡ )이 깊이를 더할 때 많은 학구적 업적이 시대를 따라 변천하여 왔던 것이다.

| | ㉠ | ㉡ |
|---|---|---|
| ① | 默想 | 考察 |
| ② | 墨床 | 古刹 |
| ③ | 默想 | 古刹 |
| ④ | 墨床 | 考察 |

정답 01 ③ 02 ①

## 03

**밑줄 친 ㉠, ㉡, ㉢을 한자로 바르게 바꾼 것은?** 20❼기출

> 문인(文人)들이 흔히 대단할 것도 없는 신변잡사(身邊雜事)를 즐겨 쓰는 이유가 무엇인가. 인생의 편모(片貌)와 생활의 정회(情懷)를 새삼 느꼈기 때문이다. 속악(俗惡)한 시정잡사(市井雜事)도 때로는 꺼리지 않고 쓰려는 것은 무슨 까닭인가. 인생의 모순과 사회의 ㉠ 부조리를 여기서 뼈아프게 느꼈기 때문이다.
>
> 자연은 자연 그대로의 자연이 아니요. 내 프리즘으로 통하여 재생된 자연인 까닭에 새롭고, 자신은 주관적인 자신이 아니요 ㉡ 응시해서 얻은 객관적인 자신일 때 하나의 인간상으로 떠오르는 것이다. 감정은 ㉢ 여과된 감정이라야 아름답고, 사색은 발효된 사색이라야 정이 서리나니, 여기서 비로소 사소하고 잡다한 모든 것이 모두 다 글이 되는 것이다.

| | ㉠ | ㉡ | ㉢ |
|---|---|---|---|
| ① | 不條理 | 凝視 | 濾過 |
| ② | 不條理 | 鷹視 | 勵果 |
| ③ | 否條理 | 凝視 | 勵果 |
| ④ | 否條理 | 鷹視 | 濾過 |

## 04

**다음 ㉠~㉣의 한자어가 적절하지 않은 것은?** 20❼기출

> 철학자 쇼펜하우어는 세상의 모든 책을 별에 비유하여 세 가지로 구분했다. 언제나 그 자리를 지키며 다른 별들의 중심이 되어 주는 ㉠ 항성 같은 책이 있는가 하면, 항성 주위의 궤도를 규칙적으로 도는 ㉡ 행성 같은 책이나 잠시 반짝 나타났다가 금방 사라져 버리는 ㉢ 유성 같은 책도 있다는 것이다. 항성과 행성은 언제나 밤하늘을 지키지만, 유성은 휙 소리를 내며 은하계의 어느 한 구석으로 자취를 감추어 버린다. ㉣ 북극성이 길 잃은 사람에게 방향을 제시하듯 항성과 같은 책은 삶의 영원한 길잡이가 되지만, 반짝하고 나타나는 유성은 한순간의 즐거움만 제공하고 허무하게 사라진다.
>
> 우리 주변에는 유성 같은 책들이 지천으로 굴러다니고 있지만, 항성 같은 책은 점차 자취를 감추고 있다. 좋은 책은 세상살이의 일반성에 관한 이해를 넓혀 주는 동시에 개인적 삶의 특수성까지도 풍부하게 해 준다. 그런 이해와 해석이 아예 없거나 미약한, 고만고만한 수준의 책들만 거듭 읽다 보면 잡다한 상식은 늘어날지 몰라도 이 세상과 자기 자신에 대한 깊이 있는 파악은 멀어지고 만다. 그렇고 그런 수준의 유성 같은 책은 아무리 많이 읽어도 삶의 깊이와 두께는 늘 제자리걸음이다. 세상과 인생의 문제를 상투적인 시선으로 바라보고 뻔한 해결책을 제시하는 그렇고 그런 책들은 옆으로 치워 놓고, 변화하는 세상과 그 속에 숨은 삶의 본질을 꿰뚫어 보는 좋은 책들을 찾아내야 한다.

① ㉠ 亢星　② ㉡ 行星
③ ㉢ 流星　④ ㉣ 北極星



03 ① 04 ① 정답

## 05

**제시문의 내용을 바탕으로 할 때, 밑줄 친 ㉠을 한자로 표현한 것으로 옳은 것은?** 18기출

> 옛날 이 원소가 생기기 전에, 이 터에는 장자 첨지가 수없는 종들과 전지와 살진 가축들을 가지고 살았다는 것이다. 그런데 그 첨지는 하도 인색하여서, 연년이 추수하는 곡식을 미처 먹지 못하고 곡간에서 푹푹 썩어내도 근처 어려운 사람들을 구제할 생각은 고사하고, 어쩌다 걸인이 밥 한술을 구걸하여도 그것이 아까워서는 대문을 닫아걸고 끼니도 끓여 먹었다는 것이다.
>
> 그런데 마침 몇 해를 거푸 흉년이 들어서 이 동네 사람들이 모두 굶어 죽게 되었을 때 그들은 하루에도 몇 번씩 장자 첨지에게 애걸을 하였다. 그러나 첨지는 들은 체도 하지 않고 오히려 그들을 나무라고 문간에도 들이지 않았다는 것이다.
>
> 그러므로 그들은 하는 수 없이 몰래 작당을 하여 가지고 밤중에 장자 첨지네 집을 습격하여 쌀과 살진 짐승들을 끌어냈다는 것이다. 이런 일이 있은 후 며칠 만에 장자 첨지는 관가에 고소장을 들여 이 근처 농민들을 모두 잡아가게 하였다. 그래서 무수한 악형을 하고 혹은 죽이고 그나마는 멀리 쫓아 버렸다는 것이다.
>
> 아버지, 어머니 혹은 아들딸을 잃어버린 이 동네 노인이며 어린것들은 목이 터지도록 아버지, 어머니를 부르며 혹은 아들과 딸을 찾으며 장자 첨지네 마당가를 떠나지 않고 울었다는 것이다.
>
> 그래서 울고 울고 또 울어서 그 눈물이 고이고 고이어서 마침내는 장자 첨지네 고래 잔등 같은 기와집이 하룻밤 새에 큰 못으로 변하였다는 것이다. 그 못이 즉, 내려다보이는 ㉠ 저 푸른 못이다.

① 苑沼 ② 怨沼

③ 原沼 ④ 元沼

## 06

**다음 중 한자어 표기가 옳지 않은 것은?** 17기출

① 내가 처한 모든 상황에 염증(炎症)이 난다.

② 식초를 물에 희석(稀釋)해서 마시는 사람도 있습니다.

③ 제 모든 성공은 도와주신 여러분 덕택(德澤)입니다.

④ 그에 대한 근거 없는 소문은 시간이 흘러도 사람들에게 회자(膾炙)되고 있다.

## 07

**다음 중 ㉠~㉣의 독음의 연결이 옳은 것은?** 16기출

> 17세기에 일본 에도막부가 영유권을 판단할 때의 기준은 거리 관계였다. 에도막부는 울릉도뿐만 아니라 독도도 조선 땅에서 더 가깝다는 사실을 인정했다. 이는 1877년 메이지 정부의 판단에도 그대로 ㉠ 反響을 일으켜 두 섬이 일본과 관계없다는 ㉡ 指令을 내기에 이르렀다. 그런데도 현재 일본은 한국의 독도 영유권을 인정하지 않는다. 나아가 한국 문헌의 '우산도'는 독도가 아니라 울릉도의 또 다른 이름이라는 ㉢ 詭辯을 펴고 있다. 일본의 이런 주장은 터무니없지만, 원인의 ㉣ 一旦을 우리에게서도 찾는다면, '우산도'를 기록한 문헌이 많지 않다는 데서 찾을 수 있을 것이다.

① ㉠ 反響(반양) ② ㉡ 指令(지령)

③ ㉢ 詭辯(괴변) ④ ㉣ 一旦(일성)

## 08

**다음 중 단어의 의미가 옳지 않은 것은?** 15기출

① 고루(固陋): 의견이 한쪽으로 치우쳐 있음

② 예지(叡智): 사물의 이치를 꿰뚫어 보는 지혜롭고 밝은 마음

③ 전파(傳播): 전하여 널리 퍼뜨림

④ 이행(履行): 실제로 행함

정답 05 ② 06 ① 07 ② 08 ①

## 09

**다음 밑줄 친 부분에 맞는 한자로 옳은 것은?** 15기출

> 불휘 기픈 남ᄀᆞᆫ ᄇᆞᄅᆞ매 아니 ㉠ 뮐ᄊᆡ, 곶 됴코 ㉡ 여름 하ᄂᆞ니

① ㉠ 勤, ㉡ 夏
② ㉠ 動, ㉡ 實
③ ㉠ 勤, ㉡ 實
④ ㉠ 動, ㉡ 夏

## 10

**다음 중 밑줄 친 부분의 한자가 옳은 것은?** 14기출

① 그 말은 신에 대한 모독(侮瀆)이나 마찬가지이다.
② 지나친 규제(規除)는 오히려 독이 된다.
③ 그는 가정 파탄(破綻)의 위기에서 벗어났다.
④ 비행기는 지상의 유도(誘道)에 따라 안전하게 착륙하였다.

## 11

**다음 중 빈칸에 들어갈 한자어로 옳은 것끼리 묶인 것은?** 14기출

> • 군악대의 음악에 맞춰 애국가 (　　)이 있겠습니다.
> • 정도전이 새로운 법전을 (　　)하였다.

① 제창(濟唱) – 재창(再唱)
② 제창(齊唱) – 제창(提唱)
③ 합창(合唱) – 제창(提唱)
④ 합창(合唱) – 제창(齊唱)

## 12

**다음 중 한자어의 의미와 한자 표기가 바르게 연결된 것은?** 13기출

① 반월(反月): 반달 혹은 한 달의 반
② 곡선(曲善): 부드럽게 그려진 선
③ 고전(古展): 예부터 현재까지 전해져 오는 예술 작품
④ 아미(蛾眉): 아름다운 눈썹

## 13

**다음 중 한자어 표기가 옳지 않은 것은?** 12기출

① 최근(最根)
② 전시(展示)
③ 본래(本來)
④ 기념(記念)

## 14

**다음 중 한자 성어의 짜임이 주술 관계인 것은?** 11기출

① 새옹지마(塞翁之馬)
② 역지사지(易地思之)
③ 삼고초려(三顧草廬)
④ 골육상쟁(骨肉相爭)



09 ② 10 ③ 11 ② 12 ④ 13 ① 14 ④ 정답

## 15

**다음 제시문의 밑줄 친 단어의 한자어 연결이 각각 바른 것은?** 09기출

> 그것은 무슨 곡절인고? 거짓말일지라도 옛날에 불가사리라 하는 물건 하나 생겨나더니 어데든지 뛰어다니면서 쇠란 쇠는 다 집어먹은 일이 있었다 하는데, ㉠ 감사가 내려와서 강원도 ㉡ 돈을 싹싹 핥아먹으려 드는 고로 그 동요가 생겼다 하는지라. 이때 동요는 고사하고 진남 문 밖에 익명서가 한 달에 몇 번씩 걸려도 감사는 모르는 체하고 저 할 일만 한다.
>
> 그 하는 일은 무슨 일인고? 긁어서 바치는 일이라. 긁기는 무엇을 긁으며 바치기는 어데로 바치는고? 강원 일도에 먹고 사는 재물을 빼어다가 서울 있는 상전들에게 바치는 일이라. 상전이라 하면 강원 감사가 남의 집에 문서 있는 종이 아니라 무서워하기를 상전같이 알고 믿기를 상전같이 믿고 섬기기를 상전같이 섬기는데 그 상전에게 등을 대고 만만한 사람을 죽여 내는 판이라.

| | ㉠ | ㉡ |
|---|---|---|
| ① | 監事 | 金 |
| ② | 勘査 | 錢 |
| ③ | 監司 | 錢 |
| ④ | 監司 | 干 |

## 16

**다음 한자의 독음이 바른 것은?** 09기출

① 索引(색인) – 索道(색도)
② 說明(설명) – 遊說(유설)
③ 減殺(감쇄) – 相殺(상쇄)
④ 變易(변이) – 容易(용이)

## 17

**다음 한자어 중 '樂'의 독음으로 옳지 않은 것은?** 08기출

① 樂山樂水(요산요수)
② 和樂(화악)
③ 聲樂(성악)
④ 至樂(지락)

## 18

**다음 중 '말[言]'과 관련된 한자어로 옳지 않은 것은?** 08기출

① 訣別(결별)
② 長廣舌(장광설)
③ 口舌數(구설수)
④ 橫說竪說(횡설수설)

## 19

**다음 중 빈칸에 들어갈 한자가 바르게 짝지어진 것은?** 07기출

> 曾子曰 吾 日三省吾身
> 爲人謀而不(　)乎
> 與朋友交而不(　)乎
> 傳不(　)乎

① 性 – 義 – 習
② 性 – 信 – 學
③ 忠 – 義 – 學
④ 忠 – 信 – 習

## 20

**다음 중 한자어의 표기가 올바른 것은?** 07기출

① 열렬(烈烈)
② 년간(年間)
③ 출산률(出産律)
④ 가정난(家庭欄)

정답 15 ③ 16 ③ 17 ② 18 ① 19 ④ 20 ①

## TOP 3 고유어

### 01

**국어 순화가 옳지 않은 것은?** 20⑨기출

① 핸드레일(handrail) → 안전손잡이
② 스크린 도어(screen door) → 차단문
③ 프로필(profile) → 인물 소개, 약력
④ 팝업창(pop-up 窓) → 알림창

### 02

**다음 풀이한 말에 해당하는 표제어로 가장 적절한 것은?** 20⑦기출

> 『천문』 가스 상태의 빛나는 긴 꼬리를 끌고 태양을 초점으로 긴 타원이나 포물선에 가까운 궤도를 그리며 운행하는 천체. 핵, 코마, 꼬리 부분으로 이루어져 있다.

① 별똥별
② 떠돌이별
③ 샛별
④ 살별

### 03

**다음 중 단어의 설명으로 옳지 않은 것은?** 19추기출

① 소래기: 굽이 없는 접시 모양으로 생긴 넓은 질그릇
② 장부꾼: 가래질을 할 때 가랫장부를 잡는 사람
③ 세섯덩이: 개피떡 세 개를 붙여서 만든 떡
④ 윤똑똑이: 자기만 혼자 잘나고 영리한 체하는 사람

### 04

**다음 중 밑줄 친 단어의 쓰임이 옳지 않은 것은?** 19추기출

① 동수는 꼼꼼하게 도토리의 보늬를 벗겨 냈다.
② 원숭이는 먹이를 주는 대로 닁큼닁큼 받아먹었다.
③ 외상값 대신에 고구마로 엇셈을 했다.
④ 날씨가 더워 모시로 만든 핫옷을 꺼내 입었다.

### 05

**다음 중 '감실감실'의 뜻으로 옳은 것은?** 15기출

① 눈이 감기는 모양
② 흐느적거리는 모양
③ 물이 굽어 흐르는 모양
④ 사람이나 물체, 빛 따위가 먼 곳에서 자꾸 아렴풋이 움직이는 모양

### 06

**다음 중 고유어로 옳은 것은?** 16기출

① 빈티지 ② 이간질
③ 파렴치 ④ 하소연

### 07

**다음 중 밑줄 친 어휘의 쓰임이 옳지 않은 것은?** 14기출

① 그는 고개를 기웃하게 하고서 골몰히 생각에 잠겨 있다.
② 그들은 다붓한 강가에 앉아 그동안 못했던 이야기를 나누었다.
③ 그는 가붓한 가방 하나만 들고 나온 것이 오래 여행할 사람 같지 않았다.
④ 그녀는 사귐성이 좋아서 누구와도 버슷하게 지낸다.



01 ② 02 ④ 03 ③ 04 ④ 05 ④ 06 ④ 07 ④ 정답

## 08

다음 중 '귀가 얇아 남이 하자는 대로 따라 움직이는 사람'을 이르는 고유어로 옳은 것은? 14기출

① 가린주머니
② 천둥벌거숭이
③ 망석중이
④ 책상물림

## 09

다음 중 우리말 '새옹'의 뜻으로 옳은 것은? 13기출

① 작은 옹달샘
② 놋쇠로 만든 솥
③ 새의 부리 끝부분
④ 유아의 장난감

## 10

다음 중 어휘의 뜻풀이가 옳지 않은 것은? 12기출

① 낟가리: 낟알이 붙은 곡식을 그대로 쌓은 더미
② 시나브로: 모르는 사이에 조금씩 조금씩
③ 칠칠하다: 주접이 들고 단정하지 못함
④ 속손톱: 손톱의 뿌리 쪽에 있는 반달 모양의 하얀 부분

## 11

다음 중 밑줄 친 고유어의 의미로 옳은 것은? 12기출

> 그러나 한 두어 종지 가량 고추장 물을 먹이고 나서는 고만 풀이 죽었다. 싱싱하던 닭이 왜 그런지 고개를 살며시 뒤틀고는 손아귀에서 빼드러지는 것이 아닌가. 아버지가 볼까 봐서 얼른 <u>홰</u>에다 감추어 두었더니 오늘 아침에서야 겨우 정신이 든 모양 같다.
> 그랬던 걸 이렇게 오다 보니까 또 쌈을 붙여 놓으니 이 망할 계집애가 필연 우리 집에 아무도 없는 틈을 타서 제가 들어와 홰에서 꺼내 가지고 나간 것이 분명하다.
> 나는 다시 닭을 잡아다 가두고 염려스럽긴 하지만 그렇다고 산으로 나무를 하러 가지 않을 수도 없는 형편이었다.
> 소나무 <u>삭정이</u>를 따며 가만히 생각해 보니 암만해도 고년의 목쟁이를 돌려놓고 싶다. 이번에 내려가면 망할 년 등줄기를 한번 되게 후려치겠다 하고 <u>싱둥겅둥</u> 나무를 지고는 부리나케 내려왔다.
> 거의 집에 다 내려와서 나는 <u>호드기</u> 소리를 듣고 발이 딱 멈추었다. 산기슭에 널려 있는 굵은 바윗돌 틈에 노란 동백꽃이 소보록하니 깔리었다. 그 틈에 끼어 앉아서 점순이가 청승맞게스리 호드기를 불고 있는 것이다. 그보다도 더 놀란 것은 고 앞에서 또 푸드득, 푸드득, 하고 들리는 닭의 횃소리다.

① 홰: 새장 속에 새가 올라앉게 가로질러 놓은 나무 막대
② 삭정이: 나무에 붙어 있는 살아 있는 가지
③ 싱둥겅둥: 조급한 마음으로 몹시 허둥거리는 모양
④ 호드기: 호루라기

정답 08 ③ 09 ② 10 ③ 11 ①

## 12

**다음 중 단어의 뜻이 바르게 연결된 것은?** 09기출

① 쪽박 – 곁땀

② 까투리 – 수꿩

③ 가시어미 – 가시나무

④ 마파람 – 남풍(南風)

## 13

**다음 중 고유어인 것은?** 07기출

① 소문 ② 장마

③ 영양분 ④ 수라상

## 14

**다음 중 행정 용어 순화의 예로 옳지 않은 것은?** 11기출

① 각본조(各本條) → 각 해당 조문

② 가검물(可檢物) → 임시 검사 물품

③ 무인(拇印) → 손도장

④ 부킹(booking) → 예약

# 단어의 의미

## 01

**다음 글에서 밑줄 친 ㉠과 바꿔 쓰기에 가장 적절한 것은?** 20❾기출

> 킬트의 독특한 체크무늬가 각 씨족의 상징으로 자리 잡은 것은, 1822년에 영국 왕이 방문했을 때 성대한 환영 행사를 마련하면서 각 씨족장들에게 다른 무늬의 킬트를 입도록 종용하면서부터이다. 이때 채택된 독특한 체크무늬가 각 씨족을 대표하는 의상으로 ㉠ 자리를 잡게 되었다.

① 정돈(整頓)되었다.

② 정제(精製)되었다.

③ 정리(整理)되었다.

④ 정착(定着)되었다.



12 ④ 13 ② 14 ② / 01 ④ 정답

## 02

다음 글의 ㉠~㉣ 중 문맥상 적절하지 않은 말은? 20❼기출

> 공주 · 부여와 익산 일대의 백제역사유적지구가 세계 유산으로 등재되면서 이를 체계적으로 ㉠ 보존 활용하기 위해서는 국비 지원이 절실하다는 여론이 탄력을 얻고 있다.
> 충청남도가 백제역사유적지구의 세계 유산 등재 1개월을 맞아 공주 · 부여 유적지를 ㉡ 탐사한 관람객을 조사해 보니 지난해 같은 기간보다 2배 가까이 급증한 것으로 나타났다. 백제 역사 문화의 우수성이 전 세계에 확인된 것을 계기로 관람객들이 증가하면서, 백제역사유적지구가 세계적인 관광 명소로 거듭나기 위한 보존 관리의 필요성이 요구되고 있는 것이다.
> 이와 함께 유네스코 세계유산위원회 자문 기구인 이코모스가 충청남도에 대해 백제역사유적지구의 체계적인 관리 방안을 권고한 것도 주목할 일이다. 이코모스는 지구의 ㉢ 개별 관광 관리 계획 및 유산별 방문객 관리 계획 수립 · 시행, 등재 유적 보호를 위한 지구 내 사유 토지 공공관리, 송산리 · 능산리 고분벽화 모니터링 주기를 5년에서 3년으로 단축할 것 등을 권고했다.
> 중앙 정부와 국회는 충청남도가 백제역사유적지구 보존 · 관리를 위한 국비 확보에 총력을 ㉣ 경주하는 것을 지역이기주의적인 시각으로 보아서는 안 된다. 백제역사유적지구가 세계유산으로 등재된 것은 비단 특정 지역만이 아닌 국가적인 쾌거다. 이를 잘 보존 · 관리하며 세계적인 관광지로 가꾸는 일은 국가 차원의 목표가 되어야 한다.

① ㉠, ㉡
② ㉡, ㉢
③ ㉡, ㉣
④ ㉢, ㉣

## 03

다음 중 ㉠과 ㉡에 들어갈 단어와 조사가 모두 옳은 것은?
14기출

> 남산 위에 저 소나무 철갑을 두른 듯
> ( ㉠ ) 불변함은 우리( ㉡ ) 기상일세
> 무궁화 삼천리 화려 강산
> 대한 사람 대한으로 길이 보전하세

| | ㉠ | ㉡ |
|---|---|---|
| ① | 바람소리 | 의 |
| ② | 바람서리 | 의 |
| ③ | 바람서리 | 에 |
| ④ | 바람소리 | 가 |

## 04

다음 중 ㉠~㉢에 들어갈 단어로 옳은 것으로만 묶인 것은?
13기출

> ㉠과(와) ㉡는(은) 다르다. 자신의 ㉢를(을) 모르고 흥청망청 쓰는 것이 ㉠(이)다. 불필요한 것을 과다하게 사 모으는 것이 ㉠(이)다. 반면에 무조건 아끼는 것이 ㉡는(은) 아니다. 조잡한 물건을 높여 쓰는 것을 의미하지도 않는다. ㉡(이)란 제 분수에 맞는 소비 행태를 말한다. ㉠과(와) ㉡를(을) 도식적으로 나누기보다는 좋은 물건을 적절한 가격을 치르고 유용하게 사용하는 기풍이 더 필요하다.
>
> – 유길준, 「서유견문」

| | ㉠ | ㉡ | ㉢ |
|---|---|---|---|
| ① | 사치 | 검소 | 분수 |
| ② | 부유 | 검약 | 지위 |
| ③ | 충동 | 겸손 | 분수 |
| ④ | 부박 | 절약 | 지위 |

정답 02 ② 03 ② 04 ①

## 05

**다음 중 〈보기〉의 밑줄 친 단어와 가장 가까운 의미로 쓰인 것은?** 13기출

〈보 기〉

경찰의 손이 미치지 않는 곳으로 도망갔다.

① 그는 장사꾼의 손에 놀아날 정도로 세상 물정에 어둡다.

② 제삿날 손을 치르고 나면 온몸이 쑤신다는 사람들이 많다.

③ 마감 일이 이제 코앞으로 다가와서 더 이상 손을 늦출 수가 없다.

④ 대기업들이 온갖 사업에 손을 뻗치자 중소기업들은 설 곳을 잃게 되었다.

## 06

**다음 중 '벗다'의 반의어가 아닌 것은?** 12기출

① (짐을) 부리다

② (옷을) 입다

③ (시계나 칼을) 차다

④ (모자나 안경을) 쓰다

## 07

**다음 제시문의 괄호 안에 들어갈 말로 옳은 것은?** 11기출

〈태극기 다는 법〉

◆ 2011년 3월 1일 (화) 07:00~18:00 ◆

심한 눈 · 비 · 바람(악천후) 등으로 국기의 (　　　　)이 훼손될 우려가 있는 경우에는 게양하지 아니한다.

① 원형　　② 품격

③ 존엄성　　④ 상징성

## 08

**다음 중 밑줄 친 말의 쓰임이 옳지 않은 것은?** 11기출

① 불길이 걷잡을 수 없이 번져 나갔다.

② 그는 또래보다 나이가 지긋이 들어 보인다.

③ 잘 때는 머리를 반듯이 하고 누워야 한다.

④ 눈두덩과 광대뼈 얼음에 시커먼 멍이 들었다.

## 09

**다음 제시문의 ㉠~㉣에 들어갈 단어가 바르게 묶인 것은?** 10기출

돌은 천년을 값없이 내버려져 있다가도 문득 필요한 자에게 쓸모가 보이면서 비로소 석재(石材)라는 ( ㉠ )을/를 얻으며 가치가 주어진다. 그럴 기회를 얻지 못한 돌은 만년을 묵어도 ( ㉡ )이 될 리 없으며 어떤 품목(品目)에 끼어들 ( ㉢ )도 없다. 그렇듯 돌은 ( ㉣ )이/가 곧 쓸모이되 장중한 바위로부터 간지러운 자갈에 이르기까지 타고난 성질만은 매한가지로 된다. 더위에 늘어짐이 없고 장마에 젖으나 물러지지 않으며, 추위에 움츠러들지 않고 바람에 뒹굴지언정 가벼이 날아가지 않는다. 가벼워지거나 무거워지지 않고 망치로 얻어맞아 깨지긴 해도 일그러지지 않는다.

| | ㉠ | ㉡ | ㉢ | ㉣ |
|---|---|---|---|---|
| ① | 골동 | 허울 | 명분 | 용모 |
| ② | 용모 | 허울 | 골동 | 명분 |
| ③ | 명분 | 허울 | 골동 | 용모 |
| ④ | 허울 | 골동 | 명분 | 용모 |

## 10

**다음 중 단어의 뜻풀이로 옳지 않은 것은?** 18기출

① 질정(質定)없다: 갈피를 잡아서 분명하게 정함

② 상글하다: 소리 없이 웃음

③ 부지하다: 상당히 어렵게 보존하거나 유지하여 나감

④ 억실억실: 얼굴 모양이나 생김새가 선이 굵고 시원시원한 모양



05 ④ 06 ① 07 ③ 08 ④ 09 ④ 10 ① 정답

## 11

**다음에서 밑줄 친 '훔치다'와 다른 것은?** 17기출

> 그것은 어느 여름 어른들이 겪었다던 물난리 같은 것일까 질퍽하고 구질구질한 난장판 같은 것일까 아버지의 작업복을 기워 만든 걸레로 마룻바닥을 훔치며 어머니는 바닥 여기저기 묻어 있는 수박물을 볼 것이다 벌건, 그러나 약간은 어둡고, 끈끈한 수박물을…… 왠지 쓸쓸해지기만 하는 어떤 삶을……
>
> – 이성복, 「수박」

① 눈물을 훔치다.
② 손수건으로 코를 훔치다.
③ 풀을 훔치다.
④ 방을 훔치다.

## 12

**다음 문장 중 밑줄 친 어휘의 쓰임이 옳은 것은?** 17기출

① 갑작스러운 시어머니의 방문에 그녀는 안절부절못했다.
② 난이도를 낮춰 시험이 쉬웠다.
③ 음악을 듣는 와중에 수업 종이 울렸다.
④ 그는 경기도지사를 역임했다.

## 13

**다음 중 밑줄 친 말이 적절하게 쓰인 문장으로 옳은 것은?** 16기출

① 콧수염에 구렛나루까지 거멓게 자라 있었다.
② 점원에게 옷값을 치루고 가게를 나왔다.
③ 적은 월급에 다섯 식구가 목매고 살고 있다.
④ 그들은 개거품을 뿜어내며 새벽 호랑이처럼 으르렁댔다.

## 14

**다음 중 밑줄 친 부분과 같은 의미로 사용된 것은?** 10기출

> 어린아이가 대합실에서 엄마를 찾고 있다.

① 저희 마을을 찾아 주셔서 감사합니다.
② 숨겨 놓은 보물을 찾으면 상품을 받을 수 있다.
③ 감기로 병원을 찾는 환자가 부쩍 늘었다.
④ 은행에서 저금했던 돈을 찾았다.

# 단위어

## 01

**다음 중 단위어 표현이 옳은 것으로만 묶인 것은?** 14기출

> ㉠ 채소 · 과일 한 접 – 100개
> ㉡ 오징어 한 축 – 20마리
> ㉢ 고등어 한 손 – 2마리
> ㉣ 바늘 한 쌈 – 20개

① ㉠, ㉡　② ㉢, ㉣
③ ㉠, ㉡, ㉢　④ ㉠, ㉢, ㉣

## 02

**다음 중 단위어의 사용이 잘못된 것은?** 10기출

① 한 축 – 옷 10벌
② 한 쌈 – 바늘 24개
③ 한 쾌 – 북어 20마리
④ 한 두름 – 조기 20마리

정답 11 ③ 12 ① 13 ③ 14 ② / 01 ③ 02 ①

군무원
합격 저격

# 국 어

# PART 5

# 화법과 작문

# 기출 이론 저격

## 1 대화

### 1. 의의

두 사람 이상이 모여 말로써 자신의 생각이나 느낌을 표현하고 이해하는 상호 교섭적 활동이다. 정보 전달, 설득, 사회적 상호 작용, 정서 표현 등을 목적으로 한다.

### 2. 대화의 원리

#### (1) 협력의 원리

대화 참여자가 대화의 목적에 성공적으로 도달하기 위해 지켜야 하는 것을 말한다.

| | |
|---|---|
| 양의 격률 | 대화의 목적에 필요한 만큼의 정보를 제공하라. |
| 질의 격률 | 타당한 근거를 들어 진실을 말하라. |
| 관련성의 격률 | 대화의 목적이나 주제와 관련된 것을 말하라. |
| 태도의 격률 | 모호성이나 중의성이 있는 표현은 피하고, 언어 예절에 맞게 간결하고 조리 있게 말하라. |

#### (2) 공손성의 원리

상대방에게 공손하지 않은 표현은 최소화하고 공손한 표현은 최대화하는 것을 말한다.

| | |
|---|---|
| 요령의 격률 | 상대방에게 부담이 되는 표현은 최소화하고, 상대방의 이익은 극대화하라. |
| 관용의 격률 | 화자 자신에게 혜택을 주는 표현은 최소화하고, 부담을 주는 표현은 최대화하라. |
| 찬동의 격률 | 상대방에 대한 비방은 최소화하고, 칭찬은 극대화하라. |
| 겸양의 격률 | 화자 자신에 대한 칭찬은 최소화하고, 비방은 극대화하라. |
| 동의의 격률 | 자신의 의견과 상대방의 의견 사이의 다른 점은 최소화하고, 일치점은 극대화하라. |

### (3) 순서 교대의 원리

의사소통 상황에 맞게 참여자들 간의 말하기 차례가 균등하게 배분되고, 대화의 진행이 원활하게 이어지는 대화의 원리를 말한다. 즉, 원활한 대화를 위해서는 화자가 일방적으로 말을 하는 것이 아니라 순서에 따라 말을 주고받아야 한다는 것이다.

# 2 토의

## 1. 의의

공동의 문제를 해결하기 위하여 여러 사람이 모여서 협의하는 화법의 한 형태이다. 공동의 문제에 대한 다양한 의견을 자유롭게 교환함으로써 최선의 해결 방안을 찾아내는 것이 목적이다.

## 2. 토의의 종류

### (1) 심포지엄(symposium) – 전문성

|  |  |
|---|---|
| 진행 방식 | 특정한 문제에 대하여 두 사람 이상의 전문가가 서로 다른 각도에서 의견을 발표하고 청중의 질문에 답하는 방식으로 진행된다. |
| 특징 | • 발표자 사이의 질의응답이 없기 때문에 의견 교환이 거의 이루어지지 않는다.<br>• 특정한 결론 도출을 목적으로 하지 않는다.<br>• 전문가들이 하나의 주제를 여러 측면으로 나누어 설명하므로 청중들은 문제 전체에 대한 체계적이고 권위적인 설명을 들을 수 있다. |
| 청중 참여 | 전문가들의 강연식 발표가 끝난 후, 청중들의 질문이 진행된다. |
| 대표적 사례 | 현행 대학 입시 제도의 개선 방안 |

### (2) 패널(panel) 토의 – 대표성

|  |  |
|---|---|
| 진행 방식 | 청중들 앞에서, 3~6명의 전문가(배심원)가 토의 문제에 대하여 서로 의견을 주고받는 방식으로 진행된다. 배심 토의라고도 한다. |
| 특징 | • 문제에 대한 깊이 있는 논의를 통해 다양한 각도에서 문제 해결의 실마리를 찾을 수 있다.<br>• 의회나 일반 회의에서 다른 의견을 조정하는 수단으로 많이 쓰이며, 정치적인 문제나 시사적인 문제 해결에 적합하다. |
| 청중 참여 | 배심원 간의 토의가 끝난 후 청중들이 배심원들에게 질문하는 순서로 진행된다. |
| 대표적 사례 | 서울시 녹지 공원의 조성 방안 |

### (3) 포럼(forum) – 공공성

| | |
|---|---|
| 진행 방식 | 개방된 장소에서 공공의 문제에 대해 청중과 질의응답을 하는 토의이다. 공개 토의라고도 한다. |
| 특징 | • 공청회와 유사하며 간략한 주제 발표가 있을 뿐 심포지엄과는 달리 강연이나 연설은 하지 않는다.<br>• 다른 토의에 비해 사회자의 역할이 크다. |
| 청중 참여 | 심포지엄의 경우 강연식 발표가 끝난 후 청중들이 참여하지만, 포럼의 경우 처음부터 청중들이 토의에 적극적으로 참여한다. |
| 대표적 사례 | 학교 주변의 유해 환경 대처 방안 |

### (4) 원탁 토의(round table discussion) – 평등성

| | |
|---|---|
| 진행 방식 | 10명 내외의 사람들이 원탁에 둘러앉아 상하의 구별 없이 자유롭게 의견을 나누는 비공식적인 형식의 토의이다. |
| 특징 | • 사회자가 없는 것이 일반적이나 의장을 따로 정할 수 있다.<br>• 다룰 수 있는 논제의 범위가 넓고 다양하다.<br>• 비공식적인 문제를 다루기 좋다.<br>• 서로 자유롭게 의견을 나눈다는 것이 장점이지만 참가자가 토의에 익숙하지 못하면 산만하게 되어 시간 낭비를 초래할 수 있다. |
| 대표적 사례 | 학급 문고의 설치 방안 |

### (5) 그 밖의 토의

- 회의: 어떤 조직이나 공동체의 문제를 해결하고 의사 결정을 하기 위한 토의
- 세미나: 연구자가 학술 논문을 발표한 뒤 참석자와 질의응답하는 방식으로 자유롭게 의견을 나누는 토의
- 브레인스토밍: 참석자들이 새롭고 기발한 의견들을 자유롭게 제시한 뒤에 그것들 중에서 평가나 토의를 통해 해결책을 선택하는 토의

## 3 토론

어떤 논제에 대하여 찬성 측 토론자와 반대 측 토론자가 각기 논거를 들어 자신의 주장이 옳음을 내세우고, 상대방의 주장이나 논거가 부당하다는 것을 명백하게 하는 화법의 한 형태이다. 상대방을 제압하는 것이 아니라 상대 의견에 대한 논리적인 반박을 통해 최선의 결론을 도출하는 것이 목적이다.

### 1. 토론의 특성

- 토론하는 논제와 관련하여 찬성 측 주장과 반대 측 주장이 명확하게 드러난다.
- 약속된 순서와 절차에 따라서 진행된다.
- 자기편의 주장이 옳다는 것과 상대편의 주장이 옳지 않다는 것을 주장할 때는 정확하고 신뢰성 있는 논거를 사용해야 한다.
- 토론 당사자는 끝까지 자신의 주장이 정당하다는 입장을 유지하기 때문에, 판결을 내리기 위해서는 제3자의 판정이 필요하다.

### 2. 토론의 논제와 논거

#### (1) 토론의 논제

논제란 토론에서 해결하고자 하는 문제를 말한다. 대체로 '~해야 한다' 또는 '~인가?'의 형식으로 표현되고, 찬성과 반대로 의견이 나뉠 수 있어야 한다. 또한 내용이 분명해야 하고 하나의 명백한 주장에 한정되어야 한다.

예 사형 제도는 폐지되어야 한다. / 사형 제도는 폐지되어야 하는가?

- 논제의 종류

| | |
|---|---|
| **사실 논제** | 객관적인 자료나 정보를 바탕으로 사실 관계를 입증해야 하는 논제 |
| **가치 논제** | 가치 판단의 기준을 상대와 공유하면서 어떤 가치가 다른 가치보다 더 수용할 만하다는 점을 입증해야 하는 논제 |
| **정책 논제** | 자신의 주장이 현재의 문제를 해결하거나 현재보다 더 나은 결과를 가져올 수 있다는 점을 입증해야 하는 논제 |

#### (2) 토론의 논거

논거란 주장을 뒷받침하는 내용으로 주장의 타당성, 신뢰성, 적합성을 내세울 수 있는 증거 자료이다. 논거는 토론하는 과정에서 검증을 해야 하며 검증 방법으로는 질의 검증과 양의 검증이 있다.

- 논거 검증 방법

| | |
|---|---|
| **질의 검증** | 주어진 자료가 사실임을 증명할 수 있는가, 일관성이 있는가, 정확한가, 최근의 자료인가 등을 검증한다. |
| **양의 검증** | 자료가 충분하며 완벽한지를 검증한다. |

## 4 발표

여러 사람 앞에서 자신의 생각이나 의견 또는 어떤 사실에 대해서 진술하는 말하기이다. 발표는 정보 전달, 설득 등을 목적으로 한다.

### 1. 발표의 준비와 절차

주제 · 목적 · 예상 청중 분석

⇩

자료 수집과 내용 선정

⇩

내용 조직

⇩

내용 작성

⇩

발표 연습

### 2. 발표 자료의 조직

|  |  |
|---|---|
| 도입부 | • 청중의 관심 유발<br>• 화제나 주제, 목적, 배경 등을 간략하게 설명 |
| 전개부 | • 내용의 본격적 제시<br>• 내용을 뒷받침하는 자료(통계, 예시, 인용 등)의 제시 |
| 정리부 | • 핵심 내용의 정리<br>• 강조할 내용의 반복 |

### 3. 발표의 전략

- 청중이 내용을 이해할 수 있도록 쉽고 정확하게 표현해야 한다.
- 청중의 이해도를 점검하여 발표 내용을 조절해야 한다.
- 청중의 집중과 반응을 유도하기 위해 자신의 경험담이나 재담, 유머 등을 적절히 활용한다.
- 반언어적 표현과 비언어적 표현을 효과적으로 사용한다.
- 발표 내용에 따라 시청각 자료를 적절히 선택하여 사용한다. 또한 자료를 활용할 때에는 출처를 밝혀 신뢰성을 확보한다.

## 5 면접

면접은 일정한 목적을 위해서 질문과 응답을 통해 정보를 수집하거나 평가하는 공적 대화의 한 유형이다.

### 1. 면접의 절차

| 단계 | 면접하기(질문자) | 면접 받기(답변자) |
|---|---|---|
| **면접 전<br>(준비 단계)** | 면접의 목적에 비추어 질문할 핵심적인 내용 준비 | 예상되는 질문을 정리하여 정확하고 효과적인 답변을 준비 |
| **면접 중<br>(본 면접 단계)** | 준비된 질문을 바탕으로 구체적으로 질문하고 답변을 청취 혹은 기록. 필요한 경우 보충 질문 | 면접자의 질문 의도를 정확하게 파악한 후 핵심적인 내용을 바탕으로 간결하고 효과적으로 답변 |
| **면접 후<br>(평가 단계)** | 수집한 정보를 바탕으로 면접의 성과나 피면접자에 대한 평가 | 자신의 면접 결과에 대하여 스스로 점검하고 평가 |

### 2. 면접 질문의 유형

| 유형 | 특징 |
|---|---|
| **폐쇄형 질문** | 면접자가 확인하고자 하는 특정한 사항에 대해 구체적으로 제시하는 질문<br>예 세종대왕님께서 만든 자음과 모음의 개수는 몇 개입니까? |
| **개방형 질문** | 피면접자로 하여금 광범위하게 생각하고 진술하도록 하는 질문<br>예 당신이 사장이라면 회사를 어떻게 운영하겠는가? |
| **보충형 질문** | 피면접자가 답변을 회피하거나 모호하게 할 경우 또는 좀 더 구체적인 정보를 원할 경우 추가하는 질문<br>예 좀 더 구체적으로 말씀해 주시겠습니까? 과학 중에서도 특히 어느 분야에 관심이 있으신지요? |

## 6 협상

이익과 관련된 갈등을 인식한 둘 이상의 주체들이 이를 해결할 의사를 가지고 모여서 합의에 이르기 위해 대안들을 조정하고 구성하는 공동 의사 결정 과정을 말한다. 협상의 목적은 갈등의 조정과 합의, 즉 공동의 이익을 위해 타협하고 양보함으로써 문제를 해결해 나가는 데 있다.

### 1. 협상의 조건

| 참여자 조건 | 협상에 참여하는 사람은 경쟁적인 협력자 관계여야 한다. |
|---|---|
| 상황 조건 | 협상을 필요로 하는 구체적인 갈등 상황이 존재해야 한다. |
| 행위 조건 | 참여자들은 공동의 목표를 추구하며 합의 결과에 대해 이행 의무를 지닌다. |

### 2. 협상의 절차

| 시작 단계 | 참여자들이 문제에 대한 기본 입장을 서로 확인하는 단계 |
|---|---|
| 조정 단계 | ① 참여자들이 문제에 대한 입장을 밝히고 구체적인 대안을 제시하는 단계<br>② 대안을 상호 검토하고 양보를 통해 서로의 입장 차이를 좁히는 단계 |
| 해결 단계 | 제시된 대안을 재구성하면서 합의에 이르는 단계 |

### 3. 협상의 방법

(1) 서로의 입장 차이에 대한 상호 반박

(2) 상대방 이익과 공동의 이익에 대한 탐색

(3) 질문을 통한 제안과 평가

(4) 동의를 유도하는 설득이나 양보를 통한 합의 유도

### 4. 협상의 전략

(1) 협상의 목표 설정과 구체적인 타협안 마련

(2) 협상의 쟁점 분석과 단계적 문제 해결

(3) 참여자 모두가 만족하는 결론 도출을 위한 협력

## 7 연설

한 사람의 연사(演士)가 다수의 청중을 대상으로 특정한 목적을 가지고 하는 공식적인 말하기를 일컫는다.

### 1. 연설의 준비 절차

상황과 청중 분석

⇩

연설의 유형 · 목적 · 주제 결정

⇩

자료의 수집과 내용 선정

⇩

내용의 조직과 개요 작성

⇩

연설문 작성

⇩

연설 연습

### 2. 연설의 유형

| 종류 | 목적 |
|---|---|
| **정보 전달 연설** | 청중에게 지식이나 정보를 전달하기 위한 연설 |
| **설득 연설** | 청중의 신념이나 태도, 행동을 변화시키기 위한 연설 |
| **환담 연설** | 즐거운 분위기를 조성하고 청중을 즐겁게 하기 위한 연설 |

### 3. 연설의 전략

- 연사: 목적, 상황, 청중 등에 맞게 언어적 · 반언어적 · 비언어적 표현을 조절한다.
- 청중: 연설 내용의 신뢰성, 타당성, 공정성 등을 판단하며 듣는다.

| | |
|---|---|
| **신뢰성의 판단 기준** | 연사의 인격, 직업, 전문성, 인용 자료의 출처 |
| **타당성의 판단 기준** | 연사의 주장에 대한 근거의 적절성 여부 |
| **공정성의 판단 기준** | 서로 다른 관점이나 대상에 대한 형평성 여부 |

## 8 회의

### 1. 의의

공동으로 당면한 문제를 해결하기 위하여 두 사람 이상이 모여서 협의하여 의제(議題)를 채택하고, 참석자들의 동의를 얻어 의제에 관련된 사항을 결정하는 과정을 말한다. 회의는 토의의 가장 흔한 형태이며, 회의의 종류에는 학급 회의를 비롯하여 국회의 정기 총회와 임시 총회, 각 기관의 임원 회의 등이 있다.

### 2. 회의의 절차

| 도입 단계 |
| --- |
| • 개회 선언과 경과보고<br>• 의안 심의 시작하기 |

⇩

| 정보 교환 단계 |
| --- |
| • 원동의(原動議)와 재청(再請)<br>• 의안 설명과 질의 |

⇩

| 의사 표시 단계 |
| --- |
| • 토의 개시와 토의 종결 |

⇩

| 결론 단계 |
| --- |
| • 표결과 의안 가결 |

⇩

| 정리 단계 |
| --- |
| • 폐회 선언 |

## 9 작문

### 1. 작문의 절차

계획하기(주제의 설정)

⇩

내용 생성하기(자료의 수집과 선택)

⇩

내용 조직하기(구상 및 개요 작성)

⇩

표현하기(집필)

⇩

고쳐쓰기(퇴고)

### 2. 고쳐쓰기의 원칙

| 원리 | 내용 |
|---|---|
| **첨가의 원리** | 부족한 내용은 보충할 것 |
| **삭제의 원리** | 필요 없는 내용은 삭제할 것 |
| **대치의 원리** | 기존의 내용을 더 나은 내용으로 바꿀 것 |
| **상세화의 원리** | 더 자세하게 설명할 것 |
| **통합의 원리** | 유사한 내용은 묶을 것 |
| **순서 조정의 원리** | 내용의 흐름을 더 좋은 순서로 배열할 것 |

# 기출 문제 저격

## 토의 · 토론

### 01

**다음 중 제시된 계획에 맞는 토의 방식으로 옳은 것은?** 14기출

> 1. 주제: 학교 폭력의 예방과 해결
> 2. 참가자: 사회자 1명, 전문가 2명, 청중 50명(선생님과 학생들)
> 3. 참가자의 역할
>    1) 사회자: 사회자는 토의가 시종 화제에 집중되도록 통제하고 조절하며 청중의 질문을 다시 조직해서 연사에게 전달한다.
>    2) 전문가: 토의를 위한 간략한 주제 발표나 의견 제시를 할 뿐 강의나 연설은 하지 않는다.
>    3) 청중: 질문 형식을 통해 토의에 참여하게 된다. 청중의 적극적인 참여가 필요하다.

① 포럼 ② 패널 토의
③ 원탁 토의 ④ 심포지엄

### 02

**다음에 해당하는 토의 방식으로 옳은 것은?** 12기출

> 참가자 대표 또는 강사를 3~5명 정도 선정하여 사회자의 진행에 의해 특정 문제를 중심으로 좌담회 형식의 토론을 한 후 전체 참가자와 질문이나 의견을 교환하는 토의법이다. 또 전체 토의를 한 뒤에 다시 참가자 대표나 강사들이 토의하여 최후에 사회자가 논점을 취합하는 방식도 있다. 이 방식의 경우 사회자의 발언에 공평성이 있어야 하고, 참가자의 발언 시간을 충분하게 할당하는 것이 중요하다.

① 심포지엄 ② 원탁 토의
③ 패널 토의 ④ 포럼

### 03

**다음 중 토론의 주제로 가장 적절한 것은?** 06기출

① 재난 방지 대책
② 발표를 잘하는 방법
③ 농산물 수입 개방 여부
④ 대학 입시의 개선 방향



01 ① 02 ③ 03 ③ 정답

## 연설문

### 01

**다음 중 인성적 설득 전략에 해당하는 것은?** 20⑦기출

① 청자의 어떤 감정에 호소할 것인가?
② 신뢰성을 높이기 위해 어떤 태도로 말할 것인가?
③ 주장이 분명하고 근거가 이를 논리적으로 뒷받침하는가?
④ 구체적 사례, 객관적 통계 자료, 전문가의 의견 등을 어떻게 근거로 활용할 것인가?

### 02

**다음 중 대통령의 연설문 작성 순서로 옳은 것은?** 16기출

> ㉠ 재작성된 연설문을 대통령이 마지막으로 수정 · 보완한다.
> ㉡ 대통령은 연설문을 검토하여 초안에 대한 지침을 내린다.
> ㉢ 비서실에서 연설의 내용을 분석하고 초안을 만들어 대통령에게 보고한다.
> ㉣ 대통령의 지침을 토대로 연설문이 재작성된다. 이때 새로 작성하는 정도로 내용이 완전히 변경될 수도 있다.

① ㉠ – ㉡ – ㉢ – ㉣
② ㉡ – ㉣ – ㉢ – ㉠
③ ㉢ – ㉡ – ㉣ – ㉠
④ ㉣ – ㉢ – ㉡ – ㉠

## 회의

### 01

**다음 중 회의 의안 심의 과정의 순서로 옳은 것은?** 19기출

① 제출 – 상정 – 제안 설명 – 질의응답 – 찬반 토론 – 표결
② 제출 – 상정 – 제안 설명 – 찬반 토론 – 질의응답 – 표결
③ 제출 – 찬반 토론 – 상정 – 제안 설명 – 질의응답 – 표결
④ 제출 – 제안 설명 – 상정 – 찬반 토론 – 질의응답 – 표결

## 대화

### 01

**다음 중 공손성의 원리에 대한 설명으로 옳은 것은?** 15기출

① 요령의 격률: 화자의 관점에서 말한 것으로 화자 자신에게 혜택을 주는 표현을 최소화하고 화자 자신에게 부담을 두는 표현은 최대화하는 것이다.
② 관용의 격률: 상대방에게 부담이 가는 표현을 최소화하고 상대방의 이익을 극대화하는 것이다.
③ 겸양의 격률: 다른 사람에 대한 비방을 최소화하고 칭찬을 극대화하는 것이다.
④ 동의의 격률: 자신의 의견과 다른 사람의 의견 사이의 다른 점을 최소화하고 자신의 의견과 다른 사람의 의견 사이의 일치점을 극대화하는 것이다.

정답 01 ② 02 ③ / 01 ① / 01 ④

## 조건에 맞게 쓰기

### 01

**다음 중 조건을 모두 충족하는 금연 캠페인 문구로 옳은 것은?** 14기출

| 은유와 대구의 방법을 이용해 흡연으로 인한 건강의 위험성을 강조한다. |
|---|

① 흡연 뒤에 남은 것은 쾌락 뒤에 병든 심신뿐이지만 금연 뒤에 남는 것은 온 가족의 건강한 행복입니다.
② 늘어가는 담배만큼 줄어드는 내 주머니 금연하는 시간만큼 줄어드는 지갑 걱정
③ 담배 피우는 골목은 향불 피우는 저승길 금연하는 골목은 희망 피우는 생명길
④ 연기 없는 화장실에는 앞사람의 양심이 머물고 연기 남은 화장실에는 뒷사람의 양심이 머뭅니다.



01 ③ 정답

MEMO

I wish you the best of luck!

군무원
합격 저격

# 국어

# PART 6

# 실전모의고사



※ 모바일 OMR 답안분석 서비스
아래의 QR코드를 활용하여 풀이 시간 측정, 자동 채점, 결과 분석 서비스를 받아보세요.

제1회 실전모의고사

제2회 실전모의고사

문 제 | ㉮책형

# 제1회 실전모의고사

국 어

**01** 다음 〈보기〉에 대한 설명으로 바르지 않은 것은?

〈보 기〉

할머니가 손주에게 용돈을 주었다.

① 어절의 개수는 4개이다.
② 음절의 개수는 14개이다.
③ 단어의 개수는 7개이다.
④ '자음 + 모음 + 자음'으로 이루어진 음절은 7개이다.

**02** 다음 중 중의적 표현이 아닌 것은?

① 나와 철수는 영희를 만났다.
② 학회에 사람들이 다 오지 않았다.
③ 나는 웃긴 그의 친구를 만나러 간다.
④ 그는 나보다 야식을 더 좋아한다.

**03** 다음 ㉠~㉣에 알맞은 한자로 올바른 것은?

• 易(㉠)思(㉡): 처지를 바꾸어서 생각하여 봄
• (㉢)父之利: 제3자가 애쓰지 않고 가로챈 이익을 이르는 말
• (㉣)和雷同: 줏대 없이 남의 의견에 따라 움직임

| | ㉠ | ㉡ | ㉢ | ㉣ |
|---|---|---|---|---|
| ① | 地 | 之 | 魚 | 付 |
| ② | 之 | 地 | 魚 | 附 |
| ③ | 之 | 地 | 漁 | 付 |
| ④ | 地 | 之 | 漁 | 附 |

**04** 다음 중 로마자 표기가 옳지 않은 것은?

① 백마 Baengma
② 알약 allyak
③ 묵호 Muko
④ 합정 Hapjeong

**05** 다음 중 겹문장이 아닌 것은?

① 그가 도리어 미소를 지었다.
② 수진이가 천재임이 밝혀졌다.
③ 할아버지께서는 인정이 많으시다.
④ 철수가 그린 그림이 특선으로 뽑혔다.

**06** 다음 중 ( ) 안에 들어갈 말을 바르게 나열한 것은?

• 그 서류는 아직 ( )를 받지 못하였다.
• 시위대와 경찰이 ( )했다.
• 그 사람은 재산 ( ) 혐의로 고발당했다.

① 결재(決裁), 추돌(追突), 은둔(隱遁)
② 결재(決裁), 충돌(衝突), 은닉(隱匿)
③ 결제(決濟), 추돌(追突), 은둔(隱遁)
④ 결제(結濟), 충돌(衝突), 은닉(隱匿)

**07** 다음 중 밑줄 친 부분이 표준어 규정에 맞는 것은?

① 어떡하든 그 일을 마무리 짓도록 해라.
② 이것은 기존의 생각을 송두리채 뒤엎는 혁신적인 사상이다.
③ 철수는 군무원으로써 자부심을 느낀다.
④ 그를 보는 순간, 미소를 띄게 되었다.

**08** 다음 〈보기〉의 단어에서 나타난 공통적인 음운변동 현상이 아닌 것은?

〈보 기〉

홑이불, 꽃잎, 삯일

① 음절의 끝소리 규칙
② 'ㄴ' 첨가
③ 된소리되기
④ 비음화

**09** 다음 작품에 대한 설명으로 가장 적절한 것은?

ᄀᆞᆺ 괴여 닉은 술을 갈건(葛巾)으로 밧타 노코
곳나모 가지 것거 수 노코 먹으리라
화풍(和風)이 건ᄃᆞᆺ 부러 녹수(綠水)ᄅᆞᆯ 건너오니
청향(淸香)은 잔에 지고 낙홍(落紅)은 옷새 진다
준중(樽中)이 뷔엿거ᄃᆞᆫ 날ᄃᆞ려 알외여라
소동(小童) 아ᄒᆡ다려 주가(酒家)에 술을 믈어
얼운은 막대 집고, 아ᄒᆡᄂᆞᆫ 술을 메고
미음완보(微吟緩步)ᄒᆞ야 시냇ᄀᆞ의 호자 안자
명사(明沙) 조ᄒᆞᆫ 믈에 잔 시어 부어 들고
청류(淸流)ᄅᆞᆯ 굽어보니 ᄠᅥ오ᄂᆞ니 도화(桃花)ㅣ로다
무릉(武陵)이 갓갑도다 져 ᄆᆡ이 긘 거이고
송간 세로(松間細路)에 두견화(杜鵑花)ᄅᆞᆯ 부치 들고
봉두(峰頭)에 급피 올나 구름 소긔 안자 보니
천촌만락(千村萬落)이 곳곳이 버러 잇ᄂᆡ
연하일휘(煙霞日輝)ᄂᆞᆫ 금수(錦繡)ᄅᆞᆯ 재폇ᄂᆞᆫ ᄃᆞᆺ
엇그제 검은 들이 봄빗도 유여(有餘)ᄒᆞᆯ샤

– 정극인, 「상춘곡」

① 세속적 삶에 대한 미련을 드러내고 있다.
② 자연을 통해 삶의 교훈을 이끌어내고 있다.
③ 대상에 동화된 화자의 흥취를 드러내고 있다.
④ 현실 세계와 이상 세계의 차이를 강조하고 있다.

**10** 다음 글에 나타난 당대 사회상에 대한 설명으로 옳지 않은 것은?

유한림의 나이가 삼십에 이르렀으나 슬하에 자녀가 없어서 망연하였다. 사부인이 이를 근심하고 한림에게 호소하였다.

"첩의 기질이 허약하고 원기가 일정치 못하여 당신과 십여 년을 동거하였으나 일점혈육이 없으니 불효 삼천 가지 죄에 무자(無子)의 죄가 가장 크다 하여 첩의 무자한 죄가 존문에 용납하지 못할 것이나 당신의 관용하신 덕으로 지금까지 부지해 왔습니다. 그러나 곰곰이 생각하매 당신은 누대 독신(累代獨身)으로 이대로 가다가는 유씨 종사가 위태로우니 첩을 개의치 마시고 어진 여인을 취하여 득남득녀하면 가문의 경사일 뿐 아니라 첩의 죄도 면할 수 있을까 합니다."

유한림은 허허 웃고서 부인을 위로하여 말하기를,

"소생이 없다 하여 당신을 두고 다른 첩을 얻을 수야 있소. 첩이 들어오면 집안이 어지러워지는 근본인데 당신은 왜 화근을 자청하는 거요? 그것은 천만부당하니 그런 생각은 하지 마시오."

"첩이 비록 용렬하나 세상 보통 여자의 투기를 잘 알고 경계하겠으니 첩의 걱정은 마시오. 태우의 일처일첩은 옛날에도 미덕이 되었으니 첩이 비록 덕이 없으나 세속 여자의 투기는 본받지 않겠습니다."

– 김만중, 「사씨남정기(謝氏南征記)」

① 대를 잇지 못하는 것을 가장 큰 죄로 여겼다.
② 자손이 없으면 첩을 들이는 것이 관습이었다.
③ 첩을 들여도 투기하지 않는 것이 미덕이었다.
④ 가부장적 가족 제도에 대해 비판적이었다.

**11** 다음 중 〈보기〉에 나타난 음운 현상이 순서대로 제시된 것은?

〈보 기〉

잎[입] – 국물[궁물] – 권력[궐력]

① 음절의 끝소리 규칙 – 비음화 – 유음화
② 양순음화 – 연구개음화 – 유음화
③ 음절의 끝소리 규칙 – 비음화 – 양순음화
④ 양순음화 – 연구개음화 – 음절의 끝소리 규칙

**12** 다음 〈보기〉에서 알 수 있는 언어의 특성은?

〈보 기〉

"빵은 맛있다!"라는 문장을 배운 어린아이는 "밥은 맛있다!", "과자는 맛있다!"처럼 자신이 기존에 알고 있는 말과 결합하여 새로운 문장을 만들 수 있다.

① 추상성
② 분절성
③ 창조성
④ 역사성

**13** [A]~[D]에 대한 감상으로 적절하지 않은 것은?

[A]
신령님……
처음 내 마음은
수천만 마리
노고지리 우는 날의 아지랑이 같었습니다
번쩍이는 비늘을 단 고기들이 헤염치는
초록의 강 물결
어우러져 날으는 애기 구름 같었습니다

[B]
신령님……
그러나 그의 모습으로 어느 날 당신이 내게 오셨을 때
나는 미친 회오리바람이 되였습니다
쏟아져 내리는 벼랑의 폭포
쏟아져 내리는 쏘내기비가 되였습니다

[C]
그러나 신령님……
바닷물이 적은 여울을 마시듯이
당신은 다시 그를 데려가고
그 훠―ㄴ한 내 마음에
마지막 타는 저녁 노을을 두셨습니다
그러고는 또 기인 밤을 두셨습니다

[D]
신령님……
그리하여 또 한번 내 위에 밝는 날
이제
산골에 피어나는 도라지꽃 같은
내 마음의 빛갈은 당신의 사랑입니다

– 서정주, 「다시 밝은 날에 – 춘향의 말 2」

① [A]의 '노고지리 우는 날의 아지랑이'같이 평화롭던 화자의 내면은 [B]에서 '미친 회오리바람'처럼 격동적으로 변화하고 있군.
② [B]의 '그의 모습으로' 다가온 '당신'이 [C]에서 '바닷물이 적은 여울을 마시듯이', '그를 데려' 갔다고 한 것은 화자의 만남과 이별이 숙명과 같음을 드러낸 것이겠군.
③ [C]의 '훠–ㄴ한 내 마음'에 '마지막 타는 저녁노을을 두셨다'는 것은 이별로 인한 화자의 내면 상태를 시각적 이미지로 표현한 것이겠군.
④ [D]의 '도라지꽃 같은', '내 마음의 빛갈'은 [A]의 '애기 구름'같이 연약했던 화자의 사랑이 화려한 결실을 맺었음을 비유적으로 표현한 것이겠군.

**14** 다음 글의 표현 방식에 대한 설명으로 옳지 않은 것은?

> 가끔 책을 빌리러 오는 친구가 있다. 나는 적이 질투를 느낀다. 흔히는 첫 한두 페이지밖에는 읽지 못하고 둔 책이기 때문이다. 그가 나에게 속삭여 주려던 아름다운 긴 이야기를 다른 사나이에게 먼저 해 버리러 가기 때문이다. 가면 여러 날 뒤에, 나는 아주 까맣게 잊어버렸을 때 그는 한껏 피로해져서 초라해져서 돌아오는 것이다. 친구는 고맙다는 말만으로 물러가지 않고, 그를 평가까지 하는 것이다. 나는 그런 경우에 그 책에 대하여는 전혀 흥미를 잃어버리는 수가 많다.
> 빌려 나간 책은 영원히 '노라'가 되어 버리는 것도 있다.
> 이러는 나도 남의 책을 가끔 빌려 온다. 약속한 기간을 넘긴 것도 몇 권 있다. 그러기에 책을 빌리는 사람도 도적이요, 빌려 주는 사람도 도적이란 서적 윤리가 따로 있는 것이다. 일생에 천 권을 빌려 보고 구백구십구 권을 돌려보내고 죽는다면 그는 최우등의 성적이다.
> 그러나 남은 한 권 때문에 도적은 도적이다. 책을 남에게 빌려만 주고 저는 남의 것을 한 권도 빌리지 않기란 천 권에서 구백구십 권을 돌려보내기보다 더 어려운 일이다. 그러므로 빌리는 자나 빌려 주는 자나 책에 있어서는 다 도적됨을 면치 못한다.
> 그러나 책은 역시 빌려야 한다. 진리와 예술을 감금해서는 안 된다. 그러나 책은 물질 이상이다. 영양이나 귀부인들 초대한 듯 결코 땀이나 때가 묻은 손을 대어서는 실례다. 책은 세수를 할 줄 모르는 미인이다. 책에만은 나는 봉건적인 여성관이다. 너무 건강해선 무거워 안 된다. 가볍고 얄팍하고 뚜껑도 예전 능화지(菱花紙)처럼 부드러워 한 손에 말아 쥐고 누워서도 읽기 좋기를 탐낸다. 그러나 덮어 놓으면 떠들리거나 구김살이 잡히지 않고 이내 고요히 제태(態)로 돌아가는 인종(忍從)이 있기를 바란다고 할까.
>
> – 이태준, 「책」

① 대상에 대하여 비판적으로 인식하고 있다.
② 대상을 비유적으로 표현하고 있다.
③ 문답적 구성 방식을 활용한 글쓴이의 생각을 표출하고 있다.
④ 체험을 바탕으로 대상에 대한 애정을 드러내고 있다.

**15** 다음 중 문장 부호의 쓰임이 잘못된 것은?

① 나는 3 · 1운동(1919) 당시 중학생이었다.
② 그녀의 나이(年歲)가 60세일 때 그 일이 터졌다.
③ 젊음[희망(希望)의 다른 이름]은 가장 아름다운 꽃이다.
④ 국가의 성립 요소 {영토, 국민, 주권}

## 16 다음 글의 내용과 부합하지 않는 것은?

그리스인들은 아름다움을 수에서 찾았다. 아름다움의 바탕에는 수적 비례 관계가 있다. 이것이 저 멀리 피타고라스까지 거슬러 올라가는 그리스의 전통적 관념이다. 가령 「벨베데레의 아폴론」과 「밀로의 비너스」의 상반신과 하반신이 황금 분할을 이루고 있었던 것을 생각해 보라. 그리스인들에게 아름다운 신체를 창조하는 것은 곧 신체의 부분들 사이의 이상적인 비례 관계를 확정하는 것을 의미했다. 한마디로 그들에게 미란 무엇보다 '양(量)'의 문제였다.

헬레니즘 시대에 들어오면 이 전통적인 관념에 변화가 생긴다. 그 변화는 당시를 지배하던 신플라톤주의의 정신적 분위기와 관계가 있다. 가령 플라톤에게 '이데아'는 이상적 형태가 모여 있는 곳이었다. 하지만 플로티노스는 '일자(一者)'를 무엇보다도 빛으로 표상했다. 즉 만물에 부여하는 원리가 형에서 빛으로 바뀐 것이다. 빛은 부분으로 나뉘지 않는다. 따라서 거기에 수적 비례도 있을 수 없다. 한마디로 미란 무엇보다 '질(質)'의 문제라는 이야기다.

미가 수에 달려 있다고 보는 견해를 미에 대한 '형식적 정의'라고 한다. 반면 미의 본질을 수량화할 수 없는 어떤 질적 특성에서 찾는 견해를 미에 대한 '실질적 정의'라고 부른다. 한마디로 헬레니즘 시기에 들어와 미의 관념이 형식적 정의에서 실질적 정의로 바뀐 셈인데, 이는 미적 관념의 역사에서 실로 혁명적 변화라고 할 수 있다. 플로티노스가 도입한 이 새로운 정의가 훗날 중세 문명의 미감을 결정하게 된다.

– 진중권, 「서양미술사」

① 그리스인들은 아름다움을 이상적인 비례 관계에서 찾았다.
② 플로티노스에게 아름다움이란 질적 문제였다.
③ 미의 본질을 수량화할 수 없는 특성에서 찾는 견해를 '실질적 정의'라고 한다.
④ 헬레니즘의 미적 관념은 '실질적인 정의'에서 '형식적인 정의'로 변화하였다.

## 17 다음 글을 통해 알 수 없는 내용은?

대중 매체는 중요한 사회화 기관으로, 대중은 다양한 대중 매체를 통해 사회 구성원으로서 살아가는 데 필요한 행동 방식과 사고방식을 배울 수 있다. 대중 매체는 사회 구성원들에게 사회의 가치와 규범을 내면화하여 사회 통합에 이바지하기도 한다. 예를 들어, 범죄에 대한 다큐멘터리 프로그램은 사회적 일탈 행위를 공개함으로써 기존 규범을 강화하고, 사회적 가치를 재정립하는 역할을 수행하기도 한다. 그러나 지배적인 규범이나 가치가 주입되면 사회 구성원의 가치와 사고방식이 획일화될 수 있고, 문화적 다양성과 창의성이 위축될 수도 있다. 더불어 대중 매체에 노출된 사회적 일탈 행동을 배워서 모방하는 등의 사회화 역기능이 나타나기도 한다.

사회 구성원들에게 삶의 즐거움을 제공하는 오락 기능은 오늘날 가장 중요한 기능 중 하나로 받아들여지고 있다. 대중 매체의 오락 기능은 시청각 메시지의 전달이 가능한 텔레비전이 등장하고, 이윤 추구를 목적으로 하는 상업주의가 심화됨에 따라 더욱 강화되고 있다. 그러나 시청률 경쟁에 따라 선정적이고 폭력적, 자극적인 프로그램이 등장하는 등의 문제가 나타나고 있다. 또한, 대중이 오락 기능에 지나치게 몰입하면 사회 · 정치적 무관심이 증가하는 부작용이 나타날 수 있다.

① 사회화 기능의 긍정적 영향
② 사회화 기능의 부정적 영향
③ 오락 기능의 부정적 영향
④ 정보 수십의 긍정적 영향

**18** 다음 중 밑줄 친 단어가 〈보기〉에서 설명한 동음어로 묶인 것은?

〈보 기〉

동음어는 의미상 서로 관련이 없거나 역사적으로 기원이 다른데 소리만 우연히 같게 된 말들의 집합이며, 국어사전에는 서로 다른 표제어로 등재된다.

① • 지수는 빨래를 할 때 합성 세제를 쓰지 않는다.
  • 이 일은 인부를 쓰지 않으면 하기 어렵다.
② • 새로 구입한 의자는 다리가 튼튼하다.
  • 박물관에 가려면 한강 다리를 건너야 한다.
③ • 이 방은 너무 밝아서 잠자기에 적당하지 않다.
  • 그는 계산에 밝은 사람이다.
④ • 그 영화는 뒤로 갈수록 재미가 없었다.
  • 너의 일이 잘될 수 있도록 내가 뒤를 봐주겠다.

**19** 다음 〈보기〉의 설명에 해당하는 모음을 포함하고 있는 단어는?

〈보 기〉

• 혀의 위치가 앞쪽이다.
• 입술의 모양을 둥글게 오므리며 발음하는 단모음이다.

① 과학
② 귀족
③ 돼지
④ 장수풍뎅이

**20** 다음 시조와 관련된 한자 성어로 적절치 않은 것은?

(가) 귓도리 져 귓도리 에엿부다 져 귓도리
어인 귓도리 지ᄂᆞᆫ 달 새ᄂᆞᆫ 밤의 긴 소릐 쟈른 소릐 절절(節節)이 슬픈 소릐 제 혼자 우러 녜어 사창(紗窓) 여윈 ᄌᆞᆷ을 ᄉᆞᆯ드리도 ᄭᅵ오ᄂᆞᆫ고야
두어라 제 비록 미물(微物)이나 무인동방(無人洞房)에 내 뜻 알 리ᄂᆞᆫ 저ᄲᅮᆫ인가 ᄒᆞ노라

(나) 백구(白鷗)ㅣ야 말 무러보쟈 놀라지 마자스라
명구승지(名區勝地)ᄅᆞᆯ 어듸어듸 ᄇᆞ렷ᄂᆞ니
날ᄃᆞ려 자세(仔細)히 닐러든 네와 게 가 놀리라

(다) 흥망(興亡)이 유수(有數)ᄒᆞ니 만월대(滿月臺)도 추초(秋草)ㅣ로다
오백 년(五百年) 도업(都業)이 목적(牧笛)에 부쳐시니
석양(夕陽)에 지나ᄂᆞᆫ 객(客)이 눈물계워 ᄒᆞ노라

(라) 반중(盤中) 조홍(早紅)감이 고아도 보이ᄂᆞ다
유자(柚子) 안이라도 품엄즉도 ᄒᆞ다마ᄂᆞᆫ
품어가 반기 리 업슬ᄉᆡ 글노 설워ᄒᆞ노라

① (가) 同病相憐
② (나) 物我一體
③ (다) 望洋之嘆
④ (라) 風樹之嘆

**21** 다음 중 밑줄 친 외래어의 표기가 옳지 않은 것은?

① 대표님의 비전을 존중한다.
② 너는 패션에 정말 문외한이구나.
③ 길이 어두우니 플래시를 비춰 줘요.
④ 나는 쓰릴을 즐기기 위해 놀이기구를 타지.

**22** 밑줄 친 부분의 표기가 맞춤법 규정에 맞게 쓰인 것은?

① 웬지 기분이 좋았다.
② 우리의 형편은 넉넉지 않았다.
③ 우리의 바램은 시험에 합격하는 것이다.
④ 우리 아버지는 멋장이다.

**23** 다음 글을 읽고 알 수 없는 것은?

> 감자칩은 세계적으로 인기 있는 과자다. 감자칩의 인기 요인을 생각해 보면 이 물질이 어떻게 만들어져 있는지에 대해 깊이 있게 이해하게 된다. 감자칩이 인기 있는 까닭 중 가장 중요한 것은 그것이 바삭한 음식이라는 점이다. 음식의 식감에 대해 과학적으로 그리고 예술적으로 연구하는 사람들은, 진정 바삭한 음식이 가져야 할 몇 가지 필수 조건들을 정리했다. 시끄러운 소리를 내야 한다는 것은 그중 제일 중요한 조건이다. 하지만 그냥 시끄럽기만 해서는 충분치 않다. 알다시피 뜨거운 수프를 먹는 사람들이나 버터에 적신 축축한 아티초크를 음미하는 사람들도 굉장히 큰 소리를 내게 마련이지만, 그들이 몰두하고 있는 음식들을 바삭하다고 말할 사람은 없다. 바삭한 음식이라면 훨씬 높은 음역의 소리를 내야 한다. 고주파의 파열음을 발생시켜야 하는 것이다. 저주파의 낮은 음을 발생시키는 음식은 으드득거리거나 후루룩거리게 할 뿐 파삭거리게 하지는 못한다.

① 감자 칩은 시끄러운 소리를 내야 하는 것이 중요하다.
② 감자 칩의 바삭한 소리는 고주파의 파열음을 발생시킨다.
③ 감자 칩의 식감에는 소리의 음역대가 영향을 미친다.
④ 뜨거운 수프나 아티초크를 좋아하는 사람들은 바삭한 음식을 좋아한다.

**24** 다음 중 발표의 전략으로 적절하지 않은 것은?

① 다양한 자료와 매체를 효과적으로 활용한다.
② 반언어적 · 비언어적 표현은 사용하지 않는다.
③ 핵심 내용을 중심으로 정해진 시간에 맞게 발표한다.
④ 청중의 반응을 고려하여 성실한 태도로 발표한다.

**25** 어휘의 의미 관계가 나머지와 다른 하나는?

① 수사(修辭) – 은유(隱喩)
② 친숙(親熟) – 생경(生梗)
③ 비옥(肥沃) – 척박(瘠薄)
④ 달변(達辯) – 눌변(訥辯)

# 제2회 실전모의고사

문제 | ㉯책형

국어

**01** 다음 중 로마자 표기가 옳지 않은 것은?

① 광희문 Gwanghuimun
② 영동 Yungdong
③ 옥천 Okcheon
④ 백암 Baegam

**02** 다음 중 표준 발음으로 옳지 않은 것은?

① 해돋이[해도지]를 보러 명소를 찾아 갔다.
② 옆집 앞마당[암마당]에는 무서운 개가 산다.
③ 나는 한 달 전부터 탈무드를 읽고[일꼬] 있다.
④ 친구는 조용히 앞에 똥을 밟지[발찌] 말라고 경고했다.

**03** 다음 중 ㉠에 대한 설명으로 적절하지 않은 것은?

> **(아니리)** 이러고 건너가다 놀보 하인 마당쇠를 만났겄다.
> "아이고, 작은 서방님 그동안 안녕하셨습니까?"
> "오냐, 그동안 마당쇠 너도 잘 있었으며 요새 큰 서방님 성미는 좀 어찌되었느냐?"
> ㉠ "아이고 말씀 마십시오. 작은 서방님이 계실 적에는 제향을 모셔도 음식을 많이 장만하여 포군(飽群)을 시키드니마는 서방님이 떠나신 후로는 그냥 대전(代錢)으로 바칩니다. 접시에다 이것은 편육이라 이것은 제육이라 패지(牌紙)를 써 붙이니 이 통에 들어가셨다가는 매만 실컷 맞고 갈 것이니 그냥 도로 건너가시지요."
> "그러나 내가 여기까지 왔다가 형님을 아니 보고 간대서야 인사 도리가 아니지 않겠느냐."
> 흥보가 성큼성큼 놀보 사랑 앞을 들어서니 어찌 겁이 났던지
> …(하략)…

① 흥보에 대한 놀보의 태도를 예측하게 한다.
② 놀보의 인물됨이 간접적으로 드러나고 있다.
③ 흥보를 염려하는 마당쇠의 마음이 담겨 있다.
④ 놀보를 비난하려는 것이 발화의 궁극적인 의도이다.

**04** 밑줄 친 부분과 의미가 다른 한자 성어는?

> 누고셔 삼공(三公)도곤 낫다 ᄒᆞ더니 만승(萬乘)이 이만 ᄒᆞ랴
> 이제로 헤어든 소부(巢父) 허유(許由)ㅣ 냑돗더라
> 아마도 임천한흥(林泉閑興)을 비길 곳이 업세라

① 麥秀之嘆　② 煙霞痼疾
③ 泉石膏肓　④ 江湖閑情

## 05 다음 중 ㉠~㉣에 대한 설명으로 적절하지 않은 것은?

> 첩첩한 돌 사이에 미친 듯이 내뿜어 겹겹 봉우리에 ㉠ 울리니
> 사람 ㉡ 말소리 지척에서 분간하기 어렵네.
> 항상 시비(是非)하는 소리 귀에 ㉢ 들림을 두려워하기에
> ㉣ 짐짓 흐르는 물을 시켜 온 산을 둘러싸네.
>
> – 최치원, 「제가야산독서당(題伽倻山讀書堂)」

① ㉠: 주체는 산속을 세차게 흐르는 물소리이다.
② ㉡: 화자가 비판하는 세태의 모습으로 볼 수 있다.
③ ㉢: 자연의 소리마저 듣지 못할 것을 염려하고 있다.
④ ㉣: 객관적인 자연물을 주관적으로 변용하고 있다.

## 06 다음 중 주체 높임법에 해당하지 않는 것은?

① 형이 할머니를 모시고 간다.
② 아버지께서 약주를 드신다.
③ 할아버지는 내일 약속이 있으시다.
④ 할머니는 오늘 댁에서 주무신다.

## 07 다음 밑줄 친 표기가 맞춤법에 맞는 것은?

① 내로라하는 사람들이 모두 모였다.
② 운전을 할 때는 끼여들기를 하지 말아야 한다.
③ 사장님이 나에게 어음을 결재하라고 하셨다.
④ 오늘이 우리 아기 첫돐이다.

## 08 다음 글에 대한 설명으로 가장 적절한 것은?

> 광문(廣文)이란 사람은 거지였다. 일찍이 종루(鐘樓) 거리 시전(市廛)을 돌아다니며 밥을 빌어먹었는데, 나중에 여러 거지 아이들이 그를 패두(牌頭)로 추대하여 그들의 소굴을 지키게 했다.
>
> 하루는 날씨가 춥고 진눈깨비가 내리는데 모든 거지들이 구걸을 나가고 한 아이만이 병이 나서 따라 나가지 못했다. 잠시 후 거지 아이는 추위로 아픔이 심해지니, 그 신음 소리가 매우 비참했다. 광문은 그것을 불쌍히 여기고 구걸을 나가 음식을 얻어 왔다. 그가 병든 아이에게 음식을 먹이려 했으나 아이는 이미 죽어 있었다. 이윽고 여러 거지 아이들이 돌아왔다. 그들은 광문이 그 아이를 죽이지 않았나 의심해서 광문을 뭇매질하고 내쫓았다.
>
> 광문은 밤에 엉금엉금 기어서 마을 안의 어떤 집으로 들어갔다. 그 집의 개가 놀라서 짖는 바람에 집주인이 광문을 잡아서 묶었다. 광문이 큰 소리로 말했다.
>
> "나는 나를 해치려는 자들을 피해서 온 것이지, 감히 도둑질을 하기 위해 온 것이 아닙니다. 만약 영감님께서 믿지 않으신다면 내일 아침에 시전에 나가 밝혀 드리겠습니다."
>
> 그 말이 매우 순박해서 집주인은 마음속으로 광문이 도적이 아님을 깨닫고 새벽녘에 풀어 주었다. 광문은 고맙다는 말을 하고 거적때기를 하나 얻어서 집을 떠났다. 하지만 집주인은 끝내 이상히 여겨 그 뒤를 따라갔다. 그는 여러 거지들이 시체 하나를 끌고 가 수표교(水標橋) 다리 아래로 버리는 것을 볼 수 있었다. 광문은 다리 아래 숨어 있다가 시체를 거적때기에 싸 짊어지고 몰래 떠나더니 서쪽 교외의 무덤 사이에 그것을 묻고 울면서 무어라고 중얼거렸다. 이때 주인이 광문을 붙들어 사연을 물으니, 광문은 전의 일부터 어젯밤의 상황까지 모두 이야기했다. 주인은 광문이 의로운 자라고 여겨 그를 데리고 집으로 가서 옷을 갈아입히고 그를 후하게 대우해 주었다. 그리고 그를 약방을 하는 부자에게 추천해서 고용살이를 하게끔 해주었다.
>
> – 박지원, 「광문자전」

① 실존 인물을 바탕으로 지은 국문 소설이다.
② 천한 신분을 주인공으로 설정함으로써 새 인간상을 보여 주고 있다.
③ 입신양명의 유교적 이념을 실현하고 있다.
④ 간접적 방법을 통하여 인물의 성격을 제시하고 있다.

**09** 다음 중 〈보기〉의 밑줄 친 ㉠~㉣에 대한 설명으로 옳지 않은 것은?

〈보 기〉

㉠ 나랏말ᄊᆞ미 ㉡ 中듕國귁에 ㉢ 달아, 文문字ᄍᆞᆼ와로 서르 ㉣ ᄉᆞᄆᆞᆺ디 아니ᄒᆞᆯᄊᆡ, 이런 젼ᄎᆞ로 어린 百ᄇᆡᆨ姓셩이 니르고져 홇 배 이셔도, ᄆᆞᄎᆞᆷ내 제 ᄠᅳ들 시러 펴디 몯홇 노미 하니라. 내 이ᄅᆞᆯ 爲윙ᄒᆞ야 어엿비 너겨, 새로 스믈여듧 字ᄍᆞᆼᄅᆞᆯ ᄆᆡᇰᄀᆞ노니, 사ᄅᆞᆷ마다 ᄒᆡᅇᅧ 수ᄫᅵ 니겨 날로 ᄡᅮ메 便뼌安한킈 ᄒᆞ고져 홇 ᄯᆞᄅᆞ미니라.

① ㉠ 중세 국어에서 '말쏨'은 높임의 의미였으나, 현대 국어에서는 낮춤의 의미로 쓰이고 있다.
② ㉡ '中듕國귁에'에서 조사 '에'는 현대 국어에서 비교 부사격 조사 '과'로 바뀌었다.
③ ㉢ 중세 국어에서 '달아'는 규칙 활용이었으나, 현대 국어에서는 불규칙 활용에 포함된다.
④ ㉣ '통하다'의 의미를 지닌 'ᄉᆞᄆᆞᆺ디'가 현대 국어에서 사라졌다.

**10** 다음 시에 대한 설명으로 가장 적절한 것은?

낙엽은 폴란드 망명정부의 지폐
포화(砲火)에 이지러진
도룬 시의 가을 하늘을 생각케 한다.
길은 한 줄기 구겨진 넥타이처럼 풀어져
일광(日光)의 폭포 속으로 사라지고
조그만 담배 연기를 내뿜으며
새로 두 시의 급행열차가 들을 달린다.
포플러 나무의 근골(筋骨) 사이로
공장의 지붕은 흰 이빨을 드러내인 채
한 가닥 구부러진 철책(鐵柵)이 바람에 나부끼고
그 위에 셀로판지로 만든 구름이 하나.
자욱한 풀벌레 소리 발길로 차며
호올로 황량(荒凉)한 생각 버릴 것 없어
허공에 띄우는 돌팔매 하나.
기울어진 풍경의 장막(帳幕) 저 쪽에
고독한 반원(半圓)을 긋고 잠기어 간다.

– 김광균, 「추일서정(秋日抒情)」

① 과거와 현재를 오가며 시상을 전개하고 있다.
② 선경후정의 시상 전개와 더불어 다채로운 심상을 사용하고 있다.
③ 화자를 표면에 드러내어 주제를 강조하고 있다.
④ 이국적, 도시적 이미지를 통해 시상을 전개하고 있다.

[11~12] 다음 글을 읽고 물음에 답하시오.

(가) 장이는 하루빨리 한문 ㉠ 필사를 하고 싶었다. 그것이 품삯도 더 받고, 필사쟁이로서 인정받는 길이었다. 하지만 요즘에는 한문 필사보다는 언문 필사 일이 많았다.

언문 소설은 날이 갈수록 인기가 좋았다. 모처럼 친정 나들이에 나선 양반집 부인들은 언문으로 된 이야기책을 잔뜩 빌려다 읽으며 시집살이의 시름을 달래기도 했다. ㉡ 세책집에서는 굳이 비싼 책을 사지 않아도 빌려 읽을 수 있었기 때문에 더 많은 사람들이 언문 소설에 빠져 들어 밤을 새우고 끼니를 걸렀다.

(나) 장이는 책값을 치르는 손님을 알아보았다.

"㉢ 전기수 어른이셨군요. 급히 찾으신 책이라 종이에 기름 먹일 시간은 없었습니다."

"돌려 볼 책도 아닌데 기름은 뭘……. 장이 네가 필사한 것이냐?"

장이가 머리를 긁적였다.

"지난번 가져간 책은 재미를 좀 보셨어요?"

"아, '소대성전' 말이구나. 물론 인기가 좋았지. 한양의 ㉣ 저자를 다 돌고 안성 장으로 갔다가 살살 돌아오려 했는데, 한양만 돌아서도 장사가 괜찮아 그냥 눌러앉았다."

– 이영서, 「책과 노니는 집」

## 11 윗글의 밑줄 친 ㉠~㉣에 대한 뜻풀이로 옳은 것은?

① ㉠ 필사: 죽을힘을 다하여 노력함

② ㉡ 세책집: 돈을 받고 책을 수선하는 곳

③ ㉢ 전기수: 전쟁에서 공을 세운 사람

④ ㉣ 저자: '시장(市場)'을 예스럽게 이르는 말

## 12 윗글에 관한 설명 중 적절하지 않은 것은?

① 당시에 독서가 사회적으로 문제가 되었음을 다루고 있다.

② 윗글은 현재와 과거의 독서에 관한 공통점과 차이점을 알 수 있는 자료가 될 수 있다.

③ 그 당시에도 베스트셀러가 있었음을 알 수 있다.

④ 글을 베끼는 아이의 이야기이다.

## 13 다음 〈보기〉의 밑줄 친 내용과 관련이 가장 적은 문장은?

〈보 기〉

의문문에는 긍정이나 부정의 대답을 요구하는 판정 의문문, 물음말이 포함되며 듣는 이에게 설명하는 대답을 요구하는 설명 의문문, 대답을 요구하는 것이 아니면서 서술이나 명령의 효과를 나타내는 수사 의문문이 있다.

① 이 고장 특산물이 무엇인가요?

② 내가 널 못 당할쏘냐?

③ 이 사무실 공기가 좀 탁하지 않니?

④ 이 땅에 태어나서 내가 할 일이 없을쏘냐?

**14** 다음 중 ㉠~㉣에 대한 설명으로 적절한 것은?

(가) 비로봉(毗盧峰) 샹샹두(上上頭)의 올라 보니 긔 뉘신고
동산(東山) 태산(泰山)이 어ᄂᆞ야 놉돗던고
노국(魯國) 조븐 줄도 우리ᄂᆞᆫ 모ᄅᆞ거든
넙거나 넙은 텬하(天下) 엇ᄯᅵᄒᆞ야 젹닷 말고
어와 뎌 ㉠ 디위ᄅᆞᆯ 어이ᄒᆞ면 알 거이고
오ᄅᆞ디 못ᄒᆞ거니 ᄂᆞ려가미 고이ᄒᆞᆯ가
(나) 원통(圓通)골 ᄀᆞᄂᆞᆫ 길로 ᄉᆞᄌᆞ봉(獅子峰)을 ᄎᆞ자가니
그 알ᄑᆡ 너러바회 화룡(化龍)쇠 되여셰라
쳔년(千年) 노룡(老龍)이 구ᄇᆡ구ᄇᆡ 서려 이셔
듀야(晝夜)의 흘녀 내여 창ᄒᆡ(滄海)예 니어시니
풍운(風雲)을 언제 어더 삼일우(三日雨)ᄅᆞᆯ 디련ᄂᆞᆫ다
㉡ 음애(陰崖)예 이온 플을 다 살와 내여ᄉᆞ라
(다) 마하연(磨訶衍) 묘길샹(妙吉祥) 안문(雁門)재 너머 디여
외나모 ᄡᅥ근 ᄃᆞ리 블뎡ᄃᆡ(佛頂臺) 올라ᄒᆞ니
쳔심졀벽(千尋絶壁)을 반공(半空)애 셰여 두고
㉢ 은하슈(銀河水) 한 구ᄇᆡᄅᆞᆯ 촌촌이 버혀 내여
실ᄀᆞ티 플텨이셔 뵈ᄀᆞ티 거러시니
도경(圖經) 열두 구ᄇᆡ 내 보매ᄂᆞᆫ 여러히라
니뎍션(李謫仙) 이제 이셔 고텨 의논ᄒᆞ게 되면
㉣ 녀산(廬山)이 여긔도곤 낫단 말 못ᄒᆞ려니

– 정철, 「관동별곡(關東別曲)」

① ㉠은 화자 자신의 정신적인 경지를 뜻한다.
② ㉡은 작품의 계절감을 선명하게 드러낸다.
③ ㉢은 아름다운 자연의 모습을 비유한 것이다.
④ ㉣은 화자가 항상 그리워하는 곳을 가리킨다.

**15** 다음 중 〈보기〉 단어의 발음 과정에 나타난 음운 변동 규칙을 바르게 짝지은 것은?

〈보 기〉

㉠ 신라[실라]　　㉡ 해돋이[해도지]

| | ㉠ | ㉡ |
|---|---|---|
| ① | 유음화 | 구개음화 |
| ② | 구개음화 | 유음화 |
| ③ | ‘ㄴ’ 첨가 | 구개음화 |
| ④ | ‘ㄴ’ 첨가 | ‘ㄹ’ 탈락 |

**[16~17] 다음 글을 읽고 물음에 답하시오.**

이런 통계 수치 본 적 있니? 현재 지구촌의 65억 인류 중 약 1/4이 하루 1달러 미만으로 살고 있고, 그중 70%가 여성과 아이들이래. 또 약 20억 명의 전 세계 어린이 가운데 1억 2천만 명의 어린이가 학교에 가지 못하며, 비슷한 수의 어린이들이 거의 노예 노동을 하고 있어. 또한 매일 3만 명의 어린이들이 굶어 죽어 가고 있지.

그런데 이상한 점은 후진국 사람들이 게으르거나 나쁜 사람들이어서 평생 빈곤에 시달리는 것이 아니라는 거야. 그런데도 해가 갈수록 나아지기는커녕 빈익빈 부익부 현상이 깊어지지. 왜 그럴까?

그것은 대부분의 제3세계 나라들이 선진국의 식민지였거나 독립 이후 자유 무역에서도 여전히 종속적 위치여서 진정한 자치와 자율을 실현하고, 자립할 수 있는 기회가 없었기 때문이지. 또 그런 구조 속에 이뤄진 경제 발전조차 내실 없이 외형만 커졌던 탓이기도 하고. 그 결과 오늘날 선진국은 1인당 GDP가 3~4만 달러이고, 한국은 2만 달러 수준이지만, 제3세계 나라들은 아직도 100~200달러 수준이 많아.

바로 이런 상황 속에서 선진국의 양심적 사람들 사이에서 나온 것이 공정 무역 운동이야. 한마디로 선진국 사람들이 누리는 풍요가 후진국 사람들의 희생에 기초하고 있다는 반성, 그래서 선진국 사람들이 먼저 나서서 후진국 사람들이 빈곤의 고통에서 벗어나게 도와야 한다는 성찰이 공정 무역을 탄생시킨 것이지.

공정 무역은 1950년대 말 영국의 국제 구호 단체 '옥스팜'에서 중국 난민들이 만든 수공예품을 판매하면서 시작되었고, 1980년대 후반에는 '옥스팜'과 '텐 사우전드 빌리지' 같은 시민 단체들이 제3세계의 정치적 민주화를 지원하기 위해 이 운동에 뛰어들면서 그 흐름이 대중화되었어. 특히 1989년, 전 세계 270개 공정 무역 단체가 가입한 국제 공정 무역 협회의 출범 이후 지금은 세계적으로 그 운동이 활발하지.

… (중략) …

한 통계에 따르면, 2006년 전 세계 공정 무역 제품 판매는 16억 유로(약 2조 1,500억 원)어치로, 2005년에 비해 42% 늘었대. 공정 무역 인증 제품만 2,000여 개 품목이 유통되고, 700만 이상의 생산자들이 혜택을 보고 있어.

스위스에서는 판매되는 바나나 중 47%가 공정 무역으로 들여온 것이고, 영국에서는 공정 무역 원두커피의 점유율이 20%나 된다고 해. 독일에서는 노동계, 환경 단체, 기업이 위원회를 구성해 공정 무역을 인증하는 제도가 있어. 이 제도를 통해 농산물이 유기 농법으로 생산되도록, 또 농산물이 제값에 소비자에게 전달되도록 잘 감시하지.

이렇게 윤리적 소비 운동이 활발한 유럽에서는 공정 무역이 50여 년의 오랜 역사를 지녔지만, 우리나라에서는 공정 무역이 아직 생소한 개념이야. 그러나 2000년대에 들어와 공정 무역에 대한 관심이 부쩍 늘었어.

2004년에 우리나라의 한 소비자 단체에서 필리핀 네그로스섬의 마스코바도 설탕을 팔기 시작하였고, 그 이후 점점 관심이 늘어나 몇몇 시민 단체에서도 커피, 의류 등의 공정 무역 제품을 내놓고 있지. '착한 커피'나 '아름다운 커피' 같은 것도 이런 운동에서 나온 거야.

2007년에는 한 은행의 노동조합과 소비자 단체가 연대하여 '윤리적 소비' 실천을 위한 물품 공급 협약을 맺었어. 이 협약은 노동조합이 윤리적 소비 실천을 통해 친환경 유기농 운동을 펴는 농민이 생산한 농산물과 식품, 그리고 제3세계의 농민 공동체에서 생산해 공정 무역으로 수입되는 제품을 소비하겠다고 다짐한 첫 사례라 큰 의미가 있다고 봐. 최근 강조되는 '1사 1촌 운동'을 통한 농촌 살리기가 공정 무역을 매개로 국경을 넘어 세계화할 수 있는 좋은 사례지.

**16** 윗글을 어떤 질문에 대한 답변이라 할 때, 다음 중 그 질문으로 가장 적절한 것은?

① 공정 무역의 뜻은 무엇일까?
② 공정 무역의 문제나 한계는 없을까?
③ 공정 무역을 하면 우리에게 무엇이 좋을까?
④ 공정 무역은 언제 시작하였으며 현재의 실태는 어떠할까?

**17** 다음 중 윗글의 내용과 일치하는 것은?

① 공정 무역은 선진국의 대기업에서 시작되었다.
② 후진국의 빈익빈 부익부 현상이 나아지고 있다.
③ 우리나라에서는 공정 무역이 50여 년의 역사를 지니고 있다.
④ '착한 커피'나 '아름다운 커피'도 공정 무역 운동의 하나이다.

**18** 다음 중 밑줄 친 단어의 품사가 다른 하나는?

① 구름 한 점 없는 하늘
② 온 사람이 만 명이나 되어 보인다.
③ 광장에 사람들이 모였다.
④ 가뭄에 나무가 잘 크지 않는다.

**19** 다음 글의 내용과 부합하지 않는 것은?

> 우리는 도구를 사용하고, 다양한 종류의 음식을 먹는 본능과 소화력을 갖췄다. 어떤 동물은 한 가지 음식만 먹는다. 이렇게 음식 하나에 모든 것을 거는 '단일 식품 식생활'은 도박이다. 그 음식의 공급이 끊기면 그 동물도 끝이기 때문이다.
>
> 400만 년 전, 우리 인류의 전 주자였던 오스트랄로피테쿠스는 고기를 먹었다. 한때 오스트랄로피테쿠스가 과일만 먹었을 것이라고 믿은 적도 있었다. 따라서 오스트랄로피테쿠스 속과 사람 속을 가르는 선을 고기를 먹는지 여부로 정했었다. 그러나 남아프리카공화국의 한 동굴에서 발견된 200만 년 된 유골 4구의 치아에서는 이와 다른 증거가 발견됐다. 인류학자 맷 스폰하이머와 줄리아 리소프는 이 유골의 치아 사기질의 탄소 동위 원소 구성 중 13C의 비율이 과일만 먹은 치아보다 열대 목초를 먹은 치아와 훨씬 더 가깝다는 것을 발견했다. 식생활 동위 원소는 체내 조직에 기록되기 때문에 이 발견은 오스트랄로피테쿠스가 상당히 많은 양의 풀을 먹었거나 이 풀을 먹은 동물을 먹었다는 추측을 가능케 한다. 그런데 같은 치아에서 풀을 씹어 먹을 때 생기는 마모는 전혀 보이지 않았기 때문에 오스트랄로피테쿠스 식단에서 풀을 먹는 동물이 큰 부분을 차지했다는 결론을 내릴 수 있다.
>
> 오래전에 멸종되어 260만 년이라는 긴 시간을 땅속에 묻혀 있던 동물의 뼈 옆에서는 석기들이 함께 발견되기도 한다. 이 뼈와 석기가 들려주는 이야기는 곧 우리의 이야기다. 어떤 뼈에는 이로 씹은 흔적 위에 도구로 자른 흔적이 겹쳐 있다. 그 반대의 흔적이 남은 뼈들도 있다. 도구로 자른 흔적 다음에 날카로운 이빨 자국이 남은 경우다. 이런 것은 무기를 가진 인간이 먼저 먹고 동물이 이빨로 뜯어 먹은 것이다. 우리의 사냥 역사는 정말 먼 옛날까지 거슬러 올라간다. 15만 세대 정도다.

① 발굴된 유골의 치아 상태 조사를 통해 오스트랄로피테쿠스가 초식 동물을 먹었을 것이라 추측할 수 있다.
② 석기와 함께 발굴된 동물 뼈의 흔적을 통해 인간이 오래전부터 사냥을 했음을 알 수 있다.
③ 육식 여부는 현재도 오스트랄로피테쿠스 속과 사람 속을 구분하는 중요한 기준이다.
④ 한 가지 음식만 먹고 사는 동물은 멸종될 위험이 있다.

## 20 다음 〈보기〉에서 설명한 유형의 잘못을 범한 문장은?

〈보 기〉

올바른 문장이 되려면 문장 성분 간의 호응 관계가 적절히 성립되어야 한다. 만약 문맥을 고려하지 않고 성분을 지나치게 생략하면, 호응 관계가 깨어져 비문법적인 문장이 되어 버린다.

① 이 문은 잘 열려지지 않는다.
② 다음은 회장님의 말씀이 계시겠습니다.
③ 어머니께서는 사과와 귤 두 개를 주셨다.
④ 이 과일은 저 과일에 비해 맛도 영양도 훨씬 많다.

## 21 다음 〈보기〉의 밑줄 친 ㉠~㉣에서 단어의 형성 방법이 다른 하나는?

〈보 기〉

할머니께서 젊으셨을 때에는 ㉠ 한겨울에도 ㉡ 맨손으로 차가운 물에 빨래를 하셨다고 한다. ㉢ 시퍼렇게 멍든 손과 가슴을 자식들의 재롱을 보며 달래셨을 것을 생각하면 지금도 ㉣ 눈시울이 뜨거워진다.

① ㉠ 한겨울
② ㉡ 맨손
③ ㉢ 시퍼렇게
④ ㉣ 눈시울

## 22 〈보기〉의 설명에 해당하는 예로 적절하지 않은 것은?

〈보 기〉

관용적 표현에는 스포츠에서 유래한 것도 있다. '바통(barton)을 넘겨주다'는 '하던 일을 넘겨주다', 즉, '인계(引繼)하다'의 뜻을 가지는 관용적 표현인데, 여기서 '바통(barton)'은 육상의 이어달리기 종목에서 앞 주자가 들고 뛰다가 다음 주자에게 넘겨주는 막대기이다. 이 막대기를 넘겨주는 행위에서 '하던 일을 넘겨주다'의 의미로 널리 쓰이고 있는 것이다.

① 히트(hit)를 치다.
② 스포트라이트(spotlight)를 받다.
③ 타월(towel)을 던지다.
④ 다크호스(dark horse)로 떠오르다.

## 23 다음 중 띄어쓰기가 옳지 않은 문장은?

① 내가 믿을 것은 오직 성실함뿐이다.
② 그녀는 사실을 아는 대로 설명했다.
③ 이 약초는 감기를 낫게 하는데 쓰인다.
④ 사람들은 그를 자기밖에 모른다고 놀렸다.

**24** 다음 글을 읽고 추론한 것으로 가장 적절하지 않은 것은?

'공유지의 비극'은 생물학자인 개릿 하딘(Garrett Hardin)이 만들어 낸 개념으로, 1968년 과학 전문지『사이언스(Science)』에 게재한 그의 논문 제목이기도 하다.

어떤 마을에 모두가 함께 사용할 수 있는 목초지가 있었다. 마을 주민들은 각자 자신의 땅을 갖고 있었지만, 이 공동의 땅에 자신의 가축을 가능한 한 많이 풀어놓으려 했다. 자신에게는 비용의 부담이 없이 넓은 목초지에서 신선한 풀을 마음껏 먹일 수 있기 때문이다. 각 농가에서는 공유지의 신선한 풀이 자신과 다른 농가의 모든 가축을 기르기에 충분한가를 걱정하기보다는 공유지에 방목하는 자신의 가축 수를 늘리는 일에만 골몰했다. 그로 인해 공유지는 가축들로 붐비게 됐고, 그 결과 마을의 공유지는 가축들이 먹을 만한 풀이 하나도 없는 황량한 땅으로 변하고 말았다.

앞에서 살펴본 '공유지의 비극'은 개인의 사적 이익 추구, 혹은 합리적인 행동이 전체의 이익을 가져온다는 주류 경제학의 기본 전제를 무너뜨리는 내용이다. 개인의 합리성과 사회적 공공성이 충돌하는 영역에서는 이러한 공유지의 비극이 발생하기 쉽다. 그렇다면 이를 해결하기 위해서는 어떻게 해야 할까?

지금까지 해결 방안으로 제시된 것은 크게 두 가지이다. 먼저 공유 자원을 명확하게 사유화해 개인에게 소유권을 주는 방법이 있다. 이는 내 것이라고 생각하는 순간부터 아끼고 보호하는 사람들의 심리를 반영한 것이다. 하지만 이러한 방안은 공공 자원에 대한 재산권을 특정 이익 집단이 가질 경우 엄청난 비극이 발생할 수 있다는 점을 간과했다.

'공유지의 비극'을 해결하기 위해 제시된 두 번째 방안은 공유 자원을 국유화하여 국가가 직접 관리, 통제에 나서는 것이다. 국가가 거대한 감시자가 되어 공공재를 과도하게 사용하거나 더럽히는 사람들을 적발해 벌금을 부과하면 무분별한 행동이 줄어들 것이라는 예상이다. 하지만 이 역시 국가가 늘 합리적, 효과적으로 상황을 통제하고 보장할 수 없다는 점을 간과하였다.

① 주류 경제학은 개인과 사회의 이익이 상충한다는 점을 전제하고 있다.
② 공유지에는 개인의 소유권이 설정되어 있지 않다.
③ 공유 자원을 사유화하면 특정 집단이 독점할 수 있다.
④ 공유 자원을 국유화할 경우 충분한 감시 인력을 고용하지 못하면 문제가 생길 수 있다.

**25** 다음 중 밑줄 친 단어가 옳지 않은 것은?

① 그는 나에게도 손을 <u>벌렸다</u>.
② 자동차가 가로수에 <u>부딪쳤다</u>.
③ <u>이따가</u> 3시에 집 앞에서 만나자.
④ 과녁을 <u>맞춘</u> 화살이 하나도 없다.

# 일반군무원 공개경쟁채용 필기시험 답안카드

| 직렬 |
| --- |
| |

| 성명 |
| --- |
| |

| 수험번호 | | | | | | | |
| --- | --- | --- | --- | --- | --- | --- | --- |
| | | | | | | | |
| ⓪ | ⓪ | ⓪ | ⓪ | ⓪ | ⓪ | ⓪ | ⓪ |
| ① | ① | ① | ① | ① | ① | ① | ① |
| ② | ② | ② | ② | ② | ② | ② | ② |
| ③ | ③ | ③ | ③ | ③ | ③ | ③ | ③ |
| ④ | ④ | ④ | ④ | ④ | ④ | ④ | ④ |
| ⑤ | ⑤ | ⑤ | ⑤ | ⑤ | ⑤ | ⑤ | ⑤ |
| ⑥ | ⑥ | ⑥ | ⑥ | ⑥ | ⑥ | ⑥ | ⑥ |
| ⑦ | ⑦ | ⑦ | ⑦ | ⑦ | ⑦ | ⑦ | ⑦ |
| ⑧ | ⑧ | ⑧ | ⑧ | ⑧ | ⑧ | ⑧ | ⑧ |
| ⑨ | ⑨ | ⑨ | ⑨ | ⑨ | ⑨ | ⑨ | ⑨ |

| 감독위원 확인 |
| --- |
| ㉧ |

| 시행일 | | | | | 시행일 | | | | | 시행일 | | | | |
| --- | --- | --- | --- | --- | --- | --- | --- | --- | --- | --- | --- | --- | --- | --- |
| 1 | ① | ② | ③ | ④ | 1 | ① | ② | ③ | ④ | 1 | ① | ② | ③ | ④ |
| 2 | ① | ② | ③ | ④ | 2 | ① | ② | ③ | ④ | 2 | ① | ② | ③ | ④ |
| 3 | ① | ② | ③ | ④ | 3 | ① | ② | ③ | ④ | 3 | ① | ② | ③ | ④ |
| 4 | ① | ② | ③ | ④ | 4 | ① | ② | ③ | ④ | 4 | ① | ② | ③ | ④ |
| 5 | ① | ② | ③ | ④ | 5 | ① | ② | ③ | ④ | 5 | ① | ② | ③ | ④ |
| 6 | ① | ② | ③ | ④ | 6 | ① | ② | ③ | ④ | 6 | ① | ② | ③ | ④ |
| 7 | ① | ② | ③ | ④ | 7 | ① | ② | ③ | ④ | 7 | ① | ② | ③ | ④ |
| 8 | ① | ② | ③ | ④ | 8 | ① | ② | ③ | ④ | 8 | ① | ② | ③ | ④ |
| 9 | ① | ② | ③ | ④ | 9 | ① | ② | ③ | ④ | 9 | ① | ② | ③ | ④ |
| 10 | ① | ② | ③ | ④ | 10 | ① | ② | ③ | ④ | 10 | ① | ② | ③ | ④ |
| 11 | ① | ② | ③ | ④ | 11 | ① | ② | ③ | ④ | 11 | ① | ② | ③ | ④ |
| 12 | ① | ② | ③ | ④ | 12 | ① | ② | ③ | ④ | 12 | ① | ② | ③ | ④ |
| 13 | ① | ② | ③ | ④ | 13 | ① | ② | ③ | ④ | 13 | ① | ② | ③ | ④ |
| 14 | ① | ② | ③ | ④ | 14 | ① | ② | ③ | ④ | 14 | ① | ② | ③ | ④ |
| 15 | ① | ② | ③ | ④ | 15 | ① | ② | ③ | ④ | 15 | ① | ② | ③ | ④ |
| 16 | ① | ② | ③ | ④ | 16 | ① | ② | ③ | ④ | 16 | ① | ② | ③ | ④ |
| 17 | ① | ② | ③ | ④ | 17 | ① | ② | ③ | ④ | 17 | ① | ② | ③ | ④ |
| 18 | ① | ② | ③ | ④ | 18 | ① | ② | ③ | ④ | 18 | ① | ② | ③ | ④ |
| 19 | ① | ② | ③ | ④ | 19 | ① | ② | ③ | ④ | 19 | ① | ② | ③ | ④ |
| 20 | ① | ② | ③ | ④ | 20 | ① | ② | ③ | ④ | 20 | ① | ② | ③ | ④ |
| 21 | ① | ② | ③ | ④ | 21 | ① | ② | ③ | ④ | 21 | ① | ② | ③ | ④ |
| 22 | ① | ② | ③ | ④ | 22 | ① | ② | ③ | ④ | 22 | ① | ② | ③ | ④ |
| 23 | ① | ② | ③ | ④ | 23 | ① | ② | ③ | ④ | 23 | ① | ② | ③ | ④ |
| 24 | ① | ② | ③ | ④ | 24 | ① | ② | ③ | ④ | 24 | ① | ② | ③ | ④ |
| 25 | ① | ② | ③ | ④ | 25 | ① | ② | ③ | ④ | 25 | ① | ② | ③ | ④ |

※ 본 답안지는 마킹연습용 모의 답안지입니다.

# 일반군무원 공개경쟁채용 필기시험 답안카드

| 직렬 |
| --- |
| |

| 성명 |
| --- |
| |

| 수험번호 | | | | | | | |
| --- | --- | --- | --- | --- | --- | --- | --- |
| | | | | | | | |
| ⓪ | ⓪ | ⓪ | ⓪ | ⓪ | ⓪ | ⓪ | ⓪ |
| ① | ① | ① | ① | ① | ① | ① | ① |
| ② | ② | ② | ② | ② | ② | ② | ② |
| ③ | ③ | ③ | ③ | ③ | ③ | ③ | ③ |
| ④ | ④ | ④ | ④ | ④ | ④ | ④ | ④ |
| ⑤ | ⑤ | ⑤ | ⑤ | ⑤ | ⑤ | ⑤ | ⑤ |
| ⑥ | ⑥ | ⑥ | ⑥ | ⑥ | ⑥ | ⑥ | ⑥ |
| ⑦ | ⑦ | ⑦ | ⑦ | ⑦ | ⑦ | ⑦ | ⑦ |
| ⑧ | ⑧ | ⑧ | ⑧ | ⑧ | ⑧ | ⑧ | ⑧ |
| ⑨ | ⑨ | ⑨ | ⑨ | ⑨ | ⑨ | ⑨ | ⑨ |

| 감독위원 확인 |
| --- |
| ⓘ인 |

| 시행일 | | | | | 시행일 | | | | | 시행일 | | | | |
| --- | --- | --- | --- | --- | --- | --- | --- | --- | --- | --- | --- | --- | --- | --- |
| 1 | ① | ② | ③ | ④ | 1 | ① | ② | ③ | ④ | 1 | ① | ② | ③ | ④ |
| 2 | ① | ② | ③ | ④ | 2 | ① | ② | ③ | ④ | 2 | ① | ② | ③ | ④ |
| 3 | ① | ② | ③ | ④ | 3 | ① | ② | ③ | ④ | 3 | ① | ② | ③ | ④ |
| 4 | ① | ② | ③ | ④ | 4 | ① | ② | ③ | ④ | 4 | ① | ② | ③ | ④ |
| 5 | ① | ② | ③ | ④ | 5 | ① | ② | ③ | ④ | 5 | ① | ② | ③ | ④ |
| 6 | ① | ② | ③ | ④ | 6 | ① | ② | ③ | ④ | 6 | ① | ② | ③ | ④ |
| 7 | ① | ② | ③ | ④ | 7 | ① | ② | ③ | ④ | 7 | ① | ② | ③ | ④ |
| 8 | ① | ② | ③ | ④ | 8 | ① | ② | ③ | ④ | 8 | ① | ② | ③ | ④ |
| 9 | ① | ② | ③ | ④ | 9 | ① | ② | ③ | ④ | 9 | ① | ② | ③ | ④ |
| 10 | ① | ② | ③ | ④ | 10 | ① | ② | ③ | ④ | 10 | ① | ② | ③ | ④ |
| 11 | ① | ② | ③ | ④ | 11 | ① | ② | ③ | ④ | 11 | ① | ② | ③ | ④ |
| 12 | ① | ② | ③ | ④ | 12 | ① | ② | ③ | ④ | 12 | ① | ② | ③ | ④ |
| 13 | ① | ② | ③ | ④ | 13 | ① | ② | ③ | ④ | 13 | ① | ② | ③ | ④ |
| 14 | ① | ② | ③ | ④ | 14 | ① | ② | ③ | ④ | 14 | ① | ② | ③ | ④ |
| 15 | ① | ② | ③ | ④ | 15 | ① | ② | ③ | ④ | 15 | ① | ② | ③ | ④ |
| 16 | ① | ② | ③ | ④ | 16 | ① | ② | ③ | ④ | 16 | ① | ② | ③ | ④ |
| 17 | ① | ② | ③ | ④ | 17 | ① | ② | ③ | ④ | 17 | ① | ② | ③ | ④ |
| 18 | ① | ② | ③ | ④ | 18 | ① | ② | ③ | ④ | 18 | ① | ② | ③ | ④ |
| 19 | ① | ② | ③ | ④ | 19 | ① | ② | ③ | ④ | 19 | ① | ② | ③ | ④ |
| 20 | ① | ② | ③ | ④ | 20 | ① | ② | ③ | ④ | 20 | ① | ② | ③ | ④ |
| 21 | ① | ② | ③ | ④ | 21 | ① | ② | ③ | ④ | 21 | ① | ② | ③ | ④ |
| 22 | ① | ② | ③ | ④ | 22 | ① | ② | ③ | ④ | 22 | ① | ② | ③ | ④ |
| 23 | ① | ② | ③ | ④ | 23 | ① | ② | ③ | ④ | 23 | ① | ② | ③ | ④ |
| 24 | ① | ② | ③ | ④ | 24 | ① | ② | ③ | ④ | 24 | ① | ② | ③ | ④ |
| 25 | ① | ② | ③ | ④ | 25 | ① | ② | ③ | ④ | 25 | ① | ② | ③ | ④ |

※ 본 답안지는 마킹연습용 모의 답안지입니다.

# 일반군무원 공개경쟁채용 필기시험 답안카드

| 직렬 |
| --- |
| |

| 성명 |
| --- |
| |

| 수험번호 | | | | | | | |
| --- | --- | --- | --- | --- | --- | --- | --- |
| | | | | | | | |
| ⓪ | ⓪ | ⓪ | ⓪ | ⓪ | ⓪ | ⓪ | ⓪ |
| ① | ① | ① | ① | ① | ① | ① | ① |
| ② | ② | ② | ② | ② | ② | ② | ② |
| ③ | ③ | ③ | ③ | ③ | ③ | ③ | ③ |
| ④ | ④ | ④ | ④ | ④ | ④ | ④ | ④ |
| ⑤ | ⑤ | ⑤ | ⑤ | ⑤ | ⑤ | ⑤ | ⑤ |
| ⑥ | ⑥ | ⑥ | ⑥ | ⑥ | ⑥ | ⑥ | ⑥ |
| ⑦ | ⑦ | ⑦ | ⑦ | ⑦ | ⑦ | ⑦ | ⑦ |
| ⑧ | ⑧ | ⑧ | ⑧ | ⑧ | ⑧ | ⑧ | ⑧ |
| ⑨ | ⑨ | ⑨ | ⑨ | ⑨ | ⑨ | ⑨ | ⑨ |

| 감독위원 확인 |
| --- |
| ㊞ |

| 시행일 | | | | | 시행일 | | | | | 시행일 | | | | |
| --- | --- | --- | --- | --- | --- | --- | --- | --- | --- | --- | --- | --- | --- | --- |
| 1 | ① | ② | ③ | ④ | 1 | ① | ② | ③ | ④ | 1 | ① | ② | ③ | ④ |
| 2 | ① | ② | ③ | ④ | 2 | ① | ② | ③ | ④ | 2 | ① | ② | ③ | ④ |
| 3 | ① | ② | ③ | ④ | 3 | ① | ② | ③ | ④ | 3 | ① | ② | ③ | ④ |
| 4 | ① | ② | ③ | ④ | 4 | ① | ② | ③ | ④ | 4 | ① | ② | ③ | ④ |
| 5 | ① | ② | ③ | ④ | 5 | ① | ② | ③ | ④ | 5 | ① | ② | ③ | ④ |
| 6 | ① | ② | ③ | ④ | 6 | ① | ② | ③ | ④ | 6 | ① | ② | ③ | ④ |
| 7 | ① | ② | ③ | ④ | 7 | ① | ② | ③ | ④ | 7 | ① | ② | ③ | ④ |
| 8 | ① | ② | ③ | ④ | 8 | ① | ② | ③ | ④ | 8 | ① | ② | ③ | ④ |
| 9 | ① | ② | ③ | ④ | 9 | ① | ② | ③ | ④ | 9 | ① | ② | ③ | ④ |
| 10 | ① | ② | ③ | ④ | 10 | ① | ② | ③ | ④ | 10 | ① | ② | ③ | ④ |
| 11 | ① | ② | ③ | ④ | 11 | ① | ② | ③ | ④ | 11 | ① | ② | ③ | ④ |
| 12 | ① | ② | ③ | ④ | 12 | ① | ② | ③ | ④ | 12 | ① | ② | ③ | ④ |
| 13 | ① | ② | ③ | ④ | 13 | ① | ② | ③ | ④ | 13 | ① | ② | ③ | ④ |
| 14 | ① | ② | ③ | ④ | 14 | ① | ② | ③ | ④ | 14 | ① | ② | ③ | ④ |
| 15 | ① | ② | ③ | ④ | 15 | ① | ② | ③ | ④ | 15 | ① | ② | ③ | ④ |
| 16 | ① | ② | ③ | ④ | 16 | ① | ② | ③ | ④ | 16 | ① | ② | ③ | ④ |
| 17 | ① | ② | ③ | ④ | 17 | ① | ② | ③ | ④ | 17 | ① | ② | ③ | ④ |
| 18 | ① | ② | ③ | ④ | 18 | ① | ② | ③ | ④ | 18 | ① | ② | ③ | ④ |
| 19 | ① | ② | ③ | ④ | 19 | ① | ② | ③ | ④ | 19 | ① | ② | ③ | ④ |
| 20 | ① | ② | ③ | ④ | 20 | ① | ② | ③ | ④ | 20 | ① | ② | ③ | ④ |
| 21 | ① | ② | ③ | ④ | 21 | ① | ② | ③ | ④ | 21 | ① | ② | ③ | ④ |
| 22 | ① | ② | ③ | ④ | 22 | ① | ② | ③ | ④ | 22 | ① | ② | ③ | ④ |
| 23 | ① | ② | ③ | ④ | 23 | ① | ② | ③ | ④ | 23 | ① | ② | ③ | ④ |
| 24 | ① | ② | ③ | ④ | 24 | ① | ② | ③ | ④ | 24 | ① | ② | ③ | ④ |
| 25 | ① | ② | ③ | ④ | 25 | ① | ② | ③ | ④ | 25 | ① | ② | ③ | ④ |

※ 본 답안지는 마킹연습용 모의 답안지입니다.

# 일반군무원 공개경쟁채용 필기시험 답안카드

| 직렬 |
|---|
| |

| 성명 |
|---|
| |

| 수험번호 | | | | | | | |
|---|---|---|---|---|---|---|---|
| | | | | | | | |
| ⓪ | ⓪ | ⓪ | ⓪ | ⓪ | ⓪ | ⓪ | ⓪ |
| ① | ① | ① | ① | ① | ① | ① | ① |
| ② | ② | ② | ② | ② | ② | ② | ② |
| ③ | ③ | ③ | ③ | ③ | ③ | ③ | ③ |
| ④ | ④ | ④ | ④ | ④ | ④ | ④ | ④ |
| ⑤ | ⑤ | ⑤ | ⑤ | ⑤ | ⑤ | ⑤ | ⑤ |
| ⑥ | ⑥ | ⑥ | ⑥ | ⑥ | ⑥ | ⑥ | ⑥ |
| ⑦ | ⑦ | ⑦ | ⑦ | ⑦ | ⑦ | ⑦ | ⑦ |
| ⑧ | ⑧ | ⑧ | ⑧ | ⑧ | ⑧ | ⑧ | ⑧ |
| ⑨ | ⑨ | ⑨ | ⑨ | ⑨ | ⑨ | ⑨ | ⑨ |

| 감독위원 확인 |
|---|
| ㉧ 인 |

| 시행일 | | | | | 시행일 | | | | | 시행일 | | | | |
|---|---|---|---|---|---|---|---|---|---|---|---|---|---|---|
| 1 | ① | ② | ③ | ④ | 1 | ① | ② | ③ | ④ | 1 | ① | ② | ③ | ④ |
| 2 | ① | ② | ③ | ④ | 2 | ① | ② | ③ | ④ | 2 | ① | ② | ③ | ④ |
| 3 | ① | ② | ③ | ④ | 3 | ① | ② | ③ | ④ | 3 | ① | ② | ③ | ④ |
| 4 | ① | ② | ③ | ④ | 4 | ① | ② | ③ | ④ | 4 | ① | ② | ③ | ④ |
| 5 | ① | ② | ③ | ④ | 5 | ① | ② | ③ | ④ | 5 | ① | ② | ③ | ④ |
| 6 | ① | ② | ③ | ④ | 6 | ① | ② | ③ | ④ | 6 | ① | ② | ③ | ④ |
| 7 | ① | ② | ③ | ④ | 7 | ① | ② | ③ | ④ | 7 | ① | ② | ③ | ④ |
| 8 | ① | ② | ③ | ④ | 8 | ① | ② | ③ | ④ | 8 | ① | ② | ③ | ④ |
| 9 | ① | ② | ③ | ④ | 9 | ① | ② | ③ | ④ | 9 | ① | ② | ③ | ④ |
| 10 | ① | ② | ③ | ④ | 10 | ① | ② | ③ | ④ | 10 | ① | ② | ③ | ④ |
| 11 | ① | ② | ③ | ④ | 11 | ① | ② | ③ | ④ | 11 | ① | ② | ③ | ④ |
| 12 | ① | ② | ③ | ④ | 12 | ① | ② | ③ | ④ | 12 | ① | ② | ③ | ④ |
| 13 | ① | ② | ③ | ④ | 13 | ① | ② | ③ | ④ | 13 | ① | ② | ③ | ④ |
| 14 | ① | ② | ③ | ④ | 14 | ① | ② | ③ | ④ | 14 | ① | ② | ③ | ④ |
| 15 | ① | ② | ③ | ④ | 15 | ① | ② | ③ | ④ | 15 | ① | ② | ③ | ④ |
| 16 | ① | ② | ③ | ④ | 16 | ① | ② | ③ | ④ | 16 | ① | ② | ③ | ④ |
| 17 | ① | ② | ③ | ④ | 17 | ① | ② | ③ | ④ | 17 | ① | ② | ③ | ④ |
| 18 | ① | ② | ③ | ④ | 18 | ① | ② | ③ | ④ | 18 | ① | ② | ③ | ④ |
| 19 | ① | ② | ③ | ④ | 19 | ① | ② | ③ | ④ | 19 | ① | ② | ③ | ④ |
| 20 | ① | ② | ③ | ④ | 20 | ① | ② | ③ | ④ | 20 | ① | ② | ③ | ④ |
| 21 | ① | ② | ③ | ④ | 21 | ① | ② | ③ | ④ | 21 | ① | ② | ③ | ④ |
| 22 | ① | ② | ③ | ④ | 22 | ① | ② | ③ | ④ | 22 | ① | ② | ③ | ④ |
| 23 | ① | ② | ③ | ④ | 23 | ① | ② | ③ | ④ | 23 | ① | ② | ③ | ④ |
| 24 | ① | ② | ③ | ④ | 24 | ① | ② | ③ | ④ | 24 | ① | ② | ③ | ④ |
| 25 | ① | ② | ③ | ④ | 25 | ① | ② | ③ | ④ | 25 | ① | ② | ③ | ④ |

※ 본 답안지는 마킹연습용 모의 답안지입니다.

SUCCESS 시대에듀

# 합격 저격 군무원

2022 최신개정판

SD 군무원시험연구소 편저

# 국어

## 영역별 기출문제집

## 정답 및 해설

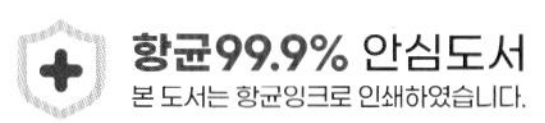

항균99.9% 안심도서
본 도서는 항균잉크로 인쇄하였습니다.

SD에듀
(주)시대고시기획

군무원

합격 저격

# 국 어

# 합격저격

# 정답 및 해설

# 문법 정답 및 해설

## 한글 맞춤법

### 01

정답 ③

정답의 이유

③ '만에'가 '세 번'과 같은 횟수 뒤에 나타날 경우 의존 명사로서 앞말과 띄어 쓴다.

오답의 이유

① '-차'는 목적의 뜻을 더하는 접미사로, 명사 뒤에서 '~하려고, ~하기 위해'의 의미로 쓰인다면 앞의 명사와 붙여 쓴다.

② '만큼'은 앞의 내용에 상당한 수량이나 정도임을 나타내는 의존 명사로, '있을'과 같은 어간과 관형사형 전성 어미가 결합한 용언 뒤에서 띄어 쓴다.

④ '들'이 '쌀, 보리, 콩, 조, 기장'과 같은 단어의 나열 뒤에 나타날 경우 의존 명사로서 앞말과 띄어 쓴다.

더 알아두기

**의존 명사가 조사, 어미의 일부, 접미사 등과 형태가 같은 경우**

- 들
  - '남자들, 학생들, 사람들, 그들, 너희들, 사건들'처럼 셀 수 있는 명사나 대명사에 붙어 복수의 뜻을 더하는 경우는 접미사이므로 앞말에 붙여 쓴다. '들'이 '이 방에서 텔레비전을 보고들 있어라.'처럼 문장의 주어가 복수임을 나타낼 경우는 보조사이다.
  - '쌀, 보리, 콩, 조, 기장들을 오곡(五穀)이라 한다.'와 같이 두 개 이상의 사물을 열거하는 구조에서 '그런 따위'란 뜻을 나타내는 경우는 의존 명사이므로 앞말과 띄어 쓴다. 이때의 '들'은 의존 명사 '등(等)'으로 바꾸어 쓸 수 있다. 'ㅂ, ㄷ, ㄱ 등은 파열음이다.'에서 쓰는 '등'이나 '냉장고, 텔레비전, 세탁기 따위의 가전제품이 집에 있다.'에서 쓰는 '따위'도 마찬가지이다.
- 만
  - '하나만 알고, 둘은 모른다, 이것은 그것만 못하다.'처럼 체언에 붙어서 한정 또는 비교의 뜻을 나타내는 경우는 보조사이므로 붙여 쓴다.
  - '떠난 지 사흘 만에 돌아왔다, 온 지 1년 만에 떠나갔다.'와 같이 시간의 경과를 나타내는 경우에는 의존 명사이므로 띄어 쓴다.
  - '세 번 만에 시험에 합격했다, 다섯 번 만이다.'의 경우 횟수를 나타내는 말 뒤에 쓰여 '앞말이 가리키는 횟수를 끝으로'의 뜻을 나타내는 의존 명사이므로 띄어 쓴다.
- 만큼
  - '중학생이 고등학생만큼 잘 안다, 키가 전봇대만큼 크다.'처럼 체언 뒤에 붙어서 '앞말과 비슷한 정도로'라는 뜻을 나타내는 경우는 격 조사이므로 붙여 쓴다.
  - '볼 만큼 보았다, 애쓴 만큼 얻는다.'와 같이, 용언의 관형사형 뒤에서 '그런 정도로' 또는 '실컷'이란 뜻을 나타내는 경우는 의존 명사이므로 띄어 쓴다.
- 차(次)
  - '인사차 들렀다, 사업차 외국에 나갔다.'처럼 명사 뒤에 붙어 '목적'의 뜻을 더하는 경우에는 접미사이므로 붙여 쓴다.
  - '고향에 갔던 차에 선을 보았다, 마침 가려던 차였다.'와 같이 용언의 관형사형 뒤에 나타날 때는 의존 명사이므로 띄어 쓴다.

### 02

정답 ④

오답의 이유

㉠ **담궈(×) → 담가(○)**: '담그다'가 기본형이므로 '담가'로 활용한다.

㉣ **졸였다(×) → 조리다(○)**: '졸이다'는 찌개나 국의 국물을 줄게 하는 것을 이르는 말인 반면, '조리다'는 양념의 맛이 재료에 푹 스며들도록 국물이 거의 없을 정도로 바짝 끓여내는 것을 이르

는 말이다. 따라서 '~ 생선도 조렸다'로 쓰는 것이 적절하다.

ⓑ 하느라고(×) → 하노라고(○): '하느라고'는 앞말이 뒷말의 목적이나 원인이 됨을 나타내는 반면, '하노라고'는 자기 나름대로 꽤 노력했음을 표현하는 말이다. 따라서 문맥상 '하노라고'로 쓰는 것이 적절하다.

## 03

정답 ③

정답의 이유

'-느라고'는 앞 절의 사태가 뒤 절의 사태에 목적이나 원인이 될 때 사용하는 연결 어미이고, '-노라고'는 나름대로 꽤 노력했음을 나타내는 연결 어미이므로 구분하여 사용해야 한다. 따라서 문맥상 ㉠에는 늦게 잔 원인이 공부라는 의미의 '-느라고'가 들어가야 한다. ㉡에는 사흘 밤낮을 노력한다고 했는데 결과가 좋지 않았다는 의미이므로 '-노라고'가 들어가야 한다.

더 알아두기

'-느라고'와 '-노라고'의 구별

| | |
|---|---|
| -느라고 | '~하는 일로 말미암아'라는 의미로 이유나 원인을 나타냄<br>예 웃음을 참느라고 힘들었다.<br>예 책을 읽느라고 밤을 새웠다. |
| -노라고 | '자기 나름대로는 한다고'라는 의미로 화자가 자신의 행동에 대한 의도나 목적을 나타냄<br>예 잠도 못 자며 하노라고 했는데 결과가 어떨지 모르겠다. |

## 04

정답 ②

정답의 이유

언어 현실에서 자주 혼동되어 쓰이는 '웃-'과 '윗-'을 구별하여 쓰도록 한 표준어 규정 제12항에 관한 문제이다. 일반적으로 '위, 아래'의 개념상 대립이 성립하지 않는 경우는 '웃-'으로 쓰고, 그 외에는 '윗-'을 표준어로 삼는다. ②의 ㉠, ㉡, ㉣은 모두 규정을 잘 따르고 있다.

㉠ '웃옷'은 맨 겉에 입는 옷을 일컫는다. '웃옷'은 이와 짝하는 '아랫옷'이 없으므로 '윗옷'으로 쓰지 않고 '웃-'으로 쓴다. 따라서 날씨가 추워 외투를 걸쳐 입었다는 문맥에서는 '웃옷'이 적절하다. 그러나 위에 입는 옷을 가리키는 '윗옷'은 표준어이다. 이때의 '윗-'은 '아래'와 대립하는 뜻이기 때문이다.

㉡ '윗몸'은 허리 윗부분의 몸을 일컫는다. 위, 아래의 대립이 성립하기 때문에 '윗-'이라고 구별하여 적어야 한다. 문맥상으로도 상반신을 뒤로 젖혔다는 뜻이므로 알맞게 쓰였다.

㉣ '윗입술'은 위쪽의 입술이다. 즉, '아랫입술'과 대비되어 위, 아래의 대립이 성립하는 것이다. 따라서 문장에서 '윗-'으로 바르게 표기하였다.

오답의 이유

㉢ '윗쪽'은 사이시옷을 쓰지 않는 '위쪽'으로 표기해야 한다. 표준어 규정 '다만 1'에서는 된소리나 거센소리 앞에서는 '위-'로 함을 명시하고 있다. 따라서 '위쪽'은 뒷말 '쪽'이 이미 된소리이므로 사이시옷을 쓰지 않는 것이다.

㉤ '웃도리'는 '아랫도리'와 대비되어 위, 아래의 대립이 성립하기 때문에 '윗도리'로 표기해야 한다.

## 05

정답 ③

정답의 이유

격 조사 '로서'와 '로써'의 쓰임을 구분하는 문제이다. '로서'는 지위나 신분 또는 자격을 나타낸다. '로써'는 어떤 물건의 재료나 원료를 나타내거나 어떤 일의 수단이나 도구를 나타낸다. ③의 '로서'는 학생의 지위나 신분을 의미하고 있으므로 적절히 쓰였다.

오답의 이유

① 교장 선생님의 지위나 신분에 대해 이야기하고 있으므로 '로서'를 써서 '그 사람은 교장 선생님으로서 할 일을 다했다.'와 같이 써야 한다.

② 대화를 통해 갈등을 푼다는 의미이므로 대화가 갈등 해소의 수단임을 알 수 있다. 따라서 '로써'를 써서 '이 문제를 대화로써 풀 수 있을까?'와 같이 써야 한다.

④ 환경 피해를 줄여서 경제 발전에 이바지한다는 의미이므로 환경 피해를 줄이는 것이 경제 발전의 수단임을 알 수 있다. 따라서 '로써'를 써서 '에너지 소비로 인한 환경 피해를 줄임으로써 국민 경제의 건전한 발전에 이바지한다는 것에 동의한다.'와 같이 써야 한다.

## 06

정답 ④

정답의 이유

'새다'는 '날이 밝아 오다'라는 뜻의 자동사로 '날이 새다, 밤이 새다' 등과 같이 사용한다. ①·②·③·④ 모두 '한숨도 자지 아니하고 밤을 지내다.'의 뜻이므로 자동사인 '새다'가 아닌 타동사 '새우다'를 써야 한다. 따라서 '밤을 새웠다'로 표기한 ④만 올바르다.

오답의 이유

① 목적어인 '밤을'이 있으므로 타동사인 '새우다'를 사용하여 '밤을 새워서라도'로 써야 한다.

② '밤새지'가 아니라 '밤새우지'로 써야 한다. 참고로 '밤새우다'는 '잠을 자지 않고 밤을 보내다.'라는 뜻으로 하나의 단어이다.

③ '밤샌'이 아니라 '밤새운'으로 써야 한다.

## 07

정답 ④

정답의 이유

④ '넉넉지'는 맞는 말이다. '넉넉하지'처럼 어근에 '-하다'가 붙어 줄어들 때, 앞말이 안울림 소리 받침이면 '-하'가 통째로 준다.

오답의 이유

① 새벽녁(×) → 새벽녘(○)

② 짐작컨대(×) → 짐작건대(○)

③ 눈을 부치고(×) → 눈을 붙이고(○)

## 08

정답 ③

정답의 이유

③ 밑줄 친 '붇는'은 '분량이나 수효가 많아지다.'라는 뜻으로 바르게 쓰였다.

- 붇다: 1. 물에 젖어서 부피가 커지다. 2. 분량이나 수효가 많아지다. 3. (주로 '몸'을 주어로 하여) 살이 찌다.
- 붓다: 1. 액체나 가루 따위를 다른 곳에 담다. 2. 모종을 내기 위하여 씨앗을 많이 뿌리다. 3. 불입금, 이자, 곗돈 따위를 일정한 기간마다 내다. 4. 시선을 한곳에 모으면서 바라보다.

오답의 이유

① **하야서(×) → 하얘서(○)**: '하얗-'의 어간 끝 'ㅎ'이 'ㅏ'로 시작하는 어미 '-아서'와 만나면 '애'로 합쳐지는데, 이것이 앞의 'ㅑ'와 함께 축약되어 '얘'가 된 것이다(한글 맞춤법 제18항). 이것을 'ㅎ' 불규칙 용언이라 한다. 어간의 'ㅎ'이 어미 '-아/-어'와 결합할 때, 어간의 'ㅎ'이 떨어져 나가고 어미가 변하게 되는데 이때 '-아/-어'는 모음 조화에 따라 양성 모음은 양성 모음끼리, 음성 모음은 음성 모음끼리 어울린다.

② **잘다랗게(×) → 잗다랗게(○)**: '잗다랗다'는 형용사 '잘다'에 접미사 '-다랗다'가 합해진 것으로, '잘다'에서 'ㄹ' 받침이 탈락되고 'ㄷ' 받침이 붙은 것이다. '잗다랗다'는 '꽤 잘다', '아주 자질구레하다' 또는 '볼만한 가치가 없을 정도로 하찮다'라는 뜻을 가지고 있는데, 여기서는 '굵다랗다'의 반대말인 '꽤 잘다'의 의미로 사용되었다.

④ **달달이(×) → 다달이(○)**: 원래 '달 + 달 + -이'로 구성된 단어인데, 처음의 '달'에서는 'ㄹ'을 실현하지 않고 발음하므로, 한글 맞춤법 제28항에 따라 앞의 'ㄹ'은 적지 않은 것이다. 다만 그것을 발음대로 적는다면 [다다리]로 써야 하겠으나 뒤의 명사 '달'과 접미사 '-이'는 따로 분석하여 적은 것으로 표음주의와 표의주의가 모두 반영되었다고 볼 수 있다.

## 09

정답 ④

정답의 이유

- 후덕덕(×) → 후닥닥(○)
- 근접치(×) → 근접지(○)

오답의 이유

①·②·③ '후덕덕'과 '근접치'를 제외한 다른 단어는 모두 한글 맞춤법에 맞는 표현이다.

## 10

정답 ②

정답의 이유

② **꺽으면(×) → 꺾으면(○)**: '꺾다(길고 탄력이 있거나 단단한 물체를 구부려 다시 펴지지 않게 하거나 아주 끊어지게 하다.)'가 기본형이므로 꺾으면(꺾- + -으면)과 같이 써야 한다.

오답의 이유

① '읊도록'은 '읊다(억양을 넣어서 소리를 내어 시를 읽거나 외다.)'가 기본형이므로 '읊- + -도록'으로 바르게 쓰고 있다.

③ '잊었느냐'는 '잊다(한번 알았던 것을 기억하지 못하거나 기억해 내지 못하다.)'가 기본형이므로 '잊- + -었- + -느냐'로 바르게 쓰고 있다.

④ '긁어서'는 '긁다(손톱이나 뾰족한 기구 따위로 바닥이나 거죽을 문지르다.)'가 기본형이므로 '긁- + -어서'로 바르게 쓰고 있다.

## 11

정답 ②

정답의 이유

② **쓰느라고(×) → 쓰노라고(○)**: '-느라고'는 앞 절의 사태가 뒤 절의 사태에 목적이나 원인이 됨을 나타내는 연결 어미이고, '-노라고'는 자기 나름대로 꽤 노력했음을 나타내는 연결 어미이므로 '-노라고'를 사용해야 한다.

오답의 이유

① '되다'의 어간 '되-' 뒤에 어미 '-어'가 붙어 '되어(준말: 돼)'와 같이 활용하므로 '되어야'가 줄어든 형태인 '돼야', '돼' 뒤에 보조사 '요'를 붙여 '돼요'로 쓰는 것이 옳다.

③ 어떤 행동을 할 것을 약속하는 뜻을 나타내는 종결 어미는 '-ㄹ게'이므로, '갈게'와 같이 적는다.

④ 순우리말로 된 합성어의 경우 앞말이 모음으로 끝나고 뒷말 첫소리가 된소리로 날 때 사이시옷을 받치어 적는다. '낚시터'는 뒷말 첫소리가 된소리로 나지 않으므로 사이시옷을 적지 않고, '낚싯대'는 된소리가 나므로 사이시옷을 받치어 적는다. 또한 '낚시꾼'은 뒷말 첫소리가 이미 된소리이므로 사이시옷을 쓰지 않는다.

## 12

정답 ④

정답의 이유

④ '-요'는 '이다', '아니다'의 어간 뒤에 붙어 어떤 사물이나 사실 따위를 열거할 때 쓰이는 연결 어미이고, '-오'는 설명 · 의문 · 명령의 뜻을 나타내는 종결 어미이다.

오답의 이유

① **닫쳤다(×) → 닫혔다(○)**: 문맥상 '닫다'의 피동사인 '닫히다'로 써야 한다.

| | |
|---|---|
| **닫히다** | 열린 문짝, 뚜껑, 서랍 따위가 도로 제자리로 가 막히다.<br>예 문이 저절로 닫혔다. |
| **닫치다** | '닫다'의 힘줌말 예 그는 화가 나서 문을 확 닫치고 나갔다. |
| **다치다** | 부상을 당하다. 손상을 끼치다. 예 손을 다치다. |

② **벌리다(×) → 벌이다(○)**: '벌리다'는 '사이를 넓히거나 연다.'는 뜻이고 '벌이다'는 '일을 계획하여 시작하거나 펼쳐 놓다.'라는 뜻이므로 '동네잔치를 벌이다.'로 써야 한다.

| | |
|---|---|
| **벌리다** | 둘 사이를 넓히다. 우므러진 것을 펴서 열다.<br>예 아버지는 두 팔을 벌리고 나를 맞이해 주셨다. |
| **벌이다** | 일을 베풀어 놓다. 여러 개의 물건을 죽 늘어놓다.<br>예 잔치를 벌인 자리에서 싸움이 일어났다. |

③ **부딪혔다(×) → 부딪쳤다(○)**: '부딪혀'는 '부딪다'의 피동사 '부딪히다'의 활용형이고 '부딪쳐'는 '부딪치다'의 활용형으로 '부딪다(물건과 물건이 서로 힘 있게 마주 닿다. 또는 그리 되게 하다)'의 강세어이다. 해당 지문에서는 '부딪쳤다'로 써야 한다.

| | |
|---|---|
| **부딪히다** | '부딪다(무엇과 무엇이 힘 있게 마주 닿거나 마주 대다)'의 피동사 예 지나가는 행인에게 부딪혀 뒤로 넘어졌다. |
| **부딪치다** | '부딪다'를 강조하여 이르는 말. 눈길이나 시선 따위가 마주치다. 예 파도가 바위에 부딪쳤다. |

## 13

정답 ②

정답의 이유

한글 맞춤법 제5절 준말에 관한 문제이다. 제32항의 규정에 따라 단어의 끝모음이 줄어지고 자음만 남은 것은 그 앞 음절의 받침으로 적어야 한다.

② '국말이'는 준말이 아닌, '국'과 '말이'의 두 단어가 어울린 합성어이다. 두 개의 단어가 어울려 합성어가 될 때는 원형을 밝히어 적는다는 원칙에 따른 것이다(한글 맞춤법 제27항).

오답의 이유

① '기럭아'는 '기러기야'의 준말이다. '기러기'의 끝모음 '이'가 줄어지고 남은 자음 'ㄱ'을 앞 음절 '러'의 받침으로 적은 것이다.

③ '애꾸눈아'는 '애꾸눈이야'의 준말이다. '애꾸눈이'의 끝모음인 접미사 '-이'가 줄어든 것이다.

④ '엊저녁'은 '어제저녁'의 준말이다. '어제저녁'이 줄어들어 [얻쩌녁]이 될 때, 둘째 음절 '제'에서 남은 'ㅈ'을 첫째 음절 '어'의 받침으로 적은 것이다.

## 14

정답 ④

정답의 이유

④ '다투었군요'는 한글 맞춤법 제35항에서 모음 'ㅗ, ㅜ'로 끝난 어간에 '-아/-어, -았-/-었-'이 어울려 'ㅘ/ㅝ, ㅘㅆ/ㅝㅆ'으로 될 적에는 준 대로 적는다는 규정에 따라 '다퉜군요'로 표기할 수 있다.

오답의 이유

① 'ㅟ' 뒤에 ' 었 '이 어울려 준다는 규정이 없으므로 '바뀌었다'로 표기해야 한다.

② 표준어 규정 제26항에서 복수 표준어인 '-이에요/-이어요'의 쓰임을 보면 자음으로 끝난 명사 뒤에는 '-이에요/-이어요'가 붙고 축약은 할 수 없으나 모음으로 끝난 명사 뒤에는 '-이에요/-이어요'가 붙고 축약도 가능하다. 예를 들어 자음으로 끝난 명사인 '책'의 경우 '책이에요/책이어요'는 가능하지만 '책예요, 책여요'로 표기하는 것은 불가능하고, 모음으로 끝난 명사인 '나무'는 '나무이에요/나무이어요'로 표기할 수도 있고 '나무예요/나무여요'로도 표기할 수 있다. '품종이어요'는 '책'과 같이 자음으로 끝난 명사이므로 '품종여요'와 같이 줄여 쓸 수 없다.

③ '줄어들었습니다'는 줄여 쓴다는 규정에 해당하지 않으므로 '줄어들었습니다'로 표기해야 한다.

## 15

정답 ④

정답의 이유

④ **올곧찮다(×) → 올곧잖다(○)**: '올곧지 않다'는 한글 맞춤법 제39항에서 '어미 '-지' 뒤에 '않-'이 어울려 '-잖-'이 될 적에는 준대로 적는다는 규정에 따라 '올곧잖다'로 써야 한다.

오답의 이유

① '당찮다'는 '당하지 않다'의 준말로 '-하지' 뒤에 '않-'이 어울려 '-찮-'이 된다는 규정에 따라 '당찮다'로 표기하는 것이 적절하다.

② '그렇잖다'는 '그렇지 않다'의 준말로 '-지 않-'이 어울려 '-잖-'이 되므로 '그렇잖다'로 표기하는 것이 적절하다.

③ '달갑잖다'는 '달갑지 않다'의 준말로 '-지 않-'이 어울려 '-잖-'이 되므로 '달갑잖다'로 쓰는 것이 적절하다.

## 16

정답 ②

정답의 이유

② 한글 맞춤법 제32항 준말에 대한 용례이다. 단어의 끝모음이 줄어지고 자음만 남은 것은 그 앞의 음절에 받침으로 적는다. 체언에 호격 조사가 붙은 '기러기야'는 '기럭아'로 적을 수 있다.

오답의 이유

① 한글 맞춤법 제40항 [붙임 2]에 대한 용례이다. '거북하지'는 실제 표준 발음을 근거로 하여 어간의 '하'가 아주 탈락하여 '거북지'가 된다.

③ 조사를 넣어 부를 수 없는 대상이므로 준말의 표기법에 해당하지 않는다.

④ 한글 맞춤법 제39항에 따르면 어미 '-지' 뒤에 '않-'이 어울려 '-잖-'이 될 적에는 준대로 적는다. 따라서 '그렇지 않은'의 준말은 '그렇잖은'이다.

## 17

정답 ①

정답의 이유

한글 맞춤법 제40항에 따르면, 어간의 끝음절 '하'의 'ㅏ'가 줄고 'ㅎ'이 다음 음절의 첫소리와 어울려 거센소리로 될 적에는 거센소리로 적는다. 이때, '하'가 줄어드는 기준은 '하' 앞에 오는 받침의 소리이다. '하' 앞의 받침의 소리가 [ㄱ, ㄷ, ㅂ]이면 '하'가 통째로 줄고, 그 외의 경우에는 'ㅎ'이 남는다.

① '성실하지 않다'의 '성실'은 받침 소리가 [ㄹ]이므로, 어간 끝음절 '하'의 'ㅏ'만 줄고 'ㅎ'이 다음 음절의 첫소리 '지'와 어울려 '-치 않다'가 된다. '-지 않-', '-치 않-'은 '-잖-', '-찮-'의 한 음절로 줄여 적을 수 있으므로, 결국 '성실찮다'의 형태로 줄어들게 되는 것이다.

오답의 이유

② **한글 맞춤법 제4장 제5절 제40항**: 넉넉하지 않다 → 넉넉지 않다 → 넉넉잖다

③ · ④ **한글 맞춤법 제4장 제5절 제39항**: 만만하지 않다 → 만만찮다, 변변하지 않다 → 변변찮다

## 18

정답 ②

정답의 이유

② 한글 맞춤법 제10항 [붙임 2]의 접두사처럼 쓰이는 한자가 붙어서 된 말이나 합성어에서, 뒷말의 첫소리가 'ㄴ' 소리로 나더라도 두음 법칙에 따라 적는다는 규정에 따라 '공(空) + 염불(念佛)'은 [공념불]로 발음되더라도 '공염불'로 써야 한다. 하지만 '신년도'는 [신년도]로 발음되며, '신년(新年) + 도(度)'로 분석되는 구조이므로 위의 규정이 적용되지 않는다.

오답의 이유

① '공염불'은 한글 맞춤법 제10항 [붙임 2]의 규정에 따라 '공 + 염불'로 구성됨을 알 수 있다.

③ 한글 맞춤법 제11항 해설에 따라 '양(量)'이 고유어 '구름'과 결합하면 '구름양'이 되는 것은 '양'이 하나의 독립적인 단어로 인식되기 때문이다.

④ '출가하여 구족계를 받은 여자 승려'를 뜻하는 '비구니(比丘尼)'는 '출가하여 구족계를 받은 남자 승려'를 뜻하는 '비구(比丘)'에 여승을 뜻하는 '니(尼)'의 구성으로 이루어진 단어이다. 따라서 한글 맞춤법 제10항 [붙임 1] '단어의 첫머리 이외의 경우에는 본음대로 적는다.'라는 규정에 따라 '비구니'로 적는 것이다.

## 19

정답 ③

정답의 이유

'근삿값'은 한자어인 '근사(近似)'에 순우리말인 '값'이 결합한 합성어로 [근:사깝/근:삳깝]과 같이 뒷말의 첫소리가 된소리로 발음되는 단어이다. 따라서 순우리말과 한자어로 이루어진 합성어로서 앞말이 모음으로 끝난 경우 뒷말의 첫소리가 된소리로 발음되므로 한글 맞춤법 제30항 2 (1)에 따라 사이시옷을 받치어 적는다.

③ '전셋집'은 한자어인 '전세(傳貰)'와 순우리말인 '집'으로 이루어진 합성어로 [전세찝/전섿찝]과 같이 뒷말의 첫소리가 된소리로 발음되므로 '근삿값'과 마찬가지로 사이시옷을 받치어 적는다.

오답의 이유

① '시냇물'은 순우리말인 '시내 + 물'로 이루어진 합성어로서 앞말이 모음으로 끝난 경우이다. 또한 뒷말의 첫소리 'ㄴ, ㅁ' 앞에서 'ㄴ' 소리가 덧나는 경우이므로 한글 맞춤법 제30항 1 (2)에 따라 사이시옷을 받치어 적는다.

② '조갯살'은 순우리말인 '조개 + 살'로 이루어진 합성어로서 앞말이 모음으로 끝난 경우이다. 또한 뒷말의 첫소리가 된소리로 발음되므로 한글 맞춤법 제30항 1 (1)에 따라 사이시옷을 받치어 적는다.

④ '두렛일'은 순우리말인 '두레 + 일'로 이루어진 합성어로서 앞말이 모음으로 끝난 경우이다. 뒷말의 첫소리 모음 앞에서 'ㄴㄴ' 소리가 덧나는 경우에 해당하므로 한글 맞춤법 제30항 1 (3)에 따라 사이시옷을 받치어 적는다.

## 20

정답 ②

정답의 이유

사잇소리 현상은 합성어를 이룰 때, 된소리로 발음되거나 'ㄴ'이 한 개, 혹은 두 개 덧나는 현상이다.

② 가욋일[가왼닐/가웬닐]은 'ㅣ' 모음 앞에서 'ㄴㄴ'이 첨가되는 사잇소리 현상이다.

오답의 이유

'① 제삿날[제:산날], ③ 툇마루[퇸:마루], ④ 양칫물[양친물]'은 'ㄴ, ㅁ' 앞에서 'ㄴ'이 하나 첨가되는 사잇소리 현상이다.

더 알아두기

사잇소리의 용례

- 모음 + 안울림 예사소리 → 사이시옷을 적고 된소리로 발음한다.
  - 예 뱃사공[배싸공/밷싸공], 촛불[초뿔/촏뿔], 시냇가[시:내까/시:낻까], 등굣길[등교낄/등굗낄]
- 모음 + ㅁ, ㄴ → 'ㄴ' 소리가 하나 덧난다.
  - 예 잇몸[인몸], 콧날[콘날], 콧물[콘물], 제삿날[제:산날], 뱃놀이[밴노리], 노랫말[노랜말]
- 뒷말이 모음 'ㅣ'나 반모음 'ㅣ[j]'일 때 → 'ㄴ' 소리가 하나 또는 둘 덧난다.
  - 예 논일[논닐], 물약[물냑 → 물략], 나랏일[나란닐], 나뭇잎[나문닙], 허드렛일[허드렌닐]

## 21

정답 ①

정답의 이유

① 아래마을(×) → 아랫마을(○): 순우리말로 된 합성어에서 뒷말의 첫소리 앞에서 'ㄴ' 소리가 덧나는 경우 사이시옷을 받치어 적는다. '아랫마을'은 [아랜마을]로 소리 나므로 사이시옷을 받치어 적는다.

오답의 이유

② 순우리말로 된 합성어에서 뒷말의 첫소리가 된소리로 날 경우 사이시옷을 받치어 적는다. '선짓국'은 [선지꾹/선짇꾹]으로 소

리 나므로 사이시옷을 받치어 적는다.

③ 한자어와 고유어의 합성어에서 뒷말의 첫소리 앞에서 소리가 덧나는 경우 사이시옷을 받치어 적는다. '하굣길'는 [하교낄/하굗낄]로 소리 나므로 사이시옷을 받치어 적는다.

④ 한자어와 고유어가 합성된 말로 [퇸:마루/퉨:마루]로 소리 나므로 사이시옷을 받치어 '툇마루'로 적는다.

## 22

정답 ②

정답의 이유

한글 맞춤법 제5장 띄어쓰기의 제4절 고유 명사 및 전문 용어와 관련한 문제이다. ②는 한글 맞춤법 제48항의 성과 이름, 성과 호 등은 붙여 쓰고, 이에 덧붙는 호칭어, 관직명 등은 띄어 쓴다는 규정을 인용하면서, 그 내용에 알맞은 예시를 보여주고 있다.

오답의 이유

① '성과 이름, 성과 호 등은 붙여 쓴다.'는 설명은 한글 맞춤법 제48항의 규정을 일부 인용한 것이며, 예시에서 성과 이름, 성과 호를 띄어 쓰고 있어 규정을 지키지 않고 있다.

③ '전문 용어는 단어별로 띄어 쓴다.'는 설명은 한글 맞춤법 제50항의 전문 용어는 단어별로 띄어 씀을 원칙으로 하되, 붙여 쓸 수 있다는 규정을 일부 인용하고 있으나, 예시가 부적절하다. 한글 맞춤법 제50항에 따르면 '만성 골수성 백혈병'을 원칙으로 하고, '만성골수성백혈병'도 허용된다. 그러나 ③의 예시는 원칙과 허용 규정 중 어느 것도 지키지 않고 있다.

④ '성명 이외의 고유 명사는 단어별로 띄어 쓴다.'는 설명은 한글 맞춤법 제49항의 성명 이외의 고유 명사는 단어별로 띄어 씀을 원칙으로 하되, 단위별로 띄어 쓸 수 있다는 규정을 일부 인용하고 있으나, 예시가 부적절하다. 한글 맞춤법 제49항에 따르면 '한국 대학교 사범 대학'을 원칙으로 하고, '한국대학교 사범대학'도 허용된다. 그러나 ④의 예시는 원칙과 허용 규정 모두에 어긋난다.

## 23

정답 ③

정답의 이유

한글 맞춤법 제41항에서는 조사의 띄어쓰기에 대해 그 앞말에 붙여 쓴다고 규정하면서, 조사가 둘 이상 연속되거나 어미 뒤에 붙을 때에도 그 앞말에 붙여 쓴다고 설명하고 있다. ③의 '에서부터'는 격 조사 '에서'와 보조사 '부터'가 결합하여 범위의 시작 지점이나 어떤 행동의 출발점, 비롯되는 대상임을 나타내는 것이므로 붙여 쓴다. 또한 '입니다'는 서술격 조사 '이다'를 '하십시오체'로 표현한 것이므로 앞말에 붙여 쓴다.

오답의 이유

① **열내지∨스물(×) → 열∨내지∨스물(○)**: '내지'는 한글 맞춤법 제45항의 두 말을 이어 주거나 열거할 적에 쓰이는 다음의 말들은 띄어 쓴다는 규정에 따라 앞말과 띄어 쓴다.

② **먹을만큼(×) → 먹을∨만큼(○)**: '만큼'은 한글 맞춤법 제42항의 의존 명사는 띄어 쓴다는 규정에 따라 앞말과 띄어 써야 한다. '만큼'이 '먹을'과 같이 용언의 관형사형 뒤에 나타날 경우에는 의존 명사이다. 따라서 '음식을 각자 먹을 만큼 떠서 먹어라.'와 같이 띄어 쓴다. 반면, '만큼'이 체언 뒤에 붙어 '앞말과 비슷한 정도로'라는 뜻을 나타내는 경우에는 조사이므로 붙여 써야 한다.

④ 수는 한글 맞춤법 제44항에 따라 '만(萬)' 단위로 띄어 쓴다. 따라서 '십이억 삼천사백오십육만 칠천팔백구십팔'과 같이 띄어 쓴다.

## 24

정답 ①

정답의 이유

① **부자∨간(×) → 부자간(○)**: '간'은 사이나 관계를 나타내는 의존 명사이므로 앞말과 띄어 써야 하지만 '부자간, 모자간, 부부간' 등과 같은 단어는 하나의 단어(합성어)로 굳어졌으므로 붙여 쓰는 것이 적절하다.

오답의 이유

② **재학∨중(○)**: '중'은 '무엇을 하는 동안'이라는 의미의 의존 명사이므로 앞말과 띄어 쓴다.

③ **만난∨지도(○)**: '지'가 시간의 경과를 나타낼 때는 의존 명사이므로 앞말과 띄어 쓴다.

④ **보는∨데만(○)**: '데'가 '곳, 장소, 일, 것, 경우' 등의 의미로 쓰일 때는 의존 명사이다. 제시된 문장에서는 '일'이나 '것'의 뜻을 나타내는 의존 명사로 쓰였으므로 앞말과 띄어 쓴다.

## 25

정답 ①

정답의 이유

① 갔던데요(×) → 갔던∨데요(○): '데'가 '곳, 장소, 일, 것, 경우'를 나타내는 의존 명사로 쓰이는 경우 앞말과 띄어 써야 한다. '갔던 데요'의 '데'는 '곳, 장소'를 나타내는 의존 명사이므로 앞말과 띄어 쓴다.

오답의 이유

②·③·④ 모두 의존 명사인 '곳, 장소, 일, 것, 경우'에 해당하지 않고 종결 어미로 사용되었으므로 앞말인 어간에 붙여 쓰는 것이 적절하다.

## 26

정답 ④

정답의 이유

④ '물샐틈없다'는 '물을 부어도 샐 틈이 없다.'는 뜻으로, 조금도 빈틈이 없음을 비유적으로 이르는 한 단어이다. 따라서 붙여 쓰는 것이 옳다.

오답의 이유

① 잘할∨뿐더러(×) → 잘할뿐더러(○): '-ㄹ뿐더러, -ㄹ망정, -ㄹ수록'은 어미이므로 앞말에 붙여 쓴다. '-ㄹ뿐더러'는 어떤 일이 그것만으로 그치지 않고 나아가 다른 일이 더 있음을 나타내는 연결 어미이다.

② 하잘∨것∨없는(×) → 하잘것없는(○): '하잘것없다'는 '시시하여 해 볼 만한 것이 없다. 또는 대수롭지 아니하다.'는 뜻의 합성어이므로 붙여 쓴다.

③ 보잘것∨없으면서(×) → 보잘것없으면서(○): '보잘것없다'는 '볼 만한 가치가 없을 정도로 하찮다.'는 뜻의 합성어이므로 붙여 쓴다.

**더 알아두기**

형용사나 부사가 아니므로 띄어 써야 하는 말

> 대책 없다, 도리 없다, 면목 없다, 솜씨 없다, 실속 없다, 여념 없다, 예외 없다, 예의 없다, 이상 없다, 인정 없다, 주저 없이, 필요 없다

## 27

정답 ①

정답의 이유

① '관계 내에'의 '내(內)'는 '(일부 시간적·공간적 범위를 나타내는 명사와 함께 쓰여) 일정한 범위의 안'을 의미하는 의존 명사이다. ㉠에서 '내'는 '관계'라는 일정 범위 안에서 관련을 맺고 있음을 뜻하고 있으므로 의존 명사로서 '관계'와 띄어 쓴다.

오답의 이유

② 그만∨한(×) → 그만한(○): '그만하다'는 '상태, 모양, 성질 따위의 정도가 그러하다'는 뜻의 한 단어이므로 붙여 써야 한다.

③ 쥐꼬리만∨한(×) → 쥐꼬리만한(○): '쥐꼬리만하다'는 '(어떤 대상이) 매우 보잘것없어 마음에 달갑지 않다'라는 뜻의 한 단어이므로 붙여 써야 한다.

④ 제이익(×) → 제∨이익(○): '제'는 대명사 '저'에 관형격 조사 '의'가 붙어 줄어든 형태로, 한 단어의 관형사이므로 '제 이익만'과 같이 다른 단어와 띄어 써야 한다. ㉣의 '제이익만'에서는 관형사 '제'가 체언 '이익'을 수식하고 있는 것이다.

## 28

정답 ①

정답의 이유

① '오는데도'의 '-데'는 어미이므로 붙여 쓴다.

오답의 이유

② 설득하는데(×) → 설득하는∨데(○): '일'이나 '것'의 뜻을 나타내는 '데'는 의존 명사이므로 띄어 쓴다.

③ 예쁜데다가(×) → 예쁜∨데다가(○): '일'이나 '것'의 뜻을 나타내는 '데'는 의존 명사이므로 띄어 쓴다.

④ 고마울데가(×) → 고마울∨데가(○): '데'가 '경우'의 뜻을 나타내는 말이므로 띄어 쓴다.

더 알아두기

**연결 어미 '-데' vs 의존 명사 '데'**

어미 '-데'는 '뒤 절에서 어떤 일을 설명하거나 묻거나 시키거나 제안하기 위하여 그 대상과 상관되는 상황'을 미리 말하는 것이고, 의존 명사 '데'는 '장소, 일, 것, 경우'의 뜻으로 쓰일 때이다.

> ㉠ 내가 밥을 먹는데, 영희가 왔다. 그가 우리 것까지 다 사는데, 아무도 말리지 않았다.
> ㉡ 해장국을 먹는 데(에) 고춧가루를 더 넣었다. 어머니가 장을 본 데(에) 내 과자도 있었다.

㉠의 예문은 뒤 절의 내용을 설명하기 위해 앞 절의 내용을 미리 연결 어미 '-는데'를 통해 나타낸 경우이다.
㉡의 예문은 '해장국을 먹는 곳에, 어머니가 장을 본 곳에' 어떤 것이 추가되었다는 의미로, 이때의 '데'는 장소를 뜻한다. 의존 명사 '데'는 연결 어미와는 달리 조사 '에'가 붙을 수 있다. 그러므로 연결 어미인지 의존 명사인지를 구분하기 어려울 때는 '에'를 붙여 보면 쉽게 알 수 있다.

## 29

정답 ②

정답의 이유

② '제 1차 세계대전'에서 '제(第)-'는 차례를 나타내는 접두사로서 뒤의 어근(語根)과 반드시 붙여 써야 하므로 '제1차 세계대전'으로 써야 한다. '세계대전'은 띄어 쓰는 것을 원칙으로 하되 붙여 쓰는 것을 허용한다.

오답의 이유

① '어릴 적'은 관형어 '어릴'과 의존 명사 '적'이므로 띄어 써야 한다.
③ 일반적으로 '-씨'는 호칭어이므로 앞밀과 띄어 쓴다. 반면 '본관'을 뜻하는 '-씨'는 접미사이므로 앞말에 붙여 쓴다.
④ '숙질간'은 한 단어이므로 붙여 쓴다. '남매간, 고부간, 모녀간, 부부간, 부자간'처럼 한 단어로 굳어진 경우는 붙여 쓸 수 있지만, 그 밖의 경우에는 띄어 써야 한다.

더 알아두기

**의존 명사 '씨' vs 접사 '-씨'**

- 의존 명사 '씨': (성년이 된 사람의 성이나 성명, 이름 아래에 쓰여) 그 사람을 높이거나 대접하여 부르거나 이르는 말이며 공식적 · 사무적인 자리나 다수의 독자를 대상으로 하는 글에서가 아닌 한 윗사람에게는 쓰기 어려운 말로, 대체로 동료나 아랫사람에게 씀
  예 김 씨, 길동 씨, 홍길동 씨
- 접사 '-씨': (인명에서 성을 나타내는 명사 뒤에 붙어) '그 성씨 자체', '그 성씨의 가문이나 문중'의 뜻을 더하는 접미사
  예 김씨, 이씨, 박씨 부인, 최씨 문중

## 30

정답 ④

정답의 이유

④ 뛸듯이(×) → 뛸∨듯이(○): 관형어 '뛸' 뒤에 연결되는 '듯이'는 의존 명사이므로 앞말과 띄어 써야 한다.

오답의 이유

① 성과 이름, 성과 호 등은 붙여 쓰고, 이에 덧붙는 호칭어, 관직명 등은 띄어 쓰므로 '홍길동 님'이 맞다.
② 본용언과 보조 용언은 띄어 씀을 원칙으로 하되, 경우에 따라 붙여 씀도 허용하므로 '깨뜨려 버렸다'가 원칙이고, '깨뜨려버렸다'도 허용한다.
③ '등'은 두 개 이상의 대상을 열거한 다음에 쓰여 대상을 그것만으로 한정함을 나타내는 의존 명사이므로 띄어 쓴다.

## 31

정답 ②

정답의 이유

② 여기서 '만'은 보조사로 쓰였기 때문에 앞말에 붙여 쓰는 것이 옳다.

오답의 이유

① 지문에서의 '만큼'은 연결 어미 '-(으)리만큼'의 일부이므로 '미워하리만큼'으로 붙여 써야 한다.
③ '제(第)-'는 '그 숫자에 해당되는 차례'의 뜻을 더하는 접두사이므로 뒷말에 붙여 써야 한다. 또한 '회'는 횟수를 세는 의존 명사이므로 앞말과 띄어 쓰는 게 원칙이지만, 순서를 나타내는 경우나 숫자와 어울리어 쓰이는 경우에는 붙여 쓸 수 있다. 따라서 '제3 회'나 '제3회'와 같이 쓴다.

④ 두 말을 이어 주거나 열거할 적에 쓰이는 말(겸, 내지, 대, 등, 및)들은 띄어 써야 한다. 즉, '열흘 내지 보름'이 옳은 표기이다.

더 알아두기

**보조사 '만' vs 의존 명사 '만'**

- 보조사 '만': 앞말에 붙여 쓴다.
  - 다른 것으로부터 제한하여 어느 것을 한정함을 나타내는 보조사
    - 예 아내는 웃기만 할 뿐 아무 말이 없다. / 하루 종일 잠만 잤더니 머리가 띵했다. / 모임에 그 사람만 참석했다. / 그렇게 고기만 먹으면 몸에 좋지 않아.
  - 무엇을 강조하는 뜻을 나타내는 보조사
    - 예 그를 만나야만 모든 문제가 해결될 수 있다. / 어머니는 할아버님께 허락을 받아야만 한다고 말씀하셨다.
  - 화자가 기대하는 마지막 선을 나타내는 보조사
    - 예 열 장의 복권 중에서 하나만 당첨되어도 바랄 것이 없다.
  - ('하다', '못하다'와 함께 쓰여) 앞말이 나타내는 대상이나 내용 정도에 달함을 나타내는 보조사
    - 예 집채만 한 파도가 몰려온다. / 청군이 백군만 못하다. / 안 가느니만 못하다.
  - ('-어도, -으면'의 앞에 쓰여) 어떤 것이 이루어지거나 어떤 상태가 되기 위한 조건을 나타내는 보조사
    - 예 너무 피곤해서 눈만 감아도 잠이 올 것 같다. / 할아버지는 나만 보면 못마땅한 듯 얼굴을 찌푸리셨다.
- 의존 명사 '만': (흔히 '만에', '만이다' 꼴로 쓰여) 동안이 얼마간 계속되었음을 나타내는 말로서 띄어 쓴다.
  - 예 십 년 만의 귀국 / 친구가 도착한 지 두 시간 만에 떠났다. / 그때 이후 삼 년 만이다. / 도대체 이게 얼마 만인가.

## 32

정답 ①

정답의 이유

① **안∨되기를(×) → 안되기를(○)**: '안 되다'는 '되다'의 부정 표현으로 '되지 않다'로 바꿀 수 있고, '안되다'는 '잘되다'의 반대말로 '되지 않다'로 바꿀 수 없다.

오답의 이유

② **예전만∨못하다(○)**: '비교 대상에 미치지 아니하다.'의 의미로 쓰이는 단어는 형용사 '못하다'이므로 붙여 써야 한다.

③ **안∨되는(○)**: 말이 되는지 되지 않는지의 뜻이므로 '안∨되는'과 같이 띄어 쓰는 것이 적절하다.

④ **잊지∨못했다(○)**: 보조 용언 '못하다'는 본용언 어간 뒤에 '-지 못하다' 구성으로 쓰인다.

## 33

정답 ①

정답의 이유

① '떠나오다'의 관형사형인 '떠나온' 뒤에, 어떤 일이 있었던 때로부터 지금까지의 동안을 나타내는 의존 명사 '지'를 써서 '떠나온∨지'와 같이 띄어 써야 한다.

오답의 이유

② '~ 잘하는데?'에서 '-는데'는 어떤 일을 감탄하는 뜻을 넣어 서술함으로써 그에 대한 청자의 반응을 기다리는 태도를 나타내는 종결 어미로 앞말과 붙여 쓰는 것이 적절하다.

③ '~ 두∨번째 인생을 ~'에서 '번째'는 차례나 횟수를 나타내는 의존 명사이므로 앞 말과 띄어 쓰는 것이 적절하다.

④ '~ 다시∨한번 ~'에서 '한번'은 어떤 일을 시험 삼아 시도함을 나타내는 부사어이므로 붙여 쓰는 것이 적절하다.

더 알아두기

**차례나 일의 횟수를 나타내는 '번'의 띄어쓰기**

'한 번', '두 번', '세 번'과 같이 띄어 쓴다. '한번'을 '두 번', '세 번'으로 바꾸어 뜻이 통하면 '한 번'으로 띄어 쓰고 그렇지 않으면 '한번'으로 붙여 쓴다. "한번 엎지른 물은 다시 주워 담지 못한다."라는 문장에서 '한번'을 '두 번'으로 바꾸면 말이 통하지 않으므로 '한번'을 붙여 쓰지만, "한 번 실패하더라도 두 번, 세 번 다시 도전하자."라는 문장에서 '한 번'은 '두 번'으로 바꾸어도 뜻이 통하므로 '한 번'으로 띄어 쓴다.

## 34

정답 ④

정답의 이유

'대로'의 품사를 구분하는 문제이다. '대로'는 앞에 오는 말의 의미에 따라 조사나 의존 명사로 쓰인다. 한글 맞춤법 제42항에서는 '대로'가 '법대로, 약속대로'처럼 체언 뒤에 붙어 '그와 같이'라는 뜻을 나타내는 경우에는 조사이므로 붙여 쓰지만, '아는 대로 말한다, 약속한 대로 하세요.'와 같이 용언의 관형사형 뒤에 나타날 경우에는 의존 명사이므로 띄어 써야 한다고 설명한다.

④ '느낀'은 용언 '느끼다'에 관형사형 어미 '-ㄴ'이 결합한 경우이다. 따라서 뒤에 오는 '대로'는 의존 명사로서 띄어 써야 한다.

오답의 이유

① '대로'가 용언의 관형사형 '도착하는' 뒤에 나타났으므로 의존 명사이며, 적절하게 띄어 쓰고 있다.

② '닥치는' 역시 용언의 관형사형이므로, 뒤에 오는 의존 명사 '대로'와 적절하게 띄어 쓰고 있다.

③ '마음대로'는 체언 '마음' 뒤에 '대로'가 붙어 조사로 쓰이고 있으므로 띄지 않는다.

## 35

정답 ①

정답의 이유

① 떠난지(×) → 떠난∨지(○): '경과한 시간'의 뜻일 때의 '지'는 의존 명사이므로 앞말과 띄어 쓴다.

오답의 이유

② '차'가 명사 뒤에서 '~하려고'라는 뜻을 나타낼 때는 접미사이므로 붙여 쓰고, 용언의 관형사형 뒤에서 '어떤 기회를 겸해서'라는 뜻을 나타낼 경우에는 의존 명사이므로 띄어 쓴다.
③ '바'가 '-더니', '-ㄴ데', '-니'의 뜻일 때, '바'를 어미의 일부로 보고 앞말과 붙여 쓴다.
④ '장소 및 경우'를 뜻하는 '데'는 의존 명사이므로 앞말과 띄어 쓴다.

## 36

정답 ①

정답의 이유

① 동사가 나타내는 동작을 할 수 없다거나 상태가 이루어지지 않았다는 부정의 뜻을 나타내는 부사인 '못'은 '축구를 못 하다.', '잠을 못 자다.'처럼 띄어 쓴다. 그러나 '못'과 '하다'가 합성어로 굳어져 뜻이 변한 경우는 붙여 쓴다. 여기에서는 '잘하다'의 반대 의미로 쓰인 동사이므로 붙여 쓰는 것이 옳다.

오답의 이유

② '어떤 일을 일정한 수준에 못 미치게 하거나, 그 일을 할 능력이 없다.'를 뜻하는 '못하다'는 붙여 쓴다.
③ '비교 대상에 미치지 아니하다.'라는 의미의 '못하다'는 붙여 쓴다.
④ '못하다'가 '앞말이 뜻하는 행동이나 상태가 극에 달해 그것을 더 이상 유지할 수 없음'을 나타낼 때는 붙여 쓴다.

# TOP 2 어법에 맞는 문장

## 01

정답 ③

정답의 이유

'인명 사고'와 '차량 파손' 모두 서술어 '일으킬 수 있다'와 호응하며, '가벼운 물건이라도'의 보조사 '이라도'의 쓰임도 문맥상 적절하다.

오답의 이유

① 필수적 부사어 '남에게'가 생략되어 있어 어법에 맞지 않는 문장이다. '인생을 살다 보면 남을 도와주기도 하고 남에게 도움을 받기도 한다.'로 쓰는 것이 바람직하다.
② '환담'이란 '정답고 즐겁게' 서로 나누는 이야기를 의미한다. 따라서 상을 당한 형의 상황에는 어울리지 않는 단어이다.
④ '여간한'이란 '아니다', '않다' 따위의 부정어와 호응한다. 따라서 '여간한 우대가 아니었다'와 같이 쓰는 것이 바람직하다.

## 02

정답 ②

오답의 이유

① '하루 일과를'과 이어지는 '일어나자마자'가 서로 호응하지 않는다. 따라서 '하루 일과는 일어나자마자 ~'와 같이 쓰는 것이 자연스럽다.
③ '하물며'는 앞의 사실이 그러하다면 뒤의 사실은 말할 것도 없다는 뜻의 접속 부사로서, 주로 물음의 나타내는 종결 어미 '-느냐, -랴' 등과 호응한다. 따라서 '~ 하물며 네가 풀겠다고 덤비느냐'와 같이 쓰는 것이 자연스럽다.
④ '것'은 서술어 '것이다'와 호응한다. 따라서 '~ 당부하고 싶은 것은 주변 환경을 탓하지 마시기 바란다는 것입니다'와 같이 쓰는 것이 자연스럽다.

## 03

정답 ④

정답의 이유

④ 양태 부사어는 특정 서술어와 호응을 이루는데, '절대'는 부정 서술어와 호응을 이루는 것이 자연스럽다. 따라서 '불법 운전을 절대 해서는 안 된다.'는 어법에 맞는 문장이다.

오답의 이유

① 나이 드는 데로(×) → 나이 드는 대로(○): '어떤 모양이나 상태와 같이'를 뜻하는 의존 명사는 '대로'이다.

② 처들어왔으니(×) → 쳐들어왔으니(○): '적이 무력으로 침입하여 들어오다.'는 뜻의 바른 표현은 '쳐들어오다'이다.

③ 일체(×) → 일절(○): '일체'는 모두, '일절'은 절대, 도무지의 뜻이므로 '일절'이 맞다.

- 일절: '아주, 전혀, 절대로'의 뜻으로, 사물을 부인하거나 행위를 금지할 때 쓴다. 문장 속에서 앞의 내용을 부정할 때 쓰이는 말이다. 주로 '없다', '않다' 등 부정적인 단어와 어울린다.
  예 출입을 일절 금하다. / 일절 간섭하지 마시오.
- 일체: '모든 것'이나 '모든 것을 다'를 뜻한다. '일체로' 꼴로 쓰여 '전부 또는 완전히'라는 뜻을 나타내기도 한다.
  예 그는 재산 일체를 학교에 기부했다. / 근심 걱정일랑 일체 털어버리자.

더 알아두기

**'일절'과 '일체'의 쓰임**

일반적으로 '일절'은 부정하거나 금지하는 말과 어울린다. 또 '일체'는 조사(을, 를, 의 등)가 붙을 수 있지만 '일절'은 부사이기 때문에 조사를 붙일 수 없다. 그러나 이것을 수학 공식처럼 무조건 기계적으로 대입해서는 안 된다. 예를 들어 '일체의 조미료를 사용하지 않습니다.'와 '조미료를 일절 사용하지 않습니다.'는 둘 다 쓸 수 있다. 뒤에 부정어가 있기 때문에 '일절'로 써야 할 것 같지만 '모든 조미료를 사용하지 않는다.'라는 뜻일 땐 '일체'를, '조미료를 절대로 사용하지 않는다.'라는 의미일 땐 '일절'을 쓴다.

## 04

정답 ④

정답의 이유

④ '직분, 즉 해야 할 일을 해야 한다는 것이다.'는 성분 간 호응이 자연스럽고, 나머지 문장들처럼 필수 성분이 생략되거나 대등성의 오류를 범하고 있지 않다.

오답의 이유

① '축복과 격려하여'를 '축복하고 격려하여'로 고쳐야 한다.

② '귀하의 노고와 번영을 진심으로 기원합니다.'를 '귀하의 노고를 위로하고 번영을 진심으로 기원합니다.'로 고쳐야 한다.

③ '정성을 다한 시공과 최대한 공사 기간을 단축하여'를 '정성을 다하여 시공하고 최대한 공사 기간을 단축하여'로 고쳐야 한다.

더 알아두기

**문장 다듬기 방법**

- 필요한 성분을 다 갖추고 있는가?
  - 주어 / 목적어 / 부사어의 부당한 생략 유무 확인
- 불필요한 성분은 없는가?
  - 단어 및 의미의 중복 여부 확인
- 성분끼리 자연스럽게 어울리는가?
  - 주어와 서술어 / 목적어와 서술어 / 부사어와 서술어 / 수식어와 피수식어 간의 호응 확인
- 지나친 관형화 구성 또는 명사화 구성이지는 않은가?
  - 관형화 / 명사화 구성인지 확인
- 의미가 정확한가?
  - 수식 / 비교 대상 / 병렬 구문 / 부정문 / 주체의 모호성 및 단어의 논리적 모순에 의한 모호성 유무 확인
- 우리말답지 않은 표현이 있지는 않은가?
  - 영어식 / 일본어식 표현 유무 확인

## 05

정답 ④

정답의 이유

④ '여부(與否)'는 '그러함과 그러하지 아니함'을 뜻하는 말이다. 생존(生存)은 '살아 있음' 또는 '살아남음'을 뜻하는 말이므로 여부를 같이 쓸 수 있다.

오답의 이유

①·②·③ 서로 뜻이 상반된 표현 뒤에 '여부'를 붙이면 의미가 중복되므로 같이 쓰지 않는다.

더 알아두기

**'여부'의 쓰임**

| × | ○ |
|---|---|
| 남녀(男女) 여부<br>당락(當落) 여부<br>성패(成敗) 여부<br>존폐(存廢) 여부<br>진위(眞僞) 여부<br>진퇴(進退) 여부<br>찬반(贊反) 여부<br>생사(生死) 여부 | 사실(事實) 여부<br>생존(生存) 여부<br>성공(成功) 여부<br>합격(合格) 여부 |

**더 알아두기**

의미 중복의 예

- 방학 기간 동안 축구를 실컷 했다.
  → '기간(期間)'과 '동안'은 한자어와 고유어로서 '어느 일정한 시기에서 다른 일정한 시기와의 사이'를 의미하는 단어이므로 두 단어 중 하나를 생략해야 한다.
- 운동장에 새로 입학한 신입생이 가득 찼다.
  → 신입생이란 '새로 입학한 학생'이라는 뜻으로 앞에 있는 '새로 입학한'이 중복되어 있어 어색하므로 '신입생이'로 표현하거나 '새로 입학한 학생이'로 표현하는 것이 적절하다.
- 우리는 먼저 모든 사회악을 뿌리 뽑아 근절해야 한다.
  → 근절(根絶)이란 '뿌리를 뽑는다.'는 뜻이므로 앞에 있는 '뿌리 뽑아'와 중복된 표현이다.
- 조용히 정숙을 유지하고 있었다.
  → 정숙(靜肅)이란 '고요하고 엄숙하다.'는 뜻으로 '조용히'와 중복된 표현이다.

## 06

정답 ④

정답의 이유

④ '달걀이나 조개 따위의 겉을 싸고 있는 단단한 물질'을 뜻하는 말은 '껍데기'이다.

- 껍데기: 1. 달걀이나 조개 따위의 겉을 싸고 있는 단단한 물질 2. 알맹이를 빼내고 겉에 남은 물건
  예 달걀 껍데기, 굴 껍데기 / 이불 껍데기, 과자 껍데기
- 껍질: 물체의 겉을 싸고 있는 단단하지 않은 물질
  예 귤의 껍질, 양파의 껍질, 사과의 껍질

오답의 이유

① ~ **만족스런 결과를(×) → ~ 만족스러운 결과를(○)**

② ~ **덜 아프신가 보다(×) → ~ 덜 편찮으신가 보다(○)**

③ ~ **활짝 개인(×) → ~ 활짝 갠(○)**: '개다'가 기본형이므로 '갠'으로 고쳐야 한다.

## 07

정답 ①

정답의 이유

| 강추위[01] | 눈도 오지 않고 바람도 불지 않으면서 몹시 매운 추위 |
|---|---|
| 강(强-)추위[02] | 눈이 오고 매운 바람이 부는 심한 추위 |

강추위는 두 가지 의미가 있으므로, 제시된 문장에 쓰인 것이 강추위[02]의 뜻이라면 옳은 문장이지만 강추위[01]의 뜻이라면 '눈이 많이 내리는' 강추위라는 수식이 성립될 수 없으므로 틀린 문장이 된다. 그런데 나머지가 모두 옳은 문장이기 때문에 상대적으로 답은 ①이 된다.

오답의 이유

② '삯'은 어떤 물건이나 시설을 이용하고 주는 돈을 뜻하므로, '비행기 삯'은 옳은 표현이다.

③ '우려'는 근심, 걱정의 뜻으로 옳은 문장이다.

④ '노고를 위로하다.', '노고를 치하하다.'는 둘 다 옳은 표현이다.

## 08

정답 ④

정답의 이유

④ '부딪치다'는 '무엇과 무엇이 힘 있게 마주 닿거나 마주 대다. 또는 닿거나 대게 하다.'라는 뜻을 가진 '부딪다'를 강조하는 뜻으로 쓰이며, '부딪히다'는 '부딪다'의 피동사이다. 주어진 문장은 의미상 주어인 '구조대원'이 부딪는 행위를 당한 것이므로 '부딪히다'로 쓰는 것이 적절하다.

오답의 이유

① **여섯 살바기(×) → 여섯 살배기(○)**: '-배기'는 (어린아이의 나이를 나타내는 명사구 뒤에 붙어) '그 나이를 먹은 아이'의 뜻을 더하는 접미사이다.

② **얇아졌다(×) → 가늘어졌다(○)**: '얇다'는 '두께가 두껍지 아니하다.'는 뜻이며, 이는 사물의 두께를 설명할 때 사용하는 것이다. '긴 물체의 굵기나 너비가 보통에 미치지 못하고 얇거나 좁다.'를 의미하는 경우에는 '가늘다'로 표현하는 것이 더 적절한 표현이다.

- 가늘다/굵다: 실 · 나뭇가지 · 국수처럼 긴 물체의 둘레나 너비, 부피 또는 글씨의 획 등과 쓰인다.
- 얇다/두껍다: 종이나 널빤지, 책, 판자처럼 넓은 물체와 함께 쓰인다.

③ **사과하므로써(×) → 사과함으로써(○)**: '-므로'는 '-기 때문에'라는 까닭의 의미를 나타내고, '-ㅁ으로(써)'는 '-는 것으로(써)'라는 수단 또는 방법의 의미를 나타낸다. 그런데 제시된 문장에서는 책임 회피의 수단으로 사과를 한 것이므로 '사과함으로써'로 쓰는 것이 적절하다.

- '-ㅁ으로(써)'는 명사형 전성 어미 '-ㅁ'에 어떤 일의 수단이나 도구를 나타내는 격 조사 '으로써'가 결합한 형태로서, '-ㅁ으로(써)'를 쓰면 같은 의미의 '으로'를 쓸 때보다 뜻이 분명해진다.

## 09

정답 ④

정답의 이유

④ 호응 관계가 자연스러운 것은 (라), (마)이다.

오답의 이유

(가) 우리가 한글을 세계의 여러 문자들과 비교해 보면 한글이 매우 ~ 독창적인 문자라는 사실을 알 수 있다.

(나) 우리가 알아야 할 점은 ~ 현 정권의 정치 선전 도구라는 것입니다.

(다) 그러나 그 이후 나는 지휘자가 되겠다는 생각을 해 본 적이 한 번도 없었다.

## 10

정답 ②

정답의 이유

② 부지런함으로(×) → 부지런하므로(○): 부지런한 것이 그가 잘 사는 '이유'이기 때문에 '-므로'를 쓰는 것이 적절하다.

더 알아두기

'-므로'와 '-ㅁ으로'의 구별

- -므로: 명사의 '~하기 때문에', 이유 또는 까닭의 의미일 때 쓰인다.
- -ㅁ으로: ~하는 것으로(써), 수단 또는 방법의 의미일 때 쓰인다.

## 11

정답 ②

정답의 이유

이 시험이 치러진 2012년도에는 '삐지다'가 '삐치다'의 잘못된 표현이었으나, 2014년에 '삐지다'가 복수 표준어로 인정됨에 따라 현재는 '삐치다'와 '삐지다' 모두 옳은 표현이다. 따라서 2014년 이후로 ②는 어법에 맞는 문장이다.

오답의 이유

① 삼가해야 한다(×) → 삼가야 한다(○): '삼가다'가 기본형이므로 '행동을 삼가야 한다.'가 올바른 표현이다.

③ 마음이 설레인다(×) → 마음이 설렌다(○): '설레다'가 기본형이므로 '벌써부터 마음이 설렌다.'가 적절하다.

④ 땡겼다(×) → 땅겼다(○): '땅기다'는 '몹시 단단하고 팽팽하게 되다.'라는 뜻으로 '얼굴이 땅기다.', '상처가 땅기다.' 등과 같이 사용할 수 있다.

## 12

정답 ②

정답의 이유

② '무리 가운데 섞이다.'라는 뜻으로 쓰인 '끼이다'는 준말 '끼다'의 형태로도 쓸 수 있다. 따라서 '끼여(끼이- + -어)', '끼어(끼- + -어)'와 같이 쓸 수 있으므로, '나도 끼여 가기로 하였다.'는 어법에 맞는 문장이다.

오답의 이유

① 놀랬다(×) → 놀랐다(○): 놀라다의 어간 '놀라-'에 어미 '-어/아', 혹은 '-었/았-'이 결합하면 '놀라, 놀랐다'가 된다.

③ 두꺼워진(×) → 굵어진(○): 긴 물체의 둘레나 너비 등과 어울리는 표현은 '두껍다/얇다'가 아니라 '굵다/가늘다'이다. 팔뚝 · 허리 · 종아리 등을 표현할 때는 '두껍다'가 아닌 '굵다'를 사용해야 한다.

④ 갓 태어난 병아리들(×) → 갓 부화한/부화된 병아리들(○): '태어나다'는 '사람이나 동물이 형태를 갖추어 어미의 태(胎)로부터 세상에 나오다.'라는 뜻이다. 그런데 병아리는 태생(胎生)이 아니라, 난생(卵生)하므로 '부화하다', '부화되다'라는 표현이 적합하다. '부화하다'는 '동물의 알 속에서 새끼가 껍데기를 깨고 밖으로 나오다. 또는 그렇게 되게 하다.'라는 의미이다.

## 13

정답 ③

정답의 이유

③ '으레'는 '1. 두말할 것 없이 당연히 2. 틀림없이 언제나'의 뜻을 가지는 부사로서 문맥에 맞게 잘 쓰였다. 또한 제시된 문장은 동료들과 간단하게 한 차례 술을 마신다는 의미이므로 '술 한잔'이라고 잘 표현하고 있다. 단 한 잔만 마신다는 의미가 아니기 때문에 붙여 쓰는 것이다. '한잔'은 '간단하게 한 차례 마시는 차나 술 따위'를 일컫는 말로 한 단어이다.

오답의 이유

① 일찌기(×) → 일찍이(○): '일찍이'는 '1. 일정한 시간보다 이르게 2. 예전에 또는 전에 한 번'을 뜻하는 부사이다. '일찌기'는 일찍이의 잘못된 표현이다.

② 군무원으로써(×) → 군무원으로서(○): '로써'는 어떤 물건의 재료나 원료, 어떤 일의 수단이나 도구를 나타낼 때 사용하는 조사이므로 지위나 신분 · 자격을 나타낼 때에는 '로서'를 사용하여야 한다.

③ 밥이오, 떡이오, 빵이요(×) → 밥이요, 떡이요, 빵이오(○): '-이요'는 연결 어미이고, '-이오'는 종결 어미이다.

## 14
정답 ④

정답의 이유

④ '덩쿨' 대신 '넝쿨' 또는 '덩굴'로 써야 한다. '어리숙하다, 어수룩하다'는 모두 맞는 표기이다. 2011년 8월 31일 국립 국어원이 기존 표준어에서 39개 단어를 추가로 인정하면서, '어리숙하다'도 맞는 표기가 되었다. '어수룩하다'는 '순박함 · 순진함'의 뜻이 강한 반면에, '어리숙하다'는 '어리석음'의 뜻이 강하다.

오답의 이유

① 조사 '에게'는 유정 명사(감정을 나타내는 사람이나 동물을 가리키는 명사) 뒤에 붙고, 조사 '에'는 무정 명사(감정을 나타내지 못하는, 식물이나 무생물을 가리키는 명사)에 붙는 것이 일반적이다.
② '보여진다'는 이중 피동의 잘못된 쓰임을 보여주는 예로 '보인다'로 고쳐 쓴다.
③ 간접 높임법을 써서 '있으시겠습니다'라고 하거나 '교장 선생님께서 훈화 말씀을 하시겠습니다.'로 고쳐 써야 한다.

## 15
정답 ④

정답의 이유

④ '일본에'가 옳다. 유정 명사에는 '~에게'만 사용하고, 무정 명사에는 '~에'를 쓴다.

오답의 이유

① '~치고'는 부정문과 호응한다.
② '~에 대하여'는 번역 투의 문구이다.
③ '반드시 ~해야 한다.'가 올바른 호응이다. '반드시'와는 달리 '절대로'는 대개 뒤에 부정 표현이 온다.

## 16
정답 ④

오답의 이유

① 자숙하는 것을 필요로 한다(×) → 자숙해야 한다(○): 번역 투의 문장은 사용하지 않아야 한다.
② 합격하겠다라는 생각(×) → 합격하겠다는 생각(○): 간접 인용은 남의 말이나 글을 그대로 따오지 않고 현재 화자 혹은 필자의 관점에서 풀어쓰거나 말하는 것을 뜻하며 이 경우에는 인용 조사 '고/는'을 사용한다. '라고/라는' 등은 직접 인용 뒤에 결합된다.
③ 공사가 언제 시작되고, 언제 개통될지 모른다(×) → 공사가 언제 시작되고, 지하철이 언제 개통될지 모른다(○): '개통되다'의 주어가 생략되었다.

## 17
정답 ③

정답의 이유

③ 있었데요(×) → 있었대요(○): '-데요'는 과거에 직접 경험한 사실을 말할 때 사용하는 것이므로 '-대요'로 쓰는 것이 적합하다.

오답의 이유

① · ④ '-데요'는 어미 '-어요'의 뜻에 더해, 말하는 이가 자신이 경험한 사실을 현재의 장면에 옮겨 와서 말함을 나타내는 종결 어미이므로 옳게 쓰였다.
② '-대요'는 '-다고 해요'의 준말이다. 다른 사람에게 들어서 알고 있는 말을 상대에게 옮겨 전할 때 쓴다.

**더 알아두기**

'-대요'와 '-데요'의 구별

| | |
|---|---|
| -대요 | '-다고 해요'의 줄임말로, 직접 경험한 사실이 아니라 다른 사람이 말한 내용을 전달할 때 쓰는 말<br>예 보암이가 그러는데 현민이는 공부를 참 잘한대요. |
| -데요 | '-더라'와 같은 의미로, 말하는 사람이 직접 경험한 사실을 나중에 보고하듯이 말할 때 쓰는 말<br>예 어제 보니까 사람들이 무척 많이 왔데요. |

## 18
정답 ③

정답의 이유

③ '안 봬'의 '봬'는 '보이다'의 준말 '뵈다'의 활용형으로, 어간 '뵈-' 뒤에 종결 어미 '-어'가 붙은 '뵈어'의 준말 형태로서 올바른 표현이다.

오답의 이유

① 전세를 놉니다(×) → 전세를 놓습니다(○): 'ㄹ'을 제외한 받침 있는 용언의 어간 뒤에 붙는 어미는 '-습니다'이고, 이에 따라, '놓-' 뒤에 '-습니다'를 붙여 '놓습니다'와 같이 쓰는 것이 맞춤법에 맞다.
② 잘되길 바래(×) → 잘되길 바라(○): 생각이나 바람이 이루어지거나 또는 그것이 생각대로 되었으면 하는 의미를 지닌 동사는 '바

라다'이고 어간 뒤에 어미 '-아'가 어울릴 적에는 준 대로 적는다는 한글 맞춤법 제34항 규정에 따라 '바라'로 적는 것이 옳다.

④ **문을 잘 잠궈라(×) → 문을 잘 잠가라(○)**: '잠그다, 담그다' 등과 같이 어간의 끝 음절이 'ㅡ'로 끝나는 동사일 경우, 뒤에 어미 '-어/-아'가 연결되면 'ㅡ'가 탈락하게 되므로 '잠그- + -아'는 '잠가', '담그- + -아'는 '담가' 등과 같이 활용하게 된다. 따라서 '잠그다'에 명령형 어미 '-아라'가 붙으면 '잠가라'로 써야 한다.

## 19

정답 ④

정답의 이유

④ '몸가짐이나 언행을 조심하다.'를 뜻하는 말은 '삼가다'이며, 이를 '삼가하다'로 쓰는 것은 옳지 않으므로 '삼가주세요'로 써야 한다.

오답의 이유

① '무슨 일을 겪어 내다.'라는 뜻의 동사는 '치르다'이므로 옳게 쓰였다.

② '승부나 등수 따위를 정하는 일'이라는 의미이므로 '가름'이 맞는 표현이다.

| | |
|---|---|
| **가름** | 쪼개거나 나누어 따로따로 되게 하는 일. 승부나 등수 따위를 정하는 일<br>예 둘로 가름 |
| **가늠** | 목표나 기준에 맞고 안 맞음을 헤아려 봄. 또는 헤아려 보는 목표나 기준. 사물을 어림잡아 헤아림<br>예 매사가 다 그렇듯이 떡 반죽도 가늠을 알맞게 해야 송편을 빚기가 좋다. |
| **갈음** | 다른 것으로 바꾸어 대신함<br>예 새 책상으로 갈음하였다. |

③ '여러 개의 물건을 죽 늘어놓다.'는 뜻이므로 '벌이다'가 맞는 표현이다.

| | |
|---|---|
| **벌이다** | 일을 계획하여 시작하거나 펼쳐 놓음. 여러 가지 물건을 늘어놓음<br>예 잔치를 벌이다. 사업을 벌이다. 그는 마루에 갖가지 도구를 벌여 놓았다. |
| **벌리다** | 둘 사이를 넓히거나 멀게 함. 껍질 따위를 열어 젖혀서 속의 것을 드러냄. 우므러진 것을 펴지거나 열리게 함<br>예 줄 간격을 벌리다. 자루를 벌리다. |

## 20

정답 ③

오답의 이유

① **본격적인 공사가 언제 시작되고, 언제 개통될지 모른다(×) → 본격적인 공사가 언제 시작되고, 터널이 언제 개통될지 모른다(○)**: '개통될지'에 해당하는 주어(터널이, 지하철이, 도로가 등)가 빠져 있다.

② **비록 그들이 양부모라서 딸에 대한 사랑은 깊다(×) → 비록 그들이 양부모일지라도 딸에 대한 사랑은 깊다(○)**: '비록'은 '-ㄹ지라도', '-지마는'과 같은 어미가 붙는 용언과 함께 쓰이므로 '그들이 양부모일지라도'와 같이 표현하는 것이 자연스럽다.

④ **지훈이는 선수치고 공을 잘 찬다(×) → 지훈이는 선수치고 공을 잘 못 찬다(○)**: 조사와 서술어의 호응이 적절하지 않다. '치고'는 부정어와 호응하는 보조사이다.

## 21

정답 ①

정답의 이유

① '열중해 있다'의 높임 표현은 '열중해 계셨다'가 적절하다. '-어 있다'에서 '있다'는 보조 동사이고, 동사 '있다'의 높임 표현은 '계시다'이기 때문이다. 그러나 '있다'를 '계시다'로 바꾸는 것이 언제나 가능한 것은 아니다. 바꿀 수 있는 경우는, 존칭 명사가 주어이고 '있다'가 존재를 의미할 때(예 아버지가 사랑에 계시다.)와 보조 용언으로 사용되어 존칭 명사의 동작이 진행됨을 나타낼 때(예 어머니가 책을 읽고 계시다)이다.

오답의 이유

② '~에게 있어(서)'는 일본어 번역 투이다. 따라서 '있어서'를 삭제하고 '~에게'로 고쳐 쓰는 것이 적절하다.

③ 한자어 '자문(諮問)'은 어떤 일을 좀 더 효율적이고 바르게 처리하려고 그 방면의 전문가나 전문가들로 구성된 기구에 의견을 묻는 것을 말한다. 상대방에게 무엇을 묻는 게 '자문'이므로 '자문을 구하다'로 표현하는 것은 어색하다. '전문가의 자문을 통해 해결하는 것이 가장 좋은 방법이다.' 또는 '전문가에게 자문해서 해결하는 것이 가장 좋은 방법이다.'라고 하는 것이 적절하다.

④ '보여지다'는 피동사 '보이다'의 뒤에 피동의 뜻을 나타내는 '-어지다'가 또 붙은 것으로 이중 피동의 오류이다. 따라서 '보인다'로 고치는 것이 적절하다.

## 22

정답 ④

정답의 이유

④ '사귀다'가 기본형이므로 '사귀어'가 올바른 활용형이다.

오답의 이유

① '말다'의 어간 '말-'에 명령형 어미 '-아라'가 결합하면 '마라'와 '말아라'두 가지로 활용하고, '-아'가 결합할 때에도 '마'와 '말아' 두 가지로 활용한다. 또한 '말-'에 명령형 어미 '-라'가 결합한 '말라'는 구체적으로 청자가 정해지지 않은 명령문이나 간접 인용문에서 사용된다.

예 • 너무 걱정하지 마라/말아라.
• 너무 걱정하지 마/말아.
• 너무 걱정하지 마요/말아요.
• 나의 일을 남에게 미루지 말라.
• 실내에서는 떠들지 말라고 하셨다.

② '새다'는 '날이 밝아 오다.'라는 의미이고, '새우다'는 '한숨도 자지 아니하고 밤을 지내다.'라는 의미이다. 따라서 '밤새우다'가 옳은 표현이다.

③ 어간의 끝 'ㅜ, ㅡ'가 줄어지는 용언들은 어미가 바뀔 경우, 그 어간이나 어미가 원칙에 벗어나면 벗어나는 대로 적는다.

예 • 푸다: 퍼, 펐다
• 뜨다: 떠, 떴다
• 담그다: 담가, 담갔다
• 고프다: 고파, 고팠다
• 따르다: 따라, 따랐다

## 23

정답 ②

정답의 이유

② 이유나 원인에 대한 내용이므로 '-므로'가 올바른 표현이다.

| -므로 | '~ 때문에'의 뜻(이유, 원인)<br>예 그는 부지런하므로 잘살 것이다. |
|---|---|
| -ㅁ으로(써) | '~을 통해'의 뜻(수단, 도구, 재료)<br>예 영희는 열심히 공부함으로(써) 부모님의 은혜에 보답한다. |

오답의 이유

① '들르다'는 '지나는 길에 잠깐 들어가 머무르다.'라는 의미의 단어이며, 여기에 어미 '-어'가 결합한 형태이다. 따라서 '들려'가 아니라 '들러'라고 써야 한다.

③ '보이다'는 '어떤 결과나 관계가 맺어질 상황이 되다.'라는 의미로, '보다'의 피동사이다. 이미 피동사인 '보이다'에 피동의 의미를 더하는 '-어지다'를 써서 '보여지다'로 표현하는 것은 옳지 않다.

④ '거'는 '것'을 구어적으로 이르는 말로 의존 명사이다. 따라서 '할 꺼야'가 아니라 '할 거야'라고 써야 한다.

## 24

정답 ②

정답의 이유

② '앎은 힘이다.'에서의 '앎'은 '아는 일'이라는 의미를 지닌 명사이다. 반면에 '할 줄 앎'에서의 '앎'은 동사 '알다'의 활용형(명사형)이므로 동사이다.

오답의 이유

① 공부하노라고(×) → 공부하느라고(○)

| -노라고 | (동사 어간 뒤에 붙어) 자기 나름대로 꽤 노력했음을 나타내는 연결 어미<br>예 하노라고 했는데 마음에 드실지 모르겠습니다. |
|---|---|
| -느라고 | (동사 어간이나 어미 '-으시-' 뒤에 붙어) 앞 절의 사태가 뒤 절의 사태에 목적이나 원인이 됨을 나타내는 연결 어미<br>예 영희는 웃음을 참느라고 딴 데를 보았다. |

③ 닫쳤다(×) → 닫혔다(○)

| 닫치다 | 열린 문짝, 뚜껑, 서랍 따위를 꼭꼭 또는 세게 닫다.<br>예 그는 화가 나서 문을 탁 닫치고 나갔다. |
|---|---|
| 닫히다 | 열린 문짝, 뚜껑, 서랍 따위가 도로 제자리로 가 막히다. '닫다'의 피동사.<br>예 열어 놓은 문이 바람에 닫혔다. |

④ 부치다(×) → 붙이다(○)

| 부치다 | • 편지나 물건 따위를 일정한 수단이나 방법을 써서 상대에게로 보내다.<br>예 편지를 부치다.<br>• 어떤 문제를 다른 곳이나 다른 기회로 넘기어 맡기다.<br>예 안건을 회의에 부치다. |
|---|---|
| 붙이다 | • 맞닿아 떨어지지 않게 하다. '붙다'의 사동사<br>예 봉투에 우표를 붙이다.<br>• 불을 일으켜 타게 하다. '붙다'의 사동사<br>예 연탄에 불을 붙이다.<br>• 남의 뺨이나 볼기 따위를 세게 때리다.<br>예 상대편의 따귀를 한 대 붙이다.<br>• 겨루는 일 따위를 서로 어울려 시작하게 하다. '붙다'의 사동사<br>예 주인과 손님을 흥정을 붙이다. |

## 25

정답 ②

정답의 이유

② 올바른 문장이다. 우리말에서는 이야기의 앞뒤 흐름으로 복수임을 짐작할 수 있거나 문장 속에 있는 다른 어휘로 복수라는 것을 알 수 있는 경우 '-들'을 붙이지 않는다. 복수에 꼬박꼬박 '-들'을 붙여 쓰는 것은 영어식 표현이므로 만약 '행사들'이라고 하면 어색한 표현이 된다.

오답의 이유

① 즐거운 시간을 가지시기 바랍니다(×) → 즐거운 시간을 보내시기 바랍니다(○): '즐거운 시간을 가지시기 바랍니다.'는 'Have a good time.'을 직역한 번역 투이므로 '즐거운 시간 보내시기 바랍니다.'나 '즐겁게 보내시기 바랍니다.'가 자연스럽다.

③ 환경 문제를 해결하기 위해 다양한 대책을 모색하고 있는 중이다(×) → 환경 문제를 해결하기 위해 다양한 대책을 모색하고 있다(○): '~ 중이다'라는 표현은 우리말에 따로 없으며 영어의 'be ~ing'에서 온 번역 투 문장이므로 '~하고 있다'로 바꾸어야 한다.

④ 미개척 시장을 선점하기 위해서는 현지 진출이 적극적으로 검토되어야 한다(×) → 미개척 시장을 선점하기 위해서는 현지 진출을 적극적으로 검토하여야 한다(○): 무생물을 주어로 하여 뒤에 이어지는 표현이 피동 표현이 된 경우로서 이를 우리말답게 표현하기 위해서는 능동의 주체를 살려 능동문으로 바꿔 써야 한다.

# TOP 3 표준어 규정

## 01

정답 ①

정답의 이유

① '샛별'은 '금성(金星)'을 일상적으로 이르는 말로, '계명(啓明), 신성(晨星), 효성(曉星)'이라고도 한다. 또 장래에 큰 발전을 이룩할 만한 사람을 비유적으로 이를 때 쓰기도 한다. 그러나 '샛별'의 '새'는 '동쪽' 또는 '흰[白]'을 뜻하므로 새벽에 뜨는 별의 의미를 내포하고 있지 않다. 따라서 '새벽별'은 '샛별'의 복수 표준어가 아니며, '샛별'의 의미로 쓸 때는 비표준어이다.

오답의 이유

②·③·④ 모두 복수 표준어에 해당한다.

## 02

정답 ④

정답의 이유

한글 맞춤법 제51항에 따르면, 부사의 끝음절이 분명히 '이'로만 나는 것은 '-이'로 적고, '히'로만 나거나 '이'나 '히'로 나는 것은 '-히'로 적는다.

④ '꼼꼼이'는 '이'와 '히' 모두로 발음되므로 '-히'를 사용하여 '꼼꼼히'로 써야 한다. 참고로, '-하다'가 붙는 어근 뒤에는 대체로 '-히'가 붙는다.

오답의 이유

① '조용히'는 '이'와 '히' 모두로 발음되므로 '-히'를 쓴다.

② '번듯이'는 '이'로만 발음되므로 '-이'를 쓴다. 참고로, 'ㅅ' 받침 뒤에는 대체로 '-이'가 붙는다.

③ '따뜻이'는 '이'로만 발음되므로 '-이'를 쓴다. 역시 'ㅅ' 받침 뒤에 '-이'가 붙었다.

## 03

정답 ③

정답의 이유

③ '어수룩하다 – 어리숙하다'는 뜻이나 어감의 차이가 있어 별도의 표준어를 추가로 인정한 것이다.

오답의 이유

①·②·④ 같은 뜻으로 많이 쓰여 표준어로 인정한 경우에 해당한다.

## 04

정답 ③

정답의 이유

한글 맞춤법에 해당하는 문제이다. 한글 맞춤법 제21항 2의 규정에 따라 (1) 겹받침의 끝소리가 드러나지 아니하는 것, (2) 어원이 분명하지 아니하거나 본뜻에서 멀어진 것은 소리대로 적는다.

ⓐ '널따란'은 겹받침의 끝소리가 드러나지 않는 경우에 해당하므로 '널따란'으로 표기하는 것이 적절하다.

ⓑ '넓다'의 어간 '넓-'에 자음으로 시작하는 접미사가 결합한 경우, 본뜻이 유지되면서 겹받침 끝소리인 'ㅂ'이 소리 나는 경우에는 원형을 밝혀 적는다. 따라서 '넓죽해서'로 표기하는 것이 옳다.

ⓔ '굵다'에서 '굵다랗다'가 될 때에는 뒤에 있는 받침인 'ㄱ'이 발음이 되므로 원형을 밝혀 '굵다랗다[국:따라타]'로 적는다. 즉, 겹받침에서 앞의 소리가 발음이 되면 원형을 밝혀 적지 않고, 뒤

의 소리가 발음이 되면 원형을 밝혀 적는다. '굵다란'도 ⓑ와 마찬가지로 겹받침 중 뒤의 소리가 발음되는 경우이므로 '굵다란'으로 표기한다.

오답의 이유

ⓒ 둘 이상의 단어가 어울리거나 접두사가 붙어서 이루어진 말은 각각 그 원형을 밝히어 적는다는 한글 맞춤법 제27항에 따라 '싫증'으로 표기하는 것이 옳다.
ⓓ '얇다란'은 ⓐ와 마찬가지로 겹받침의 끝소리가 드러나지 않는 경우에 해당하므로 '얄따란'으로 표기해야 한다.

## 05

정답 ②

정답의 이유

② 표준어 규정 제22항 '고유어 계열의 단어가 생명력을 잃고 그에 대응되는 한자어 계열의 단어가 널리 쓰이면, 한자어 계열의 단어를 표준어로 삼는다.'라는 규정에 따라 '개다리소반'이 표준어이고, '개다리밥상'은 비표준어이다.

오답의 이유

①·③·④ 모두 표준어 규정 제22항에 따라 '총각무, 방고래, 산누에' 등은 표준어이고, '알타리무, 구들고래, 멧누에' 등은 비표준어이다.

## 06

정답 ④

정답의 이유

④ **숫꿩(×) → 수꿩(○)**: 수컷을 이르는 접두사는 '수-'로 통일한다.
 예 수꿩, 수나사, 수놈, 수사돈, 수소, 수은행나무

## 07

정답 ①

정답의 이유

① **무우(×) → 무(○)**: 준말이 널리 쓰이고 본말이 잘 쓰이지 않는 경우에는 준말만을 표준어로 삼는다.

오답의 이유

② '이쁘다'는 2015년 '예쁘다'와 뜻이 같은 복수 표준어로 인정되었다.
③ '괴발개발', '개발새발' 모두 표준어이다(2011년 추가 표준어).
④ '남사스럽다'와 '남우세스럽다' 모두 표준어이다(2011년 추가 표준어).

## 08

정답 ①

정답의 이유

① '말하고 있는 이때에 이르러서야 비로소'를 뜻하는 부사는 '이제야'이며, 최근 '이제서야'도 표준어로 인정됨에 따라 '이제야', '이제서야' 모두 사용할 수 있게 되었다.

오답의 이유

③ '서야'는 '에서야'의 준말이다.
④ '에야'는 시간 · 공간상의 일정한 범위를 강조하여 나타내는 격조사 '에'에 보조사 '야'가 결합한 말이다.

## 09

정답 ④

정답의 이유

모두 2011년 개정된 표준어로, 이들 중 유형의 차이를 묻고 있다.
④ 뜻이나 어감의 차이가 있어 현재 표준어와 별도로 추가 표준어를 인정한 경우이다.

오답의 이유

①·②·③은 모두 현재 표준어와 같은 뜻으로 추가된 표준어와 현재 표준어의 관계이다. 즉, ④의 경우와 달리 뜻이나 어감에 차이가 없는 것이다.

## 10

정답 ③

정답의 이유

③ 순우리말인 '낚시'와 '대'가 결합한 합성어로 뒷말이 된소리로 나기 때문에 사이시옷을 첨가한 '낚싯대'가 올바른 표기이다.

오답의 이유

① '아니꼽다'는 '아니꼬워', '아니꼬우니' 등으로 활용('ㅂ'불규칙 활용)하므로, '아니꼬와'는 틀린 표기이다.
② 한글 맞춤법에서는 '한자어에서 본음으로도 나고 속음으로도 나는 것은 각각 그 소리에 따라 적는다.'라고 규정하고 있다. '속음

(俗音)'이란 한자의 음을 읽을 때 본음과는 달리 사회에서 널리 쓰이는 음으로, 본음은 [허낙]이지만 대다수의 사람들이 편리한 [허락]으로 발음하기 때문에 이러한 현실을 수용하여 '허락'으로 적는 것이다. 수락, 쾌락도 이와 마찬가지 원리이다. 반면 승낙은 [승낙]으로 발음되고 본음 그대로 표기한다.

④ '긴장이나 화가 풀려 마음이 가라앉다.'의 뜻이므로 '삭히다'가 아닌 '삭이다'가 올바른 표현이다. '삭히다'는 '김치나 젓갈 따위의 음식물이 발효되어 맛이 들다.'라는 뜻이다.

## 11

정답 ③

정답의 이유

③ '짓무르다'가 표준어이고, '짓물다'는 비표준어이다. '짓물다'가 '세게 물다.'는 의미인 경우에는 '짓무르다'와 별개로 표준어이다.

오답의 이유

①·②·④ 모두 복수 표준어에 해당한다.

## 12

정답 ④

정답의 이유

④ '句'의 한자음은 '구'와 '귀'로 읽혔는데, 표준어 규정 제13항에서 본 한자를 '구'로 읽도록 통일하였다. 그러나 예외적으로 '글귀'와 '귀글'에서만 '귀'를 사용한다. 따라서 '구절'로 써야 한다.

오답의 이유

① 표기가 된소리나 거센소리인 경우, 그 앞은 사이시옷이 나타나는 환경이 아니므로 '위쪽'으로 적는다.

② '나누지 아니한 덩어리 전부'를 뜻하는 표준어는 '통째'이다.

③ '상대편이 눈치로 알아차릴 수 있도록 미리 슬그머니 일깨워 줌'을 뜻하는 표준어는 '귀띔'이다.

## 13

정답 ③

오답의 이유

① 듬북(×) → 듬뿍(○), 퍼담아(×) → 퍼∨담아(○)

② 해슥하다(×) → 핼쑥하다, 해쓱하다(○)

④ 동치미국(×) → 동치밋국(○)

※ '까탈스럽다'는 2016년 추가 표준어가 되었다.

## 14

정답 ②

정답의 이유

② '볼따구'는 표준어가 아니다. '볼'을 속되게 이르는 표준어는 '볼따구니, 볼때기, 볼퉁이'이다.

오답의 이유

①·③·④ 복수 표준어이다.

## 15

정답 ②

정답의 이유

② 점장이(×) → 점쟁이(○)

오답의 이유

① **멋쟁이**: 멋있거나 멋을 잘 부리는 사람을 이르는 말이다.

예 낭만적인 분위기를 즐기는 그는 멋쟁이로 소문나 있다.

③ **환쟁이**: '화가(畫家)'를 낮잡아 이르는 말이다.

예 자네 부친이 환쟁이로 그림을 되풀이 그린다면 그건 세속적 욕심을 띠게 되는 거야. – 박경리, 「토지」

④ **미장이**: 건축 공사에서 벽이나 천장, 바닥 따위에 흙, 회, 시멘트 따위를 바르는 일을 직업으로 하는 사람을 이르는 말이다.

예 목수는 집을 짓고 미장이는 벽을 바르고 청소부는 청소를 한다. – 이병주, 「행복어 사전」

## 16

정답 ③

정답의 이유

③ 어간 끝 받침 'ㅂ'이 모음 앞에서 '우'로 바뀌어 나타나는 경우, 바뀐 대로 적는다. 이에 따라 '무겁다'는 '무거워, 무거우니, 무거웠다' 등으로 활용된다.

오답의 이유

① **시끄러(×) → 시끄러워(○)**: '시끄럽다'는 'ㅂ' 불규칙 활용을 하므로, 어간 받침 'ㅂ'이 모음으로 시작하는 어미 '-어' 앞에서 '우'로 바뀌어 '시끄러워'가 된다.

② **사랑스런(×) → 사랑스러운(○)**: '사랑스럽다'는 'ㅂ' 불규칙 활용을 하므로 '사랑스럽- + -ㄴ'의 구조일 때 '사랑스러운'으로 활용된다.

④ **졸립다(×) → 졸리다(○)**: '졸립다'는 표준어가 아니고 '졸리다'가 맞는 표현이므로 '졸리고, 졸리지, 졸리네, 졸려, 졸린, 졸리니' 등으로 활용된다.

## 형태론

### 01
정답 ④

정답의 이유

④의 '둘째'는 체언 '며느리'를 수식하며, 순서나 차례를 말하고 있으므로 수 관형사이다.

오답의 이유

① 용언 '먹고 있었다'를 수식하고 있으므로 '혼자'는 부사이다.
② 용언 '가시겠다면'을 수식하고 있으므로 '정녕'은 부사이다.
③ 용언 '좋아한다'를 수식하고 있으므로 '제일'은 부사이다.

**더 알아두기**

**품사 통용**
형태가 같고 의미도 유사한 하나의 단어가 여러 가지의 품사로 쓰이는 경우를 말한다.

1. 부사와 명사의 구별
   뒤에 용언이 오면 부사, 조사가 오면 명사이다.
   예 • 어머니께서 시골에서 오늘 오셨다. (부사)
   • 오늘은 왠지 기분이 울적하다. (명사)
2. 수사와 명사의 구별
   차례를 나타내면 수사이고, 차례를 나타낸 말이 사람을 지칭하거나 '첫째로' 꼴로 쓰여 무엇보다도 앞서는 것을 뜻하면 명사이다.
   예 • 그의 성적은 첫째이고, 그녀의 성적은 둘째이다. (수사)
   • 우리 동네 목욕탕은 매월 첫째 주 화요일에 쉰다. (수 관형사)
   • 첫째는 공무원이고, 둘째는 회사원이다. (명사)
   • 신발은 첫째로 발이 편안해야 한다. (명사)

### 02
정답 ③

정답의 이유

'기쁨의 열매'에서 관형격 조사 '의'로 인해 '기쁨'과 '열매'가 비유적으로 같은 의미를 띠고 있다. ③의 '인도(人道)의 간과(干戈)'도 이와 마찬가지로 '인도(人道)'와 '간과(干戈)'가 비유적으로 쓰여 같은 의미를 지닌다고 볼 수 있다.

오답의 이유

① '조선'이 '독립국임'을 의미한다.
② '천(天)'이 '명명(明命)함'을 의미한다.
④ '대의(大義)'가 '극명(克明)함'을 의미한다.

### 03
정답 ①

정답의 이유

단어의 구조는 크게 단일어와 복합어로 분류되고, 복합어는 파생어와 합성어로 분류할 수 있다.
① 도시락은 하나의 실질 형태소로 이루어진 단일어이다.

오답의 이유

②·③·④ 복합어이다.
② 어근 '선생'에 접미사 '-님'이 결합한 파생어이다.
③ 접미사 '날-'에 어근 '고기'가 결합한 파생어이다.
④ 어근 '밤'과 '나무'가 결합한 합성어이다.

### 04
정답 ①

정답의 이유

㉠은 통사적 합성어의 한 유형이다. ①의 용언 '들어가다' 어간 '들-'에 연결 어미 '-어'와 용언의 어간 '가다'가 결합한 형태이므로 ㉠의 예에 해당한다.

오답의 이유

② '부슬비'는 '부슬(부사) + 비(명사)' 구성의 비통사적 합성어이다. 국어의 일반적인 단어 배열법에서는 부사가 명사를 수식하지 않기 때문이다.
③ '불고기'는 '불(명사) + 고기(명사)' 구성의 합성 명사이자 통사적 합성어이다.
④ '높푸르다'는 '높-(어간) + 푸르다(용언)' 구성의 비통사적 합성어이다. 국어의 일반적인 단어 배열법에서는 어간에 용언이 바로 결합하지 못하고, 연결 어미를 필요로 하기 때문이다.

### 05
정답 ④

정답의 이유

④ 의존 형태소는 홀로 자립하여 쓰일 수 없고, 다른 말에 기대어서 쓰이는 형태소이며, 그 종류에는 조사·접사·어간·어미 등이 있다.

오답의 이유

① 우리, 동해, 독도, 의무: 자립 형태소
② 우리, 동해, 독도, 지킬, 의무: 실질 형태소

## 06

정답 ③

정답의 이유

③ '나는 푸른 나무를 무척 아꼈다.'라는 문장은 10개의 형태소로 이루어져 있다.

| 나는 푸른 나무를 무척 아꼈다. | | | | | | | | | |
|---|---|---|---|---|---|---|---|---|---|
| 나 | 는 | 푸르- | -ㄴ | 나무 | 를 | 무척 | 아끼- | -었- | -다 |
| 명사 | 보조사 | 용언의 어간 | 어미 | 명사 | 조사 | 부사 | 용언의 어간 | 선어말 어미 | 종결 어미 |
| 자립 | 의존 | 의존 | 의존 | 자립 | 의존 | 자립 | 의존 | 의존 | 의존 |
| 실질 | 형식 | 실질 | 형식 | 실질 | 형식 | 실질 | 실질 | 형식 | 형식 |

## 07

정답 ①

정답의 이유

파생어와 합성어를 구분하는 문제이다. ① '높푸르다'는 '높다'의 어근과 '푸르다'의 어근이 결합하여 만들어진 비통사적 합성어이다. 반면, ② · ③ · ④는 파생어이므로 ①만 단어의 형성이 다르다.

오답의 이유

② '풋고추'는 접두사 '풋-'에 '고추'가 결합된 파생어이다.
③ '시뻘겋다'는 접두사 '시-'에 '뻘겋다'가 결합된 파생어이다.
④ '덧붙이다'는 접두사 '덧-'에 '붙이다'가 결합된 파생어이다.

## 08

정답 ③

정답의 이유

③ 밑줄 친 '청춘'은 10대 후반에서 20대에 걸치는 인생의 젊은 나이 또는 그런 시절을 이르는 말로 명사이며, 문장 성분만 독립어이다.

오답의 이유

놀람, 감탄, 화자의 의지, 부르는 말은 감탄사이다.
① '어'는 놀라거나, 다급할 때 나오는 소리로 감탄사이다.
② '어머나'는 '어머'를 강조하여 내는 소리로 감탄사이다.
④ '얘'는 부르는 말로 감탄사이다.

더 알아두기

감탄사

• 분류

| 감정 | 아, 아차, 아이쿠, 어머, 어머나, 아이고머니, 예끼, 저런 |
|---|---|
| 의지 | 쉬, 자, 에라, 그렇지, 아서라, 글쎄, 천만에 |
| 부름 | 여보, 여보게, 여보세요, 얘 |
| 대답 | 예, 응, 그래, 오냐 |
| 입버릇 | 아, 뭐, 그, 저, 에 |

• 특징
- 형태가 변하지 않고, 조사도 붙지 않는다.
- 문장에서 그 위치가 비교적 자유롭다.
- 어떤 품사를 수식하거나 다른 품사의 수식을 받지 않는다.
- 품사 중 가장 독립성이 강하여 하나의 문장으로 쓰일 수도 있다.

## 09

정답 ④

정답의 이유

④ '바른'은 '오른'을 뜻하는 '관형사'이다.

오답의 이유

'① (나무가) 곧은, ② (이별이) 아쉬운, ③ (걸음이) 가벼운'은 모두 서술성이 있으므로 형용사의 관형사형이다. 따라서 품사는 형용사이다.

더 알아두기

관형사와 관형사형

다음의 예에서 볼 수 있듯이 똑같은 형태가 관형사 용법과 관형사형 용법을 모두 가지는 경우도 있다.

㉠ 나와 생각이 다른 사람은 지금 여기를 떠나도 좋다.
㉡ 이 옷은 마음에 안 드니 다른 것을 가져와 보세요.

㉠의 '다른'은 형용사 '다르다'의 활용형으로 형용사의 관형사형이고, ㉡의 '다른'은 관형사로 굳어진 것이다.

## 10

정답 ①

정답의 이유

① '틀리다'는 '1. 셈이나 사실 따위가 그르게 되거나 어긋남 2. 바라거나 하려는 일이 순조롭게 되지 못함'의 뜻을 지닌 '동사'이다. 그리고 어간 '틀리-'에 부사형 전성 어미 '-게'가 붙었으므로 문장 성분은 '부사어'이다.

오답의 이유

② 형용사는 사물의 성질이나 상태를 나타내는 품사로, 현상 · 상태 · 감정 등을 묘사한다. 부사어는 용언의 내용을 한정하는 문장 성분으로 부사와 부사의 구실을 하는 단어 · 어절 · 관용어, 그리고 체언에 부사격 조사가 붙은 말, 형용사가 어미 '-게' 따위로 활용한 말, 부사성 의존 명사구 따위가 있다.

③ 동사는 사람이나 사물의 움직임을 나타내는 품사로 움직임, 동작, 행위 등을 묘사한다.

④ 관형어는 체언 앞에서 체언의 뜻을 꾸며 주는 구실을 하는 문장 성분으로, 관형사 · 체언 · 체언에 관형격 조사 '의'가 붙은 말, 동사와 형용사의 관형사형, 동사와 형용사의 명사형에 관형격 조사 '의'가 붙은 말 따위가 있다.

## 11

정답 ③

정답의 이유

③ 제시된 문장에서 '낫다'는 '보다 더 좋거나 앞서 있다.'라는 형용사로 쓰였다.

오답의 이유

①·②·④ '굳다', '크다', '달라지다'는 각각 동사로 쓰였다.

① **굳다**: 무른 물질이 단단하게 되다.

② **크다**: 동식물이 몸의 길이가 자라다.

④ **달라지다**: 변하여 전과는 다르게 되다.

## 12

정답 ④

정답의 이유

④ 명령형 · 청유형 어미와 결합될 수 있는 것은 동사이다.

**더 알아두기**

**동사와 형용사의 구분**

- 동사는 주어의 동작이나 작용(과정)을, 형용사는 성질이나 상태를 나타낸다.
- 기본형에 현재 시제 선어말 어미 '-는/-ㄴ-', 관형사형 전성 어미 '-는'과 결합할 수 있으면 동사이고, 결합할 수 없으면 형용사이다.
- 동사는 명령형 어미 '-어라/-아라'와 청유형 어미 '-자'와 결합할 수 있고, 형용사는 결합할 수 없다.

## 13

정답 ④

정답의 이유

④ 앞말이 비교의 기준이 되는 점의 뜻을 갖는 부사어임을 나타내는 격 조사이다.

오답의 이유

①·②·③ 앞말이 행동이 이루어지고 있는 처소의 부사어임을 나타내는 격 조사이다.

**더 알아두기**

**격 조사 '에서'의 쓰임**

- 앞말이 행동이 이루어지고 있는 처소의 부사어임을 나타내는 격 조사 예 우리는 아침에 도서관에서 만나기로 하였다.
- 앞말이 출발점의 뜻을 갖는 부사어임을 나타내는 격 조사 예 서울에서 몇 시에 출발할 예정이니?
- 앞말이 어떤 일의 출처임을 나타내는 격 조사 예 그는 모 기업에서 돈을 받은 혐의로 현재 조사 중에 있다.
- 앞말이 근거의 뜻을 갖는 부사어임을 나타내는 격 조사 예 고마운 마음에서 드리는 말씀입니다.
- 앞말이 비교의 기준이 되는 점의 뜻을 갖는 부사어임을 나타내는 격 조사 예 죽은 부모가 살아 돌아온들 이에서 더 기쁘지는 않을 것이다.
- (단체를 나타내는 명사 뒤에 붙어) 앞말이 주어임을 나타내는 격 조사 예 정부에서 실시한 그 정책은 완전히 실패하였다.

## 14

정답 ④

정답의 이유

④ 밑줄 친 부분은 문장 속에서 어떤 대상이 화제임을 나타내는 보조사이다.

오답의 이유

① 부사격 조사(장소)

② 부사격 조사(비교)

③ 부사격 조사(자격)

**더 알아두기**

**보조사**

'보조사'는 격(格)과는 상관없이 체언이나 부사, 활용 어미 따위의 뒤에 붙어서 다만 그 성분에 어떤 뜻을 더하여 주는 조사이다. '은, 는, 도, 만, 까지, 마저, 조차, 부터' 등이 그러하다.

## 15

정답 ③

정답의 이유

③ 내/가/사랑하는/아들/과/딸 → 단어 6개

# 통사론

## 01

정답 ④

정답의 이유

문장에서 주어와 서술어가 한 번만 쓰이면 홑문장, 두 번 이상 쓰이면 겹문장이다. ④에 나타나는 서술어는 '피었다' 하나이므로 홑문장이다.

오답의 이유

① '어제 모자를 샀다'가 관형절 '모자가 빨갛다'를 안고 있는 겹문장이다.

② '봄이 오니'와 '꽃이 피었다'가 종속적으로 이어진 겹문장이다.

③ '남긴 만큼 버려지고'와 '버린 만큼 오염된다'가 대등하게 이어진 겹문장이다.

## 02

정답 ③

정답의 이유

③ '밀다'에 피동 접미사 '-리-'를 결합하면 피동사 '밀리다'는 만들 수 있으나, '밀리다'는 사동사로 쓰이지 않는다. '밀다'의 사동사는 '밀게 하다'로 쓴다.

오답의 이유

①·②·③은 사동사와 피동사를 만드는 접미사 중 공통으로 쓰이는 '-이-, -히-, -리-, -기-' 중 하나와 결합하여 같은 형태와 방식의 사동사와 피동사를 만든다.

① '보다'는 접미사 '-이-'와 결합하여 사동사와 피동사 모두로 쓰인다.

예 • 피동: 마을이 보이다.
• 사동: 부모님께 친구들을 보이다.

② '잡다'는 접미사 '-히-'와 결합하여 사동사와 피동사 모두로 쓰인다.

예 • 피동: 도둑이 경찰에게 잡히다.
• 사동: 술집에 학생증을 술값으로 잡히다.

③ '안다'는 접미사 '-기-'와 결합하여 사동사와 피동사 모두로 쓰인다.

예 • 피동: 동생은 아버지에게 안기다.
• 사동: 엄마가 아빠에게 아이를 안기다.

## 03

정답 ④

정답의 이유

문장은 안은문장과 이어진문장을 통해 겹문장으로 확장된다. ①·②·③은 모두 안은문장을 이용해 문장을 확장한 반면, ④는 종속적으로 이어진문장이다. '봄이 오면 꽃이 핀다.'에 사용된 '-면'은 조건을 나타내는 종속적 연결 어미이다.

오답의 이유

① '사람이 담배를 피우다.'가 관형절로 안겨 있는 겹문장이다.

② '철수가 말이 없다.'가 부사절로 안겨 있는 겹문장이다.

③ '그가 귀국했다.'가 인용절로 안겨 있는 겹문장이다.

## 04
정답 ④

정답의 이유

④ 밑줄 친 부분은 문장에서 목적어 역할을 하고 있다.

오답의 이유

①·②·③ 밑줄 친 부분은 모두 문장에서 주어 역할을 하고 있다.

## 05
정답 ②

정답의 이유

〈보기〉의 '아버지가 쓰시던 물건을 그분께 가져다 드렸습니다.'에는 '-시-'를 통해 주체 높임법이 사용되었으며, '께', '드리다'를 통해 객체 높임법이 사용되었다. 또한 '드렸습니다'를 통해 상대 높임법을 실현하였다. 즉, 〈보기〉에 제시된 문장에는 '주체, 객체, 상대 높임법'이 모두 나타난다. ②에도 '계시다'를 통한 주체 높임법이 실현되었으며, '(선생님께) 여쭈었던'을 통해 객체 높임법이 실현되었다. 그리고 '-습니다'를 통한 상대 높임법이 실현되어 '주체, 객체, 상대 높임법'이 모두 나타나고 있음을 알 수 있다.

오답의 이유

① '모시고'를 통해서 객체 높임법이 실현되었음을 알 수 있으며, '-습니다'에는 상대 높임법이 쓰였다. 그러나 주체 높임법은 쓰이지 않았다.
③ '께서'를 통해 주체 높임법이 사용되었음을, '주셨습니다'를 통해 상대 높임법이 실현되었음을 알 수 있으나, 객체 높임법은 쓰이지 않았다.
④ '께서', '계시다'를 통해 주체 높임법이 사용되었음을, '계십니다'를 통해 상대 높임법이 실현되었음을 알 수 있으나 객체 높임법은 사용되지 않았다.

## 06
정답 ②

정답의 이유

② 종결 어미를 사용하여 상대에게 친근감을 나타내거나 거리감을 표시할 수 있다. 친근감이 있으면서 청자에게 존대하는 문체는 비격식체 중 '해요체'이다.

오답의 이유

① '-ㅂ니다'는 격식체 중 아주 높임체로 상대에 대한 높임과 거리감을 나타낸다.
③ '-오'는 상대를 약간 높일 때 쓰는 하오체의 어미이다.
④ '-게'는 상대를 약간 낮출 때 쓰는 하게체의 어미이다.

## 07
정답 ②

정답의 이유

상대 높임법은 일정한 종결 어미를 선택함으로써 상대편을 높여 표현하는 것으로, '해라체', '하게체', '하오체', '하십시오체', '해체', '해요체' 등이 있다.

② '갑니다'는 가장 격식을 차린 상대 높임법 종결형인 '하십시오체'가 사용된 문장이다.

오답의 이유

① 객체 높임법이 실현된 문장이다. 높임의 부사격 조사 '께'와 특수한 어휘 '드리다'를 통해 문장의 부사어인 '선생님'을 높이고 있다.
③ 객체 높임법이 실현된 문장이다. 문장의 목적어인 '아버지'를 특수한 어휘인 '모시다'를 사용하여 높이고 있다.
④ 주체 높임법이 실현된 문장이다. 서술어에 주체 높임 선어말 어미 '-시-'를 사용하여 문장의 주체인 '어머니'를 높이고 있다.

## 08
정답 ②

정답의 이유

② 높이고자 하는 대상(선생님)과 관계가 깊은 대상(따님)을 높이는 간접 높입법을 사용하여 '선생님께서는 따님이 있으시다.'로 고쳐야 옳은 문장이 된다.

오답의 이유

① 주어를 직접 높이지 않고 주어와 관련된 대상을 높이는 간접 높임의 경우에는 특수 어휘를 쓰지 않고 '-(으)시-'를 붙인다.
③ '아버님은 주무시고 계신다.'처럼 주체의 상태나 동작을 직접 높일 때만 '계시다'가 쓰인다. 이와 달리 주체의 일부분이나 주체와 관련된 사물을 높일 때에는 '있다'에 '-(으)시'를 붙여 '있으시다'로 써야 한다.
④ 가정에서 또는 스승과 제자 사이에서는 압존법을 따르는 것이 전통 언어 예절이다.

**더 알아두기**

**압존법의 쓰임**

압존법은 주로 가족이나 사제 간처럼 사적이고 친밀한 관계에서는 적용되지만 직장 같은 공적인 관계에서는 적용되지 않는다. 예를 들어 우리는 부장님 앞이라고 해서 과장님을 존대하지 않는 것은 어색하다고 느끼는 게 일반적이다. 따라서 부장님이나 사장님처럼 과장님의 상급자는 물론이고, 회사 외부 사람 앞에서도 자신보다 상급자인 과장님에 대해서는 높여 말하는 게 원칙이다.

## 09

정답 ①

정답의 이유

① 높임을 실현할 수 있는 어휘를 '특수 어휘'라고 하는데, '주무시다', '잡수시다'는 주체 높임 특수 어휘이고 '모시다'는 객체 높임 특수어휘이다.

## 10

정답 ②

정답의 이유

발문의 '누군가에게 동작을 하도록 시키는 것을 나타내는 표현'이란 사동 표현을 의미한다. 즉, 사동 표현이 아닌 것을 골라야 한다. ②의 '당하다'는 어휘에 피동의 의미가 담겨 있으며, 문장 전체의 의미에도 주체가 다른 힘에 의하여(적에게) 어떤 동작(기습)의 대상이 되어 그 작용을 받는(당하다) 피동의 성질이 나타난다.

오답의 이유

① '먹게 하다'는 '먹다'의 어간에 보조 용언 '-게 하다'가 붙은 통사적 사동문이다.
③ '보냈다'는 용언 '보내다'의 어간에 과거 시제의 선어말어미 '-었-'이 붙은 것이다. 여기서 '보내다'는 어휘적 사동 표현, 즉 어휘 자체에 사동의 의미가 담겨 있는 단어이다.
④ '진정시키다'는 '진정하다'의 어간에 사동 접사 '-시키-'가 붙은 파생적 사동사이다.

## 11

정답 ②

정답의 이유

② '알리다'는 '다른 사람에게 어떤 것을 소개하여 알게 하다.'라는 뜻의 사동사이므로 '알려져 있다'처럼 쓸 수 있다.

오답의 이유

① 제시된 문장에서 '소개'하는 주체는 '나'이므로 '소개시키다'는 불필요한 사동을 쓴 경우에 해당한다. 따라서 '내가 친구 한 명을 소개해 준다고 했다.'로 고치는 것이 적절하다.
③ '과학자들이 연구함'은 과도한 명사형이므로 '과학자들은 연구로 과학의 발전에 이바지한다.'로 고치는 것이 적절하다.
④ '대학 축제'는 무정물이기 때문에 분위기를 만들 수는 없다. 따라서 '대학 축제 덕분에 학교가 화합의 분위기가 되었다.'로 고치는 것이 적절하다.

## 12

정답 ④

정답의 이유

④ '영희에게'는 부사어로서 문장의 부속 성분에 해당한다.

오답의 이유

① 사과도: 주성분 중 목적어에 해당한다.
② 가수가: 주성분 중 보어에 해당한다.
③ 할아버지께서: 주성분 중 주어에 해당한다.

## 13

정답 ③

정답의 이유

③ 제시문은 종속적으로 이어진문장이다. 이는 종속적 연결 어미에 의해서 이어진문장을 가리키는 것으로, 앞 절이 뒤 절에 대해 이유나 조건 · 의도 · 결과 · 전환 등의 의미 관계를 갖는 것을 말한다. 제시문은 앞 절과 뒤 절이 원인과 결과의 관계로 이어져 있다.

더 알아두기

문장의 짜임새

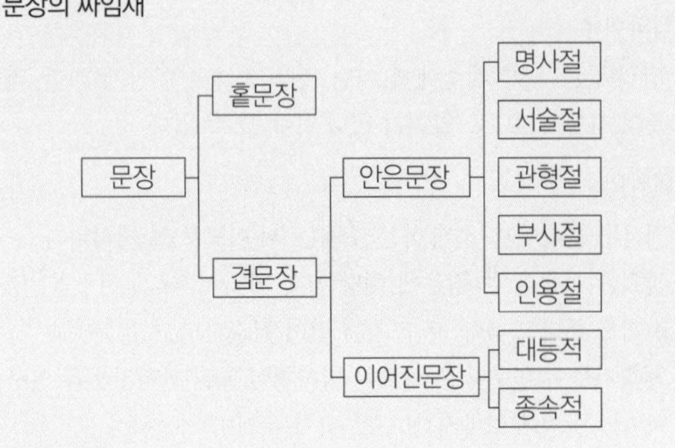


## 14

정답 ①

정답의 이유

① 주어는 서술하는 주체를 나타내는 문장 성분으로 문장에서 가장 핵심이 되는 말이다. 주택가에 있는 주체가 바로 '그 길'이므로 주어는 '길은'이 된다. '그'는 '길'을 꾸며주는 관형어의 역할을 하고 있다.

오답의 이유

② '사람이'는 관형절로 안긴문장에서 '주어'의 역할을 하고 있다.
③ '적게'는 관형절로 안긴문장에서 '부사어'의 역할을 하고 있다.
④ '주택가에'는 전체 문장에서 '부사어'의 역할을 하고 있다.

더 알아두기

품사와 문장 성분

- 품사: 단어가 기준이므로 문장 안에서 어떤 위치에 놓여도 품사는 달라지지 않는다.
- 문장 성분: 문장 성분은 한 단어가 문장 안에서 놓인 위치나 기능에 따라 일컫는 명칭이므로 같은 단어라도 위치나 기능에 따라 문장 성분은 달라진다. 예 하늘이 파랗다. (품사 – 형용사, 문장 성분 – 서술어) 파란 하늘이 아름답다. (품사 – 형용사, 문장 성분 – 관형어)

# 로마자 표기법

## 01

정답 ④

정답의 이유

④ Keumgang(×) → Geumgang(○): 금강은 [금강]으로 발음되는데 로마자 표기법 제2장 제2항의 '붙임 1'에 따르면, 'ㄱ, ㄷ, ㅂ'은 모음 앞에서는 'g, d, b'로, 자음 앞이나 어말에서는 'k, t, p'로 적어야 하므로 모음 'ㅡ' 앞에 쓰인 초성의 'ㄱ'은 'G'로 써서 'Geumgang'으로 표기해야 한다.

오답의 이유

① 'Jongno 2(i)–ga'의 'Jongno'는 도로명(Jong–ro)이 아닌 행정 구역명으로서 발음 [종노]를 반영하여 'Jongno'로 적절하게 쓰였다.
② '신라'는 [실라]로 발음되고 'ㄹㄹ'로 발음되는 경우 'll'로 써야 하므로 'Silla'는 적절한 표기이다.
③ '속리산'은 [송니산]으로 발음되므로 'Songmisan'은 적절한 표기이다.

## 02

정답 ②

정답의 이유

②의 ㉡ · ㉢ · ㉤은 모두 로마자 표기법에 따른 올바른 표기이다.
㉡ 학여울은 [항녀울]로 발음되므로 'Hangnyeoul'로 표기한다.
㉢ 합덕은 [합떡]으로 발음되나, 로마자 표기법 제3장 제1항의 된소리되기는 표기에 반영하지 않는다는 붙임 규정에 따라 'Hapdeok'으로 표기한다. 또한 로마자 표기법 제2장 제2항의 'ㄱ, ㄷ, ㅂ'은 모음 앞에서는 'g, d, b'로, 자음 앞이나 어말에서는 'k, t, p'로 적는다는 붙임 1 규정에 따라 종성 'ㅂ'을 'p'로 표기해야 한다.
㉤ 구리는 [구리]로 발음되며 'ㄱ'이 'ㅜ' 모음 앞에 위치하므로 'g'로 표기해야 한다. 또한 로마자 표기법 제2장 제2항의 'ㄹ'은 모음 앞에서는 'r'로, 자음 앞이나 어말에서는 'l'로 적는다는 붙임 2의 규정에 따라 'Guri'로 표기한다.

오답의 이유

㉠ 구미는 [구미]로 발음되며, 'ㄱ'이 'ㅜ' 모음 앞에 위치하므로 'g'로 표기하여 'Gumi'로 적어야 한다.
㉣ 왕십리는 [왕심니]로 발음되므로 'Wangsimni'로 표기한다.
㉥ 로마자 표기법 제2장 제2항 붙임 2에 따르면, 'ㄹ'은 모음 앞에

서는 'r'로, 자음 앞이나 어말에서는 'l'로 적는다. 단, 'ㄹㄹ'은 'll'로 적는다고 규정하고 있다. 울릉은 [울릉]으로 발음되어 'ㄹㄹ'이 나타나므로 'll'을 사용하여 'Ulleung'으로 표기해야 한다.

## 03

정답 ③

정답의 이유

- '김치'는 보통 명사이므로 첫 글자를 소문자로 쓰고 모음 앞에 'ㄱ'은 'g'로 써야 하지만 국립 국어원이 2014년 발표한 한식명 로마자 표기법에 따라 'k'로 쓰는 것도 가능하다. 따라서 'gimchi, kimchi'로 써야 한다.
- '설날'은 표준 발음이 [설:랄]이므로 'ㄹㄹ'에 해당하여 'll'로 표기해야 한다. 또한 'ㄹ'이 모음 앞에서는 'r'로 표기하고, 자음 앞이나 어말에서는 'l'로 표기하므로 '설날[설:랄]'은 'seollal'과 같이 표기한다.
- '왕십리'는 표준 발음이 [왕심니]이고 고유 명사이므로 'Wang simni'로 표기해야 한다.
- '벚꽃'은 표준 발음이 [벋꼳]이고, 'ㄷ'은 모음 앞에서는 'd'로 표기하고, 자음 앞이나 어말에서는 't'로 표기하므로 'beotkkot'으로 표기한다.
- '불국사'의 표준 발음은 [불국싸]이고 고유 명사이다. 그러나 로마자 표기는 된소리를 표기에 반영하지 않으므로 'Bulguksa'로 표기해야 한다.
- '속리산'은 표준 발음이 [송니산]이고 고유 명사에 해당하므로 'Songnisan'으로 표기한다.
- '대관령'은 표준 발음이 [대:괄령]이고 고유 명사에 해당하므로 'Daegwallyeong'으로 표기해야 한다.
- '백마강'은 표준 발음이 [뱅마강]이고 고유 명사이다. 또한 로마자 표기법 제6항에 따라 자연 지물명, 문화재명, 인공 축조물명은 붙임표 없이 붙여 쓴다고 했으므로 'Baengmagang'으로 표기해야 한다.

## 04

정답 ①

정답의 이유

로마자 표기는 표준 발음법에 따라 적는 것이 원칙이므로 '웃는 순간 어색함이 사라진다.'는 [운는 순간 어새카미 사라진다]에 맞게 써야 한다. 따라서 'unneun sungan eosaekami sarajinda'가 맞다.

오답의 이유

② 로마자 표기 외에 별도의 부호는 사용하지 않으며, 붙임표는 행정구역 경계에 쓴다.

③ 체언 내부의 축약에서만 [h]를 밝혀 적으므로 'eosaekhami'는 옳지 않다. 또한 'sarachinda'는 'sarajinda'로 써야 한다.

④ 'utneun'과 'eosaekhami'가 틀렸다.

## 05

정답 ③

정답의 이유

③ 로마자 표기법 제2장 제1항 붙임 2에 장모음의 표기는 따로 하지 않는다는 규정이 있으나 〈보기〉의 예로는 그 규정을 확인할 수 없다.

오답의 이유

① 로마자 표기법 제3장 제1항 붙임에 따라 된소리되기는 표기에 반영하지 않는다. '낙동강'은 [낙똥강]으로 소리 나지만, 'Nakdonggang'으로 적는다.

② 로마자 표기법 제3장 제3항은 고유명사는 첫 글자를 대문자로 적는다고 규정하고 있으므로 이에 따라 'Jiphyeonjeon, Nakdonggang, Mukho'로 적는다.

④ 로마자 표기법 제3장 제1항의 체언에서 'ㄱ, ㄷ, ㅂ' 뒤에 'ㅎ'이 따를 때에는 'ㅎ'을 밝혀 적는다는 규정에 따라 '집현전'과 '묵호'는 각각 [지편전]과 [무코]로 소리 나지만, 'Jiphyeonjeon', 'Mukho'로 적는다.

## 06

정답 ④

정답의 이유

④ 자연 지물명, 인공 축조물명, 문화재명에는 붙임표를 쓰지 않고 붙여 쓴다. 따라서 로마자 표기법상 창경궁은 'Changgyeong gung'으로 쓰는 것이 맞다.

오답의 이유

① Ulleung-do(×) → Ulleungdo(○): 행정구역 경계에만 붙임표를 쓴다. 울릉도에서 '도(島)'는 행정구역이 아니다.

② Seogguram(×) → Seokguram(○): '석굴암'은 연음되어 [석꾸람]으로 발음되므로 'Seokguram'으로 써야 한다.

③ Wangsimri(×) → Wangsimni(○): '왕십리'는 자음 사이에서 동화 작용이 일어나 [왕심니]로 발음되므로 'Wangsimni'로 써야 한다.

## 07
정답 ③

정답의 이유

③ '남원시: Namwon-si'로 표기해야 한다.

## 08
정답 ②

정답의 이유

② 묵호[무코]는 'ㄱ'이 'ㅎ'과 합하여 거센소리로 소리 나는 경우에 해당하므로 로마자로 표기하면 'Muko'가 되나, 체언에서 'ㄱ' 뒤에 'ㅎ'이 따르는 경우 'ㅎ'을 밝혀 'Mukho'로 적는다. '묵호'와 같은 체언은 로마자 표기에서 'ㅎ'을 밝히지 않으면 원래 형태를 떠올리기가 더 어렵기 때문에 'ㅎ'을 밝혀 적는 것이다.

오답의 이유

① '알약'의 표준 발음은 [알략]이며, [알략]과 같이 'ㄹ'이 덧나는 경우에는 그 변화의 결과에 따라 적으므로, '알약[알략]'은 'allyak'으로 적는 것이 맞다.

③·④ 전주[Jeonju], 청계천[Cheonggyecheon]처럼 고유 명사는 첫 글자를 대문자로 적는다.

## 09
정답 ②

정답의 이유

② 로마자 표기는 소리 나는 대로 적는 것을 원칙으로 한다. 또한 로마자 표기법 제2항 붙임 2에서는 'ㄹ'은 모음 앞에서는 'r'로, 자음 앞이나 어말에서는 'l'로 적는다. 단, 'ㄹㄹ'은 'll'로 적는다고 밝히고 있다. 대관령은 [대:괄령]으로 발음되므로 'ㄹㄹ'이 나타난다. 따라서 [Daegwallyeong]으로 표기한다.

오답의 이유

①·④ 로마자 표기는 소리 나는 대로 적되 된소리되기는 표기에 반영하지 않는다는 로마자 표기법의 규정에 따라 낙동강은 [Nakdonggang]으로, 압구정은 [Apgujeong]으로 적어야 한다.

③ 국어의 로마자 표기는 표준 발음을 기준으로 소리 나는 대로 적으므로 독립문은 [Dongnipmun]이 아닌 [Dongnimmun]으로 적어야 한다.

## 10
정답 ④

정답의 이유

④ '법학사'는 로마자 표기법 제3장 제1항에 붙어 있는 예외 규정에 따라 적어야 한다. 이에 따르면, 체언에서 'ㄱ, ㄷ, ㅂ' 뒤에 'ㅎ'이 따를 때에는 'ㅎ'을 밝혀 적는다고 설명하고 있다. 이에 따라 비록 [버팍싸]로 발음되더라도, 체언에서 'ㄱ' 뒤에 'ㅎ'이 따르는 경우이므로 'ㅎ'을 밝혀 적어야 한다. 또한 된소리되기는 로마자 표기에 반영하지 않으므로 'Beophaksa'로 적는다.

오답의 이유

① 알약은 로마자 표기법 제3장 제1항 2에 따라 [알략]으로 발음되므로 'allyak'으로 적는다.

② 로마자 표기법 제3장 제5항은 '도, 시, 군, 구, 읍, 면, 리, 동'의 행정 구역 단위와 '가'는 각각 'do, si, gun, gu, eup, myeon, ri, dong, ga'로 적고, 그 앞에는 붙임표(-)를 넣는다고 규정하고 있다. 또한 득량면은 [등냥면]으로 발음되므로 'Deungnyang-myeon'으로 적는다.

③ 로마자 표기법 제3장 제4항에 따라, 인명은 성과 이름의 순서로 띄어 쓴다. 이름에서 일어나는 음운 변화는 표기에 반영하지 않는다.

## 11
정답 ②

오답의 이유

① Oucheon(×) → Okcheon(○): 'ㄱ, ㄷ, ㅂ'은 모음 앞에서는 'g, d, b'로, 자음 앞이나 어말에서는 'k, t, p'로 적는다는 로마자 표기법 제2항 붙임 1 규정에 따라 옥천은 'Okcheon'으로 적는다.

③ Umseong(×) → Eumseong(○): 로마자 표기법에 따라 'ㅡ'는 'eu'로 적어야 한다.

④ Chungchungbuk-do(×) → Chungcheongbuk-do(○): 로마자 표기법에 따라 'ㅓ'는 'eo'로 적는다.

## 12
정답 ④

정답의 이유

④ 로마자 표기법 제2항 붙임 1의 'ㄱ, ㄷ, ㅂ은 모음 앞에서는 g, d, b로, 자음 앞이나 어말에서는 k, t, p로 적는다.'는 규정에 따라 퇴계로 3가는 'Toegyero 3(sam)-ga'로 표기한다.

## 표준 발음법

### 01

정답 ②

정답의 이유

② 끊기다[끈키다]: '끊기다'에서 어간의 겹받침 'ㄶ'의 'ㅎ'이 'ㄱ'으로 시작하는 어미와 만나면 'ㅋ'으로 축약되어 [끈키다]로 발음된다.

오답의 이유

① 어간의 겹받침 'ㄺ'이 'ㄱ'으로 시작하는 어미를 만나면 'ㄹ'로 발음된다.

③ 앞말의 종성 'ㄷ'과 뒷말의 초성 'ㅎ'이 만나 'ㅌ'으로 축약된 것이다.

④ 어간의 겹받침 'ㄼ'은 주로 'ㄹ'이 발음되나 예외적으로 'ㄱ'으로 시작하는 어미 앞에서는 'ㅂ'이 발음된다.

### 02

정답 ②

정답의 이유

㉠ '짧네요'의 겹받침 'ㄼ'은 자음군 단순화에 따라 자음 앞에서 [ㄹ]로 발음하여 [짤네요]가 되는데, 이때 '-네-'가 앞의 'ㄹ'에 동화(유음화)되어 [짤레요]로 발음된다.

㉡ '맑거나'의 겹받침 'ㄺ'은 예외적으로 'ㄱ'으로 시작하는 어미 앞에서 [ㄹ]으로 발음한다. 따라서 [말거나]가 되는데, 이때 '-거-'가 앞 어근 'ㄹ'의 영향으로 된소리되기를 거쳐 [말꺼나]로 발음된다.

㉢ '떫지'의 겹받침 'ㄼ'은 자음 앞에서 [ㄹ]로 발음하여 [떨:지]가 되는데, 이때 '-지'가 앞의 'ㄹ'의 영향으로 된소리되기를 거쳐 [떨:찌]로 발음된다.

### 03

정답 ④

정답의 이유

• '야금야금'은 [야금냐금/야그먀금]으로 발음한다. 표준 발음법 제29항에 따르면, 합성어 및 파생어에서, 앞 단어나 접두사의 끝이 자음이고 뒤 단어나 접미사의 첫음절이 '이, 야, 여, 요, 유'인 경우에는, 'ㄴ' 음을 첨가하여 [니, 냐, 녀, 뇨, 뉴]로 발음한다. 따라서 [야금냐금]으로 발음한다. 그런데 '다만'을 덧붙여 일부 단어들은 'ㄴ' 음을 첨가하여 발음하되, 표기대로 발음할 수 있다고 밝히고 있다. 그중 '야금야금'이 포함되어 있으므로 '야금야금'의 표기에 따라 [야그먀금]으로 발음할 수도 있다.

• '낯선'은 [낟썬]으로 발음한다. 표준 발음법 제9항에 따르면, 받침 'ㄲ, ㅋ', 'ㅅ, ㅆ, ㅈ, ㅊ, ㅌ', 'ㅍ'은 어말 또는 자음 앞에서 각각 대표음 [ㄱ, ㄷ, ㅂ]으로 발음한다. 따라서 '낯선'의 '낯'은 [낟]으로 발음한다. 또한 표준 발음법 제23항에 따르면, 받침 'ㄱ, ㄷ, ㅂ' 뒤에 연결되는 'ㄱ, ㄷ, ㅂ, ㅅ, ㅈ'은 된소리로 발음한다. 따라서 [낟]의 받침 'ㄷ' 뒤에 '선'이 연결되었으므로 [낟썬]으로 발음하는 것이다.

• '쌓인'은 [싸인]으로 발음한다. 이는 표준 발음법 제12항에 근거한다. 제12항에서는 받침 'ㅎ'의 발음을 규정하고 있는데, 특히 4에서 받침 'ㅎ(ㄶ, ㅀ)' 뒤에 모음으로 시작된 어미나 접미사가 결합되는 경우에는, 'ㅎ'을 발음하지 않는다고 밝히고 있다.

• '상견례'는 [상견녜]로 발음한다. 표준 발음법 제20항에 따르면, 'ㄴ'은 'ㄹ'의 앞이나 뒤에서 [ㄹ]로 발음한다. 그러나 '다만'을 덧붙여 일부 단어들은 'ㄹ'을 [ㄴ]으로 발음한다고 밝히고 있다. 그중 '상견례[상견녜]'가 포함되어 있으므로 '상견례'는 '례'의 'ㄹ'을 [ㄴ]으로 발음하여 [상견녜]로 발음한다.

### 04

정답 ②

정답의 이유

② • 절약[저략]: '절약'은 복합어가 아니므로 연음해서 [저략]으로 발음한다.

• 몰상식한[몰쌍시칸]: 한자어에서 'ㄹ' 받침 뒤에 'ㄷ, ㅅ, ㅈ'은 된소리 발음이므로 몰상식[몰쌍식]으로 발음하며, 거센소리(자음 축약)가 일어나 [몰쌍시칸]으로 발음한다.

• 낯설어[낟써러]: '낯설어'는 음절의 끝소리 규칙과 된소리되기에 의해 [낟써러]로 발음한다.

• 읊조렸어[읍쪼려써]: '읊조렸어'는 자음군 단순화와 된소리되기에 의해 [읍쪼려써]로 발음한다.

## 05

정답 ④

정답의 이유

④ '넓죽 받아먹는다'는 틀린 문장이며, '넓죽' 대신에 동사 '받아먹는다'를 수식할 수 있는 부사 '넙죽'으로 고쳐야 한다. 또한 '넓죽하다'는 [넙쭈카다]로 발음해야 한다.
- 넙죽: '말대답을 하거나 무엇을 받아먹을 때 입을 너부죽하게 넝큼 벌렸다가 닫는 모양'의 부사
- 넓죽-: '넓죽하다(길쭉하고 넓다)'의 어근

오답의 이유

② '기어가다'는 [기어가다/기여가다]로 발음되고, '괴어'는 [괴:어/궤:어]로 발음된다.

③ 한자어는 뒷소리가 된소리로 나더라도 사이시옷을 표기하지 않는다.

> ※ 예외
> 곳간(庫間), 셋방(貰房), 숫자(數字), 찻간(車間), 툇간(退間), 횟수(回數)

## 06

정답 ①

정답의 이유

① 구개음화 현상으로 옳은 발음이다.

오답의 이유

② 자음 동화 현상으로, [점머기] → [전머기]로 발음해야 한다.

③ 'ㄹ' 음을 첨가하여 발음하지 않는 예외 사항에 해당하며, [송:벼련]으로 발음해야 한다.

④ 유음화 현상의 예외 사항으로 [임:진난]으로 발음해야 한다.

## 07

정답 ④

정답의 이유

④ 표준 발음법 제10항과 제14항에 따라 '외곬으로'의 표준 발음은 [외골쓰로]이다.
- 외곬: 1. 단 한 곳으로만 트인 길 2. (주로 '외곬으로' 꼴로 쓰여) 단 하나의 방법이나 방향

오답의 이유

① 표준 발음법 제12항에 따라 '닳지'의 표준 발음은 [달찌]가 아니라 [달치]이다.

② 표준 발음법 제11항과 제23항에 따라 '읽고'의 표준 발음은 [억꼬]가 아니라 [일꼬]이다.

③ 표준 발음법 제11항과 제23항에 따라 '읊기도'의 표준 발음은 [을끼도]가 아니라 [읍끼도]이다.

## 08

정답 ②

정답의 이유

② 표준 발음 규정 '다만 4'에 따라 옳은 설명이다.

오답의 이유

① '다만 2'에 따라 [계:시다/게:시다] 둘 다 가능하다.

③ '다만 1'에 따라 [다처]로 발음한다.

④ '다만 3'에 따라 [히망]으로 발음한다.

## 09

정답 ④

정답의 이유

④ **밟고[발:꼬]**(×) → **[밥:꼬]**(○): '밟-'은 자음 앞에서 [밥]으로 발음한다.

오답의 이유

① **얇다[얄:따]**: 겹받침 'ㄼ'은 어말 또는 자음 앞에서 [ㄹ]로 발음한다.

② **짧게[짤께]**: 겹받침 'ㄼ'은 어말 또는 자음 앞에서 [ㄹ]로 발음한다.

③ **맑더라[막떠라]**: 겹받침 'ㄺ'은 어말 또는 자음 앞에서 [ㄱ]으로 발음한다.

## 10

정답 ③

정답의 이유

③ 표준 발음법 제30항 3 규정에 따르면, 사이시옷 뒤에 'ㅣ' 음이 결합되는 경우에는 [ㄴㄴ]으로 발음한다. 따라서 '나뭇잎이'는 [나문니피]로 발음하는 것이 옳다.

오답의 이유

① **[무르비]**(×) → **[무르피]**(○): 표준 발음법 제13항 '홑받침이나 쌍받침이 모음으로 시작된 조사나 어미, 접미사와 결합되는 경우에는 제 음가대로 뒤 음절 첫소리로 옮겨 발음한다.'는 규정에 따라 연음되어 [무르피]로 발음한다.

② [넙께](×) → [널께](○): 표준 발음법 제10항에서는 자음으로 시작된 조사나 어미 앞에 있는 겹받침 'ㄼ, ㄽ, ㄾ'은 [ㄹ]로 발음됨을 규정하고 있다. 이에 따라 '넓게'는 [널께]로 발음한다.

④ [심발로](×) → [신발로](○): 신발로는 [신발로]로 발음한다.

## 11

정답 ①

정답의 이유

① 'ㄼ'은 원칙적으로 [ㄹ]로 발음되나, 어간 '밟-'은 자음 어미 앞에서 [밥:]으로 발음한다. 또한 받침 'ㅂ' 뒤에 연결되는 'ㄱ, ㄷ, ㅂ, ㅅ, ㅈ'은 예외 없이 된소리로 발음되므로 '밟고'는 [밥:꼬]로 발음해야 한다.

오답의 이유

② 표준 발음법 제10항 '겹받침 ㄳ, ㄵ, ㄼ, ㄽ, ㄾ, ㅄ은 어말 또는 자음 앞에서 각각 ㄱ, ㄴ, ㄹ, ㅂ으로 발음한다.'는 규정에 따라 [넉꽈]로 발음한다.

③·④ 표준 발음법 제11항에 따르면, 용언의 어간 말음 'ㄺ'은 'ㄱ' 앞에서 'ㄹ'로 발음한다. 따라서 맑고와 묽고는 각각 [말꼬], [물꼬]로 발음한다.

## 12

정답 ④

정답의 이유

④ '탈영'의 올바른 발음은 [타령]이다.

# 외래어 표기법

## 01

정답 ②

정답의 이유

② 'tower'는 '타워'로 표기한다.

## 02

정답 ③

정답의 이유

③ 외래어 표기법 제1장 표기의 기본 원칙 제3항 "받침에는 'ㄱ, ㄴ, ㄹ, ㅁ, ㅂ, ㅅ, ㅇ'만을 쓴다."라는 규정에 따라 'ㄷ'이 아니라 'ㅅ'을 써야 한다. 참고로 받침에 사용하는 'ㄱ, ㄴ, ㄷ, ㄹ, ㅁ, ㅂ, ㅇ'과 관련이 있는 것은 한글 맞춤법 음절의 끝소리 규칙이다.

오답의 이유

① 외래어 표기법 제1장 표기의 기본 원칙 제1항에 해당한다.

② 외래어 표기법 제1장 표기의 기본 원칙 제2항에 해당한다.

④ 외래어 표기법 제1장 표기의 기본 원칙 제4항에 해당한다.

## 03

정답 ②

정답의 이유

② 중국 인명은 과거인과 현대인을 구분하여 과거인은 종전의 한자음대로 표기하고, 현대인은 원칙적으로 중국어 표기법에 따라 표기하되, 필요한 경우 한자를 병기한다. 따라서 공자(孔子)는 '공자'로, 등소평(鄧小平)은 '덩샤오핑'으로 적되 그간 한국식 독음으로 표현하던 관행이 인정되어 '등소평'으로 적을 수 있다.

오답의 이유

① '앙카라'와 '간디'는 원지음을 따른 예이다.

- 원지음이 아닌 제3국의 발음으로 통용되고 있는 것은 관용을 따른다.

예 Hague 헤이그, Caesar 시저

③ 일본의 인명과 지명은 과거와 현대의 구분 없이 일본어 표기법에 따라 표기하는 것을 원칙으로 하되, 필요한 경우 한자를 병기한다.

예 이등박문(伊藤博文) → 이토 히로부미
풍신수길(豊臣秀吉) → 도요토미 히데요시

④ 지명이 산맥, 산, 강 등의 뜻이 들어 있는 것은 '산맥', '산', '강' 등을 겹쳐 적는다. 따라서 '히말라야산'이 아닌 '히말라야산맥'으로 적는다.

예 Monte Rosa 몬테로사산, Mont Blanc 몽블랑산

## 04

정답 ②

정답의 이유

② '섀도우복싱'은 '섀도복싱'으로 적어야 한다. 외래어 표기법 제3장 제1절 제8항에서 "중모음은 각 단모음의 음가를 살려서 적되, [ou]는 '오'로, [auə]는 '아워'로 적는다."로 규정하고 있으므로 [ou]는 '오'로 적는다.

오답의 이유

① target은 발음에 따른 표기로 '타깃'으로 적는다.
③ enquête[ãkɛt]는 외래어 표기법 제2장 표기 일람표 표1에 따라 [ã]은 '앙'으로, [ɛ]는 '에'로 적는다. 외래어 표기법 제3장 제3절 프랑스어의 표기 제1항 파열음([p], [t], [k], [b], [d], [g]) (어말에서는 '으'를 붙여서 적는다.)에 따라, '앙켓'이 아닌 '앙케트'로 표기한다.
④ barricade는 외래어 표기법 제2장 표기 일람표 표1에 따라 [d]를 '드'로 써서 '바리케이드'로 표기한다.

## 05

정답 ④

정답의 이유

④ 앙케이트(×) → 앙케트(○): 프랑스어 enquête의 바른 표기는 '앙케트'이다.

오답의 이유

① juice의 바른 외래어 표기는 '쥬수'가 아닌 '주스'이다.
② biscuit의 바른 외래어 표기는 '비스켓'이 아닌 '비스킷'이다.
③ chocolate의 바른 외래어 표기는 '쵸콜릿/초콜렛'이 아닌 '초콜릿'이다.

## 06

정답 ①

정답의 이유

(가) Valentine Day의 올바른 표기는 '밸런타인데이'이다.
- 밸런타인데이(Valentine Day): 발렌티누스의 축일인 2월 14일을 이르는 말이다.

(다) stamina의 바른 표기는 '스태미나'이다.
- 스태미나(stamina): 활력 또는 지구력을 이르는 말이다.

(사) dry cleaning의 바른 표기는 '드라이클리닝'이다.
- 드라이클리닝(dry cleaning): 물 대신 유기 용제를 사용하는 세탁법을 이르는 말이다.

오답의 이유

(나) concept: 컨셉트(×) → 콘셉트(○)
(라) rendez-vous: 랑데뷰(×) → 랑데부(○)
(마) milk shake: 밀크쉐이크(×) → 밀크셰이크(○)
(바) propose: 프로포즈(×) → 프러포즈(○)

## 07

정답 ②

오답의 이유

① 비지니스(×) → 비즈니스(○) / 라디에터(×) → 라디에이터(○)
③ 케익(×) → 케이크(○)
④ 하모니커(×) → 하모니카(○) / 맛사지(×) → 마사지(○)

## 08

정답 ③

정답의 이유

③ America의 외래어 표기는 '아메리카'이다.

오답의 이유

① 카톨릭(×) → 가톨릭(○): Catholic
② 퍼머(×) → 파마(○): permanent
④ 앨토(×) → 알토(○): alto

## 09

정답 ②

정답의 이유

② leadership의 외래어 표기는 '리더십'이다.

오답의 이유

① 쥬스(×) → 주스(○): juice의 외래어 표기는 '주스'이다.
③ 로보트(×) → 로봇(○): robot의 외래어 표기는 '로봇'이다.
④ 메세지(×) → 메시지(○): message의 외래어 표기는 '메시지'이다.

## 의미론

### 01
정답 ③

정답의 이유

'성김'과 '빽빽함'은 반의 관계이다. 그런데 '넉넉하다'와 '푼푼하다'는 둘 다 여유가 있다는 의미로서 유의 관계를 이룬다.
- 넉넉하다: 크기나 수량 따위가 기준에 차고도 남아 여유가 있다.
- 푼푼하다: 모자람이 없이 넉넉하다.

오답의 이유

② • 무르다: 1. 여리고 단단하지 않다. 2. 물기가 많아서 단단하지 않다. 3. 마음이 여리거나 힘이 약하다.
  • 야무지다: 사람의 성질이나 행동, 생김새 따위가 빈틈이 없이 꽤 단단하고 굳세다.

### 02
정답 ③

정답의 이유

③ 얼굴은 사람의 전체 모습으로서의 '형체'를 뜻하다가 '눈, 코, 입이 있는 머리의 앞면', 즉 '안면'으로 의미가 축소되었다.

### 03
정답 ②

정답의 이유

② 밑줄 친 ㉠과 ㉡은 중심 의미와 주변 의미의 다의 관계이다.
  ㉠ '자물쇠, 문고리를 채우거나 빗장을 지르다.'라는 의미이다.
  ㉡ '벽이나 못 따위에 어떤 물체를 떨어지지 않도록 매달아 올려놓다.'라는 의미이다.

오답의 이유

①·③·④ ㉠과 ㉡은 동음이의 관계에 있는 말이다.
① ㉠ '사리를 분별할 수 있는 힘'을 뜻한다.
  ㉡ '계절(季節)'을 뜻한다.
③ ㉠ '마음이 몹시 달다.'라는 의미로 쓰였다.
  ㉡ '부끄럼이나 노여움 따위의 감정이나 간지럼 따위의 육체적 느낌을 쉽게 느끼다.'라는 의미로 쓰였다.
④ ㉠ '착 달라붙지 않아 틈이 생기다.'라는 의미이다.
  ㉡ '누룩이나 메주 따위가 발효하다.'라는 의미이다.

**더 알아두기**

동음이의어와 다의어
- 동음이의어(同音異義語): 서로 다른 두 개 이상의 단어가 단지 우연히 소리만 같고 뜻은 다른 단어를 말한다. 즉, 동음이의어는 단어들이 의미상 연관이 없다.
  예 배를 먹다. (과일) / 배가 나오다. (신체)
- 다의어(多義語): 하나의 단어 형태가 여러 개의 의미가 있는 것으로, 의미상 연관이 있다.

### 04
정답 ④

정답의 이유

제시문의 '하룻강아지'와 '범'은 의미상 대립을 이루고 있다. 이처럼 어떤 특정한 관계로 성립되는 대립을 '관계 대립'이라고 한다.
④ '자라'와 '토끼'는 의미상 대립 관계에 있다고 할 수 있다.

### 05
정답 ②

정답의 이유

② '노루잠'이란 '깊이 들지 못하고 자꾸 놀라 깨는 잠'을 이르는 말이고, '새우잠'이란 '새우처럼 등을 구부리고 자는 잠, 주로 모로 누워 불편하게 자는 잠'을 이르는 말이다.

오답의 이유

①·③·④는 모두 뜻이 서로 정반대 관계에 있는 말로 반대말 관계이지만, ②는 반대말 관계가 아니다.
① • 옥니: 끝이 안으로 고부라진 이를 말한다.
  • 벋니: 버드렁니(바깥쪽으로 버드러진 이)의 준말이다.
③ • 무서리: 늦가을에 처음 내리는 묽은 서리를 일컫는 말이다.
  • 된서리: 늦가을에 아주 되게 내리는 서리를 일컫는 말이다.
④ • 안짱다리: 두 발끝이 안쪽으로 휜 다리를 이르는 말이다.
  • 밭장다리: 두 발끝이 바깥쪽으로 벌어진 다리를 이르는 말이다.

## 06

정답 ③

정답의 이유

③ 관형격 조사 '의'에 의한 중의성을 제거한 표현이다. 만약 '아버지의 그림'이라 하면 중의적 표현이 된다.

오답의 이유

① **병렬 구문의 모호성**: '웃으면서'의 주체가 '아기'인지 '엄마'인지 모호하다.
② **공동격 구문의 모호성**: 귤과 토마토가 각각 한 개인지, 각각 두 개인지, 귤 한 개와 토마토 두 개인지 모호하다.
④ **비교 구문의 중의성**: 나보다 축구를 좋아하는 정도가 더 한 것인지, 나하고 축구 중에 축구를 더 좋아하는 것인지 모호하다.

## 07

정답 ④

정답의 이유

④ 쉼표를 사용하여 중의성을 없앤 문장이다.

오답의 이유

① 선생님께서 보고 싶어 하는 학생이 많은 것인지, 선생님을 보고 싶어 하는 학생이 많은 것인지 의미가 분명하지 않다.
② 할머니께서 키가 크신 것인지, 할머니의 손녀가 키가 큰 것인지 의미가 분명하지 않다.
③ 많은 도시를 사람들이 다닌 것인지, 누군가 사람들이 많이 있는 도시를 다닌 것인지 의미가 분명하지 않다.

**더 알아두기**

**문장의 중의성을 없애는 방법**

- 문장의 구조를 바꾸는 방법
  - 예 아름다운 그녀의 목소리를 듣고 싶다. → 그녀의 아름다운 목소리를 듣고 싶다.
    - 문장의 순서를 바꿔서 수식하는 대상을 확정 지으면 중의성이 해소된다. 아름다운 것이 그녀인지 그녀의 목소리인지 모호했던 문장이 '아름다운'의 위치를 바꿈으로써 수식 대상이 '목소리'로 한정되어 의미가 분명해졌다.
- 쉼표를 이용하는 방법
  - 예 아름다운 그녀의 목소리를 듣고 싶다. → 아름다운, 그녀의 목소리를 듣고 싶다.
    - '아름다운'이 꾸미는 대상이 '목소리'로 한정되어 그녀의 아름다운 목소리를 듣고 싶다는 말로만 해석된다.
- 보조사를 이용하는 방법
  - 예 나는 밥을 먹지 않았다. → 나는 밥은 먹지 않았다.
    - '밥을'이라는 말을 '밥은'이라는 말로 바꾸게 되면 부정하는 대상이 '밥'으로 한정되어 중의성이 해소된다. 내가 먹은 것은 '밥'이 아니라 밥이 아닌 다른 것이라는 말이 된다.
- 강세를 쓰는 방법
  - 예 나는 밥을 먹지 않았다. → 나는(강세) 밥을 먹지 않았다.
    - 발화 시에 쓸 수 있는 방법이다. 부정하려는 말을 강하게 말함으로써 부정하는 대상을 한정한다. "나는(강세) 밥을 먹지 않았다."라고 말하면 '나'를 부정하는 것으로 한정되어 문장은 한 가지로만 해석된다.

## 08

정답 ②

정답의 이유

② 문장이 전하고자 하는 바가 명확하다.

오답의 이유

① 필호도 고양이를 키우고 은영이도 고양이를 키우는 것을 말하는 것인지, 필호와 은영이가 같이 고양이를 키우는 것인지 정확하지 않다.
③ 필호가 은영이도 좋아하지만 축구를 더 좋아하는 것인지, 은영이가 축구를 좋아하는 것보다 필호가 축구를 더 좋아하는 것인지 모호하다.
④ 필호가 웃으면서 은영이에게 심부름을 시킨 것인지, 웃으면서 뛰어나오는 은영이에게 필호가 심부름을 시킨 것인지 즉, '웃으면서'가 '필호'를 수식하는지 '뛰어나오는 은영이'를 수식하는지 모호하다. 이 경우 '필호는 웃으면서, 뛰어나오는 은영이에게 심부름을 시켰다.' 또는 '필호는, 웃으면서 뛰어나오는 은영이에게 심부름을 시켰다.'로 쉼표를 사용하여 중의성을 해소할 수 있다.

## 고전 문법

### 01

정답 ②

정답의 이유

② 밑줄 친 '기픈, 깊고, 높고, 몬, 낲'의 표기를 보면 종성(받침)에 'ㄷ, ㅍ'을 표기하였음을 알 수 있다. 이 가운데 'ㅍ'은 초성에만 쓰이는 자음인데 이를 종성에도 표기하고 있으므로 종성의 글자를 별도로 만들지 않고 초성에 쓰이는 글자를 다시 사용한다는 종성 제자 원리인 '종성부용초성(終聲復用初聲)'이 적용되었음을 알 수 있다.
그러나 실제로 '종성부용초성(終聲復用初聲)' 원칙이 적용된 문헌은『월인천강지곡』과『용비어천가』두 문헌뿐이고, 대체로 종성으로 'ㄱ, ㆁ, ㄷ, ㄴ, ㅂ, ㅁ, ㅅ, ㄹ' 8자만 사용해도 족하다는 의미의 '팔종성가족용법(八終聲可足用法)'이 적용되었다.

오답의 이유

④ **종성독용팔자(終聲獨用八字)**: 종성에는 'ㄱ(기역/其役), ㆁ(이응/異凝), ㄷ(디귿/池末), ㄴ(니은/尼隱), ㅂ(비읍/非邑), ㅁ(미음/眉音), ㅅ(시옷/時衣), ㄹ(리을/梨乙)'의 8개 글자만 쓴다는 규칙을 말한다. 이는『훈민정음해례』에서 규정한 '팔종성법(八終聲法)'과 같은 의미이다.

### 02

정답 ③

정답의 이유

중세 국어에서 두드러진 특징은 '주격 조사'이다. '이'는 자음 아래에 쓰였고 'ㅣ'는 'ㅣ' 밖의 모음 아래에 쓰였다. 또한 'ㅣ' 모음 아래에서는 주격 조사가 생략되었다. 현대 국어에서 주격 조사로 쓰이는 '가'는 근대 국어 이후에 발생하였다.

③ '봉천토죄(奉天討罪)'는 끝 음이 'ㅣ'이므로 주격 조사가 생략되고, '사방제후(四方諸侯)'는 'ㅣ' 이외의 모음으로 끝났으므로 주격 조사 'ㅣ'를 써야 한다.

### 03

정답 ①

정답의 이유

① ㅿ(반치음)은 'ㅅ'의 가획자가 아니라 이체자이다.

### 04

정답 ②

정답의 이유

② 훈민정음의 자모 28자 중 모음은 11자(ㆍ, ㅡ, ㅣ, ㅗ, ㅏ, ㅜ, ㅓ, ㅛ, ㅑ, ㅠ, ㅕ)이다.

오답의 이유

①·③·④ 'ㅐ, ㅔ, ㅚ, ㅟ, ㅘ, …' 등의 모음자는 중성 11자 체계에 들어가지 않으므로 훈민정음 28자 체계 속에 포함되지 않는다.

### 05

정답 ②

정답의 이유

제시문은『세종어제훈민정음』이다.

② 한자어와 고유어의 관계에 대한 내용은 언급되지 않았다.

### 06

정답 ①

정답의 이유

① 최세진이 1527년에 쓴『훈몽자회』는 한국어를 기술하기 위해 만든 것이 아니라 어린이들의 한자 학습을 위해 간행한 교재이다. 한자의 음훈을 한글로 풀이했기 때문에 중세 국어의 어휘를 알 수 있는 자료이다.

오답의 이유

② **『한불자전』**: 파리외방선교회가 1880년에 간행한 책으로, 한국어를 불어로 풀이한 사전이다. 따라서『한불자전』은 한국어를 기술하기 위해서 만든 교재라 할 수 있다.

③ **『말모이』**: 우리나라 최초의 국어사전으로 주시경 등이 1911년에 조선 광문회에서 편찬하였으나 완성하지는 못하였다.

④ **『큰사전』**: 1929년 조선어 사전 편찬회가 창립되어 편찬한 대규모의 종합 국어사전으로 1957년에 완성되었다. 28년의 편찬 기간 동안 조선어 사전 편찬회가 조선어 학회에 통합되고, 조선어 학회가 한글 학회로 이름을 개칭하여 한글 학회가 엮은 사전이 되었다.

## 07

정답 ③

정답의 이유

③ 『훈몽자회』에서는 초성과 종성으로 함께 쓰인 8자와 초성으로만 사용됐던, 즉 받침으로 쓸 수 없던 8자를 나누어 제시하고 있다. 따라서 초성에 'ㅈ, ㅊ, ㅋ, ㅌ, ㅍ, ㅎ' 6개만 사용하였다는 설명은 옳지 않다.

오답의 이유

① 1527년(중종 22년) 조선의 학자이던 최세진은 어린아이들에게 한자를 가르치기 위한 목적으로 『훈몽자회』를 편찬했다.

② 『훈몽자회』에서는 초성과 종성에 모두 쓰일 수 있는 '초성종성통용팔자(初聲終聲通用八字)'와 초성에만 쓰일 수 있는 '초성독용팔자(初聲獨用八字)'를 나누어 배열했다.

| 초성종성 통용팔자 | ㄱ | ㄴ, ㄷ, ㄹ | ㅁ, ㅂ | ㅅ | ㆁ |
| --- | --- | --- | --- | --- | --- |
| | 아음 | 설음 | 순음 | 치음 | 아음(후음) |
| 초성 독용팔자 | ㅋ | ㅌ | ㅍ | ㅈ, ㅊ, ㅿ | ㅇ, ㅎ |
| | 아음 | 설음 | 순음 | 치음 | 후음 |

④ 『훈몽자회』에서는 11개 모음의 순서를 'ㅏ, ㅑ, ㅓ, ㅕ, ㅗ, ㅛ, ㅜ, ㅠ, ㅡ, ㅣ, ㆍ'로 제시하였다.

# 언어 예절

## 01

정답 ②

정답의 이유

국립국어원에서 배포한 「표준 언어 예절(2011)」에 근거하여 상황에 맞는 적절한 언어 예절을 갖춰야 한다.

② 집에서 손님을 보낼 때 하는 인사말은 '안녕히 가십시오.'인데, 특별한 경우 손위 사람에게는 '살펴 가십시오.'도 가능하다. 간혹 '안녕히 돌아가십시오.'라고 쓰는 경우가 있는데 '돌아가다'라는 말이 '죽는다'는 의미나 '빙 돌아서 간다'는 뜻을 나타내는 경우가 있어 되도록 쓰지 않는 것이 좋다.

오답의 이유

① '좋은 아침!'은 외국어를 직역한 말이므로 이에 대한 전통적인 인사말인 '안녕하십니까?'를 쓰는 것이 좋다고 밝히고 있다.

③ 윗사람의 생일을 축하하는 말로는 '내내 건강하시기 바랍니다.'나 '더욱 강녕하시기 바랍니다.'가 괜찮다. 이 밖에 '건강하십시오.'는 바람직하지 않다. '건강하다'는 형용사이므로 명령문을 만들 수 없을뿐더러 어른에게 하는 인사말로 명령형 문장은 될 수 있으면 피해야 하기 때문이다.

④ 손님이 들어오면 우선 인사를 하고 나서 무엇을 도와 드릴지 여쭈어보는 것이 적절하다.

## 02

정답 ③

정답의 이유

③ '사돈어른'은 항렬이 같은 관계에서만 쓸 수 있는 말이므로, '사장(查丈)어른'이 올바른 표현이다.

오답의 이유

① '아내 남동생의 아내'는 '처남의 댁' 또는 '처남댁'이 맞다.

② '남편 누나의 남편'은 '아주버님', '남편 여동생의 남편'은 '서방님'이다.

④ 조위금 봉투에는 '부의(賻儀)' 또는 '근조(謹弔)'라고 쓰는 것이 적절하다.

## 03

정답 ②

정답의 이유

② 돌아가신 분이 장수를 누리셨다는 의미에서 "호상입니다."라고 말하는 경우가 있는데, 이는 결례이므로 주의한다.

더 알아두기

**문상 관련 전통적 표현**

문상을 할 때는 아무 말도 하지 않는 것이 좋으며, 다음과 같은 표현을 쓸 수 있다.

- 아버지의 죽음: 大故(대고) 말씀 무어라 여쭈오리까?
- 어머니의 죽음: 喪事(상사) 말씀 무어라 여쭈오리까?
- 남편의 죽음: 崩城之痛(붕성지통)이 오죽하시겠습니까?
- 아내의 죽음: 鼓盆之痛(고분지통)이 오죽하시겠습니까?
- 형제의 죽음: 割半之痛(할반지통)이 오죽하시겠습니까?
- 자식의 죽음: 慘慽(참척)을 당하셨으니 오죽하시겠습니까?

## 04

정답 ①

정답의 이유

① 여자의 입장에서 오빠의 아내와 남동생의 아내에게 공통적으로 사용할 수 있는 명칭은 '올케'이다.

오답의 이유

② **계수**: 남자 형제가 동생의 아내를 이르는 말이다.

③ **동서**: 시아주버니의 아내, 시동생의 아내, 처형이나 처제의 남편을 이르는 말이다.

④ **아가씨**: 남편의 여동생(시누이)을 이르거나 부르는 말이다.

## 05

정답 ②

정답의 이유

② 선비(先妣)는 남에게 돌아가신 자신의 어머니를 일컫는 말이다.

오답의 이유

① 인형(仁兄)이란 친구 사이에 상대편을 높여 이르는 2인칭 대명사이다.

③ 영식(令息)이란 윗사람의 아들을 높여 이르는 말이다. 비슷한 말로는 영윤(令胤), 영자(令子) 등이 있다.

④ 춘부장(椿府丈)이란 남의 아버지를 높여 이르는 말이다. 비슷한 말로는 영존(令尊), 춘당(椿堂), 춘부(椿府), 춘부대인(椿府大人), 춘장(椿丈) 등이 있다.

## 06

정답 ③

정답의 이유

③ 친한 사이라도 공석에서는 이름을 불러서는 안 되며, 'ㅇㅇㅇ 씨'라고 부른다.

더 알아두기

**윗사람에게 쓸 수 없는 표현**

- 야단맞았어. → 오늘 선생님께 꾸지람을 들었어.
- 수고하셨습니다. → 고맙습니다. / 애쓰셨습니다.
- 식사하셨어요? → 아침 드셨어요? / 진지 잡수셨습니까?
- 새해 복 많이 받으세요. → 새해 복 많이 받으시길 바랍니다.

## 07

정답 ④

정답의 이유

④ 젊은 남자 선생님과 어머니를 소개해야 하는 경우, "선생님, 저의 어머니이십니다."라고 어머니를 선생님에게 먼저 소개한 다음에 "어머니, 우리 선생님이십니다."라고 선생님을 어머니에게 소개하는 것이 좋다.

더 알아두기

**중간에서 다른 사람을 소개할 때의 순서**

- 직접 사람을 소개하는 경우: 사회적 지위가 낮은 사람이나 연소자(年少者)를 지위가 높은 사람, 연상자(年上者)에게 소개하며, 그 사람의 성명, 직업, 자기와의 관계 등을 말한다. 이어서 지위가 낮은 이에게 높은 사람을, 연소자에게 연상자를 소개한다.
- 지위가 동등하거나 동년배(同年輩)의 사람을 소개할 때의 순서
  ① 친소 관계를 따져 자기와 가까운 사람을 자기와 먼 사람에게 먼저 소개한다.
  ② 손아랫사람을 손윗사람에게 먼저 소개한다.
  ③ 남성을 여성에게 먼저 소개한다.
  ※ 위의 상황이 섞여 있을 때는 ① → ② → ③의 순서로 적용

# 국어 일반

## 01

정답 ④

정답의 이유

④의 '식이요법이 알코올 중독에 이르게 한다'는 연쇄반응은 서로 인과관계가 없으므로 미끄러운 경사면의 오류로 보기 어렵다.

오답의 이유

①·②·③은 '미끄러운 경사면의 오류(fallacy of slippery slope)'를 범하고 있다. 미끄러운 경사면의 오류란, 미끄럼틀을 한 번 타기 시작하면 끝까지 미끄러져 내려갈 수밖에 없듯이 연쇄반응이 이어지면서 잘못된 결론에 도달하게 되는 오류를 뜻한다. 그런데 그 연쇄반응 사이에는 서로 인과성이 있어서 처음의 시작과 결론만 보면 논리적으로 말이 되지 않지만 이어지는 연쇄반응끼리는 서로 관련된다.

**더 알아두기**

**미끄러운 경사면의 오류(fallacy of slippery slope)**

일명 '도미노의 오류'이다. 미끄럼틀을 한번 타기 시작하면 끝까지 미끄러져 내려간다는 점에서 '연쇄반응 효과의 오류'라고 할 수 있다.

예 인터넷 실명제를 시행해서는 안 된다. 인터넷 실명제를 시행하게 되면 개인은 자신의 개인적인 면을 인터넷에 노출하기를 꺼리게 될 것이고, 인터넷을 통해 자유롭게 개성을 표현하는 일이 극도로 줄어들 게 될 것이다. 그렇게 되면 머지않아 우리나라 문화 예술계는 창의성과 상상력을 잃게 될 것이다.

## 02

정답 ③

정답의 이유

③ 필자 역시 글을 선택하는 기준이 될 수 있으나, 다른 보기에 비해 그 중요도가 낮다고 볼 수 있다.

오답의 이유

① 글을 선택할 때는 독자 자신의 글을 읽는 목적과 배경지식, 수준 등을 고려해야 한다.

② 사회 문화적 맥락과 상황 맥락에 따라 글을 선택하는 기준이 달라질 수 있다.

## 03

정답 ②

정답의 이유

㉠은 끊임없이 변화하는 언어의 특성에 대해 말하고 있다. ②에서 언어가 계속해서 변화한다는 것은 언어의 '역사성'에 해당하는 특성이다.

오답의 이유

① 언어의 자의성은 언어의 형식과 의미가 가지는 관계가 필연적이지 않다는 것을 말한다. 가령, '어머니'가 영어로는 'mother', 독일어에서는 'mutter'와 같이 서로 다르게 나타나는 것처럼 언어의 내면적 의미와 외연적 형식의 관계는 절대적이지 않다는 것이다.

③ 언어의 사회성은 언어는 사회적 필요에 따라 만들어진 사회적 약속이라는 것을 말한다. 언어는 같은 언어를 사용하는 사람들이 사회적으로 합의해 놓은 약속 체계이기 때문에 그 언어를 사용하는 사람들이라면 누구나 약속 체계를 지켜야 한다. 그렇지 않으면 언어가 언어로서의 자격을 잃게 된다.

④ 언어의 창조성은 한정된 어휘나 문법 체계를 통해 무한히 많은 말을 표현할 수 있다는 언어의 특징을 말한다. 창조성으로 말미암아 인간은 한정된 음운이나 어휘를 토대로 무한한 문장을 만들어서 사용할 수 있고, 처음 들어보는 문장을 이해할 수 있다.

## 04

정답 ①

정답의 이유

① 알타이어족은 크게 투르크 · 몽골 · 퉁구스의 세 어군(語群)으로 구성되어 있다.

오답의 이유

② **인도 · 유럽어족**: 대부분의 유럽에서 사용하는 언어로 세계 최대의 어족이다. 영어, 독일어, 프랑스어, 러시아어, 힌두어, 그리스어, 이란어 등이 여기에 속한다.

③ **셈어족**: 중동 지역에서 주로 사용하는 언어이다. 아랍어, 헤브라이어 등이 여기에 속한다.

④ **우랄어족**: 우랄산맥 근처에서 발달한 언어이다. 핀우그르어파와 사모예드어파가 있으며, 핀란드어 · 헝가리어 · 네네츠어 등이 여기에 속한다.

## 05

정답 ②

정답의 이유

② 국어는 접속사가 아니라 접속어가 발달한 언어이다. 접속어는 부사에 속한다.

## 06

정답 ④

정답의 이유

④ '신신당부하다'는 명사인 '신신당부(申申當付)'에서 접미사인 '-하다'가 붙은 경우로, 하나의 단어이기 때문에 사전에 검색이 된다.

오답의 이유

① '생각대로'는 명사인 '생각'에 보조사인 '대로'가 붙은 경우로, 하나의 단어가 아니기 때문에 사전에는 검색되지 않는다.

② '그릇째'는 명사인 '그릇'에 접미사인 '-째'가 붙은 경우로, 하나의 단어가 아니기 때문에 사전에는 검색되지 않는다.

③ '들려주곤'은 기본형이 '들려주다'이므로 '들리다'가 아니라 '들려주다'를 검색해야 한다.

## 07

정답 ③

정답의 이유

국어사전 등재 순서는 다음과 같다.

- 자음: ㄱ (ㄲ) ㄴ ㄷ (ㄸ) ㄹ ㅁ ㅂ (ㅃ) ㅅ (ㅆ) ㅇ ㅈ (ㅉ) ㅊ ㅋ ㅌ ㅍ ㅎ
- 모음: ㅏ (ㅐ) ㅑ (ㅒ) ㅓ (ㅔ) ㅕ (ㅖ) ㅗ (ㅘ ㅙ ㅚ) ㅛ ㅜ (ㅝ ㅞ ㅟ) ㅠ ㅡ (ㅢ) ㅣ

# 문장 부호

## 01

정답 ③

정답의 이유

③ 기준 단위당 수량을 표시할 때 해당 수량과 기준 단위 사이에 쓰는 문장 부호는 가운뎃점이 아니라 빗금(/)이다. 예 1,000원/1개

오답의 이유

① '마침표'는 제목이나 표어에는 쓰지 않음을 원칙으로 한다.
   예 압록강은 흐른다 / 꺼진 불도 다시 보자 / 건강한 몸 만들기

② 열거할 어구들을 생략할 때 사용하는 줄임표 앞에는 쉼표를 쓰지 않는다.
   예 광역시는 광주, 대구, 대전……

④ 책의 제목이나 신문 이름 등을 나타낼 때는 겹낫표(『 』)와 겹화살괄호(《 》)를 사용한다. 또한 겹낫표나 겹화살괄호 대신 큰따옴표를 쓸 수 있다.

## 02

정답 ③

정답의 이유

③ 특히 강조하여 주의를 돌리려는 말을 쓸 때 사용하는 문장 부호는 작은따옴표(' ')이다.

오답의 이유

① 두 개 이상의 어구가 밀접한 관련이 있음을 나타내고자 할 때에는 붙임표(-)를 쓴다.
   예 드디어 서울 – 북경의 항로가 열렸다.

② 주석이나 보충적인 내용을 덧붙일 때에는 소괄호(( ))를 쓴다.
   예 니체(독일의 철학자)의 말을 빌리면 다음과 같다.

④ 괄호 안에 또 괄호를 쓸 필요가 있을 때 바깥쪽의 괄호로 대괄호([ ])를 쓴다.
   예 어린이날이 새로 제정되었을 당시에는 어린이들에게 경어를 쓰라고 하였다. [윤석중 전집(1988), 70쪽 참조]

## 03

정답 ①

정답의 이유

쌍점은 쉼표의 일종으로, 문장 부호 ':'의 이름이다.

① 같은 계열의 단어 사이에는 가운뎃점( · )을 쓴다.

오답의 이유

②·③·④는 쌍점의 기능을 잘 설명하고 있다. 더 나아가, 쌍점은 의존 명사 '대'가 쓰일 자리에 쓸 수 있으며, 쌍점의 앞은 붙여 쓰고 뒤는 띄어 쓴다. 다만, 시와 분, 장과 절을 구별할 때나 의존 명사 '대'가 쓰일 자리에 쓰는 경우에는 쌍점의 앞뒤를 붙여 쓴다.

## 04

정답 ④

정답의 이유

문장 안에서 책의 제목이나 신문 이름 등을 나타낼 때는 그 앞뒤에 겹낫표(『 』)나 겹화살괄호(《 》)를 쓰는 것이 원칙이고, 큰따옴표(" ")를 쓰는 것도 허용된다. 홑낫표(「 」)나 홑화살괄호(〈 〉)는 소제목, 그림이나 노래와 같은 예술 작품의 제목, 상호, 법률, 규정 등을 나타낼 때는 사용하며, 홑낫표(「 」)나 홑화살괄호(〈 〉) 대신 작은따옴표(' ')도 허용한다.

④의 '축배의 노래'는 베르디의 음악 작품이므로 「축배의 노래」 혹은 〈축배의 노래〉라고 써야 한다. 또한 '축배의 노래'로 쓰는 것도 가능하다.

오답의 이유

① 고유어에 대응하는 한자어임을 나타낼 때는 대괄호([ ])를 쓴다. '차'는 고유어이고, 대괄호 안의 '茶'는 '차'를 뜻하는 한자어로 '다'나 '차'로 읽는다.

② 말이나 글을 직접 인용할 때는 큰따옴표(" ")를 쓰고, 할 말을 줄였을 때는 줄임표(……)를 쓴다. 민수의 말을 직접 인용의 격 조사 '이라고'를 사용하여 직접 인용하고 있으므로 큰따옴표가 적절히 쓰였으며, 민수가 할 말을 줄였으므로 줄임표(……) 역시 적절히 쓰였다. 줄임표 뒤에는 마침표나 물음표 또는 느낌표를 쓰는 것이 원칙인데, 마침표도 알맞게 사용되었다. 줄임표는 점을 가운데 대신 아래쪽에 찍을 수도 있으며, 여섯 점을 찍는 대신 세 점을 찍을 수도 있다.

③ 특정한 의미가 있는 날을 표시할 때 월과 일을 나타내는 아라비아 숫자 사이에 마침표나 가운뎃점을 쓸 수 있다.

## 음운론

### 01

정답 ②

정답의 이유

파열음에는 'ㄱ, ㄲ, ㅋ, ㄷ, ㄸ, ㅌ, ㅂ, ㅃ, ㅍ'가 있는데, 제시된 선택지 중 잇몸소리에 해당하는 것은 'ㄷ'뿐이다. 'ㄴ'과 'ㅅ'은 잇몸소리이나 각각 비음과 마찰음에 해당한다. 'ㅈ'은 센입천장소리면서 파찰음에 해당한다.

더 알아두기

국어의 자음 체계도

| 조음 방법 \ 조음 위치 | | | 양순음(兩脣音) | 치조음(齒槽音) | 경구개음(硬口蓋音) | 연구개음(軟口蓋音) | 후음(喉音) |
|---|---|---|---|---|---|---|---|
| 안울림 소리[無聲音] | 파열음(破裂音) | 예사소리 | ㅂ | ㄷ | | ㄱ | |
| | | 된소리 | ㅃ | ㄸ | | ㄲ | |
| | | 거센소리 | ㅍ | ㅌ | | ㅋ | |
| | 파찰음(破擦音) | 예사소리 | | | ㅈ | | |
| | | 된소리 | | | ㅉ | | |
| | | 거센소리 | | | ㅊ | | |
| | 마찰음(摩擦音) | 예사소리 | | ㅅ | | | ㅎ |
| | | 된소리 | | ㅆ | | | |
| 울림소리[有聲音] | 비음(鼻音) | | ㅁ | ㄴ | | ㅇ | |
| | 유음(流音) | | | ㄹ | | | |

### 02

정답 ④

정답의 이유

④ **음운 전위**: 형태소를 구성하고 있는 음소의 위치가 바뀌는 음운 현상을 말한다. 발음을 부주의하게 할 때 수의적으로 발생하는 경우가 있다. 예를 들어 '직접'을 '집적'이라고 발음하는 경우가 이에 속한다.

오답의 이유

① **모음 조화**: 두 음절 이상의 단어에서, 뒤의 모음이 앞 모음의 영향으로 그와 가깝거나 같은 소리로 되는 언어 현상을 말한다. 'ㅏ', 'ㅗ' 따위의 양성 모음은 양성 모음끼리, 'ㅓ', 'ㅜ' 따위의 음성 모음은 음성 모음끼리 어울리는 현상이다. '깎아', '숨어', '알록달록', '얼룩덜룩', '갈쌍갈쌍', '글썽글썽', '졸졸', '줄줄' 따위가 있다.

② **음운 동화**: 소리와 소리가 이어서 날 때에, 한 소리가 다른 소리의 영향을 받아서 그와 같거나 비슷하게 소리가 나는 음운 현상을 말한다. 모음 조화, 원순 모음화, 유음화 따위가 있다.

③ **음운 첨가**: 본디 없던 음운이 새로 덧붙는 현상을 말한다. '맨 + 입'이 '맨닙', '솜 + 이불'이 '솜니불'로 소리 나는 따위의 자음 첨가와, '되- + -어'가 '되여', '피- + -어'가 '피여'로 소리 나는 따위의 모음 첨가가 있다.

### 03

정답 ③

정답의 이유

③ 끝소리가 'ㄷ, ㅌ'인 형태소가 모음 'ㅣ'로 시작하는 형식 형태소와 만나면 구개음 'ㅈ, ㅊ'이 되는 현상을 구개음화 현상이라 하는데, '미닫이[미:다지]'는 이 현상으로 인해 발음이 변화된 대표적인 예이다.

오답의 이유

① 국물[궁물]은 자음 동화(역행 동화)의 사례이다.

② 칼날[칼랄]은 뒤의 자음이 앞의 자음을 닮아 바뀌는 자음 동화(순행 동화)의 사례이다.

④ 입히다[이피다]는 두 음운이 합쳐져서 하나의 음운으로 줄어드는 자음 축약의 사례이다.

## 04

정답 ③

정답의 이유

③ '꽃밭'은 발음할 때 음절의 끝소리 규칙과 된소리되기 현상이 나타나는 단어이다. '음절의 끝소리 규칙'에 의해 받침이 'ㄷ'으로 발음되고, '된소리되기'에 의해 'ㅂ'이 'ㅃ'으로 발음되었다.

오답의 이유

①·②·④ 모두 발음할 때 자음 동화 현상이 나타나는 단어들이다. 자음 동화 현상에 의해 각각 '먹는'에서 'ㄱ'은 'ㅇ'으로, '앞문'에서 'ㅍ'은 'ㅁ'으로, '끝물'에서 'ㅌ'은 'ㄴ'으로 변하였다.

# 문학 정답 및 해설

## 현대시

### 01

정답 ②

정답의 이유

작품은 순수한 삶과 절대자에게로의 귀의를 희망하는 화자의 마음을 '기(旗)'로 상징하여 표현하였다. 작품에 ② '절제된 사랑'은 형상화되어 있지 않다.

오답의 이유

① 화자는 5연에서 '하얀 모래벌 같은 마음씨의 벗'을 찾고 있는데, 이를 통해 화자가 '순수한 삶'을 원한다는 것을 알 수 있다.
③ 화자는 7연에서 '때로 울고 / 때로 기도드린다'고 말하고 있다. 따라서 화자가 신께 간절히 기도하는 마음으로 삶을 살아가고 있음을 알 수 있다.
④ 시적 사아는 순수한 삶을 살기를 간절하게 바라고 있다.

더 알아두기

김남조, 「정념(情念)의 기(旗)」
- 갈래: 자유시, 서정시,
- 성격: 낭만적, 애상적, 종교적
- 제재: 기(旗), 기도
- 주제: 순수한 삶에 대한 열망과 종교적 희구(希求)
- 특징
  - 직유와 은유, 상징, 의인법 등의 다양한 비유적 표현 방법이 나타남
  - 시구의 반복으로 '혼란'에서 '평안'으로 변모하는 태도가 시상 전개로 나타남
  - '기(旗)'는 지상(한계)에 묶여 있으면서도 하늘(자유)를 지향한다는 점에서 모순적인 인간의 존재를 상징함

### 02

정답 ①

정답의 이유

㉠에서 시적 화자는 자신의 마음을 '기(旗)'에 비유하여 그동안 자신이 살아온 삶에 대해 돌아보고 있다. 이러한 자세는 자신의 태도나 행동을 스스로 살피고 성찰하고 있다는 점에서 '자성(自省 스스로 자, 살필 성)'에 가깝다. 성찰을 통해 자신을 뉘우치는 모습이나 체념하는 태도는 ㉠에 나타나지 않는다.

오답의 이유

- 자책(自責 스스로 자, 꾸짖을 책): 자신의 결함이나 잘못에 대하여 스스로 깊이 뉘우치고 자신을 책망함
- 체념(諦念 살필 체, 생각 념): 1. 희망을 버리고 아주 단념함 2. 도리를 깨닫는 마음
- 회한(悔恨뉘우칠 회, 한 한): 뉘우치고 한탄함

### 03

정답 ①

정답의 이유

㉡의 '혼란과 열기를 이기지 못해'라는 시구는 순수한 삶을 지향하는 시적 자아의 내면이 현재 불안정하게 흔들리고 있는 상태임을 나타내는 것이다.

오답의 이유

㉣에 나타난 '무거운 비애' 역시 화자 부정적인 내면을 반영하고 있으나 이는 현재 흔들리고 있는 내면이 아니라 침체되어 있는 정적인 부정성을 나타내는 것이다. 한편, ㉢에는 편안한 시적 자아의 내면 상태가, ㉤에는 절대자에게로 귀의를 희구(希求)하는 화자의 자세가 드러난다.

## 04

정답 ③

정답의 이유

③ '찬밥'은 '엄마의 고생'을 나타내는 것이 아니라 화자인 '나'의 처지를 나타내는 시어이다.

오답의 이유

① '열무 삼십 단을 이고'는 엄마가 열무를 이고 시장에 간 것을 의미하므로 '엄마의 고생'을 나타내는 시어라고 할 수 있다.
② '해는 시든 지 오래'는 엄마가 늦게까지 집으로 돌아오지 않는 것을 의미하므로 '엄마의 고생'을 나타내는 시어라고 할 수 있다.
④ '배추잎 같은 발소리 타박타박'은 일을 끝내고 집으로 돌아오는 엄마의 발소리를 의미하므로 '엄마의 고생'을 나타내는 시어라고 할 수 있다.

**더 알아두기**

기형도, 「엄마 걱정」

- 갈래: 자유시, 서정시
- 성격: 회상적, 감각적, 서사적
- 표현
  - 감각적 이미지의 사용
  - 감각적 심상을 통한 어린 시절의 외로움과 두려움의 표현
  - 상황을 제시하여 심리를 섬세하게 묘사
  - 유사한 문장의 반복과 변조를 이용한 리듬감 형성, 의미 심화
- 제재: 어머니를 기다리던 가난한 유년기
- 구성
  - 1연: 어머니의 고된 삶, 홀로 어머니를 기다리는 어린 화자의 불안한 마음
  - 2연: 화자의 유년기에 대한 애틋한 감상
- 특징: 내재율의 율격을 지님
- 주제: 시장에 간 엄마를 걱정하고 기다리던 어린 시절의 외로움
- 출전: 『입 속의 검은 잎』(1989)

## 05

정답 ④

정답의 이유

④ '배추잎 같은 발소리'는 원관념인 '발소리'를 보조 관념인 '배추잎'에 비유한 직유법이 사용되었다. 직유법은 비슷한 성질이나 모양을 가진 두 사물, 즉 원관념과 보조 관념을 '~같이', '~처럼', '~양', '~듯이' 등의 연결어를 사용하여 직접 연결하는 수사법으로 이와 동일한 수사법이 쓰인 것은 원관념인 '나'를 '찬밥'에 비유한 '찬밥처럼 방에 담겨'이다.

오답의 이유

② '내 유년의 윗목'은 외롭고 가난했던 유년 시절을 차가운 '윗목'에 비유한 것으로, 직유법이 아니라 'A의 B'인 은유법이 사용되었다.
③ '해가 시든 지 오래'는 해가 저문 지 오래되었다는 의미로 무생물인 '해'를 시들 수 있는 '꽃'과 같은 생물로 표현하였으므로 활유법이 사용되었음을 알 수 있다. 참고로 '해가 시들었다'는 시간이라는 추상적 개념을 '(꽃이) 시들었다'와 같이 눈에 보이게 시각화(구체화)시켜 표현한 것으로도 설명할 수 있다.

## 06

정답 ④

정답의 이유

④ 제시된 작품은 「온달전」을 재해석한 현대시로서, 윤석산 시인의 「온달전 – 온달의 죽음」이라는 작품이다. 실존했던 인물인 고구려의 장수 온달과 평강 공주의 결연을 소재로 한 「온달전」은 『삼국사기』 「열전」에 실린 이야기다. 따라서 『삼국유사』 「기이」편에 실린 내용을 재해석하였다는 설명은 옳지 않다.

오답의 이유

① 제시된 작품은 「온달전」에서 '온달의 죽음' 부분을 다루고 있다. 그 내용을 살펴보면 온달이 죽어 장례를 지내야 하는데 관이 땅에 붙어 떨어지지 않자 평강공주가 관을 들리게 했다는 것이므로 '상여 부착 설화(喪輿附着說話)'의 원형을 엿볼 수 있다.
②·③ 제시된 작품은 죽음을 맞이한 '온달'을 화자로 하며, 평강공주에 대한 마음을 고백하듯이 드러내고 있다.

**더 알아두기**

김부식 등, 「온달전」

- 갈래: 전기(傳記), 설화
- 배경: 고구려 평강왕 때
- 제재: 평강공주와 온달의 결혼
- 주제: 평강공주의 주체적 삶의 태도와 온달의 영웅적 면모
- 특징
  - 역사적으로 실존 인물의 이야기를 다룸
  - 인물에 대한 '전(傳)' 형식의 설화임
- 출전: 『삼국사기』의 「열전」
- 읽기 자료

> 온달과 평강공주의 이야기는 당시의 사회 · 경제적 변화의 과정에서 부(富)를 축적한 평민 계층이 지배 체제의 개편 과정에서 정치 · 경제적 상승을 할 수 있었던 사회 변동기였다는 사료(史料)로 거론되기도 합니다. 그리고 '바보 온달'이란 별명도 사실은

온달의 미천한 출신에 대한 지배 계층의 경멸과 경계심이 만들어 낸 이름이라고 분석되기도 합니다. (중략) 완고한 신분의 벽을 뛰어 넘어 미천한 출신의 바보 온달을 선택한 평강공주의 결단과 드디어 용맹한 장수로 일어서게 한 평강공주의 주체적 삶에는 민중들의 소망과 언어가 담겨 있기 때문입니다.

– 신영복, 「어리석은 자의 우직함이 세상을 조금씩 바꿔 갑니다.」

## 07

정답 ④

정답의 이유

④ 풍유법(諷諭法)이란 속담이나 격언처럼 어떤 개념이나 사실을 직접 표현하지 않고 다른 대상에 빗대어 풍자적 · 암시적으로 표현하는 수사법이다. 제시된 시에서는 풍유법이 쓰이지 않았다.

오답의 이유

① **의인법**: '새들이 ~ 외로움 때문이고', '산 그림자도 ~ 내려온다'에서 볼 수 있듯이 대상을 인격화하고 있다.

② **대구법**: 비슷한 구절을 나란히 배열해서 규칙적인 운율을 형성하는 것으로 '눈이 오면 눈길을 걸어가고, 비가 오면 빗길을 걸어가라'에서 볼 수 있다.

③ **반복법**: '외로움 때문이고, 외로움 때문이다, 외로워서, 외로워서'와 같이 같은 어휘를 여러 차례 반복하면서 그 의미를 강조하고 있다.

더 알아두기

정호승, 「수선화에게」

- 갈래: 서정시, 자유시
- 성격: 감상적, 교훈적, 애상적
- 제재: 수선화, 고독한 삶
- 주제: 사랑의 외로움과 쓸쓸함
- 특징
  - 수선화에게 이야기하는 형식으로, 여기서 수선화는 시의 청자이자 모든 인간을 의미함
  - 담담한 어조로 외로움에 순응하면서 살아갈 것을 타이르듯 이야기함
- 구성
  - 1~3행: 외로움은 인간의 숙명이므로 그것을 받아들여야 함
  - 4~6행: 외로움을 견디며 담담하게 살아가야 함
  - 7~12행: 세상의 모든 존재들이 외로움을 견디며 살아가고 있음

## 08

정답 ③

정답의 이유

③ 제시된 시는 화자가 수선화에게 이야기하는 형식으로, 여기서 수선화는 시의 청자이며, 모든 인간을 의미한다. 따라서 ㉠ '너'는 '수선화'이다.

## 09

정답 ③

정답의 이유

③ 시적 화자는 '고독'이라는 것이 인간 누구에게나 있는 것인 숙명 같은 것이므로 이러한 외로움을 견디며 담담하게 살아갈 것을 말하고 있다. 따라서 제시된 시의 주제는 '고독의 속성'이라고 할 수 있다.

## 10

정답 ①

정답의 이유

(가)~(라)는 모두 백석 시인의 작품이다. (가)는 「나와 나타샤와 흰 당나귀」, (나)는 「내가 생각하는 것은」, (다)는 「내가 이렇게 외면하고」, (라)는 「흰 바람벽이 있어」 중의 일부이다.

① (가)는 눈이 내려서 화자가 '나타샤'를 그리워하고 있는 것이지 아무것도 할 수 없는 무기력함을 표현한 것이 아니다.

## 11

정답 ④

정답의 이유

- (다) 정지용, 「유리창」(1930)
- (나) 김춘수, 「꽃」(1952)
- (가) 신동엽, 「껍데기는 가라」(1967)
- (라) 정현종, 「세상의 나무들」(1995)

**더 알아두기**

(가) 신동엽, 「껍데기는 가라」
- 갈래: 자유시, 서정시, 참여시
- 성격: 현실 참여적, 저항적, 직설적
- 제재: 외세의 지배에서 탈피해야 할 민족 현실
- 주제: 진정하고 순수한 민족의 삶에 대한 추구
- 특징
  - 직설적 표현으로 부정적 인식을 표현
  - 반복적 표현과 대조적인 시어의 사용을 통해 주제를 강조

(나) 김춘수, 「꽃」
- 갈래: 자유시, 서정시, 주지시, 상징시
- 어조: 사물의 존재 의미를 파악하려는 관념적 · 철학적 어조
- 심상: 비유적, 상징적 심상
- 성격: 관념적, 주지적, 상징적
- 구성
  - 1연: 인식되지 않은 존재
  - 2연: 의미를 부여받은 존재
  - 3연: 존재 의미를 인정받고 싶은 '나'
  - 4연: 존재 의미를 인정받고 싶은 '우리'
- 제재: 꽃
- 주제: 존재의 본질과 의미에 대한 탐구
- 특징
  - 소망을 나타내는 간절한 어조 사용
  - 존재의 의미를 점층적으로 심화, 확대함
  - 사물에 대한 인식론과 존재론을 배경으로 함
  - 시구의 반복을 통해 시적 화자의 의지 강조

(다) 정지용, 「유리창」
- 갈래: 자유시, 서정시
- 성격: 회화적, 애상적, 감각적, 주지적
- 어조: 자식을 잃은 아버지의 애상적 어조
- 주제: 죽은 아이에 대한 그리움과 슬픔
- 특징
  - 선명한 이미지(회화성)의 감각적 언어를 사용
  - 감정을 절제하고 화자가 전달하려는 바를 객관화
  - 모순 어법(예 외로운 황홀한 심사)을 구사하여 시어의 함축성을 높임
  - 대위법을 통한 감정의 절제로 대상을 차분하고 냉정하게 다루고 있음

## 12

정답 ③

정답의 이유

③ 김춘수는 한국 현대시에 '무의미시'라는 새로운 시적 모델을 제시했다. 무의미시는 자연에 대한 감흥이나 정신 의지를 비유적 이미지를 통해 노래한 시와는 확연히 구분된다. 이는 '의미로 응고되기 이전의 세계'로 시를 구현한 것으로 이미지가 두드러진 시적 경향을 의미한다.

## 13

정답 ③

정답의 이유

제시문은 김소월의 「가는 길」이다.

③ 까마귀는 떠나지 못하고 망설이는 화자를 재촉하는 객관적 상관물로 기능하고 있으므로 부정적인 시어로 쓰이지 않았으며, 극단적인 슬픔도 드러내고 있지 않다.

오답의 이유

② 7 · 5조의 음수율을 사용하고 있다.

④ 마지막 연에서 울림소리인 'ㄹ'을 사용하여 실제로 강물이 흘러가는 인상을 생생하게 표현하고 있다.

**더 알아두기**

김소월, 「가는 길」
- 갈래: 자유시, 서정시
- 성격: 민요적, 전통적, 여성적
- 율격: 3음보, 7 · 5조의 변형
- 구성
  - 1연: 그리움의 표현
  - 2연: 내면의 미련
  - 3연: 떠나기를 재촉하는 듯한 까마귀
  - 4연: 떠나기를 재촉하는 듯한 강물
- 특징
  - 간결한 구조와 탁월한 언어 구사
  - 상징적, 함축적 표현을 사용
  - 객관적 상관물을 이용하여 시적 화자의 정서를 표현함
  - 유음, 비음 등의 활용으로 음악적 효과가 나타남
- 주제: 이별의 아쉬움과 그리움
- 의의: 우리 민족의 내면에 흐르는 보편적 정한(情恨)을 진솔하게 표현
- 출전: 『개벽』(1923)

## 14
정답 ③

정답의 이유

제시문은 한용운의 「알 수 없어요」이다.

③ '누구의 ~입니까'와 같은 의문형 종결 어미를 통해 '임'에 대한 동경을 나타내고 있다.

오답의 이유

① 전체적으로 여성적 어조가 드러난다.

② 1~5행까지는 '임'을 느낄 수 있는 밝은 상황의 분위기가 나타나고, 6행에서는 '임'이 부재한 어두운 상황이 나타나고 있다.

④ 속담이나 격언과 같은 풍유법은 드러나지 않는다.

더 알아두기

한용운, 「알 수 없어요」
- 갈래: 산문시, 서정시, 자유시
- 율격: 내재율
- 사상: 불교적 초월 사상, 윤회 사상
- 어조: 여성적 어조
- 심상: 시각적, 후각적, 청각적, 촉각적
- 주제: 임에 대한 동경과 구도(求道) 정신
- 표현
  - 경어체 사용과 의문형 어구의 반복
  - 자연적 심상의 의인화
  - 상상력의 비약으로 의미의 심화
- 출전: 『님의 침묵』(1926)

## 15
정답 ④

정답의 이유

④ '등불'은 자신을 불태워 남을 밝히는 존재이다. 다시 말해, 자신을 희생해서 남을 존재하게 하는 거룩한 존재이다. 따라서 화자는 자신의 절대적인 '임'을 향해 다시 기름이 되는 생성의 믿음과 의지를 굳게 갖고, 재가 되는 소멸의 아픔을 기쁨으로 감수하는 것이다. 시적 상황 속에서 나는 약한 존재일 수밖에 없지만 임을 향한 사랑, 그리움의 등불을 약하게나마 계속 켠 채 지키고 있겠다는 뜻을 드러내고 있다. 즉, 등불은 밤을 몰아내려는 화자의 의지와 희생정신을 의미한다.

오답의 이유

①·②·③ 모두 '임'을 의미한다.

더 알아두기

「알 수 없어요」의 보조 관념과 원관념

| 구분 | 자연 현상(보조 관념) | '누구'의 모습(원관념) |
|---|---|---|
| 1행 | 고요히 떨어지는 오동잎 | 누구의 발자취 |
| 2행 | 언뜻언뜻 보이는 푸른 하늘 | 누구의 얼굴 |
| 3행 | 하늘을 스치는 알 수 없는 향기 | 누구의 입김 |
| 4행 | 가늘게 흐르는 작은 시내 | 누구의 노래 |
| 5행 | 떨어지는 해를 곱게 단장하는 저녁놀 | 누구의 시 |

## 16
정답 ③

정답의 이유

③ 점층법은 강조법의 한 가지로, 표현하고자 하는 내용의 비중이나 강도를 점차 높이거나 넓혀 그 뜻을 강조하는 표현 기법이다. 작고 약하고 좁은 것에서 크고 강하고 넓은 것으로 표현을 점점 확대해가는 것을 말한다. 독자를 설득하거나 감동을 주는 데 효과적이어서 소설 · 희곡 등에서 사건의 발전을 강조할 때 많이 이용된다.

예 이상의 「날개」에서 '날자, 날자, 날자, 한 번만 더 날아 보자꾸나' 등

오답의 이유

① **인과:** 어떤 결과의 한 원인을 분석하거나 어떤 원인에 의한 결과적 현상을 분석하는 것이다. 원인을 분석하거나 결과를 분석하는 사고 작용은 모두 시간의 변화에 따른 어떤 현상의 변화를 중시한다는 점에서 서사 및 과정과 밀접한 연관을 맺는다.

② **연쇄:** 앞 구절의 말을 다시 다음 구절에 연결시켜 연쇄적으로 이어가는 방법이다. 강조를 위한 반복법과 달리 가락을 통해 글에 변화를 줌으로써 흥미를 일으킨다.

예 맛있는 바나나, 바나나는 길어, 길으면 기차, 기차는 빨라

④ **예시:** '예를 들어', '예컨대' 등의 부사어를 사용하여 예를 들어 보이는 것이다. 설명하는 글, 주장하는 글, 실용적인 글 등 다양한 글에서 독자의 이해를 돕는 기능을 한다.

## 17

정답 ③

정답의 이유

③ 이 작품은 모란이 피고 지는 모습을 통해 생명의 원리와 아름다움을 드러내고 있다. 〈보기〉의 첫 번째 문장과 두 번째 문장은 '그러나'로 연결되어 있어 두 문장을 대조하여 ㉠ · ㉢을 찾을 수 있다. ㉠은 뒤 문장 '지상의 아름다움은'과 대응되므로 '하늘나라의 아름다움'이 적절하고, ㉢은 앞 문장 '죽지도 않을 것이다'의 반대 의미가 들어가야 하므로 '영원'이 적절하다. ㉡과 ㉣은 문장 안에서 의미상 적절한 표현을 찾을 수 있다. ㉡에는 '죽다'의 유의어가 들어가야 하므로 '소멸'이 적절하고, ㉣은 '슬픔'과 대비되는 '기쁨'이 적절하다.

**더 알아두기**

김영랑, 「모란이 피기까지는」

- 갈래: 자유시, 서정시
- 성격: 유미적, 낭만적, 상징적
- 어조: 여성적 어조
- 구성: 수미상관의 구조
- 제재: 모란의 개화와 낙화
- 특성
  - 수미상관의 구조를 통해 주제를 강조
  - 역설적 표현을 사용
  - 섬세하고 아름다운 언어의 조탁이 돋보임
  - '봄'과 '모란'이 내포하는 의미의 애매성, 상징성
- 주제: 소망이 이루어지기를 기다림
- 출전: 『문학』(1934)

## 18

정답 ④

정답의 이유

제시된 시는 유치환의 「깃발」로, 깃발을 통해 이상적인 세계에 대한 동경과 좌절을 노래한 작품이다. '소리 없는 아우성'에서 쓰인 표현법은 역설법이다.

④ 반어법이 쓰인 구절이다.

오답의 이유

① · ② · ③ 역설법이 사용되었다.

**더 알아두기**

유치환, 「깃발」

- 갈래: 자유시, 서정시
- 성격: 역설적, 의지적, 상징적
- 주제: 이상향에 대한 향수와 비애
- 특징
  - '깃발'의 상징적 이미지를 역설을 통해 제시
  - 동경과 좌절이라는 이원적 대립 구조

## 19

정답 ③

정답의 이유

③ '이념의 푯대'는 땅에 고정된 깃대로 '깃발'을 매어 두고 있다. 즉, '깃발'이 이상 세계로 갈 수 없는 한계 상황인 것이다.

오답의 이유

① · ② · ④ '손수건', '순정', '애수'는 모두 '깃발'을 의미하는 시어이다.

## 20

정답 ③

정답의 이유

제시된 시는 윤동주의 「서시」로, 현실의 어둠과 괴로움 속에서 자기의 양심을 지키며 맑고 아름다운 삶을 살고자 했던 젊은이의 고뇌를 간결한 언어와 자연 친화적 상징어들을 통해 형상화한 작품이다.

③ 「서시」에서 '별', '하늘', '바람', '잎새'는 서로 다른 의미를 가지는 시어이다. '별'은 이상적 가치, 희망 등을 의미하고 '하늘'은 삶의 지향점을, '바람'은 시련과 고난, 일제 강점하에서의 시련, '잎새'는 바람 앞에서 끊임없이 실존의 위협을 받고 있는 작고 연약한 존재를 상징한다.

## 21

정답 ④

정답의 이유

④ 제시된 시는 안도현의 「낙숫물」로 처마 끝에서 떨어지는 물인 '낙숫물'을 제재로 한 시이다.

더 알아두기

시의 요소

- 구성 요소
  - 음악적 요소: 시의 운율
  - 회화적 요소: 시의 심상
  - 의미적 요소: 시의 사상과 정서
- 내용 요소
  - 주제: 시에 담긴 중심 사상
  - 제재: 가장 중심이 되는 소재
  - 소재: 시의 내용을 이루는 중요한 재료
  - 이미지: 시를 읽거나 들을 때, 마음속에 떠오르는 감각적 인상
- 형식 요소
  - 시어: 시인의 사상 감정을 표출한 함축적 의미의 언어
  - 시행: 시어들이 모여 이루어진 한 줄
  - 연: 몇 개의 시행이 모여 이루어진 의미와 이미지의 결합 단위
  - 운율: 시를 읽을 때 느낄 수 있는 소리의 가락

## 22

정답 ①

정답의 이유

① 제시된 작품은 김진경의 「개화」로, 어머니를 비유한 시어는 '목련'과 '누에'이다.

## 23

정답 ③

정답의 이유

③ '퀴퀴한', '비린내' 등에서 후각적 심상을 파악할 수 있다.

오답의 이유

① **미각적 심상**: 간간하고, 짭조름한

② **시각적 심상**: 구겨진

④ **공감각적 심상(시각의 청각화)**: 금으로 타는 태양의(시각) 즐거운 울림(청각)

## 24

정답 ②

정답의 이유

② 제시된 시는 김종길의 「성탄제」로 감각적인 수식어의 구사를 통해 사물의 영상이 직접 드러나도록 표현하는 묘사적 심상이 나타나 있다.

오답의 이유

① **역동적 심상**: 격렬한 시어와 동작적인 용언을 활용함으로써 제시된다.

예 푸름 속에 펄럭이는 피깃발의 외침

③ **상징적 심상**: 관념을 연상시키는 기능을 가지는 심상을 말한다.

예 「공무도하가」에서의 '물'의 이미지: 남편과의 사별을 가져온 자연물 → 이별, 죽음 → 삶의 부정적 이미지

④ **비유적 심상**: 직유, 은유, 대유, 의인 등의 수사적 표현 방법에 의해 형성되는 심상을 말한다.

예 낙엽은 폴란드 망명 정부의 지폐

더 알아두기

김종길, 「성탄제」

- 갈래: 자유시, 서정시
- 성격: 회상적, 주지적, 문명 비판적
- 어조: 어린 시절을 회상하는 독백적 어조
- 시어
  - 눈: 회상의 매개체
  - 서러운 서른 살: 동심의 세계에서 멀어져 어른이 되어 버림
  - 산수유: 아버지의 순수한 사랑
- 제재: 성탄일의 추억
- 주제: 아버지의 사랑, 아버지에 대한 그리움
- 특징
  - 흰색과 붉은색의 색채 대조
  - 과거에서 현재로 시간이 이동함

## 25

정답 ①

정답의 이유

① 현대 시조는 장별 배행 시조, 구별 배행 시조와 같이 시행이나 구절의 배열이 다양하다.

더 알아두기

현대 시조의 특징

- 형식상 파격을 나타내며, 3 · 4조나 4 · 4조의 정형적 율격에서 벗어나는 경우가 많다.
- 장별 배행 시조, 구별 배행 시조와 같이 시행이나 구절의 배열이 다양하다.
- 고시조는 제목이 없는 작품이 많지만, 현대 시조는 제목이 있는 경우가 많다.
- 현대시와 같이 개성적인 작품이 많이 창작되고 있다.

## 26

정답 ③

정답의 이유

③ 제시된 작품은 이태극의 「서해상의 낙조(落照)」로, 낙조전의 장엄한 모습과 낙조 이후의 아쉬움, 낙조 후에 반달이 떠오른 풍경을 시간의 순서에 따라 묘사하고 있다. '웃는고'라는 표현을 보면, 무생물인 '반달'에 사람의 인격을 부여한 것으로 의인법이 쓰였다. 또한 자연 풍경을 감탄한 것이기 때문에(어디서 살진 반달이 함을 따라 웃는고) 영탄법이 사용되었다고 할 수 있다.

오답의 이유

① • 은유법: '원관념 = 보조 관념' 방식의 비유법을 말한다.
  예 내 마음은 호수
  • 직유법: '~처럼, ~같이, ~듯이, ~인 양' 등의 표현이 들어가는 직접적인 비유법을 말한다.
  예 구름에 달 가듯이 가는 나그네, 별처럼 아름다운 새까만 눈동자

② 설의법은 뻔히 아는 결론을 의문으로 표현하는 변화법이다.
  예 이 또한 얼마나 아름다운가?

④ • 대유법: 하나의 사물이나 관념을 나타내는 말이 경험적으로 그것과 밀접하게 연관된 다른 사물이나 관념을 나타내도록 표현하는 수사법이다.
  예 흰옷 → 우리 민족
  • 도치법: 단어나 구절의 앞뒤 순서를 바꾸는 변화법이다.
  예 보고 싶어요, 붉은 산이, 그리고 흰 옷이.

## 27

정답 ②

정답의 이유

② 제시된 작품은 동요 시인 권태응의 「감자꽃」이다.

오답의 이유

① 김춘수: 「처용단장」, 「꽃의 소묘」, 「꽃」 등의 작품을 남겼다.
③ 이원수: 동요 「고향의 봄」의 작곡가이다.
④ 유진오: 「김강사와 T교수」, 「형」 등의 작품을 남겼다.

## 28

정답 ④

정답의 이유

④ 제시된 작품은 김현승의 「눈물」이다. '꽃'과 '열매', '웃음'과 '눈물'이 각각 대비를 이루며 시의 주제(슬픔의 종교적 승화)를 더욱 잘 드러내고 있다.

더 알아두기

김현승, 「눈물」

- 갈래: 자유시, 서정시
- 성격: 종교적, 명상적, 상징적
- 제재: 눈물(아들의 죽음)
- 주제: 슬픔의 종교적 승화를 통한 순결한 삶의 추구
- 특징
  - 경어체를 사용하여 경건한 분위기를 형성
  - 대립적 이미지로 '눈물'의 시적 의미를 부각시킴
  - 기독교적 세계관에 근거하여 대상에 새로운 의미 부여

## 29

정답 ①

정답의 이유

① 제시문은 임화의 「우리 오빠와 화로」이다. 임화는 1920년대 계급주의 경향의 시를 쓴 작가이다. 사회주의 문학을 표방했던 계급주의 시인에는 임화, 권환, 김남천 등이 있다.

오답의 이유

② 조지훈, 박목월은 박두진과 함께 1930년대 청록파 작가로서 작품에서 자연 회귀를 추구하였다.
③ 김영랑, 박용철은 1930년대 순수시파의 대표적 작가들이다.
④ 서정주, 유치환은 1930년대 생명파의 대표적 작가들이다.

**더 알아두기**

계급주의 문학
- 주요 인물: 김기진, 박영희, 이익상, 이상화, 안석주, 임화, 권환 등
- 특성
  - 결말이 방화나 살인 등 본능적 저항으로 이루어짐
  - 하층민의 빈곤한 생활상을 객관적으로 묘사한 생활의 문학
  - 사회주의 운동을 배경으로 하여 정치성을 띰
  - 순수 문학을 부정

## 30

정답 ③

정답의 이유

한국 현대시의 흐름

| 흐름 | 유파 | 대표 잡지 | 주요 작가 | 특징 |
|---|---|---|---|---|
| 낭만시 | 낭만파(백조파) | 『백조』·『폐허』(1922) | 이상화, 홍사용 | • 감상적 낭만주의<br>• 주관적 정열과 격정 |
| 경향시 | 신경향파(예맹파) | 『개벽』(1923) | 박영희, 김기진, 임화 | 정치적 목적성 강조 |
| 순수시 | 시문학파 | 『시문학』(1930) | 박용철, 정지용, 김영랑 | • 순수성 강조<br>• 세련된 언어와 기교 |
| 주지시 | 모더니즘 | 『삼사 문학』(1934) | 김기림, 이상, 김광균 | 이미지와 지성 중시 |
| 생명파시 | 생명파 | 『시인 부락』(1936), 『생리』(1937) | 서정주, 유치환 | 생명 의식의 앙양과 인간 탐구 |
| 청록파시 | 청록파 | 『문장』(1939) | 박목월, 박두진, 조지훈 | 자연과의 교감 |

## 31

정답 ②

정답의 이유

② '퉁퉁'은 살이 쪄서 몸이 옆으로 퍼진 모양, 또는 물체의 한 부분이 붓거나 부풀어서 두드러져 있는 모양을 의미한다. 따라서 여기에는 시각적 심상이 나타난다고 볼 수 있다. ①·③·④에는 공감각적 심상이 나타난다.

오답의 이유

① '울음'(청각)을 '금빛'(시각)으로 표현한 것으로 공감각적 심상이 나타난다. → 청각의 시각화

③ '금으로 타는 태양'(시각)을 '울림'(청각)으로 표현한 것으로 공감각적 심상이 나타난다. → 시각의 청각화

④ '말소리'(청각)를 '향기로운'(후각)으로 표현한 것으로 공감각적 심상이 나타난다. → 청각의 후각화

## 32

정답 ②

정답의 이유

② (나)는 신동엽의 「껍데기는 가라」로, 이데올로기의 대립이 첨예하던 냉전 시절에 그것을 초월하여 민족주의적 관점에서 우리 민족이 나아갈 길을 밝힌 선구자적 작품이다.

오답의 이유

①·③·④ 모두 이별을 주제로 하고 있다.

(가) **백수광부의 처, 「공무도하가」**: 임과의 이별을 주제로 한 4언 4구의 한역 시가이다.

(다) **월명사, 「제망매가」**: 누이를 잃은 슬픔을 나타낸 10구체 향가이다.

(라) **김소월, 「진달래꽃」**: 이별의 정한과 그 승화를 주제로 한 시이다.

**더 알아두기**

**(가) 백수광부의 처, 「공무도하가」**
- 갈래: 고대 가요, 한역 시가, 서정시
- 성격: 서정적, 애상적, 체념적
- 형식: 4언 4구체의 한역 시가
- 표현: 직설법
- 별칭: 공후인(箜篌引)
- 주제: 임을 여읜 슬픔
- 의의
  - 현전하는 최고(最古)의 서정 가요
  - 집단 가요에서 개인적 서정시로 넘어가는 과도기적 작품

**(나) 신동엽, 「껍데기는 가라」**
- 갈래: 자유시, 서정시, 참여시
- 성격: 현실 참여적, 저항적, 직설적
- 제재: 외세의 지배에서 탈피해야 할 민족 현실
- 주제: 진정하고 순수한 민족의 삶 추구, 순수한 삶이 보장되는 민주 사회에 대한 소망
- 특징
  - 직설적 표현으로 부정적 인식을 표현
  - 반복적 표현과 대조적인 시어의 사용을 통해 주제를 강조

**(라) 김소월, 「진달래꽃」**
- 갈래: 자유시, 서정시

- 성격: 전통적, 애상적, 민요적, 향토적
- 제재: 임과의 이별
- 주제: 이별의 정한과 초극 의지
- 특징
  - 이별의 상황을 가정하여 시상을 전개
  - 종결 어미 '-우리다'를 반복 사용하여 운율 형성
  - 3음보 율격, 7 · 5조
  - 수미상관 구조의 형태적 안정감
  - 반어법을 사용하여 화자의 정서를 강조
- 출전: 『개벽』(1922)

## 33

정답 ②

정답의 이유

② 제시문은 월명사의 「제망매가」로 'ᄒᆞᆫ ᄃᆞᆫ 가재(한 가지)'는 시적 화자와 대상과의 관계가 동기(同氣)지간임을 암시하는 시어이다.

더 알아두기

(다) 월명사, 「제망매가」

- 갈래: 10구체 향가
- 성격: 추도적, 애상적, 불교적
- 주제: 죽은 누이를 추도
- 시적 화자의 태도: 이별의 슬픔을 종교적 신앙심으로 승화
- 의의
  - 불교적 윤회사상에 토대를 둔 불교적 내용의 서정 시가
  - 「찬기파랑가」와 더불어 뛰어난 표현 기교와 서정성이 돋보이는 수준 높은 10구체 향가 작품
  - 죽음을 모티프로 함(정지용의 「유리창」, 박목월의 「하관」, 「이별가」 등)

## 34

정답 ④

정답의 이유

④ 알레고리(Allegory)는 인물, 행위, 배경 등이 일차적 의미(표면적 의미)와 이차적 의미(이면적 의미)를 모두 가지도록 고안된 이야기로, 은유적으로 의미를 전하는 표현 양식이다. 즉, 어느 사물을 직접적으로 표현하는 것이 아니라 다른 사물에 의해 암시적으로 표현하는 방법이며 '우의(寓意)', '풍유(諷諭)' 등으로 불리기도 한다. 신동엽의 시 「껍데기는 가라」는 알레고리 기법을 활용해서 역사의 부조리와 허구를 고발하고 있는 작품이다.

오답의 이유

① **아이러니**: 역설(逆說)에 상응하여 전하려는 생각의 반대되는 말을 써서 효과를 보는 수사법을 뜻하는 문학 용어이다.

② **시뮬라시옹**: 시뮬라크르(프랑스어: Simulacre)는 존재하지 않지만 존재하는 것처럼, 때로는 존재하는 것보다 더 생생하게 인식되는 것들을 말하며, 시뮬라시옹(프랑스어: Simulation)은 시뮬라크르가 작용하는 것을 말하는 동사이다.

③ **패러독스**: 일반적으로는 모순을 야기하지 아니하나 특정한 경우에 논리적 모순을 일으키는 논증을 뜻하는 철학 용어. 모순을 일으키기는 하지만 그 속에 중요한 진리가 함축되어 있는 것으로 간주한다.

# TOP 2 고전 시가

## 01

정답 ③

정답의 이유

제시문의 작품은 왕방연의 시조이다. 따라서 이 문제는 시조 갈래의 형식적 특징을 묻고 있는 것이다. 시조마다 1~2글자의 차이가 있을 수 있지만 종장 첫째 구만은 3음절을 반드시 지켜야 한다. 따라서 ③에서 종장의 첫 음보가 4음절이라는 설명은 틀렸다.

오답의 이유

① · ② · ④는 모두 시조의 형식에 대해 바르게 설명하고 있다.
시조는 우리 민족이 만든 독특한 정형시의 하나이다. 시조는 14세기 경인 고려 말기에서 조선 초기에 걸쳐 정제된 것으로 추정되고 있으며, 현재까지 지속적으로 창작되고 있는 우리 고유의 정형시이다. 시조의 형식은 평시조를 기준으로 할 때, 3 · 4조의 음수율을 이루고 3장 6구, 45자 안팎으로 이루어져 있으며 4음보격이다.

더 알아두기

왕방연, 千萬里 머나먼 길에

- 갈래: 평시조
- 시기: 조선 세조 때
- 성격: 이별가, 연군가(戀君歌)
- 주제: 임과의 안타까운 이별, 임금에 대한 연민
- 특징
  - 작가인 왕방연은 조선 세조 때 금부도사(禁府都事)였는데, 노산

군(魯山君)으로 강봉(降封)된 단종을 유배지인 강월도 영월까지 호송한 인물이다. 이 작품은 왕방연이 단종을 호송하고 돌아오는 길에 지은 작품이라고 전해진다.
  - 작품 속의 '고운 임'을 단종으로 보면, 이 작품은 '연군가(戀君歌)'적 성격을 띠게 된다.
  - 화자의 슬픈 감정을 물에 감정 이입하여 표현하고 있다.
  - 과장법(천만리 머나먼 길)을 사용하여 임과의 거리, 이별의 슬픔을 형상화하고 있다.
- 현대어 풀이
  천만리 머나먼 길에 고운 임 이별하옵고
  내 마음 둘 데 없어 냇가에 앉아 있으니
  저 물도 내 마음 같아서 울며 밤길 가는구나

## 02

정답 ④

정답의 이유

제시문은 정철의 「사미인곡(思美人曲)」 서사 부분이다. 「사미인곡」의 서사에서 화자는 임과의 인연과 버림받은 자신의 신세를 한탄하고 있다. (가)를 현대어로 풀이하자면, '계절이 때를 알아 가는 듯 다시 오니 듣고 보고 하는 중에 느낄 일도 많고 많다.' 정도로 해석할 수 있다. 화자는 임과 이별한 상황에서도 시간이 흐르고, 홀로 느끼는 바가 많다고 말하고 있다. 따라서 ④처럼 임이 부재한 상황에 세월만 흐르는 것을 안타까워하고 있는 것이다.

더 알아두기

**정철, 「사미인곡」**
- 갈래: 서정 가사
- 형식: 3(4) · 4조의 4음보
- 성격: 충신연주지사(忠臣戀主之詞)
- 주제: 연군의 정, 임금을 그리는 마음
- 특징: 이별한 여인의 목소리를 빌어 임금을 사모하는 마음을 노래함
- 의의
  - 정철의 「속미인곡(續美人曲)」과 더불어 가사 문학의 절정을 이룬 작품
  - 우리말 구사의 극치
  - 정서의 「정과정(鄭瓜亭)」의 계보를 잇는 충신연주지사(忠臣戀主之詞) 작품
- 구성
  - 서사: 임과의 인연과 버림받은 자신의 신세 한탄
  - 본사 1(춘원): 임에게 매화를 보내고 싶은 마음
  - 본사 2(하원): 임에게 옷을 지어 보내고 싶은 마음
  - 본사 3(추원): 임에 대한 사모의 정과 선정에 대한 갈망
  - 본사 4(동원): 임에 대한 근심과 사랑
  - 결사: 임에 대한 영원한 사랑의 다짐
- 현대어 풀이
  이 몸 생겨날 때 임을 따라 생겼으니
  한평생 연분을 하늘이 모르겠느냐.
  나 하나 젊어 있고 임 하나 날 사랑하시니
  이 마음 이 사랑 견줄 데 전혀 없다.
  평생토록 임과 함께 살기를 원했는데
  늙어서야 무슨 일로 외로이 그리는가.
  엊그제 임을 모셔 광한전에 올랐는데
  그 사이 어찌하여 지상에 내려왔느냐.
  올 때에 빗은 머리 흐트러진 지 삼 년일세.
  연지분 있지마는 누굴 위하여 단장할까.
  마음에 맺힌 시름 첩첩이 쌓여 있어
  짓는 것이 한숨이요, 흐르는 것이 눈물이라.
  인생은 유한한데 시름도 그지없다.
  무심한 세월은 물 흐르듯 하는구나.
  계절이 때를 알아 가는 듯 다시 오니
  듣고 보고 하는 중에 느꺼운 일도 많고 많다.

## 03

정답 ④

정답의 이유

④ ㉣의 '디ᄂᆞ니 눈믈이라'는 눈물이 지나간다는 의미가 아니라, '흐르는(떨어지는) 것이 눈물이라'는 뜻이다.

오답의 이유

① '괴다'는 특별히 귀여워하고 사랑한다는 뜻으로, ㉠은 '님 하나 날 사랑하시니'로 해석할 수 있다.
② 'ᄒᆞᆫᄃᆡ'는 함께, '녜다'는 살다, 지낸다는 뜻으로, ㉡은 '함께 살고자 하였더니'로 해석할 수 있다.
③ ㉢은 '흐트러진 지 삼 년일세'로 해석할 수 있다.

## 04

정답 ①

정답의 이유

① (가)는 '비로봉에 올라보니 그대는 누구이신가'가 아니라 '(금강산의 최고봉인) 비로봉 맨 꼭대기에 올라 본 사람이 누구이신가?' 정도로 번역해야 한다.

더 알아두기

정철, 「관동별곡(關東別曲)」

- 갈래: 양반 가사, 기행 가사, 정격 가사
- 성격: 서사적, 서정적, 비유적, 유교적, 도교적, 묘사적, 충의적
- 표현
  - 우리말의 아름다움을 살린 표현의 사용
  - 영탄, 대구, 은유, 직유 등의 다양한 수사법 사용
  - 비유적 표현을 통한 역동적인 경치 묘사
- 제재: 금강산, 관동 팔경
- 주제: 관동 지방의 절경과 연군, 선정의 포부, 애민 정신
- 구성: 3단 구성(서사 – 본사 – 결사)
  - 서사: 관찰사 부임과 관내 순시
  - 본사 1: 금강산 유람
  - 본사 2: 관동 팔경 유람
  - 결사: 망양정에서의 월출, 꿈속에서 신선을 만난 후의 감회
- 특징
  - 여정 및 산수, 고사, 감회 등 다양한 내용을 담고 있음
  - 화자의 정서적 추이와 갈등이 함축적으로 드러남
  - 3(4) · 4조, 4음보의 율격을 기본으로 함
  - 추보식 구성의 시상 전개
  - 생략을 활용하여 부임 과정을 속도감 있게 전개
  - 선정(善政)의 포부, 연군지정(戀君之情), 우국지정(憂國之情)의 태도
  - 충정, 애민, 신선(神仙) 등 유교 · 도교적인 사상적 배경이 나타남
  - 위정자로서의 치세의 욕구와 개인으로서의 풍류의 욕구 사이에 갈등이 나타남
- 출전: 『송강가사』

## 05

정답 ③

정답의 이유

㉠ 제시된 작품은 박인로의 「누항사」 중 일부로 가난한 화자가 밭을 갈기 위해 소가 필요해서 이웃집에 빌리러 간 장면이다. 소를 빌리러 허겁지겁 달려가는 상황이므로 ㉠에 어울리는 말은 '허위허위'이다.

- 허위허위: 1. 손발 따위를 이리저리 내두르는 모양 2. 힘에 겨워 힘들어하는 모양
  - 예 허위허위 달려가서

㉡ 이웃집 주인에게 소를 빌리지 못한 상황이므로 고개를 떨구고 맥없이 물러나올 수밖에 없다. 원문에는 '설피설피'로 명시되어 있으나 해당 문제의 보기에 '설피설피'가 없었으므로 가장 근접한 의미였던 '타박타박'을 골라야 한다.

- 타박타박: 조금 느릿느릿 힘없는 걸음으로 걸어가는 모양
- 설피설피: 맥없이 어슬렁어슬렁 걷는 모습

오답의 이유

① 궁싯궁싯: 1. 잠이 오지 아니하여 누워서 몸을 이리저리 자꾸 뒤척거리는 모양 2. 어찌할 바를 몰라 이리저리 자꾸 머뭇거리는 모양

② • 너울너울: 1. 물결이나 늘어진 천, 나뭇잎 따위가 부드럽고 느릿하게 굽이져 자꾸 움직이는 모양 2. 팔이나 날개 따위를 활짝 펴고 자꾸 위아래로 부드럽게 움직이는 모양
• 다문다문: 1. 시간적으로 잦지 아니하고 좀 드문 모양 2. 공간적으로 배지 아니하고 사이가 좀 드문 모양

④ • 허둥허둥: 어찌할 줄을 몰라 갈팡질팡하며 자꾸 다급하게 서두르는 모양
• 설핏설핏: 1. 짜거나 엮은 것이 여럿이 다 거칠고 성긴 모양 2. 잠깐잠깐 나타나거나 떠오르는 모양 3. 잠깐잠깐 풋잠이나 얕은 잠에 빠져드는 모양

더 알아두기

박인로, 「누항사(陋巷詞)」

- 갈래: 가사
- 연대: 조선 광해군 3년(1611)
- 성격: 사실적, 전원적
- 제재: 가난한 삶
- 주제: 가난을 원망하지 않고 자연을 벗 삼으며 윤리적인 삶을 살려고 하는 의지
- 구성
  [1] 썩은 짚을 땔감으로 씀, 덜 데운 숭늉으로 고픈 배를 채움
  [2] 전쟁에 참여했던 일을 회상함
  [3] 소를 빌리려다 수모만 당함
  [4] 농사를 포기함
  [5] 자연을 벗 삼으며 절로 늙기를 소망함
  [6] 빈이무원, 단사표음하는 삶을 지향함
  [7] 태평천하에 충효, 화형제, 신붕우에 힘씀
- 특징
  - 한문 어구와 고사가 많이 사용됨
  - 현실적인 삶의 모습을 구체적이고 생생하게 묘사함
  - 4음보의 율격이 나타남
- 의의
  - 가난한 삶을 사실적으로 형상화하여 이전의 강호가도의 가사와는 다른 독특한 작품 세계를 보여 줌
  - 일상생활의 언어를 폭넓게 사용하여 생동감 있는 표현이 많이 나타남

## 06

정답 ①

정답의 이유

① 〈보기〉의 작품은 조선 건국의 정당성을 홍보하기 위해 창작된 것으로 궁중 행사나 왕의 행차에 사용된 음악의 가사이다. 형식상으로는 '악장'이고, 내용상으로는 '왕조 서사시'이다. 따라서 경기체가의 대표작이라는 설명은 틀렸다.

더 알아두기

정인지 외, 「용비어천가」

- 세종 27년(1445)에 정인지 · 권제 · 안지 등이 왕명을 받아 목조 · 익조 · 도조 · 환조 및 태조 · 태종 등 6대의 사적과 조선 창업의 유래를 중국 고사에 비유, 찬송하여 지은 노래이다. 모두 125장으로 된 이 노래는 훈민정음으로 적은 최초의 문헌으로서 우리 국문학사상 존재 가치가 클 뿐 아니라, 중세 국어 연구의 귀중한 자료가 된다.
- 현대어 풀이
  [2장]
  뿌리가 깊은 나무는 바람에 흔들리지 아니하므로, 꽃이 좋고 열매도 많으니
  샘이 깊은 물은 가뭄에도 그치지 않고, 내가 되어서 바다에 이르게 되니

## 07

정답 ③

정답의 이유

윤선도의 「어부사시사」는 춘하추동(春夏秋冬) 사계절을 각 10수씩 읊은 총 40수의 연시조로 3장 6구의 시조 형식에 후렴구를 첨가하였다.

③ '지국총 지국총 어사와'는 배 젓는 소리의 음을 빌려 한자로 나타낸 것으로 작품에 리듬감과 생동감을 불어넣고 있다.
- 지국총: 노 젓는 소리를 나타내는 의성어 '찌그덩'의 음차
- 어사와: 노를 저을 때 외치는 소리를 나타낸 의성어 '어기여차'의 음차

더 알아두기

윤선도, 「어부사시사」

- 갈래: 연시조
- 성격: 풍류적, 회화적, 자연친화적
- 연대: 1651년(효종 2년) 고산의 나이 65세 때 해남의 부용동(芙蓉洞)에 은거하면서 지음
- 내용
  - 춘사: 이른 봄에 고기잡이를 떠나는 광경을 동양화처럼 그림 [자연과 더불어 풍류 속에 사는 은일 사상(隱逸思想)을 나타냄]
  - 하사: 소박한 어옹(漁翁)의 생활
  - 추사: 속세를 떠나 자연과 동화된 생활
  - 동사: 은유(隱喩)를 써서 정계(政界)에 대한 작자의 근심하는 마음
- 제재: 어부의 생활과 자연의 경치
- 주제: 강호의 한정(閑情). 철따라 펼쳐지는 자연의 경치와 어부(漁父) 생활의 흥취
- 특징
  - 초장과 중장 사이, 중장과 종장 사이에 고려 속요와 같은 여음구가 있음
  - 대구법, 반복법, 의성법의 사용
- 출전: 『고산유고(孤山遺稿)』

## 08

정답 ③

정답의 이유

- (다) 봄(버구기, 버들숩)
- (가) 여름(녀름 ㅂ람)
- (라) 가을(ᄀ올)
- (나) 겨울(ᄀᄂ 눈, 셜월)

더 알아두기

윤선도, 「어부사시사」 현대어 풀이

(가) 마름 잎에 바람 부니 배의 창이 서늘하구나.
여름 바람 정할쏘냐 가는 대로 배 두어라.
북포 남강이 어디 아니 좋겠느냐.

(나) 어와 저물어 간다 쉬는 것이 마땅하다.
가는 눈 뿌린 길 붉은 꽃 흩어진 데 흥치며 걸어가서
설월이 서봉에 넘도록 송창을 비껴 있자.

(다) 우는 것이 뻐꾸기인가, 푸른 것이 버드나무 숲인가.
어촌 두어 집이 안개 속에 들락날락하는구나.
맑고도 깊은 연못에 온갖 고기 뛰논다.

(라) 보길도에 가을이 드니 고기마다 살져 있다.
넓고 맑은 물에서 실컷 놀아 보자.
인간 세상을 돌아보니 멀수록 더욱 좋다.

## 09

정답 ②

정답의 이유

② '이어라 이어라'는 '노를 저어라 노를 저어라'라는 의미의 후렴구이다. 따라서 아무런 의미가 없다는 설명은 옳지 않다.

오답의 이유

① 「어부사시사」는 춘하추동에 따라 각 10수씩, 총 40수로 되어 있는 연시조이다.
③ '우는 벅구기(우는 뻐꾸기)', '프른 버들숩(푸른 버들 숲)'에 청각적 심상과 시각적 심상의 조화가 나타난다.
④ '지국총 지국총 어ᄉᆞ와'의 '지국총'은 배에서 잇따라 노를 젓고 닻을 감는 소리로서, 한자음을 빌려 '至匊悤'으로 적기도 한다. 또한 '어ᄉᆞ와(於思臥)'는 '어여차'를 예스럽게 이르는 감탄사이다.

더 알아두기

**윤선도, 「어부사시사」 현대어 풀이**

(가) 우는 것이 뻐꾸기인가, 푸른 것이 버들 숲인가.
어촌 두어 집이 안개 속에 들락날락하는구나.
맑고도 깊은 연못에 온갖 고기 뛰어논다.

(나) 지난 밤 눈이 갠 후에 경치가 달라졌구나.
앞에는 넓고 맑은 바다, 뒤에는 겹겹이 둘러싸여 있는 흰 산
선계인지 불계인지 속세는 아니로다.

## 10

정답 ④

정답의 이유

㉡을 현대어로 풀이하면, '앞에는 유리처럼 넓고 맑은 바다 뒤에는 겹겹이 둘러싸여 있는 흰 산'이다. 이때, '천텹옥산'은 눈 덮인 산이 수없이 겹쳐 있는 모습을 아름답다고 묘사한 것으로서, 계절적 배경이 겨울임을 알 수 있다.
참고로, (가)는 춘사(春詞) 제4연이고, (나)는 동사(冬詞) 제4연이다.

## 11

정답 ③

정답의 이유

③ 제시문은 「정읍사」로 행상인의 아내가 행상 나간 남편이 무사하기를 기원하는 노래이다.

오답의 이유

① 현재 가사가 전해지는 유일한 백제 가요이다.
② 망부석 설화와 관련된 작품으로는 「정읍사」, 김소월의 「초혼」 등이 있다.
④ 여음구를 빼면 3장 6구의 형식이다.

더 알아두기

**작자 미상, 「정읍사」**

- 작자: 어느 행상인의 처
- 갈래: 고대 가요, 서정시
- 연대: 백제로 추정
- 성격: 서정적, 기원적
- 주제: 행상 나간 남편의 안전을 기원
- 의의
  - 현재 가사가 전해지는 유일한 백제 가요
  - 국문으로 표기된 가장 오래된 노래
  - 시조 형식의 원형을 가진 노래

## 12

정답 ④

정답의 이유

④ 「사미인곡」과 더불어 가사 문학의 백미로 평가 받는 정철의 「속미인곡」의 일부로서 '출하리 싀여디여'는 '차라리 죽어서'라는 뜻이다. 죽어서라도 임을 따르고 싶은 을녀가 하소연하고 있는 부분이다.

오답의 이유

① '님의게 보내오려 님 겨신 ᄃᆡ ᄇᆞ라보니, 山(산)인가 구롬인가 머흐도 머흘시고'의 '머흐도 머흘시고'는 정철의 「사미인곡」 하사에 등장하는 구절로서 '임에게 보내려고 임 계신 곳 바라보니 산인가 구름인가 험하기도 험하구나.'라고 해석할 수 있다.
② '긴힛ᄃᆞᆫ 그츠리잇가'는 고려 가요 「서경별곡」의 일부로서 '이 끈(긴 인연)이야 끊어지겠습니까?'라고 해석할 수 있으며 이 부분을 통해 임에 대한 끊임없는 사랑과 믿음에 대한 맹세를 엿볼 수 있다.
③ 고려 가요 「청산별곡」의 일부 구절로서 '오리도 가리도 업슨 바므란 ᄯᅩ 엇디 호리라.'는 낮은 그럭저럭 지내왔지만 '올 사람도 갈 사람도 밤은 또 어찌하리오.'라고 하며 고독과 괴로움을 표현하고 있는 부분이다.

## 13

정답 ②

정답의 이유

② 작자 미상의 사설시조로서 'ᄑᆞ리'와 '두터비', '백송골'의 세 계층을 통해서 권력 구조의 비리를 우회적으로 나타내고 있는 작품으로, 당시 탐관오리의 부패상을 풍자하고 있다.

오답의 이유

① 원호의 시조로, 임금(단종)에 대한 연군(戀君)의 정과 그 충정을 사육신들처럼 적극적인 사세로 보여주지는 못했지만, 일생을 단종을 그리며 보낸 지은이의 은근하면서도 애달픈 서정이 잘 나타나 있다. 여울물 소리를 마치 단종이 슬피 우는 듯한 소리처럼 애절하게 표현했다.

③ 박인로가 한음(漢陰) 이덕형으로부터 감을 대접받고 느낀 바 있어 지었다고 하는 이 작품은 「조홍시가(早紅柿歌)」라고 널리 알려져 있는, 효(孝)를 주제로 한 작품이다.

④ 황진이의 시조로 임을 떠나보낸 후의 회한(悔恨)과 애틋한 심리를 섬세하게 포착하여 정결하게 표현하였다. 겉으로는 강한 척하지만 속으로는 외롭고 약한 서정적 자아의 마음이 깊은 공감을 불러일으킨다.

더 알아두기

**작자 미상, 두터비 ᄑᆞ리를 물고**

- 갈래: 사설시조
- 성격: 풍자적, 우의적, 희화적, 비판적
- 특징
  - 풍자와 해학, 대상을 희화화하여 웃음을 유발함(골계미)
  - 의인법, 상징법, 대조법을 사용함
  - 3장 6구, 4음보의 평시조 형식의 변화가 일어남, 내용의 확장
- 주제: 양반 계층의 허장성세 및 약육강식의 세태 풍자
- 이해와 감상: 관리들의 횡포가 극심했던 17~18세기에는 민중의식이 강하게 싹트기 시작했다. 이에 따라 일반 민중들의 날카로운 비판 의식이 문학을 통해 형상화되었는데 그 형상화의 주된 수법은 풍자(諷刺)였고 그 대표적인 장르 형태는 사설시조였다. 이 작품은 그러한 성격이 특히 두드러진 것으로, '두터비, ᄑᆞ리, 백송골'의 대응 관계를 통해 당시 위정자들의 거짓된 모습을 날카롭게 풍자하고 있다.
  - 두터비: 백성을 상대로 부당한 횡포를 부리는 양반 계층 또는 탐관오리
  - ᄑᆞ리: 두터비에게 당하는 힘없는 백성
  - 백송골: 두터비보다 지위가 높은 관리 또는 외세

## 14

정답 ③

정답의 이유

(가) 고려 시대 문충이 지은 가요인 「오관산곡(五冠山曲)」이다. 문충의 홀어머니에 대한 효성이 잘 드러난 작품이다.

(나) 작자 미상의 「정석가(鄭石歌)」로, 임에 대한 영원한 사랑이 드러나 있다.

(다) 조식의 시조로, 임금님의 승하를 애도하는 내용이다.

(라) 조선 초기에 지어진 작자 미상의 악장 「감군은」이다. '바다보다 깊은 임금님의 은혜'가 나타나 있는 송축가이며 향악의 곡명이기도 하다.

(마) 이항복의 평시조로, 연군(戀君)과 자신의 억울함을 호소하는 내용이 나타나 있다.

(바) 서경덕의 시조로, 임을 기다리는 마음이 나타나 있다.

③ '볏뉘'와 '덕틱'은 둘 다 임금님의 은혜를 의미한다.

오답의 이유

④ '구중심처'는 임금이 머무는 궁궐, '만중운산'은 겹겹이 구름이 싸인 산 속을 의미하는 것으로, 임과 나 사이의 넘을 수 없는 장애물을 뜻한다.

더 알아두기

**(가) 문충, 「오관산곡」**

- 형식 및 갈래: 한시(7언 절구), 서정시
- 구성
  - 기 · 승: 나무로 만든 닭을 벽 위에 올려 놓음
  - 전 · 결: 그 닭이 울면 그제서야 어머니와 헤어짐
    → 실현 불가능한 상황의 설정으로 어머니에 대한 영원한 사랑을 기원함
- 특징
  - 불가능한 상황의 설정을 통한 역설적 표현이 두드러짐
    어머니가 오래 살기를 바라는 간절한 마음과 결코 헤어지지 않겠다는 의지를 노래함
- 주제: 어머니에 대한 지극한 효심

**(다) 조식, 三冬(삼동)에 뵈옷 입고**

- 갈래: 단형 시조, 평시조, 서정시, 연군가(戀君歌)
- 성격: 애도적, 유교적
- 소재: 베옷, 볕뉘, 해(임금)
- 제재: 중종(中宗)의 승하
- 주제: 임금의 승하를 애도함
- 출전: 『청구영언』, 『해동가요』, 『화원악보』
- 구성
  - 초장[기(起)]: 은사(隱士)의 청빈한 생활(베옷 → 벼슬하지 않은 은사)

- 중장[승(承)]: 왕의 은혜를 조금도 받지 않음(구름 낀 볕뉘 → 임금의 조그만 은총, 낮은 벼슬)
- 종장[결(結)]: 중종의 승하를 슬퍼함(서산에 해지다 → 중종의 승하)

**(라) 작자 미상, 「감군은」**

- 갈래: 악장
- 성격: 송축가(頌祝歌)
- 표현: 과장적, 교술적, 예찬적
- 특징
  - 각 장마다 똑같은 내용의 후렴구가 붙어 있어 고려 속요와 비슷한 형식을 갖추고 있음
  - 자연과의 비교를 활용해 임의 덕과 은혜를 강조
  - 반복법, 과장법, 설의법 등을 통해 주제 강화
- 제재: 임금님의 은덕
- 주제: 임금님의 은덕과 송축
- 출전: 『악장가사』

**(마) 이항복, 철령 노픈 봉에**

- 작자: 이항복(李恒福: 1556~1618)
- 갈래: 평시조, 단시조, 연군가(戀君歌)
- 소재: 구름, 원루(寃淚), 님
- 제재: 구름, 비
- 발상 동기: 자신의 정의(正義)를 끝까지 관철하겠다는 의지에서 지음
- 성격: 풍유적(諷諭的), 비탄적(悲歎的), 우의적(寓意的), 호소적
- 표현: 감정 이입, 의인법(擬人法)
- 핵심어: 원루(寃淚)
- 주제: 귀양길에서의 정한(情恨)과 억울한 심정 호소
- 출전: 『청구영언』, 『해동가요』, 『가곡원류』, 『고금가곡』

**(바) 서경덕, ᄆᆞ음이 어린 後(후)ㅣ니**

- 연대: 조선 중종
- 성격: 감성적, 낭만적
- 표현: 도치법, 과장법
- 제재: 임
- 주제: 임을 기다리는 마음, 연모(戀慕)의 정
- 출전: 『청구영언』
- 현대어 풀이

  마음이 어리석으니 하는 일마다 모두 어리석다.
  겹겹이 구름 낀 산중이니 임이 올 리 없건만,
  떨어지는 잎과 부는 바람 소리에도 행여나 임이 아닌가 착각하노라.

## 15

정답 ①

정답의 이유

① (가) 「오관산곡」과 (나) 「정석가」에 역설적 표현이 사용되었다. 두 작품은 모두 실현 불가능한 것을 가능한 것으로 설정하는 역설적 표현 기법을 사용하여 간절한 소망을 드러내고 있다.

더 알아두기

**(나) 작자 미상, 「정석가」**

- 갈래: 고려 가요, 고려 속요, 장가(長歌)
- 성격: 서정적, 민요적
- 형식: 전 6연, 3음보
- 특징
  - 과장법, 역설법, 반어법 사용
  - 각 연에 반복되는 구절을 통해 화자의 감정을 강조함
  - 대부분의 고려 속요가 이별이나 향락적 삶을 노래하는 반면, 이 작품은 임에 대한 사랑을 노래함
  - 불가능한 상황을 역설적으로 표현하여 영원한 사랑을 노래함
  - 반어법, 과장법 등 다양한 표현과 기발한 발상이 돋보임
- 주제: 임에 대한 영원한 사랑, 태평성대(太平聖代)의 기원

## 16

정답 ④

정답의 이유

④ 작자 미상의 시조로, 눈이 와서 옥빛으로 변한 산은 봄비가 내리면 다시 과거의 푸름을 되찾을 수 있지만 인간은 한번 늙으면 다시 젊어질 수 없음을 한탄하는 시조이다. '청산'은 푸른 빛, '봄비'는 생명력, '눈', '옥', '백발'은 겨울과 노인의 세월을 상징한다.

더 알아두기

**작자 미상, 「청산에 눈이 오니」 현대어 풀이**

청산에 눈이 오니 봉우리마다 옥봉우리로구나.
저 산이 푸르게 되는 것은 봄비에 달려 있지만,
왜 우리의 흰 털은 다시 검게 해 볼 수 없는가.

## 17

정답 ③

정답의 이유

③ 제시된 시조는 윤선도의 『산중신곡』 중 「만흥」으로, 화자는 속세에서 벗어나 자연에 묻혀 유유자적하게 사는 삶이 자신의 분수에 맞는 일이라고 하며, 자연친화적인 태도를 보이고 있다.

**더 알아두기**

**윤선도, 「만흥」**

- 갈래: 평시조, 연시조(전 6수)
- 성격: 한정가, 자연친화적
- 제재: 자연 속에서의 생활
- 주제: 자연에 묻혀 사는 즐거움과 임금의 은혜
- 특징
  - 속세와 거리를 두고 자연과 일체되어 자연친화적 삶을 노래
  - 유유자적하게 자연을 즐기며 살아가는 모습을 그리는 강호한정가의 대표작
  - 안분지족에 대한 소망과 연군지정의 태도
- 출전: 『산중신곡(山中新曲)』

## 18

정답 ④

정답의 이유

④ 제시된 작품은 윤선도의 「어부사시사」이다. 「어부사시사」는 사계절을 배경으로 자연의 아름다움과 어부의 소박한 생활을 노래한 연시조로, 춘하추동 각 10수씩 총 40수로 이루어져 있다. 그중 제시문은 '겨울'을 배경으로 눈이 온 뒤 달라진 바다와 산의 아름다운 경치를 시각적으로 표현하고 있다.

**더 알아두기**

**윤선도, 「어부사시사」 현대어 풀이**

지난 밤에 눈 갠 후에 사방의 경치가 달라졌구나.
배 저어라 배 저어라
앞에는 넓고 넓은 유리바다 뒤에는 첩첩옥산
지국총 지국총 어사와
선계(仙界)인가 불계(佛界)인가 인간계(人間界)가 아니로다.

그물 낚시 잊어두고 뱃전을 두드린다.
배 저어라 배 저어라
앞개를 건너고자 몇 번이나 생각하고
지국총 지국총 어사와
느닷없이 된바람이 행여 아니 불어올까.

## 19

정답 ④

정답의 이유

④ 제시된 작품은 월명사의 「제망매가」로, 'ᄒᆞᄃᆞᆫ 가지'는 같은 부모를 뜻하며 시적 화자와 대상과의 관계가 동기(同氣)지간임을 암시하는 시어이다.

오답의 이유

① 뜨더딜 닙(떨어질 잎): 누이의 죽음을 상징한다.
② 이른 ᄇᆞᄅᆞᆷ(이른 바람): 누이가 요절하였음을 암시한다.
③ 미타찰: 아미타불이 있는 서방정토, 극락세계를 뜻한다.

## 20

정답 ④

정답의 이유

④ 제시된 시조는 정철의 「훈민가」 중 제10수로, 참된 우정의 의미를 표현한 '붕우유신(朋友有信)'을 주제로 한다.

**더 알아두기**

**정철, 「훈민가」**

- 갈래: 평시조, 연시조(전 16수)
- 율격: 3(4) · 4조, 4음보
- 성격: 계몽적, 교훈적
- 주제: 옳은 일의 권장, 유교의 윤리 권장
- 특징
  - 일상적인 언어 사용
  - 백성들의 생활과 밀접한 제재들로 구성
  - 연시조의 형태를 취하고 있으나 각 수는 완전히 독립된 작품임
- 현대어 풀이
  남으로 생긴 중에 벗같이 신의가 있는 사이가 또 있는가?
  나의 옳지 못한 일을 다 말하여 주려 하는구나
  이 몸이 (이렇게 잘못을 일깨워 주는) 친구가 아니면 사람됨이 쉽겠는가?

## 21

정답 ③

정답의 이유

③ '왼말'은 거짓말을 의미하고, '속 성긘 말'은 빈말을 의미한다. 따라서 둘은 유사한 의미를 지닌 표현이라고 할 수 있다.

오답의 이유

① 하는 말마다 거짓말인 임에 대한 원망이 드러난다.
② '슈박'은 뚜렷한 임의 외모를, 'ᄎᆞ뮈'는 달디 단 임의 말을 비유하고 있다.
④ '슈박것치', 'ᄎᆞ뮈것튼', '구시월 씨동아것치' 등에 직유법이 사용되었다.

더 알아두기

**작자 미상, 슈박것이 두렷한 님아 현대어 풀이**

수박같이 뚜렷한 님이여, 참외같이 달콤한 말씀하지 마오.
갖가지 하시는 말씀이 말마다 그른 말씀이오.
구월 시월의 씨동아같이 속이 텅 빈말 하지 마소.

## 22

정답 ④

정답의 이유

④ 「유구곡」은 작자 미상(고려 제16대 왕인 예종이 지은 것으로 추정)의 고려 속요로, '비둘기는 울면서 노래하지만 뻐꾸기보다 못해 나는 뻐꾸기가 좋다'는 짧은 내용의 작품이다.

오답의 이유

①·②·③ 남녀상열지사(男女相悅之詞)란 조선 초기의 학자들이 고려 가요를 천대하여 부르던 명칭으로, 남녀 간의 애정을 노래한 것이 많으며, 그 표현이 사실적인 작품들이 많다. 대표적인 작품에는 「쌍화점」, 「이상곡」, 「만전춘」, 「가시리」, 「서경별곡」 등이 있다.

더 알아두기

**고려 가요**

| 작품 | 형식 | 내용 | 출전 |
|---|---|---|---|
| 「가시리」 | 4연, 분연체 | 남녀 간의 애타는 이별의 노래 | 『악장가사』, 『시용향악보』 |
| 「동동」 | 13연, 월령체 | 월별로 그 달의 자연 경물이나 행사에 따라 남녀 사이의 애정을 읊은 월령체가 | 『악학궤범』 |
| 「만전춘」 | 5연, 분연체 | 남녀 간의 애정을 대담, 솔직하게 읊은 사랑의 노래 | 『악장가사』 |
| 「사모곡」 | 비연시 | 어머니의 사랑을 낫에, 아버지의 사랑을 호미에 비유하여 어머니의 사랑이 큼을 나타낸 소박한 노래 | 『악장가사』, 『시용향악보』 |
| 「상저가」 | 비연시 | 방아를 찧으면서 부른 효도를 주제로 한 노동요 | 『시용향악보』 |
| 「서경별곡」 | 3연, 분연체 | 서경을 무대로 여인이 사랑하는 사람을 떠나보내 이별의 정한을 읊은 노래 | 『악장가사』 |
| 「쌍화점」 | 4연, 분연체 | 남녀 간의 사랑을 적나라하게 표현한 노래 | 『악장가사』 |
| 「유구곡」 | 비연시 | 비둘기와 뻐꾸기를 통해 잘못된 정치를 풍자한 노래 | 『시용향악보』 |
| 「이상곡」 | 비연시 | 남녀 간의 애정을 노골적으로 표현한 노래 | 『악장가사』 |
| 「정석가」 | 6연, 분연체 | 임금의 만수 무강을 축원한 노래 | 『악장가사』, 『시용향악보』 |
| 「처용가」 | 비연시 | 신라의 향가 '처용가'를 부연해서 부른 축사의 노래 | 『악학궤범』, 『악장가사』 |
| 「청산별곡」 | 8연, 분연체 | 현실 도피적인 생활상과 실연의 아픔이 담긴 노래 | 『악장가사』 |

## 23

정답 ②

정답의 이유

제시문은 「용비어천가」 제1장과 제2장으로, 조선 건국의 정당성과 왕조의 무궁한 번영과 발전을 송축하고 있다.

② 고려 속요인 「동동」의 일부로, 임을 2월 보름에 높이 켜 놓은 등불에 비유하며, 임의 빼어난 모습(만인을 비추실 모습)을 송축하고 있다.

오답의 이유

① **「청산별곡」**: 삶의 비애와 고뇌에서 벗어나고 싶은 욕구를 드러낸 작품이다.
③ **「정읍사」**: 행상 나간 남편의 안전을 기원하는 작품이다.
④ **「황조가」**: 임을 잃은 슬픔(외로움)을 드러낸 작품이다.

**더 알아두기**

「용비어천가」 현대어 풀이

[제1장]

우리나라의 여섯 성군이 나시어 하는 일(건국 위업)마다 모두 하늘이 내리신 복입니다.

(이 일은) 중국 고대 성군들이 하신 일과 일치합니다.

[제2장]

뿌리가 깊은 나무는 바람에 흔들리지 않으므로, 꽃이 좋고 열매가 많습니다.

샘이 깊은 물은 가뭄에도 (물이) 끊어지지 않으므로, 냇물이 되어 바다로 흘러갑니다.

## 24

정답 ①

정답의 이유

① 향가(신라 시대) → 속요(고려 시대) → 시조(고려 말) → 가사(조선 시대)

# TOP 3 현대 소설

## 01

정답 ②

정답의 이유

(가)에서는 대포소리를 '멀리서 은은한'이라고 표현하였으므로 화자에게 대포소리가 아주 멀리서 들리고 있다. (나)에서는 대포소리가 '다가왔다 멀어졌다' 한다고 표현하였으므로 화자에게 대포소리가 가까워졌다 멀어졌다를 반복하고 있다. (다)에서는 '다가오는 저 소리'라고 하였으므로 대포소리가 화자에게 점점 가까워지고 있다. 이를 통해 (가)에서 (다)까지 대포소리가 점점 가까워지고 있음을 알 수 있다. (라)에서는 '포소리보다 가까운' 울부짖음이 '현'의 의식 속에서 들려왔다고 표현하고 있다. 이를 통해 대포소리가 내면의 소리에 비견될 만큼 '현'과 가까운 거리에서 들려왔음을 추측할 수 있다.

**더 알아두기**

선우휘, 「불꽃」

- 갈래: 단편 소설, 전후 소설
- 구성: 역순행적 구성
- 시점: 전지적 작가 시점
- 배경
  - 시간: 1919년 3.1 운동부터 6.25 전쟁까지
  - 공간: P고을
- 주제: 비극의 극복과 실천하는 적극적인 삶의 의지
- 특징
  - 의식의 흐름에 의한 내적 독백을 통해 글을 전개
  - 입체적 인물형인 '현'의 태도 변화를 통해 작가가 추구하는 바람직한 삶의 모습 제시
  - 제목에 상징적 의미를 부여해 생의 강렬한 의지를 드러냄

## 02

정답 ①

정답의 이유

① 이인직의 「혈의 누」(1906)는 자주 독립 사상과 신교육 사상, 새로운 결혼관 고취 등을 주제로 한 우리나라 최초의 신소설이다. 청일 전쟁으로 부모와 헤어진 옥련이 구완서의 도움을 받아 미국 유학을 가서 신여성이 된다는 내용으로, 정치 소설로 볼 수는 없다.

오답의 이유

② '일청 전쟁(日淸戰爭)의~'로 시작하면서 구체적인 시대적 배경을 제시하고 있다.

③ 「혈의 누」와 같은 시기의 신소설 작품으로는 이인직의 「은세계」(1908), 이해조의 「자유종」(1910), 안국선의 「금수회의록」(1908) 등이 있다.

④ 신소설은 내용 면에서는 당대의 새로운 시대사상을 담고 있으나 형식 측면에서는 고전 소설의 틀과 특성을 벗어나지 못했다는 평가를 받는다.

더 알아두기

이인직, 「혈(血)의 누(淚)」
- 갈래: 신소설
- 배경
  - 시간: 1900년대 개화기
  - 공간: 한국, 일본, 미국
- 시점: 전지적 작가 시점
- 제재: 옥련의 기구한 운명과 파란만장한 삶
- 주제: 신교육 사상과 근대 의식의 고취
- 특징
  - 고전 소설의 전기적 요소를 탈피하여 이야기의 사실성을 살림
  - 전근대적인 주제에서 벗어나 근대 사회에 부합한 새로운 정신을 주제로 형상화함
- 출전: 『만세보(萬歲報)』(1906)

## 03 정답 ①

정답의 이유

제시문은 이인직의 신소설 「은세계」 중 일부이다.

① 신소설은 과거의 운문체에서 벗어나 언문일치의 산문체를 시도하였다.

오답의 이유

② 1908년 원각사에서 최초의 창극으로 공연되었던 작품으로 만민 평등과 자주 독립을 고취한 정치 소설이다.

③ 「은세계」는 구한말을 배경으로 하여 변화하는 시대에 필요한 문명 개화와 신교육, 자유 결혼이라는 근대적 계몽 이념을 담고 있다.

④ 고대 소설과 현대 소설의 교량적 역할을 하며 과도기적 성격을 지닌 것은 신소설의 특징에 해당한다.

더 알아두기

이인직, 「은세계」
- 갈래: 신소설
- 성격: 계몽적, 비판적
- 시점: 전지적 작가 시점
- 배경
  - 시간: 갑신정변(1884) 무렵~일제 강점기 직전
  - 공간: 조선 강원도, 미국
- 주제: 학정에 대한 비판, 반봉건 사상의 고취
- 의의
  - 1908년 원각사에서 최초의 창극으로 공연되었던 작품으로 만민 평등과 자주 독립을 고취한 정치 소설
  - 전반부의 발단 부분은 창극 '최병두 타령'을 개작
- 이해와 감상: 1908년 원각사에서 창극으로 공연되기도 했던 이 작품은 아버지 최병도와 어머니 본평댁, 그리고 그들의 딸 옥순과 아들 옥남, 2대에 걸친 삶의 모습을 다루고 있는 소설이다. '은세계'는 부패한 관리에 항거하여 지배층의 학정을 폭로하고, 개화사상의 고취를 주장한 신소설로서 크게 두 부분으로 나뉜다. 전반부 판소리 '최병두 타령'을 개작한 최병도의 이야기와 후반부 최병도의 자녀인 옥순과 옥남의 이야기로 구분된다. 작품 전반에 개화사상과 평등사상이 드러나며 지배층의 가렴주구, 민중의 대항 의식, 봉건 체제에 대한 거부 및 개화 의지가 깔려 있지만 전반부의 강렬한 저항 정신과 달리 후반부에서는 일제의 고종 강제 폐위를 옹호하는 등 작가의 친일적 성향이 드러나 비판받기도 한다.

## 04 정답 ②

오답의 이유

㉢ '토월회'는 1920년대 박승희, 김기진 등이 결성한 단체로 신극 운동을 표방했다. '극예술연구회'는 1930년대 홍해성, 유치진, 김진섭 등이 진정한 의미의 신극을 수립하고자 만들었던 단체이다. 따라서 '토월회'와 '극예술연구회'는 신파극과는 관련이 없다.

더 알아두기

신파극(新派劇)
- 1910년대 초~1940년대까지 신극사의 주류를 이루었던 연극 양식의 하나이다.
- 신파극은 감상적 정조와 과장된 연기 양식을 특징으로 한다.
- 우리나라의 신파극은 1911년 11월 혁신단에 의해 처음 공연되었다.

## 05 정답 ①

정답의 이유

① 이해조의 신소설 「옥중화」는 판소리계 소설 「춘향전」을 개작한 것으로, 고전의 근대화를 시도한 작품이다.

오답의 이유

②·④ 개화기 번역·번안 소설로 「설중매」, 「장한몽」은 일본 작품을 번안했다.

③ 「추월색」은 최찬식이 지은 신소설로 개화기 애정 소설의 대표작으로 꼽힌다.

**더 알아두기**

**이해조의 개작 신소설**

- 판소리계 소설을 신소설로 개작한 작품
- 작품
  - 「춘향전」 → 「옥중화」
  - 「심청전」 → 「강상련」
  - 「흥부전」 → 「연의 각」
  - 「토끼전」 → 「토의 간」

## 06

정답 ④

정답의 이유

④ 인물의 대화나 행동을 통해 인물의 성격을 나타내는 방법은 극적 제시(간접적 제시)이다.

**더 알아두기**

**소설의 인물 제시 방법**

| | |
|---|---|
| 직접 제시 방법<br>말하기<br>(Telling) | • 서술자가 등장인물의 성격이나 심리 상태 등을 직접 설명하거나 논평하는 방법<br>• 해설적 방법, 요약적 방법, 분석적 방법 |
| 간접 제시 방법<br>보여주기<br>(Showing) | • 등장인물의 외양 묘사, 행동, 대화 등 객관적인 상황을 묘사함으로써 간접적으로 인물의 성격을 보여주는 방식<br>• 극적 방법, 묘사적 방법 |

## 07

정답 ①

정답의 이유

① 인물의 극적 제시 방법은 간접적 제시 방법이라고도 하며, 인물의 대화나 행동을 통해 인물의 성격을 드러낸다.

오답의 이유

② '대조'는 두 대상의 차이점을 중심으로 서술하는 방식이고, '서사'는 시간의 흐름에 따라 서술하는 방식이다.

③ '서사'는 시간의 흐름에 따라 서술하는 방식이고, '설명'은 잘 모르는 사실을 알기 쉽게 풀어 쓰는 방식이다.

④ '묘사'는 경치나 장면을 눈에 보이듯이 표현하는 방식이고, '분석'은 한 물체를 구성 요소로 분해하여 설명하는 방식이다.

## 08

정답 ③

정답의 이유

③ 제시문은 이청준의 소설 「눈길」의 일부이다. '며느리'는 집안이 망하고, 아들을 떠나보낼 당시에 어머니의 심경을 알아내려고, 계속해서 어머니가 말을 이어갈 수 있게 질문을 하고 있다.

오답의 이유

① 어머니가 어떤 행동을 하는 것이 아니므로 행동을 격려하는 것은 아니다.

② 어머니가 잘못한 것이 아니므로 책망을 하는 것은 아니다.

④ 어머니가 거짓을 말하는 것이 아니므로 진실을 말할 때까지 신문하고 있는 것은 아니다.

**더 알아두기**

**이청준, 「눈길」**

- 갈래: 단편 소설, 순수 소설, 귀향 소설
- 성격: 회고적, 상징적, 서정적
- 배경
  - 시간: 1970년대 어느 해 겨울
  - 공간: 시골
- 시점: 1인칭 주인공 시점
- 주제: 어머니의 무한한 사랑에 대한 깨달음과 인간적 화해
- 특징
  - 회상과 대화를 통해 과거의 사실을 드러내는 역순행적 구성 방식을 취함
  - 상징적 의미를 가진 소재를 사용하여 주제를 효과적으로 드러냄
- 이해와 감상: 이 작품은 어머니에 대한 책임을 회피하려는 아들과 아들에게 물질적 도움을 주지 못한 것에 대해 미안함을 느끼는 어머니 사이의 갈등과 화해의 과정을 그리고 있다.

## 09

정답 ④

정답의 이유

④ ㉣ '하얀 페인트를 입힌 나무토막 글씨'는 개발로 달라진 동네 풍경과는 달리 예전 그대로의 모습을 가지고 있는 것이다.

오답의 이유

① ㉠ '연립과 단독 양옥들'은 개발로 달라진 마을의 집들을 의미한다.

② ㉡ '물건'은 까치상회가 제법 신수가 훤해지면서 다종다양해진 '진열품'이다.

③ ㉢ '앵글'은 까치상회의 늘어난 물건을 진열하기 위해 제작한 '선반'이다.

**더 알아두기**

박영한, 「왕룽일가」

- 성격: 현대 소설, 연작 소설
- 주제: 도시 문화에 침윤당하는 피폐한 농촌의 현실
- 해제: 연작 소설 「왕룽일가」는 소시민들의 질박한 삶의 모습과 변화하는 풍속의 묘사를 통해 1960년대 이후 근대화에 따른 도시화의 세태 풍경을 여실하면서도 흥미롭게 그려내고 있다.

## 10

정답 ④

정답의 이유

④ '담배'는 성삼이의 착잡한 심리를 표현하는 매개체이다.

오답의 이유

①·③ '호박잎 담배'와 '밤나무'는 두 사람의 옛 추억을 나타내는 소재이다.

**더 알아두기**

황순원, 「학」

- 갈래: 단편 소설
- 배경
  - 시간: 1950년 6·25 동란 당시의 가을
  - 공간: 삼팔선 접경의 북쪽 마을
- 시점: 작가 관찰자 시점(부분적으로 전지적 작가 시점)
- 성격: 휴머니즘
- 주제: 사상과 이념을 초월한 인간애(人間愛)의 실현
- 인물
  - 성삼: 이데올로기에 영향을 받지 않은 농민, 덕재와 한 마을에서 자란 친구로 전쟁과 함께 치안대원이 됨
  - 덕재: 전쟁 발발 후 본인의 이념적 동조 없이 단지 빈농이라는 이유만으로 농민 동맹 부위원장이 된 인물. 순박하고 선량한 마음씨를 지닌 농민

## 11

정답 ①

정답의 이유

① 제시문은 황순원의 「학」으로, 제시된 부분에서는 전지적 작가 시점이 나타나 있다.

오답의 이유

③·④ 1인칭 주인공 시점에 대한 설명이다.

## 12

정답 ①

정답의 이유

① 김동인의 「붉은 산」은 의사인 '여(余 = 나)'가 주인공인 '정익호'에 대해 묘사하고 있는 1인칭 관찰자 시점의 작품이다.

오답의 이유

② 1인칭 주인공 시점에 대한 설명이다.
③ 3인칭 관찰자 시점에 대한 설명이다.
④ 전지적 작가 시점에 대한 설명이다.

**더 알아두기**

김동인, 「붉은 산」

- 갈래: 단편 소설
- 배경: 일제 강점기의 만주 어느 마을
- 경향: 민족주의적 경향
- 시점: 1인칭 관찰자 시점
- 표현: 사실주의적 기법
- 주제: 일제 강점기 만주에서 고통받는 우리 민족의 생활상

## 13

정답 ③

정답의 이유

③ '조국'은 고구려를 말한다. 정한숙의 단편 소설인 「금당벽화」는 고구려의 승려이자 화가인 담징이 일본에 건너가 벽화를 그렸다는 역사적 사실을 바탕으로 조국애와 불심의 예술적 승화를 이야기한 작품이다.

**더 알아두기**

정한숙, 「금당벽화」

- 갈래: 단편 소설, 역사 소설
- 배경
  - 시간: 서기 612년
  - 공간: 일본 나라현 법륭사
- 구성
  - 발단: 조국을 등지고 일본에 온 담징의 번뇌
  - 전개: 벽화를 그리기로 한 약속을 지키지 못하는 고민과 조국을 걱정하는 조국애(祖國愛)의 갈등
  - 위기: 왜승(倭僧)들의 비방과 계속되는 악몽
  - 절정: 을지문덕의 승전 소식으로 비로소 온몸에 넘쳐나는 불심(佛心)
  - 결말: 금당 벽화의 완성과 갈등의 해소, 모든 승려들의 합장 배례
- 시점: 전지적 작가 시점
- 표현: 서사적 묘사와 연상 수법을 주로 사용
- 주제: 조국애와 불심의 예술적 승화

## 14

정답 ④

정답의 이유

④ '아내'가 '노인'을 '어머니'라고 부르는 것으로 보아 '나'는 '노인'의 아들임을 알 수 있다. 제시된 작품은 이청준의 「눈길」로, 어머니에 대한 책임을 회피하는 아들과 아들에게 물질적 도움을 주지 못한 것에 대해 미안함을 느끼는 어머니 사이의 갈등과 화해의 과정을 그리고 있다. 작품에서 '나'가 어머니를 '노인'이라 지칭하는 것은 모자 사이의 정신적 거리감을 나타낸다.

더 알아두기

이청준, 「눈길」

- 갈래: 단편 소설, 순수 소설, 귀향 소설
- 성격: 회고적, 상징적, 서정적
- 시점: 1인칭 주인공 시점
- 배경
  - 시간: 1970년대 어느 해 겨울
  - 공간: 시골
- 주제: 어머니의 사랑에 대한 깨달음과 화해

## 15

정답 ③

정답의 이유

③ 현진건의 「운수 좋은 날」은 서술자가 직접 개입해서 인물의 심리까지 해석하는 전지적 작가 시점의 소설이다.

오답의 이유

① 1인칭 관찰자 시점의 특징이다.
② 1인칭 주인공 시점의 특징이다.
④ 3인칭 관찰자 시점의 특징이다.

더 알아두기

소설의 시점

| 구분 | 서술자가 인물의 내면을 보는 경우 | 서술자가 인물을 외부에서 관찰하는 경우 |
|---|---|---|
| 서술자가 작품 속에 | 1인칭 주인공 시점 | 1인칭 관찰자 시점 |
| 서술자가 작품 밖에 | 전지적 작가 시점 | 3인칭 관찰자 시점 |

## 16

정답 ④

정답의 이유

현진건의 「운수 좋은 날」은 1924년에 발표되었다. 한편, ④ 김승옥의 「무진기행」은 1960년대 지방 도시인 무진이 배경인 작품이다.

오답의 이유

① 염상섭, 「표본실의 청개구리」(1921)
② 김동인, 「배따라기」(1921)
③ 최서해, 「박돌의 죽음」(1925)

더 알아두기

1930년대 주요 소설

- 장편 소설: 염상섭 「삼대」, 「만세전」(발표 당시 제목은 '묘지'), 「두 파산」
- 역사 소설: 김동인 「운현궁의 봄」, 「젊은 그들」, 현진건 「무영탑」, 박종화 「금삼의 피」
- 풍자 소설: 채만식 「태평천하」, 「레디메이드 인생」, 「탁류」, 「치숙」, 「명일」, 「소년은 자란다」
- 해학 소설: 김유정 「동백꽃」, 「봄봄」, 「만무방」, 「따라지」, 「땡볕」, 「소낙비」, 「금 따는 콩밭」
- 농촌 계몽 소설: 심훈 「상록수」, 박화성 「한귀」, 이무영 「제1과 제1장」, 박영준 「모범경작생」, 김정한 「사하촌」

## 17

정답 ①

정답의 이유

① 「운수 좋은 날」은 그 구조에 있어서 작품의 제목과 사건의 내용이 반어적으로 표현되어 있다. 이 소설의 결말(아내의 죽음)을 보면 운수가 제일 좋은 줄 알았던 날이 결국 운수가 세일 좋지 않았던 날임을 알 수 있다.

오답의 이유

② 현진건의 「운수 좋은 날」은 1920년대 사실주의 경향의 소설이다.
③ 일제 강점기를 배경으로 한 작품으로 하층민의 처참한 현실을 사실적으로 그려낸 작품이다.
④ 김 첨지의 내면적 갈등은 집과의 거리가 가까워질수록 심화되고 고조되는 것을 볼 수 있다.

## 전통 연희

### 01

정답 ④

정답의 이유

판소리의 구성 요소 중 하나인 '더늠'에 대해 묻는 문제이다. 더늠이란, 판소리에서 명창이 자신의 독특한 방식으로 다듬어 부르는 어떤 마당의 한 대목을 일컫는 말로 ④ '명창이 한 마당 전부를 다듬어 놓은 소리'는 '더늠'이 아니라 '바디'를 가리킨다.

오답의 이유

①·②·③은 더늠에 대해 잘 설명하고 있다.

① 더늠은 명창이 독창적으로 소리와 사설 및 발림을 짜서 연행한 판소리의 한 대목으로서 그 명창의 장기로 인정되고, 또 다른 창자들에 의해 널리 연행되어 후대에 전승된다.

② 어떤 판소리 창자가 부른 특정한 대목이 더늠이 되기 위해서는 독창적이면서 예술적으로 뛰어나야 하는데, 이 독창성과 예술성은 주로 음악적인 측면에서 구현되는 경우가 대부분이다.

③ 판소리 한 마당의 특정 대목이 어떤 명창의 장기로 인정되고 널리 불리게 되면 더늠에는 판소리 명창 개인의 이름이 붙게 되고, 시대와 유파를 넘어서 전승되게 된다.

### 02

정답 ③

정답의 이유

지문에서는 판소리를 오페라에 빗대어 설명하고 있다. 특히, ㉡이 있는 문단에서는 판소리에는 장편의 노래만 있는 것이 아니라고 하면서 ㉡을 '일상적 말투로 이루어진 것'으로 설명하고 있다. 따라서 ㉡은 '아니리'임을 알 수 있다. 아니리는 판소리에서 극적 사건의 변화, 시간의 경과, 등장인물들의 대화나 심리 묘사 또는 그들의 독백 등을 노래(창)가 아닌 말로 설명하거나 대화로 표현하는 기능으로 '사설'이라고도 한다.

오답의 이유

①·②·④는 모두 판소리의 구성 요소이나, '일상적 말투로 이루어진' 특성을 지니지 않는다.

### 03

정답 ④

정답의 이유

남사당놀이에 관해 묻는 문제이다. 남사당놀이, 일명 남사당패 놀이는 유랑 예인 집단인 남사당패가 길놀이를 하며 놀이판에 도착하여 '풍물 – 버나 – 살판 – 어름 – 덧뵈기 – 덜미'의 순서로 진행하는 여섯 가지의 전통 연희이자 놀이이다. 이것은 노래와 춤, 음악, 놀이가 결합된 총체적 성격을 지닌다.

④ '살판'은 땅에서 부리는 재주를 말한다. 기본 동작은 앞구르기, 뒤구르기, 공중제비, 공중 비틀기, 물구나무서기와 이동하기, 3회전 공중돌기, 앉은뱅이걸음 등이 있다. 따라서 ④의 '살판'에 대한 설명은 틀렸다.

### 04

정답 ④

정답의 이유

④ 제시문은 「춘향가」의 어사출또 장면으로서 자진모리 장단을 사용한다. 자진모리 장단은 판소리·산조 등 민속악 계통에 주로 쓰이며, 빠른 장단이기 때문에 판소리에서는 극적인 상황이 무엇을 빨리빨리 열거하거나 긴박한 대목의 묘사에 주로 쓰인다. 「춘향가」의 나귀 안장, 술상 차리는 대목, 「흥부가」의 놀부 심술, 「적벽가」의 자룡이 활을 쏘는 대목 등이 이에 해당한다.

오답의 이유

① **진양조:** 가장 느린 장단이다. 판소리에서는 가사의 내용이 한가롭다든지 스케일이 커서 한원하고 장중한 느낌이 나는 경우에 진양조장단을 쓴다.

② **휘모리:** 자진모리보다 더 빠른 아주 빠른 장단이 휘모리 장단이다. 판소리에서는 어떤 일이 매우 빠르게 진행될 경우에 사용되는데, 갑자기 나타나는 경우는 거의 없고 어떤 상황이 차츰 빨라져서 매우 빠르게 진행되는 대목에서 자주 쓰인다.

③ **중모리:** 중모리는 보통 빠르기의 장단이다. 판소리에서 제일 많이 쓰이는 장단으로 서정적인 내용이나 서사적인 내용에 두루 쓰인다.

## 05

정답 ②

정답의 이유

② 함경도는 「북청사자 놀음」이 대표적이다.

오답의 이유

① 「봉산탈춤」은 황해도 봉산군에 전승되던 탈춤으로, 7마당 5거리로 구성되어 있다. 말뚝이, 샌님, 서방님, 도련님, 취발이 등의 탈을 쓰고 공연하며 익살스러움으로 웃음을 유발하고 현실을 풍자한다.

③ 「산대놀이」는 서울과 경기도 지방에 전해 내려오는 가면극으로 놀이꾼들이 탈을 쓰고 재담, 춤, 노래, 연기를 하며 벌이는 연극적인 놀음이자 무용이다. 양주의 「별산대놀이」가 대표적이다.

④ 「오광대놀이」는 음력 정월 대보름에 경상남도 일대에서 하는 가면극의 하나로, 고성 오광대와 통영 오광대, 김해 오광대 등이 대표적이다.

## 06

정답 ④

정답의 이유

④ 「구지가」는 신라 유리왕 시대의 집단적 · 주술적 성격의 고대 가요로서 판소리와 무관하다.

더 알아두기

판소리 주요 작품

- 판소리 여섯 마당: 「춘향가」, 「심청가」, 「흥부가(박타령)」, 「토별가(수궁가: 토끼타령)」, 「적벽가」, 「변강쇠타령(가루지기타령)」
- 판소리 열두 마당: 여섯 마당 + 「장끼타령」, 「무숙이타령」, 「배비장타령」, 「강릉매화타령」, 「숙영낭자전」, 「옹고집타령」
- 송만재(宋晩載, 1769~1847)의 「관우희(觀優戱)」에서는 「무숙이타령」과 「숙영낭자타령」 대신에 「왈자타령」과 「가짜신선타령」을 열두 마당 속에 포함시키고 있다. 그런데 현재는 「춘향가」, 「심청가」, 「흥부가(박타령)」, 「토별가(수궁가: 토끼타령)」, 「적벽가」 등 판소리 다섯 마당만이 불리고 있다. 여기에 「변강쇠타령」을 더해서 판소리 여섯 마당이라 부르며 판소리 여섯 마당을 정리한 인물은 신재효이다.

## 07

정답 ①

정답의 이유

① 아니리는 판소리에서 극적 사건의 변화, 시간의 경과, 등장인물들의 대화나 심리 묘사 또는 그들의 독백 등을 설명하거나 대화체로 표현하는 기능이 있다. 때로는 소리꾼에게 숨을 돌릴 수 있는 시간 즉, 휴식의 기회와 너름새를 할 기회를 주기도 한다.

더 알아두기

판소리의 3요소

|  |  |
|---|---|
| 창<br>(소리) | 판소리의 주축을 이루는 요소로 광대(소리꾼)가 가락에 맞추어 부르는 노래 |
| 아니리<br>(사설) | 판소리에서 극적 사건의 변화, 시간의 경과, 등장인물들의 대화나 심리 묘사 또는 그들의 독백 등을 말로 설명하거나 대화로 표현하는 기능 |
| 발림<br>(너름새) | 창자가 소리 도중에 하는 춤이나 몸짓과 같은 소리꾼이 하는 모든 육체적 동작 |

## 08

정답 ③

정답의 이유

③ 「봉산탈춤」은 인형극이 아닌 가면극이다.

오답의 이유

① 「산대도감극」은 「산대도감놀이」, 「산대놀이」, 「나례도감」 등의 이름으로도 불리던 가면극이다. 산대도감 계통극으로 묶을 수 있는 가면극으로는 경기 지방의 양주별산대놀이와 송파산대, 봉산 · 강령 · 은율 탈춤이 있고, 영남 지방의 통영 · 고성 · 가산 · 진주의 오광대와 수영과 동래의 야류 등이 있다.

② 「봉산탈춤」은 황해도 봉산군에 전승되던 탈춤이다.

④ 「봉산탈춤」의 구성은 다음과 같다.

|  |  |
|---|---|
| 제1과장 | 사상좌춤(四上座舞) |
| 제2과장 | 팔목중춤(八目僧舞) |
| 제3과장 | 사당춤(社堂舞) |
| 제4과장 | 노장춤(老僧舞) |
| 제5과장 | 사자춤(獅子舞) |
| 제6과장 | 양반춤(兩班舞) |
| 제7과장 | 미얄춤 |

**더 알아두기**

작자 미상, 「봉산탈춤」
- 작자: 미상
- 연대: 조선 후기로 추정
- 형식: 가면극, 민속극, 전통극
- 성격: 평민적, 해학적, 풍자적
- 문체: 대화체, 구어체
- 전승 지역: 황해도 봉산
- 배경
  - 시간: 조선 후기(중세에서 근대로의 이행기)
  - 사회: 봉건 질서가 해체될 무렵(신분 질서 와해기)
  - 공간: 황해도 봉산 지방
- 구성: 7개의 독립된 과장(마당)이 옴니버스식으로 배열
- 주제: 신분적 특권 계급인 양반에 대한 조롱과 풍자
- 의의: 강한 해학과 풍자를 통하여 근대적 시민 의식을 표현한 대표적인 민속극으로 중요 무형 문화재 제17호로 지정됨

## 09

정답 ①

정답의 이유

① 말뚝이는 겉으로는 양반들에게 순종하는 척하지만 뒤에서는 양반들을 조롱하며 그들의 허위의식과 무식함을 폭로하는 인물이다. "개잘량이라는 '양' 자에 개다리소반이라는 '반' 자 쓰는 양반이 나오신단 말이오."라는 부분은 '양반'의 뜻풀이 즉, 언어유희를 통한 양반에 대한 조롱이 나타나 있는 부분이다. 이와 같은 말뚝이의 특징을 잘 드러내는 한자 성어로는 '면종복배(面從腹背)'가 있다.

## 10

정답 ③

정답의 이유

③ (가)에서는 양반 삼 형제의 신체적 결함과 우스꽝스러운 행동이 희화화되어 표현되고 있다.

**더 알아두기**

「봉산탈춤」 재담의 구조

> 양반의 위엄 → 말뚝이의 조롱 → 양반의 호통 → 말뚝이의 변명 → 양반의 안심

## 11

정답 ①

정답의 이유

① 「봉산탈춤」은 양반에 대한 풍자와 조롱(비판)을 주제로 하고 있으며, 이와 가장 유사한 작품은 박지원의 「호질」이다. 「호질」은 양반 계급의 허례허식을 비판한 소설이다.

오답의 이유

② 이곡, 「죽부인전」: 전기적 · 풍자적 · 우의적 성격으로, 대나무를 의인화하여 죽부인의 절개를 나타낸 가전체 작품이다.

③ 충담사, 「찬기파랑가」: 화랑 기파랑을 추모하는 내용의 10구체 향가이다.

④ 이옥, 「심생전」: 양반가 자제인 심생과 중인 계층인 소녀가 나누는, 신분이 다른 두 남녀의 비극적인 사랑을 다룬 한문 소설이다.

## 12

정답 ③

정답의 이유

③ 아니리(말)는 판소리에서 창자(唱者)가 한 대목의 소리에서 다른 대목으로 넘어가기 전에 일정한 장단 없이 자유 리듬으로 사설을 엮어가는 행위이다.

오답의 이유

① 발림(너름새): 판소리에서 소리의 극적인 전개를 돕기 위하여 몸짓이나 손짓으로 하는 동작을 말한다.

② 더늠: 판소리에서 명창이 자신의 독특한 방식으로 다듬어 부르는 어떤 마당의 한 대목을 의미한다.

④ 추임새: 판소리에서 장단을 짚는 고수(鼓手)가 창(唱)의 사이사이에 흥을 돋우기 위하여 삽입하는 소리로, '좋지', '얼씨구', '흥' 따위이다.

## 고전 산문

### 01

정답 ③

정답의 이유

③ 양생이 고독함의 정서를 드러내고 있으나 그것이 이별 때문이라는 단서는 작품을 통해 찾을 수 없다. 단지 양생은 짝이 없는 자신의 처지를 외로워하며 운명적인 인연을 찾고 싶어 한다.

오답의 이유

① 양생이 읊조린 시에서 화자는 '나무', '비취새', '원앙새' 등에 빗대어 자신의 외로운 처지를 드러내고 있다.
② 양생은 봄을 맞아 더욱 외로움을 느끼고 있으므로 작품의 계절적 배경과 인물의 정서가 밀접하게 관련되어 있다.
④ 양생은 바둑알과 등불로 자신의 인연을 점치고 있다. 이를 통해 양생이 운명과 같은 인연을 기다리고 있음을 알 수 있다.

### 02

정답 ④

정답의 이유

「예덕선생전」은 조선 정조 때에 박지원이 지은 한문 단편 소설로서, 『연암집(燕巖集)』의 별집(別集)인 권8 「방경각외전(放璚閣外傳)」에 실려 있다. 따라서 ④ '방경각외전(放璚閣外傳)'이 가장 정확한 답이다.

「방경각외전」에는 「예덕선생전(穢德先生傳)」 외에도 「마장전(馬駔傳)」, 「민옹전(閔翁傳)」, 「광문자전(廣文者傳)」, 「양반전(兩班傳)」, 「김신선전(金神仙傳)」, 「우상전(虞裳傳)」, 「역학대도전(易學大盜傳)」, 「봉산학자전(鳳山學者傳)」 등 총 9편이 실려 있다.

오답의 이유

① 『연암집(燕巖集)』은 조선 후기의 문신이자 학자인 박지원의 시문집으로 17권 6책으로 이루어져 있다. 조선 후기 실학파 중에 이용후생학파(利用厚生學派)의 대표적 인물이라 할 수 있는 박지원의 문학과 사상을 엿볼 수 있는 중요한 자료를 많이 수록하고 있다. 또한 『연암집』에는 18세기에 와서 패사 소품류(稗史小品類)의 영향을 받아 출현하기 시작한 한문 단편 소설로 구성된 「방경각외전」이 있다.
② 『열하일기(熱河日記)』는 박지원이 청나라에 다녀온 후에 작성한 견문록이다. 1780년(정조 4년) 연암 박지원은 친척을 따라 청나라 건륭제(고종)의 칠순연(七旬宴)에 참석하는 사신의 일원으로 동행하게 되었다. 중국 연경(燕京)을 지나 청나라 황제의 여름 별장지인 열하(熱河)까지 여행한 기록을 담았는데, 중국의 명사들과 교류하며 중국의 문물 · 제도를 목격하고 견문한 내용을 각 분야로 나누어 기록하였다.
③ 『과농소초(課農小抄)』는 박지원이 편찬한 농서이다. 1798년(정조 22년) 11월 정조는 농업상의 여러 문제점을 해결하고자 전국에 농정을 권하고 농서를 구하는 윤음(綸音)을 내렸다. 이에 당시 면천의 군수였던 박지원이 1799년 3월 『과농소초』를 올렸다.

**더 알아두기**

**박지원, 「예덕선생전(穢德先生傳)」**

- 갈래: 한문 단편 소설
- 연대: 조선 후기 정조(18세기 후반)
- 성격: 풍자적, 교훈적, 설득적, 예찬적
- 주제: 똥을 져 나르는 것을 업으로 삼는 엄행수(嚴行首)라는 인물을 통하여 양반의 위선을 비판하고, 실천궁행(實踐躬行)하는 삶을 예찬하였다.
- 의의: 엄행수라는 새로운 인간형을 제시하여 인간성을 긍정하고 있으며, 인간 평등사상이 나타난다. 또한 엄행수를 통해 직업 차별 타파 의식과 현실에 대한 비판 의식, 풍자를 보여주고 있다.
- 출전: 방경각외전(放璚閣外傳)

### 03

정답 ④

정답의 이유

전설은 믿음을 강화하기 위해 그 내용이 구체성을 띤다. 그래서 전설은 '세종 5년, 전라남도 남원군에서 …'와 같은 식으로 구체적 시공간이 제시되고, 증거물도 구체적이며 심지어 확인이 가능한 형태를 띠는 것이 특징이다. 따라서 '그 못이 즉 내려다보이는 저 푸른 못이나.'가 제시문이 전설임을 보여주는 대목이다.

### 04

정답 ①

정답의 이유

① 패관 문학은 패관들이 모아 기록한 가설항담(街說巷談)에 창의성과 윤색이 가미된 일종의 산문적인 문학 양식이다. 대표적인 작품으로는 이인로의 『파한집』, 최자의 『보한집』, 이제현의 『역옹패설』 등이 있다.

오답의 이유

② 「흥부전」, 「춘향전」, 「심청전」은 판소리계 소설에 해당한다.

③ 「임진록」, 「유충렬전」, 「박씨전」은 전쟁에 관한 이야기를 소재로 한 군담 소설에 해당한다.

④ 「정시자전」, 「국선생전」, 「저생전」은 가전체 문학에 해당한다. 가전체 문학은 교훈을 목적으로 하며 물건을 의인화하는 것이 특징이다.

**더 알아두기**

**패관 문학**

- 문인이나 학자들이 항간에 떠도는 이야기를 한문으로 기록한 문학이다.
- 패관은 항간에 떠도는 소문들을 수집 · 기록하는 벼슬이었는데, 직책상 모은 이야기에 약간의 창작성(윤색)이 가미되면서 패관 문학이 탄생되었다.
- 대표 작품: 이인로 『파한집』, 최자 『보한집』, 이제현 『역옹패설』, 이규보 『백운소설』 등

## 05

정답 ③

정답의 이유

③ 글쓴이의 주관적인 감정보다는 그날그날 있었던 사건과 인상 깊은 일을 객관적으로 기록하는 데 초점을 두었다.

오답의 이유

② 날짜가 기록된 것으로 보아 일기체 수필에 해당됨을 알 수 있다.

**더 알아두기**

**어느 궁녀, 「산성일기(山城日記)」**

- 갈래: 일기체 수필, 고대 수필, 한글 수필
- 연대: 인조 14년(1636)경
- 성격: 사실적, 객관적, 체험적, 기록적
- 표현: 직설법, 객관적 · 사실적 서술
- 배경: 병자호란
- 주제: 병자호란의 치욕과 남한산성에서의 항쟁, 산성에 포위된 병자호란의 치욕
- 의의
  - 객관적 자세를 견지한 대표적 한글 수필
  - 병자호란 당시의 사실을 한글로 기록한 유일한 작품
  - 「계축일기」와 함께 국문학 사상 쌍벽을 이루는 일기체 작품
- 출전: 『필사본(筆寫本) 산성일기(山城日記)』

## 06

정답 ②

정답의 이유

제시문은 『금오신화』 작품 중 하나인 「이생규장전」의 내용 중 일부이다. 제시문에서 최랑은 이생에게 자신이 귀신임을 밝히며 이별을 고하고 있다.

② 제시문은 꿈에서 겪은 내용이 아니라 현실에서 일어난 이야기이다. 「이생규장전」에는 귀신과 영혼, 저승과 이승 같은 비현실적 · 환상적 요소를 현실 차원에서 다루고 있다.

오답의 이유

① 최랑의 '세 번째의 가약도 이제 머지않아 끝나게 되니'라는 말을 통해 「이생규장전」에 '만남(행)과 이별(불)'이 반복됨을 알 수 있다. 제시문은 최랑과 이생의 재회(행)와 이별(불) 장면으로, 재회했다는 것을 단서로 이전에 이별(불)이 있었음을 짐작할 수도 있다. 즉, 제시문을 통해 행불행이 반복되는 구조라는 추론이 가능하다.

③ 「이생규장전」의 인물들은 당시의 유교적 이념에 따르지 않고 자유연애를 하고 있다. 특히, 최랑은 적극적인 여성상으로서 규범에 얽매이지 않는 개성적인 성격을 지녔다.

④ 「이생규장전」은 죽은 뒤 환신(幻身)한 최랑과 이생의 사랑을 다룬 명혼(冥婚) 소설이다. 제시문에서 최랑은 이생에게 '저는 이미 귀신의 명부에 실렸사오니'라고 말하는 것을 통해 최랑이 귀신임을 알 수 있다.

**더 알아두기**

**김시습, 「이생규장전」**

- 연대: 세조 때
- 갈래: 한문 소설, 전기 소설, 염정 소설, 단편 소설
- 성격: 낭만적, 전기적, 환상적, 비극적
- 시점: 전지적 작가 시점
- 내용: 개성의 이생과 최랑의 연애 이야기이며, 후반에 가서 이생이 홍건적에게 죽은 아내 최 소저의 환신(幻身)을 만나 부부 생활을 하다가 헤어졌다는 내용
- 주제: 죽음을 초월한 남녀 간의 사랑
- 의의
  - 조선 시대 한문 소설의 발달에 큰 영향을 줌
  - 몽유록계 소설의 원류가 됨
- 출전: 『금오신화』

## 07

정답 ①

정답의 이유

① 「사씨남정기」는 김만중이 한글로 지은 고전 소설이다.

## 08

정답 ④

정답의 이유

④ 제시문은 모방담(模倣譚)에 대한 설명이다. 행운을 얻은 선량한 사람의 행동을 모방한 악인이 벌을 받는다는 내용의 모방담은 민담 중에서 모방에 의한 대립과 반복으로 전개되는 이야기를 말한다. 즉, 어느 한쪽이 다른 한쪽을 흉내내다 실패한다는 내용이다. 「흥부전」은 모방담의 전형적 구성을 하고 있는 작품이다.

더 알아두기

고전 소설의 특징

- 인물: 한 인물이 계층을 대표하는 전형적인 인물이 많다. 또한 주로 성격이 변하지 않는 평면적 인물이며, 주인공은 대체로 재자가인(才子佳人)의 성격이 강하다.
- 사건: 필연적이기보다는 우연적이며, 현실적이기보다는 기이하고 황당한 내용으로 이루어져 전기적(傳奇的) 성격이 강하다.
- 주제: 주로 착한 사람은 복을 받고 악한 사람은 벌을 받는다는 권선징악과 인과응보의 교훈적 · 도덕적 내용이 주류를 이룬다.
- 구성: 대개 시간의 흐름에 따라 전개되고, 주인공이 태어나서 죽을 때까지의 일대기적 형식이며, 행복한 결말로 마무리된다.
- 문체: 낭송체, 문어체적 특징이 잘 드러난다. 특히 판소리계 소설은 판소리 사설에서 이어진 것이기 때문에 운문과 산문이 혼용된 문체를 쓰고 있다.

# 수필 · 희곡 · 시나리오

## 01

정답 ①

정답의 이유

① 제시문은 나도향의 수필인 「그믐달」이다. 수필은 어떤 형식의 제약을 받지 않고 개인의 서정이나 사색과 성찰을 산문으로 표현한 문학으로, 허구적 인물이 아닌 실제 인물이 주로 등장한다.

## 02

정답 ③

정답의 이유

③ 나무의 모습을 시각이나 청각 등의 감각적 이미지를 통해 묘사하기보다는 나무를 의인화하여 그 속성을 비유적으로 제시하면서 열거하고 있다.

오답의 이유

① '나무는 주어진 분수에 만족할 줄을 안다.'에서 파악할 수 있다.
② '후박(厚薄)과 불만족(不滿足)을 말하지 아니한다.'에서 파악할 수 있다.
④ '나무는 덕(德)을 지녔다.'에서 파악할 수 있다.

더 알아두기

이양하, 「나무」

- 갈래: 경수필
- 문체: 우유체
- 성격: 주지적, 사색적, 예찬적
- 제재: 나무
- 특징: 나무를 의인화하여 바람직한 삶의 자세를 이끌어냄
- 주제: 나무가 지닌 덕(德)

## 03

정답 ④

정답의 이유

④ 제시된 작품은 김구의 「나의 소원」으로, 반복법, 문답법, 열거법, 점층법, 인용법 등이 사용되고 있다. 이 중에서 김구의 의지를 심화시키고 '독립'이라는 소원의 절대성을 강조하기 위해 사용한 기법은 '점층법'이다.
- 점층법: 어떠한 글이 포함하고 있는 내용의 비중이나 정도를 한 단계씩 높여서 뜻을 점점 강하게, 높게, 깊게 하여 독자의 감정을 자연스럽게 절정으로 이끌어 올리는 표현 방법

오답의 이유

① **반복법**: 같거나 비슷한 단어나 구절, 문장을 반복하여 뜻을 강조하는 방법이다.
② **문답법**: 글 속의 어느 일부의 문장을 문답 형식을 빌려서 전개시켜 나가는 방법이다.
③ **열거법**: 서로 비슷하거나 같은 계열의 구절이나 내용을 차례대로 서술하여 내용을 강조하는 방법이다.

## 04

정답 ①

정답의 이유

① 제시된 부분은 오영진의 희곡 「맹 진사 댁 경사」의 일부이다. 사윗감이 절름발이인 줄 알고 딸(갑분이)과 그 몸종(입분이)을 바꿔치기 한 맹 진사는, 당당한 걸음걸이로 나타난 새 신랑을 보고 놀라 급히 딸을 데리고 오려 하지만 실패한다. 그런데 이 상황을 모르는 맹 노인이 혼례를 서두르자 놀라서 비명을 지르는 부분이다. 따라서 빈칸에는 '비명'이 들어가는 것이 적절하다.

더 알아두기

오영진, 「맹 진사 댁 경사」

- 갈래: 희곡
- 성격: 해학적, 풍자적
- 배경: 조선 시대
- 구성: 5단 구성(2장 2막)
- 주제: 인간의 탐욕과 우매성에 대한 풍자와 비판, 권선징악

## 05

정답 ③

정답의 이유

③ 서술자에 의해 서술로 표현되는 것은 소설의 특징이다.

오답의 이유

① 희곡은 무대 상연을 전제로 하는 문학이다. 따라서 시간과 공간의 제약이 심하고, 등장인물의 수에도 제약이 있다.

② 희곡은 인물의 말과 행동에 의해 사건이 전개되는 문학으로, 작가의 직접적인 해설이나 묘사는 불가능하다.

④ 희곡은 무대 위에서 공연하는 것을 전제로 하기 때문에 현재 시제로 표현된다.

더 알아두기

소설 vs 희곡

| 구분 | 소설 | 희곡 |
|---|---|---|
| 서술자 | 개입 가능<br>(직접, 간접 제시) | 없음 |
| 시제 | 제약이 거의 없음 | 현재 시제 |
| 등장인물 | 제약 없음 | 제약 강함 |
| 시간, 공간 | 제약 없음 | 제약 강함 |
| 표현 | 서술 중심 | 대화, 행동 중심 |
| 인물의<br>성격 제시 | 직접적 제시<br>+ 간접적 제시 | 간접적 제시만 가능 |

## 06

정답 ④

정답의 이유

④ 복선은 앞으로 일어날 사건에 대하여 미리 암시하는 것으로, 희곡에 반드시 복선이 깔려 있어야 하는 것은 아니다.

## 07

정답 ①

정답의 이유

① ㉠은 '수필'을 '청자연적(靑瓷硯滴)'에 비유한 것으로, 이처럼 '무엇은 무엇이다'의 형태로 직접 연결하는 표현 방법을 '은유법'이라고 한다. ㉡은 '~같이'를 넣어서 '꽃'을 '누님'에 빗대어 표현한 것으로 '직유법'이 사용되었다.

오답의 이유

② '하느님'을 '비애'로 표현한 것으로 '은유법'이 사용되었다.

③ '겨울'을 '무지개'로 표현한 것으로 '은유법'이 사용되었다.

④ '파초'를 '여인네'로 표현한 것으로 '은유법'이 사용되었다.

더 알아두기

직유법과 은유법

- 직유법(直喩法): 비슷한 성질이나 모양을 가진 두 사물 즉, 원관념과 보조 관념을 '~같이', '~처럼', '~양', '~듯이' 등의 연결어를 사용하여 연결하는 표현 방법이다.
  예 그녀는 여우처럼 교활하다.
- 은유법(隱喩法): 사물의 상태나 움직임을 암시적으로 나타내는 수사법으로 원관념과 보조 관념이 마치 동일한 것처럼 연결하는 표현 방법이다.
  예 나는 나룻배 / 당신은 행인

## 08

정답 ④

정답의 이유

④ 제시된 작품은 피천득의 「수필」이며, 논증과 설득을 주목적으로 하는 글은 '수필'이 아니라 '논설문'이다.

더 알아두기

피천득, 「수필」
- 갈래: 현대 수필, 경수필
- 성격: 서정적, 감각적, 예찬적
- 주제: 수필의 본질과 특성
- 특징
  - 자신의 소망을 간결한 언어로 표현
  - 감각적 이미지의 소재 사용
  - 간결한 문장을 반복하여 리듬감 형성

## 문학 일반

### 01

정답 ①

정답의 이유

'블루칼라'는 육체 노동자가 주로 푸른 작업복을 입는 데서 유래한 단어로서 '생산직에 종사하는 육체 노동자'를 뜻하는 단어이다. 따라서 육체 노동자들을 대표할 수 있는 특징적인 옷의 색깔을 가지고 노동자 계층을 비유하고 있으므로 대유법이 사용되었다.

오답의 이유

② '마음'을 쉽게 깨지는 '유리'에 비유하여 '산산조각이 났다'고 비유하고 있으므로 원관념이 생략된 은유법이 사용되었다.
③ 여성들이 느끼는 보이지 않지만 존재하는 '사회적 장벽'을 투명하여 마치 없는 것 같으나 뚫고 넘어갈 수는 없는 '유리 천장'에 비유하고 있으므로 원관념이 생략된 은유법이 사용되었다.
④ 사회의 '최하층'을 '밑바닥'에 비유하고 있으므로 원관념이 생략된 은유법이 사용되었다.

# 비문학 정답 및 해설

## 세부 내용 파악하기

### 01

정답 ①

정답의 이유

제시문에 따르면, 페르소나는 사회와 관련된 자아의 한 측면이고 그림자는 인간의 본능 성향과 관련된 자아의 한 측면이다. 따라서 페르소나는 현실적인 속성, 그림자는 근원적인 속성을 지닌다고 할 수 있다.

오답의 이유

② 자아는 페르소나와 그림자로 이루어져 있으며, 페르소나만 추구한다면 그림자가 위축되어 결국 자기 자신으로부터 소외를 당해 무기력해진다고 설명하고 있다. 따라서 자아가 무기력하게 되는 것은 페르소나를 멀리 할 때가 아니라 페르소나만 추구할 때이다.

③ 그림자는 원시적인 본능 성향을 의미하므로 도덕성을 추구하지 않는다. 도덕성을 추구하는 것은 사회적 요구와 관련된 페르소나이다.

④ 제시문을 통해 그림자를 억압하게 되면 충동적인 면이 줄어드는 대신 자발성, 창의성, 통찰력, 깊은 정서 등의 긍정적인 면 역시 억압된다는 것을 알 수 있다. 그러나 그림자를 억압한다고 해서 페르소나를 더욱 추구하게 되는지에 대해서는 나타나지 않는다.

### 02

정답 ②

정답의 이유

② 항생제의 내성에 대한 언급은 찾아볼 수 없다.

오답의 이유

제시문의 1문단 첫 번째 문장을 통해 항생제의 정의가 나타나므로 ①을 확인할 수 있다. 또한 자연적으로 존재하는 항생제는 자연 요법제, 화학적으로 합성된 항생제는 화학 요법제로 분류한다는 설명을 통해 ④를 확인할 수 있다. 마지막으로 2문단을 통해 항균 작용의 기제 알 수 있으므로 ③을 확인할 수 있다.

### 03

정답 ④

정답의 이유

제시문에 따르면 언어 표현은 자연시간의 순서를 따른다. 그런데 ④의 '문 닫고 들어오라'는 안으로 들어온 후에 문을 닫으라는 의미이므로 논리적으로 시간의 순서에 맞지 않는다.

오답의 이유

①·② 각각 꽃이 펴야 질 수 있고, 수입이 들어와야 지출을 할 수 있으므로 제시문의 설명에 부합한다.

③ '머리끝부터 발끝' 역시 위쪽이 앞서고 아래쪽이 나중에 온다는 어순 병렬의 원리에 부합한다.

### 04

정답 ④

정답의 이유

제시문은 책을 항성·행성·유성에 비유하고 있다. '항성'은 '좋은 책'에 비유하고 있는데, 좋은 책은 세상살이의 일반성에 관한 이해를 넓혀 주는 동시에 개인적 삶의 특수성까지도 풍부하게 해 주어 변화하는 세상과 그 속에 숨은 삶의 본질을 꿰뚫어 본다. 반면, 필자는 '유성'을 '그렇고 그런 수준의 책'에 비유하고 있다. 따라서 유성과 같은 책을 읽으면 삶의 본질을 꿰뚫어 볼 수 있다는 진술은 적절하지 않다.

## 05

정답 ④

정답의 이유

청소년들이 책임감을 갖게 하기 위해서는 행위의 목적보다는 행위의 과정과 결과의 중요성을 강조해야 한다. 책임감 교육에서는 두 번째 문단에서 확인할 수 있는 것처럼 어떤 행동을 할 것인가를 선택 · 결정하는 행위의 과정이 중요하며, 네 번째 문단에서 언급했듯이 행위의 결과에 스스로 책임질 수 있도록 해야 한다. 이처럼 책임감 교육에서는 행위의 목적보다 행위의 과정과 결과가 모두 중요하다.

오답의 이유

① 첫 번째 문단의 '책임과 무책임은 선천적인 특성이 아니라 성장의 과정에서 배워 습득되는 것이다.'를 통해서 파악할 수 있는 내용이다. 책임감은 후천적으로 길러지는 것이다.

② 제시문의 세 번째 ~ 다섯 번째 문단을 통해서 파악할 수 있는 내용이다. 책임감을 가르치려면 처음에는 쉬운 일부터 시작해서 차츰 어려운 수준의 일에 도전하도록 해야 한다.

③ 세 번째 문단의 '~ 이때 교사들이 그런 행동을 심하게 꾸짖는다면, 그 학생은 좌절감을 느끼고 다시는 자신이 책임져야 할 행동을 하려 하지 않을 것이다.'를 통해서 파악할 수 있는 내용이다.

## 06

정답 ④

정답의 이유

④ 마지막 문단의 최후통첩 실험에 따르면, 인간은 불공정한 제안에 대하여 단호히 거부하고, 상대방도 이득을 취할 수 없도록 응징한다는 것을 알 수 있다.

오답의 이유

① 최후통첩 실험은 돈을 주는 사람이 금액을 선택하는 것이므로, 돈 받는 사람이 금액을 선택하면 결과가 다르게 나타날지는 알 수 없다.

② 최후통첩 실험에 따르면 인간은 경우에 따라 이기적일 수도 있고, 이타적일 수도 있다.

③ 제안된 금액이 30퍼센트 미만이면 거부되는 경우가 많았다고 말했을 뿐이므로 항상 거래가 성립되었다고 단정할 수 없다.

## 07

정답 ③

정답의 이유

③ 제시문의 두 번째 문단에서 '개별 경제 주체가 제3자의 이익이나 손해까지 고려하여 행동하지는 않을 것이기 때문이다.'라고 했으므로, 개별 경제 주체가 자신의 손해를 막기 위해 제3자의 이익이나 손해를 고려한다는 서술은 틀린 설명이다.

오답의 이유

① 첫 번째 문단에서 외부성을 '어떤 경제 주체의 행위가 자신과 거래하지 않는 제3자에게 의도하지 않게 이익이나 손해를 주는 것'이라고 정의 내리고 있다.

② 세 번째 문단 첫 번째 문장에서 확인할 수 있다.

④ 마지막 문단에서 확인할 수 있다.

## 08

정답 ③

정답의 이유

③ 세 번째 문단의 내용을 통해 알 수 있다. 노자는 관계의 원리로서의 도를 개체의 원리로서의 명보다 우월한 것으로 보았고, 다양한 개체들이 상호 조화로운 관계를 맺으려면 도를 먼저 회복해야 한다고 보았으므로 '나'와 '타자'라는 구별이 선행되어야 관계가 가능해진다는 말은 글의 내용과 부합하지 않는다.

오답의 이유

① 세 번째 문단의 '도(道)를 명(名)보다 존재론적으로 우월한 것으로 간주했다.'를 통해서 파악할 수 있다.

② 첫 번째 문단의 '~ 앞으로 타자와 관계를 맺게 될 원리를 무(無) 또는 무명(無名)이라 부른다.'를 통해서 알 수 있다.

④ 세 번째 문단의 '그는 만물의 근원적인 관계 원리로서의 도(道)를 모든 개체들에 선행하여 존재하는 절대적 원리라고 이해했던 것이다.'를 통해서 알 수 있다.

## 09

정답 ①

정답의 이유

① 제67조 제1항에 따르면, 친권자인 부모님이라도 기철이의 근로계약서를 대신 작성할 수 없다.

오답의 이유

② 제67조 제2항의 내용에 해당한다.

③ 기철이가 고용주와 합의한다면 일주일에 46시간까지 연장하여 일할 수 있다.
④ 제68조에 규정되어 있다.

## 10

정답 ①

정답의 이유

① 제시문은 「민원 처리에 관한 법률」 제19조 제2항에 규정된 내용이다. 여기서 '첫날'은 문맥상 '접수한 날'을 의미한다.

## 11

정답 ②

정답의 이유

② 세 번째 문단의 '이러한 저출산 현상으로 인해 ~ 전망이다.' 부분을 통해 생산 활동을 담당할 청년층이 감소하면서 경제 성장률이 마이너스로 떨어질 것이라는 것을 알 수 있다.

오답의 이유

① 청년층의 소득 및 고용 불안이 만혼과 결혼 기피의 중요 요인으로 언급되고는 있으나 청년층의 소득 및 고용 불안의 원인이 제시되지는 않았다.
③ 노인 재정 지출에 대한 부분은 찾아볼 수 없다.
④ 결혼 촉진을 위해 신혼부부 대상 주택 보급을 중산층에게 확대하는 방안이 필요하다고 하였으나 주택 보급 방법에 대해서 언급하고 있지는 않다.

## 12

정답 ④

정답의 이유

④ 제시문은 안락사와 존엄사의 차이점 등 안락사와 자연사에 대해 설명해 주고 있는 글이며, 죽음에 대한 슬픔을 절제하는 내용은 찾아 볼 수 없다.

오답의 이유

① 안락사를 적극적 안락사와 소극적 안락사로 나누어 '구분'의 방법으로 설명하고 있다.

## 13

정답 ①

정답의 이유

① 서양의 제국주의와 국수주의를 비판하며 서양의 합리주의 사고방식에 젖어 동양 철학 기본 사상을 등한시한 것에 경각심을 일깨우고 있는 글이다. 글의 마지막 부분에서 동양 철학을 잘 계승하고 발전시켜야 함을 강조하고 있다.

## 14

정답 ③

정답의 이유

③ 서구 합리주의를 바탕으로 한 서구 열강들이 상대적으로 힘이 약했던 동양권이나 다른 국가 등을 침략하고 약탈했던 '제국주의'를 편협한 사고방식으로 나타내고 있다. 또한 (나)의 처음 '이와 같은 제국주의'를 봐도 그 앞의 편협한 사고방식이 의미하는 바를 쉽게 유추할 수 있다.

## 15

정답 ③

정답의 이유

③ (다) 국수주의가 가져올 수 있는 폐해를 들며, 국수주의를 비판하고 있다.

오답의 이유

① (가) 서양 제국주의에 대한 비판
② (나) 국수주의에 대한 예
④ (라) 동양 철학 계승의 중요성

## 16

정답 ②

정답의 이유

㉠은 앞 문장에 대한 부연으로, 창조적 정신은 외국의 선진 문화를 능동적 · 주체적으로 받아들일 것이기 때문에 국수주의나 배타주의가 될 수 없다는 의미이다. 따라서 우리의 주체성을 드러내고 있는 ②가 알맞은 의미이다.

TOP 2 글의 설명 · 전개 방식

## 01

정답 ④

정답의 이유

④ (가) 문단에서 CD는 저음역의 음악 정보를 제대로 담지 못한다고 하였고, (나) 문단에서 이러한 오류가 발생하는 이유는 디지털화의 기본 처리 과정에서 해상도를 충분히 확보하지 못해 음악 정보가 원본과 다른 근삿값으로 바뀌어 기록되기 때문이라고 하였다. 또한 이를 이해하기 쉽게 소수점 한 자리까지 처리할 수 있는 성적 시스템과 소수점 이하를 처리하지 못하는 시스템을 비교한 사례를 들고 있다. 즉, 해상도가 떨어지는 CD의 디지털 전환은 저음역의 미세한 차이를 차원이 다른 결과로 바꿔 버린다는 것을 독자가 이해하기 쉽도록 다른 시스템을 예시로 든 것이며, CD가 소수점 이하를 처리할 수 있는지 여부를 설명한 것은 아니다.

오답의 이유

① (가) 문단의 '고음역이 깨끗하게 들리는 CD는 ~'이라는 부분과 (다) 문단의 '잡음 없는 깨끗한 소리를 전달한다는 장점과 ~'라는 부분에서 확인할 수 있다.
② (다) 문단의 '디지털의 오류는 44.1kHz, 16비트 해상도의 ~ 치명적인 단점이다.'라는 부분에서 확인할 수 있다.
③ (라) 문단의 'CD와 LP로 비교하여 들어 보면, ~ 클래식 음악을 CD로 듣고 있으면, 마치 모래 위에 지어진 집처럼 위태롭고 불안한 느낌이 들곤 한다.'라는 부분에서 확인할 수 있다.

## 02

정답 ④

정답의 이유

④ (가) 문단에서는 CD를 '반쪽짜리 그릇'이라고 표현하였으므로 은유법이 사용되었다. (다) 문단에서는 CD를 '작은 그릇'이라고 표현하였으므로 은유법이 사용되었고, '깍두기 현상이 나타나듯'에서 직유법이 사용되었다. (라) 문단에서는 '모래 위에 지어진 집처럼'에서 직유법이 사용되었다. 따라서 (가) · (다) · (라) 문단은 은유법과 직유법을 사용하고 있음을 알 수 있다.

오답의 이유

① (가)는 결과이고, (나)는 원인에 해당한다.
② (나)는 수학적 원리를 이용하여 설명하고 있으나, (다)는 수학적 원리를 이용하여 설명하지 않았다.
③ (다)와 (라)는 CD의 단점을 설명하고 있다.

## 03

정답 ④

정답의 이유

④ 유추란 서로 다른 범주에 속하는 대상 간의 유사성을 통해 추리하는 것으로 어렵고 복잡한 개념을 설명할 때 보다 친숙하고 단순한 개념과 비교함으로써 좀 더 쉽게 이해할 수 있도록 하는 방법이다. 유추를 하기 위해서는 두 사물 간 형태나 행위, 속성 등의 결정적인 유사성이 있어야 한다.
예 초승달과 눈썹의 형태

## 04

정답 ①

정답의 이유

① 제시문은 생물학자인 최재천의 「황소개구리와 우리말」의 일부이다. 영어가 중시되는 현실에서 우리말을 바로 세우자고 주장하는 글로, 우리의 생태계를 어지럽히는 황소개구리, 블루길 등의 외래 생물종의 구체적인 사례를 우리의 문화적 현상에 확대 적용하여 설득력을 더하고 있다. 영어를 자유롭게 구사하는 것이 현대 사회의 필수 조건이기는 하지만 우리말의 소중함을 깨닫고 우리말을 바로 세우는 것에 소홀해서는 안 된다는 것을 강조하고 있다.
〈보기〉는 이기백의 「민족 문화의 전통과 계승」 중 일부로서, 민족 문화의 전통을 계승하는 올바른 인식과 외래문화를 주체적으로 수용하는 것의 중요성을 풍부한 사례와 다양한 내용 전개 방법을 사용하여 논리적으로 주장한 논설문이다.
따라서 제시문과 〈보기〉는 주제, 글의 갈래 및 성격과 서술상의 특징 등에서 공통점을 찾아볼 수 있다.

**더 알아두기**

**최재천, 「황소개구리와 우리말」**

- 갈래: 논설문(시사성이 강한 칼럼)
- 주제: 우리말 바로 세우기의 중요성
- 특징
  - 문제를 제기한 후 해결 방법을 모색하는 방식으로 논지를 전개한다.
  - 구체적인 사례나 일화를 제시하여 주장의 설득력을 높였다.
  - 비유, 예시의 방식으로 논지를 뒷받침하였다.
  - 생태계의 사례를 언어 현상에 확대 적용하는 유추의 방식을 통해 설득력을 높였다.

## 05

정답 ②

정답의 이유

밑줄 친 부분은 유추를 통해 내용을 설명하고 있다.

② 희곡과 소설을 '비교'하고 있다.

오답의 이유

①·③·④ 유추의 방식으로 내용을 설명하고 있다.

## 06

정답 ③

정답의 이유

③ 제시문은 '기계 문명의 공로 → 기계 문명의 피해 → 인간성 회복의 필요성'의 순서로 서로 대비되는 견해를 제시하여 문제를 제기한 후, 과제를 제시하는 방식으로 논지를 전개하고 있다.

## 07

정답 ③

정답의 이유

㉠ 분류(分類): 하위 개념을 상위 개념으로 묶어 가면서 설명하는 것을 말한다.

예 봄, 여름, 가을, 겨울은 계절이다.

㉡ 구분(區分): 상위 개념을 하위 개념으로 나누어 가면서 설명하는 것을 말한다.

예 계절에는 봄, 여름, 가을, 겨울이 있다.

㉢ 비교(比較): 둘 이상의 대상 사이의 유사점에 대하여 설명하는 것을 말한다.

예 중국의 담벽은 일본의 담벽보다 높다.

㉣ 대조(對照): 둘 이상 대상의 차이점에 대하여 설명하는 것을 말한다.

예 중국의 담벽은 높아 폐쇄적인데, 일본의 담벽은 낮아 개방적이다.

## 08

정답 ②

정답의 이유

② 제시문은 '과정'의 방식으로 글을 전개하고 있다. 과정의 원리란 특정의 목표나 결과를 가져오게 한 일련의 행동, 변화, 기능, 단계, 작용들에 관계되는 원리로서 서사와 마찬가지로 계속되는 동작 또는 행동들에 관련되지만, '무엇'에 관한 사항보다는 '어떻게'에 관한 사항에 주된 관심을 둔다는 측면에서 서사와 구별된다.

예 운전면허를 따는 방법에 관한 설명

## 09

정답 ①

정답의 이유

① '파시즘'과 '독재 정치'를 예로 들어 사이비 민주주의를 설명하고 있다.

오답의 이유

② **분석**: 하나의 관념이나 대상을 구성 요소들로 나누어 가는 과정이다. 각 구성 요소들이 유기적으로 조직되어 있을 때 사용된다.

③ **논증**: 가정된 결론을 여러 논거들과 추론을 통해 증명해 가는 논리적 과정을 말한다.

④ **정의**: 어떤 대상이나 사물의 범위를 규정짓거나 그것의 본질을 진술하는 방법이다.

## 10

정답 ④

정답의 이유

④ 묘사의 방식으로 내용을 전개하고 있다. 묘사란 어떤 사물에 대해 그림을 그리듯이 생생하게 표현하는 방식이다.

오답의 이유

① 유추의 방식으로 내용을 전개하고 있다. 유추란 같은 종류의 것 또는 비슷한 것에 기초하여 다른 사물을 미루어 추측하는 방법이다.
② 비교와 유추의 방식으로 내용을 전개하고 있다. 지구와 화성의 공통점을 밝히고, 이 유사성에 기초하여 화성을 유추하고 있다.
③ 정의와 예시의 방식으로 내용을 전개하고 있다. '제로섬이란 ~' 부분에서 용어의 정의를 밝히고 있으며 그 뒤에 운동 경기를 예로 들어 설명하였다.

## 11

정답 ①

정답의 이유

① 제시문은 이기백의 「민족 문화의 전통과 계승」 중 일부이다. 묘사는 쓰이지 않았다.

오답의 이유

②·③·④ 전통의 본질적 성격을 열거, 대조(전통과 인습), 예시의 방법(연암의 문학 등)을 사용하여 설명하고 있다.

더 알아두기

이기백, 「민족 문화의 전통과 계승」

- 갈래: 논설문
- 문체: 건조체, 만연체, 강건체
- 성격: 논리적, 설득적, 비판적, 논증적, 예증적
- 주제: 민족 문화 전통의 올바른 인식과 계승 방안
- 표현
  - 풍부한 예를 들어 주장을 뒷받침
  - 다양한 역사적 자료를 논거로 활용함으로써, 주장의 내용을 구체적으로 전달하고 설득의 효과를 높임
  - 사실 논거를 주로 사용하여 내용의 객관성을 확보함
  - 예시, 인용, 대조 등을 적절히 사용하여 주장을 분명히 함
- 구성
  - 서론: 전통의 본질과 계승 문제
  - 본론 1: 전통의 본질
  - 본론 2: 현재 문화 창조에 이바지하는 전통의 창조적 계승 방식
  - 본론 3: 창조적 정신이 전통
  - 결론: 민족 문화의 전통 계승과 창조

## 12

정답 ③

정답의 이유

③ '정의'는 어떤 말이나 사물의 뜻을 명백히 밝혀 규정하는 것으로, 제시문은 '정의'의 방법을 사용하여 '지적 재산권'을 설명하고 있다.

오답의 이유

① **예시**: 사례를 들어 설명하는 방법을 말한다.
② **분석**: 얽혀 있거나 복잡한 것을 풀어서 개별적인 요소나 성질로 나누는 방법을 말한다.
④ **분류**: 하위 개념에서 상위 개념으로 묶어 가면서 설명하는 방법을 말한다.

# TOP 3 순서 맞추기

## 01

정답 ①

정답의 이유

(가)는 훈민정음 글자의 원리를 설명하고 있다. 따라서 훈민정음에 대해 소개하고 있는 문장 뒤와 모음의 원리인 천지인을 설명하고 있는 문장의 앞인 ①의 위치가 적절하다.

## 02

정답 ③

정답의 이유

글 전체의 문단 순서를 알맞게 배열하는 문제이다. 글을 살펴보면, (다)에서 '제임스 러브록'이라는 인물에 대해 처음 소개하고 있으므로 (다)가 가장 첫 번째 순서임을 알 수 있다. 그리고 (다)의 마지막 문장에서 제임스 러브록이 말한 '사이보그'를 (가)가 이어 받아 제임스 러브록이 말하는 '사이보그'의 의미를 설명하고 있다. 덧붙여 (나)에서 제임스 러브록의 말을 인용하며 사이보그에 대한 설명을 구체화하고 있으며, 이를 바탕으로 마지막으로 (라)에서 지구 멸망 시 사이보그의 행동을 예측하며 글을 마무리하고 있다.

오답의 이유

이 글은 제임스 러브록이 주장하는 사이보그를 주요 소재로 하고

있다. 따라서 제임스 러브록과 그의 이론, 그리고 사이보그가 처음으로 소개되는 (다)가 첫 번째 순서로 구성되어야 한다. 그런데 ①·②·④는 모두 (다)가 아닌 다른 문단을 첫 문단으로 제시했기 때문에 정답이 될 수 없다.

## 03

정답 ①

정답의 이유

① 〈보기〉의 문장은 '이러한 언어의 변화'로 시작한다. 따라서 〈보기〉에 앞서 '언어의 변화'에 대한 언급이 있어야 글이 일관성 있게 전개될 수 있다. (가)에서는 언어의 변화가 언어를 구성하는 모든 측면에서 일어난다는 의미의 문장으로 문단을 끝맺고 있다. 따라서 (가)의 뒤에 〈보기〉가 와야 적절하다.
더 나아가, 〈보기〉에서 언급한 '공시태'에 대해 (나)에서 설명하고 있으므로 〈보기〉가 (가)의 뒤, (나)의 앞에 위치할 때 글이 논리적으로 전개됨을 확인할 수 있다.

## 04

정답 ③

정답의 이유

제시문에서는 ㉠ '통시태'에 대해 '같은 언어의 다른 변화 시기에 속하는 다른 언어 상태를 말한다.'고 설명하고 있다. 즉, 어떤 언어가 시간의 흐름에 따라 변화하는 모습이 통시태인 것이다. 그런데 ③에서 신조어의 등장과 방언의 실현은 어떤 한 시기의 언어 상태, 즉 공시태에 해당한다. 현재의 모습만 알 수 있을 뿐 언어의 변화 양상을 살펴볼 수 없기 때문이다.

오답의 이유

①·②·④는 시간의 흐름에 따라 변화하는 언어의 모습에 해당하므로 통시태의 예로 적절하다.

## 05

정답 ②

정답의 이유

(가) 균열이 생겼다가 도로 유착·결합했다는 것이 비자반의 특질인 유연성을 보여주는 졸업 증서임을 알려주고 있다.
(나) 반면이 갈라지는 사고가 생겼으나 회생의 여지가 있을 때 헝겊을 싸고 뚜껑을 덮어서 간수해 둔다고 말하고 있다.
(다) 1~3년까지 내버려 두면 바둑판은 제 힘으로 제 상처를 고쳐서 유착하고 균열진 자리에 머리카락 같은 흔적이 남는다고 이야기하고 있다.
(라) 비자반 중 일등품 위에 특급품이라는 것이 있음을 소개하고 있다. 반면에 머리카락 같은 흉터가 있을 때 특급품이며 일급보다 더 비싸진다고 이야기한다.

따라서 제시된 지문의 전개 순서는 화제를 제시한 (라)가 제일 처음 오고, 특급품에 있는 가느다란 흉터를 설명하는 (나), 그리고 1~3년이란 시간이 흘러 유착한다는 (다), 상처가 갖는 의미를 설명하는 (가)가 마지막에 오는 것이 내용 전개 순서로 적절하다.

**더 알아두기**

**김소운, 「특급품」**
- 갈래: 수필
- 성격: 교훈적, 유추적
- 표현: 작자의 생각과 사실을 혼합해 독자의 이해를 도움
- 제재: 삶의 이해와 애정
- 구성: 3단 구성(기 – 서 – 결)
  - 기: 비자반(榧子盤)의 사례
  - 서: 인생의 과실과 비자의 유연성
  - 결: 유연성으로 과실을 다스림
- 주제: 과실을 극복해낸 인생의 가치, 유연한 삶
- 출전: 『건망허망(健忘虛妄)』(1952)

## 06

정답 ①

정답의 이유

김소운의 수필 「특급품」의 주제는 상처가 생겼더라도 이를 극복하면 진정한 '특급품'이 될 수 있다는 것이다. 따라서 정답은 ① '과실이 생겨도 융통성 있게 헤쳐 나가야 한다.'이다.

오답의 이유

② 제시된 글은 각박한 현실에 맞서서 대항하는 것이 아니라 불측의 사고에 대응하는 유연한 자세에 대해서 이야기하고 있다.
③ 제시된 글은 대상을 신비로운 상태로 남겨 두는 것과 아무런 관련이 없다.
④ 「특급품」은 불측의 사고를 유연하게 극복하라는 것일 뿐 위기를 기회로 삼으라는 것과는 다소 거리가 있다.

## 07

정답 ②

정답의 이유

〈보기〉의 시작 부분에서 '이 말을 다시 하자면'이라고 말하면서 '실패하고 좌절하는 연습을 하기 때문에 결과적으로 좌절한다.'고 부연하고 있다. 따라서 〈보기〉의 앞에는 이와 관련된 내용이 오면 되는데 (나)에서 '불운한 상황을 비관적으로 바라보고, 인생이 위급 상황인 양 행동하는 습관에 젖어 있다면 우리 삶이 그렇게 된다.'고 말하고 있다. 그러므로 〈보기〉는 (나)의 뒤에 와야 한다.

더 알아두기

**보조 단락**

- 연결 단락: 앞의 내용을 이어받아 뒷부분으로 이어 주는 화제 전환 문단
- 부연 단락: 중심 문단에서 제시한 내용에 덧붙여 보다 자세하게 서술하는 문단
- 예시 단락: 중심 문단의 내용을 구체적인 사례를 들어 뒷받침하는 문단
- 강조 단락: 이미 충분히 해명된 내용을 다시 한 번 반복하고 요약하는 문단
- 상술 단락: 주제문의 내용을 구체적으로 풀이하고 있는 문단

## 08

정답 ③

정답의 이유

③ 원유는 미생물이 있으므로 열처리를 해야 함을 밝힌 (가)를 시작으로, 미생물의 종류에 따라 미생물을 제거하는 데 필요한 시간과 온도가 다르기 때문에 열처리를 할 때 필요한 조건이 있음을 이야기한 (다), 열처리 조건으로 '저온 살균법'과 '저온 순간 살균법'을 설명한 (나), 그리고 '초고온 처리법'을 부연한 (라) 순서로 와야 한다.

## 09

정답 ③

정답의 이유

문장의 순서를 배열하는 문제는 접속어를 통해 연결 고리를 찾을 수 있다.

③ ㉡ '그러나' 이후에서 '김정호의 옥사설'은 사실이 아니라고 말하고 있으므로, 그 앞의 내용은 '김정호의 옥사설'을 말하고 있는 '㉣ – ㉤ – ㉢'이 나란히 오면 된다. 그리고 ㉡을 부연한 내용이 ㉠이므로 ㉠이 마지막에 오면 된다.

## 10

정답 ④

정답의 이유

④ • (라) 기후 문제가 심각해질수록 국제 사회는 강한 규제로 각국의 탄소 배출을 강제할 것이다.
- (다) '저탄소 녹색 성장'은 더 이상 미룰 수 없는 과제이다. 이때, '이런 세계적 트렌드의 변화'는 (라)의 내용을 의미한다.
- (나) 신재생 에너지에 주목해야 한다. 이때, '정부 스스로 60년 앞을 내다보는 계획을 제출했다고 천명했으므로 ~'는 (다)의 내용을 의미한다.
- (가) 정부에서 내놓은 1차 국가 에너지 기본 계획에 대한 설명이다. 국가 에너지 기본 계획은 (나)에서 언급된 국가적 규모의 정책 기조와 연결된다.

## 11

정답 ②

정답의 이유

- (ㄹ)에서 고전 소설 「춘향전」의 선인과 악인의 내용이 나오고, (ㄴ)에서 '소설만 그런 것이 아니다.'라고 하는 내용이 나오는 것으로 보아 (ㄹ)의 내용이 (ㄴ)보다 앞에 와야 함을 알 수 있다.
- (ㄴ)의 마지막 문장이 '죄를 저지른 사람에 대한 보도가 그 사람의 이력이 죄만으로 점철되어 있고, 그의 인격에 바른 사람으로서의 흔적이 하나도 없는 것으로 착각하게 된다.'라고 하였고, (ㄷ)의 첫째 문장이 '이처럼 우리는 부분만을 보고, 또 흔히 잘못 보고 전체를 파악한다.'라고 하였으므로 (ㄴ) 다음에 (ㄷ)이 이어진다.
- (ㄱ)은 (ㄷ)의 내용과 역접 관계에 있으므로 (ㄱ) 문단의 앞에 접속어 '그러나'를 넣어 보면 자연스럽게 (ㄷ) 뒤에 이어질 내용임을 알 수 있다.

## 12

정답 ③

정답의 이유

③ 3 · 1 운동과 관련된 제시문으로, 문맥상 〈보기〉의 내용은 (다)의 뒤에 들어가야 한다. 〈보기〉에서는 학자들이 3 · 1 운동에 관해 부단한 연구를 해왔고, 각 분야에 걸쳐 수많은 저작을 내놓고 있다고 했다. 그 다음 (라)에서는 언론 분야에 대한 그 예가 나오고 있다.

## 주제 · 제목 찾기

### 01

정답 ②

정답의 이유

6~7번째 문장의 '그러므로 ~ 부담이 지나치지 않게 해야 한다'와 마지막 문장에 제시문의 중심 내용이 모두 담겨 있으므로 이를 모두 포함하여 한 문장으로 정리한 ②가 적절한 요약문이다.

오답의 이유

① 4~5번째 문장에서 '무조건 신체를 움직인다고 해서 다 운동이 되는 것은 아니며, 무리하게 움직이면 오히려 역효과를 가져온다.'고 설명하고 있으므로 '가급적 쉬어서는 안 된다.'는 요약은 적절하지 않다.

③ 전체 내용을 아우르지 못하므로 요약문으로는 적절하지 않다.

④ 운동의 긍정적인 측면과 부정적 측면에 대한 언급은 제시문에 나타나지 않는다.

### 02

정답 ②

정답의 이유

② 제시문은 관계 내에서 갈등이 발생했을 때를 가정하여 사례를 제시한 후 적절한 대응 전략을 설명하고 있다. 따라서 제시문의 제목으로 가장 적절한 것은 '갈등 대응 전략'이다.

오답의 이유

①·③·④ 제목은 글의 요지를 함축한 표현이므로 그 범위가 너무 포괄적이어도 안 되고, 너무 세부적이어도 안 된다.

더 알아두기

**주제(主題)와 제목(題目)**

- 구체적인 사례가 제시되어 있을 때에는 그 사례를 일반화할 수 있는 내용이 주제가 된다.
- 핵심어를 포함하는 문장이 주제문이며, 이를 함축하면 제목이 된다.

### 03

정답 ④

정답의 이유

④ 관계 속 갈등 상황은 성급한 판단에서 비롯되므로 성급한 판단을 피하고 객관적 방향으로 표현해야 하는데, 이때 묘사적 언어를 사용해야 한다고 말했으므로 제시문의 요지로는 '성급한 판단을 피하고 묘사적 언어를 사용해야 한다.'가 적절하다.

오답의 이유

② 객관적으로 말을 하면 문제가 해결되는 것이 아니고, 통합적 해결책을 찾기 위한 출발점이 된다고 하였다.

더 알아두기

**글의 요지**

요지란 대개 필자가 글을 통해 독자에게 전달하고자 하는 '생각'을 뜻한다.

### 04

정답 ④

정답의 이유

④ 제시문은 동물들이 자연적으로 치유하는 방법에 대해 선천적으로 알고 있는 예를 열거하고 있다.

### 05

정답 ②

정답의 이유

제시문 후반부에 '사람들은 단어의 성격과 문법적 기능, 단어의 형성 방법 등 단어에 대한 지식과 함께 사잇소리 현상, 모음조화, 구개음화 등과 같은 음운 현상에 대한 지식은 기본적 사항이라도 반드시 알아 두어야 한다.'라고 나와 있으므로, 이 글의 주제는 ② '문법은 언어적 지식에서 나온다.'가 적절하다.

### 06

정답 ①

정답의 이유

① 국어와 문학은 밀접하게 관련되어 있어 따로 생각할 수 없다는 것이 제시문의 요지이다. 따라서 국어와 문학은 상호 불가분의 관계에 있다고 볼 수 있다. 즉, 〈보기〉는 '국어와 문학의 불가분리성'에 대한 내용인 것이다.

- 불가분리성(不可分離性): 뗄 수 없는 성질을 이르는 말

## 응집성 · 일관성 · 통일성

### 01
정답 ③

정답의 이유

㉠의 앞에서는 훈민정음의 장점에 대해 설명하고 있고, 뒤에서는 훈민정음의 장점으로 인해 글을 쉽게 배울 수 있다는 결과를 설명하고 있다. 따라서 앞의 내용이 뒤의 내용의 이유나 원인, 근거가 될 때 쓰는 접속 부사인 '그러므로'가 ㉠에 들어가는 것이 적절하다.

### 02
정답 ①

정답의 이유

① 제시문은 국내 드라마와 해외 드라마를 비교하여 국내 드라마의 경쟁력이 떨어지는 원인을 '획일화된 소재(콘텐츠)'로 보고 있다. ㉠은 앞부분에서 언급한 해외 드라마의 장점을 언급하고 있으나, 소재가 아닌 드라마의 다양한 전개 방법에 대하여 설명하고 있으므로 글의 흐름상 ㉠을 삭제하는 것이 매끄럽다.

오답의 이유

②·③·④ 국내 드라마와 달리 외국 드라마는 '다양한 소재(콘텐츠)'를 기반으로 하여 경쟁력을 지녔음을 말하고 있다.

**더 알아두기**

담화

• 담화의 응집성과 통일성

| | |
|---|---|
| 응집성 | 불필요한 부분을 제거하여 말하고자 하는 바를 분명히 전달하는 기능을 한다. |
| 통일성 | 담화 내의 발화들이 하나의 주제를 향해 긴밀하게 연결되어 있는 성질이다. |

• 담화의 응집성과 통일성에 작용하는 요소

| | |
|---|---|
| 지시 표현 | 화자와 청자가 대화를 나누는 시간적 · 공간적 장면 속에서 그 의미가 파악된다. |
| 대용 표현 | 앞에서 언급된 내용을 다시 가리킬 때 쓰이며, 앞뒤 발화의 내용을 긴밀하게 연결시켜 준다. |
| 접속 표현 | 발화와 발화를 연결하여 발화들 사이의 시간적 순서나 논리적 흐름을 드러내는 기능을 한다. |

### 03
정답 ③

정답의 이유

③ ㉢ 앞 구절 '일터는 거래 시장에 불과하다'와 뒷 구절 '출판계야말로 目不忍見(목불인견)이다.'의 연결 관계를 따져 보고, 보조사 '야말로'의 쓰임이 강조하여 확인하는 뜻을 나타내는 것임을 생각할 때 접속어 '그러나'가 들어가는 것이 적절하다.

### 04
정답 ①

정답의 이유

① ㉠은 글의 통일성을 해치지 않으므로 삭제해서는 안 된다.

오답의 이유

② ㉡에는 문단의 완결성을 위해 '이 책은 1983년 여객기 승무원의 웃음과 친절을 분석한 내용으로 저자는 육체적 및 정신적 노동 말고도 자신의 느낌이나 감정을 통제해야 하는 감정 노동을 수행하는 노동자들을 감정 노동자라고 부르고 있다.'와 같은 감정 노동자에 대한 정의가 들어가야 한다.

③ 문장 성분의 호응이란 문장 안에서 특정 문장 성분이 뒤에 오는 성분을 제약하는 것으로 문장 안에서 문장 성분끼리 자연스럽게 연결되어야만 올바른 문장이 될 수 있다. 따라서 '저자는 ~'으로 시작되고 있으므로 서술어 부분을 '없다고 역설하고 있다.'로 고치는 것이 적절하다.

④ '과반수(過半數)'는 '절반이 넘는 수'를 뜻하며, '과(過)'에 이미 '넘다'의 의미가 있으므로 '과반수 이상', '과반수가 넘는 사람들'이라는 표현은 의미가 중복된 표현으로 틀린 것이다. 따라서 '과반수의'로 고치는 것이 적절하다.

### 05
정답 ③

정답의 이유

③ 인간이 어떤 다양한 역할을 수행하는지에 대한 내용이 뒤에 와야 한다. 따라서 학생, 직장인, 선생님으로서의 역할 수행을 나열한 ③이 뒷받침 문장으로 적절하다.

오답의 이유

① 생활 속 다양한 인간의 감정에 대한 내용으로, 인간의 다양한 역할과는 거리가 멀다. 따라서 뒷받침 문장으로 적절하지 않다.

② 인간의 행동이 사회에 영향을 끼친다는 내용으로, 제시문의 뒷

받침 문장으로는 적절하지 않다.

④ 역할 수행의 과정에서 많은 갈등을 겪게 된다는 내용으로, 제시문의 뒷받침 문장으로는 적절하지 않다.

**더 알아두기**

**뒷받침 문장의 요건**

- 중심 문장과 직접적인 연관이 있어야 한다.
- 구체적이어야 하며, 쉬운 말을 사용하여 자세하게 풀어 써야 한다.
- 타당한 근거, 이유, 적절한 예, 구체적인 사실, 정확한 자료 등이 들어가야 한다.

## 내용 추론하기

### 01

정답 ②

정답의 이유

제시문은 오늘날의 일의 시간에 대한 통념을 비판하면서 새로운 시간을 생성하는 시간 혁명을 주장하고 있다. 이때, 다섯 번째와 일곱 번째 문장에서 '㉠도 다른 시간을 만들어내지 못한다.', '일반적으로 받아들여지고 있는 견해와는 달리 ㉡은 시간의 위기, 시간의 질병을 극복할 수 없다.'고 말하고 있으므로 ㉠과 ㉡이 통상적으로 '일의 시간'이 아닌 생성의 시간으로 인식되지만 사실은 '일의 시간'에 해당하는 어떤 사례를 말하고 있다고 추론할 수 있다. 따라서 ㉠과 ㉡에는 공통적으로 '느리게 살기'가 들어가는 것이 알맞다.

### 02

정답 ④

정답의 이유

㉠ 영화에서 본 3D 프린터의 이야기를 하고 있으므로 ㉠에는 영화의 '장면'이 들어가는 게 적절하다.

㉡ 3D 프린터가 그간 제품을 개발할 때 만들던 샘플을 대체하는 ㉡을 만들어낸다고 말하고 있으므로, ㉡에는 샘플과 같은 의미의 '시제품'이 들어가는 게 적절하다.

㉢ 인공뼈, 수술 전 연습을 위한 인체 구조물, 사고로 얼굴 일부를 다친 환자를 위한 부분 가면 등을 만드는 데 사용된다고 하였으므로 3D 프린터가 '의료용'으로 유용하다는 것을 알 수 있다.

㉣ 1~3문단을 통해 3D 프린터가 우리 생활 속에서 들어와 유용하게 사용되고 있는 예를 서술하고 4문단을 통해 아직은 다소 이르지만 곧 우리 실생활에 깊게 녹아들 시대가 올 것이라며 글을 마무리하고 있다. 따라서 ㉣에는 문맥상 가까운 미래에 곧 그렇게 될 것이라는 의미의 '조만간'이 들어가는 게 적절하다.

### 03

정답 ④

정답의 이유

④ 술을 자주 마시다 보면 주량이 늘고 얼굴도 덜 붉어지는 경향이 있는데 이는 뇌 일부분이 알코올에 적응하기 때문이고 이 경우에도 아세트알데하이드는 분해되지 않고 체내에 남는다고 하였으므로 '주량이 늘면 아세트알데하이드를 더 잘 분해한다.'는 설명은 옳지 않다.

### 04

정답 ④

정답의 이유

④ 민간 위탁 제도에 의한 공공 서비스 제공은 수익적인 측면과 성과 측정의 어려움 때문에 공공 서비스의 공익성을 불안정하게 만들 수 있다. 따라서 면밀히 검토하여 신중하게 결정해야 한다.

오답의 이유

① 정부는 관련 조직을 유지하면서 서비스의 전문성을 강화하기 위해 민간 위탁 제도를 도입한다고 했으므로, 민간 위탁 제도가 '획일화된 서비스'를 제공한다고 말할 수는 없다.

② 공공 서비스 공급을 확대하기 위한 정부의 민간 위탁 방식이 단일화되어 있다는 사실은 언급되지 않았다.

③ 민간 위탁 업체는 수익성을 중심으로 공공 서비스를 제공하기 때문에, 수익이 나지 않을 경우에는 제공하는 서비스가 기대 수준에 미치지 못할 수는 있으나 적용되지 않는 것은 아니다.

## 05

정답 ③

정답의 이유

③ 추탕과 추어탕은 미꾸라짓국으로, 주재료가 미꾸라지이지만, 음식을 만드는 방식과 들어가는 재료가 지역별로 각각 다르다.

오답의 이유

① 3문단에서 추분이 지나고 찬바람이 돌기 시작하면 논바닥으로 파고 들어간 살찐 미꾸라지를 잔뜩 잡을 수 있다고 하였다.
② 4문단에 상치 마당이 마을 어른들께 감사의 표시로 미꾸라짓국을 대접하는 것이라는 설명은 있으나 가까운 다른 마을 어른들께도 대접한다는 내용은 찾아볼 수 없다.
④ 추어탕은 지방마다 끓이는 방법이 달라 맛도 제각각 다르다고 하였을 뿐 추탕과 추어탕 모두 매운 맛을 내는지는 주어진 제시문을 통해서 알 수 없다.

# 독서 방법

## 01

정답 ④

정답의 이유

'주제 통합적 읽기'란 다양한 자료들을 분석적으로 읽고 정리하는 전문적 독서 방법이다. 하나의 주제나 화제와 관련된 다양한 독서 자료를 비교 · 대조하면서 종합적으로 분석하여 읽고, 자신의 관점이나 아이디어를 재구성하는 독서 방법이다. 즉, 이러한 주제 통합적 읽기의 관점에 따라 주제 통합적 읽기의 절차를 크게 정리하자면, ④와 같이 하나의 주제를 정해 다양한 독서 자료를 선정하여 읽고 이를 비교 · 분석하여 자신의 관점을 재구성하는 것이라고 할 수 있다.

**더 알아두기**

**주제 통합적 독서의 과정**

1. 독서의 목적 구체화하기(읽기를 통해 해결하려는 질문 명확히 하기)
2. 질문을 구체적으로 정하고, 이를 해결할 수 있는 각 분야의 글 찾기(도서관의 도서 목록, 서평 등을 확인하기)
3. 분야, 글쓴이의 관점, 형식이 다른 글을 서로 비교하며 읽기(주장을 비판적으로 검토하고 유용한 정보 추려 내기)
4. 자신의 관점에 따라 정보를 가려내고, 화제에 대한 자신의 견해 정리하기(자료 재구성하기)

# 어휘 정답 및 해설

## 한자 성어 · 속담 · 관용구

### 01

정답 ①

정답의 이유

㉠의 나그네의 "이리저리 얻어먹고 단계유"라는 말을 통해 나그네가 남의 집에서 하룻밤을 전전하며 밥을 얻어먹고 다니고 있음을 알 수 있다. 따라서 '아주 가난하여 떠돌아다니며 얻어먹을 정도'를 비유하는 속담인 ①이 나그네의 처지와 관련된다.

오답의 이유

② **태산 명동에 서일필이라**: 태산이 쩡쩡 울리도록 야단법석을 떨었는데 결과는 생쥐 한 마리가 튀어나왔을 뿐이라는 뜻으로, 아주 야단스러운 소문에 비하여 결과는 별것 아님

③ **터진 방앗공이에 보리알 끼듯 하였다**: 버리자니 아깝고 파내자니 품이 들어 할 수 없이 내버려 둘 수밖에 없음 / 성가신 어떤 방해물이 끼어든 경우

④ **보리누름까지 세배한다**: 보리가 누렇게 익을 무렵, 즉 사오월까지도 세배를 한다는 뜻으로 형식적인 인사 차림이 너무 과함

**더 알아두기**

김유정, 「산골 나그네」

- 갈래: 단편 소설
- 배경: 산골 어느 주막집
- 시점: 전지적 작가 시점
- 주제: 가난한 사람들의 애환과 비애
- 해제: 병든 남편의 솜옷을 위하여 위장으로 혼인까지 하고 야간 도주하지 않으면 안 되었던 여인의 행위에서 아이러니가 드러난다. 작품에서 작가는 강한 휴머니즘의 정신을 가지고 불행한 시대를 살아가는 불쌍한 사람들의 눈물겨운 삶을 생생하게 형상화하다. 산골을 배경으로 가난한 사람들의 애환을 그리고 있다는 점과, 또 기법 면에서도 토속적 어휘를 많이 구사하고 있고, 아이러니와 유머를 활용하고 있다는 점에서, 김유정의 작가적 경향을 잘 대변하는 작품이라고 볼 수 있다.

### 02

정답 ④

정답의 이유

제시문은 선비의 긍정적인 면에 대해 설명하고 있다. 그런데 ④ 梁上君子(양상군자 들보 양, 윗 상, 임군 군, 아들 자)란 들보 위의 군자라는 뜻으로, 도둑을 완곡하게 이르는 말이므로 제시문에서 설명하고 있는 선비와는 어울리지 않는다.

오답의 이유

① **見利思義(견리사의 볼 견, 이로울 리, 생각 사, 옳을 의)**: 눈앞의 이익을 보면 의리를 먼저 생각함

② **勞謙君子(일할 노, 겸손할 겸, 임군 군, 아들 자)**: 큰일을 해냈으면서도 겸손한 사람

③ **修己安人(닦을 수, 몸 기, 편안 안, 사람 인)**: 자신의 마음을 다해 노력하며 그 노력으로 인해 모두가 평안해짐

### 03

정답 ③

정답의 이유

'말 같지 않은 말은 귀가 없다'는 속담의 뜻은 '이치에 맞지 아니한 말은 못 들은 척한다.'는 의미이다.

## 04
정답 ③

정답의 이유

③ 사필귀정은 모든 일은 반드시 바른길로 돌아간다는 의미의 한자 성어로서 '事必歸正(일 사, 반드시 필, 돌아갈 귀, 바를 정)'과 같이 '바를 정(正)'을 쓴다. 따라서 '事必歸定'에 '정할 정(定)'을 쓴 것이 잘못되었다.

오답의 이유

①·②·④는 사자성어에 따른 한자가 적절히 쓰였다.

① **이심전심(以心傳心 써 이, 마음 심, 전할 전, 마음 심)**: 마음과 마음으로 서로 뜻이 통한다는 의미의 한자 성어이다.

② **전전반측(輾轉反側 구를 전, 구를 전, 돌이킬 반, 곁 측)**: 누워서 몸을 이리저리 뒤척이며 잠을 이루지 못한다는 뜻으로, 전전불매(輾轉不寐)도 같은 의미의 한자 성어이다.

④ **인과응보(因果應報 인할 인, 결과 과, 응할 응, 갚을 보)**: 전생에 지은 선악에 따라 현재의 행과 불행이 있고, 현세에서의 선악의 결과에 따라 내세에서 행과 불행이 있는 일을 의미하는 한자 성어이다.

## 05
정답 ④

정답의 이유

④ 빈칸 추론 문제로 빈칸의 앞뒤 문맥을 보면 노파가 팔려는 물건을 내가 갖고 싶어 한다는 것을 알 수 있다. 따라서 이와 유사한 의미의 한자 성어는 '침을 만 길이나 흘린다'는 뜻으로, 제 소유로 만들고 싶어서 몹시 탐냄을 이르는 말인 수연만장(垂涎萬丈 드리울 수, 침 연, 일만 만, 어른 장)이다.

오답의 이유

① **小貪大失(작을 소, 탐할 탐, 큰 대, 잃을 실)**: 작은 것을 탐하다가 큰 것을 잃음을 이르는 말이다.

② **寤寐不忘(잠깰 오, 잠잘 매, 아닐 불, 잊을 망)**: 자나 깨나 잊지 못함을 이르는 말이다.

③ **十匙一飯(열 십, 숟가락 시, 한 일, 밥 반)**: 밥 열 술이 한 그릇이 된다는 뜻으로, 여러 사람이 조금씩 힘을 합하면 한 사람을 돕기 쉬움을 이르는 말이다.

## 06
정답 ①

정답의 이유

① '비렁뱅이가 하늘을 불쌍히 여긴다'는 '빌어먹는 형편에 하늘을 보고 처지가 가련하다고 한다'는 뜻으로, 주제넘게 동정을 하거나 엉뚱한 일을 걱정하는 경우를 비유적으로 일컫는 속담이다. 따라서 '같은 병을 앓는 사람끼리 서로 연민한다'는 뜻의 '동병상련(同病相憐 한가지 동, 병 병, 서로 상, 불쌍히 여길 련)'과는 어울리지 않는다.

- 걸인연천(乞人憐天 빌 걸, 사람 인, 불쌍히 여길 련, 하늘 천): 비렁뱅이가 하늘을 불쌍히 여긴다는 속담의 한역으로 주제넘게 엉뚱한 일을 걱정한다는 의미로 쓰인다.

오답의 이유

② **마호체승(馬好替乘 말 마, 좋을 호, 바꿀 체, 탈 승)**: 말도 갈아타는 것이 좋다는 뜻으로, 예전 것도 좋지만 새로운 것으로 바꾸어 보는 것도 즐겁다는 말이다.

③ **작학관보(雀學鸛步 참새 작, 배울 학, 황새 관, 걸음 보)**: 참새가 황새의 걸음을 배운다는 뜻으로, 자기의 역량은 생각하지 아니하고 억지로 남을 모방함을 비유적으로 이르는 말이다.

④ **외부내빈(外富內貧 바깥 외, 부유할 부, 안 내, 가난할 빈)**: 겉으로는 부유하여 보이나 실상은 구차하고 가난함을 뜻한다.

## 07
정답 ③

정답의 이유

③ **간담상조(肝膽相照 간 간, 쓸개 담, 서로 상, 비칠 조)**: 간과 쓸개를 서로 비춘다는 뜻으로 진심으로 서로를 대하는 것을 비유하거나, 친구 사이의 진정한 우정을 비유하는 말이다.

오답의 이유

① **고장난명(孤掌難鳴 외로울 고, 손바닥 장, 어려울 난, 울 명)**: 한 쪽 손뼉만으로는 소리가 울리지 않는다는 뜻으로, 혼자서는 일을 이루기가 어려움을 비유적으로 이르는 말이다.

② **남부여대(男負女戴 사내 남, 질 부, 여자 여, 일 대)**: 남자는 짐을 지고 여자는 짐을 인다는 뜻으로, 가난한 사람들이나 재난을 당한 사람들이 살 곳을 찾지 못하고 온갖 고생을 하며 이리저리 떠돌아다님을 비유적으로 이르는 말이다.

④ **구밀복검(口蜜腹劍 입 구, 꿀 밀, 배 복, 칼 검)**: 입에는 꿀이 있고 뱃속에는 칼을 품고 있다는 뜻으로, 말로는 친한 체하나 속으로는 미워하거나 해칠 생각이 있음을 비유적으로 이르는 말이다.

## 08

정답 ③

정답의 이유

③ 제시문은 핵심을 벗어나 지엽적인 사항을 확대하여 문제 삼는 태도를 경계하고 있다. 따라서 '일의 근본 줄기는 잊고 사소한 부분에만 사로잡힘'을 뜻하는 본말전도(本末顚倒 근본 본, 끝 말, 엎드러질 전, 넘어질 도)가 제시문에서 경계하고자 하는 태도와 가장 일치한다.

오답의 이유

① **계옥지탄(桂玉之嘆 계수나무 계, 구슬 옥, 갈 지, 탄식할 탄)**: 식량 구하기가 계수나무 구하듯이 어렵고, 땔감을 구하기가 옥을 구하기 만큼이나 어려움을 이르는 말이다.

② **맥수지탄(麥秀之嘆 보리 맥, 빼어날 수, 갈 지, 탄식할 탄)**: 고국의 멸망을 한탄함을 이르는 말이다.

④ **초미지급(焦眉之急 탈 초, 눈썹 미, 갈 지, 급할 급)**: 눈썹에 불이 붙었다는 뜻으로, 매우 위급함을 이르는 말이다.

## 09

정답 ③

정답의 이유

제시문은 정훈의 「탄궁가」를 현대어로 풀이해 놓은 것으로, 「탄궁가」는 곤궁한 생활을 벗어날 수 없음을 탄식하는 노래이다. 따라서 가난하다는 의미와 거리가 먼 것을 찾으면 된다.

③ '부자 하나면 세 동네가 망한다'는 세 동네가 망하여야 그 돈이 모여 부자 하나가 난다는 뜻으로, 무슨 큰일을 하나 이루려면 많은 희생이 있게 됨을 비유적으로 이르는 말이다.

오답의 이유

① **적수공권(赤手空拳 붉을 적, 손 수, 빌 공, 주먹 권)**: 맨손과 맨주먹이라는 뜻으로, 아무것도 가진 것이 없음을 이르는 말이다.

② **서 발 장대 거칠 것 없다**: 서 발이나 되는 긴 막대를 휘둘러도 아무것도 거치거나 걸릴 것이 없다는 뜻으로, 가난한 집안이라 세간이 아무것도 없음을 비유적으로 이르는 말이다.

④ **삼순구식(三旬九食 석 삼, 열흘 순, 아홉 구, 먹을 식)**: 30일에 밥을 9번 먹는다는 뜻으로, 집안이 가난하여 먹을 것이 없어 굶주림을 이르는 말이다.

**더 알아두기**

정훈, 「탄궁가」
- 갈래: 가사
- 성격: 사실적
- 주제: 가난으로 인한 고통과 이를 수용하려는 자세
- 특징
  - 열거를 통해 궁핍한 처지를 강조함
  - 가난을 의인화하여 대화를 통해 화자의 태도를 드러냄
  - 고사를 인용하여 화자가 처한 상황을 부각함
  - 의문문의 형식(설의적 표현)을 사용하여 자신의 처지를 한탄함
  - 대구와 대조의 표현을 통해 화자의 처지를 강조함
  - 현실을 구체적으로 묘사하여 사실성을 높임

## 10

정답 ②

정답의 이유

② '숙맥불변(菽麥不辨 콩 숙, 보리 맥, 아닐 불, 분별할 변)'은 콩과 보리를 구별하지 못하는 어리석은 사람을 이르는 말로, 간단한 글자인 '丁' 자를 보고도 그것이 '고무래'인 줄 모르는 사람을 비유하는 '목불식정(目不識丁 눈 목, 아닐 불, 알 식, 고무래 정)'과 가장 비슷한 의미를 가진다.

오답의 이유

① **각자무치(角者無齒 뿔 각, 놈 자, 없을 무, 이 치)**: 뿔을 가진 자는 이가 없다는 의미로, 한 사람이 여러 가지 재주나 복을 다 갖추기 힘들다는 말이다.

③ **마이동풍(馬耳東風 말 마, 귀 이, 동녘 동, 바람 풍)**: 동풍이 말 귀에 스쳐 간다는 뜻으로, 남의 말을 귀담아 듣지 않고 흘려버리거나 전혀 관심이 없음을 비유하는 말이다.

④ **문일지십(聞一知十 들을 문, 한 일, 알 지, 열 십)**: 하나를 들으면 열을 미루어 안다는 뜻으로 총명하고 영특함을 이르는 말이다.

## 11

정답 ③

정답의 이유

③ '절치부심(切齒腐心 끊을 절, 이 치, 썩을 부, 마음 심)'이란 '마음이 몹시 분하여 이를 갈면서 마음을 썩이다.'의 뜻이다.

오답의 이유

① 수구초심(首丘初心 머리 구, 언덕 구, 처음 초, 마음 심): 여우가 죽을 때 자신이 살던 굴 쪽으로 머리를 둔다는 뜻으로, 죽어서라도 고향으로 가고 싶은 마음을 빗대어 표현한 말이다.

② 견마지로(犬馬之勞 개 견, 말 마, 갈 지, 일할 로): 윗사람에 대한 자신의 노력을 개와 말의 하찮은 힘에 비유하여 낮추어 이르는 말이다.

④ 분골쇄신(粉骨碎身 가루 분, 뼈 골, 부술 쇄, 몸 신): 뼈가 가루가 되고 몸이 부서질 정도로 노력함을 이르는 말이다.

## 12

정답 ①

정답의 이유

① 자격지심(自激之心 스스로 자, 격할 격, 갈 지, 마음 심)이란 자기가 한 일에 대하여 스스로 미흡하게 여기는 마음을 뜻한다. 따라서 스스로를 가혹하게 대우한다는 ㉠의 의미와 일맥상통한다.

오답의 이유

② 사필귀정(事必歸正 일 사, 반드시 필, 돌아갈 귀, 바를 정): 모든 일은 반드시 바른길로 돌아감을 이르는 말이다.

③ 자승자박(自繩自縛 스스로 자, 노끈 승, 스스로 자, 얽을 박): 자기가 한 말이나 행동 때문에 자기 자신이 구속되어 괴로움을 당하게 됨을 이르는 말이다.

④ 자화자찬(自畵自讚 스스로 자, 그림 화, 스스로 자, 기릴 찬): 자기가 한 일을 스스로 자랑함을 이르는 말이다.

## 13

정답 ②

정답의 이유

'처삼촌 뫼에 벌초하듯'은 일에 정성을 들이지 아니하고 마지못하여 건성으로 함을 비유적으로 이르는 말이며, 비슷한 속담으로는 '외삼촌 산소에 벌초하듯', '의붓아비 묘에 벌초', '작은아비 제삿날 지내듯', '작은어미 제삿날 지내듯' 등이 있다.

② 주마간산(走馬看山 달릴 주, 말 마, 볼 간, 산 산): 말을 타고 달리면서 산을 바라본다는 뜻으로, 자세히 살펴볼 틈도 없이 대강대강 훑어보고 지나침을 비유한 말이다.

오답의 이유

① 동문서답(東問西答 동녘 동, 물을 문, 서녘 서, 대답 답): 동쪽을 묻는데 서쪽을 대답한다는 말로, 묻는 질문과는 전혀 상관없는 엉뚱한 방향으로 대답하는 것을 이르는 말이다.

③ 수구초심(首丘初心 머리 수, 언덕 구, 처음 초, 마음 심): 여우가 죽을 때에 머리를 자기가 살던 굴 쪽으로 바르게 하고 죽는다는 말로, 고향을 그리워하는 마음을 비유한 말이다.

④ 타산지석(他山之石 다를 타, 메 산, 갈 지, 돌 석): 다른 산에서 난 나쁜 돌도 자기의 구슬을 가는 데 소용이 된다는 뜻으로, 다른 사람의 하찮은 언행일지라도 자기의 지덕을 연마하는 데 도움이 된다는 말이다.

## 14

정답 ①

정답의 이유

① • 구우일모(九牛一毛 아홉 구, 소 우, 한 일, 터럭 모): 아홉 마리의 소 가운데서 뽑은 한 개의 털로, 매우 많은 것 중의 극히 일부분을 의미하는 말이다.
• 양두구육(羊頭狗肉 양 양, 머리 두, 개 구, 고기 육): 양 머리를 걸어 놓고 개고기를 판다는 뜻으로, 겉으로는 그럴듯하게 내세우나 속은 변변치 않음을 이르는 말이다.

오답의 이유

② • 초미지급(焦眉之急 탈 초, 눈썹 미, 갈 지, 급할 급): 눈썹에 불이 붙은 것과 같이 매우 위급함을 비유하여 이르는 말이다.
• 풍전등화(風前燈火 바람 풍, 앞 전, 등 등, 불 화): 바람 앞의 등불이라는 뜻으로, 매우 위험한 처지를 이르는 말이다.

③ • 각주구검(刻舟求劍 새길 각, 배 주, 구할 구, 칼 검): 칼을 강물에 떨어뜨리자 뱃전에 그 위치를 표시했다가 나중에 그 칼을 찾으려 했다는 고사에서 유래하여 어리석고 융통성 없음을 의미하는 말이다.
• 수주대토(守株待兎 지킬 수, 그루 주, 기다릴 대, 토끼 토): (그루터기 밑에서 우연히 토끼를 주운 후부터 그루터기를 지키며 토끼가 나오기만을 기다릴 정도로) 융통성이 없어 발전을 모르는 어리석은 사람을 나타낸 말이다.

④ • 간담상조(肝膽相照 간 간, 쓸개 담, 서로 상, 비칠 조): 간과 쓸개를 서로 꺼내 보인다는 뜻으로 진심을 터놓고 격의 없이 사귐을 이르는 말이다.
• 관포지교(管鮑之交 대롱 관, 절인 물고기 포, 갈 지, 사귈 교): 관중과 포숙 사이의 깊은 우정에서 유래된 말로 자기의 속마음까지 알아주는 진정한 친구나 그 사귐을 의미하는 말이다.

## 15

정답 ②

정답의 이유

② 자가당착(自家撞着 스스로 자, 집 가, 칠 당, 붙을 착)이란 '자기의 언행이 모순되어 일치하지 않음'을 이르는 말이며 '적삼 벗고 은가락지 낀다'는 '격에 맞지 않는 짓을 하는 경우'를 뜻하는 말이다.

오답의 이유

① '제 논에 물 대기'는 '자기에게만 이롭도록 일을 하는 경우'를 비유적으로 이르는 말로서 아전인수(我田引水 나 아, 밭 전, 끌 인, 물 수)와 의미가 같다.

③ 교각살우(矯角殺牛 바로잡을 교, 뿔 각, 죽일 살, 소 우)란 소뿔을 바로잡으려다가 소를 죽인다는 뜻으로, 잘못된 점을 고치려다가 그 방법이나 정도가 지나쳐 오히려 일을 그르침을 이르는 말이다. '빈대 잡으려다가 초가삼간 태운다'와 의미가 같다.

④ '배 먹고 이 닦기'는 배를 먹으면 이까지 하얗게 닦아진다는 뜻으로, '한 가지 일에 두 가지 이로움이 있음'을 비유적으로 이르는 일거양득(一擧兩得 한 일, 들 거, 두 양, 얻을 득)과 의미가 같다.

## 16

정답 ①

정답의 이유

① 혼정신성(昏定晨省 어두울 혼, 정할 정, 새벽 신, 살필 성)이란 '밤에는 부모의 잠자리를 보아 드리고 이른 아침에는 부모의 밤새 안부를 묻는다는 뜻으로, 부모를 잘 섬기고 효성을 다함'을 이르는 말이다. 같은 말로는 조석정성(朝夕定省 아침 조, 저녁 석, 정할 정, 살필 성)이 있다.

오답의 이유

②·③·④는 한자 성어의 뜻이 바르게 연결되어 있다.

② 간담상조(肝膽相照 간 간, 쓸개 담, 서로 상, 비칠 조)

③ 고식지계(姑息之計 시어머니 고, 쉴 식, 갈 지, 셀 계)

④ 견강부회(牽强附會 이끌 견, 강할 강, 붙을 부, 모일 회)

## 17

정답 ①

정답의 이유

제시된 작품은 채만식의 「치숙」으로, 사회주의 운동을 하다 감옥살이를 하고 나와 폐인이 된 지식인과 그를 비판하는 조카를 통해, 당시 지식인의 좌절과 함께 일제 강점하의 현실 순응적인 삶의 태도를 풍자적 어조로 그리고 있는 소설이다.

① 설상가상(雪上加霜 눈 설, 윗 상, 더할 가, 서리 상): 눈 위에 서리가 내린다는 뜻으로, 어려운 일이 겹침을 이르는 말이다.

오답의 이유

② 점입가경(漸入佳境 점점 점, 들 입, 아름다울 가, 지경 경): 가면 갈수록 경치가 더해진다는 뜻으로, 일이 점점 더 재미있는 지경으로 돌아가는 것을 비유하는 말이다.

③ 자승자박(自繩自縛 스스로 자, 노끈 승, 스스로 자, 얽을 박): 자기의 줄로 자기를 묶는다는 말로, 자기가 한 말과 행동이 자기를 망치게 한다는 뜻이다.

④ 망양보뢰(亡羊補牢 망할 망, 양 양, 기울 보, 우리 뢰): 양을 잃고서 그 우리를 고친다는 뜻으로, 어떤 일을 실패한 후에 뉘우쳐도 소용이 없음을 이르는 말이다.

## 18

정답 ①

정답의 이유

제시문은 「춘향전」에서 이몽룡이 암행어사가 되어 변학도의 생일잔치에서 쓴 한시로, 탐관오리의 행태를 풍자하는 내용을 담고 있다.

① 풍수지탄(風樹之嘆 바람 풍, 나무 수, 갈 지, 탄식할 탄): 부모에게 효도를 다하려고 생각할 때에는 이미 돌아가셔서 그 뜻을 이룰 수 없음을 탄식함을 뜻하는 한자 성어이다.

오답의 이유

② 도탄지고(塗炭之苦 칠할 도, 숯 탄, 갈 지, 쓸 고): 가혹한 정치로 말미암아 백성이 심한 고통을 겪는다는 의미이다.

③ 가정맹어호(苛政猛於虎 가혹할 가, 정사 정, 사나울 맹, 어조사 어, 범 호): 가혹한 정치는 호랑이보다 더 사납다는 뜻으로, 가혹한 정치의 폐해를 의미하는 말이다.

④ 가렴주구(苛斂誅求 가혹할 가, 거둘 렴, 벨 주, 구할 구): 가혹하게 세금을 거두거나 백성의 재물을 억지로 빼앗음을 이르는 말이다.

더 알아두기

**이몽룡이 쓴 한시의 현대어 풀이**

금 술잔에 담긴 좋은 술은 천 명 백성의 피요
옥쟁반 위에 담긴 좋은 안주는 만백성의 고혈이라
촛농 떨어질 때 백성의 눈물 떨어지고
노랫소리 높은 곳에 원망 소리 드높다.

## 19

정답 ①

정답의 이유

① 계명구도(鷄鳴狗盜 닭 계, 울 명, 개 구, 도둑 도)란 닭의 울음소리를 잘 내는 사람과 개의 흉내를 잘 내는 좀도둑이라는 뜻으로, 천한 재주를 가진 사람도 때로는 요긴하게 쓸모가 있음을 비유하여 이르는 말이다.

오답의 이유

② **우이독경(牛耳讀經 소 우, 귀 이, 읽을 독, 글 경)**: '소 귀에 경 읽기'란 뜻으로 우둔한 사람은 아무리 가르치고 일러주어도 알아듣지 못함을 비유하여 이르는 말이다.
③ **낭중지추(囊中之錐 주머니 낭, 가운데 중, 갈 지, 송곳 추)**: '주머니 속에 든 송곳'이란 뜻으로, 재능이 뛰어난 사람은 숨어 있어도 남의 눈에 띈다는 뜻의 말이다.
④ **불치하문(不恥下問 아닐 불, 부끄러울 치, 아래 하, 물을 문)**: 자신보다 못한 사람에게 묻는 것을 부끄럽게 여기지 않는다는 뜻의 말이다.

## 20

정답 ②

정답의 이유

② 도원결의(桃園結義 복숭아 도, 동산 원, 맺을 결, 옳을 의)는 도원에서 의형제를 맺는다는 뜻으로 서로 다른 사람들이 사욕을 버리고 목적을 향해 합심할 것을 결의함을 이르는 말이다.

오답의 이유

① **수불석권(手不釋卷 손 수, 아닐 불, 풀 석, 책 권)**: 손에서 책을 놓지 않는다는 뜻으로, 늘 책을 가까이하여 학문(學問)을 열심히 함을 이르는 말이다.
③ **한우충동(汗牛充棟 땀 한, 소 우, 채울 충, 마룻대 동)**: 수레에 실어 운반하면 소가 땀을 흘리게 되고, 쌓아올리면 들보에 닿을 정도의 양이라는 뜻으로, 읽은 서적이 많음을 이르는 말이다.
④ **위편삼절(韋編三絕 가죽 위, 엮을 편, 석 삼, 끊을 절)**: 공자가 『주역』을 즐겨 읽어 책의 가죽 끈이 세 번이나 끊어졌다는 뜻으로, 책을 열심히 읽음을 이르는 말이다.

## 21

정답 ④

정답의 이유

④ • 십시일반(十匙一飯 열 십, 숟가락 시, 한 일, 밥 반): 밥 열 술이 한 그릇이 된다는 뜻으로, 여러 사람이 조금씩 힘을 합하면 한 사람을 돕기 쉽다는 뜻이다.
• 수염이 석 자라도 먹어야 양반이다: 아무리 훌륭하고 점잖은 사람도 먹지 않고는 살 수 없음을 이르는 말이다.

오답의 이유

① **초록동색(草綠同色 풀 초, 푸를 록, 한가지 동, 빛 색)**: '가재는 게 편'이라는 뜻으로 같은 처지의 사람끼리 어울림을 이르는 말이다.
② **설상가상(雪上加霜 눈 설, 윗 상, 더할 가, 서리 상)**: '엎친 데 덮친 격'이라는 뜻으로 어려운 일이 겹침을 뜻하는 말이다.
③ **고식지계(姑息之計 시어머니 고, 쉴 식, 갈 지, 셀 계)**: '언 발에 오줌 누기'라는 뜻으로 일시적이며 임시변통의 계책을 이르는 말이다.

## 22

정답 ①

정답의 이유

① '논 팔아 굿 하니 맏며느리 춤춘다'는 '당면하고 있는 딱하고 답답한 사정을 누구보다도 가장 뼈아프게 알아야 할 사람이 도리어 반대 방향으로 나감'을 이르는 말이다.

오답의 이유

② **눈 어둡다더니 다홍고추만 잘 딴다**: '남이 도움을 청하면 못한다고 했다가도 자신의 일은 잘함'을 뜻하는 말로서, 마음이 음흉하고 잇속에 밝은 사람 또는 제 일만 알아 남의 일은 핑계만 대고 도와주지 않는 사람을 비유적으로 이르는 말이다.
③ **봄에 깐 병아리 가을에 와서 세어 본다**: 봄에 깬 병아리를 중병아리가 되는 가을에 가서야 그 수를 세어 본다는 뜻으로, 이해타산에 어리숙함을 비유적으로 이르는 말이다.
④ **느린 소도 성낼 때가 있다**: 언제나 무던하고 순하게 보이는 사람도 화가 나면 무섭다는 뜻이다.

## 23

정답 ④

정답의 이유

④ **벼린 도끼가 이 빠진다**: 애써서 벼린 도끼의 날이 그만 이가 빠져서 꼴사납게 되었다는 뜻으로, 공을 들여 잘 장만한 것이 오히려 빨리 못쓰게 되는 경우를 비유적으로 이르는 말이다.

오답의 이유

① **가을에는 부지깽이도 덤빈다**: 가을걷이 때에는 일이 많아서 누구나 바삐 나서서 거들게 됨을 비유적으로 이르는 말이다.
② **남의 다리 긁는다**: 1. 기껏 한 일이 결국 남 좋은 일이 됨 2. 자기가 해야 할 일을 모른 채 엉뚱하게 다른 일을 함을 비유적으로 이르는 말이다.
③ **개구리도 옴쳐야 뛴다**: 뛰기를 잘하는 개구리도 뛰기 전에 옴츠려야 한다는 뜻으로, 아무리 급하더라도 일을 이루려면 그 일을 위하여 준비할 시간이 있어야 함을 이르는 말이다.

## 24

정답 ④

정답의 이유

④ **닭 쫓던 개의 상**: 개에게 쫓기던 닭이 지붕으로 올라가자 개가 쫓아 올라가지 못하고 지붕만 쳐다본다는 뜻으로, 애써 하던 일이 실패로 돌아가거나 남보다 뒤떨어져 어찌할 도리가 없이 됨을 비유적으로 이르는 말이다. (= 닭 쫓던 개 지붕(먼 산) 쳐다보듯)

오답의 이유

① **벙어리 재판**: 옳고 그름을 판단하기 매우 어렵거나 곤란한 경우를 비유적으로 이르는 말이다.
② **귀가 질기다**: 1. 둔하여 남의 말을 잘 이해하지 못함 2. 말을 싹싹하게 잘 듣지 않고 끈덕짐을 이르는 말이다.
③ **배알이 뒤틀리다(꼴리다)**: 비위에 거슬려 아니꼬움을 이르는 말이다.

## 25

정답 ③

정답의 이유

③ 노동자들이 실망을 했다는 내용이므로 '몹시 실망하거나 낙담한다'는 의미의 '머리를 빠뜨리고'가 가장 적절하다.

오답의 이유

① **머리가 젖다**: '어떤 사상이나 인습 따위에 물들다.'라는 뜻의 관용구이다.
② **머리를 싸다**: '있는 힘껏, 마음을 다하여'라는 뜻의 관용구이다.
④ **머리가 빠지다**: '일이 복잡해 계속 신경이 쓰이다.'라는 뜻의 관용구이다.

**더 알아두기**

**강경애, 「인간 문제」**

1934년 8월 1일부터 12월 22일까지 『동아일보』에 연재되었던 소설이다. 인천에서 품팔이로 생계를 이어 나갔던 작가 자신의 경험을 녹여내어 1930년대 한국의 참상을 여과 없이 고발, 성토하고 결말에 인간다움의 회복을 절규함으로써 주제를 강렬히 제시하는 사실주의적 작품이다. 식민지 상황에서 인간으로서 기본적인 생존권조차 확보할 수 없었던 한국인의 참담한 현실을 눈여겨보면서 인간 문제를 예리하게 파악한 강경애 문학의 대표작으로 평가된다.

## 26

정답 ③

정답의 이유

③ '큰 북에서 큰 소리가 난다'는 '크고 훌륭한 데서라야 무엇이나 좋은 일이 생길 수 있음'을 비유적으로 이르는 속담이다. '어떤 사물에 몹시 놀란 사람은 비슷한 사물만 보아도 겁을 낸다'는 뜻의 속담은 '자라 보고 놀란 가슴 솥뚜껑 보고 놀란다'이다.

## 27

정답 ④

정답의 이유

④ '일색 소박은 있어도 박색 소박은 없다'는 아름다운 여자는 흔히 잘난 체하므로 남편에게 소박을 당하여도, 못생긴 여자는 다소곳하므로 소박을 당하는 일이 적다는 뜻으로 사람됨은 얼굴과 상관없음을 비유적으로 이르는 말이다.

오답의 이유

① **가는 방망이 오는 홍두깨**: 이쪽에서 방망이로 저쪽을 때리면 저쪽에서는 홍두깨로 이쪽을 때린다는 뜻으로, 자기가 한 일보다 더 가혹한 갚음을 받게 되는 경우를 비유적으로 이르는 말이다.
② **노처녀가 시집을 가려니 등창이 난다**: 오랫동안 벼르고 벼르던 일을 하려 할 때 장애물이 생겨서 하지 못하고 마는 것을 비유적으로 이르는 말이다.
③ **여편네 팔자는 뒤웅박 팔자라**: 뒤웅박의 끈이 떨어지면 어찌할 도리가 없듯이, 여자의 운명은 남편에게 매인 것이나 다름없다는 것을 이르는 말이다.

## 28

정답 ②

정답의 이유

② '홍시를 먹을 때도 천천히 먹어라'와 '돌다리도 두들겨 보고 건너라'라는 속담은 둘 다 잘 아는 일이라도 세심하게 주의를 기울여서 조심하라는 의미이다.

오답의 이유

① **가랑비에 옷 젖는 줄 모른다**: 아주 가늘게 내리는 가랑비는 조금씩 젖어 들기 때문에 여간해서는 옷이 젖는 줄 모른다는 뜻의 속담으로, 사소한 것이라도 그것이 거듭되면 무시 못할 정도로 크게 됨을 비유적으로 이르는 말이다.

③ **가마 속의 콩도 삶아야 먹는다**: 다 된 듯하고 쉬운 일이라도 움직여서 손대지 않으면 자기한테 이익이 돌아오지 않는다는 뜻의 속담이다.

④ **부뚜막의 소금도 집어넣어야 짜다**: 쉽고 좋은 기회나 형편도 이용하지 않으면 소용이 없다는 뜻의 속담이다.

# TOP 2 한자어

## 01

정답 ③

정답의 이유

③ ㉢의 '방역'은 '紡疫(길쌈 방, 전염병 역)'이 아닌 '防疫(막을 방, 전염병 역)'으로 쓴다. '전염병이 발생하거나 유행하는 것을 미리 막는 일'을 뜻한다.

오답의 이유

①·②·④는 모두 적절하게 쓰였다.

① ㉠ 침체(沈滯 잠길 침, 막힐 체): 어떤 현상이나 사물이 진전하지 못하고 제자리에 머무름

② ㉡ 위축(萎縮 시들 위, 줄일 축): 1. 마르거나 시들어서 우그러지고 쭈그러듦 2. 어떤 힘에 눌려 졸아들고 기를 펴지 못함

④ ㉣ 차치(且置 또 차, 둘 치): 내버려 두고 문제 삼지 않음

## 02

정답 ①

정답의 이유

㉠ 묵상(黙想 잠잠할 묵, 생각 상): 눈을 감고 말없이 마음속으로 생각함

㉡ 고찰(考察 생각할 고, 살필 찰): 어떤 것을 깊이 생각하고 연구함

오답의 이유

- 묵상(墨床 먹 묵, 평상 상): 먹을 올려놓고 쓰는 반침
- 고찰(古刹 옛 고, 절 찰): 역사가 오래된 옛 절

## 03

정답 ①

정답의 이유

㉠ 부조리(不條理 아니 부, 가지 조, 다스릴 리): 이치에 맞지 아니하거나 도리에 어긋남

㉡ 응시(凝視 엉길 응, 볼 시): 눈길을 모아 한 곳을 똑바로 바라봄

㉢ 여과(濾過 거를 여, 지날 과): 거름종이나 여과기를 써서 액체 속에 들어 있는 침전물이나 입자를 걸러 내는 일 / 주로 부정적인 요소를 걸러 내는 과정을 비유적으로 이르는 말

오답의 이유

- 응시(鷹視 매 응, 볼 시): 매처럼 날카롭게 노려봄
- 여과(勵果 힘쓸 여, 실과 과): 조선 시대에 둔, 토관직(土官職)의 정육품 무관 벼슬

## 04

정답 ①

정답의 이유

㉠의 항성은 문맥상 '천구 위에서 서로의 상대 위치를 바꾸지 않고 별자리를 구성하는 별'을 의미하는 '恒星(항상 상, 별 성)'으로 쓰는 것이 적절하다. 글쓴이는 제시문에서 항성(恒星)을 북극성과 같이 항상 같은 위치에서 삶의 길잡이가 되어주는 책에 비유하고 있기 때문이다. 보기에 쓰인 '항성(亢星 높은 항, 별 성)'은 이십팔수의 둘째 별자리에 있는 별로, 처녀자리에 있는 별을 의미하므로 문맥상 부적절하다.

오답의 이유

㉡·㉢·㉣은 모두 문맥의 의미에 맞는 적절한 한자어로 쓰였다.

㉡ 행성(行星 다닐 행, 별 성): 중심 별의 강한 인력의 영향으로 타

원 궤도를 그리며 중심 별의 주위를 도는 천체
㉢ 유성(流星 흐를 유, 별 성): 지구의 대기권 안으로 들어와 빛을 내며 떨어지는 작은 물체
㉣ 북극성(北極星 북녘 북, 다할 극, 별 성): 작은곰자리에서 가장 밝은 별

## 05

정답 ②

정답의 이유

② 제시문은 마을 사람들이 흘린 원한의 눈물이 장자 첨지의 집을 삼키고 원소를 이루었다는 설화이므로 원망할 원(怨), 연못 소(沼)를 써서 '怨沼'로 표기하는 것이 적절하다.

오답의 이유

① 苑沼(나라 동산 원, 못 소)
③ 原沼(언덕 원, 못 소)
④ 元沼(으뜸 원, 못 소)

더 알아두기

「장자못 설화」
- 갈래: 지명 전설, 광포 전설
- 성격: 서사적, 교훈적, 비현실적
- 주제
  - 탐욕에 대한 경계[인과응보(因果應報), 권선징악(勸善懲惡)]
  - 인간 존재의 한계

## 06

정답 ①

정답의 이유

① '내가 처한 모든 상황에 염증(炎症)이 난다.'에서 '염증'은 '싫증'의 뜻으로 사용되었다. 따라서 '염증(厭症 싫어할 염, 증세 증)'을 써야 한다.

오답의 이유

② **희석(稀釋)**: '용액에 물이나 다른 용매를 더하여 농도를 묽게 함'을 이르는 말이다.
③ **덕택(德澤)**: '덕분'을 뜻한다.
④ **회자(膾炙)**: '회와 구운 고기'라는 뜻으로, '칭찬을 받으며 사람의 입에 자주 오르내림'을 이르는 말이다.

## 07

정답 ②

정답의 이유

② 指令(가리킬 지, 하여금 령)이란 '1. 지휘명령 2. 단체 따위에서 상부로부터 하부 또는 소속원에게 그 활동 방침에 대하여 명령을 내림 또는 그 명령'을 일컫는 말이다.

오답의 이유

① **反響(돌이킬 반, 울릴 향)**: 어떤 사건이나 발표 따위가 세상에 영향을 미치어 일어나는 반응을 이르는 말이다.
③ **詭辯(속일 궤, 말씀 변)**: 상대편을 이론으로 이기기 위하여 상대편의 사고(思考)를 혼란시키거나 감정을 격앙시켜 거짓을 참인 것처럼 꾸며대는 논법을 말한다.
④ **一旦(한 일, 아침 단)**: '우선 먼저, 우선 잠깐, 만일에 한번'의 뜻을 가지는 말이다.

## 08

정답 ①

정답의 이유

① 固陋(굳을 고, 더러울 루)는 낡은 관념이나 습관에 젖어 고집이 세고 새로운 것은 잘 받아들이지 않는다는 뜻이다.

오답의 이유

② 叡智(밝을 예, 지혜 지)
③ 傳播(전할 전, 뿌릴 파)
④ 履行(밟을 리, 다닐 행)

## 09

정답 ②

정답의 이유

제시문에서 ㉠의 '뮈다'는 '움직이다'라는 의미이고, ㉡ '여름'은 '열매'의 의미이다. 따라서 의미상 ㉠과 ㉡에는 각각 '動(움직일 동)'과 '實(열매 실)'이 알맞다.

오답의 이유

'動(움직일 동)'과 모양이 유사한 '勤(부지런할 근)', '實(열매 실)'과 모양이 유사한 '夏(여름 하)'와 혼동해서는 안 된다.

더 알아두기

「용비어천가」 제2장 현대어 풀이
뿌리가 깊은 나무는 바람에 움직이지 아니하므로, 꽃이 좋고 열매가 많으니

## 10 정답 ③

정답의 이유

③ '찢어져 터짐', '일이나 계획 따위가 원만하게 진행되지 못하고 중도에서 어긋나 깨짐'을 이르는 '파탄'은 '破綻(깨뜨릴 파, 터질 탄)'이므로 옳게 쓰였다.

오답의 이유

① **모독(冒瀆)**: 말이나 행동으로 더럽혀 욕되게 함
- 侮瀆(업신여길 모, 더럽힐 독)(×) → 冒瀆(무릅쓸 모, 더럽힐 독)(○)

② **규제(規制)**: 규칙이나 규정에 의하여 일정한 한도를 정하거나 정한 한도를 넘지 못하게 막음
- 規除(법 규, 덜 제)(×) → 規制(법 규, 절제할 제)(○)

④ **유도(誘導)**: 사람이나 물건을 목적한 장소나 방향으로 이끎
- 誘道(꾈 유, 길 도)(×) → 誘導(꾈 유, 이끌 도)(○)

## 11 정답 ②

정답의 이유

② '제창(齊唱 가지런할 제, 부를 창)'은 여러 사람이 다 같이 큰 소리로 외침을 의미하고, '제창(提唱 끌 제, 부를 창)'은 어떤 일을 처음 주장함을 이르는 말이다.

오답의 이유

- 합창(合唱 합할 합, 부를 창): 여러 사람이 목소리를 맞추어서 노래를 부름
- 재창(再唱 두 재, 부를 창): 다시 노래를 부름

## 12 정답 ④

정답의 이유

④ 아름다운 눈썹을 뜻하는 아미는 '蛾眉(나방 아, 눈썹 미)'로 쓴다.

오답의 이유

① 반달 혹은 한 달의 반을 의미하는 반월은 '半月(반 반, 달 월)'로 써야 한다.

② 부드럽게 그려진 선을 뜻하는 곡선은 '曲線(굽을 곡, 선 선)'으로 써야 한다.

③ 예부터 현재까지 전해져 오는 예술 작품을 뜻하는 고전은 '古典(옛 고, 법 전)'으로 써야 한다.

## 13 정답 ①

정답의 이유

① 장소나 위치가 가장 가까움, 얼마 아니 되는 지나간 날, 요즈음을 일컫는 최근은 '最近(가장 최, 가까울 근)'으로 써야 한다.

오답의 이유

② **전시(展示 펼 전, 보일 시)**: 여러 가지 물건을 벌여서 보임 또는 책, 편지 따위를 펼쳐서 봄을 일컫는 말이다.

③ **본래(本來 근본 본, 올 래)**: 변하여 온 사물의 처음 바탕, '본디'를 뜻하는 말이다.

④ **기념(記念 기록할 기, 생각 념)**: 뒤에 어떤 일을 상기(想起)할 근거로 삼음. 또는 그 물건을 일컫는 말이다.

## 14 정답 ④

정답의 이유

④ 뼈와 살이 서로 다툰다는 뜻으로, 주술 관계(주어 + 서술어)이다.
- 골육상쟁(骨肉相爭 뼈 골, 고기 육, 서로 상, 다툴 쟁): 형제나 같은 민족끼리 서로 다투는 것을 이르는 말이다.

오답의 이유

① **수식 관계(관형어 + 체언)**
- 새옹지마(塞翁之馬 변방 새, 늙은이 옹, 갈 지, 말 마): 변방에 사는 노인의 말이라는 뜻으로, 인생의 길흉화복은 늘 바뀌어 변화가 많음을 이르는 말이다.

②·③ **술목 관계(서술어 + 목적어)**
- 역지사지(易地思之 바꿀 역, 땅 지, 생각 사, 갈 지): 처지를 서로 바꾸어 생각함을 이르는 말이다.
- 삼고초려(三顧草廬 석 삼, 돌아볼 고, 풀 초, 농막집 려): 유비가 제갈공명을 세 번이나 찾아가 책사로 초빙한 데서 유래한 말로, 인재를 얻기 위해서는 참을성 있게 힘써야 하는 것을 이르는 말이다.

**더 알아두기**

**새옹지마(塞翁之馬)**

옛날에 새옹(변방의 노인)이 기르던 말이 오랑캐 땅으로 달아나서 노인이 낙심하였는데, 그 후에 달아났던 말이 준마를 한 필 끌고 와서 그 덕분에 훌륭한 말을 얻게 되었다. 그러나 아들이 그 준마를 타다가 떨어져서 다리가 부러졌으므로 노인이 다시 낙심하였는데, 그로 인하여 아들이 전쟁에 끌려 나가지 않아 죽음을 면할 수 있었다는 이야기에서 유래한 한자 성어이다.

## 15

정답 ③

정답의 이유

③ ㉠ 감사: 조선 시대에 둔, 각 도의 으뜸 벼슬로 한자어는 '監司(볼 감, 맡을 사)'이다. 그 지방의 경찰권 · 사법권 · 징세권 따위의 행정상 절대적인 권한을 가진다. 도관찰출척사를 세조 12년(1466)에 고친 것으로 관찰사라고도 한다.
㉡ 돈: 돈을 의미하는 한자어는 '錢(돈 전)'이다.

오답의 이유

① • 監事(볼 감, 일 사): 공공단체의 서무를 맡아보는 직책, 또는 그 직책의 사람을 말한다.
  • 金(쇠 금): 쇠 또는 돈을 의미한다.
② • 勘査(헤아릴 감, 조사할 사): 대조하여 조사함을 이르는 말이다.
  • 錢(돈 전): 돈을 의미한다.
④ • 監司(볼 감, 맡을 사): 지방의 장관인 관찰사를 말한다.
  • 干(방패 간): 방패 또는 과녁을 의미한다.

더 알아두기

헷갈리기 쉬운 한자어 '감사'

• 感謝(느낄 감, 사례할 사): 고마움 또는 고맙게 여김
• 監査(볼 감, 조사할 사): 감독하고 검사함
• 監事(볼 감, 일 사): 공공단체의 서무를 맡아보는 직책, 또는 그 직책의 사람
• 監司(볼 감, 맡을 사): 지방 장관(長官)인 관찰사
• 鑑査(거울 감, 조사할 사): 감별하여 조사함
• 勘査(헤아릴 감, 조사할 사): 대조하여 조사함
• 敢死(감히 감, 죽을 사): 죽음을 두려워하지 아니함
• 甘死(달 감, 죽을 사): 기꺼이 목숨을 바침
• 甘辭(달 감, 말씀 사): 달콤한 말

## 16

정답 ③

정답의 이유

③ 減殺(減 덜 감, 殺 빠를 쇄/죽일 살/감할 살)는 '감쇄'로 읽으며, 줄어 없어짐의 뜻이다. 相殺(相 서로 상, 殺 빠를 쇄/죽일 살/감할 살)는 '상쇄'로 읽으며, 상반되는 것이 서로 영향을 주어 효과가 없어지는 일을 뜻한다.

오답의 이유

① **索道(찾을 색/동아줄 삭, 길 도)**: 밧줄을 뜻하는 말이다.
② **遊說(놀 유, 달랠 세/말씀 설)**: 자기 의견 또는 자기 소속 정당의 주장을 선전하며 돌아다님을 이르는 말로, '유세'라고 읽어야 한다.
④ **變易(변할 변, 바꿀 역/쉬울 이)**: 고쳐져 바뀜. 또는 고치어 바꿈을 뜻하는 말로 '변역'이라고 읽어야 한다.

## 17

정답 ②

정답의 이유

② 화평하고 즐거움을 뜻하는 '和樂(화할 화, 즐길 락)'의 올바른 독음은 '화락'이다.

오답의 이유

① **樂山樂水(좋아할 요, 산 산, 좋아할 요, 물 수)**: 산수(山水)의 자연을 즐기고 좋아함을 이르는 말이다.
③ **聲樂(소리 성, 음악 악)**: 사람의 음성으로 하는 음악을 이르는 말이다.
④ **至樂(이를 지, 즐길 락)**: 더할 나위 없는 즐거움을 뜻하는 말이다.

## 18

정답 ①

정답의 이유

① 訣別(결별)은 '기약 없는 이별을 함. 또는 그런 이별'을 뜻하는 한자어로 '말[言]'과 관련이 없다.

오답의 이유

② **長廣舌(장광설)**: 길고도 세차게 잘하는 말솜씨 또는 쓸데없이 장황하게 늘어놓는 말을 이르는 말이다.
③ **口舌數(구설수)**: 남과 시비하거나 남에게서 헐뜯는 말을 듣게 될 운수를 이르는 말이다.
④ **橫說竪說(횡설수설)**: 말을 이렇게 했다가 저렇게 했다가 아무렇게나 떠드는 것을 이르는 말이다.

## 19

정답 ④

정답의 이유

曾子曰 吾 日三省吾身
증자왈 오 일삼성오신
爲人謀而不忠乎
위인모이불충호
與朋友交而不信乎
여붕우교이불신호
傳不習乎
전불습호

따라서 빈칸에 들어갈 한자는 순서대로 '忠(충성 충) – 信(믿을 신) – 習(익힐 습)'이다.

**더 알아두기**

**『논어』 현대어 풀이**
증자가 말하였다.
"나는 매일 자신에 대하여 세 가지를 반성한다.
남을 위해 일을 함에 있어 충실하였는가?
친구들과 사귐에 있어 신의를 다하였는가?
스승에게서 배운 것을 반복해서 익혔는가?"

## 20

정답 ①

정답의 이유

① '烈烈'은 같은 한자지만 두음 법칙에 의해 앞의 '烈'은 '열'로 표기한다.

오답의 이유

② '年間'은 두음 법칙에 의해 '연간'이 올바른 표기이다.
③ 한자어에서 '모음'과 'ㄴ' 뒤에 오는 '律'은 '율'로 표기하므로, '出産律'은 '출산율'이 올바른 표기이다.
④ 한글 뒤에 오는 '欄'은 '난'으로, 한자 뒤에 오는 '欄'은 '란'으로 표기하기 때문에 '家庭欄'은 '가정란'으로 표기한다.

# TOP 3 고유어

## 01

정답 ②

정답의 이유

② 스크린 도어(screen door) → 안전문

오답의 이유

① '핸드레일(handrail)'의 규범 표기가 미확정이나 ②의 '스크린 도어(screen door)'를 '안전문'으로 국립국어원 「말터 순화어(2004.7.27.)」, 문화체육관광부고시 「문화행정용어(2013. 3. 8.)」 제2013-9호 등에서 명시하고 있으므로 ①의 '안전 손잡이'를 적절한 순화어로 보는 것이 바람직하다.

## 02

정답 ④

정답의 이유

제시문에서 설명하고 있는 표제어는 '혜성(彗星)'으로서 순우리말로는 '꼬리별', '살별'이라고 한다.

오답의 이유

① '별똥별'은 지구의 대기권 안으로 들어와 빛을 내며 떨어지는 작은 물체, 즉 '유성(流星)'을 일상적으로 이르는 말이다.
② '떠돌이별'은 중심 별의 강한 인력의 영향으로 타원 궤도를 그리며 중심 별의 주위를 도는 천체, 즉 '행성(行星)'을 일컫는 순우리말이다.
③ '샛별'은 지구에 가장 가까이 있는 천체, 즉 '금성(金星)'을 일상적으로 이르는 순우리말이다.

## 03

정답 ③

정답의 이유

③ '세섯덩이'는 김맬 때에, 떠서 앞으로 엎는 흙덩어리를 일컫는다. '개피떡 세 개를 붙여서 만든 떡'은 '셋붙이'이다.

## 04
정답 ④

정답의 이유

고유어의 의미와 문맥에 맞는 쓰임을 묻는 문제이다. ④ '핫옷'은 솜옷 즉, 안에 '솜을 두어 만든 옷'을 말하며 '핫-'은 '솜을 둔'의 뜻을 더하는 접두사이다. 또한 모시는 여름 옷감으로 많이 쓰이는 시원한 소재의 피륙이다. 따라서 '날씨가 더워 모시로 만든 핫옷을 꺼내 입었다.'는 문장은 '핫옷'의 의미를 잘못 쓴 것이다.

오답의 이유

①·②·③의 밑줄 친 단어들은 문장 안에서 의미상 적절하게 쓰이고 있다.

① '보늬'는 밤이나 도토리 따위의 속껍질이다. 따라서 동수가 도토리의 보늬를 벗겨 냈다는 문장은 의미상 적절하다.

② '닁큼닁큼'은 '머뭇거리지 않고 잇따라 빨리'라는 의미이다. 따라서 원숭이가 먹이를 닁큼닁큼 받아먹었다는 문장은 의미상 적절하다.

③ '엇셈'은 '서로 주고받을 것을 비겨 없애는 셈'이다. 따라서 외상값을 고구마로 엇셈했다는 문장은 의미상 적절하다.

## 05
정답 ④

정답의 이유

④ '감실감실'이란 사람이나 물체, 빛 따위가 먼 곳에서 자꾸 아렴풋이 움직이는 모양을 이르는 말이다.

예 푸른 연기가 감실감실 피어오른다.

## 06
정답 ④

정답의 이유

④ '하소연'은 '억울하고 딱한 사정을 털어놓고 말하거나 간곡히 호소함'을 뜻하는 고유어이다.

오답의 이유

① **빈티지(vintage)**: 특정한 연도 · 지역에서 생산된 포도주, 또는 그런 포도주가 생산된 연도를 이르는 말이다.

② **이간질(離間-)**: 두 사람이나 나라 따위의 중간에서 서로를 멀어지게 하는 짓을 이르는 말이다.

③ **파렴치(破廉恥)**: 염치를 모르고 뻔뻔스러움을 이르는 말이다.

## 07
정답 ④

정답의 이유

④ '버슷하다'는 '두 사람의 사이가 서로 잘 어울리지 않다.'를 의미하므로 '사귐성이 좋다'는 말과 어울리지 않는다.

오답의 이유

① **기웃하다**: 고개나 몸을 한쪽으로 조금 기울이다.

② **다붓하다**: 1. 조용하고 호젓하다. 2. 가까이 붙어 있다.

③ **가붓하다**: 조금 가벼운 듯하다.

## 08
정답 ③

정답의 이유

③ '망석중이'는 나무로 다듬어 만든 인형을 의미하는 말로, 남이 부추기는 대로 따라 움직이는 사람을 비유적으로 이르는 말이다.

오답의 이유

① **가린주머니**: 재물에 인색한 사람을 놀림조로 이르는 말이다.

② **천둥벌거숭이**: 함부로 날뛰거나 철없이 덤벙거리는 사람을 이르는 말이다.

④ **책상물림**: 책상 앞에 앉아 공부만 하여 세상 물정에 어두운 사람을 낮잡아 이르는 말이다.

## 09
정답 ②

정답의 이유

② '새옹'은 놋쇠로 만든 작은 솥을 의미한다. 간혹 '새웅'으로 쓰는 경우도 있으나 표준어 규정에서는 '새옹'만을 표준어로 인정한다.

## 10
정답 ③

정답의 이유

③ '칠칠하다'는 '1. 나무, 풀, 머리털 따위가 잘 자라서 알차고 길다. 2. (주로 '못하다', '않다'와 함께 쓰여) 주접이 들지 아니하고 깨끗하고 단정하다. 3. (주로 '못하다', '않다'와 함께 쓰여) 성질이나 일 처리가 반듯하고 야무지다. 4. 터울이 잦지 아니하다.'라는 뜻으로 쓰이는 형용사이다.

**더 알아두기**

**'칠칠하지 않다', '칠칠치 않다', '칠칠찮다'**

주로 '못하다', '않다'와 함께 쓰여 '성질이나 일 처리가 반듯하고 야무지다.'라는 뜻을 나타내는 '칠칠하다'는 '칠칠하지 못하다 / 칠칠하지 않다 / 칠칠치 않다'와 같이 쓰이며, '칠칠찮다'는 '칠칠 + 하- + -지 + 아니 + 하-'에서 온 말로서, '1. 깨끗하고 단정하지 아니하고 주접이 들다. 2. 성질이나 일 처리가 반듯하고 야무지지 아니하다.'라는 뜻의 한 단어로 국어사전에 실려 있다. 따라서 세 가지 표현 모두 표준어이다.

## 11

정답 ①

정답의 이유

① 제시된 작품은 김유정의 「동백꽃」이다. '홰'는 '새장이나 닭장 속에 새나 닭이 올라앉게 가로질러 놓은 나무 막대'를 뜻하는 말이다.

오답의 이유

② '삭정이'란 '살아 있는 나무에 붙어 있는 말라 죽은 가지'를 의미한다.

③ '싱둥겅둥'이란 '정성을 들이지 않고 대강대강 일을 하는 모양'을 뜻하는 말로 '건성건성'의 잘못된 표현이다.

④ '호드기'란 '봄철에 물오른 버드나무 가지의 껍질을 고루 비틀어 뽑은 껍질이나 짤막한 밀짚 토막 따위로 만든 피리'를 의미한다.

## 12

정답 ④

정답의 이유

④ 마파람은 '남풍(南風)'을 가리키는 뱃사람들의 은어이다.

오답의 이유

① '쪽박'은 '작은 바가지'를 이르는 말이고 '곁땀'은 '겨드랑이에서 나는 땀'을 이르는 말이다.

② '까투리'는 '암꿩'을 이르는 말이고 '수꿩'을 이르는 말은 '장끼'이다.

③ '가시어미'는 '장모(丈母)'를 낮잡아 이르는 말이다.

## 13

정답 ②

정답의 이유

② '장마'는 여름철에 여러 날을 계속해서 비가 내리는 현상이나 날씨를 의미하는 고유어이다.

오답의 이유

① **소문(所聞)**: 사람들 입에 오르내려 전하여 들리는 말

③ **영양분(營養分)**: 생명을 유지하는 데 필요한 성분

④ **수라상(水刺床)**: 임금에게 올리는 밥상을 높여 이르는 말

## 14

정답 ②

정답의 이유

② **가검물(可檢物)(×) → 검사물(○)**: 가검물이란 병균의 유무를 검사하기 위하여 거두는 물질을 의미하며, '검사물', '검사 대상물' 등으로 순화해서 써야 한다. '임시'의 의미가 포함되어 있지 않으므로 '임시 검사 물품'으로 써서는 안 된다.

오답의 이유

① 각본조(各本條)는 '각 해당 조문'으로 써야 한다.

③ 무인(拇印 엄지손가락 무, 도장 인)은 행정 · 금융 용어로서 '손도장'으로 순화하여 사용해야 한다.

④ 부킹(booking)은 '예약'으로 순화되었다.

# 단어의 의미

## 01

정답 ④

정답의 이유

제시문에서는 킬트의 독특한 체크무늬가 각 씨족의 상징으로 자리 잡게 된 유래에 대해 설명하고 있다. 따라서 '새로운 문화 현상, 학설 따위가 당연한 것으로 사회에 받아들여짐'의 의미를 가지고 있는 '정착(定着 정할 정, 붙을 착)'으로 바꿔 쓰는 것이 적절하다.

## 02

정답 ②

정답의 이유

㉡ '탐사'란 '샅샅이 더듬어 조사한다'는 뜻을 지닌다. 그런데 관람객이 직접 유적지를 조사하는 것이 아니므로 '탐사'가 아닌 '방문'으로 쓰는 것이 적절하다.

㉢ '개별'이란 '여럿 중에서 하나씩 따로 나뉘어 있는 상태'를 뜻한다. 그런데 뒤에 이어지는 '관광 관리 계획'은 하나씩 따로 구별할 수 있는 성질의 것이 아니므로 '개별'과는 어울리지 않는다.

오답의 이유

㉠ 보존(保存 지킬 보, 있을 존): 잘 보호하고 간수하여 남김

㉣ 경주(傾注 기울 경, 부을 주): 힘이나 정신을 한곳에만 기울임

## 03

정답 ②

정답의 이유

② 제시문은 외압에 굴하지 않는 소나무는 우리 민족의 기상을 드러낸다는 애국가 2절의 가사이다. 여기서 '바람서리'는 폭풍우 때문에 받는 피해를 의미한다. 따라서 ㉠과 ㉡에는 '바람서리'와 '의'가 순서대로 들어가야 알맞다.

## 04

정답 ①

정답의 이유

① 제시문은 유길준의 「서유견문」 '사치와 검소: 부유한 나라를 만들기 위해 정부가 해야 할 직분' 중 일부이다. 제시문의 내용은 다음과 같다.

> 사치와 검소는 다르다. 자신의 분수를 모르고 흥청망청 쓰는 것이 사치다. 불필요한 것을 과다하게 사 모으는 것이 사치다. 반면에 무조건 아끼는 것이 검소는 아니다. 조잡한 물건을 높여 쓰는 것을 의미하지도 않는다. 검소란 제 분수에 맞는 소비 행태를 말한다. 사치와 검소를 도식적으로 나누기보다는 좋은 물건을 적절한 가격을 치르고 유용하게 사용하는 기풍이 더 필요하다.

**더 알아두기**

유길준, 「서유견문」

- 갈래: 서양 견문록(기행문)
- 출간: 1895년 교순사(交詢社)에서 간행되었다.
- 의의: 국한문 혼용체로 서술되었고 역사서의 성격을 지니며 근대 초기 근대화에 큰 영향을 미친 서양 견문록이다.
- 주제: 서구의 근대 모습을 바탕으로 조선의 근대화를 어떻게 전개할 것인지에 대해 정치, 경제, 법률, 교육, 문화 등 각 부문의 구체적인 내용과 그 방법론을 체계적으로 제시하였다.

## 05

정답 ④

정답의 이유

④ 어떤 사람의 영향력이나 권한이 미치는 범위를 의미한다.

오답의 이유

① 사람의 수완이나 꾀를 의미한다.

② **손(을) 치르다**: '큰일에 여러 손님을 대접하다.'라는 관용적 표현이다.

③ **손을 늦추다**: '긴장을 풀고 일을 더디게 하다.'라는 관용적 표현이다.

## 06

정답 ①

정답의 이유

① '부리다'는 '사람의 등에 지거나 자동차나 배 따위에 실었던 것을 풀어 내려놓다.'는 의미로, '싣다'와 반의어 관계이다. 따라서 '벗다'와 반의어 관계에 있다고 보기 어렵다.

오답의 이유

②·③·④ 모두 '벗다'가 첫 번째 의미인 '사람이 자기 몸 또는 몸의 일부에 착용한 물건을 몸에서 떼어 내다.'의 의미로 쓰이는 경우의 반의어에 해당한다.

**더 알아두기**

동사 '벗다'의 의미

- 사람이 자기 몸 또는 몸의 일부에 착용한 물건을 몸에서 떼어 내다.
- 메거나 진 배낭이나 가방 따위를 몸에서 내려놓다.
- 동물이 껍질, 허물, 털 따위를 갈다.
- 의무나 책임 따위를 면하게 되다.
- 누명이나 치욕 따위를 씻다.
- 증오나 불신을 없애다.
- 고통이나 괴로운 상태를 감당하지 않게 되다.
- 사람이 어수룩하거나 미숙한 태도를 생활의 적응을 통하여 없애다.
- (주로 직업과 관련된 의류 명사와 함께 쓰여) (비유적으로) 어떤 위치에서 물러나다.
- 사람이나 동물의 살갗이 몸에서 떨어지다.
- 사람의 어수룩함이나 미숙한 태도가 없어지다.
- 덧붙은 때나 기미 따위가 없어지다.

## 07

정답 ③

정답의 이유

③ • 국가 및 지방자치단체는 국기의 제작 · 게양 및 관리 등에 있어서 국기의 <u>존엄성</u>이 유지될 수 있도록 필요한 조치를 강구하여야 한다(대한민국국기법 제5조 제2항).

• 국기가 심한 눈 · 비와 바람 등으로 그 훼손이 우려되는 경우에는 이를 게양하지 아니한다(대한민국국기법 제8조 제5항).

## 08

정답 ④

정답의 이유

④ 얼음(×) → 어름(○): '두 사물의 끝이 맞닿은 자리'를 뜻하는 말은 '어름'이다. 얼음은 '물이 얼어서 굳어진 물질'을 의미한다.

오답의 이유

① '한 방향으로 치우쳐 흘러가는 형세를 붙들어 잡다.'라는 뜻의 '겉잡다'가 바르게 쓰였다.

- 걷잡다: 겉으로 보고 대강 짐작하여 헤아리다.

② '나이가 비교적 많아 듬직하게'라는 뜻의 부사 '지긋이'가 바르게 쓰였다.

- 지긋이: 1. 나이가 비교적 많아 듬직하게 2. 참을성 있게 끈지게
- 지그시: 1. 슬며시 힘을 주는 모양 2. 조용히 참고 견디는 모양

③ '반듯하다'의 '반듯-'을 어근으로 한 부사 '반듯이'가 바르게 쓰였다.

- 반듯이: 작은 물체, 또는 생각이나 행동 따위가 비뚤어지거나 기울거나 굽지 아니하고 바르게 예 고개를 반듯이 들어라.
- 반드시: 틀림없이 꼭 예 약속은 반드시 지켜라.

## 09

정답 ④

정답의 이유

④ 제시문은 이문구의 연작 소설 『관촌수필』 8편 중 다섯 번째 작품인 「공산토월」의 일부이다. 신실했던 인물 '석공'에 대한 추억을 주제로 하고 있다.

㉠ 허울: 실속이 없는 겉모양

㉡ 골동(骨董): 오래되었거나 희귀한 옛날의 기구나 예술품

㉢ 명분(名分): 각각의 이름이나 신분에 따라 마땅히 지켜야 할 도리

㉣ 용모(容貌): 사람의 얼굴 모양

**더 알아두기**

이문구, 「공산토월」

- 배경
  - 시간: 현재(1970년대 서울) → 과거 회상(6 · 25 전쟁 무렵)
  - 공간: 관촌~서울
- 시점: 1인칭 관찰자 시점
- 특징
  - 현재의 '나'가 과거를 추억함
  - 토속어와 비속어의 사용으로 현장감과 생동감 확보
- 제재: 고향 마을의 석공(石公)
- 주제: 신실했던 인물 석공에 대한 추억
- 이해와 감상: 『관촌수필』은 8편의 단편을 묶은 연작 소설이다. 이 작품은 『관촌수필』 8편 중 다섯 번째 작품인 「공산토월」로서, 성장한 '나'가 과거의 유년 시절과 대학생 시절을 회상하는 구조이다. 이 글의 '나'는 신문 기사를 통해 16세 소년의 택시 기사 살인 사건을 접하면서, 과거 유년 시절 같이 살았던 '석공'을 떠올린다. '석공'은 근면하고 헌신적인 인물로, 산업화 과정 속에서 점차 사라지고 있는 공동체적 삶의 표본이라 할 수 있다. '나'는 이러한 '석공'의 삶을 통해서 이기주의가 만연해 가는 세상에 대한 안타까움과 공동체적 삶의 중요성을 드러내고 있는데 이는 산업화를 겪으며 농촌의 공동생활이 해체되고 붕괴되는 현실에 대한 작가의 안타까움과 비판 의식을 드러내는 것이라고도 할 수 있다.

## 10

정답 ①

정답의 이유

① '질정없다'는 '(무엇이) 갈피를 잡아 뚜렷이 결정한 것이 없다.'는 뜻의 형용사이다.

예 너는 아직도 질정없는 소리를 하고 있구나.

오답의 이유

② **상글하다**: '눈과 입을 귀엽게 움직이며 소리 없이 정답게 웃다.'를 뜻하는 동사이다.

③ **부지하다(扶持-/扶支-)**: '상당히 어렵게 보존하거나 유지하여 나가다.'를 뜻하는 동사이다.

④ **억실억실**: '얼굴 모양이나 생김새가 선이 굵고 시원시원한 모양'을 뜻하는 부사이다.

## 11

정답 ③

정답의 이유

밑줄 친 '훔치다'는 중심 의미로 쓰인 경우로서 '물기나 때 따위가 묻은 것을 닦아 말끔하게 하다.'라는 뜻이다.

③ '풀을 훔치다'는 '논이나 밭을 맨 뒤 얼마 있다가 손으로 잡풀을 뜯어내다.'라는 의미이므로 주변 의미로 쓰인 경우이다.

오답의 이유

①·②·④ '훔치다'는 모두 중심 의미로 쓰였다.

**더 알아두기**

**다의어와 동음이의어 구별**

다의어와 동음이의어를 구별하는 기준은 각각의 의미들 사이에 유사성이 있는가 하는 점이다. '다리'라는 단어를 예로 들어 보자.

> ㉠ 사람의 '다리'
> ㉡ 책상의 '다리'
> ㉢ 강 위의 '다리'

사람의 다리와 책상의 다리는 물체의 아래쪽에서 윗부분을 받치고 있다는 관점에서 보면 유사한 점이 있다. 그러나 강을 건너는 '다리'는 사람의 다리나 책상의 다리와는 아무런 유사점이 없다. 그래서 ㉠과 ㉡은 다의 관계에 있고, ㉠과 ㉢, ㉡과 ㉢은 동음이의 관계에 있다고 할 수 있다. 또 다의어는 '하나의 단어가 지니는 다양한 의미'를 가지고 있으므로 사전에 실릴 때는 한 개의 단어로 실린다. 반면 동음이의어는 사전에 실릴 때 각각의 단어로 실린다.

## 12

정답 ①

정답의 이유

① '갑작스러운 시어머니의 방문에 그녀는 안절부절못했다.'에서 '안절부절못했다'는 '마음이 초조하고 불안하여 어찌할 바를 모르다.'의 뜻으로 바르게 쓰였다.

오답의 이유

② '난이도를 낮춰 시험이 쉬웠다.'에서 '난이도'는 '어려움과 쉬움의 정도'를 뜻하는 말이므로 어려운 정도를 나타내는 '난도'로 고쳐야 한다.

③ '음악을 듣는 와중에 수업 종이 울렸다.'에서 '와중'은 '일이나 사건 따위가 시끄럽고 복잡하게 벌어지는 가운데'의 뜻이므로 '음악을 듣는 도중에'로 고쳐야 한다.

④ '그는 경기도지사를 역임했다.'에서 '역임'은 '여러 직위를 두루 거쳐 지냄'의 뜻이므로 '지냈다'로 써야 한다.

## 13

정답 ③

정답의 이유

③ '끈이나 줄 같은 것으로 높은 곳에 목을 걸어 매달다.'라는 의미이거나 '어떤 일이나 사람에게 전적으로 의지하다.'라는 뜻의 경우 '목매다'를 써야 한다.

- 목메다: 기쁨이나 설움 따위의 감정이 북받쳐 솟아올라 그 기운이 목에 엉기어 막히다.

  예 그는 목메어 울었다. / 30년 만에 어머니를 만난 아들은 목멘 소리로 어머니를 불렀다.

오답의 이유

① **구렛나루(×) → 구레나룻(○)**: '구렛나루'는 '구레나룻'의 잘못된 표기이다.

- 구레나룻: 귀밑에서 턱까지 잇따라 난 수염

② **치루다(×) → 치르다(○)**: '치루다'는 '치르다'의 잘못된 표기이다. 따라서 '치르고, 치러, 치렀다…'로 써야 한다.

④ **개거품(×) → 게거품(○)**: '개거품'은 '게거품'의 잘못된 표기이다.

- 게거품: 사람이나 동물이 몹시 괴롭거나 흥분했을 때 입에서 나오는 거품 같은 침을 이르는 말

## 14

정답 ②

정답의 이유

제시문과 ②의 '찾다'는 모두 '현재 주변에서 없는 것을 얻거나 사람을 만나려고 여기저기를 뒤지거나 살피다.'라는 의미이다.

오답의 이유

① '어떤 사람을 만나거나 어떤 곳을 보러 그와 관련된 장소로 옮겨 가다.'라는 의미이다.
③ '어떤 사람이나 기관 따위에 도움을 요청하다.'라는 의미를 가진다.
④ '잃거나 빼앗기거나 맡기거나 빌려주었던 것을 돌려받아 가지게 되다.'라는 의미이다.

# 단위어

## 01

정답 ③

정답의 이유

㉠ 접(단위어): 채소나 과일 따위를 묶어 세는 단위. 한 접은 채소나 과일 100개를 이른다.
㉡ 축(단위어): 오징어를 묶어 세는 단위. 한 축은 오징어 20마리를 이른다.
㉢ 손(단위어): 한 손에 잡을 만한 분량을 세는 단위. 조기, 고등어, 배추 따위 한 손은 큰 것 하나와 작은 것 하나를 합한 것을 이르고, 미나리나 파 따위 한 손은 한 줌 분량을 이른다.

오답의 이유

㉣ 쌈(단위어): 바늘을 묶어 세는 단위. 한 쌈은 바늘 24개를 이른다.

## 02

정답 ①

정답의 이유

① '축'은 오징어를 세는 단위로 한 축은 오징어 20마리를 뜻한다.

오답의 이유

② **쌈**: 바늘을 묶어 세는 단위로 한 쌈은 바늘 24개를 이른다.
③ **쾌**: 북어를 묶어 세는 단위로서 한 쾌는 북어 20마리를 뜻한다.
④ **두름**: 조기 따위의 물고기를 짚으로 한 줄에 10마리씩 2줄로 엮은 것은 것을 뜻하므로 20마리를 뜻한다. 고사리 따위의 산나물의 경우 10모숨 정도로 엮은 것을 의미하는 말이기도 하다.

# 화법과 작문 정답 및 해설

## 토의 · 토론

### 01

정답 ①

정답의 이유

① '포럼'이란 공개된 공공의 장소에서 공공의 문제를 가지고 토의하는 방식을 말하는 것으로, '공청회' 또는 '공개 토의'라고도 한다. 이 방식은 서로 대립되는 입장을 대표하는 사람들이 한 사람씩 자신의 생각을 간략하게 발표한 후 토의자들끼리 질문을 하거나 또는 청중이 질문을 하고 토의자가 응답하는 형식으로 이루어진다. 심포지엄이나 패널 토의와는 달리 처음부터 청중들이 참여하여 진행되며, 질의응답의 과정을 통하여 문제에 대한 인식을 넓히고 해결책을 찾는다는 점이 특징이다. 고대 로마에서 행하던 토의 방식의 하나로 재판이나 공적인 문제에 대하여 공개 토의를 열었던 공공의 광장을 뜻하는 말에서 유래되었고, 주로 교통 정책이나 입시 제도, 도시 개발 계획 등의 문제 해결을 위해 여론을 반영하고자 할 때 이용된다.

오답의 이유

② **패널 토의**: 주로 특정 사건이나 전문적인 문제에 대하여 서로 다른 의견을 가진 배심원 4~6명이 모여서 문제 해결을 위한 의견을 나누고 청중으로부터 질문을 받는 형식으로 진행된다. '배심 토의', '대표 토의'라고도 하며 하나의 문제에 대하여 개인이나 단체의 입장이 다를 때 각각을 대표할 수 있는 전문가나 권위자가 배심원으로 나와서 각자 자신의 입장에서 의견을 말하는 형식이다.

③ **원탁 토의**: 10명 내외의 사람들이 서로 동등한 위치에서 공동의 관심사에 대하여 자유롭게 의견을 나누는 토의 방식을 말한다. 일상적인 것에서부터 사회적인 문제에 이르기까지 다양한 문제가 토의의 주제가 될 수 있으며 주로 비공식적인 회의에서 많이 이용된다. 원탁 토의라는 말은 둥근 탁자에 앉아서 모두가 평등한 입장에서 이야기할 수 있다는 데에서 유래된 것이며, 특별한 규칙은 물론 사회자도 따로 정하지 않고 진행하는 것이 일반적이다.

④ **심포지엄**: 어떤 문제에 대하여 서로 다른 입장을 대표할 수 있는 전문가 3~6명이 나와 발표를 하고, 청중의 질문에 응답하는 형식으로 이루어진다. 이 토의는 결론을 도출하기 위한 것이 아니라 하나의 주제에 대하여 다양한 생각을 말할 때 적절한 토의 방식으로 학술 토론에서 많이 쓰인다. 사회자는 한 사람씩 나와서 말할 때마다 그 사람에 대해서 소개하고 말한 내용을 정리해 주며, 토의하는 사람들끼리는 거의 의사 교환을 하지 않는다.

### 02

정답 ③

정답의 이유

③ **패널 토의**: 서로 다른 견해를 가진 전문가들이 청중 앞에서 문제에 대한 해결 방안을 발표하고 서로 의견을 조정하는 방식으로 먼저 패널들이 토의한 다음에 청중의 질의응답 시간이 주어진다. 토의자 간의 의견 교류가 활발하여 서로 다른 의견을 조정할 때 유용하며, 시사 문제 등을 해결할 때 자주 이용되는 토의 방식이다.

### 03

정답 ③

정답의 이유

③ 토론은 찬성과 반대의 입장으로 나뉘는 주제에 대하여 상대방을 설득하기 위하여 근거를 들어 자기의 주장을 논리적으로 펼치는 것이므로, 찬성과 반대의 입장이 명확하게 나뉠 수 있는 '농산물 수입 개방 여부'가 토론의 주제로 적절하다.

**더 알아두기**

토론과 토의

| | |
|---|---|
| 토론 | 어떤 논제에 대하여 찬성자와 반대자가 각기 논리적인 근거를 발표하고 상대방의 논거가 부당하다는 것을 명백하게 하는 말하기의 한 형태이다. |
| 토의 | 여러 사람이 모여서 어떤 공동의 문제에 대하여 가장 좋은 해답을 내기 위해 협의하는 말하기의 형태로, 협동적인 사고의 과정이다. |

## 연설문

### 01 정답 ②

정답의 이유

② '화자의 신뢰성'을 높여서 청중을 설득하고자 하는 전략은 인성적 설득 전략에 해당한다.

오답의 이유

① '청자의 감정'에 소호하고자 하는 감성적 설득 전략에 해당한다.
③ 주장과 근거의 '논리성'을 따지고 있으므로 이성적 설득 전략에 해당한다.
④ 근거의 타당성, 객관성, 신뢰성 등을 높이려고 하고 있으므로 이성적 설득 전략에 해당한다.

**더 알아두기**

설득 전략의 종류

설득 전략은 이성적 · 감성적 · 인성적 설득 전략으로 구분될 수 있다.

- 이성적 설득 전략: 논리적이고 이성적인 방법으로 화자의 주장을 통계 자료나 전문가의 의견 등을 활용하여 뒷받침하는 전략
- 감성적 설득 전략: 청중의 감정에 호소하여 청중의 마음을 움직이는 전략
- 인성적 설득 전략: 화자의 인품, 전문성 등과 같은 화자의 됨됨이를 바탕으로 하여 내용에 신뢰를 갖게 하는 전략

### 02 정답 ③

정답의 이유

대통령 연설문 작성 순서는 다음과 같다.

③ ㉢ 비서실에서 연설의 내용을 분석하고 초안을 만들어 대통령에게 보고한다. → ㉡ 대통령에게 지침을 받는다. → ㉣ 지침을 토대로 다시 작성한다. → ㉠ 재작성된 연설문을 대통령이 마지막으로 수정 · 보완한다.

## 회의

### 01 정답 ①

정답의 이유

① '회의 의안 심의 과정'에서 '의안'이란 회의에서 심의하고 토의할 안건이란 뜻으로 제출된 안건을 심의하는 과정을 묻는 문제이다. 우선 안건이 제출되면 제출된 안건을 상정(토의할 안건을 회의 석상에 내어놓음)하고 안건을 제안한 사람이 안건에 대해 설명(제안 설명)한 후 회의에 참석한 사람들의 질의응답 과정을 거치게 된다. 그 다음 찬반 토론을 거쳐 표결을 통해 안건을 처리한 후 폐회한다.

## 대화

### 01 정답 ④

오답의 이유

① 화자의 관점에서 말한 것으로서 화자 자신에게 혜택을 주는 표현을 최소화하고 화자 자신에게 부담을 두는 표현을 최대화하는 것은 '요령의 격률'이 아닌 '관용의 격률'이다.
② 상대방에게 부담이 가는 표현을 최소화하고 상대방의 이익을 극대화하는 것은 '요령의 격률'이다.
③ 다른 사람에 대한 비방을 최소화하고 칭찬을 극대화하는 것은 '찬동의 격률'이다.

## 조건에 맞게 쓰기

### 01

정답 ③

정답의 이유

③ '향불 피우는 저승길(은유)', '골목은 ~ ㅇㅇ길(대구)'의 표현을 통해 흡연으로 인한 건강의 위험성을 강조하고 있으므로 ③이 제시된 조건을 모두 충족하는 표현임을 알 수 있다.

오답의 이유

① 흡연으로 인한 건강의 위험성을 강조하고 있으나 대구의 방법만 이용되었고 은유의 방법이 이용되지 않았다.

②·④ 은유와 대구의 방법을 이용하고 있으나 흡연으로 인한 건강의 위험성을 강조하고 있지 않다.

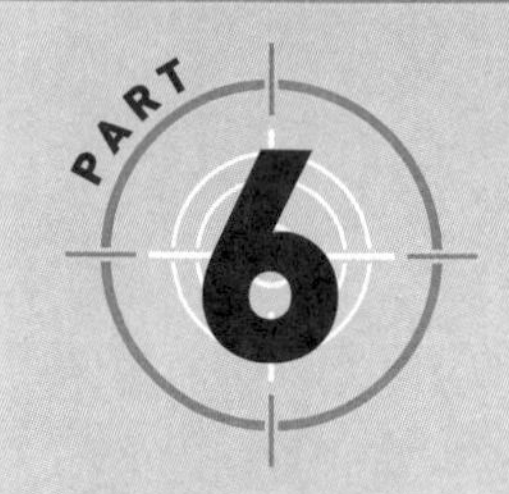

# 실전모의고사 정답 및 해설

## 1회 실전모의고사

빠른 정답

| 01 | 02 | 03 | 04 | 05 | 06 | 07 | 08 | 09 | 10 |
|---|---|---|---|---|---|---|---|---|---|
| ④ | ① | ④ | ③ | ① | ② | ① | ③ | ③ | ④ |
| 11 | 12 | 13 | 14 | 15 | 16 | 17 | 18 | 19 | 20 |
| ① | ③ | ④ | ① | ② | ④ | ④ | ② | ② | ③ |
| 21 | 22 | 23 | 24 | 25 | | | | | |
| ④ | ② | ④ | ② | ① | | | | | |

### 01

정답 ④

정답의 이유

④ 음절은 소리의 최소 단위이므로 먼저 발음 상황을 파악해야 한다. 〈보기〉는 '[할머니가/손주에게/용또늘/주얻따]'와 같이 읽을 수 있으므로 '자음 + 모음 + 자음'으로 이루어진 음절은 '3개(할, 손, 늘)'이다.

오답의 이유

① '어절'은 띄어쓰기 단위와 일치한다. 따라서 어절은 '4개(할머니가/손주에게/용돈을/주었다)'이다.

② 음절은 발음의 최소 단위이다. 음절은 '14개(할/머/니/가/손/주/에/게/용/또/는/주/언/따)'이다.

③ 단어는 품사의 단위와 일치하므로 단어는 '7개'이다.

→ 할머니(명사)/가(조사)/손주(명사)/에게(조사)/용돈(명사)/을(조사)/주었다(동사)

### 02

정답 ①

정답의 이유

① 공동격 구문의 중의성을 소거한 문장이다. 만약 '나는 철수와 영희를 만났다.'라면 중의성이 된다. 이 경우 다음과 같은 방법으로 중의성을 소거할 수 있다.

→ 정보 첨가: 나는 철수와 함께 영희를 만났다.

→ 쉼표의 사용: 나는, 철수와 영희를 만났다. / 나는 철수와, 영희를 만났다.

→ 어순의 변화: 나와 철수는 영희를 만났다.

오답의 이유

② **부정문의 중의성**: 수량 관계 부사 '다'로 인해 '전체 부정'과 '부분 부정'의 두 가지 해석이 가능하다. 한정 보조사 '는'을 결합하면 '전체 부정'으로 해석되지 않아 중의성을 소거할 수 있다.

→ 한정 보조사 '는' 사용: 학회에 사람들이 다 오지는 않았다. / 학회에 사람들이 다는 오지 않았다.

③ **관형어의 수식 범위에 따른 중의성**: 관형어 '웃긴'이 '그'를 수식하는지, '그의 친구'를 수식하는지 모호하다. 이 경우 다음과 같은 방법으로 중의성을 소거할 수 있다.

→ 쉼표의 사용: 나는 웃긴 그의, 친구를 만나러 갔다.

→ 어순의 변화: 나는 그의 웃긴 친구를 만나러 갔다.

④ **비교 구문의 중의성**: '보다'의 의미가 '정도'인지, '선택'인지 해석이 모호하다. 따라서 다음과 같이 수정하면 문장의 중의성을 소거할 수 있다.

→ 정도: 그는 내가 야식을 좋아하는 것보다 더 야식을 좋아한다.

→ 선택: 그는 나를 좋아하는 것보다 야식을 더 좋아한다.

## 03

정답 ④

정답의 이유

- 易地思之(역지사지)
- 漁父之利(어부지리)
- 附和雷同(부화뇌동)

## 04

정답 ③

정답의 이유

③ '묵호'는 [무코]로 발음되지만 체언에서 'ㄱ, ㄷ, ㅂ' 뒤에 'ㅎ'이 따를 때에는 'ㅎ'을 밝혀 적는다는 규정(로마자 표기법 제3장 제1항 4의 '다만')에 따라 'Mukho'로 적어야 한다.

오답의 이유

① '백마'는 자음 동화에 의해 [뱅마]로 발음되므로 'Baengma'가 올바른 표기이다.

② '알약'은 'ㄹ'이 덧나 [알략]으로 발음되며, 'ㄹㄹ'은 'll'로 표기하므로 'allyak'이 올바른 표기이다.

④ '합정'은 [합쩡]으로 발음되나 로마자 표기에서 된소리되기는 표기에 반영하지 않으므로 'Hapjeong'이 올바른 표기이다.

## 05

정답 ①

정답의 이유

① **홑문장**: 그가(주어)/도리어(부사어)/미소를(목적어)/지었다(서술어)

오답의 이유

② **주어 명사절을 안은문장**: 수진이가 천재임이(명사절)/밝혀졌다(서술어)

③ **서술절을 안은문장**: 할아버지께서는(주어)/인정이 많으시다(서술절)

④ **관계 관형절을 안은문장**: 철수가 그린(관형절)/그림이(목적어)/특선으로(부사어)/뽑혔다(서술어)

## 06

정답 ②

정답의 이유

② • 결재(決裁): 결정할 권한이 있는 상관이 부하가 제출한 안건을 검토하여 허가하거나 승인함
- 충돌(衝突): 서로 맞부딪치거나 맞섬
- 은닉(隱匿): 남의 물건이나 범죄인을 감춤 / 물건의 효용을 잃게 하는 행위

오답의 이유

④ 결제의 '結濟'는 존재하지 않는 한자어이다.
- 결제(決濟): 1. 일을 처리하여 끝을 냄 2. 증권 또는 대금을 주고받아 매매 당사자 사이의 거래 관계를 끝맺는 일
- 추돌(追突): 자동차나 기차 따위가 뒤에서 들이받음
- 은둔(隱遁): 세상일을 피하여 숨음

## 07

정답 ①

정답의 이유

① **어떡하든(○)**: '어떻게 하든'의 준말이다.

오답의 이유

② **송두리채(×) → 송두리째(○)**: '-째'는 일부 명사의 뒤에 붙어 '그대로' 또는 '전부'의 뜻을 더하는 접미사이고, '채'는 주로 '-은 채(로)'의 구성으로 쓰여 '그러한 상태를 유지하면서'의 뜻을 나타내면서 관형어 뒤에 띄어 쓰는 의존 명사이다.

③ **군무원으로써(×) → 군무원으로서(○)**: '로서'는 받침 없는 체언이나 'ㄹ' 받침으로 끝나는 체언 뒤에 붙어 지위나 신분 또는 자격을 나타내는 격 조사이고, '로써'는 받침 없는 체언이나 'ㄹ' 받침으로 끝나는 체언 뒤에 붙어 어떤 일의 수단이나 도구를 나타내는 부사격 조사이다.

④ **띄게(×) → 띠게(○)**: '띄다'는 '뜨다'의 피동사인 '뜨이다(눈에 보이다)'의 준말이고, '띠다'는 감정이나 기운 따위를 나타낸다는 뜻이다.

## 08

정답 ③

정답의 이유

③ 된소리되기 현상은 일어나지 않았다.
- 홑이불[혼니불]: 음절의 끝소리 규칙, 'ㄴ' 첨가, 비음화
- 꽃잎[꼰닙]: 음절의 끝소리 규칙, 'ㄴ' 첨가, 비음화
- 삯일[상닐]: 음절의 끝소리 규칙, 'ㄴ' 첨가, 비음화

## 09

정답 ③

정답의 이유

③ '대상에 동화된 화자의 흥취'는 제시된 작품의 화자가 자연의 빼어난 경관을 보며 술을 마시고 마음껏 풍류를 즐기고 있는 부분에서 확인할 수 있다.

오답의 이유

① '세속적 삶에 대한 미련', ② '자연을 통해 삶의 교훈 이끌어 내기', ④ '현실 세계와 이상 세계의 차이 강조' 등은 제시된 작품에서 찾아볼 수 없다.

## 10

정답 ④

정답의 이유

④ 김만중의 「사씨남정기」는 가부장적 사회를 배경으로 유한림과 고매한 부덕을 지닌 사 씨, 간교한 여인인 교 씨를 등장시켜 조선 사회의 축첩 제도의 불합리성을 비판하고 있는 작품이나, 가부장적 가족 제도 자체를 비판하고 있지는 않다. 또한 제시된 부분에서 가부장적 가족 제도에 대해 비판하는 내용은 찾아볼 수 없다.

오답의 이유

① "일점혈육이 없으니 불효삼천 가지 죄에 무자(無子)의 죄가 가장 크다 하여 첩의 무자한 죄가 존문에 용납하지 못할 것이나 ~"에서 확인할 수 있다.

② "첩을 개의치 마시고 어진 여인을 취하여 득남득녀하면 ~"에서 확인할 수 있다.

③ "태우의 일처일첩은 옛날에도 미덕이 되었으니 첩이 비록 덕이 없으나 세속 여자의 투기는 본받지 않겠습니다."에서 확인할 수 있다.

**더 알아두기**

김만중, 「사씨남정기(謝氏南征記)」
- 갈래: 국문 소설, 가정 소설, 풍간(諷諫) 소설
- 제재: 처첩 간의 갈등
- 배경
  - 시간적: 중국 명나라 초기
  - 공간적: 중국 북경 금릉 순천부
- 시점: 전지적 작가 시점
- 특징
  - 선인(善人)과 악인(惡人)의 대립
  - 대화를 통해 사건을 전개
  - 갈등을 사실적으로 표현
  - 전체적으로 추보식 구성이나 부분적으로 역순행적 구성 방식이 나타남
  - 후대 가정 소설의 모범이 된 작품으로 조선 시대 사대부가 축첩 제도의 불합리성과 도덕성의 문제를 제기함
  - 한문 표현을 피하고 속담이나 격언 등의 우리말을 적절하게 구사함
  - 숙종 15~18년에 집필되었을 것으로 예상되며, 숙종을 깨우치기 위한 일종의 목적 소설로 분류됨
- 주제: 처첩 간의 갈등, 사 씨의 고행(苦行)과 권선징악

## 11

정답 ①

정답의 이유

① • 잎[입]: 어말에서 'ㅍ'이 대표음 'ㅂ'으로 발음되었으므로, 음절의 끝소리 규칙이 일어났다.
- 국물[궁물]: 비음 'ㅁ'의 영향을 받아 선행음 'ㄱ'이 비음 'ㅇ'으로 발음되었으므로, 비음화 현상이 일어났다.
- 권력[궐력]: 유음 'ㄹ'의 영향을 받아 선행음 'ㄴ'이 유음 'ㄹ'로 발음되었으므로, 유음화 현상이 일어났다.
  → '설측음화'라고도 하며, 'ㄴ + ㄹ'이 'ㄹ + ㄹ'로 발음되는 현상을 말한다.

## 12

정답 ③

정답의 이유

③ **창조성(= 개방성, 무한성)**: 인간은 이미 알고 있는 말을 이용하여 새로운 말을 만들어 표현할 수 있다. 상황에 따라 무한히 많은 새로운 말들을 만들어 사용할 수 있으며, 관념적이고 추상적인 개념은 물론 존재하지 않는 상상의 산물까지도 표현할 수 있다.

오답의 이유

① **추상성**: 구체적 대상에서 공통적인 요소를 뽑아 일반적인 개념으로 파악하는 것을 말한다.
예 장미, 무궁화, 튤립, 백합 → 꽃

② **분절성(= 불연속성)**: 언어는 외부 세계를 반영할 때 연속적으로 이루어져 있는 현실 세계를 그대로 반영하지 않고 불연속적인 것으로 분절하여 표현한다.
예 무지개 → 빨, 주, 노, 초, 파, 남, 보 / 개 짖는 소리 → 멍멍

④ **역사성**: 언어가 시간이 흐름에 따라 음운이나 어휘 등의 측면에서 생성, 성장, 소멸하며 변화하는 특성이다.

## 13

정답 ④

정답의 이유

④ 작품의 [A]~[D]는 화자가 '그'를 만나기 전의 상황부터 '그'와 만난 이후 이별하게 되기까지의 상황을 다양한 이미지를 활용하여 형상화하고 있다. [A]에는 '그'를 만나기 전의 순수하고 평화로웠던 화자의 내면이 '아지랑이', '애기 구름' 등으로 형상화되어 있고, [D]에는 이별 후 고통의 시간을 지나 희망의 날이 오기를 기다리는 화자의 내면이 '도라지꽃'으로 형상화되어 있다. 이를 통해 볼 때, [A]의 '애기 구름'은 아직 '그'를 만나기 전 화자의 정서를 비유적으로 드러내고 있는 것으로 '화자의 사랑'을 드러내는 것은 아니며 [D]의 '도라지꽃'도 화려한 결실을 드러낸다고 보기 어려우므로 적절하지 않다.

## 14

정답 ①

정답의 이유

① '책'을 빌려 주거나 빌린 개인적 체험을 통해 책에 대한 느낌과 애정을 표현하고 있을 뿐 책에 대한 비판적 인식은 없다.

오답의 이유

② "책은 세수를 할 줄 모르는 미인이다."라는 비유적 표현을 사용하고 있다.

③ '그러나'의 접속어를 반복적으로 사용하여 문답적 구성 방식을 취하면서 책에 대한 글쓴이의 생각을 드러내고 있다.

④ 글 전반에 걸쳐 글쓴이의 책에 관한 체험과 애정이 드러나 있다. 특히 "그러나 책은 물질 이상이다. 영양이나 귀부인들 초대한 듯 결코 땀이나 때가 묻은 손을 대어서는 실례다."의 표현을 통해 책에 대한 애정을 드러내고 있다.

**더 알아두기**

이태준, 「책」

- 갈래: 현대 수필
- 성격: 감상적, 체험적
- 표현
  - 적절한 비유를 사용하여 표현 효과를 높임
  - 대상의 가치를 예찬하여 서술함
  - 체험을 바탕으로 자신의 생각을 드러냄
  - 유머를 동원하여 표현의 재미를 높임
  - 간결하면서도 강건한 문체로 자신의 생각을 제시함
- 주제: 책에 대한 애정과 예찬

## 15

정답 ②

정답의 이유

② 고유어에 대응하는 한자어를 함께 보일 때에는 대괄호를 쓴다. 따라서 '나이[年歲]'로 써야 한다.

오답의 이유

① 주석이나 보충적인 내용을 덧붙일 때에는 소괄호를 쓴다.

③ 괄호 안에 또 괄호를 쓸 필요가 있을 때 바깥쪽의 괄호는 대괄호를 쓴다.

④ 같은 범주에 속하는 여러 요소를 세로로 묶어서 보일 때는 중괄호를 쓴다.

## 16

정답 ④

정답의 이유

④ 3문단: "헬레니즘 시기에 들어와 미의 관념이 형식적 정의에서 실질적 정의로 바뀐 셈인데, ~"라는 부분을 통해 헬레니즘의 미적 관념은 '형식적인 정의'에서 '실질적인 정의'로 변화하였다는 것을 확인 할 수 있다.

오답의 이유

① 1문단: "그리스인들은 ~ 부분들 사이의 이상적인 비례 관계를 확정하는 것을 의미했다."로 보아 제시문의 내용과 일치한다.

② 2문단: "플로티노스는 ~ 한마디로 미란 무엇보다 '질(質)'의 문제라는 이야기다."로 보아 제시문의 내용과 일치한다.

③ 3문단: "미의 본질을 수량화할 수 없는 어떤 질적 특성에서 찾는 견해를 미에 대한 '실질적 정의'라고 부른다."로 보아 제시문의 내용과 일치한다.

## 17

정답 ④

정답의 이유

④ 대중 매체가 지닌 정보 수집의 긍정적 영향은 제시문에서 찾아볼 수 없다.

오답의 이유

① 1문단: "대중 매체는 ~ 사회 통합에 이바지하기도 한다."에서 확인할 수 있다.

② 1문단: "그러나 ~ 사회화 역기능이 나타나기도 한다."에서 확인할 수 있다.

③ 3문단: "그러나 ~ 부작용이 나타날 수 있다."에서 확인할 수 있다.

## 18

정답 ②

정답의 이유

② 의자의 '다리'는 '물체의 아래쪽에 붙어서 그 물체를 받치거나 직접 땅에 닿지 아니하게 하거나 높이 있도록 버티어 놓은 부분'을 의미하며 이는 표제어 '다리[01]'의 두 번째에 적합한 예이다. 한편, '한강 다리'의 '다리'는 '물을 건너거나 또는 한편의 높은 곳에서 다른 편의 높은 곳으로 건너다닐 수 있도록 만든 시설물'을 의미하며 표제어 '다리[02]'의 첫 번째에 적합한 예이다. 따라서 이 두 단어는 동음어라고 할 수 있다.

오답의 이유

①·③·④ '쓰다', '밝다', '뒤'는 각각 하나의 표제어에 함께 속해 있으며 의미상 연관이 있는 다의어라고 할 수 있다.

① 쓰다: 1. 어떤 일을 하는 데에 재료나 도구, 수단을 이용하다. 2. 사람에게 어떤 일을 하게 하다.

③ 밝다: 1.불빛 따위가 환하다. 2. 어떤 일에 대하여 잘 알아 막히는 데가 없다.

④ 뒤: 1.일의 끝이나 마지막이 되는 부분 2. 어떤 일을 할 수 있게 이바지하거나 도와주는 힘

## 19

정답 ②

정답의 이유

② '전설 모음'이면서 동시에 '원순 모음'인 단모음을 묻고 있다. 〈보기〉의 설명에 부합되는 단모음은 'ㅟ'와 'ㅚ'이다. 따라서 'ㅟ' 모음을 포함하고 있는 '귀족'이 정답이다.

오답의 이유

① 과학: 'ㅘ'는 '이중 모음'이라 단모음 체계에 포함되지 않는다. 'ㅏ'는 '후설 모음'이자 '평순 모음'이다.

③ 돼지: 'ㅙ'는 '이중 모음'이라 단모음 체계에 포함되지 않는다. 'ㅣ'는 '전설 모음'이나, '평순 모음'이다.

④ 장수풍뎅이: 'ㅜ'는 '원순 모음'이긴 하지만 '후설 모음'이고, 'ㅔ'는 '전설 모음'이긴 하지만, '평순 모음'이므로 〈보기〉의 조건에 맞지 않다.

## 20

정답 ③

정답의 이유

③ (다) 시조와 관련된 한자 성어는 나라가 망한 슬픔을 뜻하는 '맥수지탄(麥秀之嘆)'이다. ③의 망양지탄(望洋之嘆)은 큰 바다를 바라보며 한탄한다는 뜻으로, 어떤 일에 자기 자신의 힘이 미치지 못할 때에 하는 탄식을 이르는 말이다.

오답의 이유

① (가)의 화자는 밤새도록 홀로 소리를 내고 있는 '귓도리(귀뚜라미)'에게 님을 기다리고 있는 자신의 모습을 투영하곤 슬퍼하고 있다. 따라서 같은 병을 앓는 사람끼리 서로 가엾게 여긴다는 뜻의 동병상련(同病相憐)과 어울린다.

② (나)의 화자는 '백구'와 소통하며 자연물과 하나 됨을 느끼고 있으므로 물아일체(物我一體)와 어울린다.

④ (다)의 화자는 홍시를 보고 부모님께 가져다 드리고 싶어 하지만 이미 돌아가셨기에 서러워하고 있다. 따라서 효도를 다하지 못한 채 어버이를 여읜 자식의 슬픔을 나타내는 풍수지탄(風樹之嘆)과 어울린다.

## 21

정답 ④

정답의 이유

④ 'thrill'의 발음 [θril]에서 'θ'은 모음 앞에서는 'ㅅ'으로, 자음 앞 또는 어말에서는 '스'로 적는다. 따라서 '스릴'로 표기해야 한다.

오답의 이유

① 외래어 표기법에서 '쟈, 져, 죠, 쥬, 챠, 쳐, 쵸, 츄' 등은 표기하지 않으므로 '비전'은 옳은 표기이다.

②·③ 어말의 [ʃ]는 '시'로 적고, 자음 앞의 [ʃ]는 '슈'로, 모음 앞의 [ʃ]는 뒤따르는 모음에 따라 '샤', '섀', '셔', '셰', '쇼', '슈', '시'로 적는다는 규정(외래어 표기법 제3장 제1절 제3항 2)에 따른 옳은 표기이다.

## 22

정답 ②

정답의 이유

② **넉넉지(○)**: 어간 끝 '-하-' 앞의 어근의 받침이 안울림소리일 경우에는 '-하-'를 통째로 줄여 준말을 표기한다. 따라서 '넉넉치'가 아닌 '넉넉지'로 바르게 쓰였다.

오답의 이유

① **웬지(×) → 왠지(○)**: '왜인지'의 준말로, '왜 그런지 모르게' 또는 '뚜렷한 이유도 없이'를 뜻한다.

③ **바램(×) → 바람(○)**: '바라다'의 명사형인 '바람'을 써야 '합격을 바란다'는 문장의 의미에 맞는다.

- 바래다: 1. 볕이나 습기를 받아 색이 변하다. 2. 가는 사람을 일정한 곳까지 배웅하거나 바라보다.
- 바라다: 1. 생각이나 바람대로 어떤 일이나 상태가 이루어지거나 그렇게 되었으면 하고 생각하다. 2. 원하는 사물을 얻거나 가졌으면 하고 생각하다. 3. 어떤 것을 향하여 보다.

④ **멋장이(×) → 멋쟁이(○)**

- -장이: 그것과 관련된 기술을 가진 사람
  - 예 간판장이, 땜장이, 양복장이, 옹기장이, 칠장이
- -쟁이: 1. 그것이 나타내는 속성을 많이 가진 사람
  - 예 겁쟁이, 고집쟁이, 떼쟁이, 멋쟁이, 무식쟁이

  2. 그것과 관련된 일을 업으로 삼는 사람이나 그런 사람을 낮잡아 이르는 말
  - 예 관상쟁이, 그림쟁이, 이발쟁이

## 23

정답 ④

정답의 이유

④ 제시문에는 뜨거운 수프나 아티초크를 음미하는 사람들도 큰 소리를 낸다고 하였을 뿐 그들이 바삭한 음식을 좋아한다는 내용은 나타나지 않는다. "알다시피 뜨거운 수프를 먹는 사람들이나 버터에 적신 축축한 아티초크를 음미하는 사람들도 굉장히 큰 소리를 내게 마련이지만, 그들이 몰두하고 있는 음식들을 바삭하다고 말할 사람은 없다."라는 부분에서 확인할 수 있다.

오답의 이유

① "감자칩이 ~ 시끄러운 소리를 내야 한다는 것은 그중 제일 중요한 조건이다."라는 부분에서 확인할 수 있다.

② "고주파의 파열음을 발생시켜야 하는 것이다."라는 부분에서 확인할 수 있다.

③ "바삭한 음식이라면 훨씬 높은 음역의 소리를 내야 한다."라는 부분에서 확인할 수 있다.

## 24

정답 ②

정답의 이유

② 발표의 효과를 높이기 위해서는 반언어적·비언어적 표현을 적절히 사용해야 한다.

오답의 이유

①·③·④ 발표의 전략을 적절히 설명하고 있다.

## 25

정답 ①

정답의 이유

① **하의 관계**: 상의어인 '수사'가 하의어인 '은유'를 포함하고 있다.
- 수사(修辭): 말이나 글을 다듬고 꾸며서 보다 아름답고 정연하게 하는 일
- 은유(隱喩): 사물의 상태나 움직임을 암시적으로 나타내는 수사법

오답의 이유

②·③·④ 모두 반의 관계이다.

② • 친숙(親熟): 친하여 익숙하고 허물이 없음
 • 생경(生梗): 두 사람 사이에 불화가 생김

③ • 비옥(肥沃): 땅이 걸고 기름짐
 • 척박(瘠薄): 땅이 기름지지 못하고 몹시 메마름

④ • 달변(達辯): 능숙하여 막힘이 없는 말
 • 눌변(訥辯): 더듬거리는 서툰 말솜씨

# 2회 실전모의고사

빠른 정답

| 01 | 02 | 03 | 04 | 05 | 06 | 07 | 08 | 09 | 10 |
|---|---|---|---|---|---|---|---|---|---|
| ② | ④ | ④ | ① | ③ | ① | ① | ② | ① | ④ |
| 11 | 12 | 13 | 14 | 15 | 16 | 17 | 18 | 19 | 20 |
| ④ | ① | ① | ③ | ① | ④ | ④ | ① | ③ | ④ |
| 21 | 22 | 23 | 24 | 25 | | | | | |
| ④ | ② | ③ | ① | ④ | | | | | |

## 01

정답 ②

정답의 이유

② 영동의 이중 모음 '여'는 'yeo'로, 자음 'ㅇ'은 'ng'로 적는다는 로마자 표기법에 따라 'Yeongdong'으로 표기해야 하므로 'Yungdong'은 틀린 표기이다.

오답의 이유

① 광희문은 [광히문]으로 발음되지만 'ㅢ'는 'ㅣ'로 소리 나더라도 'ui'로 적는다는 규정(로마자 표기법 제2장 제1항 붙임 1)에 따라 'Gwanghuimun'으로 올바르게 적었다.

③·④ 'Okcheon'과 'Baegam'은 'ㄱ, ㄷ, ㅂ'은 모음 앞에서는 'g, d, b'로, 자음 앞이나 어말에서는 'k, t, p'로 적어야 한다는 로마자 표기법의 규정(제2장 제2항 붙임 1)에 따라 올바르게 적었다.

## 02

정답 ④

정답의 이유

④ **밟지[발찌](×) → [밥찌](○)**: 겹받침 'ㄼ'은 어말이나 자음 앞에서 자음군 단순화 현상 때문에 뒤 자음이 탈락하고 앞 자음 'ㄹ'이 대표음이 되는 것이 원칙이나, 활용에서 '밟-'은 자음이 어미 앞에서 항상 앞 자음 'ㄹ'이 탈락하고, 'ㅂ'이 대표음이 되는 예외이다.

오답의 이유

① **해돋이[해도지]**: 구개음화 현상

② **앞마당[암마당]**: 음절의 끝소리 규칙, 비음화 현상

③ **읽고[일꼬]**: 용언의 어간 말음 'ㄺ'은 'ㄱ'의 어미 앞에서 'ㄹ'로 발음되는 예외이다

## 03

정답 ④

정답의 이유

마당쇠는 놀보가 제물(祭物)을 차리지도 않고 글씨로 제물 이름을 써서 제사를 지낼 정도로 인색하기 때문에, 흥보가 놀보를 만나면 매만 실컷 맞을 것이라는 점을 우려하면서 그냥 돌아가는 것이 좋을 것이라고 권유하고 있다.

④ 발화의 핵심 목적은 놀보에 대한 비난보다는 흥보를 염려하여 흥보를 돌아가게 하는 데 있다고 할 수 있다.

## 04

정답 ①

정답의 이유

'임천한흥(林泉閑興 수풀 임, 샘 천, 한가할 한, 일 흥)'은 자연에서 누리는 한가로운 흥취를 뜻한다.

① **맥수지탄(麥秀之嘆 보리 맥, 빼어날 수, 갈 지, 탄식할 탄)**: 조국이 망한 것을 한탄한다는 뜻으로, 기자(箕子)가 그의 조국인 은(殷)나라가 멸망한 뒤에도 보리만은 잘 자라는 것을 보고 한탄했다는 고사에서 유래한다.

오답의 이유

② **연하고질(煙霞痼疾 연기 연, 노을 하, 고질 고, 병 질)**: 자연의 아름다운 경치를 몹시 사랑하고 즐기는 성벽을 이르는 말이다.

③ **천석고황(泉石膏肓 샘 천, 돌 석, 기름 고, 명치끝 황)**: 산수를 즐기고 사랑하는 것이 정도에 지나쳐 마치 고치기 어려운 깊은 병과 같음을 이르는 말이다.

④ **강호한정(江湖閑情 강 강, 호수 호, 한가할 한, 뜻 정)**: 자연에서 누리는 한가로운 감정을 이르는 말이다.

## 05

정답 ③

정답의 이유

③ ㉢은 혹시라도 현실 세계의 속된 소리가 현재 화자가 있는 곳까지 들릴까 항상 걱정한다는 의미로, 속세의 부정적인 소리를 멀리하려는 화자의 심리가 드러난 것이다.

오답의 이유

① 산속을 힘차게 흐르는 물소리의 모습을 표현한 것이다.

② '말소리'는 시비하는 인간의 소리로, 서로 다투기만 하는 속세의 세태를 의미한다.

④ 객관적으로 존재하는 자연물인 계곡의 물을 마치 자신이 인위적으로 산을 둘러싸게 만든 것처럼 주관적으로 변용하는 의도가 나타나 있다.

## 06

정답 ①

정답의 이유

'주체 높임'이란 서술어의 주체인 '주어'를 높이는 방법으로 선어말 어미 '–(으)시–', 주격 조사 '께서', 높임말인 명사, 동사 등을 통해 실현된다.

① **객체 높임**: 서술어 '간다'의 주체는 '형'인데, '모시고'의 객체인 목적어 '할머니'를 높이고 있다. 객체 높임은 특별한 서술어(드리다, 뵙다, 모시다, 여쭙다 등)를 통해서 실현된다.

오답의 이유

② **주체 높임**: 주격 조사 '께서'와 서술어에 '드시다'의 높임 동사를 사용하였다.

③ **주체 높임**: 서술어에 높임의 선어말 어미 '–(으)시–'를 사용하여 주체를 간접적으로 높이고 있다.

④ **주체 높임**: 높임 명사 '댁'과 서술어에 '주무시다'의 높임 동사를 사용하였다.

## 07

정답 ①

정답의 이유

① '내로라하다'의 어근 '내로라'는 어원적으로 '나(1인칭 대명사) + 이(서술격 조사) + –오–(선어말 어미) + –다(종결 어미)'의 구성으로 이루어진 어휘이다. 현대 국어에는 선어말 어미 '–오–'가 없어 일어나지 않는 현상이지만 선어말 어미 '–오–'가 서술격 조사 '이' 뒤에서 '–로–'로 바뀌고, 종결 어미 '–다'가 선어말 어미를 만나면 '–오–' 뒤에서 '–라'로 바뀌는 현상이 있어서 '내로라(나 + 이 + –로– + –라)'로 나타나는 것이다. 따라서 '내로라'가 맞는 표기이다.

오답의 이유

② **끼여들기(×) → 끼어들기(○)**: 'ㅣ' 모음 순행 동화는 표준어 표기로 인정하지 않는다.

③ • 결제(決濟): 증권 또는 대금을 주고받아 매매 당사자 사이의 거래 관계를 끝맺는 일

• 결재(決裁): 결정 권한이 있는 상관이 부하가 제출한 안건을 허가하거나 승인함

④ 과거에는 '돌'과 '돐'을 주기와 생일의 의미로 나누어 사용하였으나 이와 같은 구분은 인위적인 데다가 불필요한 구분이라 판단하여 '돌'로 통일하게 되었다. 즉, 생일이나 주기 모두 '돌'로 사용하며, '돐'은 비표준어이다.

## 08

정답 ②

정답의 이유

② 박지원의 「광문자전」은 전통적인 '재자가인(才子佳人)'적 주인공이 아니라 거지라는 천한 신분을 주인공으로 설정하여 새로운 시대의 새로운 인물형을 창조했다는 평가를 받고 있다.

오답의 이유

① 주인공 '광문(廣文)'은 실존 인물이 아니라 서술자에 의해 창조된 허구적 인물이며, 국문 소설이 아니라 한문 소설이다.
③ '광문'의 신의 있는 생활 자세와 허욕을 부리지 않는 삶의 태도를 칭송함으로써 권모술수가 판을 치던 당시 양반 사회를 풍자한 작품으로 입신양명의 유교적 이념 실현과는 관련이 없다.
④ 직접적인 방법(서술)을 통해 인물의 성격을 제시하고 있다.

더 알아두기

박지원, 「광문자전」
- 갈래: 한문 소설, 단편 소설
- 성격: 풍자적, 비판적, 사실주의적
- 표현: 당시 사회를 사실적으로 묘사함
- 시점: 전지적 작가 시점
- 특징
  - 조선 후기 작품으로 새로운 시대의 새로운 인간형을 보여 줌
  - 권모술수가 판을 치던 당시의 양반 사회를 풍자함
  - 신의 있는 생활 자세와 허욕을 부리지 않는 삶의 태도를 칭송함

## 09

정답 ①

정답의 이유

① 중세 국어의 '말씀'과 '말'은 높임의 차이 없이 '평어'로 사용되었으나, 현대 국어에서는 '말'은 '평어', '말씀'은 '간접 높임'과 '간접 낮춤'에 두루 사용되고 있다.

오답의 이유

② '中듕國귁에'는 '중국과'로 해석되는데, 중세 국어에서 쓰이던 비교 부사격 조사 '에'가 현대 국어에서는 '과'로 바뀌었기 때문이다.
③ 중세 국어에서는 용언의 활용에서 '다르 + 아 → 달아(ㄹ-ㅇ)' 형과 '모ᄅᆞ + 아 → 몰라(ㄹ-ㄹ)' 형을 모두 규칙 활용으로 인정했다. 다만 현대 국어에서는 'ㄹ-ㅇ' 형은 없고, 'ㄹ-ㄹ' 형만을 인정하며, '르' 불규칙 활용으로 보고 있다.
- 중세: 다르 + 아 → 달아(규칙 활용)
- 현대: 다르 + 아 → 달라('르' 불규칙 활용)

④ 'ᄉᆞᄆᆞᆺ디'는 중세 국어에서는 '통하다[通]'의 의미였으나 현대 국어에 와서는 사어가 되었다.

## 10

정답 ④

정답의 이유

④ '이국적 이미지(폴란드 망명정부, 포화, 도룬 시, 셀로판지 등)'와 '도시적 이미지(급행열차, 공장의 지붕, 철책 등)'를 사용하여 '황량한 가을날의 고독감'을 표현하고 있다.

오답의 이유

① '낙엽 → 길 → 열차 → 공장' 등 시선의 이동은 있으나, 시간의 교차적 사용은 없다.
② 전반부에서는 가을 풍경(추일)을, 후반부에서는 우수와 감상(서정)을 제시하여 '선경후정'의 시상 전개를 하고 있지만, 대체로 시각적 심상에 의존하고 있기 때문에 '다채로운 심상'을 사용하고 있다는 설명은 적절하지 않다.
③ 객관적인 묘사를 중시하기 때문에 시에서 시적 화자가 잘 드러나지 않고, 관찰자의 시선으로 풍경을 그리는 것처럼 보인다.

더 알아두기

김광균, 「추일서정(秋日抒情)」
- 갈래: 자유시, 서정시, 주지시
- 성격: 회화적, 감각적, 애수적
- 시적 화자: 쓸쓸한 가을날의 풍경 속에 외로이 방황하는 인물
- 특징
  - 은유와 직유 등의 비유를 많이 사용함
  - 시각적, 공감각적 이미지의 사용
  - 생경하고 과격한 비유의 연속으로 딱딱한 느낌을 줌
  - 이국적이고 도시적 시어 구사
- 어조: 애상적 어조
- 제재: 가을날(가을의 풍경)
- 구성: 선경후정의 시상 전개
  - 선경(先景) 1~11행: 황량한 가을날의 풍경을 제시함
  - 후정(後情) 12~16행: 방황하는 화자의 고독한 정서를 드러냄
- 주제: 가을의 애수 어린 풍경과 고독감

## 11

정답 ④

오답의 이유

① 필사(筆寫): 베끼어 씀
  • 필사(必死): 1. 반드시 죽음. 또는 살 가망이 없음 2. 죽을힘을 다함

② 세책집(貰冊-): 돈을 받고 책을 빌려주는 책방

③ 전기수(傳奇叟): 예전에, 이야기책을 전문적으로 읽어 주던 사람

## 12

정답 ①

정답의 이유

① (가)에서는 언문 필사가 많았다는 점과 언문 소설의 인기가 좋았다는 상황을 제시하고 있다. 그러나 당시에 독서가 사회적으로 문제가 되었음을 나타내는 내용은 없다.

오답의 이유

② (가)에서 책을 대여하는 '세책집'이 있다는 점은 현대와 과거의 공통점이라 할 수 있고, (가)의 '필사본'이나, (나)의 '전기수'는 현대와 과거 독서 문화의 차이점을 알 수 있는 자료가 된다.

③ (나)에서 "아, '소대성전' 말이구나. 물론 인기가 좋았지. 한양의 저자를 다 돌고 안성 장으로 갔다가 살살 돌아오려 했는데, 한양만 돌아서도 장사가 괜찮아 그냥 눌러앉았다."라는 전기수의 말에서 그 당시에도 베스트셀러가 있었음을 알 수 있다.

④ 필사를 하는 '장이'라는 아이의 이야기를 다루고 있다.

## 13

정답 ①

정답의 이유

'수사 의문문'은 굳이 대답을 요구하지 않고 서술이나 명령, 감탄 등의 효과를 내는 의문문이다. 의문사가 포함되어 일정한 설명을 요구하는 의문문은 '설명 의문문'이고, 의문사 없이 단순히 긍정이나 부정의 대답을 요구하는 의문문은 '판정 의문문'이다.

① 의문사 '무엇'을 사용하여 고장의 특산물에 대한 설명을 요구하는 '설명 의문문'이다.

오답의 이유

②·③·④ 굳이 대답을 요구하지 않고 서술이나 명령, 감탄 등의 효과를 내는 수사 의문문이다.

## 14

정답 ③

정답의 이유

③ ㉢은 폭포의 아름다운 모습을 은하수에 비유한 것이다.

오답의 이유

① ㉠은 공자의 높은 정신적 경지를 뜻한다.

② ㉡은 도탄에 빠져 신음하는 백성을 비유한 것이다.

④ ㉣은 금강산의 아름다움을 중국에 있는 여산(廬山)에 빗댄 것이다.

## 15

정답 ①

정답의 이유

① ㉠ 신라[실라]: 'ㄴ'이 'ㄹ' 앞에서 'ㄹ'로 바뀌는 유음화 현상이 일어났다.
  ㉡ 해돋이[해도지]: 'ㄷ'이 종속적 관계를 가진 '이' 앞에서 'ㅈ'으로 바뀌는 구개음화 현상이 일어났다.

오답의 이유

• 'ㄴ' 첨가: 파생어나 합성어에서 앞말이 받침이 있고, 뒷말의 모음이 'ㅣ, ㅑ, ㅕ, ㅛ, ㅠ'일 때 'ㄴ'이 첨가되어 발음되는 현상을 말한다.

• 'ㄹ' 탈락: 용언의 활용이나 파생어, 합성어에서 받침 'ㄹ'이 탈락하는 현상을 말한다.

## 16

정답 ④

정답의 이유

④ 1~3문단은 4문단의 '공정 무역'이 시작된 배경이고, 5문단은 '공정 무역'이 시작된 시기를, 6~7문단은 '공정 무역'의 외국의 실태를, 8~10문단은 우리나라의 실태를 제시하고 있다. 질문은 제시문의 내용을 모두 포함해야 하므로 ④ '공정 무역은 언제 시작하였으며 현재의 실태는 어떠할까?'가 가장 적합하다.

오답의 이유

① '공정 무역의 뜻은 무엇일까?'라는 질문에 대한 내용은 제시문에서 찾아볼 수 없다.

② '공정 무역의 문제나 한계는 없을까?'라는 질문은 공정 무역의 문제나 한계가 제시되어 있어야 하는데 이러한 내용은 제시문에 없으므로 질문으로 어울리지 않는다.

③ '공정 무역을 하면 우리에게 무엇이 좋을까?'라는 질문에 대한 대답도 제시문과는 어울리지 않는다. 8~10문단에 우리나라의 실태와 의의에 대해서만 제시하고 있으므로 공정 무역이 우리에게 주는 이익이나 효과는 질문으로 부적합하다.

## 17

정답 ④

정답의 이유

④ **9문단:** "2004년에 우리나라의 한 소비자 단체에서 ~ '착한 커피'나 '아름다운 커피' 같은 것도 이런 운동에서 나온 거야."의 내용으로 미루어 보아 ④는 제시문의 내용과 일치한다.

오답의 이유

① **4~5문단:** 4문단을 통해 '공정 무역'이 선진국에서 시작되었다는 부분은 맞다는 것을 알 수 있지만, 5문단 "공정 무역은 1950년대 말 영국의 국제 구호 단체 '옥스팜'에서 중국 난민들이 만든 수공예품을 판매하면서 시작되었고 ~ "의 내용으로 미루어 보아 '대기업'에서 시작되었다는 부분은 내용과 일치하지 않는다.

② **2문단:** "해가 갈수록 나아지기는커녕 빈익빈 부익부 현상이 깊어지지."의 내용으로 보아 반대로 제시되어 있다.

③ **8문단:** "유럽에서는 공정 무역이 50여 년의 오랜 역사를 지녔지만 ~ 그러나 2000년대에 들어와 공정 무역에 대한 관심이 부쩍 늘었어."의 내용으로 보아 유럽과 우리나라를 혼동하고 있다.

## 18

정답 ①

정답의 이유

용언에서 동사와 형용사의 식별 기준은 어간에 현재 시제 선어말 어미 '-ㄴ/는-', 현재 시제 관형사형 전성 어미 '-는-', 명령형 종결 어미 '-아라/어라-', 청유형 종결 어미 '-자-' 등을 결합할 수 있느냐의 여부이다. 결합이 가능하면 '동사', 불가능하면 '형용사'이다.

① '없다'는 형용사로만 쓰인다. 다만 '없다'가 활용할 때 다른 어미와는 결합이 불가능하지만, 특이하게도 동사의 어간에만 결합하는 현재 시제 관형사형 전성 어미 '-는-'을 취하는 경우가 있다. 하지만 결합이 가능하다고 해서 이를 동사로 취급해서는 안 된다. 학교 문법에서는 이런 경우를 '형용사의 동사적 용법'이라 명명한다.

오답의 이유

② **되다:** '된다/되는/되어라/되자'처럼 '현재 시제 선어말 어미', '현재 시제 관형사형 전성 어미', '명령형 어미', '청유형 어미'와 결합하여 활용하므로 동사이다.

③ **모이다:** '모인다/모이는/모여라/모이자'처럼 '현재 시제 선어말 어미', '현재 시제 관형사형 전성 어미', '명령형 어미', '청유형 어미'와 결합하여 활용하므로 동사이다.

④ **크다:** '큰다/크는/커라/크자'처럼 '현재 시제 선어말 어미', '현재 시제 관형사형 전성 이미', '명령형 이미', '청유형 어미'외 결합하여 활용하므로 동사이다. 다만, '크다'는 형용사로 쓰이기도 하고 동사로 쓰이기도 하는 용언이므로 '사람이나 사물의 외형적 길이, 넓이, 높이, 부피 따위가 보통 정도를 넘다.'의 뜻일 경우에는 형용사라는 점을 알고 있어야 한다.

## 19

정답 ③

정답의 이유

③ **근거(2문단):** "한때 오스트랄로피테쿠스가 과일만 먹었을 것이라고 믿은 적도 있었다. ~ 오스트랄로피테쿠스 식단에서 풀을 먹는 동물이 큰 부분을 차지했다는 결론을 내릴 수 있다."라는 부분을 통해 오스트랄로피테쿠스도 고기(풀을 먹는 동물)를 먹었다는 것을 알 수 있다. 따라서 육식 여부는 오스트랄로피테쿠스 속과 사람 속을 구분하는 기준이 될 수 없다.

오답의 이유

① **근거(2문단):** "오스트랄로피테쿠스 식단에서 풀을 먹는 동물(초식 동물)이 큰 부분을 차지했다는 결론을 내릴 수 있다."에서 확인할 수 있다.

② **근거(3문단):** "동물의 뼈 옆에서는 석기들이 함께 발견되기도 한다. ~ 우리의 사냥 역사는 정말 먼 옛날까지 거슬러 올라간다. 15만 세대 정도다."에서 확인할 수 있다.

④ **근거(1문단):** "이렇게 음식 하나에 모든 것을 거는 '단일 식품 식생활'은 도박이다. 그 음식의 공급이 끊기면 그 동물도 끝이기 때문이다."에서 확인할 수 있다.

## 20

정답 ④

정답의 이유

④ '많다'의 주어는 '영양'이지 '맛'은 아니다. 따라서 '맛도 좋고 영양도 많다' 등으로 쓰는 것이 적절하다. 이처럼 ④는 주어와 서술어 간의 호응 관계가 잘못되어 〈보기〉에서 설명하고 있는 유형의 잘못을 범하고 있다.

오답의 이유

① 지나친 이중 피동이 사용되었다. '이 문은 잘 열리지 않는다.'로 써야 한다.
② 높임법이 잘못 사용되었다. '~ 말씀이 있겠습니다.'로 써야 한다.
③ 중의적 표현이 사용되었다.

## 21

정답 ④

정답의 이유

④ 눈(명사) + 시울(명사): 합성어
- 시울: 약간 굽거나 휜 부분의 가장자리. 흔히 눈이나 입의 언저리를 이를 때에 쓴다.

오답의 이유

① 한-(접두사) + 겨울(명사): 파생어
② 맨-(접두사) + 손(명사): 파생어
③ 시-(접두사) + 퍼렇-(어간) + -게(어미): 파생어

## 22

정답 ②

정답의 이유

② '스포트라이트를 받다'는 연극에서 온 용어로 '주목을 받다'의 의미를 가지는 관용적 표현이다.

오답의 이유

① '히트를 치다'는 야구에서 온 용어로 '유행하다'의 의미를 가지는 관용적 표현이다.
③ '타월을 던지다'는 복싱에서 온 용어로 '포기하다'의 의미를 가지는 관용적 표현이다.
④ '다크호스로 떠오르다'는 경마에서 온 용어로 '의외의 복병이다'라는 의미를 가지는 관용적 표현이다.

## 23

정답 ③

정답의 이유

③ 하는데(×) → 하는∨데(○): 문장에 쓰인 '데'는 '데에'에서 조사 '에'가 생략된 형태로, '경우'의 뜻을 나타내는 의존 명사이다. 따라서 관형어와 띄어 써야 한다.
- -는데: 뒤 절에서 어떤 일을 설명하거나 묻거나 시키거나 제안하기 위하여 그 대상과 상관되는 상황을 미리 말할 때에 쓰는 연결 어미이다.

오답의 이유

① 
- 믿을∨것은(○): '것'은 의존 명사이므로 앞말과 띄어 쓴다. 이 때의 '것'은 '말하는 이의 확신, 결정, 결심 따위'를 의미한다.
- 성실함뿐이다(○): 체언 아래의 '뿐'은 '그것만이고 더는 없음' 또는 '오직 그렇게 하거나 그러하다는 것'을 나타내는 보조사이므로 붙여 쓴다.

② 아는∨대로(○): 관형어 아래의 '대로'는 '어떤 모양이나 상태와 같이'를 뜻하는 의존 명사이므로 띄어 쓴다.
④ 자기밖에(○): 체언 다음의 '밖에'는 '그것 말고는', '그것 이외에는', '기꺼이 받아들이는', '피할 수 없는'의 뜻을 나타내는 보조사이므로 붙여 쓴다. 주로 뒤에 부정을 나타내는 말이 따른다.

## 24

정답 ①

정답의 이유

① 3문단: 주류 경제학의 기본 전제는 "개인의 사적 이익 추구, 혹은 합리적인 행동이 전체의 이익을 가져온다."는 것이므로 ①의 추론은 제시문의 내용과 어긋난다.

오답의 이유

② 4문단: '공유지의 비극'을 해결할 방안으로 "공유 자원을 명확하게 사유화해 개인에게 소유권을 주는 방법이 있다."라고 했으므로 이를 통해 ②의 내용을 추론할 수 있다.
③ 4문단: 첫 번째 해결 방안의 문제점으로 제시한 "이러한 방안은 공공 자원에 대한 재산권을 특정 이익 집단이 가질 경우 엄청난 비극이 발생할 수 있다는 점을 간과했다."라는 내용을 통해 ③의 내용을 추론할 수 있다.
④ 5문단: 두 번째 해결 방안의 문제점으로 제시한 "하지만 이 역시 국가가 늘 합리적, 효과적으로 상황을 통제하고 보장할 수 없다는 점을 간과하였다."라는 내용을 통해 ④의 내용을 추론할 수 있다.

## 25

정답 ④

정답의 이유

④ **맞춘(×) → 맞힌(○)**: '물체를 쏘거나 던져서 어떤 물체에 닿게 하다.'는 '맞히다'이다.

오답의 이유

① **벌리다**: '손을 벌리다'는 '손을 내밀다'와 같은 뜻으로 쓰는 관용구로, '무엇을 달라고 요구하거나 구걸하다.'의 의미이다.

② **부딪치다**: '무엇과 무엇이 힘 있게 마주 닿거나 마주 대다.'의 '부딪다'를 강조하는 말이다.

③ **이따가**: 조금 지난 뒤에

- 있다가: 어간 '있-'에 연결 어미 '-다가'가 붙어 활용된 형태이다.

## 2022 군무원 합격 저격_국어


| | |
|---|---|
| **개정2판1쇄 발행** | 2022년 03월 30일 (인쇄 2022년 02월 22일) |
| **초 판 발 행** | 2020년 05월 06일 (인쇄 2020년 04월 02일) |
| **발 행 인** | 박영일 |
| **책 임 편 집** | 이해욱 |
| **편 저** | SD 군무원시험연구소 |
| **편 집 진 행** | 강상희 · 임현희 |
| **표지디자인** | 김도연 |
| **편집디자인** | 박지은 · 장성복 |
| **발 행 처** | (주)시대고시기획 |
| **출 판 등 록** | 제 10-1521호 |
| **주 소** | 서울시 마포구 큰우물로 75 [도화동 538 성지 B/D] 9F |
| **전 화** | 1600-3600 |
| **팩 스** | 02-701-8823 |
| **홈 페 이 지** | www.sidaegosi.com |
| **I S B N** | 979-11-383-1890-7 (13350) |
| **정 가** | 22,000원 |

# 합격저격
## 군무원

### 국어
영역별 기출문제집

**정답 및 해설**